MEIN GROSSES
GRUND KOCHBUCH

Das ganze Wissen moderner Kochkunst

Gesamtkonzept und Bildredaktion: Heidilore Häusler
Redaktion: Heidilore Häusler, Annette Nolden-Thommen, Emanuela Dabbeni, Renate Bärbel Schmid, Iris Tsakiridis
Texte Kochpraxis und Warenkunde: Christine Barta, Maria Haumaier, Gunther Jaich, Renate Bärbel Schmid
Umschlaggestaltung und Layout: Inga Koch
Zeichnungen: Ruth Richter
ISBN 3-8174-5190-3
5151902

Besuchen Sie uns im Internet: www.compactverlag.de

MEIN GROSSES GRUNDKOCHBUCH

Das ganze Wissen
moderner Kochkunst

Über 1000 erprobte
Geling-Rezepte und über
500 farbige Abbildungen
und Schritt-für-Schritt-
Anleitungen

Sonderausgabe

Wer gesund kochen will, muß die Grundzüge der Ernährungslehre kennen und beachten. Die Basis einer gesunden Ernährung ist ein ausgewogenes Verhältnis aller Nährstoffe. Lebensmittel und Zubereitungsart müssen gezielt ausgewählt werden, wenn langfristig ein optimaler Ernährungsstatus geschaffen werden soll.

Kohlenhydrate, Fett und Eiweiß liefern als Hauptbestandteile der Nahrung vor allem Energie. Vitamine, Mineralstoffe und Ballaststoffe führen dem Körper weitere essentielle Nahrungsbestandteile zu, die für den Stoffwechsel unverzichtbar sind.

Kohlenhydrate

Sie werden vorwiegend mit Pflanzennahrung in Form von Zucker, Stärke und Ballaststoffe aufgenommen. Im Fleisch finden sich nur bedeutungslos kleine Mengen Kohlenhydrate.

Kohlenhydrate werden im Körper wie Fett zu Kohlendioxid und Wasser verbrannt. Eine Ausnahme bilden die Ballaststoffe. Sie liefern im allgemeinen keine Energie, sind aber für eine funktionierende Verdauung unverzichtbar, da sie die Darmtätigkeit anregen. Ballaststoffe haben günstigen Einfluß bei Diabetes oder Fettstoffwechselstörungen. Sie sollen auch Gallensteinen vorbeugen. Ballaststoffarme Ernährung führt zu Darmträgheit und Stuhlverstopfung.

Bei gemischter Kost soll der Anteil von Kohlenhydraten etwa 55 % betragen. Anzustreben ist eine Ballaststoffzufuhr in Höhe von ca. 30 g pro Tag. Wichtige Kohlenhydrat- und Ballaststofflieferanten sind vor allem Brot und Getreideprodukte, Kartoffeln, Teigwaren, Gemüse und Obst. Sie können auch isolierte Ballaststoffe, z. B. in Form von Kleie, zu sich nehmen. Achten Sie dann jedoch unbedingt auf eine ausreichende Trinkmenge, da Ballaststoffe im Darm quellen müssen, um ihre Wirkung entfalten zu können. Kohlenhydratreiche Lebensmittel können zum Teil roh verzehrt werden (Obst, Gemüse), zum Teil müssen sie gegart werden (z. B. Kartoffeln). Wählen Sie schonende Zubereitungsarten (dünsten, dämpfen) und garen Sie »al dente«. Das schont die Nährstoffe und unterstützt den Genußwert der Speisen.

Fett

Nahrungsfett dient als Kalorienspender, als Träger der fettlöslichen Vitamine und der essentiellen Fettsäuren. Es liefert pro Gramm fast doppelt so viele Kalorien wie Kohlenhydrate oder Eiweiß. Die zugeführte Gesamtfettmenge sollte bei einem Erwachsenen nicht über 1 g Fett pro Kilogramm Körpergewicht und Tag liegen. Sie teilt sich auf in Streichfett (Butter, Margarine), Koch- und Bratfett sowie in verstecktes Fett in Wurst, Käse und Fertignahrung. Versteckte Fette machen bei herkömmlicher Mischkost bereits etwa 2/3 der zugeführten Gesamtfettmenge aus.

Mit fetthaltigen Nahrungsmitteln wird dem Körper nicht nur Energie zugeführt. Sie liefern gleichzeitig auch fettlösliche Vitamine (A, D, E, K) und essentielle Fettsäuren (z. B. Linolsäure), die der Organismus nicht selbst aus anderen Nahrungsbestandteilen herstellen kann.

Je nach Anteil an ungesättigten Fettsäuren und Temperatur haben Fette unterschiedliche Konsistenzen: Öle sind flüssig (hoher Gehalt an ungesättigten Fettsäuren), Butter ist streichfest, Fritierfett ist hart. Nicht jedes Fett eignet sich zum Erhitzen: Kaltgepreßte, hochwertige Öle sind zum Erhitzen zu schade, da die wertvollen Inhaltsstoffe dabei zerstört werden.
Wasserhaltige Fette, z. B. Butter, spritzen beim Erhitzen

stark und verbrennen relativ schnell. Wählen Sie das Fett also je nach Verwendungszweck: für Dressings hochwertige kaltgepreßte Öle, als Streichfett Butter oder gute Margarine, zum Kochen und Braten Öle oder Bratfett.

Eiweiß

Die Bausteine von Eiweiß sind Aminosäuren. Während der Organismus Fett zu Kohlenhydraten und umgekehrt selbst sythetisieren kann, müssen bestimmte Aminosäuren durch die Nahrung zugeführt werden. Diese sogenannten »essentiellen Aminosäuren« kann der Organismus nicht selbst bilden. Die biologische Wertigkeit von Eiweiß ist durch deren Gehalt an essentiellen Aminosäuren gekennzeichnet. Diese ist im allgemeinen bei tierischem Eiweiß höher als bei pflanzlichem. Die Wertigkeit läßt sich jedoch verbessern durch Kombination verschiedener eiweißreicher Lebensmittel miteinander, z. B. Getreide und Ei oder Kartoffeln und Ei.
Eiweiß wird durch die Verdauung in Aminosäure gespalten und zu Energie verbrannt, so weit es nicht als Ersatzstoff im Eiweißstoffwechsel gebraucht wird. Eiweiß als Nahrungsbestandteil wird im Körper benötigt für die Zellbildung, Arbeitsleistung der Zelle, Herstellung von Hormonen, Sekreten, Fermenten, Blut, Hirnsubstanz und zahlreichen anderen Stoffwechselfunktionen.

Eiweißreiche Lebensmittel werden im allgemeinen nicht roh gegessen. Sie sollen ausreichend, aber nicht übermäßig durchgegart werden.

Vitamine

Vitamine sind von sehr unterschiedlichem chemischen Aufbau. Gemeinsam ist ihnen die wesentliche Bedeutung für den Körper bei Wachstum,

Erhaltung und Fortpflanzung. Sie sind unentbehrlich für alle wesentlichen Abläufe in den Körperzellen und schon in kleinsten Mengen wirksam.

Man unterscheidet etwa 13 Vitamine. Die Vitamine A, D, E und K sind fettlöslich, die Vitamine der B-Gruppe, Vitamin C, Niacin, Bictin, Pantothen- und Folsäure sind wasserlöslich. Alle reagieren empfindlich auf Licht, Luft und Hitze.

Für die Kochpraxis ergibt sich daraus:

- Vitaminreiche Lebensmittel rasch und frisch verarbeiten.
- Gemüse und Obst im Ganzen waschen, erst danach in mundgerechte Stücke zerteilen.
- Salat in Blätter zerlegen, Blätter im Ganzen waschen, erst danach zerteilen.
- Lebensmittel nicht im Wasser liegen lassen.
- Lebensmittel schonend garen, nicht übergaren, Kochwasser nach Möglichkeit weiterverwenden (z. B. für Suppen und Saucen).
- Lebensmittel beim Garen abdecken (Topfdeckel verwenden).
- Warmhaltezeiten verringern oder vermeiden.

Mineralstoffe

Mineralstoffe sind Stoffe aus der unbelebten Natur und gelangen über Wasser und Nahrung in den menschlichen Organismus. Unser Körper enthält 5 % Mineralstoffe, die als Baustoffe für Knochen und Zähne sowie für verschiedene Stoffwechselvorgänge notwendig sind. Man unterscheidet je nach dem Gehalt in der Körpersubstanz zwischen Mengen- und Spurenelementen:

Mengenelemente sind Calcium, Phosphor, Kalium, Magnesium, Natrium und Chlorid.

Spurenelemente sind Eisen, Fluorid und Jod.

Der Mineralstoffbedarf hängt von verschiedenen Faktoren wie Alter, Geschlecht und besonderen Belastungen ab. Eine abwechslungsreiche gemischte Kost, die aus pflanzlichen und tierischen Nahrungsmitteln besteht, eignet sich am besten dazu, Mineralstoffe in ausreichender Menge zu liefern. Es sollten täglich Milch und Milcherzeugnisse, Vollkornprodukte, Obst und Gemüse gegessen werden. Außerdem sollte als Speisesalz Jodsalz verwendet werden, da in der Bundesrepublik Deutschland aufgrund von Jodmangel die Kropfhäufigkeit relativ hoch ist. Jodiertes Speisesalz gilt als eine wirksame Maßnahme gegen Kropfbilding.

Beim Vor- und Zubereiten sollte man Lebensmittel schonend behandeln, um die Mineralstoffe zu erhalten. Das bedeutet für die Kochpraxis:
- Obst und Gemüse gründlich waschen, aber nicht wässern.
- Gemüse in wenig Kochwasser dämpfen oder dünsten.
- Mineralstoffe gehen in das Kochwasser über, es sollte daher nach Möglichkeit weiterverwendet werden.

Übersicht der „Wichtigen 13"

Vitamin	Lieferant	Wichtig für
A	Eigelb, Kalbsleber, als Provitamin in Karotten, Petersilie, Aprikosen	Augen, Haut, Schleimhäute
D	Milch und Milchprodukte, Seefisch, Eigelb, Butter, Avocados	Calcium- und Phosphatstoffwechsel, Knochen
E	Margarine, Leber, Eier	Unterstützung der natürlichen Schutzmechanismen
K	Sauerkraut, Kohl, Spinat, Leber, Tomaten, Brokkoli	Blutzusammensetzung
C	Paprika, Johannisbeeren, Zitrusfrüchte	Unterstützung der natürlichen Schutzmechanismen
B_1	Schweinefleisch, Kartoffeln, Vollkornprodukte, Hefe	Muskelaufbau, Nerven
B_2	Milch, Vollkornmehl, Schweinefleisch, Eier	Haut und Schleimhäute
B_6	Schweinefleisch, Kartoffeln, Gemüse	Eiweißstoffwechsel, Nerven
B_{12}	Milch und Milchprodukte, Eigelb, Fleisch, Fisch	Blutzusammensetzung
Niacin	Vollkornprodukte, Hefe	Herz, Nerven
Biotin	Trinkmilch, Leber, Soja	Bildung von Kohlenhydraten und Fettsäuren
Pantothensäure	Getreideprodukte, Gemüse, Eier	Kohlenhydrat-, Fett- und Aminosäurenabbau
Folsäure	grünes Gemüse, Getreide, Leber, Milch	Bildung roter und weißer Blutkörperchen

Garmethoden:

Man unterscheidet Garverfahren in trockener und feuchter Hitze.

Garverfahren in feuchter Hitze

Kochen: Garen in viel siedender Flüssigkeit bei Temperaturen um 100 Grad.

Geeignet für:
1. Lebensmittel, die Flüssigkeit aufnehmen sollen (Getreide, Reis, Teigwaren, Hülsenfrüchte),
2. Speisen, bei denen die Kochflüssigkeit mitverzehrt wird (Suppen, Eintöpfe),
3. Speisen, deren Inhaltsstoffe in die Kochflüssigkeit übergehen sollen (Brühen, Soßen).

Geschirr: hoher Topf mit fest schließendem Deckel.

Garziehen: Garen in viel Flüssigkeit unterhalb des Siedepunktes (80-95 Grad).

Geeignet für Fisch, lockere Lebensmittel (Knödel).

Geschirr: Topf mit Deckel.

Dämpfen: Garen in Wasserdampf bei ca. 100 Grad, meist in einem Siebeinsatz.

Geeignet für ganzes und kleingeschnittenes Gemüse und Lebensmittel, deren Form und Farbe möglichst gut erhalten bleiben sollen.

Geschirr: Topf mit Siebeinsatz und fest schließendem Deckel.

Dünsten: Garen in wenig Flüssigkeit bei ca. 100 Grad meist unter Zugabe von etwas Fett.

Geeignet für Lebensmittel, die relativ viel Wasser enthalten (z.B. Gemüse, Fisch, Obst, zartes Fleisch).

Geschirr: flacher Topf mit Deckel, Tontopf, Bratschlauch.

Garen im Dampfdrucktopf

Dampfdruckgaren: Garen in einem Dampfdrucktopf bei Überdruck und dadurch bei Temperaturen über 100 Grad.

Geeignet für alle Lebensmittel mit längerer Garzeit.

Geschirr: Dampfkochtopf.

Mikrowelle: Garen mit elektromagnetischen Wellen, mit wenig oder ganz ohne Flüssigkeit.

Geeignet für alle Lebensmittel, die auch gedünstet oder gedämpft werden können. Bei Mikrowellengeräten, die zusätzlich mit einer Grillfunktion ausgestattet sind, können Speisen auch gegrillt, geschmort oder gebraten werden.

Geschirr: kein metallenes Geschirr, spezielles Mikrowellengeschirr oder mikrowellengeeignete Folien.

Garverfahren in trockener Hitze

Kurzbraten: Garen unter Bräunung auf der Kochstelle oder im Backofen bei einer Temperatur von 160-250 Grad.

Geeignet für bindegewebsarme Fleischscheiben, Fisch, Würstchen, Gemüse.

Geschirr: Bratpfanne.

Langzeitbraten: Garen unter Bräunung im Backofen bei 160-200 Grad.

Geeignet für große Bratenstücke, Wild und Geflügel im Ganzen.

Geschirr: ofenfester Topf, Bräter, Bratrost, Fettpfanne.

Grillen: Garen unter Bräunung durch sehr hohe und direkte Wärme bei 250 Grad.

Geeignet für ungepökeltes, bindegewebsarmes Fleisch, Würstchen, Fisch, Gemüse, Kartoffeln.

Geschirr: Grillrost, Spieß, Fettpfanne.

Schmoren: Kombination aus Braten und Dünsten. Anbraten bei ca. 180 Grad, weiterschmoren bei Temperaturen um 100 Grad.

Geeignet für bindegewebsreiches Fleisch, Schmorgemüse (z.B. Kohl, Paprika).

Geschirr: flacher Bratentopf mit festschließendem Deckel.

Backen: Garen im Ofen bei 150-200 Grad.

Geeignet für Teige, Speisen im Teigmantel.

Geschirr: Bratpfanne, Backblech, Auflaufform, Bratfolie und -schlauch.

Fritieren: Garen unter Bräunung, schwimmend in viel heißem Fett bei Temperaturen zwischen 140 Grad und 190 Grad.

Geeignet für rohe oder vorgegarte, kleinstückige Lebensmittel aller Art (z.B. Gemüse, Fleisch, Fisch, Backwaren).

Geschirr: Friteuse oder hoher Topf mit Siebeinsatz.

Richtiger Umgang mit Kräutern und Gewürzen

Meist verwenden wir Gewürze, damit unser Essen besser schmeckt. Daß sie ganz nebenbei auch unserem Körper nützen, ist eine erfreuliche Tatsache, denn:

- Gewürze wie z.B. Kümmel helfen der Verdauung.
- Gewürze regen Herz und Kreislauf an, und durch das Verwenden von Kräutern und Gewürzen sparen Sie am Salz (das wir meist zu reichlich verwenden).

Den richtigen Umgang mit Gewürzen kann man nur durch die Kochpraxis erlernen.

Nicht Gramm oder Teelöffel, nicht Messerspitzen oder Prisen zählen, sondern Geschmack, Phantasie, Erfahrung und Gespür.

So sollte dann auch ein- und dasselbe Gericht durchaus nicht immer gleich schmekken, sondern die individuelle Note des jeweiligen Kochs tragen.

Es sind eben nicht nur die Grundzutaten alleine, die ein leckeres Gericht ausmachen, sondern deren phantasievolle Variationen mit immer wieder anderen Gewürzen.

Rezepte geben dem kreativen Koch Anregungen, die er aufgreift und nach seinem eigenen Geschmack und dem seiner Gäste abwandelt.

Lernen Sie, mit Gewürzen umzugehen. Vertrauen Sie dabei Ihrem Geschmack und Ihrer Phantasie. Als Grundlage soll Ihnen die kleine Liste an Gewürzen (S. 13) dienen.

Zu den Wirkstoffen, die den Gewürzen Wert, Geschmack und Aroma geben, zählen ätherische Öle (geruchs- und geschmackstragend), Bitterstoffe, scharfbrennende Stoffe (geschmackstragend), organische Säuren und adstringierende Stoffe.

Gewürze müssen vor Licht, Luft und Feuchtigkeit geschützt werden. Ein günstiger Lagerplatz ist der Küchenschrank.

Zur Aufbewahrung eignen sich neben den im Handel angebotenen Verkaufsdöschen luftdicht verschließbare kleine Behälter aus lichtundurchlässigem Glas, möglichst mit Schraubverschluß.

Einige Gewürze können entweder fertig gemahlen oder unzerkleinert gekauft werden.

Im letzteren Fall eignen sich zur Zerkleinerung der Gewürze kleine Gewürzmühlen oder ein Porzellanmörser. Überprüfen Sie Ihre Gewürzbestände gelegentlich auf Verfärbung, Klumpenbildung und daraus resultierendem Aromaverlust.

Aus diesem Grund sollen Gewürze auch niemals direkt aus dem Behälter in den dampfenden Topf gestreut werden, da der Kochdunst die Gewürze feucht und klebrig macht und die Haltbarkeit beeinträchtigt.

Neben den sogenannten echten Gewürzen, wie Pfeffer, Zimt, Nelken, die getrocknet verwendet werden, gibt es die Gruppe der Gewürzkräuter, die den Speisen vorwiegend frisch zugegeben werden. Da ein Großteil der Inhaltsstoffe wie ätherische Öle, Bitterstoffe, Vitamine, Mineral- und Farbstoffe während der Trocknung und Lagerung abgebaut werden, sollte frischen Kräutern möglichst oft der Vorzug gegeben werden.

Mit frischen Küchenkräutern kann jedes Gericht eine besondere Note bekommen. Man sollte deshalb einiges über ihre Verwendungsmöglichkeiten wissen:

Basilikum
für Tomaten, Eier, Salate, Nudeln.

Beifuß
für Fleischspeisen, kräftige Saucen, Salate.

Bohnenkraut
für Fleisch-, Fischgerichte, Bohnen, Suppen.

Borretsch
für Salate.

Dill
für Fisch, Geflügel, Salate, Gurken.

Estragon
für Salate, Saucen, Fleisch, Fisch, Geflügel.

Kerbel
für Suppen, Saucen, Salate.

Kresse
für Salate, Suppen.

Liebstöckel
für Suppen, gekochte Fleisch-, Fischspeisen.

Majoran
für Geflügel, Rindfleisch, Hackfleisch, Gemüse.

Minze
für Süßspeisen, Saucen, Lamm- und Hammelgerichte.

Oregano
für Pizza, Nudel-, Tomatengerichte.

Petersilie
für Suppen, Salate, Fleischgerichte.

Pimpinelle
für Saucen, Salate.

Rosmarin
für Lamm, Wild, Fisch.

Salbei
für Fleisch, Geflügel, Tomaten, Salate.

Sauerampfer
für Salate, Suppen, Saucen, Fischgerichte.

Schnittlauch
für Salate, Gemüse, Eiergerichte, Quark, Dips.

Thymian
für Suppengemüse, Fleisch, Fisch.

Ysop
für Suppen, Salate, Fleischgerichte.

Zitronenmelisse
für Lamm, Schweinefleisch, Geflügel, Salate.

Ein kleines Sortiment an Gewürzen sollte jeder in seinem Küchenschrank bereit halten. Mit ihnen bekommt jedes Gericht seine unverwechselbare Note:

Anis: Backwaren, Süßspeisen.
Cayennepfeffer: würzig-scharfe Fleisch- und Fischgerichte, Eingemachtes.
Curry: Suppen, Fleisch, Geflügel, Fisch, Saucen, Gemüse.
Fenchel: Saucen, Suppen, Fisch, Backwaren.

Ingwer: Fleisch, Geflügel, Saucen, Backwaren, Süßspeisen.

Kardamom: Saucen, Fleischgerichte, Süßspeisen, Backwaren.
Knoblauch: Suppen, Fleisch, Geflügel, Wild, Fisch, Saucen, Gemüse.
Koriander: Wild, Saucen, Gemüse, Backwaren.
Kreuzkümmel: Fleisch, Gemüse.
Kurkuma: zum Färben von würzigen Speisen aller Art, Bestandteil von Curry.
Kümmel: Suppen, Fleisch, Geflügel, Wild, Gemüse, Backwaren.

Lorbeer: Suppen, Fleisch, Geflügel, Wild, Fisch, Saucen, Gemüse.

Muskat: Suppen, Geflügel, Saucen, Gemüse.

Nelken: Fleisch, Wild, Fisch, Backwaren, Süßspeisen.

Paprika: Suppen, Fleisch, Geflügel, Wild, Fisch, Saucen, Gemüse.
Pfeffer: Suppen, Fleisch, Geflügel, Wild, Fisch, Saucen, Gemüse.
Piment: Fleisch, Wild, Gemüse, Backwaren, Süßspeisen.
Safran: zum Färben von Reis und Backwaren, zum Würzen von Fleisch- und Fischgerichten.

Senfkörner: Fleisch, Wild, Fisch.
Sternanis: Fleisch, Süßspeisen.
Vanille: Backwaren, Süßspeisen.
Wacholder: Fleisch, Geflügel, Wild, Fisch, Gemüse.

Zimt: Backwaren, Süßspeisen.

Zitronengras: Suppen, Saucen, Fleisch, Fisch.

Zum Schluß noch einige Tips, die Ihnen bei der Entdeckung Ihrer Kochkünste helfen sollen:

- Verwenden Sie nach Möglichkeit frische Kräuter aus dem eigenen Kräutergarten, vom Markt oder vom Lebensmittelhändler.
- Getrocknete Kräuter verwahren Sie wie Gewürze am besten in dicht verschlossenen Gläsern auf.
- Achten Sie beim Kauf von getrockneten Gewürzen darauf, daß diese noch ihr volles Aroma haben. Vertrauen Sie ruhig Ihrer Nase.

- Geben Sie die Gewürze in der Regel erst gegen Ende der Zubereitung an die Speisen (Ausnahmefälle sind z.B. Lorbeer, ganze Pfefferkörner).
- Probieren Sie die Gerichte immer wieder während des Würzens. Schmecken Sie lieber öfter ab und geben Sie immer nur eine kleine Menge des gewünschten Gewürzes zu.
- Verwenden Sie allgemein weniger Salz zugunsten von Küchenkräutern.
- Wenn Sie frische Kräuterbüschel aufbewahren wollen, wickeln Sie diese in feuchtes Papier, geben sie in einer Plastiktüte und in das Gemüsefach des Kühlschranks.
- Wenn Sie frische Kräuter aus Ihrem Garten trocknen wollen, beachten Sie folgendes: Pflücken Sie die Kräuter, wenn sie gerade zu blühen beginnen, dann ist ihr Aroma am intensivsten. Trocknen Sie die Büschel an einem warmen, luftigen Ort oder bei niedrigster Temperatur im Backofen. Die getrockneten Blätter und Blüten streifen Sie von den Stengeln und bewahren sie in geeigneten Gefäßen auf.

Abkürzungen

EL	Eßlöffel
TL	Teelöffel
Msp.	Messerspitze
kg	Kilogramm
g	Gramm
mg	Milligramm
l	Liter
ml	Milliliter
cl	Zentiliter
kcal	Kilokalorien
kJ	Kilojoule
EW	Eiweiß
KH	Kohlenhydrate
F	Fett
Bd.	Bund

1 kJ = 0,239 kcal
1kcal = 4,184 kJ

Symbole

Die Uhr symbolisiert den Zeitaufwand

 schnell gemacht

 braucht etwas Zeit

 sollte vorbereitet werden

Der Stern gibt den Schwierigkeitsgrad an

 für Anfänger

 für Geübte

 für Könner

Das Sparschwein gibt einen Hinweis auf die Kosten

 für den kleinen Geldbeutel

 für den normalen Geldbeutel

 für den gut gefüllten Geldbeutel

Die Rezepte sind, soweit nicht ausdrücklich anders angegeben, für **vier Personen**. Die Nährwert- und Energieangaben sind jeweils für **eine Person** bzw. eine Portion bzw. ein Stück berechnet.

VORSPEISEN UND SNACKS

Ein leichter und erfrischender Auftakt – so sollte eine Vorspeise sein: nicht zu sehr sättigend, sondern vielmehr den Gaumen kitzelnd und Appetit machend.

In unseren südlichen Nachbarländern gehört sie ganz selbstverständlich auf den täglichen Speiseplan. Jeder kennt die bunten Antipasti-Teller beim Italiener, genießt beim Griechen die Vorspeisenvielfalt oder hat in Spanien in einer der zahlreichen Tapas-Bars das reichhaltige Angebot probiert. Ihre Vielfalt macht Vorspeisen so beliebt, und mit ein klein wenig Geschick lassen sich die Geschmackserlebnisse zu Hause leicht wiederholen.

Wozu paßt welche Vorspeise? Hier gibt es eigentlich keine eindeutigen Regeln. Die Auswahl richtet sich nach dem Anlaß, der Jahreszeit, der Menüfolge und nicht zuletzt nach Ihrem Geschmack. Eine Vorspeise für das gemütliche Abendessen zu zweit wird nicht so aufwendig sein wie die für ein großes Dinner, wenn Sie mehrere Gäste eingeladen haben.
Grundsätzlich gilt: je schwerer der Hauptgang, um so leichter die Vorspeise und umgekehrt. Zudem sollte die einzelne Portion kleiner ausfallen, wenn ein Menü mehrere Gänge hat.

Die festen Regeln aus der klassischen Küche, daß sich die Zutaten einzelner Gerichte einer Speisenfolge nicht wiederholen dürfen, sind heute weitgehend aufgehoben. So kann es durchaus reizvoll sein, einmal ein ganzes Menü zu einem bestimmten Thema zu kreieren, zum Beispiel mit dem Hauptbestandteil Lachs oder einer bestimmten Gemüsesorte. Hier sind Ihrer Phantasie keine Grenzen gesetzt.

Wichtig ist, daß das ganze Menü ein harmonisches Gesamtbild ergibt und daß Sie frische und saisongerechte Zutaten verwenden. Im Sommer eignen sich besonders frische Salate, kalte Suppen und knackige Gemüsespeisen für den Menüauftakt. In den Winter passen alle Arten von warmen Vorspeisen.

Wer gerne Sülzen, Pasteten und Terrinen herstellt, sollte die entsprechenden Spezialformen zur Verfügung haben. Sicherlich eine lohnende Anschaffung, gerade wenn Sie oft viele Gäste einladen und auch einmal etwas mehr Zeit für die Herstellung einer ausgefalleneren Vorspeise aufwenden wollen.

Für Mousses, Soufflés, Cremes und kleine Sülzen eignen sich alle dekorativen Förmchen, die im Handel für die unterschiedlichsten Zwecke erhältlich sind. So gibt z.B. eine Mousse, die Sie aus einem hübschen Puddingförmchen auf einen Teller stürzen und anschließend mit ein paar Salatblättchen dekorieren, eine sehr appetitliche Vorspeise.

Unentbehrliche Helfer bei der Herstellung von Mousses und Saucen sind Pürierstab und Mixer sowie verschiedene Siebe zum Passieren.

Snacks

Hierzu zählen alle Arten von kleinen Backwaren und belegten Broten, z.B. „Canapés". Diese werden aus Weißbrotscheiben ausgeschnitten oder -gestochen und auf unterschiedlichste Weise belegt und dekoriert.

Ebenfalls als Snacks können verschiedene Arten von kleinen Häppchen serviert werden, die kalt und „mit den Fingern" verzehrt werden können. Als Anregung sollen hier z.B. kleine Fleischbällchen oder Fischspießchen oder Gemüsesticks dienen, die mit unterschiedlichen Dips und Saucen als Appetithappen serviert werden können.

Sommerlicher Vorspeisenteller

Zutaten

1 Kopfsalat,
100 g Friséesalat,
1/2 kleiner Kopf Radicchio,
100 g Krabben (tiefgekühlt),
120 g Räucherlachs, hauchdünn geschnitten,
175 g Sahnedickmilch,
1/2 Bd. Dill,
1 TL süßer Senf,
2 EL Zitronensaft,
weißer Pfeffer,
Salz, Dill und Limettenscheiben zum Garnieren

EW	Fett	KH	kcal/kJ
15 g	7,9 g	3,8 g	145/607

Salate waschen, putzen und Blätter in mundgerechte Stücke zerpflücken. Salate mischen und auf 4 Teller verteilen. Krabben auftauen lassen und über den Salat streuen. Lachsscheiben neben den Salatportionen anrichten. Für die Sauce Sahnedickmilch mit feingewiegtem Dill, Senf und Zitronensaft verrühren, mit Gewürzen abschmecken. Über den Salat verteilen. Mit Dillfähnchen und Limettenscheiben garnieren.

Tip

Die Wintervariante:
2 Chicorée, 100 g Feldsalat und einige Blätter Endiviensalat verwenden.

Seelachswürfel mit Krabbenbrot
(Abb.)

Zutaten
200 g Seelachsfilet,
Saft von 1/2 Zitrone,
1 EL Reiswein, Salz,
1 EL Speisestärke,
1/2 grüne Paprikaschote,
30 g sauer eingelegte Paprikaschoten,
1/2 Stange Lauch,
10 g frischer Ingwer,
2 Knoblauchzehen,
1 EL Zucker,
1 TL Essig,
2 EL Sojasauce,
1 Msp. Sambal Oelek,
200 ml Öl,
100 g Kroepoek (Chin. Krabbenbrot)

EW	Fett	KH	kcal/kJ
15 g	64 g	28 g	755/3162

Seelachsfilets waschen, trockentupfen, mit Zitronensaft beträufeln und klein würfeln. 1/2 EL Reiswein, Salz und 1/2 EL Speisestärke mischen und zu den Fischwürfeln geben. Paprikaschote putzen, waschen und mit sauer eingelegten Paprikaschoten klein würfeln. Lauch putzen, waschen und klein hacken. Ingwer schälen, Knoblauch schälen, beides würfeln. Zucker, Essig, Sojasauce, Sambal Oelek und restlichen Reiswein mit restlicher Speisestärke verrühren. Öl in einem Wok erhitzen und Krabbenbrot nach Packungsvorschrift darin zubereiten, auf Küchenkrepp abtropfen lassen. Öl bis auf einen dünnen Film aus dem Wok gießen und Seelachswürfel kurz darin anbraten. Paprikawürfel, Knoblauch und Ingwer hinzugeben und etwa 1 Minute braten. Vermischte Sauce dazugeben und miterhitzen. Lauch darüberstreuen. Fischmasse auf fritiertem Krabbenbrot verteilen.

Tomaten mit Thunfisch-Reis-Füllung

Zutaten
4 große Tomaten, Salz,
80 g gekochter Reis,
50 g Thunfisch,
1/2 Paprikaschote,
1/2 Möhre,
2 Eigelb,
Olivenöl, Majoran,
5 Anchovisfilets in Öl

EW	Fett	KH	kcal/kJ
8 g	11 g	19 g	213/896

Tomaten halbieren, aushöhlen und mit Salz bestreut beiseite stellen.
Reis mit Thunfisch, gehackter Paprikaschote und in feine Stifte geschnittener Möhre vermischen.
Eigelb mit Salz und tropfenweise zugegebenem Öl zur Mayonnaise schlagen.
Mayonnaise an den angemachten Reis geben, mit Majoran würzen und in die Tomaten füllen. Mit Anchovisfilets garniert servieren.

Meeresfrüchtesalat

Zutaten
100 g Tintenfische,
100 g Crevetten (geputzt und gekocht),
100 g Muschelfleisch,
2 Knoblauchzehen,
Salz,
Pfeffer,
Essig,
Olivenöl,
gehackte Petersilie

EW	Fett	KH	kcal/kJ
11 g	10 g	0,25 g	139/581

Tintenfische sorgfältig waschen und die Haut mit einem scharfen Messer abziehen. Tentakeln ganz lassen, nur die Körper in Ringe schneiden. Crevetten zu den Tintenfischen geben, Muschelfleisch untermischen. Knoblauch schälen, in feine Scheiben schneiden und überstreuen. Salzen, pfeffern und mit Essig und Olivenöl abgeschmeckt servieren. Mit Petersilie bestreuen.

Hühnerlebercreme auf Baguette

Zutaten
1 Baguette,
200 g Hühnerleber,
1 Lorbeerblatt,
einige Wacholderbeeren,
1/8 l Rotwein,
1 Zwiebel, 1 Möhre,
1 Stange Stangensellerie,
2 EL Olivenöl,
40 g Butter,
2 EL Tomatenmark,
Salz, Pfeffer,
Schale von 1/2 unbehandelten Zitrone,
2 EL gehackte Petersilie,
1 EL Kapern

EW	Fett	KH	kcal/kJ
15 g	10 g	27 g	285/1192

Baguette in Scheiben schneiden. Geputzte Hühnerleber kleinschneiden und mit Lorbeerblatt und Wacholderbeeren in eine Schüssel geben. Mit Rotwein begießen und etwa 2 Stunden ziehen lassen. Zwiebel und Möhre schälen und fein hacken. Selleriestange putzen und fein hacken. Olivenöl und 20 g Butter in einer Pfanne erhitzen, Gemüse darin andünsten. Hühnerleber abtropfen lassen und trockentupfen; zum Gemüse geben. Tomatenmark und durchgeseihten Rotwein unterrühren. Etwa 10 Minuten schmoren lassen. Mit Salz, Pfeffer und Zitronenschale würzen. Etwas abkühlen lassen. Petersilie und Kapern dazugeben und die Masse im Mixer pürieren. Restliche Butter unterrühren. Baguettescheiben rösten und mit der Paste bestreichen.

Tip
Servieren Sie dazu einen Kalterer oder Küchelberger Rotwein.

Marinierte Champignons

Zutaten
3 Schalotten,
2 Knoblauchzehen,
4 EL Olivenöl,
1/2 Bd. gehackte Petersilie,
1/8 l Weißwein,
Saft von 2 Zitronen,
Salz,
Pfeffer,
Thymian,
500 g Champignons (oder Egerlinge)

EW	Fett	KH	kcal/kJ
4 g	12 g	5 g	163/684

Schalotten und Knoblauchzehen schälen, beides hacken. In heißem Olivenöl mit der Petersilie glasig schwitzen. Mit Weißwein und Zitronensaft aufgießen. Aufkochen lassen, dann die Hitze herunterschalten. Mit den Gewürzen kräftig abschmecken.
Champignons oder Egerlinge sorgfältig säubern (nicht oder nur kurz waschen!) und in den Sud geben. Nach etwa 10–15 Minuten den Sud mit den Pilzen beiseite ziehen und abkühlen lassen.

Tip
Man kann die Pilze über Nacht im Kühlschrank durchziehen lassen.

Riesenbohnen in Zitronenöl-Sauce

Zutaten

1 Zwiebel,
2 Knoblauchzehen,
500 g weiße Riesenbohnen,
1 EL Tomatenmark,
Salz, Pfeffer,
4 EL Olivenöl,
Saft von 1 Zitrone,
Petersilie

EW	Fett	KH	kcal/kJ
17 g	13 g	43 g	340/1435

Zwiebel und 1 Knoblauchzehe schälen und fein würfeln. Riesenbohnen gut mit kaltem Wasser bedeckt zum Kochen aufstellen. Zwiebel, Knoblauch, Tomatenmark, Salz und Pfeffer hinzufügen und 1 Stunde garen. Die zweite Knoblauchzehe in die Knoblauchpresse geben oder mit etwas Salz zerdrücken. Olivenöl, Zitronensaft und gepreßten Knoblauch glatt schlagen – kalt stellen. Nach Belieben gehackte Petersilie untermischen. Riesenbohnen abseihen, mit Sauce mischen und nochmals zum Durchziehen kühl stellen.

Tip
In der Toskana wird dieser Salat auf gerösteten Weißbrotscheiben als Bruschetta con fagioli serviert.

Gefüllte Eier
(Abb.)

Zutaten

4 große hartgekochte Eier,
2 EL Sahne,
50 g Crème fraîche,
1 TL scharfer Senf,
Muskatnuß, Salz,
Cayennepfeffer

EW	Fett	KH	kcal/kJ
8 g	14 g	2 g	168/703

Eier halbieren, Eigelb herausnehmen, durch ein feines Sieb passieren, mit Sahne, Crème fraîche und Senf verrühren. Mit Muskatnuß, Salz und Cayennepfeffer abschmecken. Masse in die Eihälften füllen. Mit Cayennepfeffer stäuben.

Variationen:
Für Tomaten-Eier statt Senf 1 TL Tomatenmark unterrühren.
Für Avocado-Eier statt der Crème fraîche eine 1/2 Avocado pürieren und unter die Eigelbcreme rühren. Mit Zitrone abschmecken.

Tip
Käsecreme mit Schinkenwürfeln und Gurkenscheiben garnieren.

Matjes-Vorspeisenteller

Zutaten
1 Apfel,
Zitronensaft,
8 Matjesfilets,
100 ml Sahne,
1 EL Preiselbeer-marmelade,
1 rote Zwiebel,
1 Bd. Schnittlauch,
Salz,
Pfeffer,
4 TL Keta-Kaviar,
einige Blätter Friséesalat,
einige Blätter Eichblatt-salat,
4 Zitronenscheiben,
100 g Sahnemeerrettich (aus dem Glas),
1 TL schwarzer Kaviar,
2 Cocktailtomaten,
2 EL Senf,
1 EL Honig,
1 TL gehackter Dill,
4 mit Paprika gefüllte Oliven

EW	Fett	KH	kcal/kJ
29 g	54 g	17 g	665/2791

Apfel schälen, mit einem Apfelausstecher vom Kerngehäuse befreien und in 4 Scheiben schneiden. Mit Zitronensaft beträufeln.
4 Matjesfilets aufrollen und auf die Apfelringe setzen.
Sahne steif schlagen, in einen Spritzbeutel mit Sterntülle füllen, auf die Matjesröllchen spritzen und mit Preiselbeermarmelade verzieren.
Zwiebel schälen und mit 2 weiteren Matjesfilets in Würfel, Schnittlauch in Ringe schneiden. Alles vermischen und mit Salz und Pfeffer abschmecken.
Restliche Matjesfilets in feine Streifen schneiden, auf Tellern

verteilen und mit Keta-Kaviar und Friséesalat verzieren. Eichblattsalat und halbierte Zitronenscheiben auf die Teller legen.
Sahnemeerrettich auf die Zitronenscheiben geben und mit schwarzem Kaviar garnieren. Übrige vorbereitete Vorspeisen ebenfalls dazu anrichten. Cocktailtomaten vierteln, je 2 Viertel auf jeden Teller legen. Senf, Honig und Dill verrühren, auf die Vorspeisenteller geben und mit Olivenscheiben und Dillzweigen garnieren.

Paprika-Antipasti (Abb.)

Zutaten

je 2 rote, grüne, gelbe Paprikaschoten,
3 Knoblauchzehen,
2 rote Zwiebeln,
2 EL Olivenöl,
Salz,
Pfeffer,
Oregano,
125 g Mozzarella

EW	Fett	KH	kcal/kJ
8 g	13 g	16 g	186/778

Paprikaschoten putzen, waschen, halbieren, entkernen und in grobe Streifen schneiden. Knoblauchzehen und Zwiebeln abziehen, Knoblauchzehen zerdrücken, Zwiebeln achteln.
Olivenöl erhitzen, Paprikastreifen, Zwiebeln und zerdrückten Knoblauch darin ca. 15 Minuten dünsten. Mit Salz, Pfeffer, Oregano würzen. Antipasti aus der Pfanne nehmen, Mozzarella in Scheiben schneiden, unterheben und abkühlen lassen. Antipasti auf Teller anrichten und nach Wunsch mit Baguette servieren.

Schinken mit frischen Feigen

Zutaten

150 g Parmaschinken (dünn aufgeschnitten),
Pfeffer (frisch gemahlen),
8 reife Feigen

EW	Fett	KH	kcal/kJ
8 g	13 g	16 g	214/895

Schinkenscheiben vorsichtig trennen und auf einer Platte anrichten, leicht pfeffern. Feigen in Eiswasser legen und gut durchkühlen lassen. Anschließend vierteln, sie sollten aber am Blütenansatz noch zusammenhalten, und zum Schinken legen.

Maiskolben mit Knoblauchbutter

Zutaten
4 frische Maiskolben (ersatzweise konservierte),
Salz,
4–8 Knoblauchzehen,
100 g zimmerwarme Butter,
Pfeffer aus der Mühle

EW	Fett	KH	kcal/kJ
5 g	22 g	36 g	366/1533

Maiskolben entblättern, von Barthaaren befreien und unter fließendem kalten Wasser waschen.
Hellgelbe Spitze und harten Stilansatz mit einem scharfen Messer abschneiden. In reichlich kochendem Salzwasser in knapp 15 Minuten garen. Die Maiskolben sind gar, wenn sich die Körner mit einer Gabel lösen lassen. Inzwischen Knoblauch schälen und durch die Presse zur Butter drücken. Salzen, pfeffern und gut verrühren.
Maiskolben abtropfen lassen und mit der Knoblauchbutter servieren.

Tip
Schaffen Sie sich einen Vorrat an Maiskolben in Dosen oder als Tiefkühlware an.

Camembert-Soufflé auf Rote-Bete-Carpaccio
(Abb.)

Zutaten
750 g rote Bete,
2 EL Weißwein,
3 EL Weißweinessig,
Salz, Pfeffer,
Koriander,
8 Zweige Kerbel,
40 g Butter, 40 g Mehl,
1/4 l Milch, Muskatnuß,
120 g Camembert,
4 Eier getrennt,
Butter für die Förmchen,
4 EL Paniermehl

EW	Fett	KH	kcal/kJ
19 g	22 g	31 g	426/1786

Rote Bete in Alufolie fest verschließen. Im Ofen bei 200 Grad etwa 1 1/2 Stunden garen; auskühlen lassen, schälen und in dünne Scheiben schneiden. Aus Weißwein, Essig, Salz, Pfeffer und gestoßenem Koriander eine Marinade mischen. Über die rote Bete gießen und mit Kerbelblättchen auf Tellern anrichten. Butter zerlassen und Mehl darin anschwitzen. Milch dazugießen, glattrühren, aufkochen. Mit Salz, Pfeffer und Muskatnuß würzen. Camembert zerkleinern, hinzufügen und unter Rühren schmelzen lassen. Eigelb langsam unterrühren. Eiweiß steif schlagen und unterziehen. 4 Soufflé-Förmchen mit Butter ausstreichen und mit Paniermehl ausstreuen. Förmchen zu 2/3 mit Käsecreme füllen und im vorgeheizten Ofen bei 225 Grad etwa 15 Minuten backen. Sofort vom Carpaccio umrahmt servieren.

KOCHEN

Toast mit Pilzen

Zutaten
300 g frische Mischpilze,
100 g gekochter Schinken,
90 g Butter,
2 EL Crème fraîche,
1 EL gehackte Petersilie,
Salz,
weißer Pfeffer,
4 Scheiben Toastbrot,
75 g geriebener Greyerzer

EW	Fett	KH	kcal/kJ
15 g	21 g	17 g	321/1343

Die gemischten Pilze gründlich putzen, wenn nötig, waschen und in Scheiben schneiden.
Den gekochten Schinken würfeln. Butter in einer Pfanne erhitzen, Pilze darin anbraten. Schinkenwürfel dazugeben, alles bei schwacher Hitze 10 Minuten schmoren. Die Crème fraîche einrühren, einkochen, bis alle Flüssigkeit verdampft ist.
Die gehackte Petersilie untermengen, salzen und pfeffern.
Toastscheiben von beiden Seiten leicht rösten und mit restlicher Butter bestreichen.
Pilze auf den Toastbroten verteilen und mit dem geriebenen Käse bestreuen.
Toasts im vorgeheizten Ofen oder unter dem Grill bei starker Hitze überbacken, bis der Käse zerläuft.

Gefülltes Omelett chinesische Art

Zutaten
100 g Hühnerbrust oder Schweinefilet,
3 eingeweichte Tongkupilze,
100 g Sojabohnensprossen,
2 EL helle Sojasauce,
Maisstärke,
Öl zum Braten,
100 g Krabben,
100 g Bambussprossen in Streifen,
1 Möhre in Streifen,
3 EL Lauch in Ringen,
Salz, Glutamat,
Pfeffer, 1 EL Reiswein,
1 Tasse Brühe,
3 verquirlte Eier,
fertige Tomatensauce,
2 EL vorgekochte Erbsen

EW	Fett	KH	kcal/kJ
19 g	20 g	11 g	30671279

Hühner- oder Schweinefleisch in feine Streifen schneiden. Pilze fein hacken. Sojabohnensprossen putzen, waschen, abtropfen lassen. Fleisch kurz mit 1 EL heller Sojasauce und 1 TL Maisstärke marinieren. 3 EL Öl im Wok erhitzen, Fleisch darin anbraten, Krabben, Bambussprossen, Möhre, Tongkupilze und Lauch zugeben, unter Rühren braten, Gewürze, Reiswein und Brühe hinzufügen. Bei schwacher Hitze zugedeckt dünsten lassen, bis das Gemüse gar ist, Sojabohnensprossen hineingeben, mit Maisstärke andicken. Eier mit Salz und Pfeffer würzen, mehrere Omeletts backen. Gemüsemischung auf den Omeletts verteilen, die Omeletts einmal falten, mit heißer Tomatensauce begießen. Erbsen darüberstreuen.

Mozzarellaschnitten

Zutaten
2 Anchovisfilets,
1 Bd. gehackte Petersilie,
1 EL Kapern,
Saft von 1 Zitrone,
20 g Butter,
300 g Mozzarella,
16 Scheiben Baguette,
3 Eier, Salz, Pfeffer,
Paniermehl,
Olivenöl zum Braten

EW	Fett	KH	kcal/kJ
26 g	46 g	35 g	656/2743

Anchovisfilets hacken, mit Petersilie mischen. Kapern hacken und mit Zitronensaft zugeben. Masse ein paar Minuten in heißer Butter dünsten, dann beiseite stellen.
Mozzarella in 8 Scheiben schneiden, je 1 Scheibe zwischen 2 Baguettescheiben legen. Eier verquirlen, salzen und pfeffern und die Brote darin wenden. Anschließend in Paniermehl wälzen.
In heißem Fett von beiden Seiten goldbraun ausbacken.

Krabben-Pastetchen
(Abb. S. 17)

Zutaten
400 g Blätterteig (selbstgemacht oder tiefgekühlt),
20 g Butter,
20 g Mehl,
1/4 l Milch oder Fleischbrühe,
Salz, Pfeffer,
Zitronensaft,
1 Dose Krabben,
1 EL Sahne,
Worcestersauce,
2 EL gehackte Petersilie,
Petersilie zum Garnieren

EW	Fett	KH	kcal/kJ
11 g	35 g	38 g	513/2166

Tiefgekühlten Blätterteig nach Vorschrift auftauen lassen. Blätterteig etwa 1/2 cm dick ausrollen; runde Scheiben von etwa 7 cm Durchmesser ausstechen. Die Hälfte der Scheiben auf ein Blackblech legen. Aus den restlichen Scheiben innen einen Kreis von etwa 4 cm Durchmesser ausstechen, so daß Ringe entstehen. Ringe auf die mit Wasser bestrichenen Blätterteigscheiben legen und vorsichtig andrücken. Vorher ausgestochenen Innenkreis ebenfalls aufs Backblech legen. 1 Stunde stehenlassen. Im vorgeheizten Backofen bei 200 Grad backen. Blätterteigpasteten kurz vor dem Servieren nochmals aufbacken.

Für die Füllung Butter und Mehl in einem Topf goldgelb schwitzen. Unter Rühren nach und nach Milch oder Brühe dazugeben. Dicklich einkochen lassen. Mit Salz, Pfeffer und Zitronensaft abschmecken. Krabben untermengen und zugedeckt heiß werden lassen. Sahne mit einem Spritzer Worcestersauce und Petersilie unterheben, nochmals abschmecken. Heiße Blätterteigpasteten auf gewärmten Desserttellern anrichten. Füllung heiß einfüllen. Sie soll an einer Seite etwas überlaufen. Deckelchen auflegen. Mit einem Petersiliensträußchen heiß servieren.

Überbackene Tomaten

Zutaten
4 Fleischtomaten,
Butter, Salz,
Pfeffer (frisch gemahlen),
2 EL gemischte, gehackte Kräuter (Petersilie, Schnittlauch, Basilikum, Thymian),
1 Knoblauchzehe,
2 EL Paniermehl,
2 EL geriebener Parmesan, Butterflocken

EW	Fett	KH	kcal/kJ
5 g	9 g	7 g	132/551

Tomaten waschen und von den Stielansätzen befreien, halbieren und mit der Schnittfläche nach oben in eine gebutterte Form setzen. Salzen und pfeffern und mit den Kräutern bestreuen. Knoblauchzehe schälen und in Scheiben schneiden, über den Tomaten verteilen. Paniermehl und Parmesan überstreuen, Butterflocken obenauf setzen. Bei 220 Grad etwa 20 Minuten überbacken.

Lauwarmer Vorspeisenteller

Zutaten
500 g frischer Blattspinat,
4 Knoblauchzehen,
Butter, Salz, Pfeffer,
Koriander, 4 große Scheiben Schinken,
8 Scheiben grobe Salami

EW	Fett	KH	kcal/kJ
19 g	42 g	7 g	514/2151

Blattspinat putzen, waschen, kurz überbrühen, abtropfen lassen. Knoblauchzehen schälen und kleinschneiden. Butter in einer Pfanne erhitzen, Knoblauchscheiben darin anbraten, Blattspinat dazugeben, mit Salz und Pfeffer abschmecken. Ein paar Korianderkörner grob zerdrücken und über das Gemüse streuen. Blattspinat anrichten, je 1 Scheibe Schinken und 2 Scheiben grobe Salami dazu drapieren.
Sofort servieren.

Gefüllte Pastetchen
(Abb.)

Zutaten
250 g Reis,
200 g Ragout fin (Dose),
4 Fleischtomaten,
4 Blätterteigpasteten (Fertigprodukt),
Kresse zum Garnieren

EW	Fett	KH	kcal/kJ
9 g	25 g	67 g	438/1854

Reis nach Packungsanweisung zubereiten. Ragout fin im Topf erhitzen. Fleischtomaten waschen, einen Deckel abschneiden, Fruchtfleisch herauslösen. Hälfte des Ragout fins in die ausgehöhlten Tomaten geben, Rest in die Blätterteigpasteten füllen. Tomaten mit Kresse garnieren; mit den Pasteten und dem Reis anrichten.

Weißbrot mit Schinken und Mozzarella
(Pane ricco)

Zutaten
8 Weißbrotscheiben,
1/8 l Weißwein,
8 Scheiben Parmaschinken,
300 g Mozzarella,
Olivenöl

EW	Fett	KH	kcal/kJ
15 g	18 g	21 g	320/1349

Weißbrotscheiben in eine feuerfeste Form nebeneinander legen, mit Weißwein beträufeln und 10 Minuten im vorgeheizten Ofen bei mittlerer Temperatur backen.
Parmaschinken und Mozzarella auf den heißen Scheiben verteilen, nochmals 10 Minuten im Ofen backen lassen. Nach der Hälfte der Backzeit etwas Olivenöl über den Käse träufeln.

Gebackener Camembert mit Sauerkirschsauce
(Abb.)

Zutaten
4 EL Sauerkirsch-konfitüre,
4 EL Rotwein,
2 TL scharfer Senf,
1 Schalotte,
1 Prise Cayennepfeffer,
2 Halbfett-Camemberts (gut gekühlt),
1 Ei,
4 EL Paniermehl,
Fett zum Ausbacken

EW	Fett	KH	kcal/kJ
17 g	13 g	11 g	250/1048

Konfitüre mit Rotwein und Senf verrühren. Schalotte schälen, fein hacken und unter die Sauce mischen. Mit dem Cayennepfeffer abschmecken. Camembertstücke halbieren. Nacheinander in verquirltem Ei und Paniermehl wenden und die Panade etwas andrücken. In heißem Fett goldbraun ausbacken, Sauce darübergeben und heiß servieren.

Gratinierte Austern

Zutaten
Pro Person:
3 Austern,
1/4 l Fleischbrühe,
Paniermehl,
Butter,
Zitronensaft,
Cayennepfeffer

EW	Fett	KH	kcal/kJ
12 g	27 g	12 g	346/1446

Austern abbürsten, mit einem Messer öffnen, vorsichtig herausnehmen und kurz in heißer Fleischbrühe pochieren.
Gekochte Austern in Paniermehl wälzen, in die Schalen zurücksetzen und mit geschmolzener Butter, etwas Zitronensaft und einem Hauch Cayennepfeffer bestäuben.
Gefüllte Austernschalen im vorgeheizten Backrohr etwa 10 Minuten überbacken, bis der Inhalt eine goldbraune Farbe zeigt.

Carpaccio vom Rind mit Artischocken-salat (Abb.)

Zutaten
250 g Rinderfilet,
1 Beutel Fertigmischung für Kräuter-Salat-Sauce »Französische Art«,
3 EL Sonnenblumenöl,
2 EL roter Traubensaft,
1 Glas Artischockenböden (375 ml),
100 g grüne Bohnen,
1 kleiner Kopf Friséesalat,
50 g Parmesan

EW	Fett	KH	kcal/kJ
18 g	17 g	9 g	271/1134

Rinderfilet etwa 1 Stunde im Gefrierfach anfrieren lassen. Fertigmischung für Kräuter-Salat-Sauce in eine Schüssel geben, mit 1 EL Wasser verrühren. Sonnenblumenöl und Traubensaft nach und nach mit dem Schneebesen unterschlagen. Rinderfilet in hauchdünne Scheiben schneiden, auf 4 Tellern anrichten und mit Salatsauce beträufeln. Artischockenböden abtropfen lassen und in Streifen schneiden. Grüne Bohnen 5 Minuten blanchieren, mit kaltem Wasser abschrecken. Friséesalat putzen, waschen und jeweils 1 Blatt in die Mitte der Teller geben. Artischockenböden und Bohnen in der restlichen Salatsauce mischen und auf dem Friséesalat anrichten. Parmesan hobeln und vor dem Servieren über das Fleisch streuen.

Überbackener Tomatentoast

Zutaten
4 Scheiben Kastenweißbrot, 25 g Butter,
2 Fleischtomaten,
1 Kästchen Kresse,
150 g Mozzarella,
etwas gerebelter Oregano, Salz,
Pfeffer, 1 EL Olivenöl

EW	Fett	KH	kcal/kJ
11 g	14 g	22 g	257/1080

Weißbrotscheiben mit Butter bestreichen und kurz zum Toasten in den heißen Ofen schieben. Tomaten waschen, von den Stielansätzen befreien und in dünne Scheiben schneiden. Kresse abschneiden. Mozzarella in schmale Scheiben schneiden. Weißbrotscheiben mit Kresse belegen, darauf Tomaten- und Mozzarellascheiben verteilen; mit Oregano, Salz und Pfeffer bestreuen. Olivenöl darüber- träufeln und 39im Ofen goldgelb überbacken.

Frischkäse-Soufflé
(Abb.)

Zutaten
3 Eier,
1 TL Salz,
weißer Pfeffer,
250 g magerer Frischkäse,
1 EL Schnittlauchröllchen, 75 g Mehl,
Margarine für die Förmchen

EW	Fett	KH	kcal/kJ
13 g	12 g	15 g	180/754

Eier trennen, Eiweiß beiseite stellen. Eigelb mit Salz und Pfeffer dickschaumig schlagen. Frischkäse hinzufügen und mit Schnittlauchröllchen und gesiebtem Mehl gleichmäßig unterrühren.
Das Eiweiß steif schlagen und unterheben.
4 Auflaufförmchen einfetten, Soufflémasse hineingeben und im vorgeheizten Backofen bei 200 Grad etwa 25 Minuten goldbraun backen.
Soufflés aus den Förmchen lösen und sofort servieren. Dazu schmeckt eine kräftige Tomatensauce oder eine herbe Fruchtsauce.

Tip
Das Soufflé läßt sich gut in der Mikrowelle zubereiten. Zugedeckt bei 700 W ca. 4–5 Minuten garen.

Gratinierte Muscheln

Zutaten
3 kg frische Miesmuscheln,
2–3 Knoblauchzehen,
1 Bd. Petersilie,
50 g Paniermehl,
Pfeffer (frisch gemahlen),
4 EL Olivenöl

EW	Fett	KH	kcal/kJ
73 g	22 g	7 g	547/2287

Muscheln waschen, bürsten, aussortieren (geöffnete Muscheln nicht verwenden!). In einen schweren Topf geben, 5 Minuten sehr stark erhitzen, dabei den Topf öfter kräftig durchrütteln, damit sich die Muscheln öffnen können.
Muscheln herausnehmen und die oberen Schalen entfernen. Die unteren Schalen mit dem Muschelfleisch nebeneinander auf ein Backblech legen.
Knoblauch und Petersilie fein hacken, mit Paniermehl vermischen und pfeffern. Über die Muscheln verteilen, mit Olivenöl beträufeln und in den vorgeheizten Ofen schieben (225 Grad).
4–5 Minuten gratinieren, bis das Paniermehl goldbraun, aber nicht trocken ist.

Tip
Feiner als mit Miesmuscheln schmeckt das Rezept mit Jakobsmuscheln.

Clubsandwich

Zutaten
400 g gekochtes, enthäutetes Hühnerbrustfleisch (ersatzweise gegrilltes oder fertig gekauftes),
12 Streifen durchwachsener Speck,
4 kleine Tomaten,
12 Scheiben Kastenweißbrot,
40 g zimmerwarme Butter,
8 grüne Salatblätter,
Salz,
weißer Pfeffer,
4 EL Mayonnaise

EW	Fett	KH	kcal/kJ
38 g	89 g	47 g	1185/4983

Hühnerbrustfilet in dünne Streifen schneiden.
Speckstreifen in einer heißen Pfanne bei mittlerer Hitze glasig braten und auf Küchenkrepp legen. Tomaten waschen, von den Stielansätzen befreien und in dünne Scheibchen schneiden. Weißbrotscheiben entrinden und knusprig toasten; mit Butter bestreichen. Salatblätter waschen, trockenschwenken und in Streifen schneiden. Pro Portion 3 Scheiben Brot sowie ein Viertel der weiteren Zutaten verwenden.
Die erste Scheibe mit einem Teil Salat- und Hühnerbruststreifen belegen. Leicht salzen, pfeffern und zweite Scheibe Brot darauf drücken; mit restlichen Salatstreifen und Tomatenscheiben sowie je 3 Streifen Speck belegen. Mit Mayonnaise dick einstreichen und die dritte Scheibe Brot darauf drücken. Jedes Clubsandwich mit einem Küchenbrett, auf das ein entsprechendes Gewicht (z. B. eine Konservendose) gegeben wird, für etwa 10 Minuten beschweren. Clubsandwiches diagonal mit einem scharfen Messer durchschneiden.

Tip
Dazu Pommes frites oder selbst hergestellte Kartoffelchips servieren.

Fleischspießchen

Zutaten
3 EL Olivenöl,
Saft von 1 Zitrone,
1 EL gehackte Zwiebel,
Salz,
Pfeffer,
1 Prise Oregano,
250–500 g Lammschulter

EW	Fett	KH	kcal/kJ
14 g	22 g	2 g	281/1176

Eine Marinade aus Olivenöl, Zitronensaft, Zwiebelwürfel und Gewürzen herstellen.
Fleisch in etwa 1/2–1 cm große Würfel schneiden. In die Marinade legen und mindestens 1 Stunde ziehen lassen. Anschließend auf Spieße stecken und unter mehrmaligem Wenden knappe 10 Minuten über dem Holzkohlenfeuer grillen.
Kurz vor dem Servieren salzen und pfeffern.

Schlutzkrapfen

Zutaten
1 kleine Zwiebel,
20 g Butter,
1 gehäutetes Kalbshirn,
2 EL passierter oder feingehackter, gedünsteter Spinat,
1 EL Schinkenwürfel,
1 knapper EL gehackte Petersilie,
Salz,
Pfeffer,
500 g Mehl,
4 Eier,
Salz,
geriebener Parmesan,
braune Butter

EW	Fett	KH	kcal/kJ
35 g	31 g	91 g	802/3354

Zwiebel schälen, fein hacken und in zerlassener Butter glasig dünsten. Kalbshirn wiegen, zugeben und kurz mitbraten. Spinat, Schinken und Petersilie untermengen, salzen und pfeffern. Aus Mehl, 3 Eiern, Salz und Wasser einen festen

Nudelteig kneten. Teig in 6 Stücke teilen und diese dünn ausrollen, 3 davon mit verschlagenem Ei bestreichen. In gleichmäßigem Abstand jeweils 1 TL Füllung auf die Teigblätter setzen, unbestrichene Blätter darauf legen und leicht andrücken. Mit einem Teigrad kleine Vierecke, mit der Fülle in der Mitte, ausradeln. In kochendem Salzwasser so lange sieden lassen, bis sie an die Oberfläche steigen. Herausnehmen und abtropfen lassen. Mit Parmesan bestreuen und mit brauner Butter begießen.

Tip
Wenn Schlutzkrapfen übrigbleiben, kann man sie in eine Auflaufform geben und zum Überbacken nochmals mit Parmesan und Butter bedecken.

Überbackener Ziegenkäse

Zutaten
2 Ziegenkäse in Weinblättern,
2 große Fleischtomaten,
75 ml Olivenöl,
Salz,
Pfeffer,
30 g Pinienkerne,
frische Basilikumblätter

EW	Fett	KH	kcal/kJ
10 g	40 g	4 g	390/1634

Ziegenkäse in 6 Scheiben schneiden. Tomaten waschen und in dicke Scheiben schneiden. Alles in eine Auflaufform schichten. Mit Olivenöl gleichmäßig begießen. Mit Salz, Pfeffer und Pinienkernen bestreuen.
Im vorgeheizten Backofen bei 200 Grad etwa 10 Minuten überbacken.
Basilikumblättchen kurz vor Ende der Garzeit auf dem Käse verteilen.
Ziegenkäse heiß servieren.

TIP
Dazu schmeckt Baguette. Wer keinen Ziegenkäse bekommt, kann auch einen würzigen Schafkäse für das Rezept verwenden.

Lachsterrine
(Abb.)

Zutaten
300 g Lachsfilet,
Salz, 1 Bd. Dill,
150 g Crème fraîche,
300 g Joghurt,
Saft von 1/2 Zitrone,
weißer Pfeffer,
8 Blatt weiße Gelatine,
50 g Forellenkaviar

EW	Fett	KH	kcal/kJ
24 g	28 g	17 g	432/1815

Lachsfilet in 2 cm dicke Scheiben schneiden, salzen und etwa 1 Stunde ziehen lassen. Dill waschen, putzen und hacken. Crème fraîche mit Joghurt, Zitronensaft und Dill verrühren und mit Salz und weißem Pfeffer abschmecken. Gelatine nach Packungsvorschrift einweichen, auflösen und unter die Masse ziehen. Hälfte der Joghurtmasse in eine Rehrückenform füllen. Lachsscheiben abspülen, trockentupfen und in die Form setzen. Mit restlicher Joghurtmasse auffüllen. Lachsterrine über Nacht im Kühlschrank fest werden lassen. Auf eine Platte stürzen und in Scheiben schneiden. Auf Tellern anrichten und mit Forellenkaviar bestreuen. Nach Wunsch mit Dillsträußchen garniert servieren.

Tip
Dazu schmecken in Butter gedünstete Zuckerschoten und Tomatenwürfelchen.

Italienische Pastete

Zutaten
400 g Mehl,
4 EL Öl, Salz,
750 g Spinat, Paprika, Rosenkohl oder Tomaten (bzw. insgesamt 750 g dieser Gemüsesorten),
Brühe, 2 Zwiebeln,
Öl,
2 Knoblauchzehen,
300 g Ricotta,
2 Eier,
150 g Parmesan,
Majoran,
6 weichgekochte Eier,
8 eingelegte Artischockenherzen,
Parmesan zum Bestreuen

EW	Fett	KH	kcal/kJ
45 g	77 g	61 g	1128/4721

Mehl, Öl, Salz und 1/4 l Wasser zu einem festen Teig verarbeiten und gut kneten. Den Teig in 12 Stücke teilen und mit Öl überglänzen. 1 Stunde ruhen lassen. Inzwischen Gemüse putzen, kurz überbrühen und wie folgt vorbereiten: Rosenkohl fast fertig garen, Tomaten kurz überbrühen und schälen, Paprika bei milder Hitze mit etwas Brühe dünsten.

Vorgegartes Gemüse zerkleinern, Zwiebeln schälen, fein hacken und im heißen Öl glasig werden lassen. Zerdrückten Knoblauch, zerkleinerten Ricotta, Eier, Gemüse, Parmesan und Gewürze dazugeben. Alles gut vermischen.
Eine Springform mit Öl ausstreichen und die 12 Teiglaibchen zu dünnen Platten ausrollen.
9 Teigplatten dick mit Öl bestreichen und so in der Springform auslegen, daß sie sich gut überlappen. Mit Füllung auslegen. Weichgekochte Eier schälen und in gleichmäßigen Abständen in die Füllung setzen, dazwischen Artischockenherzen plazieren. Mit Parmesan bestreuen.
Restliche 3 Teigplatten mit Öl bestreichen und als Deckel auf die Pastete setzen.
Teigdeckel mit einer Gabel einstechen und Pastete bei mittlerer Hitze 50 Minuten backen. Heiß oder kalt servieren.

SCHNELLREZEPT

Geflügelfrikassee in Blätterteig

(Abb.)

Zutaten

1/2 Dose konzentrierte Spargel-Cremesuppe,
1/2 Dose konzentrierte Champignon-Cremesuppe,
4 Hähnchenbrustfilets,
200 g Champignons,
200 g Spargelspitzen (Dose),
2 EL gehackte Petersilie,
Salz, Pfeffer,
Muskat,
2 EL Crème double,
0,1 l Weißwein,
8 Blätterteigpasteten

EW	Fett	KH	kcal/kJ
43 g	18 g	28 g	626/2620

Die Spargel- und Champignon-Cremesuppe zusammen in einen Topf geben, mit gleicher Menge Wasser verdünnen und erhitzen. Hähnchenfleisch in mundgerechte Stücke schneiden und in der Suppe unter gelegentlichem Umrühren ca. 10 Minuten bei mäßiger Hitze gar ziehen lassen. Champignons putzen, waschen und kurz vor Ende der Garzeit zusammen mit den abgetropften Spargelspitzen und der Petersilie zum »Frikassee« geben, mit Salz, Pfeffer und Muskat würzen, mit Crème Double und Weißwein geschmacklich abrunden.
In den aufgebackenen Pasteten anrichten und sofort servieren.

Tip

Für die »Schnelle Küche« sollte man Tiefkühlkräuter, Crème fraîche und Tomatenmark vorrätig haben – zum Abrunden und Verfeinern.

KOCHEN

Lauchkuchen mit Speck

Zutaten
250 g Mehl,
125 g kalte Butterstückchen,
1/2 TL Salz,
Mehl und Butter für die Form,
1 kg Lauch,
1 große Zwiebel,
250 g geräucherter Schinkenspeck,
3 EL Öl, 200 g Sahne,
3 Eier,
weißer Pfeffer

EW	Fett	KH	kcal/kJ
23 g	97 g	66 g	1279/5355

Aus Mehl, Butter, Salz und 2 EL kaltem Wasser einen Mürbeteig kneten. In Folie wickeln und etwa 30 Minuten kalt stellen. Backofen auf 200 Grad vorheizen. Eine Springform von 24 cm Durchmesser mit Butter einfetten und mit Mehl bestäuben. Lauch längs halbieren, waschen und quer in feine Streifen schneiden. Zwiebel schälen und hacken. Schinkenspeck in schmale Streifen oder kleine Würfel schneiden. Öl erhitzen. Schinkenspeck, Lauchstreifen und Zwiebelwürfel etwa 10 Minuten dünsten, vom Feuer nehmen.
Mürbeteig auf bemehlter Arbeitsfläche auswellen und Springform damit auskleiden, Ränder hochziehen. Teig mit einer Gabel mehrmals einstechen. Pfanneninhalt auf dem Teig verteilen. Kuchen etwa 10 Minuten vorbacken. Sahne mit Eiern und Gewürzen verschlagen; über den Lauchkuchen gießen und diesen weitere 20 Minuten backen; aus dem Ofen nehmen und in der Form abkühlen lassen. Kuchenstücke abschneiden und mit Pfälzer Weißwein genießen.

Teufelstoast

Zutaten
100 g Mayonnaise,
2 EL Tomatenketchup,
je 1 Schuß Weinbrand und Orangensaft,
Paprikapulver (rosenscharf),
Salz, Pfeffer,
Cayennepfeffer,
Tabasco nach Belieben,
2 große Zwiebeln,
6 EL Öl,
4 dünne Rindersteaks,
4 Scheiben Weißbrot

EW	Fett	KH	kcal/kJ
16 g	44 g	23 g	562/2366

Mayonnaise mit Ketchup, Weinbrand, Orangensaft, Paprikapulver, Salz, Pfeffer, Cayennepfeffer und Tabasco zur »Teufelssauce« verrühren und abschmecken. Zwiebeln schälen, halbieren und in Streifen schneiden. Öl in einer Pfanne erhitzen und Steaks darin von beiden Seiten je etwa 4 Minuten braten (Bratlänge hängt vom gewünschten Garzustand ab). Inzwischen Weißbrotscheiben toasten, mit der Hälfte der »Teufelssauce« einstreichen und darauf je ein Rindersteak legen. Im verbliebenen Bratensatz Zwiebelstreifen rösten und auf die Steaks verteilen. Restliche »Teufelssauce« auf die Zwiebelringe geben.

Rührei mit Flocken

Zutaten
4 Eier, 4 EL Milch,
Salz, 4 EL Instant Haferflocken,
1–2 EL Butter oder Margarine,
4 Graubrotscheiben,
1 EL feingeschnittener Schnittlauch,
100 g rohe Schinkenwürfel

EW	Fett	KH	kcal/kJ
16 g	18 g	28 g	348/1463

Eier mit Milch, Salz und Haferflocken verschlagen. Fett in einer Pfanne zerlassen, Eiermasse hineingeben. Sobald die Masse zu stocken beginnt, mit einem Löffel strichweise vom Boden der Pfanne losrühren, weiter erhitzen, bis keine Flüssigkeit mehr vorhanden ist. Rührei muß weich und großflockig, aber nicht trocken sein. Das Rührei mit Schnittlauch und Schinkenwürfeln auf den Brotscheiben anrichten.

Suppen bilden im allgemeinen neben den Vorspeisen den Auftakt einer Mahlzeit. Sie sollen den Appetit anregen und das Mahl elegant einleiten. Aus der Tradition heraus galten Gerichte, bei denen alle Zutaten in einem Topf garen, lange Zeit als „Arme-Leute-Kost": derb, deftig und vor allem einfach zu machen. Die Suppenrezepte haben mit der Überlieferung inzwischen nur noch eines gemeinsam – sie sind einfach zu machen.

Die Basis jeder Suppe bildet die Brühe oder der Fond, das eingekochte Konzentrat. Heute gibt es bereits fertige Fonds in den unterschiedlichsten Geschmacksrichtungen. Geschmacklich können sie aber eine selbstgezogene Brühe nicht ersetzen. Dabei ist das Selbstkochen ganz einfach, wenn auch etwas zeitaufwendig. Bereiten Sie Brühen in größeren Mengen vor und frieren sie portionsweise ein.

Tips für die perfekte Brühe

1. Alle Zutaten werden mit kaltem Wasser bedeckt aufgesetzt und langsam zum Kochen gebracht. Dadurch werden die meisten Aromastoffe an das Kochwasser abgegeben.

Suppenfleisch aufsetzen (Abb. 1)

Abschäumen (Abb. 2)

Brühe passieren (Abb. 3)

2. Fleisch und würzende Zutaten gehören von Anfang an in den Topf (Abb. 1). Gemüse, das mitgegessen wird, geben Sie ca. 30 Minuten vor Ende der Kochzeit dazu. Gesalzen werden Brühen erst zum Schluß.

3. Brühen und Fonds immer ohne Deckel sieden (nicht kochen) lassen.

4. Um eine möglichst klare Brühe zu erhalten, wird der sich bildende Schaum immer wieder mit der Schaumkelle entfernt (Abb. 2).

5. Nach dem Kochen muß eine Brühe möglichst schnell abkühlen, da sie sonst leicht sauer wird. Also den Topf auf einen Rost stellen und später in den Kühlschrank.

6. Aus einer Brühe wird ein konzentrierter Fond, wenn man sie nach dem Abpassieren (Abb. 3) und Entfetten auf ein Drittel einkocht. So läßt sie sich auch am kostengünstigsten portionsweise einfrieren. Entfettet hält sich der Fond eingefroren ca. 1/2 Jahr.

Entfetten läßt sich eine Brühe am einfachsten im kalten Zustand, wenn das Fett eine feste Schicht auf der Oberfläche gebildet hat und sich so leicht abheben läßt.

Um eine glasklare Brühe für eine besonders edle **Consommé** zu bekommen, müssen Sie die **Brühe klären**. Dazu wird die Brühe durch ein Mulltuch gegossen und anschließend entfettet. Dann geben Sie in die kalte Brühe verschlagenes Eiweiß (2 Eiweiß auf 1 l Brühe) und lassen sie langsam heiß werden. Nach 15 Minuten schöpfen Sie vorsichtig den Schaum ab und gießen die Brühe nochmals durch ein Mulltuch. Ein besonders kräftiges Aroma erhalten Sie, wenn Sie das Eiweiß mit gehacktem Klärfleisch (am besten Ochsenbeinfleisch) mischen.

Wichtig ist, daß die Brühe beim Klären immer nur knapp unter dem Siedepunkt zieht, da sonst das Eiweiß am Topfboden anbrennt.

- Eine gute Brühe (Fleisch-, Geflügel-, Fisch- oder Gemüsebrühe) bildet immer die Basis für eine gebundene Suppe. Die Bindung erhält sie durch eine Mehlschwitze (Roux), verfeinert wird sie durch die Zugabe von Sahne und Eigelb.

- Im Unterschied dazu erhalten Püreesuppen die Bindung durch weichgekochte Zutaten (Gemüse, Reis, Kartoffeln, Fleisch), die im Kochwasser püriert und anschließend verfeinert werden.
- Eine Abwechslung stellen die kalten Suppen dar. Viele klare und gebundene Suppen können nach dem Kochen auch kalt serviert werden. Gerade im Sommer eine willkommene Alternative.

- Eine Besonderheit dieses Kapitels sind die Kaltschalen und kalten süßen Suppen. Diese erfrischenden Suppen werden auf der Basis verschiedener Milchprodukte bzw. Obstsorten hergestellt. Sie können an heißen Tagen mit verschiedenen Einlagen als eigenständiges Gericht zubereitet werden oder als leichtes Dessert eine Speisenfolge abschließen.

Schnelle Suppen-Variationen

Mit Gemüse
Fein geschnittene Gemüsestreifen oder -würfel geben jeder Suppe ein intensiveres Aroma. Einfach ca. 5 Minuten in der fertigen Brühe garziehen lassen. Besonders eignen sich Möhren, Zucchini, Paprika oder entkernte Tomaten. Raffiniert in Geschmack und Aussehen sind auch sehr fein geschnittene Streifen von Blattsalaten aller Art.

Mit Kräutern
Kurz vor dem Servieren frisch gehackte Kräuter nach Geschmack in die Suppe streuen. Nicht mitkochen, denn dadurch verlieren sie Farbe, Geschmack und Vitamine.

Mit Teigwaren und Reis
Wenn es sich um klare Suppen handelt, sollten Sie Einlagen dieser Art am besten separat nach Anleitung garen und erst danach in die fertige Suppe geben. Bei gebundenen Suppen oder Gemüsesuppen kann man sie auch mitkochen.

Mit Croutons
In etwas Butter gebratene Weiß- oder Vollkornbrotwürfel geben ihrer Suppe eine pikante Note, vor allem wenn sie in Knoblauch- oder Kräuterbutter gebraten werden. Witzige Figuren für besondere Anlässe können Sie aus getoastetem Brot ausstechen.

Mit Backerbsen
Fertig gekaufte Backerbsen, die Sie erst unmittelbar vor dem Servieren in die Brühe geben, sind eine besonders schnelle Variation.

Weitere Anregungen für raffinierte Suppeneinlagen finden Sie im Rezeptteil ausführlich beschrieben.

KOCHEN

GRUNDREZEPT
Fleischbrühe

Zutaten
2 Markknochen,
500 g zerhackte Rinderknochen,
500 g Rindfleisch,
1 Zwiebel,
2 Bd. Suppengrün,
1 TL weiße Pfefferkörner

EW	Fett	KH	kcal/kJ
26 g	28 g	3 g	380/1594

Knochen und Fleisch gründlich waschen. Zwiebel halbieren und ungeschält mit den Schnittflächen auf der Herdplatte oder in einer trockenen Pfanne bräunen lassen. Suppengrün grob schneiden und waschen. Fleisch und Knochen in einen großen Topf legen und mit 2 1/2 l kaltem Wasser aufgießen. Pfefferkörner hinzugeben und zum Kochen aufstellen. Nach mehrmaligem Aufkochen die Hitze reduzieren und etwa 1 1/2 Stunden leise köcheln lassen. Inzwischen Suppengrün einstreuen und die Oberfläche entschäumen. Fleisch und Knochen herausnehmen. Brühe zum Klären durch ein Sieb gießen.

Tip
Fertige Brühe kräftig einkochen und auf Vorrat portionsweise einfrieren.

GRUNDREZEPT
Geflügelbrühe

Zutaten
1 Suppenhuhn,
1 Zwiebel,
1 Bd. Suppengrün,
2 Kalbsknochen,
1 Lorbeerblatt

EW	Fett	KH	kcal/kJ
23 g	39 g	2 g	471/1974

Suppenhuhn wässern, bis das Wasser klar bleibt. Ungeschälte Zwiebel halbieren und auf den Schnittflächen bräunen. Suppengrün waschen und grob zerschneiden. Alle Zutaten in einen Topf legen und mit 2 1/2 l Wasser aufgießen. Kochen wie bei Fleischbrühe.

GRUNDREZEPT
Consommé

Zutaten
500 g grob durch den Wolf gedrehtes Rinderwadenfleisch (vom Metzger machen lassen),
2 Eiweiß,
1 Stange Lauch,
2 Möhren,
1 Zwiebel,
je 1/2 Bd. Petersilie und Kerbel,
2 l kalte Knochenbrühe oder Fleischbrühe

EW	Fett	KH	kcal/kJ
31 g	8 g	7 g	237/1004

Rindfleisch in einen größeren Topf legen. Eiweiß mit 1/2 l kaltem Wasser verquirlen und darübergießen. Gemüse waschen, in gleichmäßig kleine Würfel schneiden. Mit dem Topfinhalt und den Kräutern vermengen.
Etwa 1/2 Stunde ruhen lassen. Kalte Brühe in den Topf gießen und zum Kochen aufstellen; dabei immer wieder umrühren. Nach dem ersten Aufkochen die Hitze zurückdrehen und alles etwa 1 1/2 Stunden leise köcheln lassen.
Die Oberfläche der Brühe mehrmals abschöpfen und entfetten. Fertige Kraftbrühe durch ein mit einem Tuch ausgelegtes Sieb gießen. Erkalten lassen, das Fett auf der Oberfläche abnehmen und erneut aufkochen. Eventuell noch abschmecken.

GRUNDREZEPT
Gemüsebrühe

Zutaten
3 Möhren,
200 g Knollensellerie,
1 Stange Lauch,
5 EL Öl,
1 Bd. Petersilie,
einige Zweige Thymian und Liebstöckel,
Salz,
2 Nelken,
1 große Zwiebel

EW	Fett	KH	kcal/kJ
2 g	16 g	10 g	193/812

Gemüse waschen und mit den Schalen in grobe Stücke schneiden. In einem größeren Topf Öl erhitzen und Gemüsestücke darin leicht andünsten.
Mit 2 l kaltem Wasser aufgießen und zum Kochen aufstellen. Kräuterzweige einlegen und Gewürze hinzugeben. Zwiebel vierteln und ebenfalls hinzufügen. Nach dem ersten Aufkochen Hitze reduzieren und die Suppe etwa 1 1/2 Stunden köcheln lassen. Anschließend durch ein Sieb gießen.

Tip
Zwiebelschalen färben die Brühe appetitlich gelb.

Suppe mit Pfannkuchenschnecken

Zutaten
100 g Mehl,
2 Eier, 150 ml Milch,
Kräutersalz,
150 g Spinatblätter,
250 g Kalbsbrät,
2 Würfel Klare Fleischsuppe
oder 1 l Fleischbrühe (Rezept S. 40),
1 TL Schnittlauchröllchen, 1 Tomate

EW	Fett	KH	kcal/kJ
23 g	7 g	22 g	240/1000

Aus Mehl, Eiern, Milch und Salz einen Teig zubereiten und dünne Pfannkuchen backen. Spinat blanchieren und abwechselnd mit Kalbsbrät 3 Pfannkuchen damit belegen. Restliche Pfannkuchen anders verwenden. Zu einer Rolle aufrollen und in Alufolie wickeln. In Wasserdampf 30 Minuten garen, herausnehmen, abkühlen lassen und in Scheiben schneiden.
1 l Wasser kochen, Würfel darin auflösen. In Teller gießen und Pfannkuchenschnecken hineinlegen.
Mit Schnittlauch und gewürfelter Tomate garnieren.

KOCHEN

Gemüseconsommé mit buntem Eierstich

Zutaten

1 kg gemischtes Gemüse nach Jahreszeit (z. B. Kartoffeln, Möhren, Lauch, Zucchini, Tomaten, Kohl, Sellerie),
4 EL Butterschmalz,
Salz,
Pfeffer,
Suppengewürz,
Muskatnuß,
4 Eier,
6 EL Milch,
Safran,
Tomatenmark,
gehackte Kräuter,
Butter für die Form

EW	Fett	KH	kcal/kJ
16 g	20 g	20 g	259/1373

Gemüse waschen, putzen bzw. schälen und in Streifen oder Scheiben schneiden (etwas zum Garnieren beiseite legen). In heißem Butterschmalz andünsten, mit 1 1/2 l Wasser aufgießen. Mit Salz, Pfeffer, Suppengewürz und Muskatnuß würzen. Zugedeckt etwa 1 Stunde schwach kochen lassen. Brühe durchseihen, nochmals abschmecken.
Zurückbehaltenes Gemüse in feine Streifen schneiden, in die Brühe geben und 3–5 Minuten garen.
Für den Eierstich Eier mit Milch verquirlen, mit Salz und Muskatnuß abschmecken.
In 3 Portionen teilen und mit Safran, Tomatenmark oder gehackten Kräutern »einfärben«. Eierstich nacheinander in eine gefbutterte Form füllen und im heißen Wasserbad etwa 30 Minuten zugedeckt stocken lassen. Das Wasser darf nicht kochen. Eierstich stürzen, in Würfel schneiden oder zu Formen ausstechen und in der Gemüsebrühe servieren.

Tip

Der Eierstich läßt sich auch im Backofen oder in der Mikrowelle zubereiten. Im Backofen wird er bei 175 Grad auf der mittleren Schiene in 30–40 Minuten gegart. Zuvor die ofenfesten Förmchen mit Alufolie abdecken. In der Mikrowelle läßt man die Eimasse zugedeckt in einer mikrowellengeeigneten Schüssel bei 450 W in 8 Minuten stocken.

Sandwichsuppe

Zutaten
2 Brötchen
150 g Greyerzer Käse,
1 l Fleischbrühe (S. 40),
2 EL Sherry,
gehackte Petersilie

EW	Fett	KH	kcal/kJ
13 g	12 g	17 g	230/964

Die beiden Brötchen (am besten vom Vortag) quer in insgesamt 8 dickere Scheiben schneiden. In den vorgeheizten Ofen schieben und leicht vortoasten. Den Käse in passende Stücke zum Brot schneiden. Anschließend 4 feuerfeste Suppentassen vorbereiten. Die gebräunten Brot- und Käsescheiben abwechselnd in die Tassen verteilen.
Die Fleischbrühe zum Kochen bringen. Danach mit 2 EL Sherry fein abschmecken.
Die fertige Suppe über die Brotmischung gießen.
In den vorgeheizten Ofen schieben und überbacken.
Mit Petersilie bestreuen.

Tip
Eine gute Suppe für den Hunger zwischendurch oder zum Aufwärmen; schnell und leicht gemacht. Versuchen Sie es doch auch einmal mit Brezeln und mit einem anderen Käse.

Backerbsensuppe

Zutaten
150 g Mehl,
1/8 l Milch,
2 Eigelb, Salz,
2 Eiweiß,
Öl zum Ausbacken,
1 1/4 l Fleischbrühe
(Rezept S. 40),
1 Bd. Schnittlauch

EW	Fett	KH	kcal/kJ
9 g	11 g	28 g	248/1039

Aus Mehl, Milch, Eigelb und einer Prise Salz einen Pfannkuchenteig rühren. Eiweiß steif schlagen und unter den Teig ziehen.
Öl erhitzen und Teig durch ein Reibeisen in das Fett tropfen lassen. Goldgelb ausbacken, mit einem Schöpfer aus dem Öl nehmen, zum Abtropfen auf Küchenkrepp legen.
In die heiße Fleischbrühe einlegen und mit Schnittlauch bestreuen.

Butternockerlsuppe

Zutaten
100 g Butter,
100 g Mehl,
1 Ei,
1 Eigelb,
Salz,
Muskatnuß,
1 l Fleischbrühe (S. 40),
1 Bd. Schnittlauch

EW	Fett	KH	kcal/kJ
6 g	24 g	19 g	324/1358

Butter schaumig rühren. Nach und nach Mehl, Ei, Eigelb, Salz und Muskatnuß unterrühren. Teig kaltgestellt etwa 10 Minuten ruhen lassen. Mit einem kleinen Löffel Nockerl abstechen und in simmernder, der nicht mehr kochenden Fleischbrühe 15 Minuten garen. Suppe auf die Teller verteilen, Schnittlauch in Röllchen schneiden und über die Suppe streuen.

Grießklößchensuppe

Zutaten
20 g Butter,
1 Ei, 100 g Grieß,
Salz,
1/2 Bd. Schnittlauch,
gut 1 l Fleischbrühe nach dem Grundrezept S. 40

EW	Fett	KH	kcal/J
6 g	7 g	17 g	153/650

Zimmerwarme Butter mit Ei in 5 Minuten schaumig schlagen. Grieß und Salz untermengen; etwa 15 Minuten ruhen lassen. Mit 2 EL (immer wieder kalt abspülen) kleine Klößchen formen und diese in gerade eben kochendes Salzwasser legen. Etwa 10 Minuten ziehen lassen. Schnittlauch in Röllchen schneiden. Grießklößchen in heißer Suppe mit Schnittlauchröllchen servieren.

Speckknödelsuppe

Zutaten
500 g alte Brötchen,
200 g durchwachsener Speck,
4 Eier,
1/4 l Milch,
Salz,
Pfeffer,
Muskatnuß,
1 Bd. Petersilie,
2 EL Mehl,
1 l Fleischbrühe,
1 Bd. Schnittlauch

EW	Fett	KH	kcal/kJ
25 g	41 g	74 g	796/3333

Brötchen in Würfel schneiden. Speck kleinwürfelig schneiden. Mit den Brötchen mischen. Eier mit Milch verquirlen, mit Salz, Pfeffer und Muskatnuß würzen und über die Brötchen-Speck-Mischung gießen. Petersilie waschen, fein hacken und untermengen. Etwa 10 Minuten ziehen lassen, Mehl zugeben. Aus dem Teig mittelgroße Knödel formen und in siedender Fleischbrühe 10–15 Minuten gar ziehen lassen. Schnittlauch waschen, in Röllchen schneiden und überstreuen.

Tip
Kräuter geben klaren Suppen einen frischen Geschmack. Neben Schnittlauch eignen sich Petersilie, Kerbel, Basilikum, Kresse oder Sprossen.

GRUNDREZEPT

Gebundene Suppe

Zutaten

2 TL Zwiebelwürfel,
30 g Butter,
40 g Mehl,
1 l Fleischbrühe (S. 40),
Salz

EW	Fett	KH	kcal/kJ
27 g	34 g	11 g	470/1971

Butter in einem Topf erhitzen. Mehl und Zwiebelwürfel darin andünsten, hellgelb bis goldbraun rösten. Warme Fleischbrühe auffüllen, salzen, 15 Minuten kochen Lassen. Abschmecken.

GRUNDREZEPT

Gemüsecremesuppe

Zutaten

400 g Gemüse
650 ml Gemüsebrühe (S. 40), 2 EL Sahne,
Salz, Pfeffer

EW	Fett	KH	kcal/kJ
4 g	18 g	15 g	239/1005

Gemüse waschen und putzen. In Stücke schneiden. Gemüsebrühe in einem Topf zum Kochen bringen, Gemüsestücke darin 5 Minuten garen. Die Hälfte des Gemüses herausnehmen, im Mixer pürieren. Gemüsepüree wieder zur Brühe geben, mit Sahne verfeinern. Salzen und pfeffern.

Feine Kresse-Rahmsuppe
(Abb.)

Zutaten

1 Kästchen Kresse,
2 Frühlingszwiebeln,
1 EL Butter,
200 ml Weißwein,
1/2 l Fleischbrühe (S. 40),
175 g saure Sahne,
1 TL Speisestärke,
Salz, Pfeffer,

EW	Fett	KH	kcal/kJ
6,7 g	10,7 g	10,5 g	181/758

Kresse vom Beet schneiden. Zwiebeln putzen, fein würfeln und in Butter glasig dünsten. Mit Weißwein ablöschen und etwas einkochen lassen. Fleischbrühe dazugießen und zum Kochen bringen. Einen Teil der Kresse hinzufügen, Suppe vom Feuer nehmen. saure Sahne mit Stärke glattrühren und in die Suppe rühren. Restliche Kresse dazugeben und Suppe abschmecken. Mit Kresse garnieren.

Spargelcremesuppe mit Frischkäse-Kräuter-Schnecken
(Abb.)

Zutaten
50 g Mehl,
1/8 l Milch,
1 Ei, Salz, 2 EL Öl,
100 g Frischkäse,
1 Eigelb,
2 gestr. TL Speisestärke,
4–5 EL gehackte Kräuter (z. B. Dill, Petersilie),
Pfeffer, 1 Tomate,
4 Portionen Spargelcremesuppe (Fertigprodukt)

EW	Fett	KH	kcal/kJ
9 g	14 g	25 g	260/1086

Mehl mit Milch, Ei und Salz zu einem glatten Teig verrühren und etwa 20 Minuten quellen lassen. In heißem Öl 2 dünne Pfannkuchen backen, abkühlen lassen. Gefrierbeutel so aufschneiden, daß zwei Stücke Folie entstehen. Frischkäse mit Eigelb und Speisestärke verrühren. Kräuter untermischen und mit Pfeffer würzen. Masse dünn auf die Pfannkuchen streichen, diese aufrollen und fest mit Folie umwickeln. Folienenden dicht mit Garn verschließen. Pfannkuchenrollen in einem Topf mit siedendem Wasser etwa 15 Minuten ziehen lassen; kurz unter kaltem Wasser abschrecken und Folien entfernen. Rouladen in Scheiben schneiden. Tomate überbrühen, häuten und klein würfeln. Spargelcremesuppe in 1 l kaltes Wasser einrühren. Unter Rühren aufkochen und bei schwacher Hitze 5 Minuten kochen lassen. Auf 4 Tellern verteilen. Frischkäse-Kräuter-Schnecken darauf setzen und mit Tomatenwürfeln garnieren.

Tip
Sie können ebenso übrig gebliebene Pfannkuchen verwenden.

Käsesuppe

Zutaten
60 g Butter,
60 Weizenvollkornmehl,
1 l Hühnerbrühe (S. 40 oder Instant),
8 EL Crème fraîche,
100 g geriebener Emmentaler,
100 g geriebener Gauda,
4 Scheiben Toastbrot,
etwas Kümmel, Pfeffer, Knoblauch nach Belieben,
1 Bd. Petersilie

EW	Fett	KH	kcal/kJ
20 g	42 g	30 g	568/2390

Butter schmelzen, Mehl zugeben und unter Rühren anschwitzen; unter weiterem Rühren Brühe zugießen. Suppe 15 Minuten leise kochen lassen. Crème fraîche und Käse einrühren und schmelzen lassen. Toast würfeln und in Butter knusprig rösten.
Suppe mit Gewürzen pikant abschmecken. Petersilie fein hacken und mit Brotwürfeln über die Suppe streuen.

Pikant cremige Tomatensuppe

Zutaten
2 kleine Zwiebeln,
1 Knoblauchzehe,
40 g Butter,
750 g reife Tomaten,
40 g Speisestärke,
1 l kräftige Fleischbrühe,
100 g Mascarpone,
2 EL Schnittlauchröllchen,
Salz, weißer Pfeffer

EW	Fett	KH	kcal/kJ
4 g	20 g	17 g	269/1128

Zwiebeln und Knoblauch schälen und fein wiegen. Beides in zerlassener Butter glasig dünsten. Tomaten blanchieren, häuten, in kleine Stücke schneiden und zu den Zwiebeln geben. Unter Rühren 5 Minuten dünsten, mit Speisestärke bestäuben und mit Fleischbrühe aufgießen; abgedeckt 30 Minuten köcheln lassen. Suppe durch ein feinmaschiges Sieb streichen und zurück in den Topf geben. Hälfte des Mascarpone und 1 EL Schnittlauchröllchen mit einem Schneebesen einrühren, mit Salz und Pfeffer abschmecken. Restlichen Käse und übrige Schnittlauchröllchen in einem Teller mit einer Gabel vermischen. Suppe in Servierteller geben und auf jeden Teller einen Löffel Mascarpone-Käse-Creme geben.

SCHNELLREZEPT

Hummersuppe unter der Haube (Abb.)

Zutaten
4 Scheiben Blätterteig (tiefgekühlt),
2 Dosen Hummersuppe,
100 g Krabben (tiefgekühlt),
Salz, Pfeffer,
10 EL Sahne, 2 Eier

EW	Fett	KH	kcal/kJ
32 g	41 g	36 g	655/2758

Blätterteig auftauen. Hummersuppe und Krabben in einen Topf geben und erwärmen. Suppe mit Salz und Pfeffer abschmecken, mit Sahne verfeinern und in 4 Suppentassen füllen. Eier verschlagen, Rand der Tassen damit einpinseln. Blätterteigplatten etwas ausrollen, rund ausschneiden. Auf die Suppentassen legen und am Rand andrücken. Mit verschlagenem Ei bestreichen. Bei 220 Grad 10–15 Minuten backen.

Briessuppe

Zutaten
150 g Kalbsbries,
Salz, 50 g Butter,
1 kleine, feingehackte Zwiebel, 50 g Mehl,
1 1/2 l Fleischbrühe,
Salz, Pfeffer,
Muskatnuß, 1 Eigelb,
2 EL gehackte Petersilie

EW	Fett	KH	kcal/kJ
10 g	14 g	11 g	218/920

Bries waschen, 10 Minuten in Salzwasser kochen. Kalt abbrausen, häuten und sehr fein wiegen. In einem gebutterten Topf Zwiebel andünsten, Mehl zugeben und kurz durchrösten. Mit Brühe aufgießen, würzen und knapp 30 Minuten köcheln lassen. Bries zugeben und gute 5 Minuten weiterkochen. Mit Eigelb binden und mit Petersilie bestreut servieren.

Kartoffelcremesuppe mit Meeresfrüchten

Zutaten
1/2 Bd. Suppengrün,
1 Knoblauchzehe,
1/2 Zwiebel,
50 g Räucherspeck,
250 g Kartoffeln,
2 EL Öl,
3/4 l Fleisch- oder Gemüsebrühe (S. 40 oder Instant),
Salz,
Pfeffer,
etwas gerebelter Majoran,
1 Spritzer Essig,
2 EL Crème fraîche,
1 EL gehackte Petersilie,
100 g gemischte Meeresfrüchte (tiefgekühlt),
20 g Butter,
Schnittlauch

EW	Fett	KH	kcal/kJ
6 g	22 g	26 g	281/1179

Suppengrün waschen, säubern und klein würfeln. Knoblauchzehe und Zwiebel schälen und fein hacken oder wiegen. Räucherspeck klein würfeln. Kartoffeln schälen und grob zerschneiden.
In einem Topf Öl erhitzen. Zwiebel-Knoblauch-Gemisch und Speck glasig andünsten. Kartoffeln hinzufügen und nach 1 Minute mit Fleisch- oder Gemüsebrühe aufgießen. Suppe kochen lassen, bis die Kartoffeln zerfallen. Salzen, pfeffern, mit Majoran und Essig würzen. Mit einem Mixstab pürieren. Crème fraîche und Petersilie hinzufügen, gegebenenfalls nochmals würzen. Die aufgetauten Meeresfrüchte in heißer Butter kurz andünsten und als Einlage verwenden.
Schnittlauch waschen, mit Haushaltspapier trockentupfen, in feine Röllchen schneiden, die Suppe damit garnieren.

Tip
Als Getränk einen gekühlten trockenen Weißwein servieren. Neue Kartoffeln braucht man nicht zu schälen. Es genügt, wenn man sie unter fließendem Wasser mit einer Gemüsebürste kräftig bürstet. Meeresfrüchte läßt man am besten in einem Sieb auftauen.

GRUNDREZEPT
Gemüsesuppe

Zutaten
500 g verschiedenes Gemüse (je nach Jahreszeit),
1 kleine Zwiebel,
30 g wasserfreies Fett,
40 g Mehl,
1 l Fleisch- oder Gemüsebrühe (S. 40 oder Instant),
Salz,
Pfeffer,
2 EL Petersilie, Schnittlauch oder gemischte Kräuter

EW	Fett	KH	kcal/kJ
4 g	24 g	17 g	306/1286

Gemüse waschen, putzen und in grobe Stücke schneiden. Zwiebel schälen und in Würfel schneiden. Fett in einem Topf erhitzen. Mehl einstreuen und hellgelb anschwitzen. Dabei kräftig umrühren. Zwiebel und Gemüse dazugeben und gut andünsten. Mit Gemüse- oder Fleischbrühe auffüllen und 30 Minuten leise kochen lassen. Abschmecken. Petersilie, Schnittlauch oder Kräuter darüberstreuen.

Tip
Eine besonders sämige Suppe erhält man durch Zugabe einiger Kartoffeln.

Gemüsesuppe mit Kräuter-Pesto
(Abb.)

Zutaten
400 g Putenbrust,
8 EL Olivenöl,
2 Knoblauchzehen,
Salz, Pfeffer,
3/4 l Gemüsebrühe,
1 große Dose geschälte Tomaten,
250 g dünne Zucchini,
250 g Möhren,
250 g Kartoffeln,
1 Bd. Petersilie,
3–4 Zweige Thymian,
1 Zwiebel,
30 g Parmesan

EW	Fett	KH	kcal/kJ
31 g	29 g	21 g	479/2010

Fleisch waschen, trockentupfen und würfeln. 2 EL Öl erhitzen, Fleisch darin kurz anbraten.
1 Knoblauchzehe schälen, fein würfeln und zum Fleisch geben, salzen und pfeffern. Brühe und Tomaten hinzufügen und zugedeckt 15 Minuten garen.
Zucchini und Möhren putzen. Beides in Scheiben schneiden. Kartoffeln schälen, waschen und würfeln. Gemüse zum Fleisch geben und weitere 15 Minuten garen. Inzwischen Kräuter fein hacken. Zwiebel und restlichen Knoblauch schälen und fein würfeln. Parmesan reiben, mit Kräutern, Knoblauch und Zwiebeln mischen. Restliches Öl unterrühren, salzen und pfeffern. Suppe mit Kräuter-Pesto servieren.

Bohnensuppe mit Nudeln *(Pasta e Fagioli)* *(Abb.)*

Zutaten

200 g weiße Bohnen,
150 g kurze Nudeln,
80 g geräucherter, durchwachsener Speck,
1 EL Olivenöl,
1 Zwiebel, 1 Möhre,
1 Tomate,
1 Stange Staudensellerie,
3 TL Klare Brühe, Pfeffer,
2 EL gehackte Petersilie,
4 EL geriebener Parmesan

EW	Fett	KH	kcal/kJ
25 g	24 g	58 g	540/2265

Bohnen in kaltem Wasser über Nacht einweichen; abtropfen lassen. Nudeln nach Packungsvorschrift kochen und abtropfen lassen. Speck fein würfeln und im Öl glasig braten. Zwiebel und Möhre schälen, mit Tomate und Sellerie kleinwürfeln, alles mitbraten. Bohnen dazugeben. Mit 1 1/2 l Wasser auffüllen, mit Instantbrühe und Pfeffer würzen und zugedeckt bei schwacher Hitze 1 1/2 Stunden kochen, dabei gelegentlich umrühren. Zum Schluß die Nudeln dazugeben, alles heiß werden lassen und mit Petersilie und Parmesan bestreut servieren.

Pariser Zwiebelsuppe

Zutaten

5 große Zwiebeln,
1 Knoblauchzehe,
4 EL weiche Butter,
1 l Fleischbrühe,
1/8 l trockener Weißwein,
Salz,
weißer Pfeffer,
4 Scheiben einen Tag altes Baguette,
150–200 g geriebener Emmentaler

EW	Fett	KH	kcal/kJ
19 g	25 g	25 g	420/1768

Zwiebeln und Knoblauchzehe schälen, Zwiebeln in sehr dünne Ringe schneiden (kann man auch gut mit der Brotschneidemaschine machen). Knoblauchzehe durch die Knoblauchpresse drücken. Butter in einem Topf erhitzen, darin Zwiebelringe und Knoblauchmus anschwitzen, bis die Zwiebeln glasig sind. Mit Fleischbrühe aufgießen. Suppe 20–25 Minuten leise köcheln lassen. Weißwein zugießen und mit Salz und Pfeffer würzen. In 4 feuerfeste Suppentassen eine Weißbrotscheibe legen.

Darauf gleichmäßig die Hälfte des geriebenen Emmentalers verteilen. Die Zwiebelsuppe nur bis zur Hälfte des Suppentellers einfüllen und die zweite Hälfte des Emmentalers darüber verteilen. Im vorgeheizten Backofen bei 200 Grad überbacken, bis der Käse geschmolzen und leicht gebräunt ist.

Tip
Dazu einen kräftigen Weißwein reichen.

Weißkohlsuppe

Zutaten
20 g Butter,
1 Zwiebel,
350 g Weißkohl,
1 l Fleischbrühe,
2 Kartoffeln,
1 TL Kümmel,
Pfeffer,
Salz,
4 EL geriebener Bergkäse

EW	Fett	KH	kcal/kJ
7 g	10 g	10 g	157/660

Butter schmelzen, Zwiebel schälen, hacken und in Butter anbraten. Weißkohl von den äußeren Blättern befreien und in feine Streifen schneiden, zur Zwiebel geben und 10 Minuten dünsten. Mit Fleischbrühe aufgießen und zum Kochen bringen.
Kartoffeln schälen, reiben und zur Suppe geben. Mit Kümmel, Pfeffer und Salz würzen. Etwa 30 Minuten kochen lassen. Nochmals abschmecken.
2 EL Käse unterziehen.
Suppe in Tassen füllen und mit restlichem Käse bestreuen.

Kartoffelsuppe mit Geräuchertem

Zutaten
500 g mehlig kochende Kartoffeln,
1 Möhre,
1 Stange Lauch,
100 g schwarzgeräucherter Bauchspeck,
1/4 l Fleischbrühe,
1/4 süße Sahne,
Salz,
Pfeffer,
geriebene Muskatnuß,
Röstzwiebeln

EW	Fett	KH	kcal/kJ
4 g	24 g	25 g	349/1464

Kartoffeln waschen, schälen und würfeln, Möhre und Lauch putzen und in dünne Scheiben schneiden.
Bauchspeck klein würfeln, ausbraten und das Gemüse darin 2–3 Minuten dünsten. Brühe und Sahne zugeben, alles 30–40 Minuten leise köcheln lassen. Die Suppe mit Salz, Pfeffer und Muskatnuß abschmecken. Mit Röstzwiebeln bestreuen und servieren.

Minestrone
(Abb. S. 37)

Zutaten
50 g Langkornreis,
Salz,
75 g durchwachsener Speck,
2 mittelgroße Kartoffeln,
1 Aubergine,
1 Zucchini,
1/2 Bd. Möhren,
1 kleine Stange Lauch,
2 mittelgroße Zwiebeln,
1 Knoblauchzehe,
1 Lorbeerblatt,
400 g Tomaten (Dose),
1 l Brühe,
Pfeffer,
Paprikapulver,
400 g weiße Bohnen (Dose),
1/2 Bd. Petersilie,
einige Blättchen Basilikum

EW	Fett	KH	kcal/kJ
6 g	18 g	27 g	306/1290

Reis in Salzwasser bißfest garen. Speck würfeln und auslassen. Kartoffeln schälen, Auberginen, Zucchini, Möhren und Lauch putzen und waschen, Kartoffeln, Zucchini und Auberginen würfeln, Möhren und Lauch in Scheiben schneiden. Zwiebeln und Knoblauchzehen schälen, Zwiebeln würfeln und Knoblauchzehen zerdrücken. Alles mit dem Lorbeerblatt zum

Speck geben und kurz andünsten. Tomaten etwas zerdrücken und mit der Dosenflüssigkeit dazugießen. Mit Brühe auffüllen. Mit Salz, Pfeffer und Paprikapulver würzen. Alles etwa 20 Minuten zugedeckt ziehen lassen. 10 Minuten vor Ende der Garzeit Bohnen und zum Schluß Reis unterheben. Petersilie und Basilikum waschen, hacken und Minestrone damit bestreuen.

Tip
Wer keinen Reis mag, kann ihn durch Nudeln ersetzen. In jedem Fall kann man die Suppe noch mit reichlich frisch geriebenem Parmesan bestreuen und dazu geröstetes Brot reichen.

Bohnensuppe nach südamerikanischer Art

Zutaten
250 gemischtes Hackfleisch,
3 EL Öl,
125 g Mettwurst,
1 große Zwiebel,
3 Knoblauchzehen,
3 EL Tomatenmark,
250 g grüne Paprikaschoten,
1 Dose rote Bohnen (475 g),
1/2 l Fleischbrühe,
1/4 l Rotwein,
Salz,
Zucker,
Chilipulver,
Paprika (edelsüß)

EW	Fett	KH	kcal/kJ
43 g	37 g	79 g	864/3613

Hackfleisch in Fett kräftig anbraten. Wurst in Scheiben schneiden. Zwiebel und Knoblauch schälen, Zwiebel grob hacken, Knoblauchzehen halbieren. Alles zum Hackfleisch geben, gut durchbraten. Tomatenmark hinzufügen. Paprikaschoten in Streifen schneiden, zum Hackfleisch geben und mitbraten. Bohnen abgießen. Flüssigkeit mit Fleischbrühe auf 1/2 l auffüllen, Hackfleisch damit ablöschen. Rotwein dazugeben. Einmal aufkochen lassen, 10 Minuten leise weiterköcheln. Bohnen dazugeben, weitere 5 Minuten leicht kochen. Mit Salz, Zucker, Chilipulver und Paprika pikant abschmecken.

Spinatsuppe mit Crottin

Zutaten
450 g Spinat (tiefgekühlt),
80 g Räucherspeck,
2 Zwiebeln,
2 EL Paniermehl,
1 EL Butter,
3/4 l Milch,
200 g Seelachsfilet (ohne Gräten),
1 reifer Crottin (kleiner Ziegenkäse)

EW	Fett	KH	kcal/kJ
24 g	28 g	22 g	446/1872

Spinat gut antauen lassen. Räucherspeck klein würfeln und ausbraten. Zwiebeln schälen, fein hacken, zum Speck in die Pfanne geben und andünsten.
Paniermehl in einem Topf in Butter anschwitzen, mit Milch aufgießen. Spinat dazugeben und leise köcheln lassen, bis er ganz aufgetaut ist.
Inzwischen Seelachs in kleine Würfel schneiden und mit den Speckzwiebeln in die Suppe geben.
Etwa 5–8 Minuten köcheln lassen, bis der Fisch gar ist. Währenddessen Crottin reiben.
Suppe in Suppenteller geben und mit Crottin bestreuen. Vorsichtig dosieren, denn reifer Crottin ist sehr würzig und aromatisch.
Sofort servieren.

Tip
Crottin ist ein idealer Ersatz für Sahne, wenn man Gemüse verfeinern will. Wer keinen Crottin bekommen kann, nimmt 150 g reifen Pecorino oder alten Gouda.

GRUNDREZEPT

Kräftige Fischbrühe

Zutaten

500 g Fischteile (auch Köpfe und Flossen, aber keine Eingeweide),
Saft von 1 Zitrone,
2 Zwiebeln,
2 Knoblauchzehen,
1/2 Bd. Suppengrün,
5–6 EL Öl, Salz, Pfeffer,
1/2 l Weißwein,
1 Lorbeerblatt

EW	Fett	KH	kcal/kJ
28 g	32 g	43 g	576/2419

Fischteile putzen, waschen, Kiemen entfernen und mit Zitronensaft beträufeln. Zwiebeln und Knoblauch schälen, Suppengrün putzen und waschen. Gemüse in kleine Stücke schneiden, in heißem Öl 10 Minuten andünsten, leicht mit Salz und Pfeffer würzen. Die Fischteile dazugeben; 2–3 Minuten mitdünsten. Weißwein und 1/2 l Wasser zugießen und das Lorbeerblatt dazugeben. Zugedeckt 20 Minuten leise köcheln lassen. Fischsuppe durch ein feinmaschiges Sieb gießen mit Salz und Pfeffer, abschmecken.

Tip
Die Fischbrühe ist eine ideale Grundlage für Fischsuppen.

Fischsuppe

Zutaten

500 g Fischfilet,
Saft von 1/2 Zitrone,
1 große Zwiebel,
2 Knoblauchzehen,
1 Bd. Suppengrün,
1 Paprikaschote,
Petersilie,
5 EL Öl,
Salz,
Pfeffer,
2 TL Paprika, edelsüß,
1 kleine Dose Tomaten,
1 l kräftige Fischbrühe (Rezept S. 53) oder Fleischbrühe (Instant),
1 Lorbeerblatt,
1 Spritzer Tabascosauce,
2 EL saure Sahne

EW	Fett	KH	kcal/kJ
55 g	51 g	51 g	877/3685

Fischfilet waschen, in Würfel schneiden, mit Zitronensaft beträufeln. Zwiebel und Knoblauch schälen, fein hacken.
Suppengrün waschen, kleinschneiden. Paprikaschote waschen, entkernen, in Streifen schneiden. Petersilie waschen, hacken.
Öl in einem großen Topf erhitzen, die vorbereiteten Zutaten zugeben, mit Salz, Pfeffer und Paprika würzen. Unter ständigem Rühren 10 Minuten dünsten.
Tomaten abtropfen lassen, ebenfalls zugeben und etwas einkochen lassen. Mit Brühe aufgießen, Lorbeerblatt zugeben, bei geringer Hitze köcheln. Fischstücke in die Suppe geben und 10 Minuten ziehen lassen. Lorbeerblatt entfernen.
Mit Tabascosauce und saurer Sahne verfeinern

Blitz-Fischsuppe

(Für 2 Personen)

Zutaten

2 Dosen Thunfisch,
3 gekochte Kartoffeln,
1 hartgekochtes Ei,
3 EL Butter,
1/2 TL Senf,
Salz,
Pfeffer,
1 Banane,
1/2 Avocado

EW	Fett	KH	kcal/kJ
39 g	57 g	42 g	882/4140

Thunfisch, Kartoffeln und Ei zerkleinern und vermischen. Mit Butter, Senf, Salz und Pfeffer in 2 Tassen Wasser erwärmen. Banane und Avocado schälen, würfeln, auf 2 Teller verteilen und mit Suppe übergießen.

Tip
Zu dieser Suppe schmeckt ein herzhaftes Bauernbrot besonders gut.

Muschelsuppe
(Abb.)

Zutaten
1 kg frische Miesmuscheln,
1 Bd. Suppengrün,
Salz, 3 Zwiebeln,
3 Knoblauchzehen,
2 EL Butter,
1/2 l Tomatensaft,
1/8 l trockener Weißwein,
2 Lorbeerblätter,
2 Thymianzweige,
grober Pfeffer,
100 g Krabben,
150 g Crème fraîche,
3 EL gehackte Petersilie

EW	Fett	KH	kcal/kJ
30 g	25 g	10 g	413/1730

Muscheln gründlich waschen und abbürsten, geöffnete Muscheln aussortieren. Suppengrün putzen und waschen. Salzwasser in einem großen Topf zum Kochen bringen. Suppengrün und Muscheln darin zugedeckt etwa 5 Minuten garen, bis sich die Muschelschalen öffnen. Muscheln abgießen, Fleisch aus den Schalen lösen und beiseite stellen. Zwiebeln und Knoblauchzehen schälen und fein würfeln. Butter erhitzen und Zwiebeln und Knoblauch darin anbraten. Mit Tomatensaft, Weißwein und 100 ml Wasser aufgießen, Lorbeerblätter und Thymianzweige dazugeben und 8–10 Minuten köcheln lassen. Lorbeerblätter und Thymianzweige entfernen. Suppe pürieren und mit Salz und Pfeffer würzen. Muschelfleisch und Krabben einlegen und alles erhitzen. Crème fraîche vorsichtig unterziehen. Mit Petersilie bestreuen.

Garnelensuppe

Zutaten
3 getrocknete Tongku (eingeweicht),
1 Tasse Bambussprossen,
Öl zum Braten,
250 g Garnelen,
2 EL gehackter Lauch,
2 EL Erbsen, Salz,
Pfeffer, Glutamat,
3 EL Sherry,
3 EL helle Sojasauce,
6 Tassen Brühe

Ew	Fett	KH	kcal/kJ
14 g	13 g	5 g	204/853

Tongku und Bambussprossen in Streifen schneiden. Öl erhitzen, Garnelen kurz durchbraten. Die restlichen Zutaten zugeben, mit Salz, Pfeffer, Glutamat, Sherry und Sojasauce würzen. Die Brühe zugießen, aufkochen und wenn nötig abschäumen.

Bouillabaisse

Zutaten

je 50 g Möhren, Sellerie, Lauch, Tomaten, Blumenkohl, Brokkoli, grüner Spargel, 300 ml Fischbrühe (S. 53), Safranfäden, 100 g Seezungenfilet, 4 Gambas (verzehrfertig), 100 g Lachsfilet, 100 g Seeteufelfilet, 4 EL Butter, 6 EL Grieß, 1 Ei, Salz, Muskatnuß

EW	Fett	KH	kcal/kJ
25 g	16 g	25 g	357/1500

Gemüse waschen und putzen. Tomaten entkernen und Fruchtfleisch in Streifen schneiden. Das weitere Gemüse in mundgerechte Stücke schneiden. Fischbrühe erhitzen, Safranfäden dazugeben. Gemüse, bis auf Tomatenstreifen, in die Brühe legen und 5 Minuten garen. Fisch waschen und trockentupfen. Seezungenfilet mit Gambas in die Suppe geben, 5 Minuten garen. Lachsfilet und Seeteufelfilet in Stücke teilen, hinzufügen und weitere 5 Minuten leicht siedend garen. Butter schaumig rühren, Grieß und Ei dazugeben, mit Salz und Muskatnuß würzen, 30 Minuten quellen lassen. Mit 2 TL Klößchen abstechen und in siedendem Salzwasser 20 Minuten kochen, weitere 5 Minuten ziehen lassen. Kurz vor dem Servieren zusammen mit Tomatenstreifen in die Suppe geben.

Katalanischer Fischtopf
(Abb.)

Zutaten
2 Kartoffeln,
1 rote Paprikaschote,
1 Zwiebel,
2 EL Olivenöl,
1/2 l Gemüsebrühe (S. 40),
2 Tomaten,
350 g Seeteufel,
Salz,
Pfeffer,
Rosmarin,
2 EL Mehl,
2 EL Sonnenblumenöl,
2 Knoblauchzehen,
2 EL gehackte Petersilie

EW	Fett	KH	kcal/kJ
23 g	18 g	30 g	375/1570

Kartoffeln schälen, waschen und in kleine Würfel schneiden. Paprikaschote waschen, putzen und in Würfel schneiden. Zwiebel schälen, in Würfel schneiden und das Gemüse in Olivenöl andünsten. 1/2 l Wasser zugießen, aufkochen, klare Gemüsebrühe zugeben und alles etwa 15 Minuten zugedeckt kochen. Tomaten brühen, Haut abziehen, Kerne entfernen und Tomaten in Würfel schneiden. Seeteufel waschen, trockentupfen, in Würfel schneiden und mit Salz, Pfeffer und Rosmarin würzen. Die Fischwürfel in Mehl wenden, in Sonnenblumenöl von allen Seiten anbraten und aus der Pfanne nehmen.
Knoblauchzehen schälen, durchpressen und mit der Hälfte der Petersilie in Bratfett kurz anrösten. Tomaten und Fisch in die Suppe geben und kurz erhitzen. Die Suppe mit Knoblauch und Petersilie bestreuen.
Mit Weißbrot servieren.

Krebssuppe

Zutaten
16 Krebse,
Salz,
100 g Butter,
1 zerdrückte Knoblauchzehe,
2 EL Mehl,
1 l Fleischbrühe,
2 Eigelb,
4 EL Sahne,
1 EL gehackte Petersilie

EW	Fett	KH	kcal/kJ
22 g	27 g	8 g	377/1583

Krebse in Salzwasser kochen, abschrecken und Schalen entfernen. Krebsschalen fein zerstoßen und mit Butter und Knoblauch rösten, bis die Butter rötlich wird. Mit Mehl bestäuben, kurz anschwitzen und mit Brühe aufgießen. Eine gute halbe Stunde durchkochen und anschließend durchpassieren.
Eigelb mit Sahne verschlagen, Suppe damit legieren und in vorbereitete Teller gießen. Gekochte Krebse als Einlage verteilen und mit Petersilie bestreut servieren.

Eiskalte Joghurtsuppe

Zutaten

1/2 Salatgurke,
2 Stengel frischer Dill,
500 g Vollmilchjoghurt
1/8 l Hühnerbrühe
(S. 40 oder Fond aus dem Glas),
2 EL Olivenöl,
Salz,
Pfeffer,
Saft von 1/2 Zitrone

EW	Fett	KH	kcal/kJ
5 g	11 g	6 g	138/585

Salatgurke schälen, längs halbieren und die Kerne herauskratzen. Fruchtfleisch klein würfeln. Gurkenwürfel beiseite stellen. Dill von den Stengeln zupfen, waschen, trockenschwenken und hacken.
In einem Mixer Joghurt mit Hühnerbrühe, Olivenöl, 3/4 des Dills, Salz, Pfeffer und Zitronensaft aufschlagen. Joghurtsuppe mit Gurkenwürfeln verrühren und bis zum Verzehr etwa 1 Stunde kalt stellen. Mit restlichem Dill garnieren.

Tip

Die Suppe in eisgekühlten Schalen servieren. Als Einlage zusätzlich Krabben, Gemüsewürfel oder geröstete Weißbrotscheiben verwenden.

Feurige Nudelsuppe
(Abb.)

Zutaten

150 g Hähnchenbrustfilet, 2 EL Sherry,
1 rote Paprikaschote,
1 Möhre,
1 EL Sesamöl,
1 Chilischote,
1 Würfel Klare Suppe,
3 Salatblätter,
100 g Fadennudeln,
30 g Ingwerwurzel,
1 TL Sojasauce,
1 EL Saucenbinder

EW	Fett	KH	kcal/kJ
13 g	5 g	8 g	208/872

Hähnchenbrustfilet in Streifen schneiden und etwa 1 Stunde mit Sherry marinieren.
Paprikaschote waschen, putzen und in Streifen schneiden.
Möhre schälen und in Stifte schneiden. Öl erhitzen, Fleisch und Gemüse darin anbraten.
3/4 l Wasser und Chilischote hinzufügen und alles zum Kochen bringen. Klare Suppe darin auflösen. Salatblätter waschen, in kurze, dünne

Streifen schneiden, mit den Nudeln zur Suppe geben. Suppe etwa 3 Minuten kochen, dabei langsam umrühren. Ingwerwurzel schälen, fein reiben und mit Sojasauce zur Suppe geben.
Die Suppe nun zum Schluß mit dem Saucenbinder leicht andicken.

Gazpacho

Zutaten

1 Beutel Tomatencreme-Suppe, 1 Salatgurke, 1 grüne und 1 rote Paprikaschote, 1 Zwiebel, 1 Knoblauchzehe, 2 EL Olivenöl, 2 Scheiben Toastbrot, 1/2 Bd. Petersilie

EW	Fett	KH	kcal/kJ
5 g	8 g	28 g	215/890

Tomatencreme-Suppe mit 1 l Wasser einrühren und unter Rühren aufkochen. Bei geringer Wärmezufuhr 5 Minuten kochen, dabei die Suppe gelegentlich umrühren. Dann die Suppe kalt stellen. In der Zwischenzeit Salatgurke waschen, schälen, der Länge nach halbieren und Kerne entfernen. Ein Stück Gurke in kleine Würfel schneiden (etwa 1 EL) und zur Seite stellen, den Rest in grobe Würfel schneiden. Grüne und rote Paprikaschote waschen, putzen und in große Würfel schneiden. Einige Würfel sehr klein schneiden und beiseite stellen. Zwiebel schälen, in Würfel schneiden. 1 EL Zwiebelwürfel beiseite stellen. Grobe Gurken-, Paprika- und Zwiebelwürfel mit einem Teil der Tomatensuppe pürieren und mit der restlichen Tomatensuppe auffüllen. Knoblauchzehe schälen, zerdrücken und mit 1 EL Olivenöl unter die Suppe rühren und kalt stellen. Toastbrot in Würfel schneiden und in 1 EL Olivenöl knusprig braten. Petersilie waschen und kleinschneiden. Das feingewürfelte Gemüse, Weißbrotwürfel und Petersilie in Schälchen geben und separat zum Gazpacho reichen.

Fernöstliche Rindfleischsuppe

Zutaten
200 g Rinderfilet,
2 EL Sojasauce,
1 EL Chinesische Gewürz-Mischung,
2 EL Sherry, 2 EL Öl,
1 rote Paprikaschote,
1 kleine Stange Lauch,
1 l Rindfleischbrühe,
200 g Erbsen, 30 g Glasnudeln, Pfeffer, Sambal Oelek,

EW	Fett	KH	kcal/kJ
20 g	10 g	16 g	240/1000

Rinderfilet in dünne Streifen schneiden, Sojasauce, Gewürz-Mischung, Sherry und Öl zu einer Marinade rühren. Fleisch 1 Stunde marinieren. Paprika und Lauch putzen, waschen, in Stücke schneiden. Brühe zum Kochen bringen, Fleisch, Gemüse und Nudeln dazugeben, 5 Minuten kochen. Mit Marinade, Pfeffer, Sambal Oelek abschmecken.

GRUNDREZEPT
Fruchtsuppe

Zutaten
500–750 g Früchte nach Belieben und Saison,
Schale von 1 Zitrone (unbehandelt),
Zucker,
40 g Speisestärke,
Saft von 1 Zitrone

EW	Fett	KH	kcal/kJ
1 g	1 g	28 g	118/498

Obst waschen, je nach Obstart entsteinen oder schälen, in 1 1/2 l Wasser zusetzen, Zitronenschale einstreuen, weichkochen, nach Belieben durchpassieren. Mit Wasser wieder auf 1 1/2 l auffüllen, mit Zucker abschmecken. Speisestärke in kaltem Wasser anrühren, in die kochende Suppe einrühren, gar kochen lassen, mit Zitronensaft abschmecken. Kalt servieren.

Tip
Zur Verfeinerung mit einem »Klecks« kalter Vanillesauce servieren.

Kalte Kirschsuppe
(Abb.)

Zutaten
300 g Sauerkirschen,
30 g Speisestärke,
1/2 l Kirschsaft,
etwa 125 g Zucker,
1 Stück Zimtstange,
1 Prise Ingwer,
Schale von 1 Zitrone (unbehandelt),
250 g Quark (20 %),
1–2 EL Zitronensaft,
1–2 TL Puderzucker

EW	Fett	KH	kcal/kJ
10 g	4 g	76 g	376/1578

Kirschen waschen und entsteinen. Speisestärke in 100 ml kaltem Wasser anrühren. 400 ml Wasser, Kirschsaft, Zucker, Zimtstange, Ingwer und spiralförmig abgeschnittene Zitronenschale zum Kochen bringen. Kirschen dazugeben und etwa 5 Minuten kochen lassen. Zimtstange und Zitronenschale entfernen. Speisestärke dazugießen und unter Rühren kurz aufkochen lassen. Suppe erkalten lassen und in Tellern verteilen. Quark cremig rühren. Mit Zitronensaft und Puderzucker abschmecken. In einen Spritzbeutel mit Sterntülle füllen und »Rosen« auf die Kirschsuppe spritzen.

Joghurt-Milch-Kaltschale

Zutaten

5 EL Zucker,
20 g Speisestärke,
2 Eigelb, 1/4 l Milch,
4 Becher Joghurt (je 150 g), 1 EL Honig,
150 g Früchte der Saison (geputzt und gewürfelt),
4 Löffelbiskuits,
20 g Butter,

EW	Fett	KH	kcal/kJ
11 g	27 g	51 g	491/2064

Den Zucker mit der Speisestärke, den 2 Eigelb und 1 EL Milch verrühren. Die restliche Milch zum Kochen bringen. Die Zucker-Stärke-Mischung unterrühren, kurz aufkochen lassen und kalt rühren. Den Joghurt unterziehen. Mit dem Honig abschmecken und die Früchte unterrühren. In tiefe Teller füllen. Die Löffelbiskuits zerbröckeln und in der Butter rösten. Über die Kaltschale streuen.

Buttermilchkaltschale mit Früchten
(Abb.)

Zutaten

1 Ei,
1 l Buttermilch,
2–3 gestrichene EL Speisestärke,
125 g Zucker,
abgeriebene Schale von 1/2 unbehandelten Zitrone,
Saft von 1 Zitrone,
1 Kiwi, 1 Sternfrucht,
100 g rote Johannisbeeren

EW	Fett	KH	kcal/kJ
11 g	3 g	48 g	272/0

Ei trennen. Eigelb, Buttermilch, Speisestärke, Zucker und Zitronenschale in einem Topf gut verrühren. Milchmischung unter langsamem, gleichmäßigem Rühren zum Kochen bringen. Kurz aufkochen lassen. Mit Zitronensaft, der nach und nach beigefügt wird, abschmecken. Masse unter langsamem, häufigem Umrühren erkalten lassen. Kiwi schälen und in Scheiben schneiden. Sternfrucht waschen und quer in Scheiben schneiden. Johannisbeeren waschen und von den Rispen zupfen.
Buttermilchkaltschale auf 4 tiefe Teller verteilen. Jeden Teller sorgfältig mit Fruchtscheiben und -sternen verzieren und mit Johannisbeerfrüchten dekorieren.

Texanische Maissuppe

Zutaten
Schale von 1 Zitrone (unbehandelt),
60 g grober Maisgrieß,
80 g Rosinen,
1/8 l Milch, 1 EL Buchweizenhonig, 1 Prise Salz, 1 TL Zitronensaft

EW	Fett	KH	kcal/kJ
3 g	2 g	37 g	169/709

1 l Wasser mit der Zitronenschale aufkochen lassen, dann den Maisgrieß einrühren und 20 Minuten bei kleiner Hitze ausquellen lassen. Rosinen, Milch, Honig, Salz und Zitronensaft dazugeben und verrühren. Die Suppe heiß mit frischen Semmeln oder Weißbrot servieren.

Joghurt-Avocado-Kaltschale

Zutaten
3 reife Avocados,
1 Zitrone, 2 Zwiebeln,
1 Knoblauchzehe,
500 g Joghurt,
1/2 l Hühnerbrühe (Instant), Salz,
weißer Pfeffer,
1 Tomate, 2 EL gehackter Schnittlauch

EW	Fett	KH	kcal/kJ
8 g	37 g	15 g	458/1936

Die Avocados halbieren und die Kerne auslösen. 1/2 Avocado in dünne Scheiben schneiden, mit Zitronensaft beträufeln und beiseite stellen. Das Fruchtfleisch der restlichen Avocados aus den Schalen lösen und im Mixer pürieren oder mit einer Gabel fein zerdrücken. Mit dem restlichen Zitronensaft beträufeln. Die Zwiebeln und die Knoblauchzehe schälen und fein hacken. Unter das Avocadofleisch mischen. Den Joghurt mit der Brühe cremig verquirlen, das Avocadomus dazugeben. Mit Salz und Pfeffer abschmecken. Kühl stellen. Die Tomate würfeln. Die Kaltschale mit den Tomatenwürfeln, den Avocadoscheiben und dem Schnittlauch garnieren.

Rotweinsuppe

Zutaten
1 Stange Zimt,
Schale von einer 1/2 Zitrone (unbehandelt),
5 Nelken,
140 g Zucker,
50 g Speisestärke,
1 1/2 l Rotwein

EW	Fett	KH	kcal/kJ
14 g	13 g	39 g	332/1390

Gewürze und Zucker in 1/2 l Wasser geben, zum Kochen bringen. Speisestärke mit etwas Wasser anrühren und in das kochende Zuckerwasser einrühren, klarkochen. Rotwein zugeben, nicht mehr kochen, nur erhitzen. Beilage: Zwieback oder Suppenmakronen oder süßes Gebäck.

Tip
Die Rotweinsuppe schmeckt kalt und heiß.

Kürbissuppe

Zutaten
1 kg Kürbisfleisch,
1/2 l Milch,
2 EL geriebene Mandeln,
1 bittere geriebene Mandel,
1 Prise Salz,
1 EL Zucker,
1 TL Speisestärke,
1 Ei,100 g süße Sahne oder 2 EL Crème fraîche

EW	Fett	KH	kcal/kJ
11 g	19 g	26 g	322/1353

Das Kürbisfleisch schälen, von den Kernen befreien und in Würfel schneiden. Mit knapp 1 l Wasser zum Kochen bringen und weich kochen. Durch ein Sieb passieren oder im Mixer pürieren. Wieder in den Topf geben und mit der Milch verrühren, die Mandeln unterziehen. Wieder erhitzen, mit Salz und Zucker abschmecken. Die Speisestärke mit dem Eigelb verrühren und die Suppe damit binden. Die Sahne oder die Crème fraîche unterziehen.

Basis der Saucen

Die Basis der meisten Saucen ist der *Fond*. Unter Fond versteht man zum einen *kräftige Grundbrühen*, die aus verschiedenen Zutaten hergestellt sein können und der Sauce ihren Geschmack verleihen. Zum anderen kann der Fond auch ein *Bratenrückstand* sein, der in der Pfanne nach dem Braten von Fleisch zurückbleibt. Er wird aufgegossen und daraus die Sauce hergestellt.

Grundbrühen
Knochenbrühen hergestellt aus Rinderknochen, Wurzelgemüse (Möhre, Sellerie, Petersilienwurzel), gerösteten Zwiebeln und Gewürzen. Die klassische Bouillon, die helle Fleischbrühe aus Rindfleisch und Rinderknochen, wird am häufigsten zur Zubereitung von Saucen verwendet.

Helle Saucen
Als Geschmacksgrundlage verwendet man eine Grundbrühe von Kalb, Gemüse, Geflügel und Fisch. Um die Sauce herstellen zu können, werden Sie in den meisten Fällen auf die klassische Einbrenne zurückgreifen müssen.

Einbrenne:
Hell: Eine Einbrenne stellt man folgendermaßen her: Nehmen Sie am besten Butter, es geht auch gute Margarine oder geschmackfreies reines Pflanzenfett, und zerlassen diese, ohne daß sie braun wird. Dann dünsten Sie darin feingeschnittene Zwiebeln, bis sie glasig sind. Sie sieben Mehl darüber, bis die Masse sämig ist, und lassen alles goldbraun anrösten. Nach und nach geben Sie kalte oder lauwarme Flüssigkeit zu. Das kann eine der obengenannten Brühen sein. Während Sie das tun, müssen Sie unbedingt schnell rühren, denn sonst gibt es Mehlklümpchen, die sich nur schwer wieder auflösen. Jetzt kann die Saucenmasse leise köcheln und dabei eindicken.
Dunkel: Wasserfreies Fett erhitzen und Mehl darin leicht braun anrösten. Danach erst Zwiebeln zugeben und mit Mehl zusammen kräftig braun rösten. Aufgießen.

Buttermehlkloß statt Einbrenne
Ein paar Eßlöffel Mehl werden mit derselben Menge frischer Butter verknetet. Sie geben diesen kleinen Kloß in die heiße Brühe und rühren mit dem Schneebesen, bis der Kloß sich auflöst. Dann geben Sie nach Belieben andere Geschmackszutaten zu, z.B. Kräuter und Gewürze, und legieren am Schluß mit Sahne und Eigelb.

Mehlteiglein statt Einbrenne
Sie rühren etwas Mondamin, Gustin etc. mit kalter Flüssigkeit glatt und geben es anschließend unter Rühren in die heiße Brühe. Durch das Kochen wird die Brühe dick.

Eine wichtige weiße Grundsauce ist die Sauce Bechamel. Sie ist eine Milchsauce, da statt der Brühe mit Milch aufgegossen wird. Optimal verfeinert werden kann sie mit Butterflöckchen, Meerrettich, Sahne, Zwiebelmus, Eigelb, Reibkäse oder Fischdünstfond.

Dunkle Saucen
Dunkle Saucen werden generell zu Schmorbraten von Rind- und Wild, Ragouts, geräucherter Ochsenzunge, Hammelbraten oder Schinken gereicht. Ausgangsbasis dafür ist ein brauner Grundfond mit der dunklen Einbrenne.

Aufgeschlagene Saucen
Es gibt *kalt aufgeschlagene* Saucen, deren Basis Mayonnaise ist. Aus ihr lassen sich viele andere Saucen kreieren, z.B. die Remouladensauce oder Sauce Tatar. Sie schmecken sehr gut zu einer kalten Platte mit Fisch, Braten, Roastbeef oder Aufschnitt. *Warm geschlagen* wird die Sauce hollandaise oder Sauce béarnaise. Sie schmecken zu Spargel, Fisch, Gemüse und Kartoffeln. Gewürzt werden diese Saucen mit frischen Gartenkräutern.

GRUNDREZEPT

Helle und mittelfarbene Grundsauce
(Einbrennsauce)

Zutaten
30 g Fett, 40 g Mehl,
1/2 TL Zwiebel,
1/2 l Flüssigkeit (Knochen-, Fleisch- oder Gemüsebrühe oder Milch),
Salz,
Geschmackszutaten (Kräuter, Zitronensaft, Sahne, Wein, Käse)

EW	Fett	KH	kcal/kJ
5 g	10 g	13 g	170/711

Fett in einem Topf erhitzen, Mehl einstreuen, feingeschnittene Zwiebel dazugeben, beides im heißen Fett andünsten. Unter Rühren hellgelb oder goldgelb rösten. Nach und nach mit Flüssigkeit auffüllen, mit dem Schneebesen glattrühren, salzen, etwa 10–15 Minuten offen kochen lassen. Geschmackszutaten nach Belieben zugeben, abschmekken. Nicht mehr kochen.

Tip
Mehlbutter – Beurre Manié – wird aus gleichen Teilen zimmerwarmer Butter und Mehl geknetet. Sollte eine Sauce nicht die gewünschte Bindung haben, wird teelöffelweise Mehlbutter in die kochende Sauce eingeschlagen.

Sauce Hollandaise
(Abb.)

Zutaten
1 TL Brühe (Instant),
1 EL Wein,
1 EL Zitronensaft,
Salz, Pfeffer,
1 Prise Zucker, 3 Eigelb,
100 g zerlassene Butter,
3 EL Sahne

EW	Fett	KH	kcal/kJ
3 g	27 g	1 g	266/1111

Brühe, Wein, Zitronensaft, Gewürze und Eigelb schaumig rühren. Im heißen Wasserbad cremig schlagen. Unter ständigem Rühren Butter löffelweise unterschlagen. Bei sehr kleiner Hitze die Sauce schlagen, bis sie dick wird, nicht mehr kochen. Mit Sahne verfeinern.

GRUNDREZEPT

Fischgrundsauce

Zutaten für etwa 1/2 l
80 g Butter,
50 g Mehl,
1/2 l Fischbrühe (siehe Grundrezept S. 53),
1 Lorbeerblatt,
200 ml Sahne,
1 Eigelb,
50 g kalte Butterflöckchen

EW	Fett	KH	kcal/kJ
17 g	59 g	33 g	738/3093

Butter in einem breiten Topf zerlassen. Unter ständigem Rühren Mehl einsieben und dabei hell halten. Mit Fischbrühe aufgießen, Lorbeerblatt hinzufügen und

etwa 30 Minuten durchkochen. Sahne und Eigelb verrühren und kräftig unter die Sauce schlagen. Durch ein Sieb passieren, nochmals aufkochen und mit kalter Butter aufschlagen.

Pikante Senfsauce

Zutaten
6 mittelgroße Zwiebeln,
2 EL Butter,
2 Lorbeerblätter,
2 EL mittelscharfer Senf,
1 EL süßer Senf,
1 EL brauner Zucker oder Rübenkraut,
1/4 l dunkles Bier,
Salz, frisch gemahlener Pfeffer

EW	Fett	KH	kcal/kJ
2 g	7 g	14 g	140/592

Zwiebeln schälen und in sehr feine Ringe schneiden. Butter in einem Topf zerlassen. Zwiebelringe und Lorbeerblätter zur Butter geben, abdecken und 5 Minuten dünsten. Senf, Zucker oder Rübenkraut, Bier und 1/4 l Wasser dazugeben, mit Salz und Pfeffer würzen. Topf mit dem Deckel schließen und Sauce 5 Minuten kochen lassen. Lorbeerblätter entfernen, Sauce pürieren und abschmekken. Senfsauce schmeckt zu gekochtem Rindfleisch, Steaks oder Koteletts.

Curry-Sauce

Zutaten
1 kleine Zwiebel,
1 Knoblauchzehe,
1 säuerlicher Apfel,
1 EL Butter, 1 EL Mehl,
3 TL Currypulver,
1/8 l Brühe,
1/8 l Weißwein,
Salz, Zucker

EW	Fett	KH	kcal/kJ
1 g	3 g	8 g	85/361

Zwiebel und Knoblauchzehe schälen, Zwiebel fein würfeln, Knoblauchzehe zerdrücken.

Apfel schälen, vierteln vom Kerngehäuse befreien und in kleine Stücke schneiden. Zwiebel, Knoblauch und Apfelstücke mit Butter in einen Topf geben, bei geschlossenem Dekkel auf kleiner Flamme ca. 7 Minuten dünsten. Mit Mehl und Currypulver bestäuben, mit Brühe und Wein aufgießen, mit dem Schneebesen aufschlagen und mit Salz und Zucker abschmecken. Abgedeckt 4 Minuten kochen lassen.

Meerrettichsauce (warm)

Zutaten
5 EL frisch geriebener Meerrettich,
40 g Butter,
40 Paniermehl,
Salz, 1 Msp. Zucker,
1/2 l Brühe, 4 EL Sahne

EW	Fett	KH	kcal/kJ
2 g	11 g	10 g	150/630

Meerrettich kurz vor Gebrauch schaben. Eine helle Einbrenne aus Butter und Paniermehl herstellen, Meerrettich, Salz und Zucker hinzufügen und mit Brühe auffüllen. Gute 10 bis 15 Minuten bei mittlerer Hitze kochen lassen. Mit Sahne verfeinern.

Tip
Paßt hervorragend zu gekochtem Rindfleisch.

Krabben-Dill-Sauce

Zutaten

5 EL Krabben,
2 cl Weinbrand,
3 EL Butter,
2 EL Mehl,
1/8 l Weißwein,
200 ml Sahne,
Salz,
Pfeffer,
abgeriebene Zitronenschale von 1 unbehandelten Zitrone,
1 EL gehackter Dill

EW	Fett	KH	kcal/kJ
6 g	24 g	6 g	306/1282

Krabben in Weinbrand etwa 1 Stunde marinieren. Butter in einem Topf schmelzen lassen. Mehl einrühren, ein paar Minuten anschwitzen. Nach und nach mit Wein und Sahne aufgießen, mit dem Schneebesen durchschlagen, mit Salz, Pfeffer und Zitronenschale würzen. Unter ständigem Rühren aufkochen lassen. Wenn sich Klümpchen gebildet haben, Sauce durch ein Sieb passieren. Krabben und Dill unter die Sauce mischen und einige Minuten in der Sauce ziehen lassen.

Tip
Krabben-Dill-Sauce schmeckt zu Lachs, Seezunge und Heilbutt.

Béchamelsauce mit Schinken (Abb.)

Zutaten

1 Zwiebel,
1 Scheibe roher Schinken (40 g),
3 EL Butter,
2 EL Mehl,
1/8 l Brühe,
200 ml Milch,
Salz,
Pfeffer

EW	Fett	KH	kcal/kJ
4 g	14 g	7 g	175/735

Zwiebel schälen, hacken, Schinken würfeln. Butter in einem Topf zerlassen, Zwiebel- und Schinkenwürfel 7–10 Minuten dünsten. Mit Mehl bestäuben, verrühren und 3 Minuten anschwitzen. Mit Brühe und Milch aufgießen, mit dem Schneebesen durchschlagen, Gefäß abdecken und Sauce 5 Minuten kochen lassen. Mit Salz und Pfeffer abschmecken.

Tip
Béchamelsauce schmeckt zu Blumenkohl und Brokkoli.

Buttersauce

Zutaten
80 g Butter,
80 g Mehl,
je nach Gericht 1/4 l Fleisch-, Fisch-, Geflügel- oder Gemüsebrühe,
Salz, Pfeffer,
Zitronensaft,
Fleischextrakt,
200 ml Sauce Hollandaise

EW	Fett	KH	kcal/kJ
5 g	43 g	15 g	481/2012

Aus Butter und Mehl eine helle Mehlschwitze zubereiten. Mit Brühe nach Wahl aufgießen und etwa 30 Minuten durchkochen. Salzen, pfeffern, mit Zitronensaft und etwas Fleischextrakt abschmecken. Vom Herd nehmen und Sauce Hollandaise vorsichtig unterheben.

Sauce Béarnaise
(Abb. S. 63)

Zutaten
2 Schalotten,
1 EL Estragonessig,
5 EL Weißwein,
1 Lorbeerblatt,
3 Eigelb, Salz, Pfeffer,
1 Prise Zucker,
3 EL Brühe (Instant),
100 g zerlassene Butter,
1 TL Zitronensaft,
4–5 gehackte Estragonblättchen

EW	Fett	KH	kcal/kJ
3 g	24 g	2 g	257/1075

Schalotten schälen und fein hacken. Mit Essig, Weißwein und Lorbeerblatt zum Kochen bringen und zur Hälfte einkochen lassen. Sud durch ein Sieb gießen und erkalten lassen. Eigelb, Salz, Pfeffer und Zucker mit einem Schneebesen verrühren, Gewürzsud und Brühe dazugeben und im heißen Wasserbad mit dem Schneebesen cremig schlagen. Unter ständigem Rühren Butter teelöffelweise unterschlagen. Mit Zitronensaft abschmecken, Estragonblättchen unterrühren.

Tip
Sauce Béarnaise schmeckt zu Fisch und gegrilltem Fleisch.

Kalte Knoblauchsauce
(Agliata piccante)

Zutaten
mehrere Knoblauchzehen,
Olivenöl,
etwas Weißbrot,
Essig,
Salz,
Pfeffer

EW	Fett	KH	kcal/kJ
1 g	15 g	4 g	152/636

Knoblauchzehen schälen (pro Person rechnet man eine Zehe) und im Mörser fein zerstoßen. Olivenöl tropfenweise hinzufügen und so lange mit dem Stößel rühren, bis eine dicke Paste entstanden ist. Zum Schluß ein wenig Brot in Essig tunken und in die Paste einarbeiten. Salzen und pfeffern.

Tip
Diese kalte Sauce paßt ausgezeichnet zu gekochtem kalten Fisch und Fleisch.

Béchamelsauce

Zutaten
60 g Mehl,
50 g Butter oder Margarine,
1/2 l Milch,
Salz,
Pfeffer,
1 Prise Muskat

EW	Fett	KH	kcal/kJ
6 g	14 g	17 g	223/932

Mehl in heiß schäumendes Fett sieben.
Mit dem Schneebesen unterrühren, hell anschwitzen, von der Kochstelle nehmen.
Die Milch nach und nach aufgießen und unter häufigem Rühren mindestens 10 Minuten kochen lassen. Würzen, gut ausquellen lassen.

GRUNDREZEPT

Weiße Kalbssauce

Zutaten für etwa 1/2 l
500 g Kalbsknochen,
1 Bd. Suppengrün,
Salz,
80 g Butter,
50 g Mehl,

EW	Fett	KH	kcal/J
2 g	16 g	9 g	193/811

Kalbsknochen und Suppengrün waschen, kalt in 1 1/2 l Salzwasser zusetzen. 1–2 Stunden kochen. Butter schäumend erhitzen. Unter ständigem Rühren Mehl einsieben, dabei hell halten und mit kalter Kalbsbrühe aufgießen. Bei milder Hitze etwa 30 Minuten durchkochen. Sauce durch ein Sieb passieren und entsprechend weiterverwenden.

Variante 1: Senfsauce - Weiße Kalbsgrundsauce mit Senf (Dijon oder mittelscharfer) sowie Butterflöckchen verfeinern.

Variante 2: Kräutersauce - mit frisch gehackten Kräutern Ihrer Wahl ergänzen.

Variante 3: Champignonsauce - Champignons und Zwiebelwürfel in Butter anschwitzen und mit Sauce, eventuell mit Champignonsud auffüllen.

Variante 4: Currysauce - mit Currypulver abschmecken.

Gorgonzolasauce

Zutaten für etwa 1/2 l
20 g Butter,
1/8 l Weißwein,
1/8 l süße Sahne
100 g gefüllter Gorgonzola,
2 Eigelb,
Salz, weißer Pfeffer

EW	Fett	KH	kcal/kJ
5 g	25 g	2 g	283/1187

Butter schmelzen mit Wein und Sahne ablöschen. Flüssigkeit eindampfen lassen. Gorgonzola würfeln, nach und nach hinzufügen und in der Sauce schmelzen lassen. Vom Feuer nehmen, Eigelb unterrühren. Die Sauce darf jetzt nicht mehr kochen, da die Eier sonst gerinnen. Mit Salz und Pfeffer abschmecken.

Heiße Knoblauch-Anchovi-Sauce
(Bagna cauda)

Zutaten
6 Knoblauchzehen
6 Anchovisfilets
1/4 l Olivenöl
60 g Butter

EW	Fett	KH	kcal/kJ
2 g	74 g	2 g	679/2840

Knoblauch und Anchovisfilets zu einer Paste zerstampfen und mit etwas Olivenöl aufrühren. Butter in einem kleinen Topf schmelzen, Paste darin erhitzen, mit Olivenöl aufgießen.

Tip
Wer möchte, kann hauchdünn geraffelte, weiße Trüffel an die Sauce geben. In Italien serviert man zu der Sauce eine bunte Rohkostplatte.

KOCHEN

Kalte Pinien-Kräuter-Sauce
(Pesto alla Genovese)

Zutaten
Einige Basilikumblätter,
40 g Pinienkerne,
2 Knoblauchzehen,
Salz, Pfeffer,
5 EL Olivenöl,
50 g geriebener Parmesan

EW	Fett	KH	kcal/kJ
6 g	22 g	3 g	228/955

Basilikumblätter und Pinienkerne grob hacken, zusammen mit Knoblauch, Salz und Pfeffer in den Mörser geben. Mit dem Stößel zu einer glatten Paste zerstampfen, tropfenweise Öl hinzugeben. Erst zum Schluß Parmesan untermischen.

Tip
Um diese kalte Kräutersauce besser mit Nudelgerichten vermischen zu können, wird sie mit etwas Nudelwasser verdünnt.

GRUNDREZEPT

Zuckereinbrennsauce

Zutaten

30 g Fett, 1 TL Zucker,
40 g Mehl,
1/2 l Bratensaft oder Fleischbrühe, Salz,
Lorbeerblatt,
1 EL Rotwein,
3 EL saure Sahne,
Essig nach Belieben

EW	Fett	KH	kcal/kJ
3 g	11 g	11 g	156/658

Fett erhitzen, Zucker zugeben, unter Rühren hellgelb bräunen, Mehl darüberstäuben, braun rösten. Bratensaft oder Brühe sofort aufgießen, salzen, mit dem Schneebesen gut durchrühren. Lorbeerblatt zufügen. 10–15 Minuten durchkochen lassen, Lorbeerblatt entfernen, abschmecken. In die nicht mehr kochende Sauce Rotwein und saure Sahne einrühren; Essig nach Belieben.

Frankfurter Grüne Sauce

Zutaten

4 Eier, 1 Eigelb,
300 g saure Sahne,
3 EL Öl,
Saft von 1/2 Zitrone,
2 EL Essig,
1 EL Senf, Salz,
150 g gemischte gehackte Kräuter (z. B. Petersilie, Sauerampfer, Borretsch, Brunnenkresse, Kerbel)

EW	Fett	KH	kcal/kJ
12 g	23 g	6 g	291/1216

Eier hart kochen, schälen und fein hacken. Eigelb und saure Sahne verrühren. Öl tropfenweise dazugeben, mit Zitronensaft, Essig, Senf und Salz abschmecken. Kräuter mit Ei unter die Sauce heben.

Fleischsauce

Zutaten

1 Zwiebel,
3 Knoblauchzehen,
1 Paprikaschote,
10 g durchwachsener Speck, 3 EL Öl,
200 g Hackfleisch,
2 El Tomatenmark,
3/8 l Fleischbrühe,
Salz, Pfeffer,
Paprika (edelsüß),
1 Prise Oregano

EW	Fett	KH	kcal/J
13 g	23 g	6 g	336/1407

Zwiebel und Knoblauch fein hacken. Paprika putzen, würfeln. Speck würfeln, mit Öl erhitzen. Gemüse darin andünsten. Hackfleisch zugeben, gut durchrösten. Tomatenmark unterrühren, mit Brühe aufgießen, mit Salz, Pfeffer, Paprika, Oregano würzen. Bei milder Hitze dicklich einkochen.

Pfeffersauce

Zutaten

1 rote Paprikaschote,
2 Zwiebeln,
3 EL Silberzwiebeln (Glas),
3 EL Olivenöl,
1 TL bunter Pfeffer (zerstoßen),
200 ml Weißwein,
200 g Ketchup,
1 TL grüner Pfeffer,
Paprikapulver,
Salz,
200 g saure Sahne

EW	Fett	KH	kcal/kJ
3 g	13 g	17 g	227/952

Paprikaschote halbieren, putzen, waschen und klein würfeln.
Zwiebeln schälen und fein würfeln, Silberzwiebeln halbieren. Olivenöl in einem Topf erhitzen und Paprika- und Zwiebelwürfel, Silberzwiebeln und zerstoßenen Pfeffer darin in 5 Minuten dünsten, dann pürieren. Wein, Ketchup, grünen Pfeffer, Paprikapulver und Salz dazugeben und zugedeckt weitere 10 Minuten garen. Saure Sahne unterrühren.

Tip
Die Sauce kann kalt oder warm serviert werden.

GRUNDREZEPT

Dunkle Grundsauce
(Einbrennsauce)

Zutaten
40 g Fett, 60 g Mehl,
1 TL gewürfelte Zwiebel,
3/4 l Fleischbrühe
(Rezept S. 40 oder
Instant), Salz,
2 EL Sahne,
2 EL Rotwein,
Kümmel und Essig nach
Belieben

EW	Fett	KH	kcal/kJ
3 g	10 g	11 g	148/625

Fett erhitzen. Mehl einrühren, kurz anrösten. Zwiebel in Würfel geschnitten zugeben, dunkelbraun rösten. Mit Brühe auffüllen, salzen. 20–30 Minuten offen köcheln. In die nicht mehr kochende Sauce Sahne und Rotwein einrühren. Mit Kümmel und Essig abschmecken.

Sauce Bahia

Zutaten
1 rote Paprikaschote,
100 g Peperoni,
1/8 l Öl,
1 Knoblauchzehe,
1 Lorbeerblatt,
4 Nelken,
1/4 geriebene
Muskatnuß,
1 Zimtstange,
1 rote Zwiebel,
2 cl Cachacça
(Zuckerrohrschnaps)

EW	Fett	KH	kcal/kJ
1 g	31 g	3 g	309/1293

Paprika und Peperoni waschen, putzen, klein würfeln und in 4 EL heißem Öl andünsten. Mit Knoblauch, Lorbeer, Nelken, Muskatnuß und Zimt würzen und zugedeckt 40 Minuten dünsten. Im MIxer pürieren. Die feingewürfelte Zwiebel im restlichen Öl glasig dünsten, das Püree dazugeben, alles noch einige Minuten offen einkochen lassen. Mit Cachacça abschmecken.

Paprika-Rahm-Sauce
(Abb.)

Zutaten
1 Zwiebel,
1 Knoblauchzehe,
2 EL Butter, 2 EL Mehl,
1 EL Paprikapulver,
1/4 l Brühe (Instant),
200 ml Sahne,
1 TL Tomatenmark, Salz

EW	Fett	KH	kcal/kJ
2 g	21 g	7 g	233/979

Zwiebel und Knoblauchzehe schälen, Zwiebel fein würfeln, Knoblauchzehe zerdrücken. Butter erhitzen, Zwiebelwürfel und Knoblauch kurz dünsten, mit Mehl und Paprikapulver bestäuben, durchrühren und mit Brühe und Sahne aufgießen, etwa 5 Minuten bei schwacher Hitze kochen lassen, Tomatenmark unterrühren. Sauce pürieren, mit Salz abschmecken.

Jägersauce
(Abb.)

Zutaten
2 EL Kokosfett,
2 EL Mehl,
1TL Tomatenmark,
1/2 l Brühe (Instant),
50 g in Scheiben geschnittene Champignons,
Salz, Pfeffer,
2 cl Rotwein,
2 EL Sahne

EW	Fett	KH	kcal/kJ
2 g	9 g	4 g	108/455

Kokosfett erhitzen, Mehl darin anschwitzen und Tomatenmark unterrühren. Mit Brühe aufgießen, mit einem Schneebesen verrühren und etwa 10 Minuten köcheln lassen. Champignons dazugeben, salzen und pfeffern und mit Rotwein und Sahne verfeinern.

Tip
Jägersauce schmeckt besonders zu dunklem, kurzgebratenem Fleisch.

Pikante Paprikasauce

Zutaten
2 rote Paprikaschoten,
250 g Tomaten,
2 Zwiebeln,
2 Knoblauchzehen,
2 EL Öl, 1 EL Butter,
1 TL Paprikapulver (edelsüß),
4 Pimentkörner,
1 TL schwarze Pfefferkörner,
1/2 TL Thymian,
Salz, Zucker

EW	Fett	KH	kcal/kJ
2 g	11 g	7 g	133/555

Paprikaschoten im auf 250 Grad vorgeheizten Backofen rösten, bis die Haut Blasen wirft. Herausnehmen und mit einem feuchten Küchentuch bedeckt 5 Minuten ruhen lassen. Häuten, Schoten putzen, in kleine Würfel schneiden. Tomaten häuten, fein hacken. Zwiebeln und Knoblauch schälen, würfeln. Öl erhitzen, beides darin anbraten. Butter hinzufügen, mit Paprikapulver würzen. Tomaten und Paprikawürfel, im Mörser zerstoßene Piment- und Pfefferkörner und Thymian hinzufügen. Mit Salz und Zucker pikant abschmecken.

Zwiebelsauce

Zutaten
40 g Butter,
60 g Mehl,
3 große Zwiebeln,
3/4 l Fleischbrühe (S. 40),
Salz,
1 Tasse Rotwein,
1 EL Essig

EW	Fett	KH	kcal/kJ
3 g	8 g	14 g	352/746

Eine dunkle Grundsauce herstellen (Grundrezept S. 71). Anstatt 1 TL Zwiebelwürfel kommen alle 3 Zwiebeln, genauso in Würfel geschnitten, in die Sauce.

Pizzaiola

Zutaten für etwa 3 Tassen Sauce

3 Zwiebeln,
2–3 Knoblauchzehen,
3 EL Olivenöl,
1 Dose Tomaten,
150 g Tomatenmark,
1 EL Oregano,
1/2 Sträußchen Basilikum (fein gehackt),
1 Lorbeerblatt,
2 TL Zucker,
1 TL Salz,
Pfeffer

EW	Fett	KH	kcal/kJ
4 g	9 g	20 g	166/696

Zwiebeln und Knoblauch schälen und fein hacken. Olivenöl in einem großen Topf erhitzen, Zwiebeln darin glasig dünsten. Knoblauch hinzufügen, unter Rühren 2 Minuten weiterdünsten.
Dosentomaten im Saft mit einer Gabel grob zerdrücken, mit Tomatenmark, Kräutern und Gewürzen in den Topf geben. Aufkochen und offen etwa 1 Stunde einkochen lassen. Mit Salz und Pfeffer abschmecken, Lorbeerblatt entfernen.

Tip
Diese Sauce eignet sich für Fleisch und Pizzas. Zu Nudelgerichten sollte sie durch ein Sieb passiert werden.

Tomatensauce
(Abb.)

Zutaten

1 Zwiebel,
1 Knoblauchzehe,
2 EL Olivenöl,
800 g Tomaten (Dose),
1/2 TL Basilikum, getrocknet oder 1/2 Bd. frisch,
Salz,
Pfeffer,
1 Prise Zucker

EW	Fett	KH	kcal/kJ
3 g	6 g	8 g	92/385

Zwiebel und Knoblauch schälen, fein würfeln, im heißen Öl glasig dünsten. Tomaten mit Flüssigkeit dazugeben, zerdrücken, mit getrocknetem oder kleingeschnittenem frischen Basilikum, Salz, Pfeffer und Zucker würzen und etwa 5 Minuten kochen lassen.

Tip
Tomatensauce schmeckt zu Nudeln, Gemüse, Fleisch und Fisch.

KOCHEN

GRUNDREZEPT
Dunkler Kalbsfond

Zutaten
1 kg Kalbfleisch (Hals, Schulter, Brust),
Butterschmalz,
1 kg kleingesägte Knochen-, Sehnen- und Knorpelabfälle,
Suppengemüse (Möhren, Zwiebeln, Sellerie),
Petersilie, Thymian,
1 Lorbeerblatt,
1 Schuß Rotwein

EW	Fett	KH	kcal/kJ
11 g	16 g	4 g	214/897

Fleisch würfeln. Ein tiefes Backblech mit Schmalz einfetten, alle Zutaten bis auf Gemüse und Kräuter darauf verteilen und im Backofen so lange rösten, bis alles gebräunt ist. Dabei öfter wenden. 1 Kelle heißes Wasser darübergießen, Bratensatz lösen, nochmals so lange rösten, bis nahezu alle Flüssigkeit verdampft ist und Fett austritt. Diese Prozedur mit neuem Wasser noch 2–3mal wiederholen. Vor dem letzten Anrösten Suppengemüse und Kräuter hinzufügen, mit einem Schuß Rotwein ablöschen, wieder einkochen, bis nur 1 EL Flüssigkeit übrigbleibt. Alles in einen großen, schweren Topf geben. Bratensatz mit heißem Wasser lösen und dazugeben. Knochen und Fleisch im Topf knapp mit Wasser bedecken und bei milder Hitze mindestens 5 Stunden lang auskochen. Dabei abschäumen. Bratensaft durch ein Sieb in einen kleineren Topf umgießen, 15 Minuten ruhen lassen und Fett abschöpfen.

GRUNDREZEPT
Heller Kalbsfond

Zutaten
s. »Dunkler Kalbsfond«

Für den hellen Fond werden die Zutaten, im Gegensatz zum dunklen Fond, nicht geröstet. In einem großen Topf alle Zutaten zugedeckt so lange dünsten, bis Fett austritt und sich die Stücke leicht gelblich färben. Anschließend mit kaltem Wasser aufgießen, so daß alles knapp bedeckt ist. 3 Stunden bei geringer Hitze einköcheln lassen.

GRUNDREZEPT
Fischfond

Zutaten
weißes Suppengemüse wie Petersilienwurzel, das Weiße vom Lauch, Sellerie, Zwiebeln,
Butter, 2 kg Fischgräten und Fischabfälle von weißen Fischen- vorzugsweise Seezunge,
trockener Weißwein

EW	Fett	KH	kcal/kJ
18 g	9 g	6 g	197/824

Gemüse putzen, grob würfeln und in einem großen Topf in Butter leicht andünsten. Fischabfälle dazugeben, halb mit Wasser, halb mit Wein aufgießen und zugedeckt 30 Minuten köcheln lassen. Durch ein Tuch gießen.

GRUNDREZEPT
Wildfond

Zutaten
2 kg zerkleinertes Wildfleisch mit Knochen (Reh, Hase oder Wildkaninchen),
3–4 Wildgeflügelkarkassen (Fasan, Rebhuhn),
1 mittelgroße Möhre,
1 mittelgroße Zwiebel,
Salbei, Wacholderbeeren,
Petersilie, Thymian,
Lorbeerblatt,
1/5 l Weißwein

EW	Fett	KH	kcal/kJ
13 g	7 g	2 g	162/676

Wie beim braunen Kalbsfond beschrieben, das Fleisch von allen Seiten gut anrösten, mehrmals mit etwas Wasser ablöschen, dann Gemüse und Kräuter zugeben, mit Wein aufgießen und zum letzten Mal anrösten. Alles in einen Topf geben und 4 Stunden leise köcheln lassen. Häufiger abschäumen. Dann durch ein Sieb gießen. Den Fond nach 15 Minuten entfetten.

GRUNDREZEPT

Mayonnaise

Zutaten

3 Eigelb,
1 TL mittelscharfer Senf (kann auch weggelassen werden),
1/2 l Pflanzenöl,
Salz, 1 Schuß Essig,
etwas Zitronensaft

EW	Fett	KH	kcal/kJ
3 g	130 g	0 g	1160/4851

Eigelb und Senf cremig verrühren. Öl tropfenweise zugießen und mit dem Schneebesen kräftig unterrühren.
Besonders geeignet ist hierfür das elektrische Handrührgerät oder der elektrische Mixer. Dabei immer auf höchster Stufe rühren.
Öl muß sich sofort mit der Eiermischung binden!
1 EL lauwarmes Wasser verleiht der Mayonnaise die letzte Geschmeidigkeit. Mit Salz, Essig und Zitronensaft pikant abschmecken.

Abb. 1

Abb. 2

Abb. 3

Abwandlungen

Sauce tartare
gehackten Schnittlauch und gekochte Eier untermengen.
Kräutersauce
mit den verschiedensten gehackten Kräutern (Petersilie, Schnittlauch, Kerbel, Estragon, Dill) verfeinern.
Russische Sauce
mit Kaviar und Hummerfleisch verfeinern.
Tiroler Sauce
gehackte Schalotten, Estragon, Petersilie, Chilisauce und Tomatenwürfel hinzufügen.
Sauce Chantilly
mit geschlagener Sahne, Zitronensaft und einer Prise Cayennepfeffer ergänzen.
Remouladensauce
gehacktes Allerlei aus Gewürzgurken, Kapern, Zwiebeln, Sardellen, Kerbel und Estragon unterheben.
Cocktailsauce
Mayonnaise mit Tomatenketchup, Zitronensaft, Weinbrand, Orangensaft, Salz und Pfeffer abschmecken.
Aioli
Grundrezept wie für Mayonnaise; zusätzlich noch einige (6–8) Knoblauchzehen hineinpressen.
Grüne Mayonnaise
Grundrezept mit kleingehacktem Schnittlauch, Petersilie und Estragon.
Limetten-Mayonnaise
Grundrezept mit Limettensaft und evtl. Limettenschale (paßt gut zu Fisch oder kaltem Geflügel).
Sherry-Mayonnaise
Chantilly-Mayonnaise mit einem Schuß Sherry, Orangensaft und gerösteten Mandelstiften (paßt gut zu Blattsalat, Geflügel, Obst und Käse).

Meerrettich-Mayonnaise
Grundrezept mit geriebenem Meerrettich, geriebenem Apfel, geschlagener Sahne, Zitronensaft und etwas Zucker (paßt gut zu kaltem Fleisch oder zu Eiern).
Curry-Mayonnaise
Grundrezept Mayonnaise mit Curry, nach Geschmack Ingwer, Orangensaft und einer Spur Honig (paßt gut zu Fisch und Geflügel).
Käse-Nuß-Mayonnaise
Grundrezept Mayonnaise mit Joghurt oder saurer Sahne, Roquefort, etwas Orangensaft und gehackten Walnüssen (paßt gut zu Obst).

Joghurtdip

Zutaten
1 Becher Vollmilchjoghurt (150 g),
2 EL saure Sahne,
2 EL gehackte Kräuter (Dill, Kerbel, Schnittlauch),
1 zerdrückte Knoblauchzehe,
Salz, Pfeffer, nach Belieben 1 Prise Zucker

EW	Fett	KH	kcal/kJ
7 g	8 g	8 g	136/574

Alle Zutaten zu einer glatten Sauce rühren; pikant abschmekken. Zum Dippen für Rohkost servieren, als Salatdressing verwenden. Oder einfach über Pellkartoffeln geben.

Paprikasauce

Zutaten
1 Zwiebel,
100 ml süße Sahne,
1/2 Grundrezept Mayonnaise, S. 75,
1 EL Paprikamark,
Kräutersalz, Paprikapulver (rosenscharf)

EW	Fett	KH	kcal/kJ
2 g	37 g	2 g	358/1503

Zwiebel schälen und würfeln. Sahne halbsteif schlagen und mit Mayonnaise und Paprikamark mischen.
Zwiebel zufügen, mit Salz und Paprika abschmecken.

Rote Eiersauce

Zutaten
2 hartgekochte Eier,
2 EL mittelscharfer Senf,
Saft von 1/2 Zitrone,
1 EL Tomatenmark,
2 EL Rotwein,
4 EL Öl,Salz,
schwarzer Pfeffer,
1 gepreßte Knoblauchzehe, 1 Prise Zucker

EW	Fett	KH	kcal/kJ
4 g	18 g	3 g	202/845

Eier schälen, Eigelb und Eiweiß trennen. Eiweiß grob hacken, beiseite stellen. Eigelb mit Senf und Zitronensaft glattrühren. Tomatenmark und Rotwein untermengen. Olivenöl tropfenweise einrühren, bis sich alle Zutaten miteinander verbunden haben.
Mit Salz, Pfeffer, Knoblauch und Zucker abschmecken. Mit gehacktem Eiweiß bestreuen. Paßt gut zu Blattsalaten und als Dip für Gemüse.

Angemachter Quark

Zutaten
500 g Magerquark,
3 EL süße Sahne,
1 Zwiebel,
1 Bd. Schnittlauch,
Salz,
1 Msp. scharfes Paprikapulver,
weißer Pfeffer aus der Mühle

EW	Fett	KH	kcal/kJ
17 g	4 g	7 g	134/564

Quark im Mixer glattrühren. Sahne dazugeben und weiter schlagen. Zwiebel schälen und fein reiben. Schnittlauch klein schneiden. Zwiebel, Schnittlauch und Gewürze zum Quark geben und gut untermischen. Eventuell noch mit etwas Milch den Quark verlängern, wenn er zu steif ist.

Tip
Mit frischem Schwarzbrot und einem Bund Radieschen die ideale Brotzeit für den Biergarten.

Salate können nicht nur als Einstieg in ein Menü, sondern auch als eigenständiges Gericht oder als Beilage serviert werden. Man unterscheidet dabei frische und gekochte Salate.

Salate haben in ihrer Vielfalt das ganze Jahr über Saison. Sie versorgen uns täglich mit lebenswichtigen Vitaminen, Spurenelementen, Mineralstoffen und Ballaststoffen.

Sorten frischer Blattsalate

Batavia
ist eine Kreuzung zwischen Kopf- und Eisbergsalat, mit rötlich gefärbten Blättern und kräftigem Geschmack.

Chicorée
hat einen festen, weiß-gelb geschlossenen länglichen Kopf und knackige Blätter mit leicht bitterem Geschmack. Aus der Wurzel wird auch Kaffee-Ersatz („Zichorien-Kaffee") gewonnen.

Eichblattsalat
erinnert in der Blattform an Eichenlaub, hat grün-rote Blätter und einen leicht nussigen Geschmack.

Eisbergsalat
hat einen hellgrünen, festen Kopf, besonders knackigen Biß und frischen Geschmack.

Endivie
hat hellgelbe bis dunkelgrüne, krause Blätter, ist leicht bitter im Geschmack.

Frisée
hat gelblich-grüne, stark gefiederte Blätter mit festem Biß und herbem, bitterem Geschmack.

Kopfsalat
hat grüne bis gelbe Blätter, zarten Biß und einen milden Geschmack.

Lollo Bianco
hat krause, gelb-grüne Blätter und zarten Geschmack.

Lollo Rosso
hat krause, an den Spitzen rote Blätter, die nach innen gelb-grün werden und einen zarten Geschmack.

Radicchio
hat einen festen, relativ kleinen, rot-violetten Kopf und einen herzhaften, leicht bitteren Geschmack.

Rapunzel (Feldsalat)
hat kleine grüne Salatbüschel, einen festen Biß und ist angenehm nussig im Geschmack.

Romana Salat
hat längliche, etwas derbe Blätter, einen länglichen großen Salatkopf und ist herzhaft mit knackigem Biß.

Rucola
hat lange Blätter, ist im Aussehen dem Löwenzahn ähnlich, hat einen leicht scharfen Geschmack.

Gekochte Salate werden hauptsächlich aus Gemüse und Geschmackszutaten hergestellt. Als Hauptgericht lassen sich Salate aus den unterschiedlichsten Grundzutaten und Kombinationen zubereiten. Als Basis bieten sich Teigwaren, Reis, Kartoffeln, Hülsenfrüchte, Gemüse, Obst, Fleisch, Fisch und Geflügel an. Ihrem Erfindungsreichtum sind keine Grenzen gesetzt.

Tips für die richtige Zubereitung

- Blattsalate rasch unter fließendem kalten Wasser waschen und gut abtropfen lassen oder trockenschleudern.
- Salat und weitere Zutaten erst kurz vor dem Anrichten zerkleinern, damit die Vitamine erhalten bleiben.
- Wenn Sie gekochte Zutaten oder Zutaten mit fester Konsistenz verwenden, lassen Sie diese am besten für 1 Stunde in der Salatsauce ziehen. Kartoffeln, Nudeln oder z.B. Paprika erhalten dadurch mehr Geschmack.

Essig und Öl

Was wäre der wohlschmeckendste Salat ohne die Krönung – einen leichten Saucenüberzug? Sei es eine einfache Essig-Öl-Vinaigrette oder ein raffiniertes Curry-Ingwer-Dressing, Salatsaucen ergän-

zen das Aroma des Salates.Die Basis ist das Öl. Vor allem *Olivenöl* ist auf Grund seines variantenreichen Geschmacks für beinahe jeden Salat geeignet. Aber auch verschiedene *Nußöle* geben Ihren Salaten einen feinen Geschmack. Eine besondere Note können Sie einem *geschmacklich neutralen Öl* (Sonnenblumenöl, Maiskeimöl, Distelöl) geben, wenn Sie daraus Ihr eigenes Kräuteröl herstellen.
Vermischen Sie 1 Teil gehackte Kräuter mit 8 Teilen Öl und lassen Sie die Mischung in einem verschlossenen Glas 10 Tage ziehen. Dann filtern Sie das Öl in eine Flasche und bewahren es gut verschlossen an einem kühlen, dunklen Ort auf. So hält es gut 2 Monate.

Bevorzugen Sie für Ihren Salat nach Möglichkeit *kaltgepreßte Öle*. Öle, die unter Einwirkung von Hitze oder durch sonstige chemische Verfahren gewonnen werden, sind zwar länger haltbar, aber ein Teil des Aromas und der wichtigen Inhaltsstoffe werden dabei zerstört.

Essig gibt dem Dressing die pikante Note. Aber auch Zitronensaft, Senf, Joghurt oder Sojasauce verleihen dem Dressing ein feines Aroma.
Essig entsteht durch die Säuregärung einer alkoholhaltigen Flüssigkeit, meist von Rotwein oder Weißwein, aber auch von verschiedenen Fruchtmosten. Es gibt Essige der unterschiedlichsten Qualität, die Sie pur verwenden, aber auch nach Ihrem Geschmack mit Kräutern, Früchten oder Gewürzen *aromatisieren* können. Dazu nehmen Sie die von Ihnen gewählten Zutaten und lassen sie in dem Essig 3-4 Wochen an einem kühlen, dunklen Ort durchziehen. Danach filtern Sie den aromatisierten Essig in gut verschließbare Flaschen.

Salat mit Orangen
(Abb.)

Zutaten
2 große Orangen
(je 400 g),
350 g Fenchel,
1 Bd. Frühlingszwiebeln,
1 Beutel Kräuter-Salat-Sauce »Italienische Art«,
2 EL Olivenöl,
1 EL Walnußöl

EW	Fett	KH	kcal/kJ
5 g	9 g	30 g	230/965

Orangen schälen, dabei auch die weiße Haut entfernen. Orangen filetieren oder in Scheiben schneiden.
Fenchelknollen waschen, putzen, halbieren und in dünne Scheiben hobeln. Fenchelgrün kleinschneiden und beiseite stellen. Frühlingszwiebeln waschen, putzen und in dünne Scheiben schneiden.
Kräuter-Salat-Sauce mit 4 EL Wasser, Oliven- und Walnußöl verrühren. Restliche Salatzutaten dazugeben und mischen. Salat mit Fenchelgrün bestreuen.

Tip
Dazu paßt auch eine selbstgemachte Vinaigrette. Rezept S. 102.

Grüner Salat

Zutaten
1 Kopfsalat,
3 EL dicke saure Sahne,
1 EL Essig,
Salz,
Zucker,
1 kleine Zwiebel,
1 EL Schnittlauchröllchen,
1 TL gehackter Dill,
75 g Speckwürfel

EW	Fett	KH	kcal/kJ
2 g	19 g	3 g	198/831

Kopfsalat putzen, gut waschen und trockenschleudern.
Saure Sahne mit Essig, etwas Salz und Zucker verrühren.
Zwiebel schälen und fein hacken.
Mit gehackten Kräutern unter die Sauce mischen.
Salat mit der Sauce vermengen.
Speckwürfel auslassen, etwas abkühlen lassen und kurz vor dem Festwerden über den Salat geben. Sofort servieren.

Tip
Kalorienbewußte nehmen statt der sauren Sahne Joghurt.
Statt Kopfsalat können alle anderen grünen Salatsorten verwendet werden. Mit hartgekochten, geviertelten Eiern und feingeschnittenem Schinken gemischt, erhält man ein kleines Abendessen. Dazu frisches Weißbrot reichen.

Gurkensalat

Zutaten
1 große Salatgurke,
2 EL Öl,
2 EL Essig,
Salz,
1 Prise Zucker,
je 1 EL gehackter Borretsch,
Schnittlauch und Dill,
5 EL saure Sahne

EW	Fett	KH	kcal/kJ
1 g	7 g	3 g	79/331

Gurke schälen, fein schneiden oder hobeln. Öl mit Essig, Salz, Zucker, gehackten Kräutern und saurer Sahne verrühren. Mit den Gurken mischen.

Feldsalat mit Walnüssen

Zutaten
200 g Feldsalat,
1 Zwiebel,
2 EL Sonnenblumenöl,
2 EL Walnußöl,
1 Msp. Salz,
2 EL Weinessig,
2 EL gehackte Walnüsse,
Cayennepfeffer

EW	Fett	KH	kcal/kJ
2 g	19 g	2 g	209/873

Feldsalat gründlich waschen und trockenschleudern. Zwiebel schälen und fein hacken. Beide Ölsorten verrühren, leicht salzen, Essig, Nüsse und Zwiebel hinzufügen. Sauce über den Salat gießen, etwas Cayennepfeffer überstäuben und Salat locker mischen.

Italienische Salatplatte

Zutaten
1 kleiner Kopf Radicchio,
1 Fenchelknolle,
2 kleine, zarte Zucchini,
200 g Egerlinge oder Champignons,
1 rote Paprikaschote,
1 rote Zwiebel,
3–4 Möhren,
4 Tomaten,
200 g Maiskörner,
10 schwarze Oliven,
150 g frische Sprossen,
als Salatdressing:
Italienisches Dressing (Rezept S. 103)

EW	Fett	KH	kcal/kJ
16 g	20 g	37 g	394/1663

Radicchio grob zerpflücken, waschen und abtropfen lassen. Fenchel putzen, waschen und in dünne Scheiben schneiden. Zucchini waschen und würfeln. Pilze säubern und blättrig schneiden. Paprikaschote putzen und in feine Streifen schneiden. Zwiebel schälen und in Ringe schneiden. Möhren schälen, grob raspeln, Tomaten waschen und in Scheiben schneiden. Gemüse, abgetropfte Maiskörner und Oliven auf einer Platte bunt anrichten, Sprossen in die Mitte geben. Sauce unterheben.

Kohlrabi-Radieschen-Salat

Zutaten
3 zarte Kohlrabi,
2 Bd. Radieschen,
150 g Joghurt,
2 EL Crème fraîche,
Saft von 1/2 Zitrone,
2 EL Öl,
2 EL Schnittlauchröllchen, Kräutersalz,
Pfeffer aus der Mühle

EW	Fett	KH	kcal/kJ
3 g	10 g	6 g	123/532

Kohlrabi schälen und fein raspeln. Radieschen putzen und in dünne Scheiben schneiden, mit Kohlrabi mischen.
Joghurt mit Crème fraîche, Zitronensaft und Öl verrühren. Schnittlauch unterziehen und mit Salz und Pfeffer abschmecken.
Sauce unter den Salat mengen und im Kühlschrank etwas ziehen lassen.

Tip
Die zarten Kohlrabiblätter kann man kleingeschnitten zum Schluß über den Salat streuen.

Rohkost mit Kiwi
(Abb.)

Zutaten

125 g Weißkohl,
1 Kohlrabi,
2 Möhren, 2 Kiwis,
150 g Joghurt,
1 EL Öl,
1 EL gehackte Petersilie,
Kräutersalz

EW	Fett	KH	kcal/kJ
2 g	0,5 g	8 g	46/195

Weißkohl, Kohlrabi und Möhren putzen, waschen und raspeln. Kiwis schälen und in Scheiben schneiden. Joghurt mit Öl und Petersilie vermischen, mit Kräutersalz abschmecken. Salatzutaten mit der Sauce mischen und sofort servieren.

Griechischer Salat
(Abb. S. 77)

Zutaten

3 Tomaten,
200 g Salatgurke,
100 g Schafkäse,
1 Zwiebel,
3 EL Olivenöl,
1 EL Essig,
1 Knoblauchzehen,
Käutersalz,
1 EL gehackte Petersilie,
12 schwarze Oliven

EW	Fett	KH	kcal/kJ
5 g	10 g	4 g	130/541

Tomaten waschen und achteln. Salatgurke schälen, halbieren, entkernen und in Scheiben schneiden. Schafkäse würfeln. Zwiebel schälen und in dünne Ringe schneiden.
Öl, Essig, durchgepreßte Knoblauchzehe, Salz und Petersilie verrühren. Salatzutaten unter die Salatsauce mischen.

Tomaten-Fenchel-Salat

Zutaten

350 g Tomaten,
1 Fenchelknolle,
200 g Schafkäse,
30 g Alfalfasprossen,
1 Scheibe Toastbrot

EW	Fett	KH	kcal/kJ
12 g	10 g	10 g	177/738

Tomaten waschen, in Scheiben schneiden und auf 4 Tellern verteilen. Fenchel putzen, in Streifen schneiden, über die Tomaten geben. Schafkäse klein würfeln, mit den Sprossen mischen und über den Salat geben. Toastbrot rösten, klein würfeln und auf dem Salat verteilen.

Rettichsalat mit Gurke und Apfel

Zutaten
2 große, weiße Rettiche,
Salz,
1 roter, säuerlicher Apfel,
1/4 Salatgurke,
1/4 l saure Sahne,
weißer Pfeffer,
1 TL getrocknete Dillspitzen

EW	Fett	KH	kcal/kJ
24 g	27 g	77 g	646/2700

Rettiche unter kaltem Wasser gründlich waschen, schälen, in hauchdünne Scheiben schneiden (oder auf dem Gurkenhobel hobeln), salzen.
In eine Schüssel geben und reichlich mit Salz bestreuen.
Gut mischen und zugedeckt 10 Minuten ziehen lassen.
Den Apfel waschen, in kleine Schnitzel schneiden.
Die Gurke abspülen, in dünne Scheiben hobeln.
Von den Rettichscheiben das Wasser abgießen.
Apfel- und Gurkenscheiben zum Rettich geben.
Saure Sahne schaumig schlagen, mit Pfeffer würzen; über die Salatzutaten gießen.
Alles gut mischen. Eventuell mit Salz nachwürzen.
Dill darüberstreuen. In eine Glasschüssel geben und sofort servieren.

Gemischter Salat
(Titelbild, links oben)

Zutaten
100 g Eisbergsalat,
50 g Brunnenkresse,
100 g Salatgurke,
100 g Radieschen,
50 g Champignons,
2 Eier,
1 Beutel Klare Kräuter-Sauce (Fertigprodukt),
6 EL Sahne

EW	Fett	KH	kcal/kJ
6 g	10 g	4 g	138/578

Eisbergsalat und Brunnenkresse putzen und waschen.
Den Eisbergsalat zerpflücken, Die Salatgurke schälen und in Scheiben schneiden. Radieschen und Champignons putzen, waschen und in Scheiben schneiden. Eier hartkochen und achteln. Klare Kräuter-Sauce und süße Sahne verrühren. Salatzutaten in einer Schüssel mischen, Kräuter-Sahne-Sauce darübergeben und alles vermischen.

Gemischter Salat mit Eierstich

Zutaten
4 Eier,
2 EL Sahne, Salz,
Pfeffer (frisch gemahlen),
1 Kopfsalat,
1/2 Salatgurke,
150 g Champignons,
1 rote Paprikaschote,
2 EL Essig, 4 EL Öl,
je 1 EL gehackte Petersilie und Schnittlauch

EW	Fett	KH	kcal/kJ
32 g	39 g	7 g	539/2258

Eier mit Sahne, Salz und Pfeffer verquirlen. Masse in einen dünnwandigen Topf geben und diesen so lange in einen größeren Topf mit kochendem Wasser stellen, bis die Masse gestockt ist, etwa 10 Minuten.
Inzwischen Salat putzen, waschen und gut abtropfen lassen. Salatgurke schälen und würfeln. Champignons putzen, am Stielende etwas kürzen, waschen und in dünne Scheiben schneiden.
Paprikaschote waschen, putzen und in kleine Würfel schneiden.
Eierstich vorsichtig aus dem Topf lösen, stürzen und mit einem Messer in Streifen schneiden, abkühlen lassen. Aus Essig, Öl und Kräutern eine Marinade rühren. Eine Salatschüssel mit einigen Salatblättern auslegen, restliche Salatblätter in Streifen schneiden, in die Mitte geben, darauf Champignons, Gurken und Paprikawürfel verteilen.
Eierstichstreifen zum Schluß obenauf geben und vorsichtig mit der Gabel alles locker durchheben. Marinade darüberträufeln.

Winzersalat
(Abb.)

Zutaten
1 großer Romanasalat (oder 1 Kopfsalat),
100 g saure Sahne,
1 EL Traubenkernöl,
2 EL Weißweinessig,
2 Knoblauchzehen,
Paprikapulver (edelsüß),
Salz, Pfeffer,
1 EL Schnittlauchröllchen,
4 Scheiben Weißbrot,
40 g Butter,
2 EL geriebener Bergkäse

EW	Fett	KH	kcal/kJ
5 g	14 g	18 g	227/953

Romanasalat in einzelne Blätter teilen, waschen, abtropfen lassen und in mundgerechte Stücke zupfen. Saure Sahne, Traubenkernöl und Essig in eine Schüssel geben und 1 geschälte Knoblauchzehe durch die Presse dazudrücken. Mit Paprikapulver, Salz und Pfeffer abschmecken und Schnittlauch untermischen. Weißbrot in Würfel schneiden. Butter in einer Pfanne erhitzen und Würfel darin bei mittlerer Hitze von allen Seiten knusprig braten. Die zweite zerdrückte Knoblauchzehe dazugeben. Salat unter die Sauce mischen. Brotwürfel darübergeben und mit Bergkäse bestreuen. Kurz vor dem Servieren nochmals mischen.

Kürbissalat

Zutaten
350 g Kürbis,
2 Gewürzgurken,
1 Zwiebel,
2 EL gehackte Petersilie,
2 EL sauer eingelegte rote Paprika,
4 EL Öl, 1–2 EL Essig,
Kräutersalz

EW	Fett	KH	kcal/kJ
2 g	12 g	6 g	139/583

Kürbis auf dem Gurkenhobel reiben. Gewürzgurken klein würfeln. Zwiebel schälen und fein hacken. Kürbis, Gurken und Zwiebel mit Petersilie und Paprika mischen.
Öl mit Essig verrühren, mit Salz abschmecken und Sauce über den Salat geben.

Waldorfsalat

Zutaten
100 g Walnußkerne,
3 säuerliche Äpfel,
2 junge Sellerieknollen,
Saft von 1 Zitrone,
100 g Mayonnaise,
Salz,
weißer Pfeffer,
1 Prise Zucker,
ca. 4 EL Sahne,
8 schöne Salatblätter
und 4 Cocktailkirschen
zum Garnieren

EW	Fett	KH	kcal/kJ
7 g	44 g	19 g	487/2039

Die Walnußkerne (8 zum Garnieren zurücklegen) hacken. Die Äpfel schälen, dann vierteln und entkernen. Sellerieknollen schälen, waschen, abtropfen lassen. Beides in sehr feine Stifte schneiden oder grob raspeln. Äpfel und Sellerie mit Nüssen und Zitronensaft mischen. Mayonnaise mit Salz, Pfeffer und Zucker würzen; glattrühren. Sahne steif schlagen und unter die Mayonnaise heben. Alle Zutaten miteinander vermengen und zugedeckt im Kühlschrank ca. 20 Minuten ziehen lassen. Gegebenenfalls danach alles nochmals abschmecken. Die Salatblätter abbrausen und anschließend trockentupfen. Je zwei Salatblätter auf vier vorbereitete Teller legen. Den Waldorfsalat darauf verteilen. Mit je einer Cocktailkirsche und den Walnußkernen garnieren.

Tip
Wer es leichter mag, nimmt keine Mayonnaise und Sahne, sondern Schmand mit 1 TL Senf.

Pikant angemachter Feldsalat

Zutaten
1/4 kg Feldsalat,
1 Zwiebel,
1 Becher Joghurt,
Salz,
weißer Peffer,
1 TL Senf,
2 EL Olivenöl oder Pflanzenöl,
1 Prise Zucker,
4 EL Walnußhälften

EW	Fett	KH	kcal/kJ
5 g	15 g	3 g	160/670

Den Feldsalat verlesen, putzen und die Blätter mit kaltem Wasser abbrausen, dann abtropfen lassen. Die Zwiebel schälen und kleinhacken.
Aus den restlichen Zutaten wie Joghurt, Salz, weißem Pfeffer, Senf, Öl, Zucker und Zwiebelwürfeln eine fein abgeschmeckte Marinade anrühren; über den Salat geben. Mit Walnußhälften garnieren.

Tip
Feldsalat ist eine der ergiebigsten Vitaminquellen für Vitamin A.

Chicoréesalat mit Nüssen

Zutaten
1/2 kg Chicorée,
1/8 kg Greyerzer Käse,
1 EL mittelscharfer Senf,
Olivenöl oder Pflanzenöl,
Weißweinessig,
Salz,
Pfeffer,
4 EL gehackte Walnüsse

EW	Fett	KH	kcal/kJ
11 g	27 g	5 g	310/1298

Den Chicorée waschen und quer in dünne Streifen schneiden. Den Käse klein würfeln. Senf mit Öl, Essig, Salz und Pfeffer nach Geschmack mischen. Zuletzt alle Zutaten gut miteinander vermengen und die gehackten Walnüsse darüberstreuen.

Tip
Der Käse ist beliebig austauschbar. Sie können den Salat auch mit Schinken, Zwiebeln und Knoblauch erweitern.

Matjessalat »Copa Cabana«

Zutaten

200 g Palmherzen (Dose),
Saft von 4 Limetten,
Pfeffer, Tabasco,
2 EL Walnußöl,
2 Bananen,
2 Kiwis,
1 rote Paprikaschote,
300 g Papayastücke (Dose),
8 Matjesfilets,
4 hartgekochte Eigelb,
350 g Sahnedickmilch,
abgeriebene Limettenschale, Curry

EW	Fett	KH	kcal/kJ
20 g	23 g	28 g	403/1686

Abgetropfte Palmherzen in einer Marinade aus Saft von 3 Limetten, Pfeffer, Tabasco und Nußöl über Nacht ziehen lassen (Marinade für die Salatsauce verwenden). Am nächsten Tag Palmherzen abtropfen lassen und bis auf 2 Stangen in 2 cm lange Stücke schneiden.

Bananen schälen und in Scheiben schneiden, Kiwis schälen und in Stücke schneiden. Paprika putzen und in Streifen schneiden.
Palmherzstücke mit Papayas, Bananenscheiben, Kiwistücken und Paprikastreifen mischen. Mit restlichem Limettensaft beträufeln und die in fingerdicke Stücke geschnittenen Matjesfilets unterheben.
Restliche 2 Palmherzen mit 2 Eigelb pürieren; zusammen mit Sahnedickmilch, geriebener Limettenschale, Curry und

etwas Marinade verrühren und über den Salat geben.

Blattsalat mit Entenbrust
(Für 6 Personen)

Zutaten
100 g Butterschmalz,
1 Entenbrust (300 g),
Geflügelgewürz,
1 Apfel,
150 g Eichblattsalat,
1 Beutel Kräuter-Salat-Sauce (Fertigmischung),
3 EL Sonnenblumenöl,
6 TL Johannisbeergelee

EW	Fett	KH	kcal/kJ
10 g	16 g	10 g	235/985

Butterschmalz erhitzen, Entenbrust waschen, trockentupfen, mit Geflügelgewürz würzen und 10 Minuten braten. Apfel waschen, vom Kerngehäuse befreien und in Scheiben schneiden, 5 Minuten mitbraten. Entenbrust und Apfel herausnehmen, Entenbrust 5 Minuten ruhen lassen, dann in Scheiben schneiden.
Eichblattsalat putzen, waschen, abtropfen lassen und grob zerpflücken.
Kräuter-Salat-Sauce in einer Schüssel mit 3 EL Wasser und Öl verrühren. 1 EL Johannisbeergelee unterrühren.
Salatzutaten auf 6 Salattellern anrichten, Salatsauce darübergeben. Salatteller mit je 1 Löffel Johannisbeergelee garnieren.

Tomatensalat mit Sardinen
(Abb.)

Zutaten
8 Tomaten,
1 Gemüsezwiebel,
1 Beutel Kräuter-Paprika-Sauce »Gemischter Salat« (Fertigprodukt),
3 EL Olivenöl,
200 g Ölsardinen,
10 schwarze Oliven,
1 Knoblauchzehe,
1 Bd. Petersilie

EW	Fett	KH	kcal/kJ
15 g	21 g	11 g	295/1225

Tomaten waschen, in Scheiben schneiden und auf 4 Tellern anrichten. Zwiebel schälen, halbieren, in dünne Scheiben schneiden und auf den Tomaten verteilen. Fertigmischung mit Olivenöl und 3 EL Wasser verrühren und über die Salatzutaten geben.
Knoblauchzehe schälen und fein hacken.
Petersilie waschen, fein schneiden und beides über den Salat geben.

Fenchel-Zungen-Salat

Zutaten
2 Fenchelknollen,
Salz,
150 g Rinderzunge oder Rinderschinken,
1/2 Zwiebel,
100 g Sahnedickmilch,
Worcestersauce,
Kräutersalz, Zucker,
Pfeffer, Curry,
2 TL Sherryessig,
Fenchelkraut und Schnittlauchröllchen zum Garnieren

EW	Fett	KH	kcal/kJ
10 g	9 g	5 g	142/594

Fenchel blanchieren oder in wenig Salzwasser bißfest garen, in Streifen schneiden.
Rinderzunge in dickere Streifen schneiden und mit Fenchel auf einem Teller anrichten.
Zwiebel schälen, fein hacken und mit restlichen Zutaten zu einem Dressing rühren, über den Salat geben. Mit Fenchelkraut und Schnittlauch garnieren.

Garnelensalat in Weißwein

Zutaten

500 g Garnelen (tiefgekühlt),
500 g Brokkoli,
Salz,
geriebene Muskatnuß,
1/8 l Weißwein,
2 Knoblauchzehen,
1 Lorbeerblatt,
2 Stengel Thymian,
1 Zitrone (unbehandelt),
1 große Tomate,
1/8 l süße Sahne,
1 EL Himbeeressig,
einige Tropfen Worcestersauce,
weißer Pfeffer

EW	Fett	KH	kcal/kJ
27 g	12 g	12 g	286/1195

Garnelen in der Schale auftauen lassen, Brokkoli putzen, in Röschen teilen, Stengel schälen, in 3 cm große Stücke schneiden.
Reichlich Salzwasser, mit etwas Muskat gewürzt, aufkochen. Brokkoli darin in 8 Minuten fast weichkochen. In ein Sieb schütten, kurz in Eiswasser tauchen, abtropfen.
Weißwein mit geschälten, halbierten Knoblauchzehen, Lorbeerblatt und Thymian aufkochen.
Garnelenschwänze darin 10 Minuten bei mittlerer Hitze ziehen, nicht kochen lassen. Zitrone waschen, abtrocknen, in Scheiben schneiden.
Tomate vierteln. Garnelen abtropfen, Fleisch aus den Schalen brechen. Darmfäden entfernen. Garnelen, Brokkoli, Tomaten und Zitronenscheiben auf einer Servierplatte anrichten. Sahne halbsteif schlagen, mit Essig, 1 EL durchgesiebtem Garnelensud und Worcestersauce verrühren. Mit Salz und Pfeffer abschmecken, über die Salatzutaten gießen.

Wurstsalat

Zutaten

600 g Fleischwurst oder Lyoner,
2 große Zwiebeln,
4 EL Weinessig,
6 EL Öl,
Salz,
Pfeffer,
einige Zweige frische Petersilie

EW	Fett	KH	kcal/kJ
20 g	57 g	57 g	630/2636

Wurst häuten und quer in (hauch)dünne Scheiben schneiden. Zwiebel schälen und in Ringe schneiden. Aus Essig, Öl, Salz, Pfeffer und 1–2 EL Wasser eine Salatsauce rühren. Alle Zutaten – bis auf die Petersilie – locker vermengen und etwa 30 Minuten ziehen lassen. Petersilie waschen, trockenschwenken, von den Stengeln zupfen und hacken. Wurstsalat mit Petersilie bestreut servieren.

Gemischter Salat mit Thunfisch

Zutaten

200 g Thunfisch (frisch oder tiefgekühlt),
Salz,
1/2 Kopfsalat,
1 Zwiebel,
1 rote Paprikaschote,
200 g Dickmilch,
Saft von 1 Zitrone,
2 EL Olivenöl,
1 Knoblauchzehe,
Pfeffer

EW	Fett	KH	kcal/kJ
15 g	15 g	6 g	224/938

Thunfisch in Salzwasser (oder in Weinsud aus Wasser, Weißwein, Pfeffer und Salz) gar ziehen lassen. Salat putzen, waschen und gut abtropfen lassen.
Zwiebel schälen, längs halbieren, in feine Halbringe schneiden. Paprikaschote waschen, putzen und in feine Streifen schneiden. Salatblätter, Zwiebel und Paprikastreifen auf kleinen Tellern dekorativ anordnen.
Thunfisch grob zerpflücken und auf die Salatportionen verteilen.
Dickmilch mit Zitronensaft, Olivenöl und durchgepreßtem Knoblauch glattrühren, mit Pfeffer und Salz würzen. Dressing getrennt zum Salat reichen.

Geflügelsalat
(Abb.)

Zutaten

1,2 kg Spargel (geputzt und geschält), Salz,
300 g gegarte oder gegrillte Putenbrust,
500 g Erdbeeren,
200 g Rauke oder anderer Blattsalat,
20 g Kefir,
175 g Sahnedickmilch,
Saft von 1 Zitrone,
Pfeffer,
1 Prise Zucker,
4 Scheiben Knäckebrot,
4 TL Butter

EW	Fett	KH	kcal/kJ
29 g	9 g	24 g	298/1247

Spargel in Salzwasser garen. Putenfleisch in feine Streifen schneiden.
Erdbeeren waschen, putzen und halbieren.
Rauke oder Salat waschen, putzen und in mundgerechte Stücke zerpflücken. Spargel abgießen (Kochwasser für Suppe aufheben!), in Stücke schneiden und mit Geflügelstreifen, Erdbeeren und Rauke oder Salatblättern locker mischen. Salat auf 4 Tellern verteilen.
Aus Kefir, Sahnedickmilch, Zitronensaft und Würzzutaten ein Dressing bereiten. Über dem Salat verteilen.
Knäckebrot mit Butter bestreichen und zum Salat reichen.

Spinatsalat mit Garnelen und Speckvinaigrette

Zutaten

75 g geräucherter, durchwachsener Speck,
4 EL Sonnenblumenöl,
1 Knoblauchzehe,
3 EL Weißweinessig,
Salz,
Pfeffer,
Zucker,
250 g Spinat,
150 g Friséesalat,
12 gegarte Garnelen,
etwa 1 EL Zitronensaft,
Zitronenspalten zum Garnieren

EW	Fett	KH	kcal/kJ
29 g	19 g	3 g	315/1321

Speck klein würfeln, 1 EL Öl erhitzen, Speck darin knusprig ausbraten.
Knoblauch schälen und fein würfeln. Essig, Salz, Pfeffer und Knoblauch verrühren, restliches Öl unterschlagen. Mit Zucker abschmecken und Speck unterheben.
Spinat verlesen und gründlich waschen. Salat putzen, waschen und in mundgerechte Stücke zupfen. Die Garnelen mit Zitronensaft beträufeln. Spinat und Salat auf einer Platte dekorativ anrichten. Garnelen dazulegen. Mit Speck-Vinaigrette beträufeln. Mit Zitronenspalten garnieren.

Feinschmeckersalat
(Abb.)

Zutaten
2 EL Balsamicoessig,
3 EL Öl, 1 TL Nußöl,
Salz, weißer Pfeffer,
1 Msp. Kräutersenf,
2 EL gehackter Schnittlauch,
2 Avocados, 1 Zitrone,
150 g Emmentaler,
200 g Putenleber,
1 TL Mehl, 1 TL Butter

EW	Fett	KH	kcal/kJ
23 g	34 g	1 g	415/1743

Essig mit Öl verquirlen. Mit etwas Salz, Pfeffer, Senf und Schnittlauch mischen.
Avocados halbieren. Kern entfernen, Früchte schälen; in gleichmäßig dünne Scheiben schneiden, mit Zitronensaft beträufeln.
Käse in etwa 3 cm breite und 5 cm lange Streifen schneiden. Zusammen mit den Avocados auf Tellern verteilen.
Leber häuten, in 4 gleich große Stücke teilen.
Salzen und pfeffern, mit etwas Mehl bestäuben, in heißer Butter von jeder Seite etwa 5 Sekunden braten. Herd ausschalten, Pfanne mit Alufolie abdecken, Leber 2 Minuten nachziehen lassen; auf den Tellern anrichten, alles mit Salatsauce beträufeln.
Dazu Prosecco servieren.

Tip
Anstatt Putenleber kann man für dieses Gericht auch Kalbsleber verwenden.

Geflügelsalat mit Trauben

Zutaten
300 g gebratene Hühnerbrust,
1 Apfel,
2 EL Zitronensaft,
1 TL Sonnenblumenöl,
Salz,
Pfeffer,
70 g Walnüsse,
125 g helle Trauben,
Zucker

EW	Fett	KH	kcal/kJ
19 g	12 g	13 g	248/1041

Hühnerbrust in Würfel schneiden. Apfel schälen, vierteln, das Kerngehäuse entfernen, Apfel würfeln, mit etwas Zitronensaft beträufeln. Mit den Fleischwürfeln mischen.
Restlichen Zitronensaft und Öl verrühren, salzen und pfeffern. Marinade über die Fleisch- und Apfelwürfel gießen, Salat gut durchmischen.
Walnüsse grob hacken, über den Salat streuen. Trauben halbieren, evtl. Kerne entfernen, hinzufügen. Mit Zucker abschmecken.

Tip
Im Kühlschrank über Nacht durchgezogen, entfaltet der Salat seinen vollen Geschmack.

Türkischer Reissalat

Zutaten
400 g gekochter Reis,
4 EL Mayonnaise,
125 g Joghurt,
100 g Schinkenwürfel,
100 g Apfelwürfel,
2 EL Mandelblätter,
1 grüne und 1 rote Paprikaschote,
Salz,
Pfeffer

EW	Fett	KH	kcal/kJ
11 g	18 g	34 g	354/1497

Reis mit Mayonnaise und Joghurt mischen. Schinken und Apfelwürfel, Mandeln, feingehackte Paprikaschoten und Gewürze zugeben. Alles gut mischen und durchziehen lassen. Kalt servieren.

Italienischer Reissalat mit Meeresfrüchten

Zutaten
250 g Langkornreis,
2 kleine, zarte Zucchini,
250 g Meeresfrüchte-Mischung (tiefgekühlt),
100 g Krabben (frisch oder tiefgekühlt),
1 große Fleischtomate,
175 g Sahnedickmilch,
4 EL Kefir,
Saft von 1 Zitrone,
2 EL Traubenkernöl,
1 Knoblauchzehe,
frischer Estragon,
frischer Salbei,
Pfeffer,
Salz

EW	Fett	KH	kcal/kJ
23 g	12 g	53 g	416/1746

Reis nach Packungsvorschrift körnig kochen, abschrecken und gut abtropfen lassen.
Zucchini waschen, längs vierteln, blanchieren, abkühlen lassen. Die Meeresfrüchte und Krabben in kochendem Salzwasser gar ziehen lassen.
Zucchiniviertel in Scheibchen schneiden, unter den Reis mischen.
Meeresfrüchte grob zerkleinern, zusammen mit Krabben unter den Reis mischen.
Tomate klein würfeln, unterheben. Sahnedickmilch, Kefir, Zitronensaft und Traubenkernöl glattrühren, mit durchgedrückter Knoblauchzehe, feingewiegten Kräutern, Pfeffer und Salz würzen.
Sauce unter den Salat mischen. Gut durchziehen lassen.

Tip
Preiswerter kann man den Salat mit Thunfisch aus der Dose anmachen. Dann die Gewürze um 1 TL Fenchelsamen ergänzen. Ungewöhnlich, aber gut!

Indischer Reissalat

Zutaten
Salz,
130 g Langkornreis,
250 g Lauch,
150 g gebratenes oder gekochtes Hühnerfleisch,
150 g Krabbenfleisch,
4 EL Salatöl,
4 EL Zitronensaft,
Pfeffer,
Zucker,
2 TL Currypulver,
1 gehäufter EL zerdrücktes Mango-Chutney

EW	Fett	KH	kcal/kJ
18 g	10 g	28 g	283/1120

1 l Wasser mit Salz aufkochen. Reis zugeben, zum Kochen bringen, in etwa 20 Minuten ausquellen lassen, auf ein Sieb geben, mit kaltem Wasser übergießen, gut abtropfen lassen.
Lauch putzen, waschen, in Streifen schneiden, in reichlich Salzwasser geben, kurz aufkochen, abtropfen lassen.
Das Hühnerfleisch enthäuten, würfeln.
Krabbenfleisch, Hühnerfleisch und Lauchstreifen in einer Schüssel anrichten.
Für die Salatsauce Salatöl mit Zitronensaft verrühren, mit Pfeffer und Zucker abschmecken. Currypulver und Mango-Chutney unterrühren, mit den Salatzutaten vermen-

gen, gut durchziehen lassen. Den Salat eventuell mit Salz, Zitronensaft abschmecken, mit Currypulver bestreuen.

Tip
Dazu schmeckt frisches Stangenweißbrot

Japanischer Reissalat

Zutaten
Salz,
100 g Langkornreis,
25 g getrocknete chinesische Pilze (Mu Err),
1 kleine Dose Sojabohnensprossen,
1 kleine Dose Bambussprossen,
100 g gekochter Schinken,
1 Salatgurke,
5 EL Öl,
5 EL Zitronensaft,
7 EL japanischer Reiswein,
2 EL Sojasauce,
1 Kopfsalat,
1 Zitrone

EW	Fett	KH	kcal/kJ
15 g	18 g	26 g	374/1564

1/2 l Salzwasser aufkochen. Reis zugeben, in 15 Minuten garen; abschrecken, abtropfen. Pilze zerkleinern, mit kochendem Wasser übergießen, 20 Minuten weichen lassen. Sojabohnen- und Bambussprossen abtropfen, trockentupfen, in Streifen schneiden. Schinken in Streifen schneiden. Gurke halbieren, der Länge nach in dünne Scheiben, dann in Streifen schneiden. Pilze abtropfen. Für die Marinade Öl, Zitronensaft, 3 EL Reiswein, Sojasauce und Salz verrühren. Reis, Sojabohnen-, Bambussprossen, Schinken, Gurken und Pilze dazugeben. Mischen, 30 Minuten im Kühlschrank ziehen lassen. Salat zerpflücken, auf eine Platte legen. Reissalat flach darauf anrichten. Zitrone waschen. Beide Enden bis zum Fruchtfleisch abschneiden. Zitrone auf Salat setzen, obere Schnittfläche mit Salz bestreuen. 4 EL Reiswein über einer Kerze anwärmen.
Über Zitrone gießen.
Anzünden und sofort servieren.

TIP
Anstelle von japanischen Reiswein kann auch ein trockener Sherry verwendet werden.

Flämischer Nudelsalat

Zutaten
200 g Bandnudeln,
Salz, 200 g gekochter Schinken, 2 Tassen süßsauer eingelegter Kürbis,
1/2 Salatgurke,
2 EL Essig,
frisch gemahlener weißer Pfeffer,
100 g Mayonnaise,
5 EL Sahne,
1 EL Zitronensaft,
Salz,
weißer Pfeffer,
1 Prise geriebene Muskatnuß,
1 kräftige Prise Ingwer,
1 Kästchen Kresse oder Petersilie

EW	Fett	KH	kcal/kJ
79 g	146 g	174 g	2310/9655

Nudeln in gesalzenes, kochendes Wasser geben, bißfest kochen. Auf ein Sieb schütten, mit kaltem Wasser abbrausen. Inzwischen den gekochten Schinken in Scheiben schneiden. Den Kürbis klein würfeln. Die gewaschene Salatgurke ungeschält in Scheiben schneiden. Diese Zutaten mit Essig und frisch gemahlenem Pfeffer mischen. Nudeln unterheben, 30 Minuten ziehen lassen.
Für die Marinade die Mayonnaise mit Sahne und Zitronensaft gut verrühren.
Mit Salz, Pfeffer, Muskatnuß und Ingwer würzen.
Die Marinade kurz vor dem Servieren darübergießen.
Mit gewaschener Kresse garniert servieren.

TIP
Dieser sättigende Salat ergibt mit einer Scheibe Sülze, Bratwürsten oder Preßsack eine vollständige Sommermahlzeit, die sich schnell zubereiten läßt.

SCHNELLREZEPT

Italienischer Nudelsalat

Zutaten

150 g Tagliatelle Verdi,
Salz,
1/2 Salatgurke,
10 gefüllte Oliven,
1 rote oder gelbe Paprikaschote,
2 Tomaten,
1 Dose Thunfisch naturell (210 g),
2 Beutel Fertigmischung für Kräuter-Salat-Sauce »Italienische Art«,
6 EL Sonnenblumenöl,
1 EL gehackte Petersilie

EW	Fett	KH	kcal/kJ
17 g	28 g	33 g	450/1895

Nudeln nach Packungsvorschrift in Salzwasser garen, abtropfen lassen.
Gurke waschen, längs vierteln und in Scheiben schneiden. Oliven halbieren; Paprikaschote waschen, putzen und in Streifen schneiden. Tomaten waschen, achteln; Thunfisch groß zerpflücken.
Fertigmischung für Kräuter-Salat-Sauce »Italienische Art« mit 6 EL Wasser und Öl verrühren, Petersilie hinzufügen. Salatzutaten untermischen und gut durchziehen lassen.

Dänischer Nudelsalat

Zutaten

375 g Hörnchennudeln,
Salz,
1 Packung Erbsen und Möhren (tiefgekühlt),
1 kleine Dose Spargelsstücke,
250 g Fleischwurst,
100 g Mayonnaise,
3 EL Dosenmilch,
weißer Pfeffer, Salz,
1 Prise Zucker,
1 EL Kräuteressig,
1 Bd. Petersilie,
1 Bd. Dill,
einige Salatblätter

EW	Fett	KH	kcal/kJ
25 g	41 g	92 g	806/3372

Nudeln in leicht gesalzenem Wasser bißfest kochen. Abschrecken, abtropfen lassen. Erbsen und Möhren nach Packungsvorschrift garen, abtropfen und auskühlen lassen. Spargelstücke abtropfen. Wenn nötig, schälen. Fleischwurst häuten, würfeln. Alles miteinander mischen, Mayonnaise mit Dosenmilch verrühren. Mit Pfeffer, Salz und Zucker würzen. Mit Essig abschmecken. Petersilie waschen, hacken. Dill waschen, einen Zweig zum Garnieren abnehmen, Rest hacken. Mit Petersilie unter die Marinade mischen. Marinade über den Salat gießen, mischen, ziehen lassen. Vor dem Anrichten mit Salz und Pfeffer abschmecken. Schüssel mit Salatblättern auslegen. Nudelsalat hineingeben, mit Dillzweigen garnieren.

TIP
Wer Fisch gegenüber Fleisch bevorzugt, ersetzt die Fleischwurst einfach durch Matjesfilets. Dann aber nicht zu viel salzen.

Mittelmeersalat mit Nudeln und Fisch

Zutaten

250 g schwarzer Heilbutt (frisch oder tiefgekühlt),
Salz, 250 g bunte Schleifchennudeln,
1 gelbe Paprikaschote,
1 rote Paprikaschote,
2 kleine, zarte Zucchini,
10 schwarze Oliven,
150 g Kefir,
2 EL saure Sahne,
2 EL feingewiegte Kräuter (Thymian, Basilikum),
Saft von 1/2 Zitrone,

Pfeffer, Salz,
etwas Sojasauce

EW	Fett	KH	kcal/kJ
25 g	12 g	49 g	407/1703

Heilbutt in kochendem Salzwasser bei schwacher Hitze garen, abkühlen lassen. Nudeln in reichlich kochendem Salzwasser »al dente« garen, auf ein Sieb schütten, abschrecken und abkühlen lassen. Paprikaschoten waschen, putzen und würfeln. Zucchini waschen, ungeschält in feine Streifen schneiden.
Nudeln, Gemüse und Oliven locker mischen, Fisch grob zerpflücken und untermengen. Aus Kefir, saurer Sahne und Gewürzen ein Dressing rühren und Salat damit anmachen. Im Kühlschrank etwas durchziehen lassen.

Gemischter Salat »Bella Italia«
(Abb.)

Zutaten
150 g Tortellini,
1 Kopf Römischer Salat,
200 g Rauke,
400 g Tomaten,
300 g zarte Zucchini,
200 g Fenchel,
1 Gemüsezwiebel,
200 g gekochter Schinken,
1 EL Olivenöl,
175 g saure Sahne,

2 EL Buttermilch,
Saft von 1/2 Zitrone,
1 Bd. frisches Basilikum,
weißer Pfeffer,
Salz,
2 EL Traubenkernöl

EW	Fett	KH	kcal/kJ
22 g	21 g	41 g	444/1859

Tortellini nach Vorschrift bißfest garen. Inzwischen Römischen Salat und Rauke waschen, in mundgerechte Stücke pflücken und gut abtropfen lassen. Tomaten waschen und achteln. Zucchini waschen und in feine Streifen schneiden. Fenchel waschen, putzen und in dünne Scheiben schneiden. Zwiebel schälen und in feine Ringe schneiden. Den Schinken fein würfeln.
Tortellini abgießen, abschrecken und abtropfen lassen. Olivenöl erhitzen. Zwiebelringe und Schinken darin andünsten; Tortellini dazugeben und alles durchschwenken.
Salatgemüse locker mischen und auf einer Platte anrichten. Aus saurer Sahne, Buttermilch und Zitronensaft eine Sauce rühren, feingewiegtes Basilikum und die Gewürzzutaten untermischen und Sauce über dem Salat verteilen.
Noch warme Tortellini-Mischung darübergeben.

Frühlingssalat mit Löwenzahn

Zutaten
150 g junge Löwenzahnblätter,
250 g Maiskörner,
2 hartgekochte Eier,
2 kleine Frühlingszwiebeln mit Grün,
175 g Dickmilch (10 %),
1 TL Estragonessig,
1 Msp. abgeriebene Zitronenschale (unbehandelt),
Pfeffer,
Knoblauchpulver,
Salz,
nach Belieben Gänseblümchenblätter oder Knospen zum Garnieren

EW	Fett	KH	kcal/kJ
8 g	9 g	19 g	187/781

Löwenzahnblätter waschen, abtropfen.
Maiskörner abtropfen, Eier achteln, Frühlingszwiebeln mit Grün fein hacken.
Mais, Eiachtel und Löwenzahn locker mischen, auf 4 Tellern verteilen.
Zwiebelwürfelchen unter die Dickmilch mischen, mit Estragonessig, Zitronenschale, Pfeffer und Knoblauch würzen. Dressing etwas durchziehen lassen, mit Salz abrunden.
Auf die einzelnen Salatportionen geben. Salat eventuell mit Gänseblümchen garnieren.

TIP
Löwenzahnblätter kann man durch frische Rucolablätter ersetzen.

Heißer Kartoffelsalat
(Abb.)

Zutaten
750 g Speisekartoffeln,
Salz,
1/2 Bd. Frühlingszwiebeln,
1 rote Paprikaschote,
100 g geräuchertes Forellenfilet,
200 ml Sahne,
2 TL Gemüsebrühe (Instant),
2 EL Weißweinessig,
1–2 EL Klassische Mehlschwitze, hell (Fertigprodukt)
1/2 Bd. Petersilie,
Thymian, Pfeffer,
1 EL Öl,
30 g geriebener Emmentaler,
2 EL Sonnenblumenkerne

EW	Fett	KH	kcal/kJ
16 g	40 g	43 g	615/2579

Kartoffeln in Salzwasser kochen, abschrecken, pellen und in Scheiben schneiden.
Frühlingszwieblen putzen, waschen und in Ringe schneiden. Paprikaschote putzen, waschen und in Streifen schneiden. Forellenfilet in Stücke schneiden.
Sahne, Gemüsebrühe, Essig und Mehlschwitze verrühren.
Gemüse und Forellenfilet hinzufügen und alles vorsichtig mischen. Kartoffelsalat mit Petersilie, Thymian, Pfeffer und Salz würzen.
Eine große flache Auflaufform mit Öl fetten. Kartoffelsalat einfüllen. Käse und Sonnenblumenkerne darüberstreuen.
Im vorgeheizten Backofen bei 200 Grad etwa 30 Minuten backen.

Krautsalat

Zutaten

750 g Weißkohl,
Salz,
1 Zwiebel,
1 EL Butter,
200 ml Fleischbrühe,
1 Prise Zucker,
6 EL Essig,
4 EL Öl

EW	Fett	KH	kcal/jJ
3 g	13 g	9 g	168/707

Kohl putzen, gut waschen und hobeln. In kochendem Salzwasser kernigweich kochen, gut ausdrücken.
Zwiebel schälen, fein hacken, in 1 EL Butter glasig dünsten, zum Kohl geben.
Warme Fleischbrühe mit Zucker, Essig und Öl verrühren, über den Salat gießen.
Gut durchziehen lassen.

Rote-Rüben-Salat

Zutaten

1 kg rote Rüben,
8–10 EL Essig,
2 Nelken,
1–2 TL Zucker,
1/2 TL Salz

EW	Fett	KH	kcal/kJ
3 g	1 g	31 g	149/624

Rote Rüben von den Blättern befreien und im Dämpfer etwa 1 Stunde garen, schälen und in Scheiben schneiden.
200 ml Wasser mit Essig, Nelken, Zucker und Salz aufkochen lassen, noch heiß über das Gemüse gießen.

TIP

Je nach Geschmack mit Öl, Kümmel und Zwiebel verfeinern. Als Salatbeilage bestens geeignet.

Kartoffelsalat pikant

Zutaten

750 g Salatkartoffeln,
1 große Zwiebel,
Salz,
1 kleine Gurke,
2 Tomaten,
1 Bd. Petersilie,
1/4 l heiße Fleischbrühe (Instant),
1 EL scharfer Senf,
4 EL Essig,
1 Prise Zucker,
Pfeffer,
6 EL Öl,
2 hartgekochte Eier

EW	Fett	KH	kcal/kJ
8 g	22 g	33 g	365/1526

Kartoffeln mit der Schale weichkochen. Wasser abgießen, Kartoffeln nach dem Abkühlen schälen, in Scheiben schneiden.
Zwiebel schälen, fein würfeln, zu den Kartoffeln geben, gut salzen. Gurke waschen, in Scheiben schneiden. Tomaten waschen, kleinschneiden.
Petersilie waschen, trockentupfen, fein hacken. Alles mischen.
Fleischbrühe mit Senf, Essig, Zucker, etwas Salz, Pfeffer und Öl verrühren. Sauce über den Kartoffelsalat gießen, vorsichtig untermengen.
Eier schälen, salzen, achteln, Salat damit garnieren.

Blumenkohlsalat

Zutaten
1 Blumenkohl,
Salz,
100 g Feldsalat,
2 Tomaten,
1 TL Butter,
2 EL Mandelstifte,
2 EL Essig,
1/2 TL Currypulver,
4 EL Öl,
3 EL Joghurt,
1 EL gehackter Schnittlauch

EW	Fett	KH	kcal/kJ
5 g	22 g	8 g	259/1083

Blumenkohl putzen, waschen, in Röschen teilen, in Salzwasser in 15–20 Minuten bißfest kochen.
Den Feldsalat verlesen, waschen, trockenschleudern.
Tomaten waschen, trocknen und in Achtel schneiden.
Butter in einer Pfanne erhitzen und die Mandelstifte darin vorsichtig rösten.
Aus Essig, Salz, Curry und Öl eine Marinade zubereiten und anschließend den Joghurt unterrühren.
Marinade über die Blumenkohlröschen und Tomaten gießen, vermischen, 15 Minuten durchziehen lassen.
Dann den Feldsalat untermengen und mit Schnittlauch und Mandelstiften garniert servieren.

Bohnensalat
(Abb.)

Zutaten
1 große Dose weiße Bohnen, Salz,
Pfeffer,
3 EL Olivenöl, 2 Tomaten,
1 rote Zwiebel,
1/2 Bd. Petersilie

EW	Fett	KH	kcal/kJ
10 g	13 g	22 g	240/1006

Bohnen in einem Sieb kalt abbrausen und abtropfen lassen. Salz und Pfeffer mit Öl verrühren und über die Bohnen geben. Tomaten waschen, vierteln und würfeln.
Zwiebel schälen und in Scheiben schneiden.
Petersilie waschen und kleinschneiden. Alles zu den Bohnen geben, gut mischen und 1–2 Stunden durchziehen lassen.

Bunter Kartoffel-Mais-Salat

Zutaten
1 Dose Mais (etwa 250 g),
400 g gekochte Kartoffeln,
1 Zwiebel,
1 rote, 1 gelbe Paprikaschote,
2 hartgekochte Eier,
2 Gewürzgurken,
150 g gekochtes Rindfleisch,
2 EL Mayonnaise,
3 EL saure Sahne,
2 EL Tomatenketchup,
1 - 2 EL Essig,
Salz, Zucker,
weißer Pfeffer,
Paprika, edelsüß, Curry,
Worcester-, Tabascosauce,
1 Knoblauchzehe,
1 EL Kapern,
Petersilie

EW	Fett	KH	kcal/kJ
17 g	14 g	37 g	348/1455

Mais abtropfen lassen. Kartoffeln pellen, Paprikaschoten putzen, Zwiebeln schälen. Gesamtes Gemüse würfeln. Eier, Gurken und Fleisch fein würfeln. Mayonnaise mit saurer Sahne, Ketchup und Essig verrühren. Mit Salz, Pfeffer, Paprika, Curry, Worcestersauce und Tabasco würzen. Zutaten mit zerdrücktem Knoblauch, Kapern und 2 EL gehackter Petersilie mischen, 1 - 2 Stunden durchziehen lassen.

Tip
Als Getränk eignet sich ein dunkles Bier.

Kartoffelsalat nach Aretsrieder Art
(Abb.)

Zutaten
1 kg Salatkartoffeln,
400 ml heiße Brühe,
1 Salatgurke,
2 Bd. Radieschen,
4 Scheiben gekochter Schinken,
200 ml Sahnedickmilch,
60 ml Zitronensaft oder Kartoffelessig,
Pfeffer, Salz,
1 Bd. feingewiegte Petersilie oder Kerbel,
grobgemahlener Pfeffer

EW	Fett	KH	kcal/kJ
14 g	10 g	45 g	329/1379

Kartoffeln waschen, garen, schälen und etwas abgekühlt in Scheiben schneiden.

Brühe erhitzen und über die Kartoffeln geben.
Zugedeckt etwa 10 Minuten durchziehen und erkalten lassen.
Gurke waschen und ungeschält in feine Scheiben hobeln.
Radieschen putzen, waschen und in feine Stifte schneiden.
Schinken in schmale Streifen schneiden.
Gurke, Radieschen und Schinkenstreifen gleichmäßig unter die Kartoffeln heben.
Sahnedickmilch, Zitronensaft, Pfeffer, Salz und feingehackte Kräuter zu einer glatten, sämigen Sauce verrühren.
Mit Pfeffer aus der Mühle würzig abschmecken und Salat damit anmachen.

Tip
Da die Garzeiten bei allen Kartoffeln je nach Sorte und Größe der Knollen variieren, mit einem Zahnstocher die Garprobe machen.

Paprika-Auberginen-Salat
(Abb.)

Zutaten
500 g Auberginen,
2 gelbe Paprikaschoten,
Öl, 1 kleine Peperoni,
1 Knoblauchzehe,
1 Beutel Fertigmischung für Kräuter-Paprika-Sauce »Gemischter Salat«,
3 EL Olivenöl

EW	Fett	KH	kcal/kJ
4 g	12 g	11 g	180/755

Auberginen und Paprikaschoten waschen, putzen und längs halbieren. Hälften auf ein leicht geöltes Backblech legen und im vorgeheizten Backofen bei 250 Grad etwa 15 Minuten rösten, bis das Gemüse Blasen wirft, herausnehmen.
Gemüse mit nassem Tuch zudecken und etwas abkühlen lassen. Haut abziehen und Gemüse in Streifen schneiden.
Peperoni waschen, längs aufschneiden, Kerne entfernen und fein würfeln.
Knoblauchzehe schälen, zerdrücken und mit den Peperoni zum Gemüse geben.
Fertigmischung für Kräuter-Paprika-Sauce »Gemischter Salat« mit 3 EL Wasser und Olivenöl verrühren und über das Gemüse geben.
Salat etwa 30 Minuten durchziehen lassen.

Tip
Schmeckt auch mit kurz gebratenen Zucchinischeiben. Da darf der Knoblauch nicht fehlen.
Als Getränk eignet sich ein gut gekühlter Rosé, z.B. ein Weißherbst.

Blumenkohlsalat bunt

Zutaten
1 kleiner Blumenkohl,
1/4 l Milch,
Salz,
weißer Pfeffer,
Paprika, edelsüß,
1 Prise Zucker,
1 Dose Erbsen und Möhren, 1 Zwiebel,
1 Knoblauchzehe,
1/2 Bd. Schnittlauch,
1 EL Essig,
1 Beutel Mayonnaise,
1/2 Becher Joghurt,
je 1 TL gehackte Petersilie, Kerbel und Dill

EW	Fett	KH	kcal/kJ
10 g	54 g	26 g	623/2608

Blumenkohl in Röschen teilen. Mit etwas Wasser und Milch, Salz, Pfeffer, 1 TL Paprika und Zucker in 15 Minuten bißfest kochen.
Erbsen und Möhren zugeben, erhitzen. Auf einem Sieb abtropfen, abkühlen lassen.
Zwiebel schälen, würfeln, Knoblauchzehe schälen, mit etwas Salz zerdrücken. Mit gehacktem Schnittlauch, Essig, Mayonnaise und Joghurt mischen.
Mit Salz und Paprika würzen. Mit den Kräutern über das Gemüse geben und mischen.

Blumenkohlsalat mit Kresse

Zutaten
1 mittelgroßer Blumenkohl,
Salz,
2 EL Öl,
3 EL Essig,
weißer Pfeffer,
1 Prise Muskatnuß,
125 g Kresse,
1 Bd. gehackter Schnittlauch

EW	Fett	KH	kcal/kJ
42 g	6 g	6 g	91/379

Blumenkohl putzen, in Röschen teilen. In leicht gesalzenem Wasser in 15 Minuten bißfest kochen.
Abtropfen und abkühlen lassen. Aus Öl, Essig, Salz, Pfeffer und Muskatnuß eine Marinade rühren. Kresse waschen, abtropfen, mit Schnittlauch in die Marinade geben.
Blumenkohl in einer Schüssel anrichten. Salatsauce darüber verteilen, durchmischen.
20 Minuten ziehen lassen.

Artischockensalat

Zutaten
6 Artischocken,
Salz,
3 Tomaten,
1 grüne oder 1 rote Paprikaschote,
1 Knoblauchzehe,
schwarzer Pfeffer,
1/2 Tasse Olivenöl,
2 EL Essig,
1 Prise Zucker

EW	Fett	KH	kcal/kJ
18 g	61 g	96 g	1006/4205

Artischocken waschen, obere Spitzen wegschneiden.
In stark gesalzenem Wasser 35 Minuten kochen. Blätter abzupfen und den unteren, eßbaren Teil abstreifen. Die Böden in feine Streifen schneiden.
Tomaten waschen, in Schnitzel schneiden. Paprikaschote waschen, würfeln.
Knoblauchzehe putzen, mit etwas Salz zerdrücken. Mit dem Gemüse mischen, pfeffern.
Olivenöl mit Essig und Zucker mischen. Über den Salat gießen, gut mischen.
20 Minuten stehenlassen und nochmals abschmecken.

Tip
Ein pikanter Salat, der gut zu kalten Platten paßt. Wie man Artischocken vorbereitet, steht auf S. 300.

Bohnensalat mit Speck

Zutaten
500 g grüne Bohnen,
Salz,
2 EL Weinessig,
2 EL Fleischbrühe,
Kräutersalz,
Pfeffer,
100 g Speckwürfel,
1 große Zwiebel,
2 EL gehackte Petersilie

EW	Fett	KH	kcal/kJ
5 g	16 g	9 g	210/881

Bohnen in wenig Salzwasser garen, abtropfen lassen und in Stücke schneiden.
Essig mit Fleischbrühe, Salz und Pfeffer verrühren und über die Bohnen gießen.
Speckwürfel in einer Pfanne auslassen. Zwiebel schälen, hacken, zum Speck geben und anrösten. Mischung über den Salat geben, Petersilie darüberstreuen und lauwarm servieren.

Duchesse-Salat

Zutaten
300 g Spargelspitzen aus der Dose,
1 kleine Sellerieknolle,
250 g Kartoffeln,
2 Bananen,
4 Tomaten,
1 EL gehackte Kresse,
1 TL gehackter Dill

Für die Marinade:
60 g Mayonnaise,
1 Becher Joghurt,
1/8 l Sahne,
Saft von 1/2 Zitrone,
Salz,
weißer Pfeffer,
1 Prise Zucker,
1 Petersiliensträußchen zum Garnieren

EW	Fett	KH	kcal/kJ
8 g	23 g	38 g	404/1699

Spargelspitzen auf einem Sieb gut abtropfen lassen.
Sellerieknolle und Kartoffeln waschen und getrennt gar kochen. Beides schälen und in Scheiben schneiden.
Die Bananen schälen und in Scheiben schneiden.
Die Tomaten waschen, in Streifen schneiden.
Alles vorsichtig mischen.
Kresse und Dill vorsichtig unterheben.
Für die Marinade Mayonnaise, Joghurt und Sahne verrühren. Mit Zitronensaft, Salz, Pfeffer und Zucker abschmecken.
Die Salatzutaten in einem großen Glas dekorativ anrichten. Marinade darübergießen. Mit gewaschenen Petersiliensträußchen garnieren.
10 Minuten kalt stellen.

Tip
In der Spargelsaison den Salat mit frischem Spargel zubereiten.

Auberginensalat

Zutaten
2 Auberginen (etwa 300 g),
Salz,
125 g Fleischwurst,
4 hartgekochte Eier,
100 g Mayonnaise,
2 TL Senf,
1 EL Büchsenmilch,
1 TL Zitronensaft,
1 Prise Zucker,
weißer Pfeffer,
3 Stengel Petersilie

EW	Fett	KH	kcal/kJ
51 g	147 g	29 g	1627/6800

Auberginen waschen und trocknen. Stengelansatz abschneiden. In Scheiben und dann in Streifen schneiden, leicht salzen. 30 Minuten durchziehen, dann abtropfen lassen, 10 Minuten in wenig Salzwasser kochen, wieder abtropfen lassen.
Gehäutete Fleischwurst in Streifen, die hartgekochten, geschälten Eier in Scheiben schneiden (ein paar Eierscheiben zum Garnieren zurücklassen).
Mayonnaise mit Senf verrühren. Büchsenmilch und Zitronensaft dazugeben.
Mit Zucker, Salz und Pfeffer abschmecken. Mit den übrigen Zutaten mischen.
In einer Schüssel anrichten. Mit Eierscheiben und Petersilie garnieren.

GRUNDREZEPT
Vinaigrette

Zutaten
2 EL Weinessig,
1/2 TL Salz,
Pfeffer,
1/2 TL Senf,
Zucker,
4 EL kaltgepreßtes Öl,
1 Schalotte,
1 EL gehackte Kräuter

EW	Fett	KH	kcal/kJ
0 g	15 g	20 g	144/604

Essig mit Salz so lange verrühren, bis es sich aufgelöst hat. Pfeffer, Senf und Zucker hinzufügen, Öl nach und nach darunterschlagen. Schalotte schälen, fein würfeln, mit den Kräutern hinzugeben. Gut 15 Minuten ziehen lassen.

Je nach Gericht kann man die Vinaigrette passend verfeinern, zum Beispiel:

- mit Roquefort und Senfpulver (paßt gut zu Staudensellerie)
- mit Dill, süßer Sahne, Zwiebeln und 1 Preise Zucker (paßt gut zu Fisch oder Fleisch)
- mit einem Schuß Sherry oder Himbeergeist (zu leichten Blattsalaten)
- mit Joghurt oder Crème fraîche und Zitrone (eventuell statt Essig)

Vinaigrette mit Ei und Gurke

Zutaten
1 TL Senf,
1 zerdrückte Knoblauchzehe,
4 EL kalte oder warme Brühe,
4 EL Essig, 4 EL Öl,
1 Spritzer Weißwein,
1 gekochtes Ei,
1 Zwiebel,
1 EL gehackte Kräuter,
2 EL gehackte Gewürzgurke,
Salz, Pfeffer

EW	Fett	KH	kcal/kJ
2 g	12 g	2 g	132/554

Senf mit einer durchgedrückten Knoblauchzehe verrühren. Mit Brühe, Essig, Öl, Weißwein und 1 EL Wasser kräftig aufschlagen. Vom Ei die Schale entfernen, einmal quer und einmal längs durch den Eierschneider in die Schüssel drücken. Die Zwiebel schälen, fein würfeln und mit den Kräutern sowie den Gurkenwürfelchen unter die Marinade heben. Pikant abschmecken.

Joghurtdressing

Zutaten
1 Becher Vollmilchjoghurt (150 g),
2 EL saure Sahne,
je 1/2 Bd. Dill, Kerbel, Schnittlauch oder 2 EL Salatkräuter (Tiefkühlprodukt),
1 Knoblauchzehe,
Salz, Pfeffer,
1 Prise Zucker nach Belieben,
1 EL Essig nach Belieben

EW	Fett	KH	kcal/kJ
2 g	2 g	3 g	40/169

Joghurt mit saurer Sahne zu einer glatten Sauce verrühren. Kräuter waschen, mit Haushaltspapier trockentupfen, fein wiegen und in die Sauce rühren. Bei Verwendung von tiefgekühlten Kräutern müssen diese nicht aufgetaut werden. Knoblauch schälen, zerdrücken, ebenfalls in die Sauce rühren, pikant abschmecken. Zum Dippen für Rohkost servieren oder als Salatdressing verwenden.

Tip
Diese pikante Sauce eignet sich auch gut als Beigabe zu Pellkartoffeln. Statt saurer Sahne kann man auch süße Sahne verwenden und mit Tomatenmus verfeinern.

Zitronensauce

Zutaten
Saft von 1 Zitrone,
Saft von 1 Orange,
Salz, Zucker, Pfeffer

1 EL Orangenlikör,
4 EL Maiskeimöl oder
Olivenöl

EW	Fett	KH	kcal/kJ
0 g	15 g	7 g	170/709

Zitronen- und Orangensaft mit Salz, Zucker, Pfeffer und Likör gut verrühren. Nach und nach Öl darunterschlagen.

Tip
Zu Eissalat, Chicorée oder Romana passend.

Italienisches Dressing

Zutaten
3 EL Rotweinessig,
Salz,
4 EL Olivenöl

EW	Fett	KH	kcal/kJ
0 g	10 g	0 g	92/384

Essig in eine Tasse geben, Salz hinzufügen.
Mit einer Gabel rühren, bis das Salz sich im Essig aufgelöst hat. Olivenöl dazugeben und kräftig rühren.

Tip
Möglichst grünes Olivenöl und Essig von guter Qualität verwenden. Das Dressing wird so besonders aromatisch.

Amerikanisches Dressing

Zutaten
1/8 l süße Sahne,
1 Schuß Cognac,
je 1 EL Zitronen- und Orangensaft,
2 EL Tomatenketchup,
einige Spritzer Tabascosauce

EW	Fett	KH	kcal/kJ
1 g	10 g	2 g	118/492

Sahne mit Cognac, Zitronen- und Orangensaft verrühren. Mit Tomatenketchup und Tabscosauce kräftig würzen. 30 Minuten kühl stellen. Nochmals abschmecken. Das Dressing eignet sich für Blatt-, Gemüse-, Fleisch-, Fisch und Eiersalate.

Würziges Schnittlauchdressing

Zutaten
150 ml Buttermilch,
1 EL Zitronensaft,
1 TL geriebener Meerrettich,
1 Bd. Schnittlauch,
weißer Pfeffer, Salz

EW	Fett	KH	kcal/kJ
2 g	0 g	2 g	18/76

Buttermilch mit Zitronensaft verrühren, Meerrettich untermischen. Schnittlauch in feine Röllchen schneiden, unterrühren. Dressing mit Pfeffer und Salz abschmecken.

Tip
Schnittlauchdressing paßt besonders gut zu kaltem Braten.

Sahne-Kräuter-Creme

Zutaten
1/8 l süße Sahne,
2 EL Mayonnaise,
1 EL Crème fraîche,
1 TL Essig,
1 TL Zitronensaft,
1 TL Sardellenpaste,
1 Bd. Petersilie,
1 Bd. Dill

EW	Fett	KH	kcal/kJ
1 g	17 g	2 g	168/701

Süße Sahne steif schlagen. Mayonnaise, Crème fraîche, Essig, Zitronensaft und Sardellenpaste verrühren. Mischung unter die Sahne ziehen. Petersilie und Dill waschen, trockenschütteln und fein hacken.
Unter die Sahne-Creme mischen.

Tip
Sahne-Kräuter-Creme paßt zu Stangensellerie, Möhren und Kohlrabi. Aber auch zu Kartoffeln, die in der Folie gegart wurden, ist die Sahne-Kräuter-Creme zu empfehlen.
Kartoffeln dazu einfach vor dem Servieren der Länge nach einschneiden und mit der Creme füllen.

Pikante Sahnesauce

Zutaten

1/8 l süße Sahne,
2 EL Zitronensaft,
2 TL mittelscharfer Senf,
je 1 Prise Salz und Pfeffer

EW	Fett	KH	kcal/kJ
1 g	10 g	2 g	108/452

Alle Zutaten gut verrühren. Pikant abschmecken. Geeignet für grüne Salate.

Estragon-Sauce

Zutaten

50 ml Kefir,
175 g Sahnedickmilch,
1 Prise Zucker,
Saft von 1/2 Zitrone,
1 TL Estragonessig,
frischer, feingewiegter Estragon,
1 Msp. mittelscharfer Senf

EW	Fett	KH	kcal/kJ
2 g	5 g	4 g	66/280

Alle Zutaten gründlich verrühren und kurz durchziehen lassen.

Kräutersauce

Zutaten

200 g Dickmilch,
Saft von 1 Zitrone,
2 EL frischer, feingewiegter Dill,
1 Kästchen grob gehackte Kresse,
2 EL feingewiegtes Basilikum,
Pfeffer,
etwas Salz,
ein paar Tropfen Worcester- oder Sojasauce

EW	Fett	KH	kcal/kJ
16 g	20 g	37 g	394/1663

Alle Zutaten gründlich verrühren, herzhaft abschmecken und etwas durchziehen lassen.

Tip

Die Kräutersauce paßt auch zu Fleischsalaten und Fleischgerichten. Wenn man Basilikum durch Minze ersetzt, paßt diese Sauce auch optimal zu Lammfleisch.

Knoblauch-Käse-Sauce

Zutaten

3 Knoblauchzehen,
2 Bd. Basilikum,
1 Zweig frischer Thymian,
60 g Schafkäse,
40 g geriebener Pecorino,
4 EL Pinienkerne,
8 EL Olivenöl,
Salz,
weißer Pfeffer

EW	Fett	KH	kcal/kJ
9 g	44 g	6 g	451/1887

Knoblauchzehen schälen, Basilikum waschen und trockenschütteln, Thymianblättchen von den Stielen zupfen. Knoblauch und Kräuter mit Schafkäse und Pecorino sowie Pinienkernen im Mixer pürieren. Olivenöl unterschlagen, salzen und pfeffern. Schmeckt gut zu Gemüsesalaten und Eiern.

French Dressing

Zutaten

1 frisches Eigelb,
2 EL Weißweinessig,
1 TL Dijon-Senf,
weißer Pfeffer,
Salz,
Zucker,
150 ml Olivenöl

EW	Fett	KH	kcal/kJ
1 g	39 g	2 g	357/1493

Eigelb mit Essig, Senf, Pfeffer, Salz und Zucker sehr gut verrühren. Nach und nach Öl darunterschlagen, so daß eine cremige Sauce entsteht. Sollte sie zu dick sein, 1–2 EL Wasser oder Gemüsefond hineingeben.

Tip

Paßt zu grünen, leicht bitteren Salaten wie Endivie, Frisée oder Radicchio.

Meeres- und Süßwasserfische waren schon lange bevor der Mensch sich mit Ackerbau und Viehzucht beschäftigt hat ein wesentlicher Bestandteil seiner Nahrung. Sie liefern reichlich die fettlöslichen Vitamine A und D sowie die Vitamine der B-Gruppe, Mineralstoffe und hochwertiges Eiweiß und haben überwiegend einen niedrigen Fettgehalt. Seefische enthalten zusätzlich hohe Dosen Jod, welches die Schilddrüsenfunktion aufrecht erhält. Frischen Fisch erkennen Sie an seinem festen Fleisch, an fest im Fleisch sitzenden Gräten und an seinem frischen Geruch. Außerdem sollten Sie beim Kauf ganzer Fische darauf achten, daß die Augen klar sind, die Kiemen eine kräftige rote Farbe haben und die Schuppen fest an der Haut des Fisches haften.
Flußfische kauft man möglichst lebend.
Man kann Fisch auf die unterschiedlichste Weise zubereiten – dünsten, schmoren, braten, kochen, grillen, räuchern oder marinieren. Frische Fische sollten Sie so rasch wie möglich zubereiten, da sie sehr schnell verderben. Auch gut gekühlt sollte man sie nicht länger als zwei Tage aufbewahren.
Wenn Sie frischen Fisch während dieser Zeitspanne nicht verbrauchen können, sollten Sie ihn einfrieren.

Die wichtigsten Seefische

Brasse

Dorsch
Flunder (Plattfisch)
Goldbarsch oder Rotbarsch

Hering

Heilbutt (Plattfisch)

Kabeljau

Makrele
Merlan oder Wittling

Schellfisch

Scholle (Plattfisch)

Seehecht
Seelachs

Seeteufel

Seewolf
Seezunge (Plattfisch)

Sprotten

Steinbutt (Plattfisch)
Thunfisch

Die wichtigsten Süßwasserfische

Aal
Äsche
Barbe
Barsch

Forelle

Hecht

Karpfen

Lachs

Renke oder Felchen
Seibling
Schleie
Waller oder Wels
Zander

Die Vorbereitung von ganzen Fischen

Fische kurz waschen und vorsichtig abtrocknen. Mit einer Schere die Flossen abschneiden (Abb. 1) und die Kiemen entfernen.
Mit einem Messer, möglichst flach gehalten, oder mit dem Fischschupper die Schuppen gegen den Strich (vom Schwanz zum Kopf) schuppen. Dabei hält man den Schwanz des Fisches mit einem Tuch fest (Abb. 2).
Bei Fischen, die blau gekocht werden, sollte man die Schuppen nicht entfernen. Der Schleim auf der Fischhaut würde dadurch verletzt; er bewirkt das Blauwerden. Auch Fische, welche vor der Zubereitung filetiert werden, müssen nicht geschuppt werden.
Anschließend schneidet man mit einem scharfen Messer den Fisch vom Schwanz bis zum Kopf auf (Abb. 3) und entfernt die Eingeweide, ohne die Galle zu zerstören. Mit einem kleinen Löffel löst man die Niere und eventuell entstandene Blutgerinsel heraus.
Anschließend den Fisch innen und außen gründlich abspülen und mit einem Tuch abtupfen.
Fisch von allen Seiten mit Zitronensaft oder Essig beträufeln, dadurch wird das Fleisch weiß. Der Fischgeruch wird durch die Säure gebunden.

Abb. 1

Abb. 2

Abb. 3

Abb. 4

Abb. 5

Abb. 6

Filetieren von Rundfischen

Schneiden Sie hinter den Kiemen mit einem scharfen Messer ein und ziehen das Messer zwischen Mittelgräte und Fleisch kräftig von Kopf bis Schwanz durch. So erhalten Sie eine Filethälfte ohne Mittelgräte. Legen Sie die andere Hälfte auf die Hautseite und entfernen den Kopf und anschließend mit leichtem Druck nach oben die Mittelgräte (Abb. 4 und 5). Säubern Sie die Filets durch Abschneiden von übrigen Hautlappen (Abb. 6). Um die noch im Fleisch sitzenden Gräten zu entfernen, verwendet man eine Pinzette (Abb. 7). Zum Häuten legen Sie die Filets auf die Hautseite und ziehen das Messer mit etwas Druck vom Schwanzende her zwischen Haut und Fleisch in einem Zug durch.

Filetieren von Plattfischen

Man löst am Schwanzende die Haut mit einem Messer ab. Dann zieht man die Haut in einem Ruck Richtung Kopf ab. Man verfährt auf der Rückseite des Fisches genauso. Anschließend kann man die freiliegenden Filets mit einem scharfen Messer von der Mittelgräte zum Flossenrand hin vorsichtig abheben.

Abb. 7

Zubereitung

Für die Zubereitung von Fisch können alle herkömmlichen Garverfahren angewendet werden. Im Einzelfall sollten Sie jedoch nach der Vorbereitung der Fische (3-S-System: Säubern, Säuern, Salzen) überprüfen, welche Garmethode am günstigsten ist.

Pochieren
Fischfilets werden mit relativ wenig Flüssigkeit (Wasser, Fischfond, Wein) bei mäßiger Hitzezufuhr, ohne zu kochen, gegart. Verwendung für z. B. Seezunge, Heilbutt, Kabeljau, Schellfisch, Lachs.

Kochen
Grundsätzlich sollte Fisch nur zu Beginn der Garzeit gekocht werden, da er relativ wenig Bindegewebe enthält und sonst zerfallen würde.

Verwendung für z. B. Schellfisch, Kabeljau, Heilbutt, Karpfen, Forelle, Schleie.

Dünsten
Die vorbereiteten Fische werden in gefettete, mit gehackten Zwiebeln und Kräutern ausgelegte Geschirre gelegt, gesalzen und mit wenig Flüssigkeit im geschlossenen Gefäß gegart. Der dabei entstehende Fond eignet sich hervorragend als Basis für schmackhafte Fischsaucen. Verwendung für alle Arten, die gekocht oder pochiert werden können.

Dämpfen
Der Fisch wird in einem speziellen Gefäß mit Locheinsatz nur im Dampf schonend gegart, er kommt dabei nicht mit der Flüssigkeit in Berührung. Verwendung für alle Fischarten.

Schmoren
Große oder gefüllte Fische werden in einem Gefäß unter öfterem Begießen mit der Kochflüssigkeit im Ofen gegart. Verwendung für Hecht, Karpfen, Zander, Heilbutt.

Braten
Der vorbereitete Fisch wird in heißem Fett hellbraun gebraten. Vor dem Braten kann der Fisch z. B. in Mehl gewendet, in Mehl und Ei gewälzt, mit Mehl, Eiern und Paniermehl paniert werden. Verwendung für z. B. Lachs, Forelle, Seezunge, Scholle, Seelachs, Kabeljau.

Fritieren
Kleinere Fische oder Fischfilets werden in reichlich heißem Fett schwimmend ausgebacken. Vorher können Sie die Fische in Mehl und Milch wenden, in Mehl und Ei wälzen, in Bierteig hüllen oder panieren. Verwendung für z. B. Karpfen, Hecht, Zander, Scholle, Seezunge.

Garen in Folie
Entspricht dem Dünsten. Durch das Garen in der Folie bleiben die Aromen besonders gut erhalten. Verwendung für alle Arten, die gekocht oder pochiert werden können.

Grillen
Für Fische mit festem Fleisch geeignet. Sie werden gewaschen, abgetrocknet, mit Öl bestrichen, gewürzt und gleichmäßig auf dem heißen Rost gebräunt. Verwendung für z. B. Lachs, Heilbutt, Steinbutt, Seezunge, Scholle, Hecht.

Gratinieren
Bereits gegarte Fische werden mit einer hellen Sauce überzogen, eventuell mit geriebenem Käse bestreut und bei Oberhitze im Ofen überkrustet. Verwendung für alle Fische, die bereits entsprechend vorgegart sind.

Meeresfrüchte

Sowohl die Griechen als auch die Ägypter genossen Schalen- und Krustentiere in allerlei, teils verwunderlichen Zubereitungen. Die Römer ließen bei ihren Gelagen wahre Berge von Meeresfrüchten servieren. In Rom gab es schon in der Antike künstliche Austernbänke. In der deutschen Küche des Mittelalters spielten die Flußkrebse die wohl wichtigste Rolle. Es gab sie damals in den Bächen und Flüssen in so reicher Zahl, daß sie zum Volksnahrungsmittel wurden. Im 19. Jahrhundert gab es dann Erlässe, die besagten, Dienstboten dürfe nur einmal in der Woche ein Krebsessen serviert werden. Schalen-, Krusten- und Weichtiere waren also zu jeder Zeit ein begehrtes Nahrungsmittel, was bei der Vielfalt des Angebotes und den variantenreichen Zubereitungsmöglichkeiten kein Wunder ist. Die Menschen erkannten wohl auch sehr früh, daß die Meeresfrüchte als Lieferanten von biologisch hochwertigem Eiweiß ihre körperliche und geistige Entwicklung unterstützten, auch wenn ihnen diese Zusammenhänge damals noch nicht bekannt waren. Heute sind Meeresfrüchte mehr denn je als Bestandteil unseres Speisezettels eine delikate Bereicherung.

Einkauf von Krusten- und Schalentieren

Achten Sie beim Einkauf auf frischen Geruch und festes, elastisches Fleisch. Vorgekochte Ware sollte ebenfalls noch einen angenehm frischen Geruch haben.
Beim Kauf von frischen Muscheln sollten Sie folgendes beachten:
Kaufen Sie nur fest geschlossene Muscheln; offene sind zu alt oder bereits tot und müssen weggeworfen werden. Wenn sich einzelne Muscheln beim Kochen nicht öffnen, werfen Sie diese ebenfalls weg.

Zubereitung von Schalentieren

Beim Kochen ändert sich die Farbe von Schalen- und Krustentieren bekanntlich von graublau zu einem leuchtenden Orangerot. Das liegt an Farbpigmenten in der Schale, die im rohen Zustand an Eiweißmoleküle gebunden sind und erst beim Kochen freigesetzt werden.
Grundsätzlich sollen alle Schalentiere vor dem Zubereiten mit reichlich Wasser von Salz und Sand befreit werden.
Hummer und Langusten zerteilen Sie nach dem Kochen längs mit einem großen, schweren Messer. Bei Garnelen und Krabben entfernen Sie im rohen oder gekochten Zustand Kopf und Darm und grillen oder braten sie dann in 2–3 Minuten gar. Hummer- und Langustenmännchen haben in der Regel mehr Fleisch, dafür finden Sie bei Weibchen oft die Hummereier oder Corail, der unter Feinschmeckern als Köstlichkeit gilt und wegen seiner leuchtend roten Farbe nach dem Kochen auch zur Dekoration anderer Fischgerichte verwendet werden kann.
Miesmuscheln müssen vor dem Kochen die Fäden, mit denen sie an den Felsen angewachsen waren, abgerissen werden. Die Kochzeit beträgt 1–2 Minuten, auch bei Jakobsmuscheln und Austern, die ohne Schale zubereitet werden.

Zubereitung von Tintenfisch

Heute finden Sie Tintenfisch oder Sepia meist küchenfertig portioniert und vorgekocht im Handel. Sollten Sie ihn jedoch einmal frisch erhalten, bereiten Sie ihn wie folgt vor:
Trennen Sie Kopf und Arme vom Körperteil ab. Entfernen Sie den harten Mundteil und werfen Sie ihn zusammen mit den Eingeweiden weg. Nach dem Entfernen des Kalkschulps im Inneren waschen Sie die äußere violette Membran unter fließendem Wasser gründlich ab. Kleinere Tiere können Sie direkt dünsten, grillen oder fritieren. Größere sollten Sie in Scheiben schneiden und vorkochen, da sie eine wesentlich längere Garzeit benötigen.

GRUNDREZEPT
Gebratene Fischfilets

Zutaten
8 Fischfilets (z. B. Seezunge, Heilbutt, Steinbutt, Scholle, Zander),
Salz,
Zitronensaft,
2–3 EL Butter

EW	Fett	KH	kcal/kJ
35 g	9 g	0 g	225/490

Die Fischfilets salzen und mit Zitronensaft beträufeln.
Die Butter in der Pfanne schmelzen und die Filets von jeder Seite etwa 4 Minuten braten. Auf Teller geben und nochmals reichlich mit Zitronensaft beträufeln.
Dazu schmecken Butterkartoffeln und grüner Salat.

Fischröllchen mit Limettensauce
(Abb.)

Zutaten
4 Rotbarschfilets (je 150 g),
Saft von 1 Limette,
Salz, grober Pfeffer,
4 Scheiben milder, roher Schinken,
40 g Mandelblättchen,
2 EL gehackter Dill,
1 EL Butter, 2 EL Öl,
2 unbehandelte Limetten,
8 EL Weißwein,
150 g Butter,
3 Eigelb, 1/2 TL Zucker

EW	Fett	KH	kcal/kJ
38 g	63 g	8 g	791/3325

Rotbarschfilets nebeneinander auf eine Arbeitsfläche legen. Mit Limettensaft beträufeln, salzen und pfeffern. Jeweils mit einer Scheibe Schinken belegen und mit Mandelblättchen und Dill bestreuen. Aufrollen und mit Zahnstochern feststecken. Butter und Öl erhitzen, Fischröllchen darin vorsichtig rundherum anbraten.

Limetten halbieren und auspressen. Limettensaft und Weißwein zu den Röllchen gießen, zugedeckt bei schwacher Hitze etwa 10 Minuten schmoren.
Fischröllchen herausnehmen und warm stellen.
Butter im verbliebenen Sud auflösen, in eine Metallschüssel geben und diese in ein heißes Wasserbad stellen. Eigelb mit dem Schneebesen unterheben und schlagen, bis die Sauce dicklich wird. Die Sauce darf dabei nicht kochen.
Mit Salz, Pfeffer und Zucker abschmecken und die Hälfte der Limettenstreifen unterheben.
Fischröllchen auf Tellern anrichten, mit Sauce übergießen und mit restlichen Limettenstreifen bestreuen.

Tip
Als Beilage schmecken Kartoffeln; ein herber Weißwein ist das richtige Getränk.

Mediterrane Fischpfanne
(Abb.)

Zutaten
300 g Seelachsfilet,
300 g Kabeljaufilet,
Salz,
1 EL Zitronensaft,
4 Zwiebeln,
3 Knoblauchzehen,
2 EL Olivenöl,
1/2 l Tomatensaft,
je 50 g schwarze und grüne Oliven (Glas),
1/2 TL Kräuter der Provençe,
1/2 TL Paprika (edelsüß),
Pfeffer,
4 EL Weißwein,
1 kleine Stange Baguette (250 g)

EW	Fett	KH	kcal/kJ
34	18	41	412/1725

Fischfilets abwaschen, trockentupfen und in mundgerechte Stücke schneiden.
Fischfiletstücke salzen und mit Zitronensaft beträufeln.
Zwiebeln und Knoblauchzehen abziehen, Zwiebeln in dünne Spalten schneiden und Knoblauch mit dem Messerrücken zerdrücken.
Olivenöl vorsichtig erhitzen, Zwiebeln und Knoblauch darin andünsten. Fisch zugeben, rundum kurz anbraten und mit Tomatensaft ablöschen, etwa 5 Minuten garen. Kurz vor Ende der Garzeit Oliven, Kräuter der Provençe und Paprika, edelsüß, zugeben. Mit Salz und Pfeffer abschmecken, mit Weißwein verfeinern und zu frischem Baguette servieren. Nach Wunsch mit Kerbelblättchen verzieren.

Heilbutt gebraten

Zutaten
4 Heilbuttschnitten (je 250 g),
Saft von 1 Zitrone,
Salz, 80 g Butter,
2 Zitronen (unbehandelt)
1 Bd. Dill oder Petersilie

EW	Fett	KH	kcal/kJ
49 g	21 g	1 g	417/1745

Heilbuttschnitten abtupfen. Mit Zitronensaft beträufeln, salzen. Butter goldgelb erhitzen. Heilbuttschnitten darin auf jeder Seite in 5 Minuten hellbraun braten. Zitronen lauwarm abspülen, abtrocknen, in Scheiben schneiden.
Dill oder Petersilie waschen, trockentupfen.
Heilbuttschnitten auf vorgewärmter Platte anrichten.
Jedes Stück mit 2 TL Butter aus der Pfanne übergießen. Mit Zitronenachteln und Dill- oder Petersiliensträußchen garniert sofort servieren.

Rotbrassen Livorneser Art

Zutaten
3 Knoblauchzehen,
1 Selleriestange,
2 Bd. Petersilie,
Olivenöl,
500 g Tomaten,
Salz, Pfeffer,
8 kleine oder 4 große Rotbrassen

EW	Fett	KH	kcal/kJ
168 g	63 g	5 g	1258/5261

Knoblauchzehen mit der Selleriestange zerdrücken.
Die Petersilie fein hacken. Die Hälfte der Petersilie, den zerdrückten Knoblauch und den Sellerie in einen Schmortopf geben und mit etwa 50 g Öl bei niedriger Temperatur leicht anrösten. Die Tomaten schälen, zerkleinern und hinzufügen. Salzen, pfeffern und etwa 15 Minuten kochen lassen, dann die Sauce passieren. Den Fisch gut säubern, kurz waschen, abtrocknen und in viel Öl anbraten. Eine feuerfeste Form mit etwas Öl des angebratenen Fisches einfetten, den gebratenen Fisch hineingeben, mit der Sauce bedecken und im Ofen bei 250 Grad etwa 5 Minuten aufwärmen.
Mit der Petersilie garnieren und servieren.

Thunfisch auf provenzalische Art

Zutaten
800 g Thunfisch,
Olivenöl,
Salz, Pfeffer,
1 Dose Sardellenfilets,
Saft von 2 Zitronen,
4 Tomaten,
1 Zwiebel,
3 Knoblauchzehen,
1 EL gehackte Petersilie,
1 TL Kerbel,
1 TL Thymian,
1/4 l Weißwein

EW	Fett	KH	kcal/kJ
44 g	42 g	5 g	645/2699

Thunfisch unter fließendem kalten Wasser waschen, abtrocknen. Mit Öl bestreichen, von allen Seiten salzen, pfeffern und mit den in Streifen geschnittenen Sardellen spicken. Mit Zitronensaft übergießen und 45 Minuten ziehen lassen.
Tomaten überbrühen, häuten und würfeln. Zwiebel schälen und hacken, Knoblauchzehen mit etwas Salz durchpressen.
Olivenöl in einer großen Pfanne erhitzen, Fisch und Zwiebel darin anbraten. Kräuter hinzufügen, zugedeckt etwa 15 Minuten dünsten. Fisch mit etwas Wein übergießen, im vorgeheizten Rohr bei mittlerer Hitze garen, dabei immer wieder mit Wein übergießen.
Fisch auf einer Platte anrichten, Sud etwas einkochen lassen, abschmecken, zum Fisch servieren.

Tip
Als Beilage schmecken Kartoffeln; ein herber Weißwein ist das richtige Getränk.

Karpfenmedaillons

(Abb.)

Zutaten

4 kleine Zwiebeln,
80 g Butter,
150 ml Milch,
50 ml Sahne
2 EL Paniermehl,
60 g frisch geriebener Meerrettich,
Zitronensaft,
600 g Möhren, Salz,
1 EL Zucker, 1 Karpfen von etwa 2 kg (filetiert und gehäutet), Pfeffer

EW	Fett	KH	kcal/kJ
63 g	30 g	20 g	645/2701

Zwiebeln fein hacken und in 20 g Butter anschwitzen, mit Milch und Sahne aufgießen. Paniermehl und Meerrettich dazugeben und mit Zitronensaft abschmecken.
Möhren schälen, in Scheiben schneiden und in 20 g Butter sautieren, salzen und mit Zucker bestreuen, weitere 5 Minuten garen. Karpfen in kleine Medaillons schneiden, salzen, pfeffern und 2–3 Minuten in der restlichen Butter braten. Sauce auf vorgewärmte Teller verteilen. Karpfenmedaillons darauf anrichten und Möhren dazu reichen.

Tip
Die Sauce schmeckt noch feiner, wenn man Zwiebeln durch Schalotten ersetzt.

Finnische Fischbällchen

Zutaten

1 kg Kabeljaufilet,
4 TL Zitronensaft,
4 Dose Sardellen in Öl,
40 g Butter, Pfeffer,
1 große Zwiebel,
1 Bd. Petersilie,
1/2 Bd. frischer Dill,
4 Eier, 2 eingeweichte Brötchen,
Salz,
2 cl Aquavit,
4 EL Paniermehl,
1/4 l Öl,
1 Zitrone (unbehandelt)

EW	Fett	KH	kcal/kJ
37 g	52 g	17 g	704/2946

Kabeljaufilet kalt abspülen, mit Haushaltspapier abtupfen, mit Zitronensaft beträufeln. 5 Minuten ziehen lassen. Mit abgetropften Sardellen durch den Fleischwolf drehen. Sardellenöl aufbewahren. Butter schaumig rühren, pfeffern. Fischfilet hineingeben. Zwiebel schälen, fein hacken. Petersilie waschen, die Hälfte hacken. Dill waschen, hacken. Alles zum Fisch geben. 2 aufgeschlagene Eier, ausgedrückte, zerpflückte Brötchen, Aquavit und Sardellenöl dazugeben; gut mischen, abschmekken, eventuell nachsalzen. Mit nassen Händen Bällchen von 5 cm Durchmesser formen, etwas flachdrücken. In 2 verquirlten Eiern und Paniermehl wenden. Reichlich Öl in einer Pfanne erhitzen. Bällchen darin rundherum 15 Minuten goldbraun braten. Auf einer Platte anrichten, mit der restlichen Petersilie und Zitronenscheiben garnieren.

Tip
Schmeckt hervorragend mit Dillsauce und Salzkartoffeln.

Fischkotelett Feinschmecker Art

Zutaten
4 Kabeljaukoteletts (je 200 g),
Saft von 1 1/2 Zitronen,
Salz,
weißer Pfeffer,
80 g Butter,
1 Zwiebel,
1 Bd. Petersilie,
2 Glas herber Weißwein,
30 g Mehl,
1/4 l heiße Fleischbrühe,
150 g Champignons,
100 g Scampi (tiefgekühlt),
Eigelb,
1 Zitrone

EW	Fett	KH	kcal/kJ
42 g	19 g	9 g	411/1719

Kabeljaukoteletts kalt abspülen, mit Haushaltspapier trockentupfen. Mit Zitronensaft beträufeln, 10 Minuten ziehen lassen. Mit Salz und Pfeffer würzen.
40 g Butter erhitzen. Koteletts darin auf jeder Seite 10 Minuten goldbraun braten.
Zwiebel schälen, in Scheiben schneiden, mit dem Fisch goldgelb werden lassen. Petersilie waschen, trocknen; die Hälfte hacken und dazugeben (Rest zum Garnieren zurücklassen).
1 Glas Weißwein aufgießen, noch 5 Minuten dünsten.
Koteletts auf einer Platte anrichten, warm halten.
Bratfond aufheben.
40 g Butter in einem Topf erhitzen, Mehl einrühren.
Fischbratfond und heiße Fleischbrühe einrühren. Mit 1 Glas Weißwein aufgießen und bei kleiner Hitze kochen. Champignons putzen (einige zum Garnieren zurücklassen) und in Scheiben schneiden.
Mit den aufgetauten Scampi in die Sauce geben.
15 Minuten darin gar ziehen lassen. Mit Zitronensaft und Salz abschmecken.
Etwas Sauce abnehmen. Mit Eigelb verquirlen. Wieder in die Sauce rühren, aber nicht mehr kochen, sonst gerinnt das Eigelb.
Sauce über die Koteletts verteilen.
Mit restlicher Petersilie, Champignonscheiben und in Scheiben geschnittener Zitrone garnieren.

Tip
Kopfsalatherzen in Sahnemarinade und Curryreis als Beilagen reichen.

Seelachsfilet mit Bananen

Zutaten
4 Seelachsfilets (je 200 g),
Saft von 1 Zitrone,
Salz, Pfeffer,
3 EL Mehl,
1 Ei,
7 EL Paniermehl,
80 g Butter,
4 Bananen,
4 Cocktailkirschen,
3 TL Currypulver

EW	Fett	KH	kcal/kJ
42 g	43 g	74 g	778/3256

Filets trockentupfen. Auf einer Platte mit Zitronensaft beträufeln. 10 Minuten ziehen lassen; salzen und pfeffern. Filets dünn in Mehl und in verquirltem Ei und zuletzt in Paniermehl wenden. 60 g Butter erhitzen. Filets nacheinander auf jeder Seite in 5 Minuten knusprig braun braten, warm stellen. Bananen schälen, in schräge Scheiben schneiden. Cocktailkirschen abtropfen. 20 g Butter im Fischbratfett erhitzen. Bananen und Kirschen darin unter vorsichtigem Wenden zartbraun braten. Mit Currypulver bestäuben. Früchte über die Fischfilets verteilen, servieren.

Lotte nach Art des Roussillon

Zutaten

1 kg Lotte, Salz,
1 Knoblauchknolle,
Olivenöl, 3 Zwiebeln,
3 TL Thymian,
2 TL Petersilie,
2 TL Rosmarin,
1 Glas Weißwein

EW	Fett	KH	kcal/kJ
46 g	43 g	6 g	653/2731

Fisch waschen, abtrocknen, leicht salzen und mit geschälten Knoblauchzehen spicken. Einige Zehen zur Seite legen. Olivenöl erhitzen und den Fisch braten, bis er Farbe bekommt. Aus dem Öl herausnehmen und warm stellen. Zwiebeln in Ringe schneiden. Restliche Knoblauchzehen mit etwas Salz durchpressen. Noch etwas Öl in die Pfanne gießen und Zwiebeln mit dem Knoblauch hineinlegen. Die fein gehackten Kräuter zugeben. Fisch auf das Kräuterfett legen und mit Wein aufgießen. Bei geringer Hitze so lange dünsten, bis die Zwiebeln weich sind und der Fisch gar ist.

Tip

Als Garnierung sieht eine halbierte Knoblauchknolle sehr originell aus.

GRUNDREZEPT

Fisch Müllerin Art

Zutaten

4 Portionsfische (z. B. Forelle, Lachsforelle, Renke, Merlan),
2 EL Zitronensaft,
Salz, weißer Pfeffer, frisch gemahlen, Mehl,
2 EL Butterschmalz oder anderes Fett,
1 Bd. Petersilie

EW	Fett	KH	kcal/kJ
57 g	15 g	1 g	397/1657

Fische eventuell schuppen, innen und außen unter fließendem kalten Wasser abspülen, trokkentupfen und mit Zitronensaft beträufeln, salzen, pfeffern und in Mehl wenden. Überschüssiges Mehl abklopfen. In einer Pfanne das Fett erhitzen. Fische in das heiße Fett geben und bei mittlerer Hitze auf jeder Seite braten, bis sie schön gebräunt sind. Den gebratenen Fisch aus der Pfanne nehmen und auf vorgewärmte Teller geben. Die gewaschene, feingehackte Petersilie in das Bratfett geben und kurz darin schwenken. Das Bratfett mit der Petersilie über den Fisch gießen.

GRUNDREZEPT

Fischfilet Müllerin Art

Zutaten

750 g Fischfilet (z. B. Lachs, Forelle, Renke, Barsch, Zander, Waller, Heilbutt, Scholle),
Saft von 1/2 Zitrone,
Salz, Mehl,
100 g Butterschmalz oder anderes Fett,
1 Bd. Petersilie

EW	Fett	KH	kcal/kJ
35 g	25 g	1 g	392/1635

Fischfilet waschen, in Portionen schneiden, Zitronensaft darüberträufeln, salzen,in Mehl wenden. Fett erhitzen, Fischfilets im heißen Fett auf jeder Seite goldgelb braten, mit Petersilie bestreuen, sofort servieren.

Langostinos und Rotbarbe mit Spargelsauté (Abb.)

Zutaten

12 Stangen grüner Spargel,
6 Stangen weißer Spargel,
1 Kopf Frisée (fein),
6 Rotbarbenfilets,
etwa 4 EL Olivenöl,
12 Langostinos,
7 EL Sojasauce,
1 EL Balsamicoessig,
Saft von 1 Orange,
Salz, Pfeffer,
Zucker,
100 g in Butter geröstete Pinienkerne,
1 Schälchen Kresse

EW	Fett	KH	kcal/kJ
45 g	15 g	7 g	370/1540

Spargel schälen, in große Stäbchen schneiden. Friséesalat putzen und waschen. Rotbarbenfilets mit der Hautseite zuerst in 1 EL Olivenöl kurz anbraten und warm stellen. Langostinos ebenfalls braten und warm stellen. Aus Sojasauce, Balsamico, 2 EL Olivenöl und Orangensaft ein Dressing herstellen. Spargelstäbchen in 1 EL Olivenöl kurz anbraten, würzen, mit Sojasauce ablöschen und sofort die Pfanne mit einem Deckel verschließen. Spargel bißfest garen. Friséesalat auf Tellern verteilen, Spargel anrichten, mit den Pinienkernen bestreuen. Rotbarben und Langostinos obenauf legen, Salat mit dem Dressing beträufeln, Kresse um die angerichtete Speise streuen.

Renke vom Chiemsee

Zutaten

4 schöne Renken,
1 Zitrone,
Salz,
Mehl zum Wenden,
50 g Butter,
1 EL Dill,
5 EL Sahne

EW	Fett	KH	kcal/kJ
48 g	44 g	16 g	691/2891

Fische säubern, säuern, mit Salz einreiben.
Fische in Mehl wenden. Butter in einer Pfanne erhitzen. Fische darin von beiden Seiten braten. Dabei häufig mit schäumender Butter übergießen. Renken auf einer Fischplatte anrichten in den Bratensatz Dill und Sahne geben, kurz aufkochen und rund um die Fische träufeln.

Tip

Mit Zitronenscheiben und Schwenkkartoffeln reichen und einen trockenen, gut gekühlten deutschen Weißwein dazu servieren.

KOCHEN

Schellfisch mit Petersiliensauce

Zutaten

1 kg Schellfisch (ohne Kopf, küchenfertig),
1/4 l Malzessig (oder dunkler Weinessig),
1 EL Salz,
1 TL schwarze Pfefferkörner,
2 EL feingehackte, frische Fenchelblätter oder 1 EL Fenchelsamen,
5 EL Butter, 3 EL Mehl,
3/8 l Milch, Pfeffer,
1 EL Zitronensaft,
2 EL feingehackte Petersilie, Dill und Zitronenscheiben zum Garnieren

EW	Fett	KH	kcal/kJ
48 g	24 g	15 g	499/2093

Fisch innen und außen kalt abspülen und so in ein großes Stück feuchten Mull wickeln, daß an beiden Enden etwa 15 cm Stoff überstehen. Stoffenden zudrehen und mit Küchengarn abbinden. Etwa 2 1/2 l Wasser, Essig, Salz, Pfeffer und Fenchelblätter oder -samen in einem Topf zum Kochen bringen, Fisch einlegen und bei schwacher Hitze 12–15 Minuten gar ziehen lassen. Butter erhitzen, Mehl darin anschwitzen, mit Milch aufgießen und mit einem Schneebesen gut durchrühren. Sauce etwa 3 Minuten kochen lassen.Mit Salz, Pfeffer und Zitronensaft abschmecken, Petersilie unterrühren. Fisch aus dem

Topf heben und Mull entfernen. Fisch auf eine vorgewärmte Platte legen, mit Dill und Zitronenscheiben garnieren und mit Sauce servieren.

GRUNDREZEPT

Panierter Fisch

Zutaten
1 kg küchenfertiger Fisch oder Fischfilet,
Salz, weißer Pfeffer,
4 EL Zitronensaft,
2 Eier,
4 EL Mehl,
8 EL Paniermehl,
80 g Butter

EW	Fett	KH	kcal/kJ
52 g	21 g	23 g	514/2152

Fisch waschen und trockentupfen, in Stücke schneiden. Mit Salz und Pfeffer würzen und mit Zitronensaft beträufeln. Fisch zugedeckt 30 Minuten ziehen lassen. Eier in einen Teller aufschlagen und mit einer Gabel verquirlen. Mehl und Paniermehl auf zwei andere Teller geben. Fisch zuerst im Mehl wenden, dann durch die verquirlten Eier ziehen und anschließend im Paniermehl wälzen. Butter in einer Pfanne erhitzen, dabei nicht braun werden lassen. Fisch hineingeben und bei mittlerer Hitze pro Seite etwa 5 Minuten braten.
Den gebratenen Fisch auf vorgewärmtem Teller servieren.

Kabeljau im Spitzkohl
(Abb.)

Zutaten
500 g Kabeljaufilet,
8 große Spitzkohlblätter,
Salz,
200 g Champignons,
150 g Butter, Pfeffer,
Cayennepfeffer,
1 kleine Zwiebel,
200 ml Rotwein

EW	Fett	KH	kcal/kJ
26 g	31 g	2 g	440/1841

Fisch säubern und würfeln. Spitzkohlblätter in kochendem Salzwasser blanchieren, in Eiswasser legen, abtropfen lassen. Pilze putzen, würfeln und in 1 EL heißer Butter anbraten. Aus der Pfanne nehmen und mit Fischwürfeln mischen. Mit Salz, Pfeffer und Cayennepfeffer würzen. Kohlblätter ausbreiten, Masse darauf verteilen und Blätter aufwickeln. 1 EL Butter in einer Kasserolle erhitzen, Kohlrollen darin rundherum vorsichtig anbraten, dann im vorgeheizten Ofen bei 200 Grad etwa 15 Minuten garen. Zwiebel schälen, hacken, zusammen mit Rotwein zum Kochen bringen und auf die Hälfte einkochen lassen. Restliche sehr kalte Butter in Flöckchen unterschlagen. Sauce mit Salz und Pfeffer abschmecken. Kohlröllchen zusammen mit Sauce und Zitronenscheiben servieren.

GRUNDREZEPT

Gratinierter Fisch

Zutaten

500 g Fischfilet (z. B. Lachsforellenfilet, Forelle, Renke, Zander, Heilbutt, Steinbutt),
Zitronensaft,
Salz,
Pfeffer,
1 Zwiebel,
2 EL Maiskeimöl,
1 Packung Blattspinat (tiefgekühlt),
60 g Mehl,
50 g Butter,
1/2 l Milch,
1 Prise Muskat,
100 g geriebener Gouda,
100 g Reis,
1 Msp. gemahlener Safran,
50 Shrimps,
Fett für die Form

EW	Fett	KH	kcal/kJ
41 g	20 g	31 g	478/2007

Fischfilet mit Zitronensaft beträufeln, salzen und pfeffern. Zwiebel klein würfeln, im heißen Öl andünsten.
Spinat dazugeben und so lange dünsten, bis alle Flüssigkeit verdampft ist. Mit Salz und Pfeffer würzen. Mehl in heiß schäumende Butter sieben, unterrühren, hell anschwitzen, von der Kochstelle nehmen. Milch nach und nach aufgießen, 10 Minuten kochen lassen, mit Muskat, Pfeffer und Salz abschmecken.
Käse unterrühren.
Auflaufform fetten, Reis ungegart hineingeben. Safran untermischen. Fischfilet in Stücke schneiden, auf den Reis legen, Spinat darüber verteilen, Shrimps daraufgeben; Käse-Sauce darüber-gießen und im vorgeheizten Ofen bei 200 Grad etwa 30 Minuten backen.

Tip

Dazu schmeckt gemischter Salat. Als Getränk empfiehlt sich ein frischer Weißwein.

Rotbarschfilet mit Gemüsehaube

Zutaten

4 Rotbarschfilets (je 200 g),
Essig, Salz,
250 g Möhren,
250 g Sellerie,
125 g Lauch,
40 g Butter,
4 EL Weißwein,
1 Bd. Petersilie,
Pfeffer

EW	Fett	KH	kcal/kJ
30 g	12 g	6,5 g	270/1130

Rotbarschfilets säubern, mit Essig beträufeln und salzen.
Möhren schälen, in Scheibchen hobeln.
Sellerie schälen, in Scheiben schneiden.
Lauch putzen, in Ringe schneiden. Möhren und Sellerie in 2 EL Butter andünsten.
Salz und Weißwein zugeben, 5 Minuten garen.
Lauch zugeben und etwa 5 Minuten mitgaren. Petersilie waschen, trockentupfen, hacken und untermengen.
4 Stücke Alufolie mit restlicher zerlassener Butter einstreichen.
Fisch salzen und pfeffern, auf die Folie legen, Gemüse darüber verteilen, Folie verschließen.
Im vorgeheizten Ofen bei 250 Grad etwa 20 Minuten garen.
Sofort in der geöffneten Folie servieren.

Schollenfilets mit Salbei-Dill-Kruste
(Abb.)

Zutaten
4 Schollenfilets,
Salz,
Saft von 1 1/2 Zitronen,
6–8 frische Salbeiblätter,
1 Bd. Dill,
100 g Butter,
4 EL Mehl, Pfeffer,
6 cl Weißwein,
Butter für die Form

EW	Fett	KH	kcal/kJ
21 g	23 g	17 g	385/1611

Schollenfilets salzen und mit 2 EL Zitronensaft beträufeln. Salbei und Dill waschen, trockentupfen und fein hacken. Butter schmelzen, Salbei darin kurz andünsten, aber nicht bräunen. Vom Herd nehmen, Mehl, restlichen Zitronensaft und Dill einrühren, salzen und pfeffern.
Die Schollenfilets auf der Oberseite mit Paste einstreichen, in eine gut gebutterte feuerfeste Form legen, mit Weißwein vorsichtig aufgießen. Im vorgeheizten Ofen bei 225 Grad etwa 15–20 Minuten backen, bis die Oberfläche zart gebräunt ist.

Tip
Petersilienkartoffeln und gemischten Salat dazu reichen. Servieren Sie den gleichen Wein, der zum Kochen verwendet wurde.

Fischtopf mit Basilikum
(Pesce con basilico)

Zutaten
Olivenöl,
200 g Zwiebeln,
6 Knoblauchzehen,
1 l Hühnerbrühe,
Paprika, edelsüß,
500 g Tomaten,
Cayennepfeffer,
Salz,
Zucker,
3 Bd. Basilikum,
4 Kabeljaukoteletts

EW	Fett	KH	kcal/kJ
116 g	41 g	91 g	1194/4995

Öl in einer Pfanne erhitzen. Die Zwiebelringe und Knoblauchscheiben darin andünsten, mit etwas Brühe ablöschen und weiter garen lassen. Nach 15 Minuten die Zwiebeln und den Knoblauch mit dem Paprika bestäuben, dann die geschälten Tomaten dazugeben, mit Cayennepfeffer, Salz und Zucker würzen.
Die Basilikumblätter abzupfen und zu den leicht kochenden Tomaten geben.
Die Fischkoteletts salzen, auf das Gemüse legen und mit der restlichen Brühe übergießen. Bei mittlerer Temperatur im vorgeheizten Backrohr 30 Minuten lang backen.
Sofort servieren.

Seezunge auf Spinat

Zutaten
800 g Seezungenfilet,
Salz,
Pfeffer,
Zitronensaft,
750 g frischer Spinat,
1 Schuß trockener Weißwein,
2 Knoblauchzehen,
1 Zwiebel,
60 g Butter,
1 TL frischer, gerebelter Thymian,
1/4 l Milch,
1 gehäufter EL Mehl,
200 g Sahne,
2 Eigelb,
3 EL geriebener Parmesan

EW	Fett	KH	kcal/kJ
47 g	37 g	16 g	616/2580

Fischfilet leicht salzen und pfeffern und mit Zitronensaft beträufeln. Spinat verlesen, waschen und abtropfen lassen. Mit einem Schuß Wein in einem Topf zusammenfallen lassen. Salzen und pfeffern und geschälten Knoblauch dazupressen. Zwiebel fein hacken, in 20 g Butter goldgelb dünsten, Thymian hinzufügen, mit Milch aufkochen und 5 Minuten ziehen lassen.
Aus 20 g Butter und 1 EL Mehl eine helle Mehlschwitze bereiten. Zwiebel-Milch-Gemisch und Sahne unter Rühren azugießen, unter Rühren dick werden lassen. Sauce vom Feuer nehmen, etwas kühlen lassen. Eigelb und Parmesan unterziehen. Salzen und pfeffern. Eine Auflaufform einfetten, Spinat darin verteilen, Fischfilet darauf legen. Sauce darübergießen, restliche Butter in Flöckchen gleichmäßig darauf verteilen. Bei 200 Grad 12 Minuten überbacken.

Scholle in Gewürzsud

Zutaten
4 Schollen,
Öl zum Braten,
4 Zwiebeln,
2 unbehandelte Zitronen,
1 Bd. Dill,
1 Bd. Petersilie,
1/2 l Weißwein,
Salz, Pfeffer,
3 EL Senfkörner,
10 Wacholderbeeren,
200 ml Sahne,
Zitronensaft

EW	Fett	KH	kcal/kJ
27 g	42 g	9 g	575/2415

Schollen innen und außen gut waschen und trockentupfen.
Öl erhitzen, Schollen von beiden Seiten etwa 2 Minuten anbraten.
Für den Sud Zwiebeln schälen. Zitronen heiß abwaschen und beides in Scheiben schneiden. Die Hälfte des Dills und der Petersilie waschen und klein zupfen. Alles mit 1/4 l Wasser, dem Wein, Salz, Pfeffer, Senfkörnern und Wacholderbeeren in eine Fettpfanne geben. Schollen in den Sud legen und im vorgeheizten Ofen bei 200 Grad etwa 10 Minuten garen.
Aus der Pfanne nehmen, warm stellen. Den Sud durch ein Sieb gießen. Sud in einen Topf geben, Sahne dazugeben und etwas einkochen lassen.
Mit Zitronensaft, Salz und Pfeffer abschmecken. Restlichen Dill und Petersilie waschen, fein hacken und unter die Sauce mischen.
Scholle mit Sauce servieren.

Zander in Weißwein

Zutaten
800–1000 g Zander,
Zitronensaft,
Salz, weißer Pfeffer,
40 g Butter, 1 Zwiebel,
1 Handvoll frische Kräuter (Petersilie, Basilikum, Dill),
200 ml Weißwein,
4 EL Crème fraîche

EW	Fett	KH	kcal/kJ
43 g	16 g	3 g	374 g

Fisch säubern und nach Belieben in Portionsstücke schneiden; säuern, leicht salzen und pfeffern. In eine feuerfeste, ausgebutterte Form feingehackte Zwiebel, Kräuter und Fisch geben. Mit Weißwein aufgießen und im Ofen bei Mittelhitze dünsten. Zander auf einer Fischplatte anrichten, Fischsud mit Crème fraîche abschmecken.

Überbackenes Rotbarschfilet

Zutaten

600 g Pellkartoffeln,
2 Packungen (300 g) tiefgekühlter Blattspinat,
800 g Rotbarschfilet,
Zitronensaft,
Salz,
Pfeffer,
2 Packungen gewürzte Tomatensauce (Fertigprodukt),
200 g Pecorino (italienischer Hartkäse),
4 EL Paniermehl,
2 EL Butter,
Fett für die Form

EW	Fett	KH	kcal/kJ
48 g	26 g	67 g	692/2904

Kartoffeln pellen und in Scheiben schneiden. Den Spinat nach Packungsvorschrift auftauen lassen.
Fischfilets mit Zitronensaft beträufeln und salzen.
Eine Auflaufform fetten, den Boden mit den Kartoffelscheiben belegen, salzen und pfeffern. Spinat darauf verteilen, darauf Rotbarschfilets legen. Tomatensauce über den Fisch verteilen.
Pecorino reiben, mit Paniermehl mischen und überstreuen. Butterflöckchen darüber verteilen. Im vorgeheizten Ofen bei 200 g etwa 30 Minuten goldbraun überbacken.

GRUNDREZEPT
Flußfisch gekocht

Zutaten
1 kg Fisch (Karpfen, Schleie, Barbe),
1 Zwiebel,
1 EL Essig,
2 Lorbeerblätter,
1 Zitronenscheibe,
1 TL Pfefferkörner

EW	Fett	KH	kcal/kJ
26 g	7 g	0 g	180/755

Fisch ausnehmen, waschen, schuppen. 1 l lauwarmes Wasser in einen Topf geben und den Fisch hineinsetzen. Zwiebel schälen, in zwei Hälften schneiden und mit Essig, Lorbeerblättern, Zitronenscheibe und Pfefferkörnern in den Sud geben, zum Kochen bringen. 15 Minuten offen garen lassen. Fisch vorsichtig herausnehmen und warm servieren. Dazu passen Petersilienkartoffeln und zerlassene Butter.

GRUNDREZEPT
Flußfisch blau gekocht

Zutaten
1 kg Fisch (Forelle, Renke, Karpfen oder Hecht),
1/4 l Essig,
2 Lorbeerblätter,
1 Stange Sellerie,
1 TL Pfefferkörner

EW	Fett	KH	kcal/kJ
28 g	4 g	0 g	162/677

Fisch vorsichtig ausnehmen, nicht schuppen, damit der Schleimfilm auf der Haut erhalten bleibt, auf eine Platte legen und mit Essig begießen. Dadurch wird die Haut blau. 30 Minuten ruhen lassen. Fisch in einen Topf mit 3 l lauwarmem Wasser geben, Lorbeerblätter, Sellerie und Pfefferkörner hinzufügen, zum Kochen bringen. 20 Minuten ziehen lassen. Fisch vorsichtig herausnehmen und auf einer Platte anrichten. Dazu Salzkartoffeln servieren.

Wildreisküchlein mit Seezungenfilet

Zutaten
1 Tasse Wildreis,
Salz,
400 g Seezungenfilet,
3 EL Zitronensaft,
1 kleine Zwiebel,
10 g Butter oder Margarine,
200 ml Fisch-Fond,
200 g Schlagsahne,
2 Eigelb,
1 Bd. Dill,
weißer Pfeffer,
3 Eiweiß,
2 EL Öl,
Dill oder Zitrone zum Garnieren

EW	Fett	KH	kcal/kJ
28 g	27 g	31 g	486/2037

Wildreis in kochendes Salzwasser geben und etwa 40 Minuten ausquellen lassen. Seezungenfilets waschen und mit Zitronensaft beträufeln. Zwiebel schälen und fein würfeln. Fett in einem Topf erhitzen und die Zwiebel darin glasig dünsten. Mit dem Fond und der Sahne ablöschen. Etwa auf die Hälfte einkochen lassen. Eigelb verquirlen und in die nicht mehr kochende Sauce rühren. Dill waschen, fein hacken und zur Sauce geben. Mit Salz und Pfeffer abschmecken. Seezungefilets in kochendes Salzwasser legen und etwa 4 Minuten ziehen lassen. Reis abtropfen lassen und mit Eiweiß, Salz und Pfeffer verrühren. Öl in einer Pfanne erhitzen und aus dem Reis kleine Küchlein backen. Alles auf Tellern anrichten und mit Dill und Zitrone garnieren.

Hechtfilets nach spanischer Art

Zutaten
75 g Zwiebeln,
3 Knoblauchzehen,
40 g feingemahlene Mandeln,
30 g gestiftelte

Mandeln,
500 g Tomaten,
1/4 Tasse Olivenöl,
1/4 Tasse grobe Weißbrotkrumen,
4 TL Zitronensaft,
Salz,
1 kg Seehechtfilet,
2 EL feingehackte Petersilie

EW	Fett	KH	kcal/kJ
48 g	26 g	17 g	518/2165

Geschälte Zwiebeln und Knoblauch fein hacken. Gemahlene und gestiftelte Mandeln leicht anrösten. Tomaten heiß überbrühen, kalt abschrecken, häuten. Das Fruchtfleisch fein hacken. Olivenöl erhitzen, Zwiebeln und Knoblauch hineingeben und unter Rühren 5 Minuten anbraten. Gemahlene Mandeln und Brot hinzufügen, danach die Tomaten. Bei starker Hitze unbedeckt schmoren, bis die Flüssigkeit fast eingekocht ist. In einer hochrandigen Pfanne 1 1/2 l Wasser und 3 TL Zitronensaft mit 1 TL Salz zum Kochen bringen.
Auf niedrige Temperatur schalten, die Fischfilets hineingeben und unbedeckt 5–8 Minuten am Siedepunkt halten, bis der Fisch gar ist. Seehecht auf eine Servierplatte legen. Die Sauce aufkochen, den restlichen Zitronensaft einrühren und 1/8 l Fischfond hinzufügen; abschmecken. Die Sauce über den Fisch gießen, mit den gestifelten Mandeln und der Petersilie garnieren und sofort mit Reis servieren.

Portugiesischer Fischtopf

Zutaten

1 große Gemüsezwiebel,
2 Paprikaschoten,
2 EL Öl,
1/8 l Weißwein,
1 kg Kartoffeln,
2 klare Suppenwürfel,
2 EL Tomatenmark,
400 g Seelachsfilet,
1/2 Bd. Dill,
1 Becher Crème double

EW	Fett	KH	kcal/kJ
26 g	26 g	44 g	558/2334

Die Gemüsezwiebel in dünne Scheiben schneiden. Die Paprikaschoten waschen, würfeln. Beide Gemüse in heißem Öl glasig dünsten. Mit Weißwein und 1/4 l Wasser aufgießen, zum Kochen bringen. Gewürfelte Kartoffeln zufügen.
Die Suppenwürfel darin auflösen. 20-30 Minuten durchkochen und das Tomatenmark einrühren.
Fisch in vier Stücke teilen und auf das Gemüse legen.
Zugedeckt bei milder Hitze etwa 20 Minuten garen. Zuletzt den gehackten Dill und die Crème double untermengen.

Fischfilet mit Knoblauchcreme

Zutaten

1 Zwiebel,
1 Möhre,
1 Zitrone,
Salz,
1 Lorbeerblatt,
4 Seelachsfilets,
1 Eigelb,
1 TL Senf,
1 EL Zitronensaft,
4 Knoblauchzehen,
4 EL Olivenöl,
250 g Quark,
Pfeffer

EW	Fett	KH	kcal/kJ
31 g	14 g	8 g	282/1180

Zwiebel schälen, Möhre waschen und putzen, Zitrone waschen, in Scheiben schneiden. 1/2 l Salzwasser zum Kochen bringen. Lorbeerblatt zugeben. Nach 15 Minuten durch ein Sieb streichen.
Seelachsfilets unter fließendem Wasser abspülen, in den Sud geben, etwa 10 Minuten pochieren; herausnehmen, abtropfen lassen.
Eigelb mit Senf und Zitronensaft verschlagen.
Knoblauchzehen schälen, hacken, dazugeben.
Mit Olivenöl und Quark vermengen, mit Salz und Pfeffer abschmecken.
Sofort servieren.

Lachs »Sausalito«
(Abb.)

Zutaten
2 mittelgroße Birnen,
1 Bd. Dill,
4 EL Butter,
1/2 TL Salz,
1/2 TL Senfpulver,
1/4 TL getrocknetes Basilikum,
Kräuterpfeffer,
2 mittelgroße Zwiebeln,
2 mittelgroße Möhren,
1 EL Hühnerbrühe (Instant),
2 Tomaten,
1 Limette (unbehandelt),
4 Lachssteaks (je 250 g)

EW	Fett	KH	kcal/kJ
50 g	41 g	15 g	675/2825

Birnen schälen, vierteln und entkernen. Dill waschen, trockentupfen und fein hacken. 2 EL Butter schmelzen, mit Salz, Senfpulver, Basilikum, Dill und Kräuterpfeffer mischen, über die Birnenviertel geben und beiseite stellen. Zwiebeln schälen und in Ringe, Möhren schälen und in feine Stifte schneiden. Restliche Butter in einem flachen, breiten Topf schmelzen. Instant-Hühnerbrühe, Zwiebelringe und Möhrenstifte dazugeben. Zugedeckt etwa 5–10 Minuten bei geringer Hitze dünsten. Tomaten kreuzweise einritzen, häuten und in Scheiben schneiden. Limette waschen, in Scheiben schneiden. Tomaten- und Limettenscheiben mit Lachssteaks zum Gemüse geben. Zugedeckt etwa 10 Minuten bei mittlerer Hitze garen. Birnenviertel, Lachsteaks und Gemüse auf Tellern anrichten.

Tip
Lachssteaks mit Dillzweigen und Limettenscheiben garniert servieren. Dazu schmeckt eine Langkorn- und Wildreismischung.

Kleine Spinatknödel in feiner Lachs-Spargel-Sauce

Zutaten
150 g tiefgefrorener Spinat,
1 Ei,
1 Packung Kartoffelklöße halb und halb (für 8 Stück),
Salz,
Pfeffer,
Muskatnuß,
250 g grüner Spargel,
250 g weißer Spargel,
100 ml süße Sahne,
1 Ecke Schmelzkäse,
3–4 EL heller Saucenbinder,
150 g geräucherter Lachs,
1 EL Zitronensaft

EW	Fett	KH	kcal/kJ
24 g	18 g	115 g	686/2903

Spinat auftauen lassen. Ei in einen Meßbecher geben und mit Wasser zu 1/2 Liter auffüllen. Knödel halb und halb mit dem Schneebesen einrühren, Spinat, Salz, Pfeffer und Muskatnuß daruntermischen und etwa 10 Minuten quellen lassen.
Mit feuchten Händen etwa 16 kleine Knödel formen.
Salzwasser zum Kochen bringen, Temperatur zurückschalten, Knödel in das heiße Wasser einlegen und etwa 10 Minuten bei schwacher Hitze ziehen lassen, abgießen, abtropfen lassen und warm stellen.

Spargel putzen, weißen zusätzlich schälen und alles in mundgerechte Stücke schneiden.
Etwa 1/2 Liter Wasser mit einer Prise Salz zum Kochen bringen, Spargelstücke darin etwa 15 Minuten garen, herausnehmen und warm stellen.
Sahne und Schmelzkäse zum Spargelwasser geben, aufkochen und mit Saucenbinder binden.
Lachs in Streifen schneiden, zur Sauce geben und mit Salz, Pfeffer, Muskatnuß und Zitronensaft abschmecken.
Knödel mit Sauce auf Tellern anrichten. Sofort servieren.

Gedünstete Feinfischfilets in Safransauce
(Abb.)

Zutaten
1 große Möhre (geschält),
1/2 Sellerieknolle (geschält),
Salz,
100 g Butter,
40 g Zwiebelwürfel,
100 g kleine Champignons,
1 Döschen Safran,
Pfeffer,
1 l Fischfond (aus dem Glas),
2 Becher Sahne,
200 g Steinbuttfilet,
200 g Steinbeißerfilet,
200 g Lachsfilet,
200 g Seeteufelfilet,
0,2 l trockener Weißwein,
1 Lorbeerblatt

EW	Fett	KH	kcal/kJ
40 g	60 g	9 g	786/3296

Die Möhre und die halbe Sellerieknolle in gesalzenem Wasser fast gar kochen. Anschließend mit einem Kugelausstecher kleine Perlen ausstechen. In einem Topf mit Butter, Zwiebeln und den geschnittenen Champignons andünsten. Mit Safran, Salz, Pfeffer würzen und mit der Hälfte des Fischfonds und der Sahne auffüllen. Die Sauce bis

zu einer dicklichen Konsistenz einkochen lassen.
In der Zwischenzeit die Feinfischfilets in Portionen zu jeweils 50 g schneiden.
Den Rest des Fischfonds mit dem Weißwein und dem Lorbeerblatt zum Sieden bringen. Die Filetportionen 5 Minuten darin ziehen lassen und anschließend herausnehmen.
Die Fischmedaillons auf Tellern anrichten und mit der eingekochten Safransauce umgießen.

Tip
Wildreis mit Patnareis und grüne Spargelspitzen dazu reichen.

Wiener Zwiebelfisch

Zutaten
1 kg Schill (Zander),
Saft von 1 Zitrone,
250 g Zwiebeln,
125 g Champignons,
50 g Butter,
1/4 l heiße Fleischbrühe,
1/8 l Weißwein,
Salz,
weißer Pfeffer,
3 EL süße Sahne,
1 Bd. Schnittlauch

EW	Fett	KH	kcal/kJ
26 g	31 g	2 g	440/1841

Schill an der Bauchseite mit einem scharfen Messer aufschneiden, ausnehmen. Filets vorsichtig ablösen, abspülen und trockentupfen. Auf eine Platte legen. Mit Zitronensaft beträufeln, zugedeckt 15 Minuten kalt stellen.
Zwiebel schälen, würfeln. Champignons putzen,waschen, abtropfen, in dünne Scheiben schneiden. Butter in einer Pfanne erhitzen. Zwiebelwürfel darin 2 Minuten anbraten. Zusammen mit Champignons noch 5 Minuten braten. Fleischbrühe und Weißwein angießen. Mit Salz und Pfeffer würzen. Zugedeckt bei schwacher Hitze 10 Minuten kochen. Fischfilets abtropfen. In der Zwiebelsauce 10 Minuten ziehen, aber nicht kochen lassen; auf einer vorgewärmten Platte anrichten, warm stellen.
Topf vom Herd nehmen. Sahne in Sauce rühren; nachwürzen. Über die Fischstücke gießen. Schnittlauch waschen, trockentupfen und schneiden, darüberstreuen und sofort servieren.

Karpfen mit Rosinen

Zutaten
1 mittlerer Karpfen,
3 Schalotten,
Öl, 1 EL Zucker,
1 EL Mehl,
1 Schuß Essig,
50 g Rosinen,
50 g gestiftelte Mandeln,
Salz, Pfeffer

EW	Fett	KH	kcal/kJ
24 g	12 g	20 g	305/1283

Den küchenfertigen, geschuppten Karpfen unter fließendem Wasser waschen und anschließend abtrocknen.
Schalotten schälen und fein würfeln. In heißem Öl die Schalottenwürfel glasig dünsten. Mit Zucker bestreuen, weiterrühren und mit Mehl bestäuben. Sobald das Mehl aufgelöst ist, mit ca. 1 l Wasser und einem Schuß Essig aufgießen. Rosinen und Mandelstifte hinzufügen. Das Ganze bei schwacher Hitze etwa 1/4 Stunde köcheln. Den ganzen Karpfen salzen, pfeffern und in den Sud einlegen. Etwa 1/2 Stunde dünsten. Auf eine vorgewärmte Platte legen und mit Kochflüssigkeit übergießen.

Seezungenröllchen in Orangen-Frischkäse-Sauce

Zutaten
12 Seezungenfilets,
Salz, weißer Pfeffer aus der Mühle,
3 unbehandelte Orangen, 2 Schalotten,
1 EL Öl,
200 ml kräftige klare Hühnerbrühe (S. 40),
40 ml trockener Vermouth,
3 Stiele Dill,
100 Frischkäse, Zucker

EW	Fett	KH	kcal/kJ
29 g	23 g	15 g	400/1767

Seezungenfilets waschen, trockentupfen, mit Salz und Pfeffer würzen und zu Schleifen drehen. Orangen heiß waschen, trockenreiben.
2 Orangen so dick schälen, daß die weiße bittere Haut mitentfernt wird. Orangen filetieren und dabei den Saft auffangen. Die dritte Orange auspressen. Schalotten schälen und fein hacken. Im heißen Öl andünsten. Hühnerbrühe, Vermouth und Dill zufügen und kurz aufkochen lassen. Die Seezungenschleifen in den Fond geben und bei schwacher Hitze etwa 5 Minuten gar ziehen lassen. Seezungenfilets herausnehmen und bei 80 Grad zugedeckt im Ofen warm stellen. Den Fond durch ein Sieb gießen. Orangensaft zufügen und alles etwa 2 Minuten kräftig kochen lassen, dann die Hitze reduzieren.
Mit einem Pürierstab den Frischkäse unterschlagen. Die Sauce mit Salz, Pfeffer und Zucker abschmecken und die Orangenfilets darin erwärmen. Die Seezungenschleifen mit der Orangen-Frischkäse-Sauce und den Orangenfilets auf Tellern anrichten und nach Belieben mit Dillfähnchen garnieren. Dazu schmecken Gemüsejulienne der Saison und Baguette.

Ragout vom Wittling
(Abb.)

Zutaten
1 kg Wittlingfilet,
1 Zitrone,
1/8 l Weißwein,
1/4 l Fleischbrühe (S. 40),
30 g Butter,
40 g Mehl,
1/8 l Sahne,
Salz, Pfeffer,
1 Röhrchen Kapern,
Zucker,
1 Eigelb,
2 große Tomaten,
1 Dillzweig

EW	Fett	KH	kcal/kJ
51 g	28 g	11 g	517/2182

Fischfilet säubern, in große Würfel schneiden und mit Zitronensaft beträufelt 10 Minuten ziehen lassen. Die Fischwürfel in einem Sud aus Wein und Fleischbrühe 5 Minuten garen. Aus dem Sud nehmen. Butter schmelzen, Mehl hineinrühren und mit Sahne und dem Fischsud auffüllen und aufkochen lassen. Die Sauce mit Salz, Pfeffer, Kapern und Zucker abschmecken. Eigelb mit etwas Sauce verrühren, kalt abspülen, schälen, halbieren und das Kerngehäuse herausnehmen. Tomatenhälften kleinschneiden und mit den Fischwürfeln in der Sauce erhitzen.
Mit Dillzweiglein anrichten.

GRUNDREZEPT
Gegrillte Fischsteaks
(Abb.)

Zutaten
4 Steaks vom Thunfisch, Schwertfisch oder Heringshai (je 200 g),
Kräuteröl,
Salz,
Pfeffer aus der Mühle

EW	Fett	KH	kcal/kJ
38 g	16 g	0 g	312/1302

Fischsteaks mit Kräuteröl von beiden Seiten bestreichen. Anschließend mit Salz und Pfeffer aus der Mühle würzen.

Die Fischsteaks auf den heißen Grill legen. Nach ca. 3 Minuten Grillzeit die Steaks wenden und von der anderen Seite grillen. Die fertig gegrillten Steaks sofort servieren. Als Beilage eignet sich ein sommerlicher Salat.

Karpfen in Weinsauce

Zutaten
1 Karpfen (etwa 1 kg),
1/2 Zitrone (unbehandelt),
2 EL flüssige Butter,
2 Eier,
Salz,
weißer Pfeffer,
2 Gewürzgurken,
1/8 l trockener Weißwein,

EW	Fett	KH	kcal/kJ
30 g	14 g	2 g	288/1207

Karpfen putzen und in 4 Stücke teilen. Mit Zitronensaft beträufeln und mit Butter bepinseln. Im vorgeheizten Grill von jeder Seite etwa 5 Minuten grillen. Eier mit Salz, Pfeffer, etwas abgeriebener Zitronenschale und Wein im Wasserbad cremig schlagen. Die Sauce darf auf keinen Fall kochen.
Fisch leicht salzen, mit Sauce überziehen und im Grill überbacken.

Tip
Dazu passen Salzkartoffeln. Servieren Sie zum Fisch die gleiche Sorte Weißwein,. die Sie zum Kochen verwendet haben. Das rundet den Geschmack besonders ab.

Seezunge vom Grill
(Sole alle griglia)

Zutaten
4 ganze Seezungen,
Olivenöl,
Salz,
Pfeffer

EW	Fett	KH	kcal/kJ
26 g	10 g	0 g	192/802

Die Seezungen gut waschen und vom Schwanz zum Kopf hin die Haut gründlich abziehen. Fische filetieren und den Grill vorheizen.
Fische mit reichlich Olivenöl einstreichen, salzen und pfeffern und in wenigen Minuten von beiden Seiten auf dem Grill goldbraun braten.
Die Seezungen heiß servieren.

Steckerlfisch

Zutaten
4 Forellen oder Makrelen,
Salz, Pfeffer,
etwas Zitrone,
4 Holzstöcke,
Butter zum Bestreichen

EW	Fett	KH	kcal/kJ
47 g	13 g	0 g	325/1359

Fische ausnehmen, waschen und abtrocknen. Salzen, pfeffern, mit Zitronensaft beträufeln und auf die dicken »Holzsteckerl« aufspießen. Über das Feuer hängen oder, je nachdem, wie Ihr Grillgerät aussieht, legen und beim Wenden öfter mit Butter bestreichen.

Tip
Mit einer frischen Maß Bier und Kartoffelsalat einfach himmlisch!

Merlan im Speckmantel

Zutaten
4 kleine Merlane,
Essig,
Salz, Pfeffer,
je 1 Bd. Petersilie, Dill, Schnittlauch,
1 Zwiebel, 1 Tomate,
1 1/2 Pakete Bacon,
1 EL Öl

EW	Fett	KH	kcal/kJ
51 g	36 g	1 g	544/2293

Die Fische säubern, säuern, 10 Minuten stehenlassen. Innen und außen salzen und pfeffern. Kräuter waschen, fein hacken und mit feingewürfelter Zwiebel und Tomate mischen. Alles etwas andünsten. Fische damit füllen, mit Holzspießchen zustecken. Dann die Fische mit Speckstreifen umwickeln, mit Öl bestreichen und unter dem Grill von jeder Seite etwa 10 Minuten grillen oder in der Pfanne braten.
Dazu passen frisches Meterbrot und knackiger Salat.

Fischröllchen vom Grill

Zutaten
4 Rotbarschfilets (je 200 g), Saft von 1 Zitrone, 250 g frische Champignons,
1 Zwiebel,
2 EL Sojaöl,
1 EL Mehl,
1/8 l süße Sahne,
1 1/2 Bd. Petersilie,
Salz, weißer Pfeffer,
1 Zitrone

EW	Fett	KH	kcal/kJ
41 g	25 g	6 g	418/1764

Fischfilets waschen, trockentupfen und mit Zitronensaft beträufeln. 10 Minuten ziehen lassen. Champignons putzen und waschen. Zwiebel schälen und fein hacken. Sojaöl in einem Topf erhitzen, die Zwiebel darin goldgelb andünsten. Pilze zugeben und 15 Minuten dünsten. Mehl mit etwas Wasser anrühren, die Champignons damit binden und einmal aufkochen lassen. Sahne und 1 Bd. feingehackte Petersilie unterrühren, mit Salz und Pfeffer abschmecken. Etwas abkühlen lassen.
Die Fischfilets trockentupfen, längs halbieren und leicht salzen. Ein großes Stück Alufolie mit Sojaöl bepinseln. Die Fischfiletstreifen mit der Pilzmasse bestreichen, aufrollen und dicht in die zu einer Form geknifften Alufolie setzen, einen Aludeckel darauf setzen und an den Kanten zusammenkniffen. Unter dem vorgeheizten Grill etwa 15 Minuten garen. Mit Zitronenspalten und Petersiliensträußchen servieren.

Marinierte Seeteufelmedaillons mit Grilltomaten
(Abb.)

Zutaten
800 g Seeteufelfilet,
4 Knoblauchzehen,
1 Bd. Basilikum,
Speiseöl,
12 Cocktailtomaten,
4 Scheiben Frühstücksspeck (in Streifen geschnitten),
Salz, Pfeffer

EW	Fett	KH	kcal/kJ
36 g	33 g	2 g	475/1988

Seeteufelfilet in ca. 50 g schwere Medaillons schneiden.
Die geschälten Knoblauchzehen in feine Stücke schneiden und mit dem gehackten Basilikum sowie dem Speiseöl eine Marinade herstellen. Die Seeteufelmedaillons ca. 1 Stunde in die Marinade einlegen.
Die Cocktailtomaten über Kreuz einschneiden, anschließend in die Einschnitte die Speckstreifen einlegen und die Cocktailtomaten auf einer mit Alufolie abgedeckten Stelle des Grills garen.
Die Medaillons auf den heißen Grill legen und nach ca. 3 Minuten wenden. Zum Servieren die Medaillons und Tomaten auf einem Teller anrichten, salzen und pfeffern. Als Beilagen eignen sich Ofenkartoffeln oder Baguette.

Meerbrasse vom Grill

Zutaten
4 mittelgroße Brassen,
1 Zitrone,
Salz,
jeweils 1 Bd. Estragon, Basilikum, Kerbel und Dill,
Öl zum Einpinseln

EW	Fett	KH	kcal/kJ
32 g	18 g	0 g	309/1297

Die Meerbrassen schuppen und gründlich mit Wasser abspülen. Anschließend die Meerbrassen mit Zitronensaft säuern und innen sowie außen salzen.
Die Kräuter gleichmäßig aufteilen, so daß 4 gemischte Kräuterbündchen entstehen.
Die Kräuterbündchen in die Bauchhöhlen der Meerbrassen füllen und diese mit einem Zahnstocher verschließen.
Fische mit Öl einpinseln, auf den heißen Grill legen und garen, dabei die Meerbrassen mehrmals wenden. Die Meerbrassen sind gar, wenn sich die Rückenflosse leicht herausziehen läßt.
Beilagen: Baguette mit Kräuterbutter.

Rotbarschfilet in Pergament
(Abb.)

Zutaten
500 Rotbarschfilet,
150 g Lauchzwiebeln,
100 g Champignons,
150 g Kirschtomaten,
1/2 Bd. Thymian,
Saft von 1/2 Zitrone,
Salz, Pfeffer,
70 g Butterschmalz

EW	Fett	KH	kcal/kJ
28 g	5 g	10 g	333/1391

Rotbarschfilet kalt abspülen. In 8 Stücke schneiden. Lauchzwiebeln putzen und in feine Ringe schneiden. Champignons vierteln und Kirschtomaten halbieren. Thymianblätter von den Stengeln zupfen. Alle vorbereiteten Zutaten mischen, mit Zitronensaft beträufeln und mit Salz und Pfeffer würzen. Pro Portion 2 Pergamentblätter mit etwas Wasser bestreichen. Die obere Hälfte des Papiers mit etwas Butterschmalz bestreichen. Fisch-Gemüse-Mischung in die Mitte legen und das restliche Butterschmalz in Flöckchen darübergeben. Pergamentpapier zu einer Rolle zusammendrehen, die Enden mit Fleischfaden zusammenbinden und die überstehenden Papierzipfel abschneiden. Die gefüllten Pergamentpäckchen über mittlerer Hitze 20–25 Minuten grillen. Die Päckchen ab und zu wenden. Vor dem Servieren das Papier in der Mitte aufschneiden.

Gegrillte Lachs-Spieße

Zutaten
4 Scheiben frischer Lachs (je 200 g),
1 EL Honig,
4 EL Himbeeressig,
4 EL Gin,
1 TL Zitronensaft,
1 TL zerstoßene Wacholderbeeren,
150 g Shrimps oder Garnelen,
1 EL Sojasauce,
50 g Knoblauchbutter

EW	Fett	KH	kcal/kJ
16 g	12 g	1 g	220/840

Lachs in mundgerechte Stücke schneiden. Die eine Hälfte der Lachsstücke in einer Mischung aus Honig und Himbeeressig mehrmals wenden und etwas marinieren lassen. Die andere Hälfte in einer Mischung aus Gin, Zitronensaft und Wacholderbeeren ebenfalls marinieren lassen. Shrimps mit Sojasauce vermischen. Alle vorbereiteten Zutaten abtropfen lassen, mit Küchenkrepp trockentupfen und auf Holzspieße stecken. Die Knoblauchbutter in der Grillpfanne erhitzen und die Lachs-Spieße darin grillen.

Lachscarpaccio mit Rösti
(Abb.)

Zutaten
400 g frisches Lachsfilet,
4 EL Sojaöl,
Salz, Pfeffer,
1 Bd. Sauerampferblätter, 2 Egerlinge,
2 EL Estragonessig,
4 EL Walnußöl,
1 TL gehackte Estragonblätter,
800 g Kartoffeln,
2 Zwiebeln, 4 Eier,
Muskatnuß,
Öl zum Braten

EW	Fett	KH	kcal/kJ
31 g	57 g	34 g	796/3331

Lachs in sehr feine Scheiben schneiden, zwischen Frischhaltefolie legen, flach klopfen und auf einen Teller legen. Mit Sojaöl beträufeln und mit Salz und Pfeffer würzen. Sauerampferblätter waschen und fein hacken. Lachsscheiben damit bestreuen und etwa 1 Stunde marinieren lassen. Egerlinge putzen, in sehr feine Scheiben schneiden, mit Salz und Pfeffer würzen, mit Estragonessig und Walnußöl beträufeln und mit Estragonblättern bestreuen, etwa 1 Stunde ziehen lassen. Kartoffeln und Zwiebeln schälen und raspeln. Eier unterrühren und mit Salz, Pfeffer und Muskatnuß würzen. Öl in einer Pfanne erhitzen, kleine Rösti darin nach und nach beidseitig braten. Lachsscheiben mit marinierten Champignonscheiben auf Tellern verteilen und mit Rösti servieren.

Geräucherte Forellenfilets auf Weintrauben

Zutaten
je 200 g weiße und blaue Weintrauben,
100 g Feldsalat,
5 EL Öl, 5 EL Sherryessig,
Salz, Pfeffer,
Saft von 1/2 Zitrone,
8 geräucherte Forellenfilets,
100 g saure Sahne,
2 EL gehackte gemischte Kräuter,
50 ml Fischfond (Glas)

EW	Fett	KH	kcal/kJ
40 g	21 g	19 g	444/1864

Weintrauben entstielen, waschen, halbieren und eventuell entkernen. Feldsalat gründlich waschen (entsanden), trockenschütteln und locker mit den Trauben vermengen.
Aus Sherryessig, Salz, Pfeffer und 1 Spritzer Zitronensaft die Salatsauce zubereiten; mit dem Salat vermengen.
Salat auf 4 kalten großen Tellern großzügig »als Bett« verteilen. Darauf geräucherte

Forellenfilets anrichten.
Aus saurer Sahne, Kräutern, Fischfond, restlichem Zitronensaft, Salz und Pfeffer eine pikante Kräutersauce zubereiten. Forellenfilets mit der Sauce leicht überziehen.

Sahne-Heringe mit Pellkartoffeln
(Abb.)

Zutaten

6 Matjes-Heringsfilets,
1 roter Apfel,
1/2 Bd. Dill,
1 Zwiebel,
1 EL Kapern,
150 ml saure Sahne,
100 ml Sahne,
frisch gemahlener Pfeffer,
1 EL Zitronensaft,
1 TL Zucker,
750 g kleine Kartoffeln,
Salz

EW	Fett	KH	kcal/kJ
31 g	33 g	37 g	601/2519

Matjes-Heringsfilets waschen und trockentupfen. In grobe Streifen schneiden.
Apfel und Dill waschen, Apfel achteln, Kerngehäuse entfernen und in Stücke schneiden.
Zwiebel in Ringe schneiden. Dill fein hacken, Kapern abtropfen lassen.
Saure Sahne, Sahne und Dill verrühren und mit Pfeffer, Zitronensaft und Zucker abschmecken. Heringsstreifen, Apfelstücke, Zwiebelringe und Kapern unterheben. Sahne-Heringe am besten über Nacht im Kühlschrank ziehen lassen.
Kartoffeln unter fließendem Wasser gründlich abbürsten, in Salzwasser 30 Minuten garen, abgießen und zu den Sahne-Heringen servieren.

Heilbuttfilet mit gemischtem Gemüse

Zutaten

600 g Kartoffeln (vorwiegend festkochende Sorte),
Salz,
500 g Heilbuttfilet,
Zitronensaft,
weißer Pfeffer,
600 g gemischtes Wurzelgemüse (Möhren, Sellerie, Frühlingszwiebeln oder Lauch),
4 EL gekörnte Brühe zum Abschmecken,
8 EL saure Sahne,
4 TL Zitronensaft,
4 TL mittelscharfer Senf,
8 EL feingewiegter Dill

EW	Fett	KH	kcal/kJ
30 g	6 g	28 g	306/1291

Kartoffeln schälen, je nach Größe ganz lassen oder in Stücke schneiden, dann in

wenig Salzwasser garen.
Fischfilet kurz kalt abspülen, mit Küchenpapier abtupfen und mit Zitronensaft einreiben. Dann mit Pfeffer und Salz rundherum würzen und durchziehen lassen. Inzwischen das Gemüse waschen, putzen und kleinschneiden. In 1/2 l Wasser mit gekörnter Brühe andünsten. Fischfilet darauf legen und das Ganze noch 10 Minuten zugedeckt fertiggaren.
Saure Sahne mit Zitronensaft, Senf und Dill verrühren, mit Pfeffer und Salz abschmecken und mit dem Fischfilet und dem Gemüse servieren.
Dazu die Salzkartoffeln reichen.

Sahne-Meerrettich-Terrine mit Graved-Lachsstreifen

Zutaten

200 g Sauerampfer,
einige Zweige Petersilie,
5 Blatt weiße Gelatine,
1 Becher Doppelrahmfrischkäse (= 200 g),
1 Becher Joghurt (= 150 g),
2 EL Meerrettich,
Salz, Pfeffer,
1/2 Becher Schlagsahne (= 100 g),
250 g Graved Lachs,
1 Limette,
50 g roter Kaviar

EW	Fett	KH	kcal/kJ
26 g	35 g	6 g	456/1907

Sauerampfer und Petersilie waschen und abtropfen lassen. Gelatine in kaltem Wasser einweichen. Doppelrahmfrischkäse mit Joghurt und Meerrettich verrühren, mit Salz und Pfeffer würzig abschmecken. Gelatine im heißen Wasserbad auflösen, in den Meerrettich-Frischkäse rühren und ca. 15 Minuten kalt stellen. Sahne steif schlagen und unter die langsam gelierende Frischkäse-Masse ziehen.
Eine Kastenform von ca. 15 cm Länge mit Frischhaltefolie auslegen. Abwechselnd Sahne-Meerrettich-Frischkäse, Sauerampfer und Graved-Lachs-Scheiben einfüllen. Die unterste und die oberste Schicht sollte Frischkäse-Masse sein. Die Terrine ca. 4–6 Stunden in den Kühlschrank stellen. Vor dem Servieren stürzen und in Scheiben schneiden. Limette in Scheiben schneiden, jeweils eine Scheibe Terrine mit Limettenscheibe, Kaviar und Petersilie anrichten.

Fischwürfel in Sahnesauce

Zutaten

700 g Kabeljaufilet,
Essig, Salz,
2 Lorbeerblätter,
1 TL gekörnte Brühe,
50 g Butter,
50 g Mehl,
3 große Gewürzgurken,
1 EL Kapern,
1 Bd. Petersilie,
1/8 l Sahne,
2 Eigelb, Pfeffer

EW	Fett	KH	kcal/kJ
34 g	22 g	12 g	396/1663

Fisch würfeln, mit etwas Essig beträufeln und leicht salzen.
3/8 l Wasser mit 1 Schuß Essig, Salz und Lorbeerblättern aufkochen lassen, gekörnte Brühe dazugeben, Fischwürfel in die kochende Brühe einlegen und sofort vom Feuer nehmen. Kurz ziehen lassen, dann mit einem Schaumlöffel aus der Brühe nehmen und warm stellen.
Aus Butter und Mehl eine helle Mehlschwitze bereiten, mit Fischsud aufgießen und unter Rühren dicken lassen.
Lorbeerblätter entfernen.
Gewürzgurken fein würfeln und mit Kapern in die Sauce geben.
Petersilie waschen, trockenschütteln und fein hacken.
Sahne mit den Eigelb verquirlen und Sauce damit legieren.
Fischwürfel einlegen und nochmals ziehen lassen. Das Gericht mit Salz und Pfeffer abschmecken. Die Petersilie unterziehen.

Tip
Dazu passen Salz- oder Pellkartoffeln.

Miesmuscheln gefüllt

Zutaten
1 kg Miesmuscheln,
1/8 l Weißwein,
2 kleine Zwiebeln,
2 Wacholderbeeren,
1/2 Lorbeerblatt,
1/2 Bd. Suppengrün,
1 Bd. Petersilie,
1/2 Bd. Dill,
1 Knoblauchzehe,
3 EL Paniermehl,
50 g Kräuterbutter (Fertigprodukt)

EW	Fett	KH	kcal/kJ
26 g	13 g	11 g	302/1261

Miesmuscheln unter fließendem Wasser gründlich abbürsten. Fäden entfernen. 1/8 l Wasser und Wein in einem großen Topf zum Kochen bringen. Eine Zwiebel schälen. Mit Wacholderbeeren und Lorbeerblatt in den Sud geben. Suppengrün putzen, waschen, in Stücke schneiden; in den Sud geben. Wenn der Sud sprudelnd kocht, Muscheln hineingeben, zugedeckt 15 Minuten kochen. Zwischendurch Topf häufig rütteln. Muscheln auf einem Sieb abtropfen. Fleisch aus den Schalen nehmen. Schalen auseinanderbrechen.

Muschelfleisch hacken. Petersilie und Dill waschen, trockentupfen. Petersilie hacken, Dill fein schneiden. Knoblauchzehe und zweite Zwiebel schälen, fein hacken.
Alles mit Paniermehl und Kräuterbutter mischen.
Mischung in die Schalen füllen. Schalen auf ein Backblech setzen, im vorgeheizten Ofen auf mittlerer Schiene bei 240 Grad 10 Minuten überbacken.

SCHNELLREZEPT

Polenta »Frutti di Mare« (Abb.)

Zutaten
2 TL klare Gemüsebrühe (Instant),
150 g Maisgrieß,
1/4 l Tomatensauce (Fertigprodukt),
1 Packung (275 g) Meeresfrüchte-Mischung »Frutti di Mare« (Fertigprodukt),
3 EL geriebener Käse

EW	Fett	KH	kcal/kJ
22 g	9 g	46 g	345/1450

3/8 l Wasser aufkochen, Gemüsebrühe darin auflösen. Maisgrieß unter Rühren einstreuen, aufkochen und ausquellen lassen. Grieß in eine flache, feuerfeste Form etwa 1 cm dick streichen und im vorgeheizten Ofen bei 175 Grad etwa 10 Minuten vorbacken. 1/4 l Wasser erwärmen. Tomatenfertigsauce einrühren, zum Kochen bringen und bei geringer Hitze 1 Minute kochen. Tomatensauce auf vorgebackenem Maisgrieß verteilen und weitere 10 Minuten backen. Etwa 5 Minuten vor Ende der Backzeit Meeresfrüchte-Mischung darauf verteilen. Käse darüberstreuen und weitere 5 Minuten backen.

Hummer mit Austern
(Abb.)

Zutaten
1–2 lebende oder tiefgekühlte Hummer, 1200 g,
Salz,
12 Austern,
Zitrone

EW	Fett	KH	kcal/kJ
40 g	5 g	5 g	242/1012

Hummer unter kaltem Wasser kräftig abbürsten und kopfüber in kochendes Salzwasser gleiten lassen, in 30 Minuten, tiefgekühlten unaufgetaut in 20 Minuten garen. Hummer mit einem Schaumlöffel aus dem Wasser heben und abtropfen lassen. Hummer der Länge nach halbieren, Magen gleich hinter dem Kopfteil und dunklen Darmfaden entfernen.
Inzwischen die Austern unter fließendem kalten Wasser putzen, offene wegwerfen.
Mit einem Austernlöffel aufbrechen, auf Eis gelegt kühl halten. Austern und Hummer mit Zitronenspalten anrichten.

Garnelen mit grünen Bohnen

Zutaten
4 Schalotten,
3 Knoblauchzehen,
400 g grüne Bohnen,
3 EL Sojaöl,
3 Lorbeerblätter,
1 EL Zitronengraspulver,
1 EL Laospulver,
2 EL Mandeln, gemahlen,
2–3 TL Sambal Oelek,
400 ml ungesüßte Kokosmilch (Dose),
2 TL Essig-Essenz (25 %),
Salz, 300 g Garnelen

EW	Fett	KH	kcal/kJ
17 g	12 g	11 g	226/949

Schalotten und Knoblauch abziehen und sehr fein hacken. Bohnen waschen, putzen und schräg in feine Streifen schneiden (schnippeln).
Öl in einem Schmortopf erhitzen, Lorbeerblätter zugeben und Zwiebeln und Knoblauch unter ständigem Rühren bei mittlerer Hitze darin weich schmoren. Gewürze, Mandeln und Sambal Oelek unterrühren und anbraten, Bohnen zugeben und ebenfalls kurz durchschmoren. Kokosmilch und Essig-Essenz zugießen und das Gemüse etwa 10 Minuten kochen.
Mit Salz abschmecken.
Garnelen untermischen und weitere 10 Minuten garen.
Eventuell mit feinen Zitronengrasstreifen garnieren und mit Reis servieren.

Garnelen-Spieße mit Cocktailsauce
(Abb.)

Zutaten

250 g Riesengarnelen (ohne Schale),
1–2 EL Öl, 1 Zucchini,
1 gelbe Paprikaschote,
100 g Cocktailtomaten,
150 g Mayonnaise,
1–2 EL Tomatenketchup,
1 EL Weinbrand,
Salz, Pfeffer

EW	Fett	KH	kcal/kJ
14 g	33 g	6 g	394/1660

Riesengarnelen in heißem Öl beidseitig goldbraun braten. Zucchini putzen, waschen und in Scheiben schneiden. Paprikaschote halbieren, putzen, waschen und würfeln. Cocktailtomaten waschen. Riesengarnelen, Zucchini, Paprika und Cocktailtomaten abwechselnd auf 12 Spieße stecken. Für die Sauce Mayonnaise, Tomatenketchup und Weinbrand verrühren und mit Salz und Pfeffer würzen.

Krebse auf Blattspinat

Zutaten

150 g Crème double,
200 ml Fischfond (Dose),
50 g Blattspinat,
20 g Butter,
Salz,
Muskatnuß,
48 gekochte Krebsschwänze,
4 EL geschlagene Sahne

EW	Fett	KH	kcal/kJ
24 g	21 g	2 g	303/1694

Crème double mit dem Fischfond verrühren und auf ca. 1/3 l reduzieren.
Inzwischen den Blattspinat verlesen, sorgfältig waschen und im Tropfwasser 2–3 Minuten zugedeckt dünsten. Vor dem Anrichten in zerlassener Butter schwenken, mit Salz und Muskatnuß würzen und auf 4 Tellern verteilen.
Die Krebsschwänze in der

Krebssauce erhitzen, nicht kochen. Die Sahne leicht unterrühren und mit Salz abschmecken. Ebenfalls auf die Teller verteilen und servieren.

Meeresfrüchte-Pizza »Catalane«

Zutaten
4 Fleischtomaten,
2 Knoblauchzehen,
2 Zwiebeln,
320 g küchenfertige Shrimps,
4 Scheiben Pizza-Fertigteig (460 g),
4 EL Olivenöl,
660 g eingelegte Fjordmuscheln

EW	Fett	KH	kcal/kJ
36 g	27 g	71 g	709/2967

Tomaten putzen und waschen. Knoblauch und Zwiebeln abziehen, Knoblauch klein hacken, Tomaten in Würfel, Zwiebeln in Ringe schneiden. Shrimps abtropfen lassen.
Pizzateigplatten auf ein mit Backpapier ausgelegtes Backblech legen.
Tomatenwürfel, Zwiebelringe, Knoblauch, Olivenöl, Fjordmuscheln und Shrimps darauf verteilen und im vorgeheizten Ofen bei 225 Grad etwa 15 Minuten backen. Nach Wunsch mit frischem Basilikum bestreut servieren.

Gambas mit Aioli
(Abb.)

Zutaten
16 Gambas (Riesengarnelen),
2 EL Zitronensaft,
Salz, Pfeffer,
2 EL Olivenöl,
2 Knoblauchzehen, geschält,
200 g Mayonnaise,
100 g Crème fraîche

EW	Fett	KH	kcal/kJ
19 g	47 g	2 g	510/2130

Gambas mit Zitronensaft, Salz und Pfeffer würzen und etwa 20 Minuten marinieren lassen. Auf zwei Holzspieße stecken und in Öl von jeder Seite 2 Minuten braten. Für die Aioli Knoblauchzehen durchpressen. Mayonnaise mit Crème fraîche, Pfeffer und Knoblauch verrühren. Zu den Gambas servieren.

Meeresfrüchte in der Schale

Zutaten
50–80 g Butter,
1 EL Mehl,
1/4 l Milch,
Pfeffer,
Salz,
250 g Fischfilet,
250 g Jakobs- oder Kammuscheln,
Saft von 1 Zitrone,
50 g Butter,
2 Schalotten,
2 EL gehackte Petersilie,
1 EL geriebener Käse,
2 EL Paniermehl

EW	Fett	KH	kcal/kJ
21 g	27 g	11 g	380/1592

In einem Topf Butter erhitzen. Mehl dazurühren. Mit Milch aufgießen, pfeffern, salzen und gute 10 Minuten unter öfterem Umrühren leise köcheln lassen, beiseite stellen.
Fischfilet und Muscheln sorgfältig säubern, Fisch in mundgerechte Stückchen schneiden. Mit Zitronensaft leicht säuern.
Butter schäumend erhitzen, Schalotten schälen, fein hacken und im Fett glasig dünsten. Fischfilet und Muscheln hinzufügen und einige Minuten sautieren.
Petersilie einstreuen.
Meeresfrüchte mit weißer Sauce mischen und in die Förmchen (statt Muschelschalen können Sie eine flache, feuer-feste Form, die leicht gebuttert wird, verwenden) flach verteilen. Käse und Paniermehl mischen und darüberstreuen. Einige Butterflöckchen obenauf setzen.
Im vorgeheizten Ofen etwa 20 Minuten bei 200 Grad überbacken.
Sofort servieren.

Tip
Mit Zitronenscheiben und Petersiliensträußchen garnieren. Dazu schmeckt frisches Stangenweißbrot. Als Getränk reichen Sie einen trockenen Weißwein.

Polyp im Weinsud

Zutaten
1 kg küchenfertiger Polyp,
Saft von 1/2 Zitrone,
Salz,
500 g Tomaten,
2 Schalotten,
4 Knoblauchzehen,
Olivenöl,
Pfeffer,
1/2 l Weißwein

EW	Fett	KH	kcal/kJ
41 g	8 g	7 g	345/1440

Polyp säubern und in gleichmäßige Stücke schneiden. Mit Zitronensaft säuern und leicht salzen. Etwa 1/2 Stunde ziehen lassen.
Tomaten auf der Oberfläche einritzen und in kochendes Wasser legen. Kalt abbrausen, häuten und klein würfeln.
Schalotten und Knoblauchzehen schälen und hacken. Olivenöl in einem Topf erhitzen, Schalotten und Knoblauch darin glasig braten. Fischstückchen mitbraten, dabei mit einem Holzlöffel umrühren.
Tomatenwürfel dazugeben und pikant abschmekken. Mit Weißwein aufgießen. Alles 20–30 Minuten garen.

Tip
Trinken Sie dazu denselben Weißwein, den Sie für den Fisch verwendet haben. Als Beilage schmeckt Reis.

Miesmuscheln überbacken
Cozze al forno

Zutaten
1 1/2 kg Miesmuscheln,
Olivenöl,
2 Zitronen,
1 Petersiliensträußchen,
Essig,
Salz,
2 Knoblauchzehen,
Semmelbrösel,
Pfeffer

EW	Fett	KH	kcal/kJ
16 g	17 g	7 g	245/1026

Die Muscheln kräftig bürsten und so lange waschen, bis sie sandfrei und sauber sind.
In einem möglichst großen Topf Olivenöl erhitzen, Muscheln so lange darin erwärmen, bis sie sich öffnen. Geschlossene Muscheln wegwerfen.
Nun Miesmuscheln aus dem Topf nehmen, Flüssigkeit aus den Muscheln in den Topf zurückgießen, leere Muschelschalen mit herausgefallenen Muscheln füllen, übrige Schalen wegwerfen. Die mit Muschelfleisch gefüllten Schalen auf ein eingeöltes Blech geben.
Muschelsud durchseihen, Olivenöl, Zitronensaft dazugeben. Petersilie waschen, mit Haushaltspapier trockentupfen, fein hacken. Zum Muschelsud geben, außerdem einen Schuß Essig. Das Gemisch auf dem Muschelfleisch verteilen.
Knoblauch schälen, zerdrücken, über die Muscheln streuen. Semmelbrösel anschließend auf den Muschelhälften verteilen, mit Pfeffer würzen und im Ofen bei mittlerer Temperatur eine Viertelstunde lang überbacken, heiß servieren.

Tip
Als Beilage reicht man frisches Weißbrot oder Knoblauchbrot. Den Durst löscht ein leichter Weißwein.

Krabben-Naturreis-Pfanne
(Abb.)

Zutaten
2 Kochbeutel Naturreis (je 125 g) oder 250 g Vollkornreis,
4 EL Butter oder Margarine,
400 g Krabben,
2 Knoblauchzehen,
abgeriebene Schale von 1/2 Zitrone (unbehandelt),
Salz,
Pfeffer,
1 Päckchen Kresse

EW	Fett	KH	kcal/kJ
23 g	15 g	48 g	427/1801

Naturreis oder Vollkornreis nach Packungsvorschrift zubereiten. Butter oder Margarine erhitzen, Krabben darin dünsten. Knoblauchzehen schälen, zerdrücken, unter gegarten Naturreis mischen und in die Pfanne geben. Alles unter Rühren erhitzen, mit Zitronenschale, Salz und Pfeffer würzen. Kresse vom Beet schneiden und über Krabben-Naturreispfanne streuen.

Tip
An gemütlichen Sommerabenden ist dieses Rezept mit einem Tisch-Wok eine tolle Alternative.

KOCHEN

Meeresfrüchte »Athen«
(Abb.)

Zutaten
1 Zwiebel, 1 Glas Fischfond (400 ml), 3 cl Weißwein, 1 Lorbeerblatt, Salz, 1 kg Meeresfrüchte (tiefgekühlt), 400 g Schafskäse, 5 Schalotten, 2 Knoblauchzehen, 3 EL Olivenöl, 800 g Tomaten (Dose), Oregano, Zucker, gehackter Rosmarin

EW	Fett	KH	kcal/kJ
59 g	30 g	12 g	563/2363

Zwiebel schälen und halbieren. Fischfond mit 1 l Wasser, Zwiebelhälften, Weißwein, Lorbeerblatt und Salz zum Kochen bringen. Meeresfrüchte hinzufügen und etwa 8 Minuten garen, abgießen und in eine Auflaufform geben. Schafskäse in Scheiben schneiden und darauf legen. Schalotten und Knoblauchzehen schälen, Schalotten halbieren, Knoblauchzehen zerdrücken. Öl erhitzen, Zwiebelhälften und Knoblauch darin dünsten. Tomaten mit Flüssigkeit dazugeben und bei schwacher Hitze etwa 20 Minuten köcheln lassen. Sauce über den Auflauf gießen, mit Salz, Oregano und Zucker abschmecken und im vorgeheizten Ofen bei 200 Grad etwa 10 Minuten überbacken. Mit Rosmarin garniert servieren.

Muscheln in Zwiebel-Kerbel-Sud

Zutaten
2–2 1/2 kg Miesmuscheln, 2 große Zwiebeln (280 g), 2 Knoblauchzehen, Salz, 5 EL Öl (50 g), 1/2–3/4 l trockener Weißwein, Pfeffer, 1–2 Lorbeerblätter, 1 Handvoll frischer Kerbel

EW	Fett	KH	kcal/kJ
20 g	15 g	7 g	346/1453

Die Muscheln säubern, bürsten und Bart entfernen. Geöffnete Muscheln nicht verwenden. Die Zwiebeln und Knoblauchzehen schälen, die Zwiebeln in feine Ringe schneiden, den Knoblauch hacken und auf wenig Salz mit einer Messerklinge zerdrücken. Das Öl in einem großen Topf erhitzen, die Zwiebelringe und den Knoblauch darin unter ständigem Rühren glasig und weich dünsten. Den Wein zugeben, kräftig mit Salz und Pfeffer würzen, das Lorbeerblatt zugeben und 1–2 Minuten kochen lassen. Die Muscheln dazugeben und so lange kochen lassen, bis sie sich öffnen. Damit die Muscheln gleichmäßig gar werden, den Topf gelegentlich rütteln. Dann das Muschelfleisch aus den Schalen lösen, in den Sud geben, nochmals abschmecken und mit reichlich geschnittenem Kerbel bestreut servieren.

Scampi in Wein-Curry-Sauce

Zutaten

20 frische Scampi,
2 kleine Zwiebeln,
2 EL Butter,
1 1/2 EL Currypulver,
160 ml Weißwein,
2 TL Speisestärke,
160 ml süße Sahne,
Salz, weißer Pfeffer,
2 Scheiben Ananas (Dose)

EW	Fett	KH	kcal/kJ
35 g	20 g	15 g	423/2357

Die rohen Scampi aus den Krusten lösen und jeweils den Darm entfernen. Zwiebeln schälen und fein würfeln. Zwiebelwürfel in der Hälfte der Butter in einer Pfanne glasig dünsten, Scampi dazugeben, alles mit Currypulver bestreuen und auf kleiner Flamme so lange braten, bis das Fleisch der Scampi weiß ist. Scampi aus der Pfanne nehmen und warm stellen. Bratensatz mit Weißwein ablöschen. Stärke mit der Sahne verrühren, zur Sauce geben und ein paar Minuten kochen lassen. Mit Salz und Pfeffer abschmecken. Ananasscheiben in mundgerechte Stücke schneiden und in der restlichen Butter erwärmen. Scampi zusammen mit der Sauce auf Tellern anrichten und mit den Ananasstücken garnieren.

Gefüllte Garnelen
(Abb.)

Zutaten

1 kleine Stange Lauch,
1 Knoblauchzehe,
1 Msp. Chinesische 5-Gewürz-Mischung,
Paprikapulver,
1 TL Zucker,
6 EL Maiskeimöl,
4 EL Essig,
6 EL Sojasauce, 350 g Sojabohnensprossen,
250 g Bambussprossen,
200 g rohe, geschälte Riesengarnelen (etwa 15 Stück),
Salz, Pfeffer,
1 Eiweiß,
2 EL Speisestärke,
1/4 Salatgurke,
1 kleine Möhre,
Öl zum Ausbacken

EW	Fett	KH	kcal/kJ
18 g	25 g	16 g	366/1532

Lauch putzen, aufschlitzen, waschen und in feine Ringe schneiden. Knoblauch schälen und zerdrücken. Lauch und Knoblauch mit 5-Gewürz-Mischung, Paprikapulver, Zucker, Maiskeimöl, Essig und 2 EL Sojasauce verrühren.

Dressing etwa 30 Minuten ziehen lassen. Inzwischen Bohnensprossen und Bambussprossen abtropfen lassen. Garnelen waschen, längs halbieren, aber nicht ganz durchtrennen. Innenseiten salzen, pfeffern und mit restlicher Sojasauce beträufeln. Eiweiß und Speisestärke verrühren, Garnelen damit bestreichen. Gurke und Möhre schälen, beides in feine Streifen schneiden und in die Garnelenritze legen. Restliche Gurken- und Möhrenstreifen unter den Salat heben. Öl erhitzen, Garnelen darin etwa 1 Minute ausbacken, herausnehmen und abkühlen lassen, nochmals ins heiße Fett geben und 1 weitere Minute ausbacken, damit sie knuspriger werden. Mit Salat servieren.

Gratinierte Jakobsmuscheln

Zutaten

8 frische Jakobsmuscheln,
4 Schalotten,
80 g Butter,
1/4 l Weißwein,
1 Lorbeerblatt,
1 Zweig Thymian,
5 Pfefferkörner,
200 g Champignons,
1 EL Mehl,
100 ml Milch,
Salz, weißer Pfeffer,
100 g Reibkäse,
20 g Paniermehl

EW	Fett	KH	kcal/kJ
20 g	26 g	34 g	425/1778

Jakobsmuscheln gründlich putzen (geöffnete wegwerfen), abwaschen und im Ofen bei 220 Grad etwa 8 Minuten garen. Dabei öffnet sich die Schale. Schalotten schälen, klein hacken, mit 1 EL Butter andünsten, mit Wein ablöschen. Mit Lorbeerblatt, Thymianzweig und Pfefferkörnern würzen.
Muschelfleisch aus den Schalen lösen, weißes Muskelfleisch und orangeroten Rogen abwaschen. Nur die untere tiefe Schale weiterverwenden.
Champignons putzen, feinblättrig schneiden. In restlicher Butter anschwitzen. Mit Mehl bestäuben, anschwitzen. Milch dazugeben, alles aufkochen. Weinsud durchsieben, hinzufügen, mit Salz und Pfeffer würzen, die Hälfte des Käses einrühren, bis er sich aufgelöst hat. Muschelfleisch in Stücke schneiden, hinzugeben, kurz ziehen lassen, auf die Muschelschalen verteilen. Restlichen Käse mit Paniermehl mischen, über die Muscheln streuen.
Jakobsmuscheln im Ofen auf der obersten Schiene bei Oberhitze oder im Grill gratinieren, bis die Oberfläche goldbraun ist.

Tip

Dazu passen Baguette und ein trockener Weißwein.

Miesmuscheln in Gemüse

Zutaten

200 g Lauch,
200 g Stangensellerie,
150 g Möhren,
1 große Zwiebel,
1 Knoblauchzehe,
2 EL Öl,
1 l Fischbrühe oder Fischfond aus dem Glas,
Salz, Pfeffer,
2–2 1/2 kg Miesmuscheln

EW	Fett	KH	kcal/kJ
22 g	8 g	7 g	201/849

Das Gemüse putzen, Lauch und Sellerie in Streifen, Möhren in Scheiben und die geschälte Zwiebel in Ringe schneiden. Den geschälten Knoblauch vierteln. Das Öl in einem großen Topf erhitzen, das Gemüse kurz waschen und tropfnaß zusammen mit den Zwiebeln und der Knoblauchzehe in Öl anschwitzen, die Brühe zugießen, mit Salz und Pfeffer würzen und 5 Minuten kochen lassen. Die Miesmuscheln säubern, bürsten und entbarten, in den Topf geben und so lange kochen, bis sie sich öffnen. Damit die Muscheln gleichmäßig gar werden, den Topf gelegentlich rütteln. Die Muscheln in der Schale servieren. Dazu passen Aioli (Knoblauchmayonnaise) und Weißbrot.

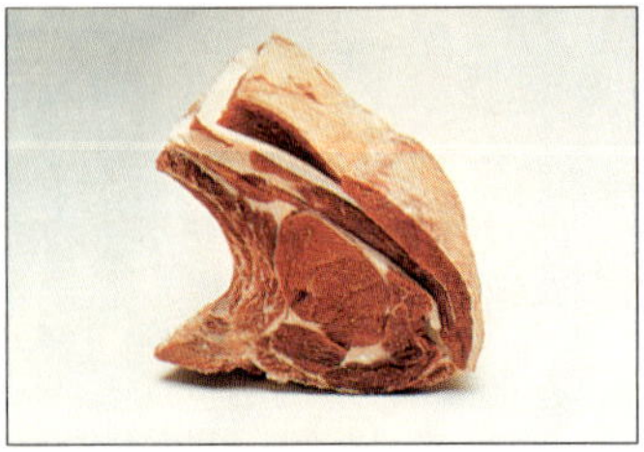

Hohe Rippe
Kochen, Braten

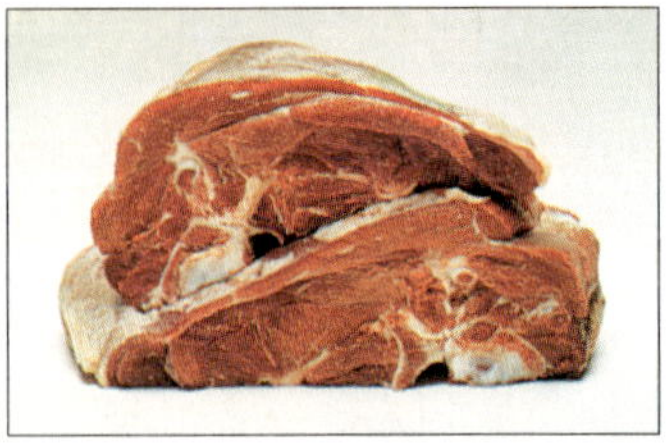

Nacken
Kochen, Schmoren

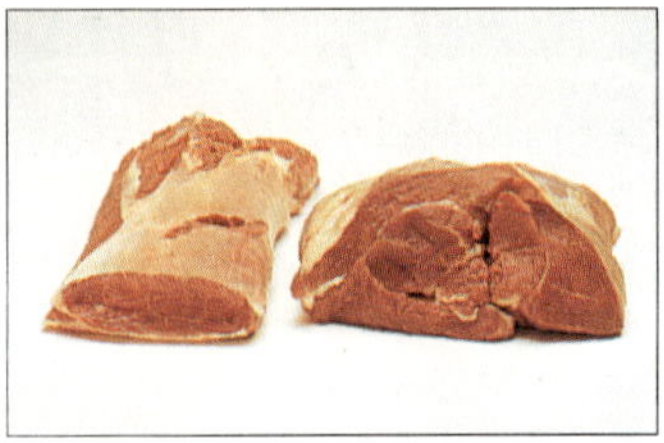

Schulter
Schmoren, Braten

Brust
Garziehen, Kochen

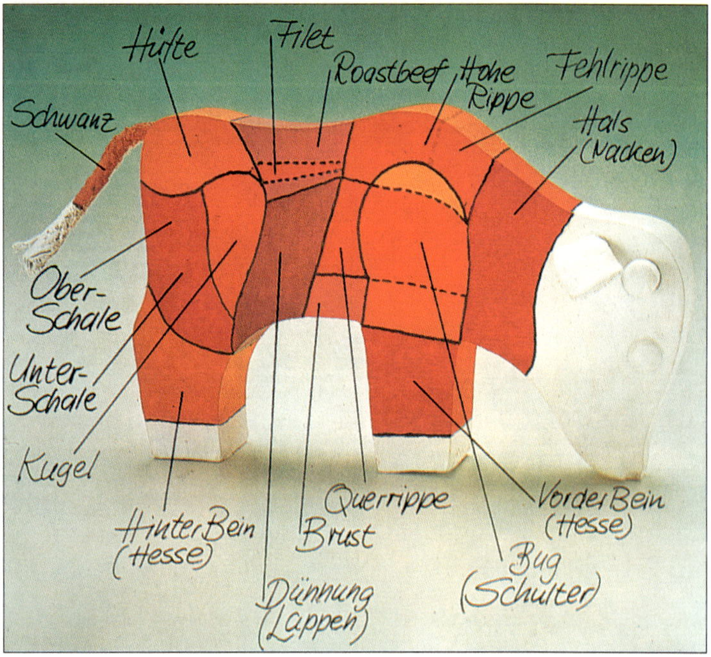

Unterschale
Schmoren, Braten

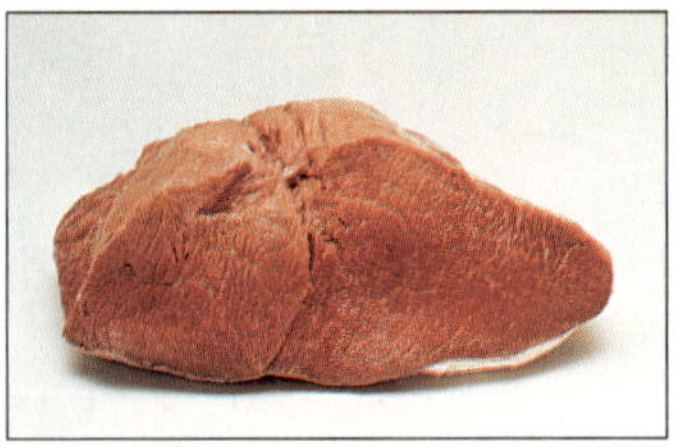

Oberschale
Dünsten, Schmoren, Braten

Hüfte
Schmoren, Braten, Grillen

Roastbeef
Braten, Kurzbraten

Filet
Garziehen, Schmoren, Kurzbraten, Braten, Grillen

Der Vorfahr unseres heutigen Rindes war der Auerochse, der bereits ca. 6000 Jahre v. Chr. in Griechenland und Anatolien als Haustier gehalten wurde. Aus dieser Urform entwickelten sich durch Züchtung unsere heutigen Rinderrassen. Rindfleisch galt schon immer als eine besondere Fleischspezialität. So servierten die Römer und Griechen ihre Rindfleischgerichte immer mit einer Unmenge von Gewürzen, die damals als Zeichen von Reichtum galten. Heute würzt man zurückhaltender und läßt den Fleischgeschmack besser zur Wirkung kommen.
Als das Land der Rindfleischesser kann mittlerweile Amerika gelten. Schon Mitte des 19. Jahrhunderts wurden in den amerikanischen Poststationen, den Porterhouses, den Gästen Steaks serviert. Der Name Porterhouse-Steak hat sich bis heute für eine bestimmte Schnittform für Rindersteaks erhalten.

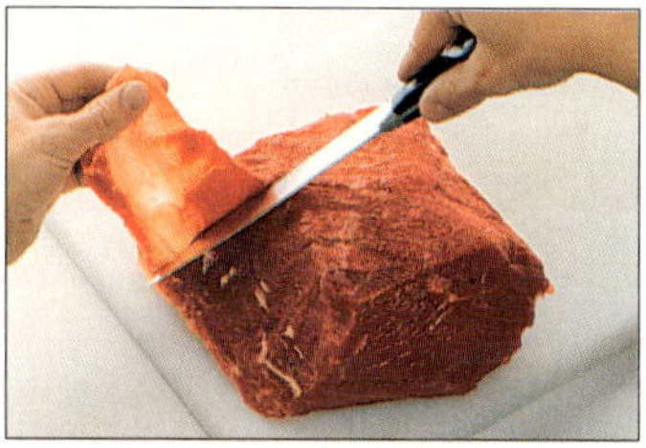

Vor dem Garen werden Knochensplitter, dicke Sehnen und Knorpel entfernt.

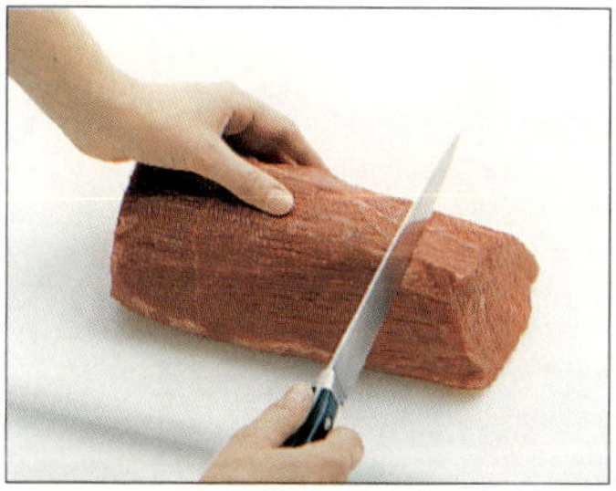

Man schneidet Fleisch immer quer zum Verlauf der Muskelfasern, dann wird es zarter.

Bei Steaks schneidet man den Fettrand vor dem Garen mehrfach ein, damit sich das Fleisch beim Braten nicht nach oben wölbt.

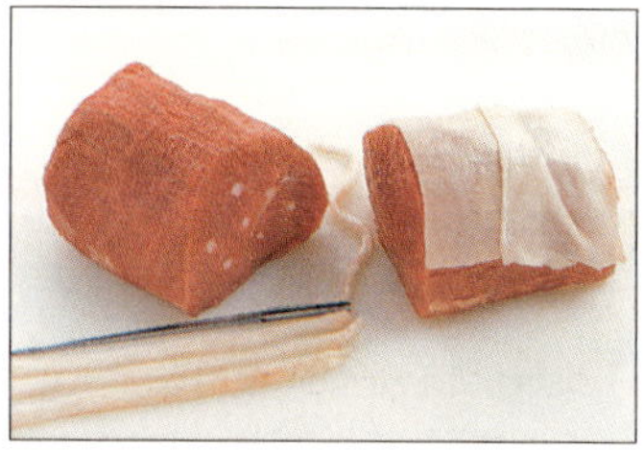

Sehr mageres Fleisch zum Braten wird mit Speck umwickelt oder mit Speckstreifen gespickt.

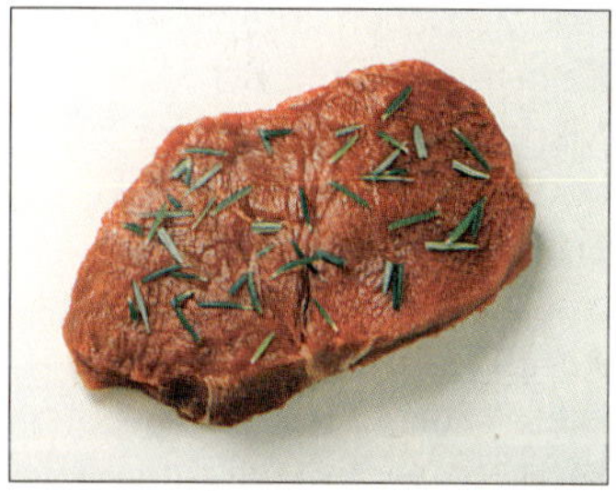

Würzen immer vor dem Braten oder Schmoren. Große Braten vor dem Anbraten, Kurzbratstücke, Leber und Geschnetzeltes nach dem Garen salzen.

Auch durch Marinieren, d. h. Einlegen in eine Würzsauce, wird Fleisch zarter.

Fleischkategorien

Rindfleisch wird nach Geschlecht und Alter in verschiedene Kategorien eingeteilt:

Jungrindfleisch
Es stammt von nicht ausgewachsenen Rindern mit einem Schlachtgewicht von unter 250 kg. Das Fleisch ist von ausgezeichneter Qualität, feinfaserig und sehr zart. Farblich und geschmacklich bildet es eine Zwischenstufe zwischen Kalb- und Rindfleisch. Der Marktanteil liegt unter 1 %, und es wird meist direkt vom Erzeuger verkauft.

Jungbullenfleisch
Dieses Fleisch hat den größten Marktanteil. Es stammt von männlichen, nicht kastrierten Tieren aus Masthaltung. Das Schlachtalter liegt zwischen 16 und 22 Monaten. Das Fleisch ist relativ grobfaserig bei einem niedrigen Fettgehalt.

Färsenfleisch
Stammt von weiblichen Tieren mit einem Schlachtalter von 20–30 Monaten.
Ebenso wie das

Ochsenfleisch,
das von männlichen, kastrierten Tieren stammt, hat es im Vergleich zu Jungbullenfleisch ein fettreicheres Fleisch. Das Fleisch ist durch die stärkere Fettmarmorierung feinfaseri

Abb. 1
„Englisch": Es treten rote Safttropfen aus.

Abb. 2
„Medium": Ein hellrosa Saft tritt aus.

Abb. 3
„Well-done": Das Fleisch gibt bei der Gabelprobe kaum nach.

ger und wird dadurch beim Zubereiten zarter und geschmackvoller. Da die Nachfrage nach Ochsenfleisch ständig gestiegen ist, wird ein Großteil davon meist aus Irland, Frankreich und Argentinien importiert.

Kuhfleisch
Das Fleisch von älteren Tieren eignet sich nur noch bedingt zum Frischverzehr. Es wird meist weiterverarbeitet.

Garprobe

Mit der Gabel einfach auf das Fleisch drücken: Fühlt sich das Fleisch noch weich an, ist es innen noch rot (= englisch gebraten), rote Safttropfen treten aus (Abb. 1).
Gibt das Fleisch federnd nach, ist es innen noch rosa, der austretende Saft ist hellrosa (= medium) (Abb. 2).
Wenn das Fleisch sich fest anfühlt und kaum nachgibt, ist es ganz diurchgebraten (= well-done) (Abb. 3).

Qualitätsmerkmale

Frisches Fleisch fühlt sich fest an und hat ein glänzendes Aussehen. Fingereindrücke sollten stets für eine Weile sichtbar bleiben. Wirkt das Fleisch schmierig und welk, und macht sich ein aufdringlicher Geruch bemerkbar, sollte es nicht mehr verzehrt werden.

GRUNDREZEPT

Rinderbraten

Zutaten

750 g Rindfleisch (aus dem Schlegel),
30 g Speck zum Spicken (nach Belieben),
Salz, 40 g Fett,
1 Zwiebel,
1 Bd. Suppengrün,
20 g Brotrinde,
3/4 l Fleischbrühe (Rezept S. 40 oder Instant),
4 EL saure Sahne,
1 EL Mehl

EW	Fett	KH	kcal/kJ
41 g	27 g	7 g	460/1927

Fleisch waschen, trockentupfen, nach Belieben spicken und salzen. Fett in einem Bräter erhitzen, Fleisch darin auf allen Seiten anbraten. Zwiebel schälen, in Würfel schneiden, Suppengrün waschen, putzen und ebenfalls in Würfel schneiden. Brotrinde in grobe Stücke zerteilen, Zwiebel, Suppengrün und Brotrinde zum Braten geben, anbräunen. Bräter in den gut vorgeheizten Backofen geben und offen braten. Zwischendurch mehrmals mit Bratensaft begießen. Heiße Fleischbrühe nach und nach seitlich aufgießen, 2 Stunden garen. Kurz vor dem Ende der Garzeit den Braten mit der Hälfte der sauren Sahne bestreichen und anbräunen lassen. Restliche Sahne mit Mehl verquirlen, Sauce damit binden, durch ein Sieb streichen und abschmecken. Fleisch in Scheiben schneiden und Sauce dazu reichen.

Rouladen mit Spinat und Schafkäse

Zutaten

4 Rinderrouladen,
Salz, Pfeffer,
4 TL Senf,
1 TL Senfkörner,
150 g Blattspinat,
1 Zwiebel,
1 kleine rote Paprikaschote,
75 g Schafkäse,
frische Majoranblätter,
6 EL Öl,
1/4 l Brühe,
1/4 l Rotwein,
1/2 Becher Créme fraîche,
1 Prise Zucker

EW	Fett	KH	kcal/kJ
47 g	46 g	5 g	680/2845

Rouladen mit Salz und Pfeffer würzen. Mit je einem TL Senf bestreichen. Senfkörner darüberstreuen. Spinat putzen, waschen, abtropfen lassen und etwas zerkleinern. Zwiebel schälen, halbieren und in Scheiben schneiden. Paprikaschote säubern und in Streifen schneiden. Schafkäse zerbröseln. Die Rouladen gleichmäßig mit allen Zutaten und den Majoranblättern belegen.
Beim Aufrollen die Seiten einschlagen und mit einem Holzspießchen oder einer Rouladennadel zustecken. Die Rouladen in heißem Öl von allen Seiten bräunen.
Kochende Brühe angießen und nach und nach Rotwein einrühren. Bei milder Hitze etwa 1 1/2 Stunden schmoren.
Zuletzt mit Crème fraîche und Zucker abschmecken.

Tip

Mit Erbsenpüree oder Speckkartoffelbrei, gemischtem Gemüse und einem vollmundigen Rotwein servieren.

Geschmorter Ochsenschwanz

Zutaten

1 kg Ochsenschwanz,
Salz,
1 Bd. Suppengrün,
1 Zwiebel,
2 Wacholderbeeren,
1 Lorbeerblatt,
1 EL Fett, 1 EL Mehl,
1 EL Zucker,
1/8 l Rotwein,
1/8 Sahne

EW	Fett	KH	kcal/kJ
52 g	41 g	7 g	623/2607

Ochsenschwanz vom Metzger schon in Stücke hacken lassen und in ca. 2 l Wasser etwa

2-3 Stunden garen. Suppengrün und Zwiebel grob zerkleinern und zusammen mit Wacholderbeeren und Lorbeerblatt zum Fleisch geben. Kurz vor Ende der Garzeit aus Fett und Mehl eine dunkle Einbrenne (S. 71) zubereiten.
Zucker in Fett hellgelb bräunen, mit Mehl bestäuben, rösten und mit der passierten Ochsenschwanzsuppe ablöschen (nicht mehr als einen 1/2 l verwenden, da die Sauce sonst zu wäßrig wird). Rotwein zur geschmacklichen Verbesserung zugießen. Das Fleisch von den Knochen lösen, gleichmäßig schneiden und mit der passierten, mit Sahne verfeinerten Sauce servieren.

Rindfleisch in Essig und Öl

Zutaten

500 g gekochtes Rindfleisch,
1/2 l Fleischbrühe,
4 EL Essig, 4 EL Öl,
1-2 Zwiebeln,
1 Essiggurke,
Petersilie oder Schnittlauch

EW	Fett	KH	kcal/kJ
25 g	28 g	2 g	359/1500

Rindfleisch in Scheiben oder Streifen schneiden, auf 4 Teller verteilen. Aus Brühe, Essig, Öl, Zwiebelringen und Gurkenstreifen eine Marinade fertigen und darüber gießen. Abschließend mit gehackter Petersilie oder Schnittlauch bestreuen.

Roastbeef

Zutaten

1 kg Roastbeef,
Salz,
Pfeffer,
Öl zum Braten und für das Blech

EW	Fett	KH	kcal/kJ
50 g	34 g	0 g	540/2259

Sehnen vom Roastbeef entfernen und Fleisch mit Salz und Pfeffer einreiben. In heißem Öl rundherum anbraten. Auf ein gefettetes Blech legen und im vorgeheizten Ofen bei 150 Grad etwa 25 Minuten braten. Es soll innen noch rosa und saftig sein.

Roastbeef mit Frankfurter Grüner Sauce

Zutaten

4 Eier, 1 Eigelb,
2 Becher saure Sahne (je 150 g),
3 EL Öl,
Saft von 1/2 Zitrone,
2 EL Essig,
1 EL Senf, Salz,
150 g gemischte gehackte Kräuter (z. B. Petersilie, Sauerampfer, Borretsch, Brunnenkresse, Kerbel),
1 fertig gebratenes Roastbeef

EW	Fett	KH	kcal/kJ
62 g	57 g	6 g	831/3474

Die hartgekochten Eier pellen und fein hacken. Eigelb und saure Sahne gut verrühren. Öl tropfenweise dazugeben, mit Zitronensaft, Essig, Senf und Salz abschmecken. Die gewaschenen Kräuter fein hacken und in die Sauce rühren. Gehackte Eier unterheben. Roastbeef in Scheiben schneiden und mit der Sauce servieren.

Böfflamott
(Boeuf a la mode)

Zutaten

1/4 l Essig,
100 ml Rotwein,
Petersilie, 1 Möhre,
1 Zwiebel,
5 Pfefferkörner,
3 Nelken,
3 Lorbeerblätter,
5 Wacholderbeeren,
700 g Rindfleisch (Bug oder Rose), 1 TL Zucker,
50 g Butter, 60 g Mehl

EW	Fett	KH	kcal/kJ
37 g	21 g	14 g	443/1854

1 l kaltes Wasser mit den Beizezutaten mischen, Fleisch einlegen und 3–4 Tage ziehen lassen; dann etwa 1 1/2 Stunden bei milder Hitze weich-

kochen. In einem Topf Zucker in heißer Butter hell bräunen, Mehl zugeben und goldbraun rösten. Mit einem Teil Beize ablöschen, gut durchkochen lassen, durch ein Sieb passieren und abschmecken. Fleisch in Scheiben schneiden, mit Sauce übergießen.

Gekochtes Rindfleisch

Zutaten
1 kg Tafelspitz,
einige Suppenknochen,
Salz, 1 Zwiebel,
1 Bd. Suppengrün,
einige Petersilienzweige

EW	Fett	KH	kcal/kJ
52 g	4 g	0 g	260/1100

Tafelspitz und die Knochen waschen und in einen Topf legen. Mit etwa 2 l Wasser aufgießen, salzen und zum Kochen aufstellen. Zwiebel halbieren, Schnittflächen bräunen und in die Suppe legen. Suppengrün und Petersilienstengel waschen, grob zerschneiden und in den Topf geben. Fleisch bei milder Hitze in etwa 2 Stunden gar kochen; in Scheiben schneiden. Etwas Suppe passieren und zum Fleisch servieren.

Tip
Dazu passen Kartoffeln, Meerrettichsahne und Rahmgemüse.

Steaks mit pikanten Aprikosenstücken
(Abb.)

Zutaten
4 Knoblauchzehen,
1/8 l Öl,
je 1 EL rote und grüne Pfefferkörner,
1 Msp. Cayennepfeffer,
2 TL Curry,
4 Entrecôtes (je 600 g),
400 g Aprikosen,
2 Lauchzwiebeln,
2 EL Butter,
70 ml Gemüsebrühe,
Salz, Zucker

EW	Fett	KH	kcal/kJ
111 g	52 g	12 g	1025/4286

Knoblauchzehen schälen und in dünne Scheiben schneiden; mit Öl, Pfefferkörnern, Cayennepfeffer und Curry mischen, in eine große Schale geben, Fleisch hineinlegen und zugedeckt 1 Stunde marinieren lassen, dabei ab und zu wenden.
Inzwischen Aprikosen waschen, vierteln und entkernen. Lauchzwiebeln putzen, waschen und in feine Ringe schneiden. Butter mit 3 EL Marinade erhitzen und kurz abgetropfte Steaks von jeder Seite etwa 10 Minuten braten, aus der Pfanne nehmen und warm stellen. Aprikosenspalten und Lauchringe in der Pfanne kurz durchschwenken. Mit

KOCHEN

Gemüsebrühe ablöschen und etwa 5 Minuten bei mittlerer Hitze schmoren. Mit Pfefferkörnern und Knoblauchscheiben aus der Marinade würzen und mit Cayennepfeffer, Curry, Salz und Zucker pikant abschmecken. Aprikosenstücke heiß zu Steaks servieren.

Tip
Nach Wunsch Kroketten oder Reis dazu servieren.

Roastbeef mit Kräutersauce
(Abb.)

Zutaten
600 g junge Möhren,
Salz,
1 kg Kartoffeln,
4 EL Öl, Pfeffer,
je 4 TL frischer Schnittlauch, Dill, Petersilie, Estragon, Pimpinelle, Zitronenmelisse und Borretsch (feingewiegt),
4 EL Zitronensaft,
700 g Sahnedickmilch,
4 hartgekochte Eier,
500 g rosagebratenes Roastbeef (warm oder kalt)

EW	Fett	KH	kcal/kJ
47 g	47 g	59 g	855/3577

Möhren waschen, schälen, halbieren, in kochendem Salzwasser garen. Kartoffeln schälen und fein hobeln. Öl in einer beschichteten Pfanne erhitzen, Kartoffelscheiben darin verteilen.
Mit Pfeffer und Salz würzen, kroß braten, wenden und fertig braten.
Kräuter waschen, trockentupfen und fein wiegen, mit Zitronensaft unter die Sahnedickmilch mischen. Eier schälen, fein würfeln und unterheben. Sauce würzen.
Roastbeef in Scheiben schneiden und mit etwas Sauce auf 4 Tellern anrichten. Möhren und Bratkartoffeln dazu servieren.

Gulasch

Zutaten
1 kg Rindfleisch (Wade, Bug) ohne Knochen,
750 g Zwiebeln,
2 Knoblauchzehen,
50 g Butterschmalz,
Salz,
Pfeffer,
Paprikapulver (edelsüß und rosenscharf),
1 TL Mehl,
1/2 l Brühe,
Wein,
1 EL Kümmel,
geriebene Zitronenschale,
1 EL gerebelter Majoran,
Salz,
saure Sahne nach Belieben

EW	Fett	KH	kcal/kJ
53 g	28 g	17 g	589/2473

Fleisch in etwa 2 x 2 cm große Würfel schneiden. Zwiebeln schälen, halbieren und in Streifen schneiden.
Knoblauchzehen schälen und durch die Presse drücken.
In einem größeren breiten Topf Butterschmalz erhitzen. Fleischwürfel salzen, pfeffern und im Fett rundherum anbraten; herausnehmen. Im Bratensatz zusätzlich Fett und Zwiebelstreifen einlegen und etwa 15 Minuten andünsten. Eventuell mit etwas Wasser ablöschen. Fleischwürfel einlegen, mit Paprikapulver und Mehl bestäuben. Unter ständigem Rühren leicht bräunen und mit Flüssigkeit aufgießen. Gewürze einrühren. Hitze zurückdrehen und das Gulasch zugedeckt in etwa 1 1/4 Stunden fertig schmoren. Nochmals abschmecken und nach Belieben mit saurer Sahne verfeinern.

Variante 1: Szegediner Gulasch: Es werden 2 EL Tomatenmark mitgebräunt und nach dem Aufgießen etwa 300–500 g Sauerkraut beigemischt.
Variante 2: Kartoffelgulasch: Nach der Hälfte der Kochzeit werden die Kartoffeln in Gulaschgröße untergemischt.
Variante 3: Paprikagulasch: Die Aufteilung ist: 2 Teile Fleisch, 1 Teil Zwiebeln, 1 Teil Paprikastreifen. Etwas feuriger würzen (z. B. mit Paprika und Knoblauch).
Variante 4: Filetgulasch: Schweine- oder Rinderfilet oder beide Fleischsorten zusammen mit Zwiebeln schmoren. Die Garzeit beträgt aufgrund des zarten Fleisches nur knapp 30 Minuten.

Sauerbraten

Zutaten
1/2 l Weinessig,
2 Bd. Suppengrün,
3 Nelken,
3 Lorbeerblätter,
5 Wacholderbeeren,
2 Zwiebeln,
1 Prise Rosmarin,
1 Prise Thymian,
Salz,
Pfeffer,
1 kg Rindfleisch,
Fett für die Form,
150 g Speck,
250 g saure Sahne oder Crème fraîche

EW	Fett	KH	kcal/kJ
54 g	39 g	8 g	656/2746

1/2 l Wasser mit den Beizezutaten aufkochen, von Sehnen befreites Fleisch damit übergießen und 4 Tage zugedeckt ruhen lassen. Nach dem Marinieren gut abtrocknen, in eine gefettete Bratraine legen und mit in Streifen geschnittenem Speck bei 250 Grad 2 Stunden braten. Zuckereinbrenne herstellen (S. 72). Mit der Hälfte der Beize aufgießen, Beizegemüse dabei mitrösten. Fertiges Fleisch in Scheiben schneiden, warm stellen. Sauce durch ein Sieb streichen, mit saurer Sahne oder Crème fraîche dicklich einkochen. Abschmecken und über die Fleischscheiben gießen.

Steaks mit pikanter Erdbeersauce
(Abb.)

Zutaten
2 Bd. Frühlingszwiebeln,
150 g Erdbeeren,
2 EL Butter,
4 Steaks (je 150 g),
grober Pfeffer,
2 EL Öl, 4 EL Obstessig,
2 EL Zucker,
150 g Crème fraîche,
1 EL grüner Pfeffer,
Salz

EW	Fett	KH	kcal/kJ
28 g	56 g	14 g	706/2961

Frühlingszwiebeln und Erdbeeren waschen und putzen, Frühlingszwiebeln halbieren und

KOCHEN

Erdbeeren in Scheiben schneiden. 1 EL Butter erhitzen und Frühlingszwiebeln darin etwa 5 Minuten schmoren. Steaks von beiden Seiten mit Pfeffer würzen. Restliche Butter und Öl in einer Pfanne erhitzen und Steaks darin von beiden Seiten kurz scharf anbraten. Hitze reduzieren und von jeder Seite 3 Minuten weitergaren. Herausnehmen, in Alufolie wickeln und warm stellen. Bratfond mit Essig ablöschen, Zucker dazugeben und unter Rühren etwas karamelisieren lassen. Crème fraîche unterziehen, Erdbeerscheiben und grünen Pfeffer dazugeben. Mit Salz und Pfeffer abschmecken und kurz aufkochen lassen.
Die Steaks mit Sauce und Frühlingszwiebeln auf Tellern anrichten.

Tip
Dazu schmecken gebratene Kartoffelstäbchen.

Roastbeef mit Kräuterkruste

Zutaten
1 kg Roastbeef,
Salz, Pfeffer,
1 Knoblauchzehe,
150 g Frischkäse Kräuter der Provençe,
5 EL gehackte gemischte Kräuter,
2 Scheiben Toast,
1 hartgekochtes Eigelb,
500 g lange Möhren,
2–3 Lauchblätter,
20 g Butter, 1/4 l Brühe,
1/2 TL Zucker

EW	Fett	KH	kcal/kJ
58 g	55 g	16 g	848/3541

Fleisch trockentupfen, von Fett und Sehnen befreien, salzen und pfeffern. Knoblauchzehe schälen, fein hacken, mit Frischkäse und Kräutern verrühren. Toast entrinden und klein würfeln. Eigelb fein hacken. Beides unterrühren. Roastbeef mit Käse-Kräuter-Masse bestreichen, auf ein Backblech legen und im vorgeheizten Ofen bei 200 Grad etwa 35 Minuten braten.
10 Minuten im ausgeschalteten Ofen ruhen lassen.
Inzwischen Möhren putzen, waschen und in etwa 10 cm lange und 1/2 cm breite Stifte schneiden. Lauchblätter waschen, in 8 lange Streifen schneiden und kurz blanchieren. Möhren in 8 Portionen teilen und jeweils mit 1 Lauchstreifen zu kleinen Bündeln zusammenfassen. Butter mit Brühe und Zucker aufkochen, Möhrenbündel einlegen und solange bei starker Hitze garen, bis alle Flüssigkeit verdampft ist.
Fleisch in Scheiben schneiden, mit Möhrenbündeln servieren.

Tip
Dazu schmecken kleine Röstkartoffeln.

Fleischeintopf
(Pot-au-feu)
(für 6 Personen)

Zutaten
2 kg Rindfleisch (Schulter, Keule, Nacken),
1 klein gehackter Ochsenschwanz,
Salz,
1 Bouquet garni (bestehend aus 1 Thymianzweig, einigen Petersilienzweigen, etwas Bleichsellerie und 1 Lorbeerblatt),
1 Zwiebel,
2 Möhren,
2 weiße Rübchen,
2 Stangen Lauch,
6 schöne Kartoffeln,
6 Scheiben geröstetes Weißbrot

EW	Fett	KH	kcal/kJ
62 g	69 g	34 g	1074/4494

Das küchenfertige Fleisch zusammen mit dem Ochsenschwanz in einen größeren Suppentopf legen. Mit etwa 3 l kalten Wasser auffüllen; salzen. Bouquet garni einlegen. Das Ganze zum Kochen bringen. Öfter den an der Oberfläche sich bildenden Schaum entfernen. Die Zwiebel halbieren, die Schnittflächen auf einer Herdplatte bräunen und zum Fleisch geben. Möhren und weiße Rüben schälen, in mundgerechte Stücke schneiden und ebenfalls dem Eintopf hinzufügen. Den Lauch säubern, quer in etwa 2 cm große Stücke schneiden, auch beigeben. Die Kochzeit beträgt etwa 3–4 Stunden, je nach Intensität des langsamen Köchelns. Die Kartoffeln schälen und erst in den letzten 30 Minuten hinzusetzen. Das fertige Fleisch und den Ochsenschwanz auf einer Fleischplatte anrichten. Das Gemüse ringsherum plazieren und mit Brühe übergießen. Für 6 Personen vorgewärmte tiefe Teller mit je 1 gerösteten Weißbrotscheibe bereitstellen. Dieser Eintopf kann je nach Jahreszeit mit anderem frischen Gemüse zubereitet werden.

Gebratenes Rindfleisch mit Erdnußsauce

Zutaten

450 g Rindfleisch (Lende), 1 Zwiebel,
1 EL gehackter Schnittlauch
Für die Marinade:
Öl zum Braten,
2 EL helle Sojasauce,
1 EL Reiswein,
Pfeffer,
2 TL Maisstärke,
Glutamat,
Fleischzartmacher
Für die Sauce:
2 EL dunkle Sojasauce,
1–2 EL Erdnußsauce,
1/2 TL Essig,
1/2 TL Zucker

EW	Fett	KH	kcal/kJ
25 g	34 g	5 g	424/1775

Rindfleisch in dünne, etwa 5 x 5 cm breite Scheiben schneiden. Mit Marinadenzutaten vermengen, etwa 30 Minuten ruhen lassen. Zwiebel vierteln, auseinandernehmen. Saucenzutaten mit 1/4 l Wasser verrühren, beiseite stellen. Vor dem Braten 2 EL Öl mit dem Fleisch vermischen. Reichlich Öl erhitzen, Fleisch darin anbraten. Wenn es hell wird, herausnehmen, abtropfen lassen. 2 EL Öl erhitzen, Zwiebel anbraten, Rindfleisch zufügen, weiterbraten. Saucenmischung zugießen, kurz aufkochen, Schnittlauch darüberstreuen.

Fenchelsteak

Zutaten

2 Fenchelknollen,
1/8 l Weißwein,
Salz,
weißer Pfeffer,
1 Prise Salbei,
1 EL Zitronensaft,
4 Filetsteaks (je 150 g),
Pfeffer,
4 EL Öl,
4 Scheiben Toastbrot,
20 g Butter,
1 große Tomate,
1/2 Kästchen Kresse

EW	Fett	KH	kcal/kJ
34 g	38 g	23 g	604/2527

Fenchelknollen putzen, waschen, halbieren.
Weißwein und 1/8 l Wasser zum Kochen bringen, salzen, Fenchelknollen hineingeben. Gewürze einstreuen, Zitronensaft zugeben.
25 Minuten zugedeckt kochen. 10 Minuten vor Ende der Garzeit die Filetsteaks zubereiten. Mit Haushaltspapier trockentupfen, salzen und pfeffern. In heißem Öl auf beiden Seiten je 1/2 Minute anbraten, dann auf jeder Seite noch 3–4 Minuten braten.
Brot toasten, buttern, die Steaks darauf verteilen. Mit abgetropften Fenchelhälften belegen.
Mit geviertelten Tomaten und gewaschener, trockengetupfter Kresse garnieren.

Rumpsteak mit Tomatensauce

Zutaten

5 EL Olivenöl,
3 feingehackte Zwiebeln,
2–3 feingehackte Knoblauchzehen,
1 Dose italienische Tomaten,
150 g Tomatenmark,
1 EL Oregano (frisch oder getrocknet),

1/2 Sträußchen frisches Basilikum (feingehackt, ersatzweise 1 TL getrocknetes Basilikum),
1 Lorbeerblatt,
1/2 TL Zucker,
Salz,
Pfeffer,
4 Rumpsteaks

EW	Fett	KH	kcal/kJ
59 g	26 g	19 g	572/2392

Olivenöl in einem großen Topf erhitzen, Zwiebeln darin glasig dünsten. Knoblauch hinzufügen, unter Rühren noch 2 Minuten weiterdünsten. Dosentomaten in ihrem Saft mit einer Gabel grob zerdrücken, mit Tomatenmark, Kräutern und allen Gewürzen in den Topf geben. Zucker hinzufügen. Aufkochen und offen etwa 1 Stunde lang einkochen lassen. Nochmals mit Salz und Pfeffer abschmecken, Lorbeerblatt entfernen. Diese Sauce wird zu Fleisch und auf Pizzas verwendet. Zu Nudelgerichten (z. B. Spaghetti al pomodoro) sollte man sie noch durch ein Sieb passieren. Rumpsteaks salzen und pfeffern, in heißem Olivenöl scharf anbraten und auf kleinerer Flamme fertig braten. Jedes Steak mit viel Sauce bedeckt servieren.

Rinderschmorbraten mit fruchtiger Biersauce
(Abb.)

Zutaten
1 3/4 kg Schmorbraten,
Salz, 4 EL Öl,
1/8 l dunkles Bier,
250 g Zwiebeln,
1 TL Zucker, 1/4 l Brühe,
750 g Möhren,
150 g weiche Backpflaumen (ohne Stein),
grober Pfeffer

EW	Fett	KH	kcal/kJ
82 g	81 g	39 g	1306/5474

Fleisch mit Salz einreiben.
Öl erhitzen und Fleisch darin rundherum kräftig anbraten. Mit Bier nach und nach ablöschen, Flüssigkeit dabei jedesmal vollständig einkochen lassen. Zwiebeln schälen, vierteln, mit Zucker dazugeben und anschmoren.
Mit Brühe aufgießen und zugedeckt etwa 2 Stunden schmoren. Möhren schälen, in Scheiben schneiden und mit den Backpflaumen nach etwa 1 1/2 Stunden Garzeit zum Braten geben.
Alles kräftig mit Pfeffer würzen. Braten aufschneiden und mit Sauce auf einer großen Platte anrichten.
Mit Kräutern garniert servieren.

Ochsenfleisch in saurem Wurzelsud

Zutaten

1 kg Ochsenbrust,
einige Suppenknochen,
1 große Zwiebel,
1 Bd. Suppengrün,
einige Petersilienstengel,
1 Lorbeerblatt,
einige Pfefferkörner,
Salz,
1 Stange Lauch,
1 Möhre,
1/2 Bd. Schnittlauch,
1 EL Essig,
2 cm frische Meerrettichwurzel

EW	Fett	KH	kcal/kJ
40 g	50 g	4 g	674/2814

Ochsenbrust und Knochen unter fließend kaltem Wasser waschen. In einem Topf mit etwa 2 1/2 l kaltem Wasser aufgießen. Zwiebel ungeschält halbieren und mit den Schnittflächen auf einer heißen Herdplatte bräunen.
Suppengrün und Petersilienstengel säubern und kleinschneiden. Zwiebeln, Gemüse, Lorbeerblatt, Pfefferkörner und eine kräftige Prise Salz unter das Fleisch mengen. Ochsenbrust bei mittlerer Hitze etwa 1 1/2 Stunden leise köcheln lassen. Zwischendurch die Oberfläche der Suppe ein paarmal abschäumen.
Lauchstange der Länge nach halbieren, zwischen den Blattschichten waschen und quer in dünne Streifen schneiden. Möhre schälen, in längliche dünne Scheiben und quer in Stifte schneiden. Schnittlauch säubern und in Röllchen schneiden.
Fleisch aus der Suppe nehmen und in Alufolie wickeln. Suppe durch ein Sieb passieren und 1/2 l davon erneut zum Kochen aufstellen. Brühe mit etwas Essig leicht säuern, Gemüsestreifen und Schnittlauch einrühren.
Fleisch aufschneiden und auf vorgewärmte Teller verteilen. Die Gemüsestreifen auf das Fleisch legen und jeweils mit einem Schöpfer Brühe überziehen. Meerrettichwurzel schälen und über das Fleisch schaben.

Rindergeschnetzeltes mit Knoblauch und Pfeffer

Zutaten

2 Tassen thailändischer Duftreis (oder andere Sorte nach Wahl),
600 g Rinderfilet,
4 EL Öl,
5 Knoblauchzehen,
gut 20 schwarze Pfefferkörner

EW	Fett	KH	kcal/kJ
33 g	17 g	61 g	543/2285

Reis aufsetzen und wie gewohnt kochen.
Rinderfilet in mundgerechte Stückchen schneiden, Öl im Wok oder in einer tiefen Pfanne erhitzen. Knoblauchzehen schälen, mit Pfefferkörnern im Mörser zerstampfen. In das heiße Öl geben und warten, bis der Knoblauch eine goldgelbe Farbe angenommen hat.
Rinderfilet dazugeben und bei hoher Temperatur unter ständigem Wenden etwa 5 Minuten braten, bis das Fleisch etwas Sauce zieht und gleichzeitig kunsprig braun ist.
Mit Reis servieren.

Rinderrouladen
(Abb. 1–3)

Zutaten

125 ml Crème fraîche,
2 EL Ketchup,
1 EL scharfer Senf,
1 TL Worcestersauce,
4 Rouladenscheiben,
Salz, Pfeffer,
Paprikapulver,
2 Zwiebeln,
80 g fetter Speck,
4 Cornichons,
Butterschmalz ,
1/2 l Fleischbrühe

EW	Fett	KH	kcal/kJ
28 g	38 g	7 g	507/2128

Aus Crème fraîche, Ketchup, extra scharfem Senf und Worcestersauce eine Paste herstellen. Mit einem Eßlöffel auf 4 flachgeklopfte, mit Salz, Pfeffer und Paprikapulver gewürzte Rouladenscheiben streichen. Paste einziehen lassen.
Zwiebeln, Speck und Cornichons, jeweils feingewürfelt, auf den gewürzten Rouladenscheiben verteilen. Rouladenscheiben aufrollen und die Rouladen wahlweise mit Rouladennadeln oder -klammern, Holzspießen oder Küchengarn befestigen bzw. zusammenbinden. Die pikanten Rinderrouladen in erhitztem Butterschmalz rundherum anbraten, mit knapp 1/2 l Fleischbrühe aufgießen und zugedeckt etwa 1 1/2 Stunden schmoren lassen.

Abb. 1

Abb. 2

Abb. 3

Entrecôte

Zutaten

1 kleine Zwiebel,
1 Möhre,
1 Stück Sellerie,
1/2 Stange Lauch,
Butter,
1 EL gehackte Petersilie,
1/8 l Weißwein,
1/8 l Fleischbrühe,
1 EL Weinessig,
1 kleines Lorbeerblatt,
1 Msp. zerriebener Thymian,
1/2 Päckchen braune Sauce (Fertigprodukt),
1 TL grüner Pfeffer,
4 Entrecôtes (je 200 g),
2 EL Öl,
Salz,
Pfeffer

EW	Fett	KH	kcal/kJ
35 g	47 g	5 g	638/2667

Zwiebel, Möhre und Sellerie schälen und fein hacken. Lauch putzen und das Weiße in Ringe schneiden. 40 g Butter erhitzen und Gemüse und Petersilie darin 5 Minuten anbraten. Mit Wein, Fleischbrühe und Essig ablöschen. Lorbeerblatt und Thymian zugeben und bei geöffnetem Topf etwa 30 Minuten einkochen lassen.
In einem zweiten Topf braune Sauce mit 1/8 l Wasser anrühren, gekochtes Gemüse und Pfefferkörner zugeben; 10 Minuten bei schwacher Hitze kochen lassen.

Inzwischen Entrecôtes etwas flachdrücken. Sehne am oberen Rand einschneiden. Mit Öl von beiden Seiten einstreichen und auf dem heißen Rost von jeder Seite 5 Minuten grillen. Auf eine vorgewärmte Platte legen, salzen und pfeffern.
1 EL Butter unter die Sauce ziehen und über die Entrecôtes verteilen.

Filetsteak mit Peperoni

Zutaten
1 grüne Paprikaschote,
2 Peperoni,
1 Gewürzgurke,
20 g Butter,
4 EL Tomatenketchup,
1/4 l heiße Fleischbrühe (Instant),
Salz,
schwarzer Pfeffer,
Paprika (edelsüß),
Cayennepfeffer,
4 Filetsteaks (je 180 g),
4 EL Öl,
1 Bd. Petersilie,
1 Tomate

EW	Fett	KH	kcal/kJ
36 g	40 g	7 g	548/2292

Paprikaschote und Peperoni putzen, waschen, fein hacken, Gurke fein würfeln. Butter in einer Pfanne erhitzen. Gemüse darin 3 Minuten dünsten. Tomatenketchup und Fleischbrühe einrühren. Mit Salz, Pfeffer, Paprika und Cayennepfeffer würzen.
10 Minuten leise kochen.
Inzwischen Filetsteaks leicht flachdrücken, abtupfen. Öl in einer Pfanne erhitzen.
Filetsteaks darin auf jeder Seite 3 Minuten braten.
Herausnehmen. Mit Salz und Pfeffer würzen. Auf einer vorgewärmten Platte anrichten. Sauce darübergießen. Mit zerpflückter Petersilie und Tomatenschnitzen garniert servieren.

Rouladen alla Toscana
(Abb.)

Zutaten
1 kleine Zwiebel,
2 EL Butter
300 g Blattspinat (tiefgekühlt),
Salz, Pfeffer,
Muskatnuß,
8 Rinderrouladen (je etwa 80 g),
8 Salbeiblätter,
4 Scheiben Frühstücksspeck,
2 Stangen Staudensellerie,
2 EL Olivenöl,
3 EL Sherry,
1 Tomate,
1 Packung Delikatess Sauce zu Rinderbraten

EW	Fett	KH	kcal/kJ
39 g	30 g	11 g	485/2030

Zwiebel schälen, würfeln und in Butter andünsten. Blattspinat antauen lassen, grob zerkleinern und dazugeben. Etwa 20 Minuten dünsten, evtl. abtropfen lassen und mit Salz, Pfeffer und Muskatnuß abschmecken. Rouladen salzen und pfeffern. Frühstücksspeck halbieren. Salbeiblätter mit den Speckscheiben auf die Rouladen legen. Spinat auf den Fleischscheiben gleichmäßig verteilen. Rouladen aufrollen und mit Rouladennadeln feststecken. Staudensellerie waschen, putzen und kleinschneiden. Rouladen in Olivenöl anbraten und Sellerie dazugeben. Mit Sherry und 1/4 l Wasser ablöschen und etwa 1 1/2 Stunden schmoren. Tomate überbrühen, häuten und würfeln. Delikatess Sauce in die Kochflüssigkeit einrühren, aufkochen lassen und Tomatenwürfel dazugeben.

Tip
Dazu passen Gnocchi, Tagliatelle oder Flockenpüree.

KOCHEN

Rinderfilet mit Gemüse
(Abb.)

Zutaten
600 g Rinderfilet,
Zitronenpfeffer,
400 g kleine Kartoffeln,
3 Zucchini,
2 Stangen junger Lauch,
200 g Schalotten,
40 g Butterschmalz,
Salz, 100 g gekochte Maiskörner,
1/8 l Gemüsebrühe,
150 g saure Sahne,
2 EL Schnittlauchröllchen,
2 EL Kerbelblättchen,
Pfeffer,
1 TL Zitronensaft

EW	Fett	KH	kcal/kJ
34 g	21 g	34 g	486/2040

Rinderfilet enthäuten, pfeffern. Kartoffel schälen. Zucchini waschen, in ovale Stücke schneiden. Lauch putzen, waschen, mit schrägen Schnitten in Scheiben schneiden. Schalotten schälen. Kartoffeln bißfest kochen. Rinderfilet im Butterschmalz von allen Seiten anbraten. Salzen und etwa 8 Minuten auf kleiner Flamme braten. Schalotten, Lauch, Mais und Zucchini dazugeben und kurz mitbraten. Filet aus der Pfanne nehmen und warm stellen. Gemüse mit Brühe ablöschen und bißfest dämpfen. Inzwischen saure Sahne mit Kräutern, Pfeffer, Salz und Zitronensaft verrühren; zum Filet servieren.

Rinderrouladen in Rotwein

Zutaten
4 große Rinderrouladenscheiben,
Salz, Pfeffer, 1 EL Senf,
4 Scheiben geräucherter Schinkenspeck,
2 Essiggurken,
100 g grüne und schwarze Oliven,
2 große Zwiebeln,
250 g gemischtes Hackfleisch,
1 EL Mehl,
Fett zum Braten,
2 EL Tomatenmark,
1/2 l Rotwein,
2 EL Crème fraîche

EW	Fett	KH	kcal/kJ
49 g	56 g	9 g	915/3580

Die vier Fleischscheiben nach Bedarf noch etwas flachklopfen.

Salzen, pfeffern und eine Seite mit Senf einstreichen. Je mit einer Scheibe Schinkenspeck und einer halben, in Scheiben geschnittenen Essiggurke belegen. Die Oliven entkernen und vierteln. Zwiebeln schälen und hacken. Das Hackfleisch mit Oliven, der Hälfte der Zwiebeln, Salz, Pfeffer vermischen. Diesen Fleischteig auf den Rouladen gleichmäßig verteilen. Eng aufrollen und mit Spießchen feststecken. Durch das Mehl rollen und leicht abklopfen. In heißem Fett von allen Seiten rasch anbraten. Die restlichen Zwiebelwürfel einstreuen. Tomatenmark zugeben, durchrösten und mit Rotwein ablöschen und aufgießen. Das Ganze zugedeckt etwa 1 bis 1 1/2 Stunden schmoren lassen. Die fertigen Rouladen herausnehmen, Spießchen entfernen. Rouladen auf einer Platte anrichten. Die Sauce durch ein Sieb passieren, noch etwas einkochen lassen, mit Creme fraîche verfeinern und über die Rouladen gießen.

Boeuf Stroganoff

Zutaten

500 g Rinderfilet,
Butter zum Braten,
Salz, Pfeffer,
2 Zwiebeln, 2 Tomaten,
1/4 l saure Sahne,
1 TL mittelscharfer Senf,
1 TL Zitronensaft,
150 g Champignons,
2 EL Butter,
2 süß-saure Gurken

EW	Fett	KH	kcal/kJ
28 g	21 g	6 g	357/1494

Rinderfilet enthäuten, in kurze schmale Streifen schneiden. In heißer Butter unter ständigem Rühren etwa 3 Minuten anbraten; leicht salzen, pfeffern, mit einem Schaumlöffel aus der Pfanne nehmen. Zwiebeln schälen, fein wiegen und in der Butter goldgelb anschwitzen. Tomaten waschen, häuten, vierteln, zu den Zwiebeln geben. Mit saurer Sahne aufgießen, mit Senf und Zitronensaft abschmecken. Pilze putzen, waschen, in Scheiben schneiden, in der Butter 10 Minuten dünsten. Süß-saure Gurken in sehr feine Würfel schneiden. Zum Schluß Filetstreifen, Pilze und Gurken in die Sauce rühren und bei mäßiger Hitze erwärmen.

Rinderfilet mit Calvados-Äpfeln
(Abb.)

Zutaten

1 säuerlicher Apfel,
2 cl Calvados,
1 Spritzer Zitronensaft,
1 TL Zucker, 2 EL Butter oder Margarine,
4 Rinderfiletscheiben,
Salz, Pfeffer,
3 EL Crème fraîche,
3 EL Wildpreiselbeeren,
2 EL gehackte Walnüsse

EW	Fett	KH	kcal/kJ
24 g	19 g	16 g	358/1495

Apfel waschen, schälen, Kerngehäuse ausstechen und quer in Scheiben schneiden. Calvados mit Zitronensaft, Zucker und 80 ml Wasser mischen und in einem Topf aufkochen lassen. Apfelscheiben hineinlegen, zum Kochen bringen, von der Kochstelle nehmen und einige Zeit ziehen lassen. Während dieser Zeit Butter oder Margarine in der Pfanne erhitzen, Filetscheiben darin von jeder Seite etwa 3 Minuten braten, mit Salz und Pfeffer würzen. Crème fraîche mit Wildpreiselbeeren und Walnüssen verrühren. Apfelscheiben aus dem Sud nehmen, auf Tellern anrichten und jede Scheibe mit etwas Preiselbeercreme belegen, nach Wunsch einige Wildpreiselbeeren darauf geben. Je eine Filetscheibe dazulegen und nach Belieben alles mit gehackten Walnüssen bestreut und mit Kräutern garniert servieren.

Rindfleisch in Barolo

Zutaten
800 g Rindfleisch (vom Schwanzstück),
100 g ungeräucherter Speck zum Spicken,
3 Möhren, in Stifte geschnitten
Für die Marinade:
0,4 l Barolo (ital. Rotwein),
3 Knoblauchzehen, zerdrückt, 1/2 Zwiebel in Würfel, 1 Möhre, geschnitten, 1 Lorbeerblatt,
1 TL Pfefferkörner
Zum Braten:
100 g geräucherter Speck, 1/2 Zwiebel,
1 Möhre, 2 EL Öl,
1 TL Mehl, 200 g frische Champignons,
etwas Fleischbrühe

EW	Fett	KH	kcal/kJ
38 g	76 g	6 g	968/4057

Aus den angegebene Zutaten eine Marinade zubereiten, das magere Rindfleisch mit Speck und Möhrenstücken gespickt einen halben Tag lang darin einlegen, mehrmals wenden. Den geräucherten Speck in feine Würfel, die halbe Zwiebel in Ringe und die Möhre in Scheiben schneiden, in heißem Öl dünsten. Das Fleischstück aus der Marinade nehmen, abtrocknen, mit Mehl bestäuben, von allen Seiten darin anbraten. Die durchgeseihte Marinade zugießen, salzen und 2–3 Stunden kochen. Die in Scheiben geschnittene Champignons gegen Ende der Kochzeit zugeben. Wenn die Sauce zu stark eindickt, etwas Fleischbrühe angießen. Das gargekochte Rindfleisch herausnehmen, in Scheiben schneiden und mit der Sauce übergießen.
Dazu Kartoffeln servieren.

Entrecôte auf Wiener Art

Zutaten
4 Rostbraten,
2 Zwiebeln in Scheiben geschnitten,
100 g Mehl, 75 g Fett,
Salz, Pfeffer,
1/8 l Rinderbrühe, Butter

EW	Fett	KH	kcal/J
25 g	42 g	20 g	575/2408

Fleischscheiben flach klopfen, leicht salzen und in Mehl wenden. Zwiebeln in etwas heißem Fett gut rösten. Rindfleischscheiben in einer Pfanne von beiden Seiten im restlichen Fett braten; anschließend auf einer Platte warmstellen. Dem Bratensatz 1 EL Butter hinzufügen, mit Mehl stäuben, gut rühren und mit Brühe auffüllen. Einige Minuten kochen lassen und abschmekken. Entrecotes auf vier Teller geben, Röstzwiebel auf den Fleischscheiben verteilen und mit Sauce übergießen.

Gebratenes Rindfleisch mit Mais

Zutaten
400 g mageres Rindfleisch,
2 EL helle Sojasauce,
1 EL Maisstärke,
1 EL Öl, 1 EL Reiswein,
5 eingeweichte Morcheln,

100 g Bambussprossen,
2 eingelegte Peperoni,
1 Dose Maiskörner,
Öl zum Braten,
1 gepreßte Knoblauchzehe,
Für die Sauce:
1 EL dunkle Sojasauce,
1 EL helle Sojasauce,
Glutamat, 1/2 TL Zucker,
1 EL Reiswein,
1 Tasse Brühe,
2 TL Maisstärke

EW	Fett	KH	kcal/kJ
26 g	18 g	16 g	336/1406

Fleisch in dünne Scheiben schneiden, 2 EL Sojasauce, 1 EL Stärke, Öl und Reiswein mit 2 EL Wasser vermischen, das Fleisch etwa 30 Minuten in der Marinade ziehen lassen. Morcheln halbieren, Bambussprossen in dünne Scheiben, Peperoni in 2 cm lange Stücke schneiden. Maiskörner abtropfen lassen. 3 EL Öl im Wok erhitzen, Knoblauch darin braten, bis er duftet, Fleisch zugeben, ständig unter Rühren braten, bis es durchgegart ist, das Gemüse zugeben, weiter unter Rühren anbraten. Zum Schluß die Saucenzutaten zugießen und rasch untermischen, heiß servieren.

Esterházy-Rostbraten

Zutaten

4 Scheiben Rinderlende,
2 Zwiebeln, 2 Möhren,
Butter zum Braten,
Salz, Pfeffer,
1 Scheibe geriebenes Schwarzbrot (oh. Rinde),
1/4 l Rotwein,
1/8 l Fleischbrühe,
50 g Kapern,
8 Sardellenfilets,
1/8 l saure Sahne,

EW	Fett	KH	kcal/kJ
27 g	44 g	12 g	556/2327

Möhren und Zwiebeln in feine Streifen schneiden, in einer größeren Kasserole in Butter dünsten. Fleisch salzen und pfeffern, auf das Gemüsebett legen und 10 Minuten dünsten. Brot einbröckeln, mit Rotwein ablöschen und mit Brühe auffüllen. Das Fleisch muß mit Flüssigkeit bedeckt sein. Auf die Kasserole einen Deckel setzen und eine gute Stunde bei leiser Hitze weiter dünsten. Das fertige Fleisch auf eine Platte legen und die Sauce durch ein Sieb passieren. Mit feingewiegten Kapern und Sardellenfilets verfeinern. Kurz vor dem Servieren die saure Sahne hinzufügen. Die Fleischscheiben mit Sauce überziehen.

Champignonsteak

Zutaten

400 g Champignons,
70 g Butter,
Saft von 1 Zitrone,
Salz, weißer Pfeffer,
1/2 Tasse Öl,
4 Filetsteaks (je 150 g),
4 Scheiben Toastbrot,
4 Zitronenscheiben,
etwas Petersilie und Dill

EW	Fett	KH	kcal/kJ
33 g	47 g	17 g	645/270

Champignons putzen, waschen, halbieren. 40 g Butter im Topf schmelzen. Zitronensaft und 1/2 Tasse Wasser dazugeben, salzen und pfeffern. Pilze darin in 10 Minuten garen; abtropfen. Öl in einer Pfanne erhitzen. Steaks darin auf beiden Seiten scharf anbraten, pfeffern und auf beiden Seiten in je 3–4 Minuten fertig braten; salzen. Toastbrot rösten, mit restlicher Butter bestreichen. Auf 4 Tellern verteilen. Steaks auf das Toastbrot legen, darauf die im Bratfond wieder erhitzten Champignons. Jeden Teller mit 1 geschnittenen Zitronenscheibe, Petersilie und Dill garnieren.

Chinesisches Knoblauchfleisch

Zutaten

500 g Rinderfilet,
4 Knoblauchzehen,
1 TL brauner Zucker,
3 El Sojasauce,
2 EL Fleischbrühe,
2 EL Sake (jap. Reiswein) oder Sherry, 4 EL Olivenöl

EW	Fett	KH	kcal/kJ
24 g	15 g	4 g	271/1133

Rinderfilet waschen, trockentupfen, in fingerlange, bleistiftdicke Streifen schneiden. Knoblauchzehen zerdrücken, mit braunem Zucker, Sojasauce, Fleischbrühe und Sake mischen, das Fleisch in diese Sauce geben und gut durchschwenken.
1 Stunde ziehen lassen.
Fleisch aus der Sauce nehmen, abtropfen lassen, in der Pfanne in heißem Öl unter ständigem Umrühren in 3–4 Minuten braten. Marinaderest dazugeben, umrühren und noch 1 Minute schmoren.

Geschnetzeltes Rindfleisch mit Paprika

Zutaten
250 g mageres Rindfleisch,
1 Stange Lauch oder
1 Bd. Frühlingszwiebeln,
2 grüne Paprikaschoten,
1 Tasse Bambussprossen,
Öl zum Braten,
1 Knoblauchzehe,
1 EL Öl,
Für die Sauce:
1 EL Reiswein,
2 EL helle Sojasauce,
1 EL Maisstärke,
1 EL Wasser, 1 TL Zucker,
2 EL dunkle Sojasauce,
1 EL Reiswein,
Salz, Pfeffer,
Glutamat,
1/2 Tasse Brühe,
1 TL Maisstärke

EW	Fett	KH	kcal/kJ
16 g	17 g	12 g	270/1129

Fleisch in feine Streifen, Lauch in Ringe schneiden. Paprikaschoten und Bambussprossen in feine Streifen schneiden. Saucenzutaten gut vermischen, beiseite stellen. Fleisch etwa 15 Minuten mit Marinadenzutaten ziehen lassen.
3 EL Öl erhitzen, Fleisch darin unter Rühren braten; sobald es hell wird, herausnehmen. Im gleichen Öl gepreßten Knoblauch rasch anbraten, das Gemüse zugeben. Bei starker Hitze rasch unter Rühren braten.
Wenn das Gemüse halb gar ist, Rindfleisch zugeben, kurz durchbraten.
Saucenzutaten zugießen, rasch unterrühren, damit Fleisch und Gemüse das Aroma gleichmäßig aufnehmen. Ist die Sauce zu dünnflüssig, kann man sie mit Maisstärke andicken.

Steak chinesische Art

Zutaten
600 g Rinderfilet,
500 g grüne Bohnen,
Öl zum Braten,
Salz, Pfeffer
Für die Marinade:
2 EL helle Sojasauce,
3 TL Maisstärke,
1 EL Öl
Für die Sauce:
2 EL Tomatenketchup,
2 EL Reiswein,
3 EL Sojasauce,
1 TL Zucker,
1/8 l Brühe, Glutamat,
1 EL Worcestersauce

EW	Fett	KH	kcal/kJ
33 g	23 g	15 g	398/1664

Rindfleisch in kleine Scheiben schneiden. Marinadenzutaten mit 1 EL Wasser verrühren. Fleisch etwa 30 Minuten darin ziehen lassen. Saucenzutaten gut verrühren. Bohnen waschen, mit 1 EL Öl im Wok braten, Salz und Pfeffer, 1 Tasse Wasser zugeben, warm stellen. Fleisch bei starker Hitze mit 2 EL Öl im Wok braten, die Sauce im Wok anrühren, aufkochen. Fleisch in die Sauce geben, dünsten, sofort auf den Bohnen anrichten.

Kesselgulyas

Zutaten
1 kg Rindfleisch,
1/2 kg Zwiebel,
50 g Fett,
1 TL Paprika, Kümmel,
Salz, Pfeffer,
1 Prise Majoran,
2 Knoblauchzehen,
2 Paprikaschoten,
2 Tomaten,
1 kg Kartoffeln

EW	Fett	KH	kcal/kJ
27 g	33 g	10 g	445/1861

Fleisch in grobe Würfel, Zwiebel in Streifen schneiden. In heißem

Fett die Zwiebeln anbraten. Mindestens 20 Minuten dünsten, dabei ständig rühren. Das Rindfleisch hinzufügen, mit Paprika stäuben. Wasser aufgießen bis das ganze Fleisch bedeckt ist. Die restlichen Gewürze zusammen mit den zerdrückten Knoblauchzehen, den Paprika- und Tomatenstreifen zugeben. Zugedeckt bei mäßiger Hitze gute 1 1/2 Stunden kochen lassen. Ungefähr 1/2 Stunde vor Ende der Garzeit geschälte und geviertelte Kartoffeln untermengen.

Geschnetzeltes Rindfleisch Szeschwan-Art

Zutaten

500 g mageres Rindfleisch,
Öl zum Braten,
1 gepreßte Knoblauchzehe, 2 Scheiben Ingwerwurzel,
100 g Bambus,
100 g Stangensellerie,
100 g Möhren,
2 Chilischoten,
Salz, Glutamat,
Pfeffer, 2 EL Sojasauce,
1 EL Reiswein

Für die Marinade:

2 EL helle Sojasauce,
1 EL Reiswein,
1 EL Öl, 1 TL Zucker,
1/2 TL Fleischzartmacher

EW	Fett	KH	kcal/kJ
29 g	23 g	9 g	367/1537

Rindfleisch in dünne Streifen schneiden, etwa 30 Minuten in der Marinade ziehen lassen. Reichlich Öl im Wok erhitzen, bei starker Hitze das Fleisch fritieren, herausnehmen und abtropfen lassen.
2 EL Öl erhitzen, Knoblauch und Ingwer darin braten, bis sie duften, dann Gemüse, in Streifen geschnitten, zugeben, bei starker Hitze rasch unter Rühren braten.
Wenn das Gemüse halb gar ist, Rindfleisch und die restlichen Zutaten zugeben, kurz durchbraten, eventuell nachwürzen. Sofort servieren.

Hazienda-Steaks
(Abb.)

Zutaten

4 T-Bone-Steaks,
3 EL Butterschmalz,
grob geschroteter Pfeffer,
je 1 grüne und gelbe Paprikaschote,
250 g Zwiebeln,
2 Knoblauchzehen,
100 g Schmelzkäse,
400 g Cayenne Bohnen (Dose), 150 g saure Sahne, 1 TL Salz,
1 TL gekörnte Brühe,
Cayennepfeffer

EW	Fett	KH	kcal/kJ
35 g	45 g	3 g	663/2774

KOCHEN

Steaks auf dem Grill oder in einer Pfanne in 2 EL Butterschmalz auf jeder Seite etwa 4 Minuten braten und mit Pfeffer bestreuen. Paprikaschoten putzen, waschen und in Streifen schneiden. Zwiebeln und Knoblauchzehen schälen, würfeln und in restlichem Butterschmalz andünsten. Schmelzkäse unterrühren, Cayenne Bohnen, Paprikastreifen und saure Sahne hinzufügen und erwärmen. Mit Salz, gekörnter Brühe und Cayennepfeffer würzen. Steaks in eine feuerfeste Form legen, mit der Bohnen-Zwiebelmasse bestreichen und im vorgeheizten Ofen auf der zweiten Schiene von oben bei 250 Grad etwa 10 Minuten überbacken.

Rouladen mit Pistazien-Pilz-Füllung (Abb.)

Zutaten

10 g getrocknete Steinpilze, 3 Scheiben Rinderrouladen (je 170 g), Salz, Pfeffer,
3 große Blätter Wirsing,
1 kleine Zwiebel,
100 g gemischte, frische Pilze (z. B. Champignons, Pfifferlinge, Austernpilze, Shiitake),
1/2 Bd. Petersilie,
30 g gehackte Pistazienkerne,
3 EL Maiskeimöl,
1 Beutel Fertigmischung für Rouladen,
3 EL Sahne,
1–2 EL Sherry dry

EW	Fett	KH	kcal/kJ
30 g	10 g	9 g	264/1113

Steinpilze in Wasser einweichen. Rouladen salzen und pfeffern. Wirsingblätter putzen, waschen, blanchieren, halbieren, von Blattstielen befreien und Rouladen damit belegen. Zwiebeln schälen und fein hacken. Frische Pilze putzen und kleinschneiden. Petersilie waschen und fein hacken. Zwiebel, Pilze, Petersilie und Pistazienkerne mischen, salzen und pfeffern und auf die Rouladen verteilen. Rouladen aufrollen, dabei die Seiten einschlagen. Mit Holzstäbchen feststecken.
Rouladen rundherum in heißem Öl anbraten. Mit 1/4 l Wasser aufgießen, aufkochen und Fertigmischung für Rouladen mit dem Schneebesen einrühren. Zugedeckt bei schwacher Hitze 1 1/2 Stunden garen, dabei ab und zu wenden.
10 Minuten vor Ende der Garzeit eingeweichte Steinpilze zur Sauce geben und mit Sahne und Sherry abschmecken.

Kotelett
Braten, Kurzbraten

Nacken
Garziehen, Schmoren, Braten

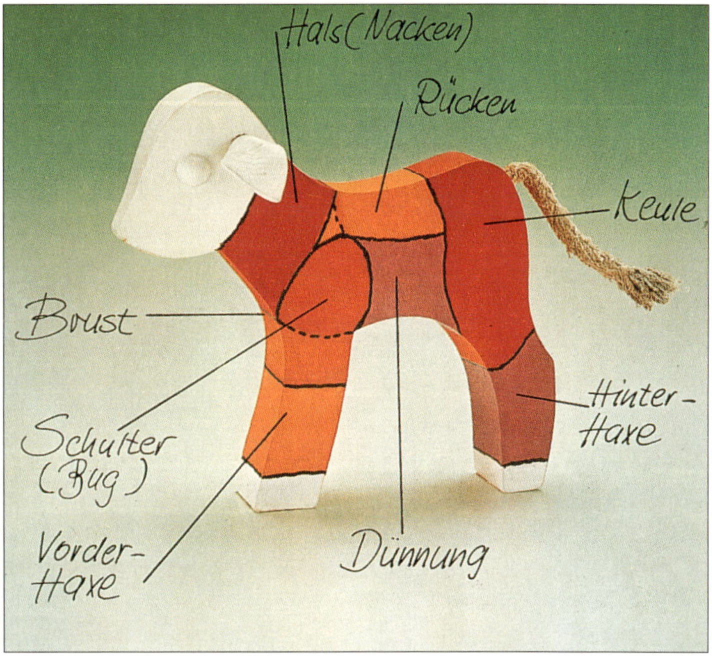

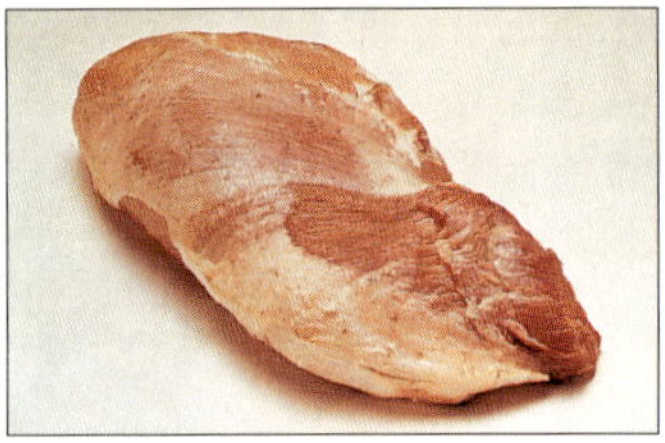

Brust
Garziehen, Schmoren, Braten

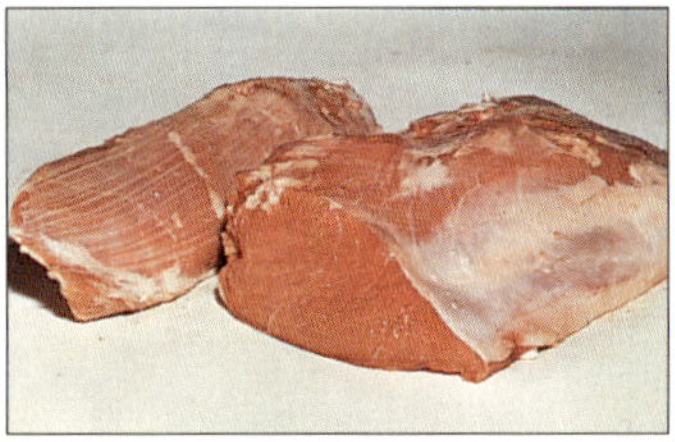

Unterschale
Braten, Kurzbraten

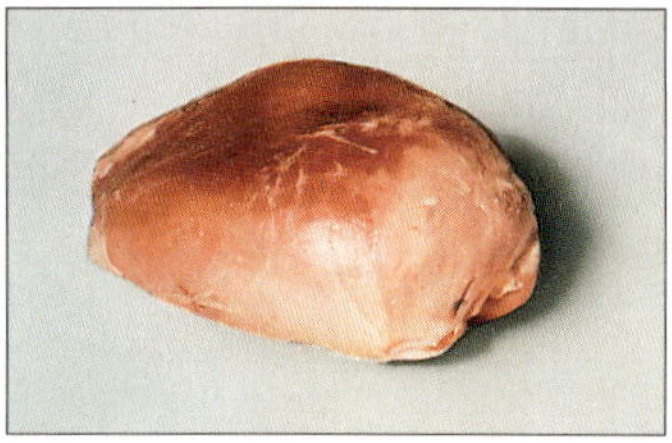

Nuss
Schmoren, Braten

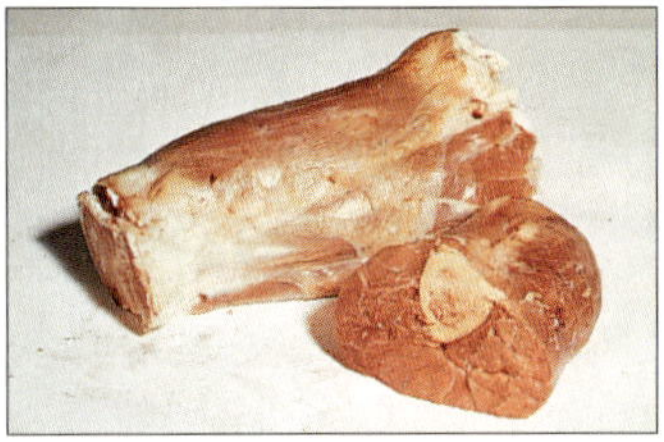

Haxe
Kochen, Schmoren, Braten, Grillen

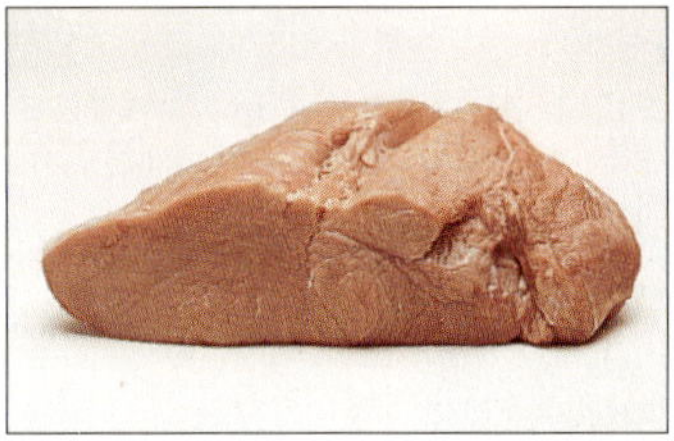

Oberschale
Schmoren, Braten, Kurzbraten

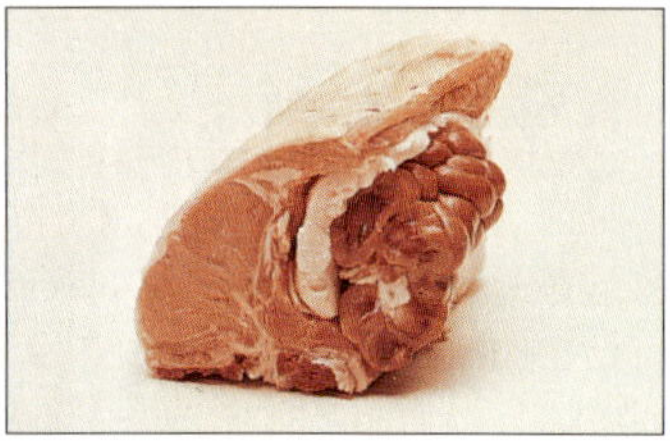

Nierenbraten
Schmoren, Braten

Seit vielen Jahrhunderten züchten Menschen Rinder und bereiten daraus Rind- und Kalbfleischgerichte zu.

Sorten und Fleischstruktur

Kalbfleisch stammt von jungen Rindern. Es ist ausgesprochen zart, mager, mild und leicht verdaulich. Vor allem wenn es von 4–10 Wochen alten Mastkälbern kommt, die mit Milch und Futter auf der Basis von Magermilch gemästet werden. Sind die Kälber älter als 3 Monate, die sogenannten Fresser, ist das Fleisch wäßriger und trockener. Die Kälber haben in dieser Zeit schon begonnen, Kraftfutter und Grünfutter zu fressen. Das Fleisch wird dadurch fester und kräftiger in der Farbe.
Die optimale Fleischfarbe ist hellrosa, die Struktur fast fettfrei, feinfaserig und zart.
Kalbfleisch braucht 2–3 Tage, um zu reifen.
Der Preis ist relativ hoch, vor allem für Stücke wie Filet oder Keule.
Kalbfleisch ist deshalb so zart, da sich beim Kalb die Muskeln noch nicht voll entwickelt haben. Gerade weil es in diesem Zustand so zart und fettfrei ist, braucht man die richtige Garmethode und das geeignete Fleischstück, um ein saftiges und bekömmliches Gericht zu erhalten.

Fleisch zum Garen

Nacken oder Hals
Mit Knochen und Sehnen durchsetzt, zum Schmoren und Kochen, für Suppen, Eintopfgerichte und Gulasch. Aus dem gesamten Kotelettstück kann das Nackenkotelett geschnitten werden. Es wird kurzgebraten oder gegrillt. Das Kotelett-Mittelstück (5. vordere Rippe bis 3. hintere) kann im Ganzen zum Braten verwendet werden. Ebenso das Kotelette-Hinterstück (die letzten 3–4 hinteren Rippen).

Rücken und Filet
Dieses Stück ist sehr mager. Aus dem Rücken kann man Koteletts oder Schnitzel zum Grillen schneiden. Koteletts ohne Knochen sind Kalbssteaks. Entbeint zum Braten oder Rollbraten zu verwenden. Filet in Scheiben geschnitten ergibt die Medaillons. Filet wird in Würfel geschnitten für Fondues oder in Streifen geschnitten für Geschnetzeltes.

Hüfte
Auch Blume genannt. Erstklassiges zartes Fleisch, das man im Ganzen braten, als Steak grillen oder als Schnitzel kurzbraten kann. Medaillons aus dem hinteren Ende des Filets.

Keule
Die vier Teile der Keule – Oberschale, Unterschale, Hüfte und Nuß – bestehen aus schier magerem Fleisch, das sich bestens zum Schmoren und Braten eignet. Aus der sehr zarten und feinfaserigen Oberschale werden erstklassige Schnitzel geschnitten. Ebenso ergibt die Nuß zarte, wenn auch kleinere Schnitzel. Die Unterschale hat gröbere Fleischfasern, ist weniger zart und deshalb für Schnitzel weniger geeignet. Zum Braten oder Schmoren ist sie gut geeignet, wenn sie mit Fett gespickt ist oder sonstwie Fett zugefügt wird, z. B. für Rouladen.

Kalbshaxe
Sowohl Hinter- als auch Vorderhaxe haben kräftiges gelatinereiches Fleisch, das sich hervorragend zum Schmoren oder Garziehen für eine Brühe eignet. Auch zum Grillen oder Braten.

Flanke
Aus der Unterbauchwand mit Bindegewebeanteil. Wird nur in feuchter Hitze gar. Für Brühe oder in Würfel geschnitten zum Schmoren. Für Hackfleisch geeignet. Aufgerollt mit Füllung ein preiswerter Braten.

Querrippe
Mittelstück des Brustkorbs. Ausgelöst und in Scheiben geschnitten zum Schmoren oder Garziehen. Rippenstück mit viel Bindegewebe, deshalb in feuchter Hitze garen. Sehr guter

Geschmack, da mit Fett durchsetzt.

Rund ums Fleisch

Brühe
Wollen Sie aus Kalbfleisch eine Brühe herstellen, denn einige Stücke eignen sich wegen ihrer Konsistenz nur zum Garziehen, müssen Sie einige Dinge beachten. Nehmen Sie dazu am besten fleischige Stücke vom Bein, Nacken und Rippen. Ein Stück von der Haxe sollten Sie dazugeben, da sie sehr gelatinereich ist. Stücke mit hohem Knochen- und Knorpelanteil sind also besonders zur Bereitung einer Brühe geeignet. Die Brühe darf nur leise köcheln, damit sie alle Aromastoffe der Zutaten aufnimmt. Kalbsbrühe ist in der Küche wegen ihres leisen, unaufdringlichen Aromas sehr beliebt und Basis vieler Gerichte und Saucen. Wenn Sie die Brühe nicht sofort komplett benötigen, können Sie diese im Kühlschrank oder in Ihrer Tiefkühltruhe für einige Zeit aufbewahren. So haben Sie immer etwas parat.

Passendes Gemüse
Damit Ihr Kalbfleisch so richtig gut schmeckt, ist die richtige Auswahl der Gemüsesorten sehr wichtig. Sie sind besonders beim Schmoren und Garziehen unentbehrlich als Aromageber, verbessern aber auch Braten, Gegrilltes oder Kurzgebratenes im Geschmack. Wichtige Gemüsesorten sind Bleichsellerie, Möhren, weiße Rüben, Knoblauch, Zwiebeln und Lauch (= Porree). Sellerie wegen des ausgeprägten Aromas nur kurz zugeben. Knoblauch können Sie ruhig als ganze Zehe zugeben, der strenge typische Geschmack hält sich so in Grenzen, zum Schmoren reichen 1–2 zerdrückte Zehen aus.

Zubereitungsarten

Braten
Kalbfleisch muß schonend behandelt werden. Weil das nicht richtig durchgebratene Fleisch von Jungtieren nicht verdaulich ist, niemals roh auf den Tisch bringen. Es soll aber auch nicht austrocknen und zäh werden. Deswegen sollte ein Bratstück mindestens 1–2 kg wiegen. Es kann relativ lange braten, ohne auszutrocknen. Zum Braten geeignet sind magere Stücke vom Rücken, Hüfte oder Unterschale. Allerdings brauchen Sie zusätzliches Fett, damit es saftig bleibt. Reiben Sie dazu Butter über das Fleischstück oder bardieren Sie mit Fett. Das heißt, legen Sie fein in Streifen geschnittenen Speck im Gittermuster über das Fleisch und wickeln Sie ihn mit einer Schnur fest an das Bratstück.

Grillen
Zum Grillen gut geeignet sind Filet oder Kotelett. Es sollte nicht zu dünn sein, damit es nicht austrocknet. Da es wenig Eigengeschmack besitzt, gelegentlich mit Butter oder Öl einpinseln.

Kurzbraten
Zarte, schnellgarende Stücke sind geeignet. Vor allem für Schnitzel die ideale Zubereitungsmethode. Geben Sie reichlich Butter zu. So legen die Schnitzel nicht an der Pfanne an. Allerdings nicht zu braun werden lassen, sonst stinkt es. Fleisch vor dem Braten trockentupfen und flachklopfen. Dies geschieht weich und sanft, bis die Scheibe etwa 0,5 cm dick ist. Sehnen und Häutchen werden weggeschnitten. Mit dem Handballen oder einem Messerrücken flachdrücken. Anschließend panieren und goldbraun backen.

Schmoren
Das ist eine hervorragende Methode für sehniges und zähes Kalbfleisch. Durch langsames Garen werden die Sehnen und Knorpel weich und geben ihre Gelatine ab. Es entsteht eine sämige gehaltvolle Sauce. Geeignet sind Teile aus Bein, Schulter und Nacken. Ganz besonders gut eignet sich die Kalbshaxe zum Schmoren. Klassisches Schmorgericht ist das Frikandeau aus der Unterschale der Keule.

GRUNDREZEPT
Kalbsbraten

Zutaten

500–750 g Kalbfleisch (Rücken, Schulter),
Salz,
40–60 g Fett,
2 Suppengrün,
1 Zwiebel,
Brotrinde nach Belieben,
1/1–3/4 l Flüssigkeit (Wasser, Fleischbrühe),
Knochen nach Belieben,
3–4 EL saure Sahne nach Belieben,
Saucenbinder oder
2 EL Speisestärke,
Tomatenmark nach Belieben

EW	Fett	KH	kcal/kJ
31 g	17 g	11 g	340/1421

Fleisch waschen, häuten, salzen, in heißem Fett auf allen Seiten anbraten. Suppengrün waschen, kleinschneiden, Zwiebel häuten, hacken mit der Brotrinde und der Brühe zugeben, anbräunen. Kleingehackte Knochen ebenfalls zugeben. In die vorgeheizte (200 Grad) Röhre schieben und unter häufigem Begießen braten. Wenn die Bratzutaten gut angebräunt sind, nach und nach mit wenig kochender Flüssigkeit seitlich auffüllen. Gegen Ende der Garzeit mit saurer Sahne bestreichen, bräunen lassen. Garzeit 1–2 Stunden. Den Braten aus der Sauce nehmen, zugedeckt in der Röhre ruhen lassen. Bratenansatz lösen, mit Saucenbinder oder mit in kaltem Wasser verrührter Speisestärke binden, aufkochen lassen, abschmecken, Tomatenmark hinzugeben. Den Braten gegen die Faser aufschneiden, mit Sauce übergießen. Den Rest der Sauce dazu reichen.

Kalbshaxe

Zutaten

1 mittelgroße Kalbshaxe,
Salz, Paprikapulver,
Pfeffer,
50 g Fett,
1 kleiner Suppenbund (Möhre, Sellerie, Zwiebel, Petersilienwurzel),
Saucenbinder oder Speisestärke nach Belieben

EW	Fett	KH	kcal/kJ
42 g	16 g	13 g	388/1634

Backofen auf 200 Grad vorheizen. Kalbshaxe mit Salz, Paprikapulver und Pfeffer würzen und in heißem Fett rasch von allen Seiten anbraten. Gemüse putzen und würfeln. Kalbshaxe in den Ofen schieben, Gemüse dazugeben und öfter mit Wasser (insgesamt 200 ml) ablöschen. Die Bratzeit ist abhängig von der Größe der Haxe, jedoch maximal 2 Stunden. Kalbshaxe im ganzen mit Knochen anrichten. Sauce passieren, nach Belieben mit Saucenbinder oder Speisestärke binden, mit Salz und Pfeffer abschmecken und getrennt dazureichen.

Kalbsschnitzel mit Kräutern
(Griechisch)

Zutaten

4 dünne Kalbsschnitzel,
2 EL gehackte Kräuter (Oregano, Rosmarin, Basilikum),
Saft von 2 Zitronen,
2 Knoblauchzehen,
Olivenöl
Salz,
Pfeffer

EW	Fett	KH	kcal/kJ
25 g	9 g	0 g	195/815

Die Kalbsschnitzel mit Kräutern, Zitronensaft und zerdrückten Knoblauchzehen für einige Stunden kalt stellen.
Aus der Marinade nehmen, leicht abstreifen und in wenig heißem Olivenöl rasch braten. Herausnehmen und auf vorgewärmte Teller legen.
Den Bratensaft mit der Marinade ablöschen, mit Salz und Pfeffer würzen, kurz aufkochen und über die Schnitzel gießen.

Tip
Dazu passen Reis und gemischt Salate.

Kalbshaxe Mailänder Art
(Ossobuco alla milanese)

Zutaten
Mehl,
4 Scheiben Kalbshaxe,
50 g Butter,
1 Zwiebel,
1 Möhre,
1 Stange Bleichsellerie,
1/4 l Weißwein,
1 kleine Dose geschälte Tomaten,
Salz,
Pfeffer,
1 Petersiliensträußchen,
2 Knoblauchzehen,
Schale von 1 Zitrone (unbehandelt)

EW	Fett	KH	kcal/kJ
28 g	12 g	13 g	324/1359

Die in Mehl gewendeten, leicht gesalzenen Kalbsscheiben in heißer Butter anbraten.
Kleingeschnittene Zwiebel und Möhre und zerkleinerten Bleichsellerie mitbraten.
Mit Weißwein ablöschen und mit den Tomaten auffüllen.
Mit Salz und Pfeffer abschmecken und eine Stunde lang bei kleiner Flamme garen. Zehn Minuten vor Ende der Garzeit die Petersilie hacken, mit dem zerdrückten Knoblauch und der abgeriebenen Zitronenschale vermischen und auf das Fleisch streuen.
Sofort servieren.

Eingemachtes Kalbfleisch

Zutaten
750 g mageres Kalbfleisch (Bug, Schulter),
1/4 l trockener Weißwein,
Saft von 1 Zitrone,
1 Spritzer Weißweinessig,
einige Pfeffer- und Pimentkörner,
1 Gewürznelke,
Salz,
2 Lorbeerblätter,
einige Thymian- und Petersilienzweige,
1 Bd. Suppengrün,
1 kleine Zwiebel,
50 g Butter,
30 g Mehl,
1 TL Zucker,
1 EL zerdrückte Kapern mit Saft

EW	Fett	KH	kcal/kJ
40 g	12 g	15 g	386/1621

Fleisch in ein großes Gefäß legen. Für die Beize Weißwein, 1 l Wasser, etwas Zitronensaft, Essig, Gewürze und Kräuter verrühren und über das Fleisch gießen. Suppengrün waschen, grob zerschneiden, Zwiebel schälen und vierteln. Beides zum Kalbfleisch geben.
Zugedeckt 1–2 Tage marinieren lassen. Fleisch mit Beize in einen Topf umfüllen und aufkochen. Hitze reduzieren und in etwa 1 Stunde gar kochen. Fleisch aus dem Sud nehmen und zugedeckt warm stellen.
Aus Butter und Mehl eine helle Mehlschwitze rühren und mit passiertem Kochsud auffüllen. Unter heftigem Rühren etwa 10 Minuten durchkochen, mit Zucker, Zitronensaft und Kapern fein säuerlich abschmecken.
Fleisch in Scheiben schneiden und in die Sauce einlegen.

GRUNDREZEPT

Gedünstetes Kalbfleisch

Zutaten
750 g Kalbfleisch (aus der Brust),
Salz,
30 g Fett,
1 Bd. Suppengrün,
1 Zwiebel,
1 Zitronenscheibe,
1 EL geriebene Zitronenschale,
3/4 l Fleischbrühe (Rezept S. 40),
30 g Butter,
40 g Mehl

EW	Fett	KH	kcal/kJ
36 g	25 g	14 g	454/1904

Fleisch waschen, trockentupfen, salzen. Fett in einem Bräter erhitzen, Fleisch darin von allen Seiten gut anbraten. Suppengrün waschen, putzen, Zwiebel schälen und alles in Würfel schneiden. Mit Zitronenscheibe

und -schale zum Braten geben und mitdünsten. Heiße Fleischbrühe seitlich auffüllen, 1 Stunde garen. Fleischsud seitlich auffüllen, 1 Stunde garen. Fleischsud durch ein Sieb gießen.
Aus Butter und Mehl eine Mehlschwitze herstellen, Fleischsud hineingießen. Sauce einige Minuten kochen lassen, abschmecken. Fleisch in Stücke schneiden, in die Sauce geben und 15 Minuten ziehen lassen.

Tip
Dazu Schupfnudeln und Brokkoli mit Mandeln servieren.

Kalbsmedaillons »Stroganoff« mit Gemüsespießen
(Abb.)

Zutaten
1 rote Paprikaschote,
1 mittelgroße Zucchini,
150 g Champignons,
1 Gemüsezwiebel,
2 Knoblauchzehen,
3 EL Olivenöl,
Paprikapulver,
Currypulver,
Salz, grober Pfeffer,
2 Kochbeutel Reis (je 125 g),
2 Kalbsfilets (je 300 g),
1 Bd. Petersilie,
Saft von 1/2 Zitrone,
250 ml Schmand,
1 Glas Weißwein,
2 Gewürzgurken

EW	Fett	KH	kcal/kJ
39 g	27 g	56 g	628/2646

Paprikaschote und Zucchini waschen, putzen, Paprikaschote in grobe Stücke, Zucchini in 1 cm dicke Scheiben schneiden. Champignons putzen, Gemüsezwiebel und Knoblauchzehen schälen, Gemüsezwiebel achteln und Knoblauchzehen zerdrücken. 2 EL Olivenöl mit Knoblauch, Paprikapulver, Currypulver, Salz und Pfeffer zu einer Marinade verrühren. Gemüse abwechselnd auf 4 Spieße stecken, mit Marinade bestreichen und kurz ziehen lassen.
Inzwischen Reis nach Packungsvorschrift zubereiten. Kalbsfilets in 8 gleich große Medaillons schneiden, mit Salz und Pfeffer würzen, in restlichem Olivenöl von beiden Seiten jeweils 3 Minuten scharf anbraten und warm stellen. Gemüsespieße im verbliebenen Bratfett rundum anbraten und zugedeckt bei geringer Hitze 2–3 Minuten garen. Petersilie grob hacken, mit Zitronensaft und gegartem Reis vermengen. Schmand in einem Topf unter Rühren erhitzen, mit Weißwein verfeinern. In Würfel geschnittene Gewürzgurke hinzufügen, mit Kalbsmedaillons auf Tellern anrichten und dazu Gemüsespieße und Petersilienreis servieren.

Tip
Ein Glas Chablis zum Essen unterstreicht den feinen Geschmack.

KOCHEN

Kalbsmedaillons in Morchelrahm
(Abb.)

Zutaten
8 Kalbsmedaillons (je 150 g),
Salz,
Pfeffer,
2 EL Walnußöl,
2 EL Maiskeimöl,
1 TL Sesamöl,
1 Zweig Thymian,
1 Zweig Salbei,
Butter zum Braten,
25 g getrocknete Spitz-Morcheln
1/8 l trockener Weißwein,
1/8 l Kalbsfond,
1 cl Orangenlikör,
150 g Crème double

EW	Fett	KH	kcal/kJ
61 g	36 g	4 g	638/2671

Kalbsmedaillons mit Salz und Pfeffer würzen und mit Öl, Thymian und Salbei etwa 2 Stunden marinieren; aus der Marinade nehmen und abtropfen lassen. Butter und 1 EL Marinade in einer Pfanne erhitzen, Medaillons darin von beiden Seiten braten.
Morcheln nach Packungsvorschrift einweichen, mit Einweichwasser, Wein und Kalbsfond zum Fleisch geben, einige Minuten kochen lassen. Kalbsmedaillons herausnehmen und warm stellen. Orangenlikör und Crème double in die Sauce rühren. Medaillons mit Morchelsauce servieren.

Wiener Schnitzel

Zutaten

4 Kalbsschnitzel (bevorzugt Kalbsnuß),
Salz,
Pfeffer,
Mehl,
2 Eier,
Paniermehl,
200 g Schweineschmalz,
Petersiliensträußchen,
Zitronenschnitze

EW	Fett	KH	kcal/kJ
38 g	53 g	18 g	704/2946

Schnitzel flach klopfen, salzen und pfeffern.
In Mehl wenden, leicht abklopfen, durch mit wenig Wasser verquirlte Eier ziehen. Kurz abtropfen, in Paniermehl wenden. Dabei die Brösel nicht zu fest anklopfen, sondern etwas abschütteln. In 2 Pfannen je 100 g Schweineschmalz erhitzen, Schnitzel einlegen und kräftig anbraten. Hitze herunterschalten, Pfanne öfter schütteln. Die Panade darf nicht an den Fleischscheiben kleben, zwischen Fleisch und Panade soll es luftig »hochgehen«.
Schnitzel abtropfen und mit Petersiliensträußchen und Zitronenschnitzen garnieren.

Tip

Petersilienkartoffeln oder Pommes frites und grünen Salat dazureichen.

Kalbsschnitzel mit Zitrone

(Scaloppine al limone)

Zutaten

4 Kalbsschnitzel,
Pfeffer,
Salz,
Mehl,
Olivenöl,
1/4 l Fleischbrühe,
2 unbehandelte Zitronen,
Zitronensaft,
1/8 l Weißwein,
2 EL gehackte Petersilie

EW	Fett	KH	kcal/kJ
67 g	17 g	5 g	457/1912

Kalbsschnitzel pfeffern, salzen und kurz in Mehl wenden.
Olivenöl in der Pfanne erhitzen und die Schnitzel kurz von beiden Seiten anbraten, aus der Pfanne nehmen und Bratensatz mit Fleischbrühe ablöschen.
Die Sauce bei kleiner Flamme einkochen lassen, Zitronen in feine Scheiben schneiden und auf die Kalbsschnitzel legen.
Fleischstücke zurück in die eingedickte Sauce legen und zugedeckt 5 Minuten lang schmoren lassen. Schnitzel dann herausnehmen und warm stellen.
Zitronensaft und Weißwein an die Sauce geben, nochmals kurz aufkochen und einkochen lassen, mit der gehackten Petersilie würzen und mit den Kalbsschnitzeln servieren.

Cordon bleu

(Käse-Schinken-Schnitzel)

Zutaten

4 dickere Kalbsschnitzel,
Salz,
weißer Pfeffer,
4 Scheiben gekochter Schinken,
4 Scheiben Schweizer Käse,
2 EL Mehl,
2 Eier,
3 EL Paniermehl,
40 g Fett zum Braten,
1 Zitrone,
Salatblätter

EW	Fett	KH	kcal/kJ
58 g	20 g	16 g	505/2113

In die 2 cm dicken Kalbsschnitzel an der Längsseite eine Tasche einschneiden oder vom Fleischer einschneiden lassen.
Mit dem Handballen leicht breitklopfen. Mit Salz und Pfeffer würzen.
In die Tasche je 1 Scheibe gekochten Schinken und Käse stecken. Schnitzel mit Holzstäbchen zusammenstecken. Zuerst in Mehl, dann in verquirltem Ei und zum Schluß in Paniermehl wenden.
Fett erhitzen. Schnitzel darin auf jeder Seite 6–8 Minuten braten.
Auf einer vorgewärmten Platte anrichten. Zitrone achteln.
Cordon bleu mit Zitronenachteln und Salatblättern garnieren.

Kalbsbraten Französische Art

Zutaten

1 kg Kalbsrücken (ohne Knochen),
1 rosa unbehandelte Grapefruit,
1 Knoblauchzehe,
2 EL körniger Senf,
1 TL Rosmarin (getrocknet),
1/2 TL Thymian (getrocknet),
Pfeffer,
1 EL Olivenöl,
1/4 l Hühnerbrühe,
3 Stengel Petersilie,
1 Lorbeerblatt,
Salz

EW	Fett	KH	kcal/kJ
51 g	9 g	6 g	331/1385

Fleisch waschen und trockentupfen, Grapefruit auspressen und Schale abreiben. Knoblauchzehe schälen und zerdrücken, mit 1 EL Senf, Grapefruitschale, getrockneten Kräutern und Pfeffer abschmecken. Paste auf die Innenseite des Fleisches streichen, Fleisch aufrollen, mit Küchengarn zusammenbinden und mit restlichem Senf bestreichen. Öl in einem Bräter erhitzen und Fleisch rundherum anbraten. Mit der Hälfte des Grapefruitsaftes und Brühe aufgießen und zum Kochen bringen. Petersilienstengel, Lorbeerblatt und etwas Salz hinzufügen. Im vorgeheizten Ofen bei 175 Grad etwa 1 1/2 Stunden garen. Dabei ab und zu mit Fond begießen. Fleisch aus dem Bräter nehmen und

warm stellen. Petersilie und Lorbeerblatt entfernen, zweite Hälfte des Grapefruitsaftes dazugeben und Sauce etwas einkochen lassen. Nochmals mit Kräutern und Gewürzen abschmecken. Küchengarn entfernen und Fleisch in Scheiben schneiden.

Tip
Als Beilage eignen sich Kartoffelgratin oder Fingernudeln und Brokkoli.

Kalbsroulade »Siena«

Zutaten
1 Fenchelknolle,
3 Knoblauchzehen,
4 Frühlingszwiebeln,
5 EL Olivenöl,
Salz, Pfeffer,
1 kg Kalbfleisch (aus der Keule, vom Metzger als große Roulade geschnitten),
1 Bd. Suppengrün,
2 EL Butterschmalz,
5 dünne Scheiben fetter Speck (je 20 g),
1/4 l trockener Rotwein,
2 EL kalte Butter

EW	Fett	KH	kcal/kJ
52 g	51 g	7 g	776/3277

Fenchel halbieren, vom Strunk befreien, waschen und grob zerkleinern. Die Hälfte fein hacken. Knoblauchzehen schälen. Frühlingszwiebeln putzen und in dünne Ringe schneiden. Knoblauchzehen zerdrücken, mit groben Fenchelstücken, Hälfte der Zwiebelringe und Olivenöl mischen und pürieren. Mit Salz und Pfeffer kräftig würzen.
Fleisch ausbreiten, Gemüsepaste darauf streichen, mit restlichem gehackten Fenchel und Frühlingszwiebelringen bestreuen; von der Längsseite her aufrollen und mit Fleischerfaden gut zusammenbinden.
Suppengrün putzen, waschen und grob zerkleinern.
Butterschmalz in einem Bräter zerlassen, Suppengrün dazugeben. Roulade darauf legen und mit Speckscheiben bedecken.
Zugedeckt im vorgeheizten Ofen bei 200 Grad etwa 1 Stunde schmoren. Deckel abnehmen, mit 1/4 l Wasser aufgießen, Ofen auf 225 Grad hochschalten und weitere 40 Minuten garen. Dabei nach und nach Wein dazugießen und Braten mehrmals mit Bratenfond begießen.
Braten herausnehmen und warm stellen. Mit 1/8 l Wasser aufgießen und Bratenfond loskochen. Durch ein Sieb in einen Topf streichen, aufkochen und mit Salz und Pfeffer abschmecken. Kalte Butter in Flöckchen mit einem Schneebesen unter die Sauce ziehen. Vom Braten Fleischerfaden entfernen, Fleisch aufschneiden und mit Sauce servieren.

Kalbsrahmschnitzel

Zutaten
4 dünngeklopfte Kalbsschnitzel (je etwa 180 g),
Salz,
weißer Pfeffer,
Paprikapulver (edelsüß),
Mehl zum Wenden,
100 g frische Champignons,
50 g Butter,
100 ml Weißwein,
1 EL Zitronensaft,
200 ml Sahne

EW	Fett	KH	kcal/kJ
39 g	18 g	9 g	390/1633

Kalbsschnitzel salzen, pfeffern und mit einem Hauch Paprikapulver würzen. In Mehl wenden, überschüssiges dabei abklopfen. Champignons putzen und feinblättrig schneiden. In einer größeren Pfanne Butter schäumend erhitzen. Schnitzel von jeder Seite etwa 3 Minuten anbraten, herausnehmen und zugedeckt warm stellen.
Im Bratensatz Butter schmelzen lassen und darin Champignons andünsten. Mit Weißwein aufgießen, Zitronensaft zufügen, würzen und nach einigen Minuten mit Sahne auffüllen. Den Pfanneninhalt über die Schnitzel gießen.

Variante 1: Mit den Champignons zusätzlich Zwiebelwürfel andünsten, mit

Tomatenmark leicht anrösten und mit Sahne aufgießen.

Variante 2: Zigeunerschnitzel: Zusätzlich Paprikastreifen und gehackte Petersilie mitdünsten.

Variante 3: Salbeischnitzel: Unter die Sahnesauce gehackten Salbei mischen. An den Schnitzeln mit Hilfe eines Holzspießchens eine dünne Scheibe Kochschinken und Salbeiblätter feststecken, in Mehl wenden.

Variante 4: Käseschnitzel: Die Schnitzel in Mehl wenden und durch eine Mischung aus Eiern und geriebenen Käse ziehen.

Gefüllte Kalbfleischtaschen mit Kräuter-Käse-Sauce (Abb.)

Zutaten

150 g Brokkoli (frisch oder tiefgekühlt),
1 Eigelb,
Salz,
Pfeffer,
Cayennepfeffer,
2 kleine Tomaten,
4 Kalbsschnitzel (je125 g),
2 EL Öl,
1 Beutel Kräuter-Käse-Sauce (Fertigmischung),
1–2 EL Weißwein

EW	Fett	KH	kcal/kJ
27 g	12 g	4 g	245/1027

Frischen Brokkoli putzen und waschen, tiefgekühlten Brokkoli auftauen lassen. In Röschen teilen und kleinschneiden. Mit dem Eigelb im Mixer oder mit dem Pürierstab pürieren, mit Salz, Pfeffer und Cayennepfeffer würzen.
Tomaten waschen, häuten, überbrühen, entkernen, in Würfel schneiden und unter die Brokkolimasse mischen. Die Kalbsschnitzel flach klopfen und halbieren.
Füllung auf jeweils eine Schnitzelhälfte geben, rundherum einen etwa 2 cm breiten Rand freilassen. Andere Schnitzelhälfte über die Füllung klappen. Fleischränder mit Holzstäbchen feststecken. Öl in einer Pfanne erhitzen, Kalbfleischtaschen darin von beiden Seiten 6–7 Minuten braten. Herausnehmen und warm stellen. Bratenfond mit 1/4 l Wasser ablöschen. Fertigmischung für Kräuter-Käse-Sauce einrühren, unter Rühren aufkochen und bei schwacher Hitze 1 Minute kochen lassen. Mit Weißwein abschmecken und zu den Kalbfleischtaschen servieren.

Tip
Dazu schmeckt wilder Reis.

Kalbsmedaillons mit Sauce Hollandaise

Zutaten

4 Scheiben Kalbsfilet,
Salz, Pfeffer,
2 EL Butter,
4 Scheiben Toastbrot,
1/4 l Sauce Hollandaise
(S. 68 oder Fertigprodukt)

EW	Fett	KH	kcal/kJ
28 g	25 g	18 g	420/1766

Fleisch salzen und pfeffern, in heißer Butter von beiden Seiten kräftig braten, ab und zu mit Bratensaft übergießen.
Inzwischen Toast von beiden Seiten rösten. Fleischscheiben auf den Toastscheiben anrichten, mit warme Sauce übergießen und sofort servieren.

Tip
Dazu paßt ein frischer grüner Salat mit Vinaigrette.

Bayerische Kalbsvögerl
(Abb.)

Zutaten

20 g getrocknete Morcheln,
1/2 l Milch,
2 kleine Zwiebeln,
1 Knoblauchzehe,
40–60 g Kalbsknochenmark,
3 EL saure Sahne,
1/2 TL Thymianblättchen,
abgeriebene Schale von 1/2 unbehandelten Zitrone,
4 große Kalbsschnitzel,
50 g Butterschmalz,
1/8 l Rinderbrühe,
Saucenbinder,
1/8 l Sahne,
Salz,
weißer Pfeffer,
Saft von 1/2 Zitrone

EW	Fett	KH	kcal/kJ
46 g	30 g	9 g	668/2805

Morcheln waschen und 30 Minuten in je 1/2 l Milch und Wasser einweichen; abtropfen lassen und fein schneiden.
Zwiebeln und Knoblauch schälen, fein hacken.
Knochenmark kleinschneiden, in einem Pfännchen erhitzen, Zwiebeln und Knoblauchzehe hinzufügen und 4 Minuten braten, Morcheln dazugeben und weitere 5 Minuten unter Rühren braten. Mit saurer Sahne ablöschen und mit Thymian und Zitronenschale würzen.
Etwa 15 Minuten einkochen lassen. Dann im Kühlschrank auskühlen lassen. Masse auf den geklopften Schnitzeln verstreichen. Fleisch zur Roulade rollen und mit Küchengarn festbinden. Butterschmalz in einer gußeisernen Kasserolle rundherum scharf anbraten. Mit Fleischbrühe ablöschen und weitere 15 Minuten garen.
Kalbsvögerl herausnehmen und warm halten.
Fond mit etwas Saucenbinder und Sahne verrühren, aufkochen lassen und mit Salz, Pfeffer und Zitronensaft abschmecken.

Kalbfleisch mit Thunfischsauce
(Vitello tonnato)

Zutaten
1 l trockener Weißwein,
1 Möhre,
1 Zwiebel,
1 Selleriestange,
1 Lorbeerblatt,
2 Gewürznelken,
1 kg Kalbfleisch von der Nuß,
1 Brühwürfel,
1 Dose Thunfisch in Öl,
3 Anchovisfilets,
1 Eigelb,
2 EL Zitronensaft,
4–5 EL Olivenöl,
1 Gläschen Kapern,
Limonenviertel und Petersilie

EW	Fett	KH	kcal/kJ
63 g	30 g	4 g	714/3013

Aus Wein, grobgehackten Möhren, Zwiebel und Sellerie eine Marinade herstellen. Lorbeerblatt und Gewürznelken hinzufügen. Fleisch in einen Topf legen und mit der Marinade übergießen. 24 Stunden durchziehen lassen; mehrmals wenden. Fleisch mit Wasser bedecken, Brühwürfel hinzufügen, zum Kochen bringen und 1 Stunde gar ziehen lassen. Abkühlen lassen. Fleisch herausschneiden. Scheiben nebeneinander bzw. dachziegelartig auf einer Platte anrichten.
Thunfisch, Anchovis, Eigelb und Zitronensaft im Mixer pürieren. Öl tropfenweise hinzugeben. Kapern zum Schluß einrühren. Einige zum Dekorieren zurückbehalten.
Thunfischmayonnaise auf den Fleischscheiben verteilen. Mit Limonenvierteln, Kapern und etwas Petersilie garnieren.

Kalbsschnitzel mit Salbei
(Saltimbocca alla romana)

Zutaten
8 kleine Kalbsschnitzel,
Salz, Pfeffer,
8 frische Salbeiblätter,
8 rohe Schinkenscheiben,
Butter, Öl,
1/8 l Weißwein

EW	Fett	KH	kcal/kJ
74 g	38 g	2 g	670/2802

Schnitzel dünn klopfen, salzen, pfeffern, ein Salbeiblatt auf jeweils ein Fleischstück legen. Salbeiblätter mit Schinken bedecken und andrücken bzw. mit Holzspießchen feststecken. Schnitzel mit der Schinkenseite nach unten in Butter und Öl anbraten, umdrehen, fertig braten und herausnehmen. Bratensaft mit Weißwein ablöschen und einkochen lassen. Schnitzel mit der Sauce anrichten.

Gefüllte Kalbsrouladen

Zutaten
4 Kalbsschnitzel,
Salz,
Pfeffer,
200 g gekochter Schinken,
4 Scheiben Butterkäse,
1 Knoblauchzehe,
Butter,
Olivenöl,
1/4 l Weißwein,
1 Bd. Petersilie

EW	Fett	KH	kcal/kJ
49 g	39 g	3 g	602/2517

Kalbsschnitzel salzen, pfeffern, mit je 1 Scheibe Schinken und Butterkäse belegen, mit zerdrückter Knoblauchzehe bestreichen und zusammenrollen. In heißer Butter und Olivenöl anbraten, nach 5 Minuten mit Weißwein ablöschen; weitere 10 Minuten dünsten. Gehackte Petersilie an die Weißweinsauce geben und mit den Kalbsrouladen servieren.

Paprikaschnitzel

Zutaten
4 Kalbsschnitzel,
Salz,
Pfeffer,
1 EL Mehl,
100 g Butter,
1 gewürfelte Zwiebel,

50 g geräucherte Speckwürfel,
1 TL Paprikapulver,
1/8 l Fleischbrühe,
1/8 l saure Sahne

EW	Fett	KH	kcal/kJ
37 g	31 g	5 g	440/1842

Schnitzel flach klopfen, salzen, pfeffern, mit Mehl bestäuben. In heißem Fett von beiden Seiten anbraten, warm stellen. Zwiebel- und Speckwürfel im Bratensatz rösten, mit Paprika überpudern, mit Fleischbrühe aufgießen; leicht durchkochen und zum Schluß saure Sahne unterrühren. Schnitzel in dieser Sauce fertig dünsten.

Gefüllte Kalbsbrust
(für 6 Personen)

Zutaten

4 Brötchen vom Vortag,
1/8 l lauwarme Milch,
1 Zwiebel,
20 g Butter,
2 EL gehackte Petersilie,
Salz,
Pfeffer,
Muskatnuß gemahlen,
etwas geriebene Zitronenschale,
3 Eier,
150 g durchgedrehte Leber vom Metzger,
200 g kleingeschnittenes Gemüse (z. B. Möhren, Sellerie, Petersilienwurzel),
1,5 kg küchenfertige Kalbsbrust,
einige kleingehackte Kalbsknochen,
50 g Fett zum Braten,
1/2 l Brühe,
1 EL Speisestärke,
Sahne nach Belieben

EW	Fett	KH	kcal/kJ
57 g	32 g	23 g	642/2689

Backofen auf 220 Grad vorheizen. Brötchen in zentimetergroße Würfel schneiden. Mit lauwarmer Milch begießen und zugedeckt stehen lassen.
Zwiebel schälen, hacken und in Butter glasig andünsten. Petersilie einstreuen, kurz durchschwenken und Pfanneninhalt über die eingeweichten Brötchen geben. Mit den restlichen Zutaten zu einem lockeren Teig verarbeiten.
Klabsbrust und Knochen abwaschen und trockentupfen. Innen und außen salzen und pfeffern. Knochen auch würzen.
Kalbsbrust mit Brötchen-Leber-Teig locker füllen. Mit Küchengarn und einer Küchennadel zunähen oder mit mehreren Hölzchen feststecken. In einem passenden Bräter das Fett erhitzen. Kalbsbrust und Knochen von allen Seiten scharf anbraten. Röstgemüse einstreuen und das Ganze mehrmals wenden. Bräter in den vorgeheizten Ofen schieben. Während der fast zweistündigen Bratzeit Kalbsbrust ein paarmal wenden und dabei mit Flüssigkeit (Brühe oder Wasser) begießen.
Restliche Brühe am Schluß verwenden. Die letzte halbstündige Bratzeit die Brust mit Alufolie abdecken.
Fleisch aus dem Bräter nehmen und zugedeckt ruhen lassen. Bratensatz mit restlicher Brühe loskochen. Sauce durch ein Sieb schlagen und erneut aufkochen. Speisestärke mit Wasser glattrühren und Sauce damit binden. Nachmals abschmecken und nach Belieben mit Sahne verfeinern. Fleisch am besten mit einem elektrischen Messer quer in zentimeterdicke Scheiben schneiden und auf einer Platte anrichten.

Tip
Das Fleisch vom Metzger so herrichten lassen, daß Sie eine ausgelöste Kalbsbrust von ca. 1 1/2 kg mit einer eingeschnittenen Tasche küchenfertig geliefert bekommen.

Pariser Schnitzel

Zutaten

4 Kalbsschnitzel aus der Keule (je 150 g),
Salz,
4 EL Mehl,
2 Eier,
2 EL süße Sahne,
40 g Butter

EW	Fett	KH	kcal/kJ
36 g	18 g	11 g	348/1456

Kalbsschnitzel mit Haushaltspapier abtupfen. Mit dem Handballen oder einem großen Messer flach streichen. Leicht mit Salz einreiben.
Mehl auf einen Teller geben. Eier und Sahne auf einem anderen Teller verquirlen.
Schnitzel erst in Mehl wenden, dann durch die Eier-Sahne-Mischung ziehen. Wieder in Mehl wenden. Butter in einer Pfanne erhitzen. Schnitzel in die Pfanne legen, auf jeder Seite 3 Minuten braten.
Auf einer vorgewärmten Platte sofort servieren.

Tip
Dazu schmecken in Butter geschwenkte grüne Bohnen oder feine Erbsen und Pariser Kartoffeln.

Gerollter Kalbsnierenbraten
(für 6 Personen)

Zutaten
50 g Räucherspeck,
1 Zwiebel,
2 Möhren,
100 g Knollensellerie,
1/2 Stange Lauch,
1 Schwarzbrotrinde,
1,5 kg Kalbsnierenbraten,
einige kleingehackte Knochen,
Salz, Pfeffer,
Paprikapulver (edelsüß und rosenscharf),
Öl zum Braten,
gut 1/2 l Fleischbrühe,
1 EL Speisestärke

EW	Fett	KH	kcal/kJ
42 g	24 g	9 g	443/1861

Backofen auf 220 Grad vorheizen. Speck in Streifen schneiden. Zwiebel, Möhren und Sellerie schälen. Lauch zwischen den Blattschichten säubern. Gemüse in grobe Stücke schneiden. Braten sowie Knochen mit Gewürzen einreiben. In einem Bräter Öl erhitzen. Braten und Knochen rudherum scharf anbraten. Gemüse und Brotrinde einstreuen, den Bräter nach einigen Minuten in den Backofen schieben. Während der Bratzeit von etwa 2 Stunden, Braten mehrmals wenden und dabei mit Flüssigkeit aufgießen. Fertiggegarten Braten aus dem Bräter nehmen und zugedeckt warm stellen. Bräter auf die Herdplatte stellen und mit Wasser oder restlicher Brühe Bratensatz loskochen; durch ein Sieb passieren und erneut aufkochen. Speisestärke mit Wasser glattrühren und Sauce damit binden. Eventuell nachwürzen. Braten in gleichmäßig schöne Scheiben schneiden, entstandenen Bratensaft in die Sauce rühren.

Züricher Geschnetzeltes

Zutaten
750 g mageres Kalbfleisch (Lende, Keule oder Schnitzelstück),
1 große Zwiebel,
30 g Butter,
1 gehäufter EL Mehl,
knapp 1/8 l heiße Fleischbrühe (Instant),
1/8 l Weißwein,
Salz, weißer Peffer,
1/4 Bd. Petersilie,
1 Becher süße Sahne,
Paprika (edelsüß)

EW	Fett	KH	kcal/kJ
41 g	21 g	8 g	406/1699

Kalbfleisch kurz abspülen. Mit Haushaltspapier abtrocknen. Schräg zur Faser fein schneiden oder schnetzeln. Beiseite stellen. Zwiebel schälen, fein hacken. Butter in einer Pfanne erhitzen. Zwiebel darin glasig braten. Geschnetzeltes dazugeben, 5 Minuten unter Wenden anbraten. Mehl darüberstreuen und unterrühren. Mit heißer Fleischbrühe und Wein aufgießen. Stark erhitzen, aber nicht kochen. Salzen und pfeffern. Petersilie waschen, trokkentupfen, fein hacken. Sahne unterrühren; wieder erhitzen, aber nicht kochen, sonst gerinnt die Sahne. Geschnetzeltes in einer vorgewärmten Schüssel anrichten. Mit Petersilie bestreuen. Paprika darüberstäuben.

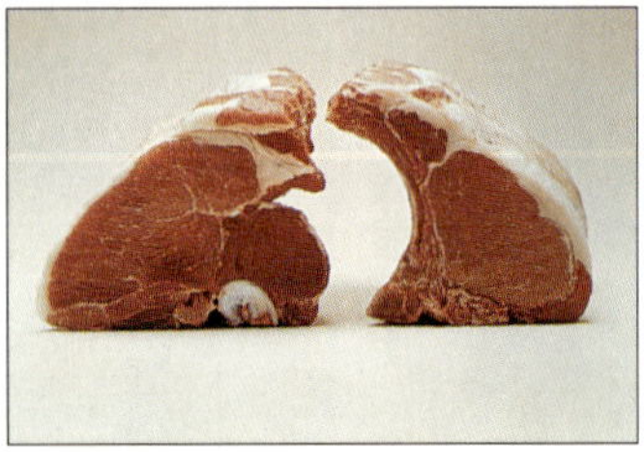

Kotelett
Schmoren, Braten, Kurzbraten, Grillen

Filet
Braten, Kurzbraten, Grillen

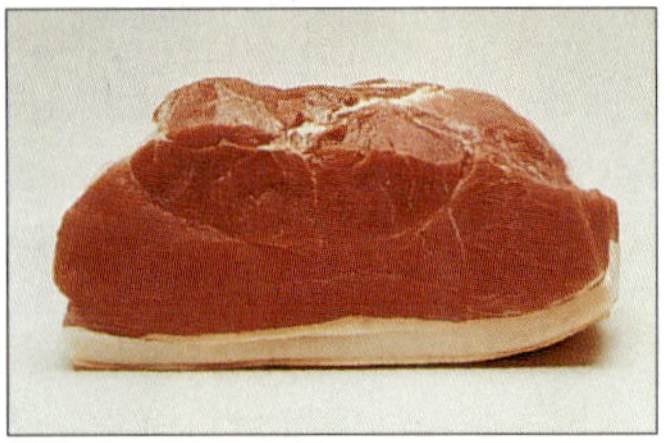

Hüfte
Braten, Schmoren, Kurzbraten

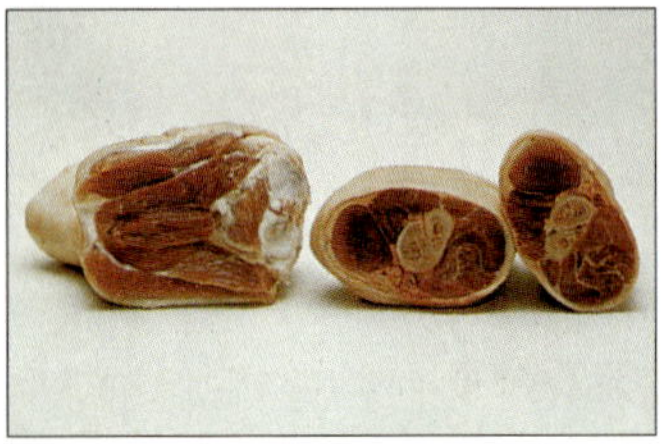

Eisbein
Garziehen, Kochen, Dämpfen, Braten, Grillen

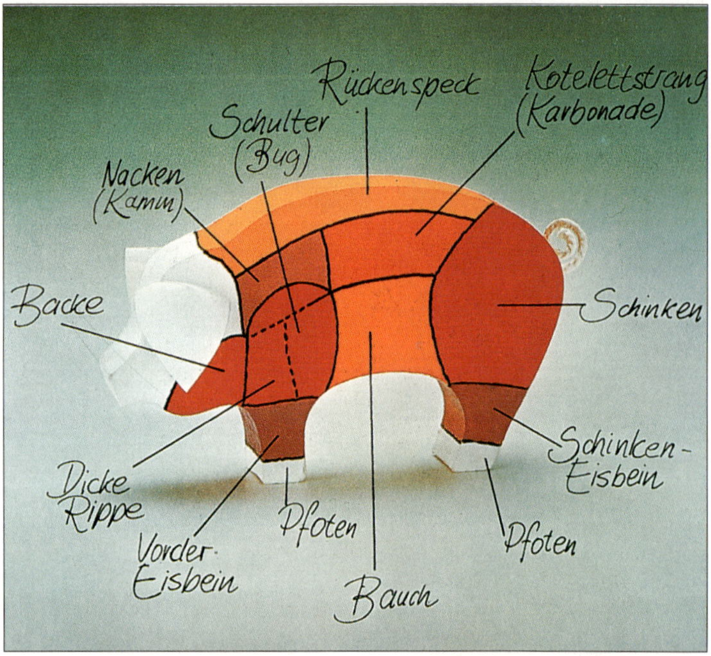

Nacken
Kochen, Schmoren, Braten, Kurzbraten, Grillen

Hintere Haxe
Kochen, Braten

Dicke Rippe
Garziehen, Dünsten, Schmoren

Schulter
Braten, Garziehen, Dünsten, Schmoren

Spareribs
Grillen

Oberschale
Braten, Kurzbraten (Schnitzel)

Bauch
Garziehen, Dünsten, Grillen

Schweinefleisch wird überall als zartes und erstklassiges Fleisch geschätzt. Es stammt überwiegend von jungen Tieren, die nach einer Mastdauer von 6–7 Monaten mit einem Gewicht von 90–120 kg geschlachtet werden. Eine Ausnahme sind Spanferkel, die bereits nach 3–6 Wochen bei einem Gewicht von 12–20 kg geschlachtet werden.
Schweine sind Allesfresser, das heißt: Durch die Zusammensetzung des Futters kann die Fleischbeschaffenheit sowie der Fleischgeschmack stark beeinflußt werden.
Früher hatte Schweinefleisch durch eine natürliche Ernährung sicherlich einen anderen Geschmack als heute, wenngleich es damals auch fetter und zäher war. Heute achten Züchter bei der Schweinemast sehr genau auf die Zusammensetzung des Futters, um ein günstiges Verhältnis zwischen Gewicht, Fettanteil und Größe der Tiere zu erhalten.
Da Schweine praktisch unter fast jeder Klima- und Lebensbedingung aufwachsen können, findet sich Schweinefleisch in beinahe jedem Kulturkreis als Lebensmittel, es sei denn, der Verzehr ist aus religiösen Gründen verboten.
Die größte Vielfalt an Schweinefleischgerichten haben wohl die Chinesen hervorgebracht. Chinesische Köche schneiden das Fleisch meist in Streifen, marinieren es mit unterschiedlichen Zutaten und braten es dann kurz. Es wird mit verschiedensten Beilagen zubereitet, so daß ein einzigartiger Reichtum an Variationen entstanden ist.
Aber auch in Deutschland und allen anderen europäischen Ländern ist Schweinefleisch wegen der Vielfalt der Zubereitungsmöglichkeiten und der vielen Spezialitäten vom Speiseplan nicht mehr wegzudenken. Der große Vorteil von Schweinefleisch ist, daß fast

alle Fleischteile erstklassige Qualität bieten und deshalb gebraten oder gegrillt werden können. Das Fleisch hat eine zartrosa Farbe und festes weißes Fett. Da die Tiere heute sehr jung geschlachtet werden, hat das Fleisch fast durchweg eine zarte Beschaffenheit. Schweinefleisch ist nach 48 Stunden bereits reif, d. h. abgehangen und muß spätestens 3 Tage nach dem Schlachten angeboten und bald verzehrt werden. Schweinefleisch enthält sehr viel Vitamin B1, das wichtig für den Stoffwechsel und die Steuerung der Nerven- und Muskeltätigkeit ist.

Verwendung in der Küche

Filet
Dieses knochenlose magere Fleischstück eignet sich hervorragend zum Braten oder Grillen. Man kann es sowohl im ganzen als auch in Scheiben geschnitten zubereiten.

Schulter
Fleisch aus der Schulter wird mit oder ohne Knochen angeboten. Es ist sehr zart und wird ausgelöst für Rollbraten, die auch gefüllt werden können, verwendet.

Bauch
Sehr durchwachsenes Fleischstück, das meist gepökelt oder geräuchert als Speck angeboten wird. Es kann aber auch gegrillt oder gekocht werden.

Haxe
Magerer, zarter Teil des Hinterbeines, das sich zum Grillen und Braten eignet. Die dicke Schwarte muß vor dem Braten eingeschnitten werden. Gepökelt wird es meist gekocht und mit Sauerkraut serviert.

Kotelettstück
Im Ganzen sowohl mit als auch ohne Filetanteil zum Braten geeignet. Meist wird das Kotelettstück mit Knochen in Scheiben geschnitten und zum Grillen oder Kurzbraten verwendet.

Rippenkotelett
Eignet sich zum Braten und Grillen. Wenn es gepökelt und geräuchert ist, wird es als Kasseler bezeichnet.

Dicke Rippe
Aus dem Vorderteil des Schweines geschnittenes Fleischstück, das sich ausgezeichnet zum Schmoren, Braten und Grillen eignet.

Nacken
Durchwachsenes Fleischstück, das sich wegen seiner Fleischbeschaffenheit hervorragend als Braten oder zum Schmoren im Ganzen anbietet. In Scheiben geschnitten wird es gegrillt oder kurzgebraten. Es ist auch gepökelt erhältlich.

Spareribs
Fleischige Rippenknochen von der Bauchunterseite. Sie eignen sich bestens zum Grillen, nachdem sie vorher in verschiedenen Marinaden eingelegt wurden.

Ober- und Unterschale
Dieses magere Stück aus der Keule wird zusammen mit Hüfte und Nuß als Schinkenbraten angeboten. Aus diesen Teilen des Schweines werden auch die Schnitzel geschnitten.

Kopf
Aus dem gekochten Fleisch werden Sülzen zubereitet. Man kann das Fleisch auch panieren und in Fett braten.

Da Schweine, wie bereits erwähnt, Allesfresser sind, riet man früher wegen der Gefahr einer Trichineninfektion, das Fleisch sehr gut durchzubraten. Heute raten Wissenschaftler zu einer Kerntemperatur von 76 Grad, wodurch eine ausreichende Sicherheit gewährleistet ist und das Fleisch noch saftig und zart bleibt. Als Faustregel für die Temperatur bei großen Bratenstücken gelten 180 Grad, kleinere Fleischstücke wie Schnitzel und Koteletts sollten 10–15 Minuten gebraten oder gegrillt werden.

GRUNDREZEPT
Schweinebraten

Zutaten
1 kg Schweinefleisch (Schlegel, Halsgrat, Rippe),
Salz,
Kümmel,
1 Knoblauchzehe,
1 Suppengrün,
1 Brotrinde nach Belieben,
Knochen nach Belieben,
1/1 l Fleischbrühe,
1/8 l Bier,
2 TL Speisestärke

EW	Fett	KH	kcal/kJ
48 g	28 g	11 g	534/2237

Fleisch waschen, salzen, mit Kümmel und Knoblauch einreiben. Mit der Schwarte (vom Metzger einschneiden lassen), nach unten in die Bratröhre geben, 1/8 l Wasser zufügen. Zugedeckt in den vorgeheizten Ofen (200 Grad) schieben. Nach 10 Minuten Deckel entfernen, Fleisch umdrehen, gewaschenes, kleingeschnittenes Suppengrün, Brotrinde und kleingehackte Knochen zugeben. Wenn alles leicht gebräunt ist, seitlich mit heißer Brühe aufgießen. Unter fleißigem Begießen etwa 2 Stunden braten. Gegen Ende der Garzeit einige Male Bier über den Braten gießen, um eine besonders knusprige Schwarte zu bekommen. Braten aus der Sauce nehmen, warm stellen. Bratensatz lösen, Sauce aufkochen, entfernen, durchsieben. Dabei Wurzelwerk mit dem Löffel durch das Sieb drücken und in die Sauce rühren. Mit in kaltem Wasser angerührter Speisestärke binden, abschmekken. Braten gegen die Faser aufschneiden, etwas Sauce darüberlöffeln.
Mit der restlichen Sauce getrennt servieren.

Tip
Als Beilagen schmecken Kartoffelknödel, Semmelknödel, Sauerkraut, Rotkohl.

Skandinavischer Schinkenbraten mit Rotkohl
(Abb. S. 185)
(für 8 Personen)

Zutaten
2 kg gepökelter Schinken mit Schwarte,
grobes Salz,
Pfeffer,
20 Gewürznelken,
2 kg Rotkohl,
2 Zwiebeln,
3 EL Butterschmalz,
3 EL Essig,
2 säuerliche Äpfel (z. B. Boskop),
1 EL Zucker,
1 Lorbeerblatt

EW	Fett	KH	kcal/kJ
26 g	158 g	17 g	1689/7076

Die Schwarte des Schinkenbratens kreuzweise einschneiden, salzen, pfeffern und mit Gewürznelken spicken. Braten mit Schwarte nach oben in einer Fettpfanne im vorgeheizten Ofen bei 150 Grad etwa 4–4 1/2 Stunden braten.
Rotkohl putzen, vierteln, vom Strunk befreien und grob hobeln. Zwiebeln schälen und fein würfeln. Butterschmalz in einem Bräter erhitzen und Zwiebelwürfel darin glasig dünsten. Rotkohl dazugeben, mit Essig und 200 ml Wasser aufgießen. Äpfel waschen, entkernen, grob würfeln und mit Zucker und Lorbeerblatt zum Rotkohl geben; zugedeckt etwa 45 Minuten garen. Fleisch aus der Fettpfanne nehmen und warm stellen. Bratenfond mit 1/4 l Wasser loskochen, in einen kleinen Topf gießen, aufkochen lassen und mit Salz und Pfeffer abschmecken. Fleisch in Scheiben schneiden, mit Rotkohl und Sauce anrichten.

Südtiroler Bauernschmaus

Zutaten
400 g Schweinskarree (Rückenstück),
Salz,1 Knoblauchzehe,
1 TL Kümmel,
Öl zum Braten,

30 g Selchkarree,
750 g Sauerkraut,
5 Wacholderbeeren,
1 Lorbeerblatt,
etwas Weißwein,
1 Zwiebel, 1 TL Butter,
1/2 TL Mehl

EW	Fett	KH	kcal/kJ
22 g	23 g	6 g	329/1379

Schweinskarree salzen und mit ausgepreßter Knoblauchzehe einreiben. Kümmel überstreuen und in heißem Öl durchbraten. Selchkarree inzwischen in Wasser kochen. Sauerkraut grob zerteilen. Wacholderbeeren, etwas Salz, Lorbeerblatt und einen Schuß Wein hinzufügen und zum Kochen bringen. Bei geringer Hitze garen. Zwiebel schälen und fein hacken, in etwas Öl anrösten, zum Sauerkraut geben. Butter zugeben und Mehl überstäuben. Das Fleisch in Scheiben schneiden und auf dem Sauerkraut auf einer Platte anrichten.

Fleischrollen auf Sauerkraut
(Abb.)

Zutaten
4 dünne Scheiben Schweinefleisch, Salz, grober Pfeffer, Paprikapulver, Majoran (gerebelt), 750 g Sauerkraut, 6 geräucherte Mettwürstchen (je 100 g), 3 EL Öl, 2 Zwiebeln, 1 Lorbeerblatt, 1/8 l Fleischbrühe (S. 40)

EW	Fett	KH	kcal/kJ
34 g	108 g	6 g	1192/4990

Fleischscheiben mit Salz, Pfeffer, Paprikapulver und Majoran würzen, jeweils 1 EL Sauerkraut darauf verteilen. 2 Mettwürstchen halbieren und jeweils 1/2 Mettwurst auf das Sauerkraut legen. Fleischscheiben aufrollen, mit Rouladennadeln feststecken und nochmals von außen würzen. Öl in einem Bräter erhitzen, Rouladen rundherum anbraten, herausnehmen und warm stellen. Zwiebeln schälen, achteln und im Bratenfett andünsten. Restliche Mettwürstchen in Scheiben schneiden, zu den Zwiebeln geben und kurz anbraten. Sauerkraut und Lorbeerblatt hinzufügen und etwa 2 Minuten mitschmoren. Rouladen darauf legen, mit Brühe aufgießen und alles zugedeckt bei mittlerer Hitze etwa 45–50 Minuten garen. Rouladen auf dem Sauerkrautbett servieren.

Kasseler mit Senfkruste
(Abb.)

Zutaten
1 Ananas,
5 Zwiebeln,
10 g frischer Ingwer,
3 EL mittelscharfer Senf,
1 EL Zucker,
Salz,
1 EL Curry,
1 kg Kasseler,
Butter für die Form,
1/4 l Ananassaft
(Dose)

EW	Fett	KH	kcal/kJ
52 g	43 g	22 g	727/3043

Ananas schälen, vierteln, vom Strunk befreien und in Stücke, Zwiebeln schälen und in Ringe schneiden. Ingwer schälen, fein hacken und mit Senf, Zucker, Salz und 1 TL Curry verrühren. Kasseler in eine gebutterte Auflaufform legen und mit Senfpaste bestreichen. Zwiebelringe und Ananasstücke um den Braten legen. Mit restlichem Curry und etwas Salz bestreuen. Mit Ananassaft aufgießen und alles im Ofen bei 175 Grad etwa 80 Minuten garen.

Tip
Fritierte Kartoffelbällchen oder Kartoffelpüree dazureichen.

Thüringer Rostbrätel

Zutaten
500 g Schweinekamm
(ohne Knochen),
5 EL Öl,
Salz,
Pfeffer,
1/4 dunkles Bier,
Senf,
1 Bd. Petersilie,
4 Scheiben Schwarzbrot,
350 g Zwiebeln

EW	Fett	KH	kcal/kJ
20 g	58 g	33 g	785/3285

Schweinekamm in 4 Scheiben schneiden, etwas klopfen und von beiden Seiten mit Öl einstreichen, leicht salzen und pfeffern.
Aus Bier, 1/2 EL Senf, 1 EL Öl, Salz und Pfeffer eine Marinade rühren und Fleischscheiben mit Petersilie einlegen. Im Kühlschrank zugedeckt 1 Tag ziehen lassen.
Fleischscheiben abtropfen lassen, leicht mit Öl einstreichen und grillen.
Brotscheiben dünn mit Senf bestreichen.
Zwiebeln schälen, in dünne Ringe schneiden und in 2 EL Öl goldbraun braten. Rostbrätel auf die Brotscheiben legen, mit Zwiebeln überstreuen.

Tip
Dazu gibt es Kartoffel-Gurken-Salat.

»Wilderers Schweinebauch«

Zutaten

700 g Schweinebauch,
Salz, Pfeffer,
5 Gewürznelken,
10 Wacholderbeeren,
1 Knoblauchzehe,
2 Möhren,
2 Zwiebeln,
500 g Joghurt,
2 EL Öl,
5 EL Konfitüre (Johannisbeer, Sauerkirsch oder Preiselbeer),
1 EL Mehl

EW	Fett	KH	kcal/kJ
29 g	68 g	27 g	879/3679

Fleisch würfeln, leicht salzen und pfeffern. Gewürznelken und Wacholderbeeren grob zerstoßen und zum Fleisch geben. Knoblauch dazupressen.
Möhren schälen und raspeln. Zwiebeln schälen und in Ringe schneiden. Beides unter das Fleisch mengen. Mischung in einem großen Steinguttopf mit 350 g Joghurt mischen und 3 Tage zugedeckt in den Kühlschrank stellen.
Fleisch abtropfen lassen, in 2 EL Öl rundherum anbraten, ein paar Löffel Marinade darübergeben.
Zwiebeln und Möhren in die Sauce legen. Wenn das Fleisch weich ist, Konfitüre hinzufügen. 150 g Joghurt mit Mehl verrühren, zugeben, alles kurz aufkochen und zehn Minuten ziehen lassen.

Tip

Das Gericht mit Thüringer Klößen servieren.

Spanferkel
(für etwa 10 Personen)

Zutaten

1 Spanferkel,
Salz, Pfeffer,
Kümmelpulver,
Bier,
Butter

EW	Fett	KH	kcal/kJ
40 g	116 g	2 g	1295/5414

Spanferkel mit Gewürzen einreiben und mindestens 2 Stunden durchziehen lassen. Auf einem Spieß unter Drehen und ständigem Bepinseln mit Bier und Butter 2–3 Stunden knusprig braten. Die Bläschenbildung auf der Schwarte kann durch öfteres Einstechen mit der Fleischgabel verhindert werden.

Tip

Als Beilage empfehlen sich frisches Bauernbrot, Kartoffel- und Krautsalat.
Ein Spanferkel ist ein junges, etwa 6 Wochen altes Schwein mit einem sehr fettarmen und milden Fleisch.

Gebratene Schweinerippchen Kanton-Art

Zutaten

etwa 500–750 g Schweinerippchen,
Öl zum Fritieren
Für die Marinade:
1 TL Zucker,
1/2 TL Fleischzartmacher,
5 EL helle Sojasauce,
Pfeffer, Glutamat,
2 EL Reiswein,
1 gepreßte Knoblauchzehe, 2 EL Maisstärke
Für die Sauce:
2 TL Worcestersauce,
2 EL Ketchup,
1/2 TL Zucker

EW	Fett	KH	kcal/kJ
36 g	45 g	16 g	607/2538

Schweinerippchen in mundgerechte Stücke schneiden. Marinadenzutaten mit dem Fleisch gut mischen und 30 Minuten stehenlassen. Öl erhitzen, das Fleisch bei Mittelhitze 4 Minuten fritieren, herausnehmen, abtropfen lassen. Das Öl stark erhitzen, das gebratene Fleisch zugeben, noch 1 Minute fritieren. Saucenzutaten mit 3 EL Wasser verrühren, bei starker Hitze kochen lassen, dann die gebratenen Rippchen zugeben. Kurz unter ständigem Rühren braten, so daß sie ganz von der Sauce durchtränkt werden. Sofort heiß servieren.

Surhaxn

Zutaten
2 Zwiebeln,
1 EL Schmalz,
750 g Sauerkraut,
1/4 l trockener Weißwein,
1 Schuß Weinessig,
einige Wacholderbeeren,
1 zerdrücktes Lorbeerblatt,
einige Nelken,
1 Prise Zucker,
Salz,
Pfeffer,
4 Scheiben gepökelte Schweineschulter (etwa 1 kg),
2 EL Speisestärke

EW	Fett	KH	kcal/kJ
43 g	61 g	12 g	845/3542

Zwiebeln schälen und in Streifen schneiden. Schmalz erhitzen und Zwiebeln darin glasig schwitzen. Sauerkraut hinzufügen und mit Weißwein, Weinessig und Brühe oder Wasser aufgießen. Wacholderbeeren, Lorbeerblatt, Nelken und Zucker hinzufügen; salzen und pfeffern. Schweinefleischscheiben auf das Kraut legen. Alles zugedeckt bei mittlerer Hitze 1 1/4 Stunden schmoren lassen. Nach der Garzeit Fleisch herausnehmen, warm stellen. Speisestärke mit kaltem Wasser anrühren, das Sauerkraut damit binden.

Tip
Dazu schmecken Salzkartoffeln. Zur Verdauung einen Wacholderschnaps reichen.

Gourmetspieße

Zutaten
250 g junge Steinpilze,
200 g Schweinefilet,
200 g Nürnberger Bratwürstchen,
50 g geräucherter Bauchspeck (in Scheiben),
2 kleine Zwiebeln,
Öl, Salz, Pfeffer

EW	Fett	KH	kcal/kJ
18 g	38 g	5 g	431/1804

Steinpilze putzen (keinesfalls waschen), in dünne Scheiben schneiden.
Schweinefilet enthäuten, in mundgerechte Stücke schneiden. Bratwürstchen mit je 1 Speckscheibe umwickeln.
Die Zwiebeln schälen, in Stücke teilen.
Vorbereitete Zutaten abwechselnd auf Schaschlikspieße stecken, mit etwas Öl einpinseln. In der Pfanne oder auf dem Holzkohlengrill etwa 10 Minuten braten, dabei hin und wieder mit Öl einpinseln.
Spieße salzen und pfeffern.

Schweinekotelett mit Käse überbacken

Zutaten
4 Schweinekoteletts,
1 Knoblauchzehe,
4 EL Öl,
1/2 TL Salz,
1/2 TL Pfeffer,
Fett zum Braten,
3 kleine Zwiebeln,
250 g frische Champignons,
3 EL Butter,
1/2 Glas Weißwein,
1 Schuß süße Sahne,
3 EL Paniermehl,
200 g geriebener Käse

EW	Fett	KH	kcal/kJ
47 g	70 g	12 g	848/3548

Koteletts kurz unter fließendem Wasser waschen, trockenreiben. Knoblauch schälen, durch die Presse in eine Tasse drücken. Öl, Salz und Pfeffer hinzugeben, gut vermischen.
Koteletts klopfen, Fettrand einbis zweimal einschneiden, damit er sich beim Braten nicht aufdehnt, mit würzigem Öl beidseitig bepinseln. Fett in einer Pfanne erhitzen, Koteletts darin auf jeder Seite etwa 5 Minuten braten; kurz abtropfen, in eine feuerfeste Form legen.
Zwiebeln schälen, fein hacken, Champignons putzen, feinblättrig schneiden.
Butter in einer Pfanne zerlassen, Champignons und Zwiebeln

darin kurz anschwitzen, mit Weißwein ablöschen.
Sahne und Paniermehl einrühren, leicht mit Salz und Pfeffer würzen, einmal aufkochen.
Heiße Mischung mit 1 EL über die Koteletts verteilen, mit Käse bestreuen. Im vorgeheizten Ofen bei 250 Grad überbacken, bis der Käse geschmolzen ist.

Tip
Dazu passen Petersilienkartoffeln, gemischter Salat und Bier.

Schweinesülze mit Bratkartoffeln

Zutaten

1 1/2 kg Schweine- und Kalbsfüße,
1 Bd. Suppengrün,
Salz,
Pfefferkörner,
1 Zwiebel,
einige Nelken,
1 zerdrücktes Lorbeerblatt,
ca. 1/8 l Essig,
500 g Schweinefleisch,
500 g Pellkartoffeln (vom Vortag),
2 EL Butter,
Pfeffer, Kümmel,
Paprikapulver,
1 EL gehackte Petersilie

EW	Fett	KH	kcal/kJ
18 g	56 g	25 g	728/3052

Knochen vom Fleischer durchhacken und zerkleinern lassen. Unter fließendem, kaltem Wasser gründlich waschen (eventuelle Knochensplitter entfernen).
Suppengrün säubern und zerkleinern. Einen Sud aus Suppengrün, Salz, Pfefferkörnern, geschälter mit 2 Nelken gespickter Zwiebel, Lorbeerblatt, Essig, Schweinefleisch und Knochen herstellen.
Kalt zum Kochen aufsetzen. Schweinefleisch nach etwa 1 Stunde herausnehmen. Knochen 1 weitere Stunde köcheln lassen. Die Oberfläche dabei öfter abschäumen. Zuletzt Sud ein- bis zweimal durchseihen, bis die Flüssigkeit klar ist. Nochmals einige Male aufkochen lassen.
Schweinefleisch in Scheiben schneiden und in tiefen Tellern anrichten. Mit klarer »Sulzflüssigkeit« übergießen. Über Nacht im Kühlschrank gelieren lassen.
Kartoffeln schälen, in Scheiben schneiden und in heißer Butter kräftig anrösten. Salzen, pfeffern und mit Kümmel und Paprika abschmecken. Mit gehackter Petersilie bestreuen. Zur Sülze reichen.

Tip
Anstatt Bratkartoffeln kann man auch Kartoffelsalat dazu servieren.

Kantonesisches Schweinefilet

Zutaten

1 EL Cognac oder Rum,
9 EL helle Sojasauce,
5 EL Zucker,
1 TL Fünf-Gewürz-Puver,
800 g Schweinefilet,
2 EL fermentierter Bohnenquark,
2 EL Bohnenpaste,
Salz,
1 EL Sesampaste,
2 EL dunkle Sojasauce,
8 EL Rübensirup oder Honig

EW	Fett	KH	kcal/kJ
40 g	27 g	54 g	628/2629

Cognac oder Rum mit 5 EL heller Sojasauce, 4 EL Zucker und Fünf-Gewürz-Pulver verrühren, Filet darin 30 Minuten marinieren. Bohnenquark, -paste, etwas Salz, 1 EL helle Sojasauce, Zukker und Sesampaste mischen. Fleisch bei 200 Grad 45 Minuten braten. Nach 40 Minuten mit 1 EL dunkler Sojasauce bepinseln. Übrige Sojasauce mit Sirup oder Honig aufkochen. Filet mit der Sauce begießen; 10 Minuten ziehen lassen.

Tip
Alle Zutaten findet man in asiatischen Spezialitätengeschäften.

Schweinefilet mit grünem Spargel
(Abb.)

Zutaten
1 kg grüner Spargel,
Salz, Zucker,
6 EL Butter,
600 g Schweinefilet,
1 EL Öl,
Pfeffer, 1 Zwiebel,
2 Knoblauchzehen,
2 TL Kümmel,
100 ml Starkbier,
5 EL brauner Kalbsfond

EW	Fett	KH	kcal/kJ
33 g	39 g	9 g	554/2315

Spargel waschen, Enden abschneiden und in kochendem Salzwasser mit 1 Prise Zucker und 1 TL Butter etwa 20 Minuten garen. Schweinefilet in etwa 8 Scheiben schneiden, diese etwas flachdrücken. Öl mit 1 EL Butter in einer Pfanne erhitzen, Filetscheiben von jeder Seite etwa 3 Minuten braten, mit Salz und Pfeffer würzen. Fleisch herausnehmen und warm stellen. Bratfett abgießen. Zwiebel und Knoblauchzehen schälen, Zwiebel würfeln und Knoblauch zerdrücken. 1 EL Butter in einem Topf erhitzen, Zwiebelwürfel, Knoblauch und Kümmel darin andünsten.

Mit Bier ablöschen und Kalbsfond unterrühren. Sauce etwa 8 Minuten einkochen lassen, durch ein Sieb gießen und 2 EL Butter in Flöckchen unterschlagen. Restliche Butter zerlassen. Spargel auf Tellern anrichten, mit Butter übergießen, salzen. Dazu je 2 Filetscheiben mit Biersauce geben.

Tip
Mit Schupfnudeln und geschnittenen Cocktailtomaten anrichten und mit frischen Kräutern garnieren.

Schweinepfeffer

Zutaten
1 kg Schweinefleisch für Gulasch,
3/4 l Rotwein,
2 EL Rotweinessig,
1 Bd. Suppengrün,
2 Lorbeerblätter,
500 g Zwiebeln,
50 g Butter oder Butterschmalz,
Salz, Pfeffer,
1 TL getrockneter Majoran,
etwas abgeriebene unbehandelte Zitrone,
2 Knoblauchzehen

EW	Fett	KH	kcal/kJ
42 g	67 g	11 g	981/4123

Schweinefleisch gleichmäßig würfeln. In einer Schüssel mit Rotwein und Rotweinessig

KOCHEN

begießen. Suppengrün säubern, kleinschneiden und mit Lorbeerblättern hinzufügen. Fleisch abdecken und mindestens 8 Stunden marinieren lassen (besser 1–2 Tage). Fleisch aus der Marinade nehmen und leicht abtupfen. Marinade durch ein Sieb passieren und bis zum Gebrauch beiseite stellen.
Zwiebeln schälen und in Streifen schneiden. In einem größeren Topf Butterschmalz erhitzen. Fleisch darin rundherum anbraten und herausnehmen. Im Bratensatz Zwiebelstreifen mindestens 15 Minuten andünsten. Zwischendurch mit Marinade aufgießen. Fleischwürfel einlegen, salzen, pfeffern und mit Majoran und Zitronenschale würzen. Knoblauchzehen schälen und durch eine Presse dazudrücken. Fleisch etwa 1 Stunde schmoren lassen.
Als Beilage zum Schweinepfeffer empfehlen sich Kartoffelklöße und eine schmackhafte Gemüsebeilage.

Fächerbraten »Provençe« (Abb.)

Zutaten

2 Zucchini (je 200 g),
3 Möhren (je 100 g),
500 g Schweinenacken,
100 g durchwachsener Speck in Scheiben,
2 EL Maiskeimöl,
1 Knoblauchzehe,
1–2 TL Kräuter der Provençe,
4 gestrichene EL dunkler Saucenbinder (Fertigprodukt),
Salz, Pfeffer,
Rosmarin,
Petersilie

EW	Fett	KH	kcal/kJ
25 g	49 g	8 g	615/2577

Zucchini und Möhren putzen, waschen und längs in Scheiben schneiden. 4 tiefe Einschnitte (Fächer) ins Fleisch schneiden. Einen Teil Möhren- und Zucchinischeiben in die Fächer schichten. Fleisch mit Speckscheiben belegen und mit Küchengarn verschnüren. Fleisch in heißem Öl anbraten. Etwas Wasser dazugießen und aufkochen lassen. Knoblauchzehe schälen, fein hacken und mit Kräutern der Provençe hinzufügen. Bei schwacher Hitze 1 1/2 Stunden garen, dabei ab und zu wenden. Bei Bedarf Wasser nachgießen. Fächerbraten herausnehmen und warm stellen. Bratenfond mit Wasser zu 3/8 l Flüssigkeit auffüllen und aufkochen lassen. Saucenbinder unter Rühren einstreuen und 1 Minute kochen lassen. Sauce mit Salz und Pfeffer würzen.
Restliche Gemüsescheiben in Stifte schneiden. In etwas heißem Öl dünsten. Mit Salz, Pfeffer, Rosmarin und Petersilie abschmecken.

Gepökeltes Schweinefleisch mit Sauerkraut

Zutaten

2 Zwiebeln,
1 EL Schmalz,
750 g Sauerkraut,
1/4 l trockener

Weißwein,
1 Schuß Weinessig,
1/4 l Fleischbrühe (S. 40 oder Ferigprodukt),
einige Wacholderbeeren,
1 zerdrücktes Lorbeerblatt,
einige Nelken,
1 Prise Zucker,
Salz,
Pfeffer,
4 Scheiben gepökelte Schweineschulter (etwa 1 kg)

EW	Fett	KH	kcal/kJ
43 g	61 g	7 g	823/3449

Zwiebeln schälen und in Streifen schneiden. Schmalz erhitzen und Zwiebeln darin glasig schwitzen.
Sauerkraut hinzufügen, andünsten lassen und mit Weißwein, Weinessig und Brühe aufgießen. Wacholderbeeren, Lorbeerblatt, Nelken und Zucker hinzufügen; salzen und pfeffern.
Schweinefleischscheiben auf das Kraut legen.
Alles zugedeckt bei mittlerer Hitze etwa 1 1/4 Stunden schmoren lassen. Verdampfende Flüssigkeit mit Wasser auffüllen.

Tip

Dazu gibt es Salzkartoffeln und zur Verdauung einen Wachölderken (Wacholderschnaps).

Gefüllter Saumagen auf Weinkraut

Zutaten

1 Schweinemagen (vom Fleischer gereinigt und hergerichtet), Salz,
750 g Schweinefleisch (geschnitten),
750 g gekochte Kartoffeln,
1 1/2 Bd. Petersilie,
1 große Zwiebel,
2 Brötchen vom Vortag,
50 g Butter, 2 Eier,
Pfeffer, 1TL getrockneter Majoran,
1/4 l trockener Weißwein, 1/2 l Fleischbrühe,
2 große Zwiebeln,
1 großer Apfel,
50 g Butterschmalz,
1 TL Zucker,
500 g Sauerkraut vom Faß, 1/4 l Weißwein,
je 1 TL Wacholderbeeren und Pfefferkörner,
2 Lorbeerblätter,
800 ml saure Sahne

EW	Fett	KH	kcal/kJ
69 g	54 g	66 g	1113/4652

Schweinemagen in kaltem Wasser mit einer kräftigen Prise Salz einlegen. Schweinefleisch in eine Schüssel geben, Kartoffeln durch eine Presse dazudrücken. Petersilie von den Stengeln zupfen, waschen, trockenschwenken und hacken. Zwiebel schälen und fein würfeln. Brötchen mit heißem Wasser begießen und quellen lassen. In etwas Butter Zwiebelwürfel und gehackte Petersilie andünsten.
Pfanneninhalt zum Hackfleisch geben. Brötchen ausdrücken und mit Eiern zum Hackfleisch geben. Mit Salz, Pfeffer und Majoran abschmecken.
Saumagen trockentupfen und mit Hackmasse locker füllen. Enden mit Küchengarn zunähen.
In einem größeren Topf Butter erhitzen. Saumagen einlegen und vorsichtig von allen Seiten anbraten. Nach und nach mit Weißwein und Brühe begießen. Saumagen zugedeckt bei mittlerer Hitze in etwa 1 1/2 Stunden fertig schmoren.
Inzwischen Weinkraut zubereiten: Zwiebeln und Apfel schälen und in gleichmäßige Streifen schneiden. Butterschmalz erhitzen und Zwiebel- und Apfelschnitze andünsten. Mit Zucker bestreuen und Sauerkraut hinzufügen. Mit Weißwein aufgießen und Gewürze hinzufügen. Kraut etwa 45 Minuten leise köcheln lassen.
Fertigen Saumagen aus dem Topf nehmen und in Alufolie wickeln – etwa 15 Minuten ruhen lassen. Kochfond mit saurer Sahne verfeinern und nachwürzen. Saumagen in zentimeterdicke Scheiben schneiden und mit Sauce überziehen. Dazu Weinkraut servieren.

KOCHEN

Tip
Restlichen Saumagen am nächsten Tag in Butterschmalz von beiden Seiten anbraten. Oder Scheiben panieren und dann braten. Dazu schmecken Krautsalat und frisches Bauernbrot.

Schweineschulter mit Biersauce

Zutaten
1 kg Schweineschulter,
Salz,
Pfeffer,
1 Knoblauchzehe,
1 Tomate,
2 Zwiebeln,
2–3 Möhren,
1 Stange Lauch,
1/8 l dunkles Bier,
100 g Backpflaumen,
100 g Pfeffer- oder Gewürzkuchen,
Sahne,
Mehl

EW	Fett	KH	kcal/kJ
48 g	62 g	43 g	969/4057

In die Schwarte des Bratens mit einem scharfen Messer regelmäßige Vierecke einschneiden (Abb. 1) und das Fleisch mit Salz, Pfeffer und Knoblauch einreiben.
Halbierte Tomaten, kleingeschnittene Zwiebeln, Möhren- und Lauchstücke in die Bratraine legen (Abb. 2). Den Rost daraufsetzen, Fleisch mit der Schwarte nach oben darauflegen. Mit Bier begießen und bei 200 Grad etwa 2 Stunden garen.
Braten während des Garens mehrmals mit dem Bratenfond bepinseln (Abb. 3).
Braten herausnehmen, mit Alufolie abdecken und warm stellen. Inzwischen Bratensatz mit restlichem Bier loskochen, durch ein Sieb gießen.
Eingeweichte Backpflaumen und Pfeffer- oder Gewürzkuchenbrösel hineingeben und die Sauce mit in Sahne angerührtem Mehl binden. Braten aufschneiden und mit der Sauce servieren (Abb. 4).

Tip
Im Sommer den Braten mit jungen Kartoffeln und einem frischen Salat servieren. Im Winter passen Rosenkohl oder Sauerkraut und Kartoffelknödel dazu.

Abb. 1

Abb. 2

Abb. 3

Abb. 4

Schweinebraten mit Kresse-Apfel-Füllung
(für 6 Personen)
(Abb.)

Zutaten
1 kg Schweinebraten (z. B. Schulter, vom Metzger eine Tasche zum Füllen einschneiden lassen),
Pfeffer, 1 Apfel,
1 kleine Zwiebel,
100 g Kresse,
2–3 EL Paniermehl,
1 EL Butter,
2–3 EL Maiskeimöl,
2 Beutel Fertigmischung für Schweinebraten,
2 EL Calvados oder Apfelsaft

EW	Fett	KH	kcal/kJ
42 g	67 g	12 g	582/2437

Schweinefleisch pfeffern.
Apfel waschen, vierteln, vom Kerngehäuse befreien und würfeln. Zwiebel schälen und fein hacken. Kresse abbrausen und mit Küchenpapier trockentupfen. Apfel, Zwiebel und Kresse mit Paniermehl und flüssiger Butter mischen. Mit Salz und Pfeffer abschmecken und die Fleischtasche damit locker füllen. Mit Küchengarn zunähen. Schweinefleisch in heißem Öl rundherum anbraten. 650 ml Wasser dazugießen, aufkochen und Fertigmischung für Schweinebraten mit dem Schneebesen einrühren. Zugedeckt etwa 1 1/2 Stunden bei schwacher Hitze garen. Ab und zu umrühren. Fleisch nach der Hälfte der Garzeit wenden. Bei Bedarf etwas Wasser nachgießen.
Sauce mit Calvados oder Apfelsaft abschmecken.

Tip
Dazu passen Salzkartoffeln und Lauchgemüse.

Gegrilltes Schweinefleisch mit Chilischoten

Zutaten
450 g Schweinefilet,
1 EL helle Sojasauce,
2 EL Maisstärke,
Öl zum Braten,
1 EL Reiswein,
2 EL dunkle Sojasauce,
Salz,
Glutamat,
1/2 TL Zucker,
1/4 TL Essig,
5 getrocknete Chilischoten oder eingelegte Peperoni,
4 Scheiben Ingwerwurzel,
4 EL geröstete Erdnüsse

EW	Fett	KH	kcal/kJ
27 g	44 g	7 g	532/2225

Fleisch in kleine Stücke schneiden, mit heller Sojasauce und 1 EL Maisstärke etwa 20 Minu-

KOCHEN

ten marinieren. Fleischstücke in heißem Öl kurz fritieren, abtropfen lassen, beiseite stellen. Reiswein, dunkle Sojasauce, Salz, 1 EL Wasser, Glutamat, Zucker, 1 TL Maisstärke und Essig zur Sauce verrühren. Chilischoten in 1 cm lange Stücke teilen. 2 EL Öl im Wok erhitzen, Chilischoten und Ingwer zugeben, unter Rühren braten, bis sie braun werden; Fleischstücke hineingeben, bei starker Hitze weiterbraten. Die vorbereitete Sauce darübergießen und die Erdnüsse zugeben, kurz aufkochen, heiß servieren.

Gratinierte Koteletts
(Abb.)

Zutaten
1 Zwiebel,
1 Knoblauchzehe,
4 EL Öl,
1 kleine Dose geschälte Tomaten (425 g),
1 EL Kapern,
Salz,
Pfeffer,
4 Schweinekoteletts (je 150 g),
1 Prise Zucker,
100 g geriebener Gouda

EW	Fett	KH	kcal/kJ
34 g	35 g	3 g	495/2067

Zwiebel und Knoblauchzehe schälen und fein hacken. In 2 EL Öl andünsten. Tomaten mit der Hälfte des Saftes und Kapern hinzufügen. Alles zum Kochen bringen und bei mittlerer Hitze etwa 30 Minuten dick einköcheln lassen, salzen und pfeffern. Koteletts waschen, trockentupfen und mit Salz, Pfeffer und Zucker würzen. Im restlichen Öl von jeder Seite etwa 2 Minuten braten, aus der Pfanne nehmen, in eine große feuerfeste Form legen und Tomatensauce darüber verteilen. Mit Käse bestreuen und im vorgeheizten Ofen bei 225 Grad etwa 7 Minuten überbacken, bis der Käse geschmolzen ist.

Tip
Dazu schmecken Röstkartoffeln.

Gefüllter Schweinebauch

Zutaten
2 Birnen,
60 g Butter,
1 EL Zucker,
500 g Sauerkraut,
1 kleines Lorbeerblatt,
5 Wacholderbeeren,
1/2 Glas trockener Weißwein,
1 kg magerer Schweinebauch (Tasche vom Fleischer eingeschnitten),
Salz,
Pfeffer,
4 Zwiebeln,
1 EL Kümmel,
2 EL Crème fraîche

EW	Fett	KH	kcal/kJ
36 g	101 g	18 g	1208/5063

Birnen schälen, vierteln und vom Kernhaus befreien; in kleine Scheiben schneiden und in 20 g Butter anbraten. Zucker überstreuen und karamelisieren lassen. Sauerkraut, Lorbeerblatt und Wacholderbeeren hinzufügen und Wein zugießen.
10 Minuten zugedeckt garen lassen.
Schweinebauch innen und außen salzen und pfeffern. Kraut einfüllen und Tasche zunähen. 40 g Butter in einem großen Topf erhitzen und Fleisch rundherum anbraten. Zwiebeln schälen, fein hacken, mit Kümmel in das Bratfett geben und glasig braten. 1/8 l Wasser zugießen. Topf verschließen und im Rohr bei 200 Grad etwa 3 Stunden schmoren lassen. 30 Minuten vor Ende der Garzeit Deckel abnehmen, Fleisch ab und zu mit Bratensaft begießen und knusprig braten.
Fleisch aus dem Bratensaft nehmen und warm stellen. Fett von der Sauce abnehmen. Crème fraîche unterziehen, mit Salz und Pfeffer abschmecken und nochmals durchkochen lassen. Die Sauce getrennt zum Braten servieren.

Tip
Dazu gibt es Klöße.

Knoblauchbraten

Zutaten
1 kg Schweineschulter,
4 Knoblauchzehen,
Salz,
Pfeffer,
2 EL Fett,
2 Zwiebeln,
1 Bd. Suppengrün,
3 Zweige Thymian,
1 Tomate,
1/4 l heiße Fleischbrühe,
2 EL saure Sahne,
1 Schuß Rotwein,
Zucker

EW	Fett	KH	kcal/kJ
28 g	81 g	6 g	907/3795

Fleisch waschen, trockentupfen, Knoblauchzehen schälen, zerdrücken.
Fleisch mit Knoblauch, Salz und Pfeffer einreiben, im heißen Fett anbraten. Zwiebeln schälen, Suppengrün putzen, alles würfeln, mitbraten.
Thymian, gewaschene, geviertelte Tomate hinzufügen, Brühe aufgießen, Braten zudecken und bei sanfter Hitze etwa 2 Stunden schmoren. Häufig mit Fond begießen. Braten herausnehmen, warm stellen. Fond durchpassieren, bei starker Hitze im offenen Topf einkochen lassen. Wein zugeben, saure Sahne einrühren, nicht mehr kochen. Sauce mit Salz, Pfeffer und Zucker abschmecken.

Schweinefleisch Chop Suey

(Abb. S. 202)

Zutaten
250 g Reis,
600 g Schweinefleisch,
3 EL Sesamöl,
1 kleine rote Paprikaschote,
700 g Chop Suey,
150 g Zuckerschoten,
350 g süß-saure Gemüse-Fertigmischung,
1 EL Sojasauce,
1 Msp. Sambal Oelek

EW	Fett	KH	kcal/kJ
39 g	14 g	73 g	667/2795

Reis nach Packungsvorschrift zubereiten. Schweinefleisch klein würfeln. Öl im Wok oder in der Pfanne erhitzen, Fleisch unter häufigem Rühren darin anbraten. Paprikaschote putzen, waschen und in Streifen schneiden. Chop Suey abtropfen lassen. Zuckerschoten waschen und putzen. Zuckerschoten und Paprikastreifen im Wok oder der Pfanne kurz dünsten. Zum Schluß süß-saure Gemüsemischung hinzufügen, erhitzen und immer wieder vorsichtig umrühren. Mit Sojasauce und Sambal Oelek oder ersatzweise Chilipulver pikant abschmecken.

Schweinefilet mit Ananas

Zutaten

1 Schweinefilet (500 g),
weißer Pfeffer,
80 g Butter,
Salz, 30 g Mehl,
1/8 l heiße Fleischbrühe,
1/8 l Ananassaft,
4 Scheiben Ananas (Dose),
30 g Puderzucker

EW	Fett	KH	kcal/kJ
26 g	31 g	46 g	578/2417

Schweinefilet waschen, trockentupfen; in 3 cm dicke Scheiben schneiden. Mit dem Handballen flachdrücken, pfeffern.
50 g Butter erhitzen. Fleischscheiben darin auf jeder Seite 2 Minuten anbraten, salzen, warm stellen. 30 g Butter erhitzen. Mehl hineinschütten. Unter Rühren goldgelb schwitzen. Langsam Fleischbrühe und Ananassaft einrühren, 5 Minuten kochen, salzen und pfeffern. Ananasscheiben in Viertel schneiden. Fleisch in eine feuerfeste Form legen. Mit Ananasvierteln belegen. Mit Sauce begießen, Puderzucker darüberstäuben. Unter vorgeheiztem Grill 10 Minuten gratinieren.

Tip
Als Beilage paßt Reis mit Rosinen.

Gebratenes Schweinefleisch Peking-Art

Zutaten

4 Schweinekoteletts,
Maisstärke,
Öl zum Braten
Für die Marinade:
3 EL helle Sojasauce,
Pfeffer,
1/2 TL Fleischzartmacher,
2 TL Fünf-Gewürz-Pulver,
1 gepreßte Knoblauchzehe,
1 EL Reiswein oder Sherry,
1 TL Zucker,
1 TL Essig,
1 Ei
Für die Sauce:
2 EL gehackter Lauch,
1 TL Ingwerpulver,
1 gepreßte Knoblauchzehe,
4 EL helle Sojasauce,
1/2 TL Zucker,
2 TL Essig,
1 TL Tabasco

EW	Fett	KH	kcal/kJ
42 g	37 g	28 g	619/2588

Fleischscheiben auf beiden Seiten durchklopfen.
Die Marinadenzutaten mischen und mit dem Fleisch gut vermengen, 30 Minuten stehenlassen. Das Fleisch abtropfen lassen, in Maisstärke wälzen.
Öl in der Pfanne erhitzen. Das Fleisch bei starker Hitze braten, bis es auf der Unterseite braun ist, dann wenden. So lange braten, bis das Fleisch goldbraun ist (auf jeder Seite ca. 5–7 Minuten).
Die fertiggebratenen Fleischscheiben in 1–2 cm breite Streifen schneiden, auf einer Platte anrichten.
Die Saucenzutaten gut verrühren, zum Fleisch reichen.

Schweinehaxe auf Nürnberger Art

Zutaten

2 mittlere Schweinehaxen,
2 Bd. Suppengrün,
1 Zwiebel,
1 EL Pfefferkörner,
2 Lorbeerblätter,
Salz, Pfeffer,
30 g Fett,
200 ml dunkles Bier,
30 g Speisestärke

EW	Fett	KH	kcal/kJ
64 g	85 g	16 g	1171/4899

Schweinehaxen in kochendes Salzwasser legen. Suppengrün säubern und kleinschneiden, Zwiebel schälen und vierteln. Beides mit restlichen Würzzutaten zum Fleisch geben und Schweinehaxen nicht ganz weichkochen. Gewürze und Gemüse abseien und mit den Haxen in einer Bratreine in etwas heißem Fett gut anbraten; in den Ofen schieben und bei 200–220 Grad goldbraun braten, mit der Brühe seitlich aufgießen, Haxen immer wieder mit Bier begießen. Die Haxen sind fertig, wenn sich das Fleisch leicht von den Knochen lösen läßt. Sauce abseihen, mit Speisestärke binden und abschmecken.

Tip
Mit Karoffelknödel oder Kartoffelsalat reichen. Als Getränk gibt es dunkles Bier.

Eisbein auf Sauerkraut

Zutaten

1 Schweinehaxe (frisch oder gepökelt),
1 Bd. Suppengrün,
2 Zwiebeln,
2 Nelken, Salz,
100 g durchwachsener Speck,
1 Apfel,
1 EL Schmalz,
1 zerdrücktes Lorbeerblatt,
Pfefferkörner,
einige Wacholderbeeren,
1/2 l Brühe

EW	Fett	KH	kcal/kJ
48 g	64 g	10 g	867/3629

Schweinehaxe unter fließendem, kaltem Wasser waschen; abtropfen lassen. Suppengrün säubern und kleinschneiden. Eine Zwiebel schälen, halbieren und mit je 1 Nelke spicken. Schweinehaxe mit kaltem Wasser bedeckt zum Kochen aufstellen. Salz, gespickte Zwiebel und Suppengrün hinzufügen. Bei kleiner Hitze langsam weichkochen. Zweite Zwiebel schälen und in Streifen schneiden. Speck würfeln, Apfel schälen und in Scheiben schneiden. Schmalz erhitzen, Zwiebelstreifen glasig dünsten. Apfelscheiben und Speckwürfel mitbraten. Sauerkraut, Lorbeerblatt und einige Pfefferkörner und Wacholderbeeren hinzufügen. Mit etwa 1/2 l Brühe oder Wasser aufgießen. Sauerkraut unter gelegentlichem Rühren etwa 30–45 Minuten dünsten lassen; nochmals abschmecken. Haxe portionieren und auf das Sauerkraut legen.

Gefülltes Spanferkel
(für 10 Personen)

Zutaten

500 g Weißbrot (vom Vortag),
1 Zwiebel,
2 Knoblauchzehen,
100 g Butter,
Salz, Pfeffer,
1 EL gerebelter Thymian,
1/2 Bd. gehackte Petersilie,
1 küchenfertiges Spanferkel, Olivenöl,
1 Schuß Weißwein,
2 EL Mehl

EW	Fett	KH	kcal/kJ
43 g	121 g	27 g	1449/6069

Weißbrot entrinden und klein würfeln. Zwiebel und Knoblauch schälen, hacken und in Butter anschwitzen. Pfanneninhalt über die Brotwürfel gießen; salzen, leicht pfeffern, Thymian und Petersilie untermischen.
Spanferkel mit Salz, Pfeffer innen und außen einreiben. Brotmasse locker in den Bauchraum einfüllen und mit Spießen (Holz, Metall) zustecken. In einem gefetteten Bräter mit dem Bauch nach unten setzen. Mit Olivenöl einpinseln und Ohren mit Folie abdecken. In den vorgeheizten Ofen bei 180 Grad schieben. Nach etwa 30 Minuten 1/2 l kochendes Wasser in den Bräter gießen. Die Bratzeit beträgt 3 1/2–4 Stunden.
Kurz vor Ende der Garzeit Folie von den Ohren entfernen. Fertiges Spanferkel aus dem Bräter nehmen. Bratensaft entfetten, auf die Herdplatte stellen und Bratensatz lösen. Dabei mit ein wenig Weißwein aufgießen. Mehl mit ungefähr 1/2 l Wasser glattrühren und in den Bräter schütten. Aufkochen, gut abschmecken und separat zum Spanferkel servieren.

Brust
Garziehen, Schmoren

Hals
Kochen, Schmoren

Schulter
Kochen, Dünsten, Schmoren

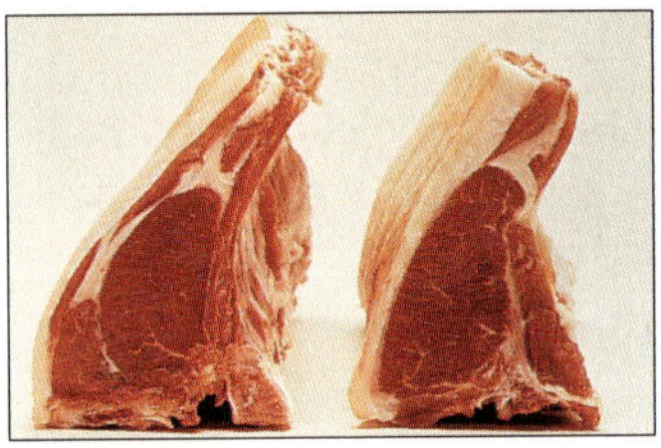

Kotelett
Kurzbraten, Grillen

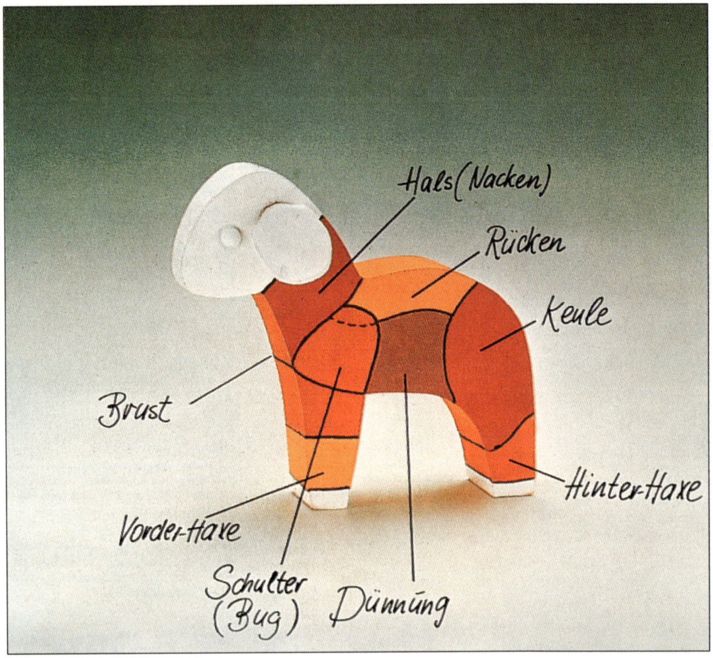

Keule
Kochen, Schmoren, Braten, Kurzbraten

Die Keule ist besonders zart, wenn sie vor der Zubereitung etwa 1 Woche abgehangen wird.
Scheiben aus der Keule eignen sich für Lammsteaks oder Lammschnitzel. Die zarten Lammnüßchen schneidet man ebenfalls aus der Keule.

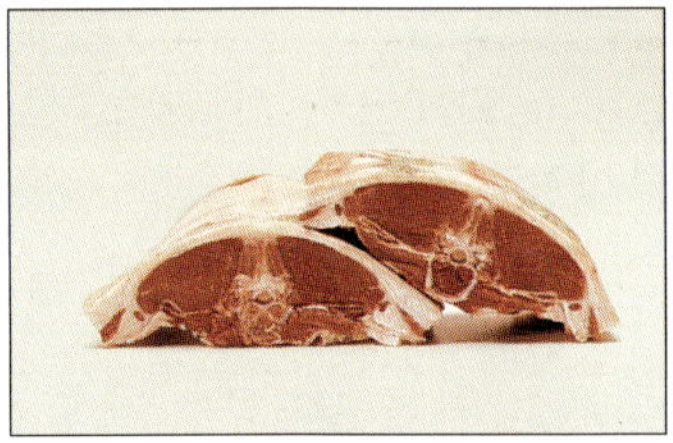

Rücken
Braten, Kurzbraten, Grillen, Schmoren

Sehr saftig und geschmackvoll ist der Lammrücken, auch Sattel genannt, wenn er im Stück gebraten wird.
Eine besondere Art der Zubereitung ist das Lammkarree oder die Lammkrone.

Lammfleisch stammt von Tieren, die vor dem 12. Lebensmonat geschlachtet wurden. Fleisch von älteren Tieren wird allgemein als Schaffleisch bezeichnet, das von über einem Jahr alten männlichen kastrierten Tieren als Hammelfleisch. Wegen des meist tranigen Talggeschmacks wird älteres Schaffleisch so gut wie kaum im Handel angeboten.

Der Stammbaum von Schaf und Ziege reicht zurück bis etwa 8000 v. Chr. Ursprünglich wurden die Tiere wegen ihres Felles gehalten, nach und nach aber auch als Fleischlieferanten.

Heute sind durch Züchtungen fast nackte Rassen entstanden, die kräftig und sehr fleischig sind.

Schafe werden auch heute noch sowohl wegen ihrer Wolle als auch wegen ihres Fleisches gehalten, wobei allerdings mit dem Verkauf des Fleisches wesentlich höhere Erträge erzielt werden. Da Lammfleisch in den meisten Ländern der Erde sehr beliebt ist, haben sich sehr viele typische Nationalgerichte entwickelt, von denen hier nur einige erwähnt werden.

Aus dem Nahen Osten kommt das bei uns bekannte Kebab oder auch Lamm-Schaschlik. Die Franzosen haben sich auf Lammkeulen spezialisiert.

Aus Irland kommt das berühmte Irish Stew.

Traditionell sind auch Zubereitungen von Lamm mit verschiedenen Zutaten und Früchten: mit Pfefferminz- oder Kapernsauce in England, mit Zitronen und Oliven in Marokko, mit Pflaumen und Mandeln in Algerien, mit Dill in Schweden.

Weitere typische Gewürze für die Zubereitung von Lammgerichten sind Knoblauch, Rosmarin, Wacholderbeeren und Koriander.

Lammfleisch hat eine hellrote Farbe und festes Fett. Das Fleisch ist an den meisten Stellen von einer dünnen, festen Haut umgeben, die Sie bei Bratenstücken nicht entfernen sollten, da sie das Fleisch in Form hält. Das Alter des Schlachttieres können Sie relativ gut am Gewicht der Keulen bestimmen: Das Gewicht sollte bei 2,5 kg liegen, dann erhalten Sie eine gute Qualität, bei einem Gewicht um 4 kg dürfte es sich bereits um einen Hammel gehandelt haben.

Lammfleisch ist ein qualitativ hochwertiges Fleisch. Es ist relativ mager und enthält wertvolle Vitamine, Mineralstoffe und Eiweiß. Sie sollten es nur ganz heiß servieren, da das Fett sehr schnell erstarrt und Lamm dann zu kräftig schmeckt.

Lammstücke und ihre Verwendung

Keule
Hierbei handelt es sich um ein zartes, durchwachsenes Stück, das sich zum Braten am Knochen eignet und entbeint und eventuell gefüllt geschmort wird. In Würfel geschnitten auch für Fondue geeignet.

Rücken
Zum Braten geeignetes Stück mit relativ hohem Fettanteil, mit Kochen.

Schulter
Sehr fettreiches Stück mit Knochen. Sie können sie im Ganzen braten oder kleingeschnitten für Ragouts oder Kebab verwenden.

Kotelett
Zum Grillen oder Kurzbraten. Mageres, sehr zartes Fleisch mit einem mehr oder weniger starken Fettrand, meist mit Knochen.

Rippen
Stark durchwachsenes Brustfleisch mit Knochen, zum Kochen geeignet.

Lammfleisch auf Kreolen-Art mit Mandelreis

(Abb.)

Zutaten

750 g Lammfleisch,
2 Knoblauchzehen,
2 EL Butter,
1 EL Öl,
1 EL Currypulver,
bunter Pfeffer, Salz,
1/4 l Fleischbrühe,
100 ml Sahne,
Kokosraspel zum Bestreuen,
250 g Reis,
2 EL Mandelstifte

EW	Fett	KH	kcal/kJ
46 g	39 g	54 g	759/3193

Lammfleisch würfeln, Knoblauch schälen und hacken. 1 EL Butter und Öl erhitzen, Fleisch und Knoblauch darin anbraten.
Mit Currypulver, Pfeffer und Salz würzen.
Mit Brühe aufgießen und alles zugedeckt 30 Minuten schmoren lassen. Sahne hinzufügen und etwa 10 Minuten einkochen lassen.
Mit den Gewürzen nochmals abschmecken und mit Kokosraspeln bestreuen.
Reis nach Packungsvorschrift zubereiten.
Mandelstifte trocken in einer Pfanne rösten.
Fertigen Reis mit Mandelstiften und restlicher Butter mischen und zum Lammragout servieren.

Lammkoteletts spanisch

(Abb. S. 205)

Zutaten

8 Lammkoteletts, Salz,
4 Fleischtomaten,
1 große Zwiebel,
1/8 l Olivenöl,
1 TL Paprikapulver,
1 Lorbeerblatt,
1 Msp. Rosmarin,
1/4 l spanischer Weißwein, schwarzer Pfeffer,
250 g kernlose grüne Oliven

EW	Fett	KH	kcal/kJ
44 g	79 g	4 g	970/4058

Koteletts von beiden Seiten mit Salz würzen. Tomaten kreuzweise oben einritzen, blanchieren, enthäuten, halbieren und entkernen. Das Fruchtfleisch kleinschneiden. Zwiebel abziehen und fein würfeln. Koteletts in erhitztem Öl von beiden Seiten braun braten, herausnehmen und warm stellen. Zwiebel im verbliebenen Fett anbraten, Tomaten zufügen und alles bei geringer Hitze etwa 10 Minuten köcheln lassen. Paprikapulver, Lorbeerblatt und Rosmarin zufügen. Mit Wein aufgießen und Sauce mit Salz und Pfeffer abschmecken. Oliven in Scheiben schneiden und in die Sauce geben. Die Koteletts in die Sauce legen und alles so lange kochen, bis die Sauce dicklich geworden ist.

Hammeltopf

Zutaten
300 g Hammelschulter,
200 g Schweineschulter,
5 Zwiebeln,
500 g Kartoffeln,
1 kleiner Kopf Weißkohl,
50 g Butter,
Salz, Pfeffer,
Thymian,
Kümmel,
1 Knoblauchzehe

EW	Fett	KH	kcal/kJ
23 g	39 g	26 g	577/2417

Fleisch würfeln. Zwiebeln schälen und in dünne Ringe schneiden. Kartoffeln schälen und würfeln. Weißkohl putzen, vom Strunk befreien und in Streifen schneiden oder hobeln. Fleisch mit wenig heißem Wasser übergießen und kurz ziehen lassen. Einen großen Schmortopf mit Butter ausstreichen, eine Schicht Zwiebeln einfüllen, danach eine Schicht Kartoffeln, eine Schicht Fleischwürfel und eine Schicht Weißkohl. Kräftig mit Salz, Pfeffer, Thymian und Kümmel würzen. Knoblauchzehe schälen und fein hacken. Über den Kohl streuen. Schichtung so lange wiederholen, bis alle Zutaten verbraucht sind. Fleischbrühe zugießen. Alle Zutaten sollen bedeckt sein. Eventuell mit Wasser auffüllen.
Zugedeckt im Ofen garen, bis alle Zutaten weich sind.

Lammfilet mit Frühlingsgemüse (Abb.)

Zutaten
8 kleine Möhren,
8 kleine Rettiche,
2 Bd. Frühlingszwiebeln,
400 g grüne Bohnen,
Salz, Pfeffer,
2 EL Butter,
2 Lammfilets,
1 Bd. Pfefferminze,
1 Bd. Zitronenmelisse,
150 g Crème double

EW	Fett	KH	kcal/kJ
22 g	37 g	13 g	550/2311

Möhren und Rettiche schälen. Frühlingszwiebeln putzen, waschen und in Stücke schneiden. Bohnen waschen und abfädeln. Gemüse in wenig Salzwasser bißfest garen, abgießen, mit Salz und Pfeffer abschmecken und warm stellen.
Fleisch waschen und trockentupfen. Butter in einer Pfanne erhitzen, Lammfilets salzen und pfeffern und von beiden Seiten 2–3 Minuten braten, so daß sie innen noch rosa sind.
Herausnehmen und warm stellen. Bratenfond mit etwas Wasser ablöschen, Kräuter waschen, trockentupfen, fein hacken und dazugeben.
Sauce pürieren, Crème double unterziehen, kurz erhitzen und mit Salz und Pfeffer abschmekken. Lammfilet in Scheiben schneiden und auf Tellern mit Sauce und Gemüse angerichtet servieren.

Lammrücken mit Mangosauce
(Abb.)

Zutaten
4 Lammrückenfilets,
Saft von 1/2 Zitrone,
Salz, Pfeffer,
1/2 TL Rosmarinnadeln,
2 Knoblauchzehen,
3 EL Öl, 1/2 l Brühe,
2 Mangos,
100 g Rosinen,
1 EL Zucker,
1 TL Curry

EW	Fett	KH	kcal/kJ
44 g	55 g	79 g	1031/4319

Lammrückenfilets mit Zitronensaft beträufeln und mit Salz, Pfeffer und Rosmarin einreiben. Knoblauch schälen, hacken und mit den Filets im heißen Öl anbraten. Mit Brühe aufgießen und Lammrückenfilets 10 Minuten darin garen lassen. Filets aus der Pfanne nehmen, in Alufolie wickeln und warm stellen.
Brühe durch ein Sieb in einen Kochtopf gießen. Für die Sauce Mangos halbieren, entkernen, Schale abziehen, das Fruchtfleisch kleinschneiden und mit Rosinen, Zucker und Curry in die verbliebene Brühe geben. Sauce etwa 20 Minuten bei schwacher Hitze garen, mit dem Mixstab kurz pürieren und pikant abschmecken. Zu den Lammrückenfilets servieren.

Tip
Dazu passen Pommes Frites.

Lammkeule mit Zwiebeln und Kartoffeln
(Agnello al forno)

Zutaten
2 Knoblauchzehen,
1 Zweig Rosmarin,

Olivenöl und Butter zum Braten,
1 1/2 kg Lammkeule,
8 Frühlingszwiebeln,
800 g neue Kartoffeln

EW	Fett	KH	kcal/kJ
69 g	71 g	38 g	1133/4748

Knoblauch fein hacken, Rosmarin zerkleinern. Beides in Olivenöl und Butter andünsten, Lamm dazugeben und rundum braten. Zwiebeln putzen und in Ringe schneiden. Kartoffeln schälen; beides zum Lamm geben. Nochmals im vorgeheizten Ofen bei mittlerer Temperatur 1 Stunde garen.

Tip
Heiß mit einem Rohkostsalat servieren.

Geschmortes Lammfleisch mit Zucchini

Zutaten
1 Zwiebel,
2 Knoblauchzehen,
250 g Tomaten,
250 Zucchini,
750 g mageres Lammfleisch,
Olivenöl zum Braten,
1/4 l Weißwein,
Salz,
Pfeffer,
2 EL geriebener Käse,
2 EL gehackte Petersilie

EW	Fett	KH	kcal/kJ
36 g	35 g	6 g	552/2315

Zwiebeln und Knoblauchzehen schälen und hacken. Tomaten waschen und grob würfeln. Zucchini waschen und in etwa 1 cm dicke Scheiben schneiden. Lammfleisch in mundgerechte, gulaschgroße Würfel schneiden. In einem größeren flachen Topf Olivenöl erhitzen und Zwiebelwürfel darin glasig dünsten. Fleischwürfel hinzufügen und von allen Seiten knusprig braten. Tomatenwürfel leicht mitrösten und mit Weißwein ablöschen. Kräftig mit Salz und Pfeffer würzen, etwa 1/8 l Wasser zugießen und zugedeckt bei schwacher Hitze etwa 1 Stunde schmoren lassen (öfter umrühren, damit nichts anbrennt). Kurz vor Ende der Garzeit Zucchinischeiben leicht salzen und in Olivenöl von beiden Seiten knusprig braten. Auf die Oberfläche vom Lammeintopf legen, mit geriebenem Käse bestreuen, etwas Olivenöl darüberträufeln und im heißen Ofen (Grill) überbacken. Mit Petersilie garnieren.

Hammelfleisch mit grünen Bohnen

Zutaten
750 g Hammelfleisch,
2 Knoblauchzehen,
750 g grüne Bohnen,
500 g Kartoffeln,
2 Zwiebeln,
1 EL Öl,
Salz,
Pfeffer,
einige Zweige Bohnenkraut

EW	Fett	KH	kcal/jJ
35 g	55 g	32 g	803/3370

Hammelfleisch von sämtlichem Fett befreien und unter fließendem kalten Wasser gründlich waschen. In kochendem Wasser kurz blanchieren und herausnehmen. Knoblauchzehen schälen, im Mörser zerkleinern und Fleisch damit einreiben. Bohnen verlesen, längere halbieren und säubern. Kartoffeln schälen, würfeln und bis zum Gebrauch in kaltes Wasser legen. Zwiebeln schälen und in Streifen schneiden. In heißem Fett glasig schwitzen und darauf das Hammelfleisch setzen. Salzen und pfeffern. Mit etwa 1/2 l Wasser aufgießen und etwa 45 Minuten schmoren. Dann Bohnen, Kartoffeln und Bohnenkraut hinzufügen. Fertig garen und dabei nach Bedarf noch Wasser zugießen.

Tip
Dazu einen gut gekühlten Roséwein servieren.

Lammsteaks

Zutaten
4 Lammsteaks (von der Keule, je 150 g),
4 EL Öl, Salz,
Pfeffer aus der Mühle,
Thymian,
Zitronensaft,
4 Gewürzgurken,
1 Bd. Frühlingszwiebeln,
Kräutersalz,
4 gekochte Eier

EW	Fett	KH	kcal/kJ
34 g	42 g	7 g	573/2400

Lammsteaks leicht klopfen, mit Öl bepinseln und von beiden Seiten salzen, pfeffern und mit Thymian bestäuben. Etwas Zitronensaft darüberträufeln und abgedeckt 2–3 Stunden ziehen lassen.
Im restlichen Öl von beiden Seiten knusprig braten, nochmals leicht salzen und pfeffern. Im Ofen warm stellen. Gewürzgurken in Streifen schneiden. Frühlingszwiebeln in Scheiben, das Grün in Ringe schneiden. Beides im Bratenfett etwas schmoren lassen, mit Kräutersalz abschmecken. Eier hacken und zugeben.
Zum Servieren Mischung über den Steaks verteilen.

Tip
Dazu schmecken Rosmarinkartoffeln oder Kartoffelsalat und grüner Salat.

Lammkeule

Zutaten
1 Lammkeule (vom Knochen befreit),
Salz, Pfeffer,
Rosmarin,
1 Knoblauchzehe,
Öl,
1 Möhre,
1 Stück Sellerie,
1 Stange Lauch,
1 Zwiebel,
1/4 l Fleischbrühe (S. 40)

EW	Fett	KH	kcal/kJ
44 g	52 g	7 g	715/2993

Lammkeule mit Salz, Pfeffer, Rosmarin und ausgepreßter Knoblauchzehe einreiben. Zusammenrollen und mit einem Baumwollfaden umwickeln. Öl in der Bratraine erhitzen, Fleisch auf allen Seiten anbraten.
Möhre und Sellerie schälen und würfeln. Lauch in Ringe schneiden. Zwiebel schälen und vierteln. Gemüse kurz in 2 EL heißem Öl anbraten, mit Fleischbrühe aufgießen. In den Ofen schieben und bei 220 Grad etwa 2 Stunden garen. Dabei immer wieder begießen, eventuell etwas Wasser nachgießen. Nach der Garzeit Braten aus der Sauce nehmen, warm stellen. Bratensatz lösen, aufkochen, durchseien. Sauce abschmekken. Fleisch gegen die Faser in Scheiben schneiden. Mit der Sauce servieren. Braten in Scheiben schneiden.

Lammrücken mit Kräutersauce

Zutaten
5 Knoblauchzehen,
2 Schalotten,
6 EL Olivenöl,
1 Bd. gemischte gehackte Kräuter,
1 Zweig Rosmarin,
1 1/2 kg Lammrücken,
Salz, Pfeffer,
2 TL Senf,
30 g Paniermehl,
1/4 l Fleischbrühe (S. 40)

EW	Fett	KH	kcal/kJ
45 g	62 g	9 g	807/3376

Knoblauch und Schalotten schälen, fein würfeln. 2 EL Öl erhitzen und beides darin anbraten. Kräuter unterrühren, vom Herd nehmen.
Lammrücken mit einem Tuch abreiben, Fettschicht rautenförmig einschneiden.
Fleisch salzen und pfeffern. 2 EL Olivenöl erhitzen, Rücken rundherum braun anbraten.
Kräutermischung mit Senf, etwas Öl, Paniermehl, einigen Tropfen Brühe zu einer Paste vermengen, mit Salz und Pfeffer würzen. Bratenoberseite damit bestreichen, mit restlichem Öl beträufeln. Bei 200 Grad 20–25 Minuten braten.
10 Minuten ruhen lassen. Bratfond mit Brühe ablöschen, durchsieben, etwas einkochen, als Sauce servieren.

Hammelkeule mit Sauergeschmack

Zutaten
1 Hammelkeule (etwa 1 kg), 2 Zwiebeln, 1/4 l Weißweinessig, 1 Lorbeerblatt, 1/4 l saure Sahne, 1 Bd. Suppengrün, einige Pfefferkörner, 1 EL Öl, 150 g Schinkenspeck, 125 g Crème fraîche

EW	Fett	KH	kcal/kJ
50 g	88 g	9 g	1107/4638

Hammelkeule von Fett und Häuten befreien und unter fließendem kalten Wasser säubern. In ein flaches Gefäß legen. Zwiebeln schälen, in Streifen schneiden und darübergeben. Eine Marinade aus Weißweinessig, zerdrücktem Lorbeerblatt, saurer Sahne, zerkleinertem Suppengrün und Pfefferkörnern herstellen; über die Keule gießen. Zudecken und in den Kühlschrank stellen. Das Hammelfleisch soll 3–4 Tage marinieren. Das Fleisch mehrmals täglich wenden. Mariniertes Fleisch leicht abreiben und in heißem Öl von allen Seiten scharf anbraten. Schinkenspeck würfeln und einstreuen. Marinade passieren und über die angebratene Hammelkeule gießen. Im Ofen weich schmoren. Keule tischfertig schneiden und Sauce mit Crème fraîche verfeinern.

Indisches Lammkotelett (Abb.)

Zutaten
Öl, 8 Lammkoteletts, 250 g Zwiebeln, 1 TL Currypulver, 2 EL Sahne, 2 EL Erdnußcreme, 250 g Aprikosen (Dose), 1/2 TL Chilipulver, 1 TL Zimtpulver, 1 Msp. Ingwerpulver, 1 Becher Joghurt (150 g)

EW	Fett	KH	kcal/kJ
42 g	28 g	22 g	525/2205

1 EL Öl erhitzen, Lammkoteletts darin braten, aus der Pfanne nehmen und warm stellen. Zwiebeln schälen, in Scheiben schneiden, zum Bratfett geben und glasig braten. Currypulver zu den Zwiebeln geben, etwas Wasser hinzufügen, kurz aufkochen lassen, gelegentlich umrühren. Sahne und Erdnußcreme unterrühren. Aprikosen abtropfen lassen, Früchte halbieren und in die Sauce geben, heiß werden lassen. Mit Chili-, Zimt- und Ingwerpulver abschmecken. Joghurt unterrühren und Sauce zu den Lammkoteletts servieren.

Kümmel-Lammkeule mit Kartoffelgratin

Zutaten

800 g Lammkeule ohne Knochen,
Salz, Pfeffer,
4 EL Öl,
4 Knoblauchzehen,
2 TL Kümmel,
2 Möhren, 4 Zwiebeln,
1 EL Tomatenmark,
1/8 l Rotwein,
700 g Kartoffeln,
1 Ei,
200 ml Sahne,
2 EL Crème fraîche

EW	Fett	KH	kcal/kJ
41 g	51 g	36 g	832/3487

Lammkeule waschen, trockentupfen, mit Salz und Pfeffer würzen. Öl in einer Pfanne erhitzen. Lammkeule darin rundherum anbraten. 2 Knoblauchzehen schälen, zerdrücken und auf das Fleisch streichen. Kümmel darüberstreuen. Möhren und Zwiebeln schälen, beides kleinschneiden und zum Fleisch geben. Tomatenmark hinzufügen und kurz anschwitzen. Mit Wein ablöschen, etwas einkochen lassen, mit 1/4 l Wasser aufgießen und Fleisch im vorgeheizten Ofen bei 200 Grad etwa 2 Stunden garen, herausnehmen und warm stellen. Sud mit einem elektrischen Mixstab pürieren, abschmecken. Für das Gratin Kartoffeln schälen, waschen und in dünne Scheiben schneiden. Restliche Knoblauchzehen schälen, zerdrücken, mit Ei, Sahne und Crème fraîche verrühren, mit Salz und Pfeffer würzen. Kartoffeln fächerartig in eine feuerfeste Form schichten, mit Sahne-Ei-Gemisch übergießen und im vorgeheizten Ofen bei 200 Grad 45 Minuten garen. Lammkeule mit Kartoffelgratin servieren.

Hammelfleisch mit Zwiebeln

Zutaten
600 g Hammelfleisch (Blatt oder Rücken, ohne Knochen),
Salz,
2 Knoblauchzehen,
450 g Zwiebeln,
1 Lorbeerblatt,
gekörnte Brühe oder Rinderbrühe aus Würfeln,
Pfeffer,
Kümmel

EW	Fett	KH	kcal/kJ
19 g	53 g	9 g	625/2623

Fleisch von beiden Seiten salzen. Knoblauchzehen durch die Presse drücken und Fleisch damit einreiben. Mit Küchengarn zu einem Rollbraten wickeln. Zwiebeln schälen und in dicke Scheiben schneiden. Etwa 1 l Wasser mit Zwiebeln, Lorbeerblatt, gekörnter Brühe, Pfeffer und Kümmel zum Kochen bringen. Fleisch vorsichtig ins Wasser geben.
Etwa 2 Stunden zugedeckt kochen lassen.
Fleisch herausnehmen, in Scheiben schneiden und auf einer Platte anrichten.

Tip
Mit Salzkartoffeln, Pellkartoffeln oder Kartoffelbrei servieren.

Lammfilet »Frankreich« (Abb.)

Zutaten
2 mittelgroße Zucchini,
2 Zwiebeln,
2 Knoblauchzehen,
2 EL Butter,
Salz, Pfeffer,
Paprikapulver,
300 g Reis,
600 g Lammfilet,
4 EL Öl,
1 Bd. Basilikum

EW	Fett	KH	kcal/kJ
37 g	22 g	75 g	590/2775

Zucchini waschen und in Streifen schneiden. Zwiebeln und Knoblauchzehen schälen, Zwiebeln würfeln und Knoblauch zerdrücken. Alles in heißer Butter dünsten und mit Salz, Pfeffer und Paprikapulver abschmecken. Inzwischen Reis nach Packungsvorschrift zubereiten.
Lammfilet in Scheiben schneiden, mit etwas Salz und Pfeffer würzen. Öl in einer Pfanne erhitzen und das Fleisch von beiden Seiten je 3 Minuten braten. Lammfilet mit Zucchinigemüse und Reis auf Tellern anrichten und mit frischem Basilikum garnieren.

TIP
Als frische Beilage einen Tomatensalat mit Basilikum servieren.

Lammpaste

Zutaten
1 kg Lammkeule ohne Knochen,
2 l Gemüsebrühe (Instant), Salz, Pfeffer, Muskatnuß,
3 Knoblauchzehen,
1 Zwiebel, Paprikapulver

EW	Fett	KH	kcal/kJ
46 g	45 g	3 g	599/2507

Die ausgelöste Lammkeule in einem großen Topf in Gemüsebrühe weichkochen. Anschließend mit den restlichen Zutaten im Mixer pürieren. Die Masse dann in einen Steinguttopf geben, pikant abschmecken und kühl stellen.

Lammbraten gebeizt

Zutaten
1 1/2 kg Lammfleisch (Schulter, Keule, Rücken),
1 große Zwiebel,
1 l Buttermilch,
1 Gewürzdosis,
Salz,
Pfeffer,
Rosmarin,
1 Knoblauchzehe,
100 g durchwachsener Speck,
1 Bd. Suppengrün,
Brotrinde nach Geschmack,
1/8 – 1/4 l Rotwein,
1/4 l Fleischbrühe (S. 40 oder Instant),
4 EL saure Sahne,
Saucenbinder nach Geschmack

EW	Fett	KH	kcal/kJ
78 g	78 g	27 g	1232/5163

Fleisch häuten, Fett abschneiden. Zwiebel würfeln, die Hälfte davon in die Buttermilch geben, Gewürzdosis zugeben, Fleisch über Nacht in die Beize legen. Am nächsten Tag Fleisch herausnehmen, mit Küchenpapier abtrocknen, mit den Gewürzen und der zerdrückten Knoblauchzehe einreiben. Speck in Würfel schneiden, in der Bratraine ausbraten, Lammfleisch auf allen Seiten anbräunen. Restliche Zwiebel, gewaschenes, kleingeschnittenes Suppengrün und Brotrinde ebenfalls anbraten. Wenn die Bratzutaten leicht braun sind, Wein aufgießen. In den vorgeheizten Ofen (200 Grad) schieben. Nach und nach mit heißer Brühe seitlich aufgießen, Fleisch begießen. Zur Hälfte der Garzeit umdrehen. Garzeit 60 Minuten. Kurz vor dem Herausnehmen 2 EL saure Sahne auf den Braten streichen, bräunen lassen. Fleisch herausnehmen, warm stellen. Bratensatz aufkochen, durchseien. Bratzutaten mit einem Löffel durch das Sieb drücken und in die Sauce rühren. Nach Geschmack mit Saucenbinder binden. Die restliche saure Sahne einrühren, abschmecken. Braten gegen die Faser aufschneiden, etwas Sauce darüberlöffeln. Getrennt mit der restlichen Sauce servieren.

Lamm-Curry

Zutaten
750 g Lammfleisch (Schulter),
1 große Zwiebel,
1 Knoblauchzehe,
50 g Butterschmalz,
2 EL Curry,
Salz,
Pfeffer,
1/8 l heiße Fleischbrühe (S. 40 oder Instant),
2 EL Speisestärke,
125 ml Sahne

EW	Fett	KH	kcal/kJ
33 g	51 g	11 g	668/2795

Fleisch waschen, mit Küchenpapier trockentupfen, in Würfel schneiden. Zwiebel und Knoblauch hacken, in das erhitzte Butterschmalz geben. Fleisch zugeben, alles anbraten. Curry darüberstreuen, salzen, pfeffern. Fleischbrühe nach und nach aufgießen,1 – 1 1/2 Stunden schmoren lassen. Sauce mit in kaltem Wasser angerührtem Stärkemehl binden, mit Sahne verfeinern.

Tip
Als Beilagen schmecken körniger Reis und grüner Salat.

Die Geschichte des Wildes und die Tradition der Wildküche geht bis in die Antike zurück. Von den Griechen hoch geschätzt, verbreiteten die Römer die Jagd und Zubereitung von Wild in ganz Europa. Im Mittelalter war die Jagd ein Privileg des Adels und Verstöße gegen bestehende Jagdgesetze wurden nicht selten mit dem Tode bestraft. Vor allem in England und Schottland mit den weit ausgedehnten Moor- und Wiesenflächen hat die traditionelle Jagd noch heute Bestand.

Wild wird in Haarwild und Federwild (siehe dazu Kapitel Geflügel), unterschieden.

Haarwild

Feldhase
Rotwild
Wildkaninchen
Wildschwein
Bär

Federwild

Ente
Rebhuhn
Wachtel
Wildschnepfe
Wildhuhn
Wildtaube

Anders als in unseren Regionen, je nach Land, zählt man zum Wild ganz unterschiedliche Tiere. In Italien und Frankreich werden Singvögel, die in Deutschland nicht gejagt werden dürfen und auch im Handel nicht erhältlich sind, in Amerika werden unter anderem auch der Waschbär, das Opossum, Eichhörnchen, Elch und Rentier gejagt und zubereitet.

Wild ist charakterisiert durch seine andere Beschaffenheit und seinen ausgeprägteren Eigengeschmack gegenüber seinen gezüchteten Verwandten. Wildfleisch ist meist dunkler in der Farbe und würziger im Geschmack, aber leider meist auch etwas zäher als anderes Fleisch. Den typischen Wildgeschmack erhält das Fleisch durch gewebeei-gene Enzyme, die nach dem Erlegen des Tieres aktiv werden und dafür sorgen, daß das Fleisch schmackhaft und weich wird.

Wichtig beim Einkauf von Wild ist es, das Alter des Tieres zu erkennen, da sich danach die spätere Zubereitungsart und -dauer orientiert. Hierfür verlassen Sie sich am besten auf die Aussage ihres Fleischhändlers oder noch besser des Jägers.

Wenn Sie bei Ihrem Händler Wild kaufen, dann wird er es in der Regel richtig behandelt und abgehangen haben, damit Sie erstklassige Ware erhalten. Sie können aber auch nach Ihren Wünschen bestellen und dem Händler vorgeben, wie lange Sie ihr Wild abgehangen haben möchten. Die Abhängezeiten für frisch erlegtes Wild hängen stark von der Art ab. Sie betragen beispielsweise bei Feldhase und Wildkaninchen 2–3 Tage und bei Rotwild und Schwarzwild 2–3 Wochen. Wildfleisch muß an einem luftigen, kühlen und trockenen Platz abgehangen werden, um ein gutes Resultat zu erzielen.

Zubereitung

Wild eignet sich hervorragend zum Einlegen in eine Beize, die zähes Fleisch schmackhafter und weicher macht. Hierfür gibt es die unterschiedlichsten Rezepturen aus Öl, Essig, Buttermilch, Wein oder Bier, aromatisiert mit verschiedenen Gewürzen und Kräutern.

Je nachdem, wie das Wild zubereitet werden soll, wird es in Beize „eingelegt": Wenn das Fleisch gegrillt oder gebraten wird, reibt man es lediglich mit Öl, Kräutern und Gewürzen ein (= trockene Beize). So bleibt das Fleisch saftig und laugt nicht aus. Zum Schmoren bestimmtes Wild legt man in eine Würzmarinade ein (= nasse Beize). Wein macht in diesem Fall das Fleisch zarter.

Wild kann, wenn es jung ist, gegrillt oder gebraten werden, ältere Tiere sollten Sie kochen oder schmoren oder zu Pasteten oder Terrinen verarbeiten.

Wollen Sie große Fleischstücke, z. B. Reh- oder Hirschkeule, zubereiten, sollte das Fleisch mit Speckstreifen gespickt werden. Wildfleisch ist nämlich sehr mager und neigt dazu, beim Garen auszutrocknen. Damit es schön saftig bleibt, wird durch Spicken künstlich Fett zugefügt. Wenn Sie keine Spicknadel zur Hand haben, können Sie auch kleine Schlitze ins Fleisch schneiden und den Speck hineinstecken. Generell geht Wildfleisch mit Früchten eine gute Verbindung ein. Das leicht säuerliche Aroma der Früchte gleicht den ungewohnt strengen Geschmack von Wildfleisch wieder aus. Früchte, die Sie verwenden können, sind Äpfel, Trauben, Pflaumen, Orangen und Rosinen. Zum Ablöschen von Wildgerichten eignen sich Sahne, Wein und Spirituosen.

Wildsorten

Feldhase
hat einen wildartigen Geschmack und ein dunkles Fleisch. Junge Hasen braucht man nicht abzuhängen, es eignet sich direkt zum Braten auf dem Rost. Ältere Tiere ab einem Alter von zwei Jahren sollten vor dem Zubereiten gut abhängen und dann zu Ragouts, Eintöpfen oder Pasteten verarbeitet werden.

Wildkaninchen
hat ein sehr zartes und wohlschmeckendes Fleisch und braucht deshalb auch nicht abgehängt zu werden. Es gibt einige Zubereitungsvarianten, die vom Braten über Eintöpfe und Schmorgerichte bis zu Terrinen und Pasteten reichen.

Wildschein
Nur junges Fleisch ist entsprechend zart und kann ohne große Vorbereitung sofort zubereitet werden. Älteres Fleisch muß unbedingt abgehängt und gebeizt werden, bevor es gebraten werden kann. Das Fleisch schmeckt wesentlich intensiver und hat eine dunklere Farbe als normales Schweinefleisch.

Rotwild
Außer bei sehr jungen Tieren muß das Fleisch in jedem Fall gut abhängen und vor der Zubereitung gebeizt werden. Ausgezeichnetes Fleisch stammt vom jungen Rehbock, speziell aus dem Schlegel, aber auch Lende und Filet eignen sich hervorragend zum Schmoren oder Grillen. Auch sehr feine Pasteten und Terrinen lassen sich aus Rehfleisch herstellen. Neben dem Fleisch wird bei Rotwild auch sehr gerne die Leber gegessen.

Elchfleisch
ist hierzulande nicht so gebräuchlich, ist aber sehr delikat. Eine besondere Spezialität ist Elchschinken sowie geräucherte Elchzunge. Elchfleisch ist für die gleichen Zubereitungsmethoden geeignet wie Rehfleisch.

Hauskaninchen
Das Kaninchen gehört nicht direkt zum Wild, da es gezüchtet wird. Im Handel sind meist junge Tiere erhältlich, deren Schlachtgewicht unter 2 kg beträgt. Sie können die Keulen und den Rücken zur Weiterverarbeitung verwenden. Das Fleisch der Keulen hat einen geringeren Sehnenanteil als der Rücken, den Sie vor dem Zubereiten erst panieren (d.h. von Sehnen, Haut und Fett befreien) sollten. Kaninchenfleisch ist sehr fettarm (ca. 5 %), feinfaserig und zart. Der Rücken eignet sich im Ganzen zum Braten oder Schmoren, die ausgelösten Rückenfilets sind ideal zum Kurzbraten. Die Keulen können mit verschiedenen Gewürzen und Geschmackszutaten geschmort oder gebraten werden. Die Innereien wie Herz oder Lunge eignen sich als Basis für eine gute Brühe. Die Leber kann man anbraten und als Beilage essen.

Wildschweinragout mit Buttermilch-Rotwein-Sauce

(Abb.)

Zutaten

1 l Buttermilch,
1/2 l trockener Rotwein,
5–7 Wacholderbeeren,
5–7 Pfefferkörner,
2 Lorbeerblätter,
3 Nelken,
2 Zwiebeln,
750 g Wildschweinfleisch (aus der Keule),
40–50 Schweineschmalz,
Pfeffer, Salz,
Piment, 2 Möhren,
1 Stück Lauch,
1 EL Speisestärke

EW	Fett	KH	kcal/kJ
64 g	19 g	8 g	528/2209

Zunächst eine Beize herstellen: Buttermilch mit 1/4 l Rotwein verrühren, Gewürze und 1 geviertelte Zwiebel dazugeben. Wildschweinfleisch würfeln, zur Beize geben und zugedeckt im Kühlschrank 2 Tage durchziehen lassen. Fleisch kurz abbrausen und auf Küchenkrepp abtropfen lassen. Schmalz in einem Schmortopf erhitzen, Fleischwürfel portionsweise kräftig darin anbraten, mit Pfeffer, Salz und Piment würzen.
Möhren, Lauch und Zwiebel putzen, kleinschneiden und mitdünsten. Mit Rotwein ablöschen und zugedeckt 1 1/2 Stunden schmoren lassen. Bei Bedarf zwischendurch mit etwas Wasser aufgießen. 1 Tasse Buttermilchbeize mit Stärke verrühren, zum Ragout geben und Sauce damit binden.

Hasentopf Argentino

(Abb. S. 217)

Zutaten

100 g fetter Speck,
1 EL Butterschmalz,
600 g Hasenschulter,
1 Gemüsezwiebel,
2 Möhren,
1/4 Sellerieknolle,
1 Stange Lauch,
30 g getrocknete Steinpilze,
1/4 l Weißwein,
1 EL Wildgewürz,
Salz, Pfeffer,
1 Prise Zucker,
je 1 Msp. Majoran, Thymian und Estragon,
1 Backmischung für Brotteig (230 g),
8 mittelgroße Kartoffeln,
2 EL Butter,
2 EL gehackte Petersilie

EW	Fett	KH	kcal/kJ
43 g	38 g	76 g	900/3772

Speck würfeln und in heißem Butterschmalz etwa 5 Minuten auslassen. Hasenschulter dazugeben und von allen Seiten anbraten. Inzwischen Gemüsezwiebel schälen, Möhren, Sellerie schälen, zusammen mit Lauch putzen und waschen, in mittelgroße Stücke schneiden. Steinpilze in 100 ml Wasser einweichen. Hasenschulter aus dem Topf nehmen, Gemüse im verbleibenden Fett kurz dünsten, Weißwein dazugießen, Steinpilze hinzufügen, mit Gewürzen abschmekken. Gemüse in eine Auflaufform geben, 200 ml Wasser hinzufügen, Hasenschulter auf das Gemüse legen. Brotteig nach Packungsvorschrift zubereiten, Auflaufform damit bedecken. Aus Teigresten Verzierungen auflegen. In die Mitte ein Loch schneiden, damit der Dampf entweichen kann. Auflauf im Ofen bei 180 Grad etwa 70 Minuten garen. Inzwischen Kartoffeln schälen, waschen und längs vierteln. In Salzwasser 15–20 Minuten garen. Butter erhitzen, gehackte Petersilie dazugeben und Kartoffeln darin schwenken. Hasenschulter auf dem Gemüse anrichten. Petersilienkartoffeln dazureichen.

Rehrückenmedaillon mit Preiselbeersauce und Mohnspätzle
(Abb.)

Zutaten
250 g Mehl,
2 Eier, Salz,
1 EL Butter, 2 EL Mohn,
Pfeffer, Muskatnuß,
600 g Rehrückenfilet,
1 Thymianzweig,
2 EL Öl,
100 g eingemachte Preiselbeeren,
1/4 l Wildsauce,
1 EL Portwein,
1 EL Crème fraîche

EW	Fett	KH	kcal/kJ
44 g	21 g	59 g	632/2641

Mehl, Eier und Salz zu einem glatten Teig verkneten, 30 Minuten ruhen Lassen. Mit einer Spätzlereibe Spätzle in genügend Salzwasser reiben, kurz aufwallen lassen. Spätzle mit einem Schaumlöffel herausheben, abschrecken und abtropfen lassen. Butter schmelzen, Mohn darin kurz andünsten. Spätzle darin schwenken, mit Salz, Pfeffer und Muskatnuß abschmecken.
Rehfilet salzen, pfeffern und mit Thymian einreiben.
Öl in einer Pfanne erhitzen, Rehfilet darin anbraten. Anschließend im vorgeheizten Ofen bei 180 Grad etwa 5 Minuten garen, warm stellen. Von den Preiselbeeren 2 EL zurücklegen, Rest mit Wildsauce verkochen, durch ein Sieb passieren und mit Portwein abschmeken. Zurückbehaltene Preiselbeeren unterheben. Sauce auf Teller gießen, Crème fraîche hinzufügen und mit einem Holzspieß Verzierungen machen. Rehrückenfilet in Scheiben schneiden und in die Sauce setzen. Mit Mohnspätzle servieren.

KOCHEN

Gebratener Rehrücken
(für 6 Personen)

Zutaten
2 kg gespickter Rehrücken, Salz, Pfeffer,
1 TL zerstoßene Wacholderbeeren,
1 Zwiebel, 1 Möhre,
1/2 Stange Lauch,
1 Stück Knollensellerie,
100 g Butter,
1/8 l Rotwein,
1/4 l Fleisch-, am besten Wildbrühe,
1 EL Speisestärke,
2 EL Preiselbeeren oder Holundergelee,
200 g saure Sahne

EW	Fett	KH	kcal/kJ
74 g	28 g	12 g	655/2739

Ofen auf 220 Grad vorheizen. Rehrücken salzen, pfeffern und mit Wacholderbeeren einreiben. Gemüse putzen, teils schälen und in grobe Stücke schneiden. In einem entsprechenden Topf einen Teil der Butter erhitzen und den Rehrücken von allen Seiten anbraten. Gemüse einstreuen, mit Rotwein ein paarmal ablöschen. Bräter in den vorgeheizten Ofen schieben. Nach etwa 20 Minuten Hitze auf 180 Grad schalten, den Rücken wenden. Je nach Bedarf seitlich in den Bräter etwas Flüssigkeit gießen. Weitere 30 Minuten braten, dabei ein- bis zweimal wenden. Rehrücken in Folie einpacken und im ausgeschalteten Ofen »nachziehen« lassen. Bräter auf die Herdplatte stellen und Bratensatz loskochen. Restliche Brühe eingießen und kräftig durchkochen. Durch ein Sieb passieren und die Sauce erneut aufkochen. Speisestärke glattrühren und Sauce damit binden. Mit Preiselbeeren und saurer Sahne verfeinern. Fleisch mit einem scharfen Messer vom Rücken lösen und schräg in dünne Scheiben schneiden. Mit Sauce überziehen.

Tip
Dazu passen Rotkohl mit glasierten Maronen und Kartoffelknödel. Das Rezept eignet sich auch für Hirschrücken.

Hirschgulasch mit Pfifferlingen

Zutaten
1 kg Hirschfleisch (ohne Knochen) von der Schulter oder vom Blatt,
1/2 l Buttermilch,
550 g Zwiebeln,
100 g Butterschmalz,
1 Msp. Wildgewürz,
300 ml Rotwein,
1 Kräutersträußchen (Wacholderbeeren, 2 Lorbeerblätter, 1 Zweig Thymian, etwas abgeriebene Zitronenschale),
Salz, Pfeffer,
4 EL Sahne,
4 cl Wacholderschnaps,
2 EL Preiselbeeren,
100 g Speckwürfel,
200 g Pfifferlinge,
1 EL gehackte Petersilie

EW	Fett	KH	kcal/kJ
58 g	62 g	23 g	970/4072

Das von Sehnen und Häuten befreite Wildfleisch 2 Tage in Buttermilch einlegen (das Fleisch wird zart und mürbe). 500 g Zwiebeln schälen, in feine Streifen schneiden und in einem genügend großen Topf in einem Teil Butterschmalz glasig schwitzen. Fleisch aus der Buttermilchmarinade nehmen, in etwa 4 cm große Würfel schneiden und zu den Zwiebeln geben. Mit Wildgewürz bestäuben und Rotwein aufgießen. Ein Kräutersträußchen in ein kochfestes Tuch binden und dazugeben. Etwa 1–1 1/2 Stunden bei geschlossenem Topf köcheln lassen, eventuell immer wieder mit etwas Rotwein aufgießen. Wenn das Fleisch weich ist, Kräutersträußchen entfernen und mit Salz und Pfeffer abschmecken. Mit etwas Sahne, Wacholderschnaps und Preiselbeeren verfeinern. In einer separaten Pfanne letzte Zwiebel- und Speckwürfel in restlichem Butterschmalz anschwitzen, gewaschene und geputzte Pfifferlinge zugeben und kurz durchschwenken. Mit Salz, Pfeffer und Petersilie abschmecken.

Wilderertopf

Zutaten

1 kg Rehschnitzel,
100 g fetter Speck,
Pfeffer,
1 TL Wacholderbeeren,
1/4 l roter Burgunder,
5 EL Öl, 1 Zwiebel,
1/2 l heiße Fleischbrühe,
700 g gemischte Pilze,
4 Schalotten,
50 g durchwachsener Speck, 30 g Butter,
Salz,
1 TL Paprikapulver (edelsüß),
2 EL Mehl,
1/8 l saure Sahne

EW	Fett	KH	kcal/kJ
63 g	61 g	8 g	911/3816

Schnitzel von Haut und Sehnen befreien. Speck in Streifen schneiden und Schnitzel damit spicken. In eine Schüssel legen, pfeffern und mit Wacholderbeeren bestreuen. Etwas Wein darüberträufeln und zugedeckt 30 Minuten ziehen lassen.
2 EL Öl erhitzen, Zwiebel schälen, hacken und darin anbraten, die Sehnen zugeben. Mit Rotwein ablöschen und 10 Minuten einkochen lassen. Mit heißer Fleischbrühe aufgießen und bei schwacher Hitze 45 Minuten einkochen lassen. Pilze putzen und in Scheiben schneiden. Schalotten putzen und fein hacken. Speck würfeln und in 20 g Butter anbraten.

Schalotten zugeben, 5 Minuten weiterbraten und beiseite stellen. Schnitzel in Mehl wenden. Restliches Öl mit restlicher Butter erhitzen, Schnitzel darin anbraten, salzen, mit Parikapulver stäuben und warm stellen. 1 EL Mehl in den Fond geben und unter Rühren 1 Minute rösten. Weinsud durch ein Sieb gießen und mit der Beize mischen. Fond damit ablöschen. Unter Rühren aufkochen lassen. Saure Sahne unterziehen. Mit Salz und Pfeffer abschmecken. Sauce jetzt nicht mehr kochen lassen. Pilze in eine Schüssel füllen, Schnitzel darauf anrichten, mit Sauce begießen.

Tip
Besonders gut schmeckt eine Mischung aus Steinpilzen und Pfifferlingen.

Wildschweinrücken mit Früchten

(für 6 Personen) (Abb.)

Zutaten

1 1/2 kg Wildschweinrücken,
Salz, Pfeffer,
2 EL Öl, 2 EL Butter,
150 g Speck,
6 Wacholderbeeren,
2 Nelken,
1 Lorbeerblatt,
400 g Pfirsiche (Dose),
350 g Sauerkirschen,
1/8 l Rotwein,
100 ml Sahne,
2 EL eingemachte Preiselbeeren

EW	Fett	KH	kcal/kJ
56 g	42 g	16 g	702/2950

Wildschweinrücken von beiden Seiten kräftig mit Salz und Pfeffer würzen. Öl und Butter in einem großen Bräter erhitzen, Rücken von allen Seiten darin anbraten. Speck in grobe Streifen schneiden und kurz mitbraten. Wacholderbeeren, Nelken und Lorbeerblatt hinzufügen. Pfirsiche und Kirschen abtropfen lassen, 1/8 l Kirschsaft aufbewahren. Mit Rotwein, Kirschaft und 1/8 l Wasser aufgießen und Wildschweinrücken zugedeckt bei mittlerer Hitze etwa 40 Minuten garen; herausnehmen und warm stellen. Bratensud durch ein Sieb gießen und in einem Topf zum Kochen bringen. Sahne dazugießen und Sauce etwas einkochen lassen. Pfirsiche in Spalten schneiden und mit Sauerkirschen unter die Sauce heben, kurz erhitzen. Sauce mit Salz, Pfeffer und Preiselbeeren pikant abschmecken. Wildschweinrücken mit Sauce auf einer Platte anrichten.

Tip
Dazu schmecken Kartoffelplätzchen.

Rehschlegel

Zutaten
1 Möhre,
1 Stück Sellerie,
1 Stück Petersilienwurzel,
1 kleine Zwiebel,
1 Tomate, 1 EL Öl,
1 EL Butter,
750 g Rehschlegel,
Speckstreifen zum Spicken, Salz,
Schale von 1/4 Zitrone (unbehandelt),
Rosmarin, Salbei,
Wacholderbeeren,
1 TL Kapern,
1 TL Mehl, Fleischbrühe,
3 EL Sahne,
1 EL Preiselbeergelee,
etwas Zitronensaft

EW	Fett	KH	kcal/kJ
42 g	57 g	11 g	777/3250

Möhre, Sellerie und Petersilienwurzel schälen und kleinschneiden. Zwiebel schälen und achteln. Tomate waschen, vom Stielansatz befreien und vierteln. Gemüse im heißen Fett anbraten. Rehschlegel mit Speckstreifen spicken und salzen, zum Gemüse geben und bei 250 Grad im Rohr kurz anbraten. Bei 180–200 Grad in etwa 1 1/2 Stunden fertigbraten. Gewürze und Kapern zugeben und durchrösten lassen. Fleisch herausnehmen und warm stellen. Bratenfond mit Mehl bestäuben, durchrühren und mit etwas Fleischbrühe aufgießen. Dicken lassen, Sauce durch ein Sieb passieren und mit Sahne, Preiselbeergelee und Zitronensaft abschmecken. Fleisch in Scheiben schneiden und in die Sauce legen.

Wildschweinsteak

Zutaten
1/2 l Rotwein, weißer Pfeffer, 1/2 TL Senf,
4 Wildschweinsteaks,
4 EL Öl, Salz,
3 Zwiebeln,
1 TL Paprika (rosenscharf), 20 g Mehl,
1 TL Zucker, 1 EL Butter,
4 Birnenhälften (Dose),
4 EL Preiselbeerkompott

EW	Fett	KH	kcal/kJ
40 g	23 g	28 g	565/2364

Für die Marinade Rotwein, 1/8 l Wasser, Pfeffer, Senf in einer Schüssel verrühren. Abgespülte Wildschweinsteaks darin zugedeckt 24 Stunden kalt stellen. Fleisch aus der Marinade nehmen, abtrocknen, mit Pfeffer einreiben. Öl erhitzen. Wildschweinsteaks darin auf jeder Seite 4 Minuten braten. Salzen, auf einer Platte warm stellen. Zwiebeln schälen und würfeln. In heißem Bratfett 5 Minuten braten. Mit Paprika und Mehl bestäuben. Unter Rühren anrösten, mit der durchgesiebten Marinade auffüllen, 5 Minuten kochen lassen.
Mit Salz, Pfeffer, Paprika und Zucker abschmecken. Butter erhitzen. Birnenhälften abtropfen, in Butter in 5 Minuten erhitzen. Auf die Steaks setzen, mit je 1 EL Preiselbeerkompott füllen. Sauce und Steaks getrennt reichen.

Kaninchen nach Art der Franzosen

Zutaten

1,2 kg Kaninchenteile (Rücken, Keulen, Läufe),
Salz, Pfeffer,
3 EL Sonnenblumenöl,
2 Knoblauchzehen,
125 g Schalotten,
1/4 l Weißwein,
2 EL Saucenbinder für dunkle Saucen,
1/8 l Sahne,
2 EL scharfer Senf

EW	Fett	KH	kcal/kJ
64 g	43 g	12 g	720/3020

Kaninchenteile waschen. Rücken in 2 Teile zerlegen. Alle Teile salzen und pfeffern.

Fleisch von allen Seiten im Öl anbraten. Knoblauchzehen schälen und durchpressen, Schalotten schälen und vierteln. Beides zum Fleisch geben. Weißwein und 1/4 l Wasser dazugießen und zugedeckt etwa 40 Minuten schmoren. Fleisch und Zwiebeln herausnehmen und warm stellen. Sauce mit Saucenbinder leicht binden.

Sahne und Senf unter die Sauce rühren und zum Fleisch servieren.

Tip
Dazu Pommes Frites, Kroketten oder Tagliatelle reichen.

Kaninchen-Topf mit Rotwein

(für 5 Personen)
(Abb.)

Zutaten
5 Zwiebeln,
4 EL Olivenöl,
1 l Rotwein,
1 Bd. Suppengrün,
3 Lorbeerblätter,
2 Zweige frischer Thymian,
3 Knoblauchzehen,
1 Hauskaninchen,
Salz,
Pfeffer,
1 Bd. Frühlingszwiebeln,
1 Bd. junge Möhren,
1 kleine Zucchini,
150 g Zuckerschoten,
200 g Champignons,
150 g Crème fraîche,
1/2 Bd. Rosmarin

EW	Fett	KH	kcal/kJ
151 g	95 g	49 g	1619/6779

Für die Marinade 3 Zwiebeln schälen und würfeln. 2 EL Olivenöl erhitzen, Zwiebeln darin anschwitzen, mit Rotwein ablöschen. Suppengrün putzen, waschen und kleinschneiden. Suppengrün, Lorbeerblätter, Thymian und geschälte Knoblauchzehen dazugeben, einmal aufkochen lassen. Kaninchen häuten, entsehnen und in Stücke teilen. Marinade über die Kaninchenteile geben und über Nacht ziehen lassen. Kaninchenteile aus der Marinade nehmen, trockentupfen, Fleisch vom Knochen lösen und würfeln. 2 EL Öl erhitzen, Fleisch und 2 geschälte, grob gewürfelte Zwiebeln darin scharf anbraten, salzen und pfeffern. Mit durchgeseihter Rotweinmarinade auffüllen. Bei schwacher Hitze etwa 45 Minuten schmoren lassen. Nach Wunsch Marinade nachgießen. Frühlingszwiebeln, Möhren, Zucchini in Streifen und Zuckerschoten in Stücke schneiden. Champignons vierteln.
15 Minuten vor Ende der Garzeit Frühlingszwiebeln, Möhren, Zucchinistreifen und Zuckerschoten und etwa 5 Minuten vor Ende der Garzeit Champignons hinzufügen. Kaninchen-Topf mit Crème fraîche verfeinern und mit gewaschenem, gezupftem Rosmarin bestreuen.

Tip
Als Getränk denselben Rotwein servieren, den man zum Kochen verwendet hat.

Wildschweinrücken

Zutaten
1 Wildschweinrücken (vom einjährigen Frischling), Salz, Pfeffer, Thymian, zerdrückte Wacholderbeeren, 80 g Butterschmalz, 50 g Speck am Stück, 1 Stück Brotrinde, 2 Bd. Suppengrün, 200 ml Fleischbrühe, 4 cl Weinbrand, 2 EL Preiselbeeren, 5 EL Crème fraîche

EW	Fett	KH	kcal/kJ
57 g	46 g	14 g	746/3134

Gut abgelagertes Fleisch (besser in eine Beize eingelegt), von der Schwarte befreit, mit Salz, Pfeffer, Thymian und zerstoßenen Wacholderbeeren gut würzen. In heißem Butterschmalz von allen Seiten bräunen, Speck, Brotrinde und das kleingewürfelte Suppengrün zugeben. Alles gut durchrösten, etwas Flüssigkeit seitlich eingießen und bei 220 Grad in die Röhre schieben. Während der 1 1/2 Stunden Bratzeit öfter mit Fleischbrühe und am Schluß mit eigenem Bratensaft übergießen. Braten aus der Sauce nehmen (soll am Knochen noch rosa sein) und warm stellen. Sauce auf der Herdplatte aufkochen, mit Weinbrand und Preiselbeeren abschmecken und mit Crème fraîche verfeinern.

Kaninchen mit grünen Oliven

Zutaten
2 junge Kaninchen, 200 g Bauchspeck, 500 g Zwiebeln, 4 Stangen Staudensellerie, Olivenöl zum Braten, etwas Mehl, 1 l Fleischbrühe, 2 Lorbeerblätter, 1 Zweig Rosmarin, Salz, Pfeffer, 100 g grüne Oliven, 2 EL Kapern

EW	Fett	KH	kcal/kJ
57 g	75 g	17 g	996/4173

Kaninchen in jeweils 4 Teile zerlegen und waschen. Speck würfeln, Zwiebeln schälen und hacken, Sellerie schälen und würfeln. Gemüse in heißem Olivenöl scharf anbraten. Kaninchenteile darauf legen und auf kleiner Flamme von allen Seiten braten.
Etwas Mehl über die Kaninchenteile stäuben und mit Fleischbrühe ablöschen. Gewürze hinzufügen. 1 Stunde langsam kochen lassen. Zum Schluß Oliven und Kapern dazugeben und heiß servieren.

Tip
Beilage: Blechkartoffeln.

Hasenragout

Zutaten
1 Zwiebel, 2 Möhren, 2 Lorbeerblätter, 5 Pfefferkörner, 5 Wacholderbeeren, 1 Zweig Rosmarin, einige Blätter Basilikum, 1 kg Hasenfleisch, 80–100 Butterschmalz, 50 g Speck, Mehl, 2 EL Johannisbeergelee, Saft von 1/2 Zitrone, Sahne nach Belieben

EW	Fett	KH	kcal/kJ
55 g	44 g	18 g	725/3040

Zwiebel und Möhren schälen, klein würfeln und mit Gewürzen und Kräutern und 300 ml Wasser eine Beize ansetzen. In diese Beize in Portionen geteiltes Fleisch 3–4 Tage einlegen. Durch das Marinieren wird das Fleisch mürber und würziger. Mariniertes Ragout abtropfen, gut trocknen und in einer mit Butterschmalz erhitzten Pfanne braun anbraten. Gemüse, Beize und kleingeschnittenen Speck separat bräunen und zum Ragout geben, mit Mehl stäuben und durchrösten. Mit Beize auffüllen und gut 1 1/2 Stunden durchschmoren. Fertiges Ragout in ein Sieb schütten und Fleisch ausstechen. Passierte Sauce mit Johannisbeergelee und Zitronensaft abschmecken, nach Belieben mit Sahne verfeinern und über das Fleisch gießen.

Hasenbraten mit Buttermilch-Salbei-Sauce
(Abb.)

Zutaten
5–7 Pfefferkörner,
5–7 Wacholderbeeren,
2 Lorbeerblätter,
2 Zwiebeln,
4 frische Salbeizweige,
3/8 l trockener Rotwein,
1 l Buttermilch,
1 kg küchenfertiger Hase,
40 g Butterschmalz,
Pfeffer,
Salz,
350 g Möhren,
1 Lorbeerblatt,
1 EL Speisestärke,
250 g Zucchini,
250 g Schwarzwurzeln (Dose),
50 g Butter, 50 g Zucker

EW	Fett	KH	kcal/kJ
58 g	29 g	4 g	611/2557

Beize herstellen: Gewürze, 1 geviertelte Zwiebel, 2 Salbeizweige, 1/4 l Rotwein und Buttermilch verrühren. Hasenfleisch in die Beize legen, Rückenstück eventuell halbieren oder vierteln. Im Kühlschrank zugedeckt 2 Tage durchziehen lassen.
Fleisch kurz abbrausen und auf Küchenkrepp abtropfen lassen. Im Bräter Butterschmalz erhitzen, Fleischstücke rundherum scharf anbraten, mit Pfeffer und Salz würzen.
Restliche Salbeiblätter abzupfen, dazugeben. Zwiebel schälen und hacken, 2 Möhren schälen und würfeln. Zwiebel, Möhren und Lorbeerblatt hinzufügen. Mit Rotwein ablöschen und zugedeckt bei 180–200 Grad gut 1 1/2 Stunden braten. Fleisch zwischendurch wenden.
1 Tasse Buttermilchbeize mit Speisestärke glattrühren, kochende Sauce damit binden.
Restliche Möhren schälen und in Scheiben schneiden. Zucchini waschen, in fingerdicke Stifte schneiden.
Schwarzwurzelstücke abtropfen lassen. Möhren und Zucchini kurz blanchieren, abschrecken und abtropfen lassen. Butter zerlassen, Gemüse darin andünsten. Zucker darüberstreuen, leicht karamelisieren lassen und Gemüse dabei schwenken.
Gemüse zu den Hasenteilen anrichten.

Kaninchenbraten

Zutaten
1 Kaninchen,
Salz, Pfeffer,
Zitronensaft,
75 g Butter,
1/2 l saure Sahne,
2 EL gehackte Petersilie

EW	Fett	KH	kcal/kJ
56 g	46 g	5 g	671/2799

Vorbereitetes Kaninchen portionieren. Mit Salz und Pfeffer einreiben und mit Zitronensaft beträufeln. In Butter rundherum anbraten. Ist das Fleisch schön knusprig, mit wenig Wasser aufgießen. Saure Sahne zugeben und Kaninchen etwa 1 Stunde garen. Dabei immer wieder mit Bratensaft begießen. Mit Petersilie bestreuen.

Wildpfeffer vom Reh

Zutaten

1 kg frische Ragoutteile vom jungen Reh,
80 g Butter,
2 Zwiebeln,
Salz, Pfeffer,
2 EL Mehl,
1 Msp. Wildgewürz,
1/2 l Brühe,
einige Wacholderbeeren,
Thymian,
1 Glas Rotwein,
1/8 l Sahne,

EW	Fett	KH	kcal/kJ
80 g	30 g	10 g	713/2983

Ragoutteile in heißem Fett von allen Seiten anbräunen. Zwiebel schälen, in Streifen schneiden und zugeben, salzen und pfeffer, Zwiebeln glasig braten. Mit Mehl und Wildgewürz stäuben, kurz rösten und mit Brühe aufgießen. Wacholderbeeren und Thymian hinzufügen. Zugedeckt bei mittlerer Hitze bis zu 1 Stunde garen. Zuckereinbrenne herstellen (S. 70), mit der Sauce aufgießen. Sauce durch ein Sieb streichen, mit Rotwein und Sahne verfeinern. Wildpfeffer in einer großen Prozellanschüssel anrichten.

Tip
Dieses Rezept kann auch für andere Wildarten verwendet werden wie z. B. für Hase (eine Beize kann verwendet werden, ist aber bei jungen Tieren nicht notwendig).

Kaninchenkeule

Zutaten

2 Kaninchenkeulen,
Salz,
Pfeffer,
75 g Speck,
1 EL Öl,
2 Möhren,
1/4 Sellerieknolle,
2 Zwiebeln,
10 grüne Erbsen,
1/2 Glas trockener Weißwein,
3 EL saure Sahne,
1 TL Mehl,
1 EL Tomatenmark,
2 EL gehackte Petersilie

EW	Fett	KH	kcal/kJ
107 g	59 g	11 g	1035/4322

Kaninchenkeulen mit Salz und Pfeffer einreiben. Speck würfeln und mit Öl in einer Pfanne erhitzen. Kaninchenkeulen in der Fettmischung rundherum anbraten. Gemüse schälen. Möhren und Sellerie würfeln, Zwiebeln hacken. Mit Erbsen zum Kaninchen geben und anbraten.
Weißwein zugießen und bei geschlossenem Deckel schmoren lassen. Bei Bedarf etwas Wasser aufgießen. Zum Schluß saure Sahne mit Mehl und Tomatenmark verquirlen und Sauce damit binden. Nochmals mit Salz und Pfeffer abschmecken. Petersilie unterziehen.

Marinierter Hasenrücken

Zutaten

1 kg gespickter Hasenrücken,
5 Pfefferkörner,
5 Wacholderbeeren,
1 Nelke,
2 Lorbeerblätter,
1/2 l Buttermilch,
50 g Butter,
1/4 l Sahne,
2 cl Wacholderschnaps,
Salz, Pfeffer

EW	Fett	KH	kcal/kJ
86 g	85 g	7 g	1210/5073

Den bereits fertiggespickten Hasenrücken mit Pfefferkörnern, Wacholderbeeren, Nelke und Lorbeerblättern bestreuen und mit der Buttermilch begießen. Fleisch unter mehrmaligem Wenden zugedeckt und kühlgestellt 2 Tage in der Marinade ziehen lassen. Hasenrücken abtropfen lassen, Butter erhitzen und ihn darin von allen Seiten scharf anbraten. In den Ofen schieben und bei mittlerer Hitze knappe 30 Minuten unter häufigem Begießen fertig garen. Fleisch herausnehmen, warm stellen und das Fett aus der Pfanne abgießen. Sahne dazugeben, den Bratensatz loskratzen und gut einkochen. Mit 2 cl Wacholderschnaps, Salz und Pfeffer abschmecken. Fleisch vom Knochen lösen, schräg in Scheiben schneiden und wieder auf den Knochen legen. Hasenrücken mit Birnen und Preiselbeeren garnieren und mit Kroketten servieren.

Erzgebirgischer Sonntagsbraten

Zutaten

1 Kaninchen,
Salz,
Pfeffer,
Saft von 1 Zitrone,
50 g Butter,
1 Zwiebel,
1/4 l saure Sahne,

EW	Fett	KH	kcal/kJ
106 g	54 g	3 g	933/3895

Das Kaninchen waschen, abtrocknen und in Portionsstücke schneiden. Mit Salz und Pfeffer gut würzen und dem Zitronensaft übergießen. Das so vorbereitete Kaninchen 1 Stunde marinieren lassen. In einer schweren Eisenpfanne Butter erhitzen und das Kaninchen von allen Seiten sorgfältig anbraten. Wenn es schön braun und knusprig ist, die geschälte und feingehackte Zwiebel dazugeben. Nun reduziert man die Hitze und gibt nach und nach im Verlauf von 1 Stunde die saure Sahne dazu. Dabei das Kaninchen immer wieder begießen und mit Salz und Pfeffer abschmecken. Dazu serviert man Speckklöße und Rotkohl.

Betrunkenes Wildschwein

Zutaten

1 kg Wildschweinkeule,
2 EL Honig,
4 cl Kümmelschnaps,
1/4 l Bier,
1 TL Kümmel,
5 Wacholderbeeren,
2 Lorbeerblätter,
Salz, Pfeffer,
2 EL Schweineschmalz,
etwas Zitronensaft

EW	Fett	KH	kcal/kJ
54 g	15 g	12 g	448/1882

Die Wildschweinkeule waschen, trockentupfen und in eine Schüssel legen. Honig mit Schnaps und Bier verrühren und über das Fleisch geben.
Den gestoßenen Kümmel, die zerdrückten Wacholderbeeren und Lorbeerblätter dazugeben und das so behandelte Fleisch 3 Tage lang an einem kühlen Ort marinieren lassen. Dabei häufig wenden. Das Fleisch abtropfen lassen und mit Salz und Pfeffer einreiben.
In einer schweren Eisenpfanne Schweineschmalz erhitzen und Wildschwein von allen Seiten kräftig anbraten.
Mit der durchgesiebten Einlegebrühe aufgießen und im mittelheißen Ofen 1 Stunde garen. Fleisch herausnehmen und in Scheiben schneiden.
Die Sauce noch ein wenig einkochen lassen, mit Salz, Pfeffer und Zitronensaft abschmecken und über die Fleischscheiben gießen. Das betrunkene Wildschwein wird mit Bratkartoffeln serviert.

Gespickter Hasenrücken

Zutaten

1 kg gespickter Hasenrücken,
1/2 l Buttermilch,
2 Lorbeerblätter,
4 Pfefferkörner,
10 Wacholderbeeren,
100 g Butter,
2 cl Gin,
100 ml Sahne,
eingelegte Birnen,
Preiselbeeren und Kastanien zum Garnieren

EW	Fett	KH	kcal/kJ
85 g	83 g	14 g	1221/5117

Hasenrücken 2 Tage in Buttermilch mit Gewürzen einlegen. Das Fleisch wird dabei besonders zart. Butter in der Pfanne zerlassen. Fleisch abtropfen lassen und mit der gespickten Seite zuerst im Fett anbraten. In den Ofen schieben und 15 Minuten braten, dabei ist die Bratdauer von Ihrem Geschmack abhängig (ob es mehr rosa oder ganz durch sein soll).
Fleisch aus der Pfanne nehmen, warm stellen. Bratensatz mit Gin ablöschen und mit Sahne aufgießen. Gut einkochen und abschmecken.
Fleisch vom Rücken lösen, in Stücke schneiden und wieder auf die Knochen setzen, mit Birnen, Preiselbeeren und Kastanien garnieren.

Tip
Mit Kartoffelkroketten reichen.

Hasenkeulen Winzer Art
(Abb.)

Zutaten
1 EL Butterschmalz,
900 g gespickte Hasenkeulen,
Salz, Pfeffer,
1/4 l Fleischbrühe (S. 40 oder Fertigprodukt),
1 EL Butter,
500 g Sauerkraut,
1 TL Wacholderbeeren,
2 Lorbeerblätter,
je 100 g blaue und grüne Weintrauben,
1 große Kartoffel,
1 Piccolo Sekt (200 ml),
1 Packung Kartoffelpüree (Fertigprodukt)

EW	Fett	KH	kcal/kJ
68 g	64 g	21 g	1013/4251

Butterschmalz erhitzen, Hasenkeulen von allen Seiten darin anbraten. Mit Salz und Pfeffer würzen, mit Fleischbrühe aufgießen, zugedeckt bei schwacher Hitze etwa 80 Minuten schmoren.
Butter erhitzen, Sauerkraut, Wacholderbeeren und Lorbeerblätter hinzufügen und etwa 20 Minuten dünsten.
Weintrauben waschen, halbieren und entkernen. Kartoffel schälen und reiben, beides zusammen mit Sekt zum Sauerkraut geben. Aufkochen lassen und pikant mit Salz und Pfeffer abschmecken.
Kartoffelpüree nach Packungsvorschrift zubereiten.
Fleisch aus dem Fond nehmen und warm stellen. Fleisch mit einem scharfen Messer von den Knochen lösen und zusammen mit Sauce, Sauerkraut und Kartoffelpüree auf Tellern anrichten.

Tip
Sauce nach Wunsch mit in Wasser angerührter Speisestärke binden und mit Sahne verfeinern.

Hasenrücken in Orangenrahm
(Abb.)

Zutaten
2 Hasenrücken (je 600 g),
100 g durchwachsener Speck (in dünnen, langen Scheiben),
50 g Butter, 1 Bd. Suppengrün, 1 Zwiebel,
Salz, Pfeffer,
je 1 TL Thymian und Oregano,
1 Lorbeerblatt,
1/8 l Rotwein,
1/8 l Wildfond,
150 g Crème fraîche,
abgeriebene Schale und Saft von 1 Orange (unbehandelt),
1–2 TL Speisestärke,
1 EL Johannisbeergelee
Zum Garnieren:
Melisse,
Orangenscheiben,
Ananas und Johannisbeeren

EW	Fett	KH	kcal/kJ
67 g	49 g	24 g	868/3645

Gehäutete Hasenrücken kalt abspülen, mit Küchenkrepp trockentupfen, mit Speckscheiben belegen und mit Küchengarn umwickeln. Butter in einem Bräter erhitzen. Hasenrücken darin 10 Minuten rundherum anbraten. Suppengrün putzen, würfeln. Zwiebel schälen und fein hacken. Beides in den Bräter geben und in 5 Minuten goldbraun braten. Mit Salz, Pfeffer, Thymian, Oregano und Lorbeerblatt würzen. Mit etwas Rotwein und Wildfond aufgießen und 30 Minuten zugedeckt schmoren lassen. Nach und nach mit restlichem Rotwein und Wildfond aufgießen. Fleisch von den Fäden befreien und auf einer Platte mit Alufolie abgedeckt warm stellen.
Fond in einen Topf sieben und Crème fraîche unterrühren. Wenn nötig, auf 3/8 l mit Wasser auffüllen. Orangenschale und -saft zugeben. Speisestärke kalt anrühren. Sauce damit anbinden. Mit Salz, Pfeffer und Johannisbeergelee abschmecken. Sauce getrennt zum garnierten Fleisch servieren.

Tip
Dazu passen Rotkohl, Apfelmus, glasierte Kastanien und Salzkartoffeln.

Geschmorte Hirschkalbsschulter mit Birnen

Zutaten
1 Hirschkalbsschulter (ausgebeint, etwa 1 kg),
1/4 l saure Sahne,
2 EL Essig,
1 Zwiebel,
1 Möhre,
1/4 Sellerieknolle,
2 EL Butterschmalz,
1/2 kg Wildknochen,
1/2 l Rotwein,

1 Lorbeerblatt,
2 Nelken,
5 Wacholderbeeren,
1/4 kg Perlzwiebeln,
4 Birnen,
2 EL Butter,
Zucker,
Salz, Pfeffer

EW	Fett	KH	kcal/kJ
53 g	24 g	28 g	649/2732

Die ausgebeinte Hirschkalbsschulter von allen Häuten und Sehnen befreien. Saure Sahne mit 2 EL Essig vermischen und das Fleisch darin für mindestens 24 Stunden einlegen. Für die Sauce (kann auch bereits am Vortag gemacht werden) die Zwiebel schälen und grob in Stücke schneiden. Die Möhre und den Sellerie waschen, schälen und ebenfalls in grobe Würfel schneiden. In einer schweren Kasserolle das Butterschmalz erhitzen und die gewaschenen und gut abgetropften Wildknochen und Häute scharf von allen Seiten anbraten. Das geschnittene Gemüse hinzufügen und mitrösten. Erst wenn alles gut durchgeröstet ist, mit Rotwein ablöschen und mit Wasser soweit auffüllen, daß die Knochen knapp mit Wasser bedeckt sind. Aufkochen lassen, abschäumen und Lorbeerblatt, Nelken und Wacholderbeeren dazutun. 2 Stunden lang bei kleiner Hitze köcheln lassen. Durch ein feines Sieb passieren und nach dem Erkalten das Fett abnehmen. Sodann diese Brühe auf etwa 1 Tasse einkochen lassen. Am Tag der Zubereitung das Fleisch aus der Marinade nehmen und abtropfen lassen. Die Perlzwiebeln schälen, aber ganz lassen.
Die Birnen waschen, schälen, vierteln, vom Kerngehäuse befreien und in 1/2 cm dicke Scheiben schneiden. Butter in einer schweren Kasserolle erhitzen und zuerst die Zwiebeln von allen Seiten goldgelb braten. Herausnehmen und die Birnen mit 1 EL Zucker bestreut ebenfalls anbraten und zu den Zwiebeln geben. Dann Fleisch salzen und pfeffern und in der Kasserolle von allen Seiten schön anbraten und herausnehmen. Bodensatz mit etwas Wasser oder einem Fruchtschnaps ablöschen und zu den Birnen und Zwiebeln gießen. Birnen und Zwiebeln nun auf dem Kasserollenboden verteilen, das Fleisch darauf setzen und im mittelheißen Ofen bei etwa 180 Grad 1 Stunde schmoren lassen. Dabei immer wieder mit der vorbereiteten Wildbrühe übergießen. Wenn die Hirschkalbsschulter fertiggegart ist, Fleisch herausnehmen und in Scheiben schneiden.
Saure-Sahne-Marinade zu der Sauce mit den Birnen und Zwiebeln geben und aufkochen lassen. Mit Salz, Pfeffer, Zucker und Essig abschmecken und über das geschnittene Fleisch geben.

Tip
Dazu schmecken Rotkohl (den man in diesem Fall nicht mit Äpfeln, sondern mit Birnen macht) und Kartoffelklöße.

Gespickte Hirschkeule mit Hagebutten und Zimt

Zutaten
1 kg Hirschkeule,
100 g Speck,
1/4 l Rotwein,
2 EL Essig,
5 Wacholderbeeren,
5 Pimentkörner,
2 Lorbeerblätter,
2 Knoblauchzehen,
2 Zwiebeln,
1 Möhre,
1/4 Sellerie,
1 TL Salz,
3 EL Öl,
4 EL Hagebutten-marmelade,
1 TL Zimt,
Pfeffer

EW	Fett	KH	kcal/kJ
52 g	38 g	18 g	701/2941

Die gewaschene und abgetrocknete Hirschkeule mit Speck spicken. Für die Marinade Rotwein mit dem Essig vermischen, Gewürzkörner, zerdrückte Knoblauchzehen, geschälte und in Scheiben geschnittene

Zwiebeln, Möhren und Sellerie sowie Salz hinzufügen und über das Fleisch gießen. In dieser Marinade die Hirschkeule 3–4 Tage beizen lassen. Am Tag der Zubereitung Fleisch abtropfen lassen, in Öl von allen Seiten kräftig anbraten und in den mittelheißen Ofen schieben. Immer wieder mit der durchgesiebten Marinade begießen und etwa 1 Stunde garen. Das Fleisch herausnehmen und in Scheiben schneiden. Die Hagebuttenmarmelade in die Sauce einrühren und mit Zimt, Salz und Pfeffer abschmecken. Zusammen mit Hefeklößen und Rotkohl oder Rosenkohl servieren.

Wildschweinschnitzel mit Sauerkirschen

Zutaten

4 Wildschweinschnitzel aus der Keule,
Salz, Pfeffer,
1 EL Öl, Butter,
4 cl Wacholderschnaps,
5 Wacholderbeeren,
1 Zwiebel (gehackt),
150 g Sauerkirschen,
1/4 saure Sahne

EW	Fett	KH	kcal/kJ
56 g	32 g	10 g	587/2467

Die Wildschweinschnitzel waschen, trockentupfen und leicht klopfen. Mit Salz und Pfeffer bestreuen. Öl und 50 g Butter erhitzen und die Schnitzel von beiden Seiten anbraten. Fett abschütten, den Wacholderschnaps dazugeben und anzünden. Dabei die Pfanne heftig bewegen. Die Steaks mit dem Saft warm stellen.
In der Pfanne 1 EL Butter erhitzen, zerdrückte Wacholderbeeren und gehackte Zwiebel einstreuen.
Die entsteinten Sauerkirschen dazugeben und mitdünsten. Mit Mehl bestäuben und dem Saft der Schnitzel ablöschen. Saure Sahne hinzufügen und alles kurz durchkochen. Dann legt man die Schnitzel wieder in die Sauce und läßt sie noch etwa 10 Minuten gar ziehen. Die Garzeit hängt von der Dicke der Schnitzel ab.

Rehpfeffer recht scharf

Zutaten

1 kg Rehschulter,
8 Pfefferkörner,
2 Knoblauchzehen,
1 Zwiebel,
1 EL Senf,
1 EL Mehl,
1 TL Zucker,
Salz, 1 EL Öl,
50 g Butter,
1 Scheibe Schwarzbrot,
1/4 l Rotwein,
2 Lorbeerblätter,
2 Nelken, 1 EL Essig

EW	Fett	KH	kcal/kJ
81 g	19 g	16 g	640/2679

Rehschulter waschen, abtrocknen und in Würfel schneiden. Fleisch mit den gestoßenen Pfefferkörnern, zerdrückten Knoblauchzehen, der feingehackten Zwiebel sowie Senf, Mehl, Zucker und Salz sorgfältig vermischen. 30 Minuten stehenlassen. Öl mit Butter in einer schweren Eisenpfanne erhitzen und die gewürzten Fleischwürfel kräftig anbraten. Wenn alles schön Farbe genommen hat, das gehackte Schwarzbrot darüberstreuen und mit Rotwein auffüllen. Lorbeerblätter und Nelken hinzufügen, gut durchrühren und alles zugedeckt 30 Minuten leise köcheln lassen.
Zum Schluß mit Essig und Salz abschmecken.

Tip

Dazu serviert man Kartoffelpüree, Apfelkompott und einen Chicorée-Salat.

Kaninchen in Senfsauce

Zutaten

1 Kaninchen (zerteilt),
Öl,
Butter,
Salz,
5 EL scharfer Senf,

2 große Schalotten,
2 Knoblauchzehen,
1/4 l trockener Weißwein,
1 TL Estragon,
schwarze und graue Pfefferkörner,
etwa 1 l Hühnerbouillon,
1/4 l Sahne,
Pfeffer

EW	Fett	KH	kcal/kJ
56 g	54 g	5 g	777/3258

Kaninchenteile (ohne Rücken) in der Pfanne in einer Mischung aus Öl und Butter langsam anbraten und dabei bereits kräftig salzen. Fleisch in einen Schmortopf legen, mit Senf einstreichen. In der Pfanne feingehackte Schalotten und Knoblauchzehen in neuer Butter leicht anbraten und mit dem Wein ablöschen. Flüssigkeit etwas einkochen lassen, über die Kaninchenstücke geben. Estragon zerreiben und zum Fleisch streuen.
Schwarzen und grauen Pfeffer im Mörser zerstoßen und 1 TL davon ebenfalls über das Fleisch verteilen. Den Topf mit der Hühnerbouillon auffüllen, so daß die Fleischstücke zur Hälfte in der Flüssigkeit liegen.
Auf den Boden des auf 200 Grad vorgeheizten Ofens stellen und etwa 1 Stunde schmoren. Alle 15 Minuten das Fleisch wenden. Wenn das Fleisch gar ist, herausnehmen und Sahne in den Schmorsaft geben. Kaninchenteile zurück in den Schmortopf geben und gut würzen.

Gebratener Frischlingsrücken
(für 6 Personen)

Zutaten

1 Rücken vom Frischling (einjähriges Wildschwein),
Salz,
Pfeffer,
Thymian,
einige zerstoßene Wacholderbeeren (im Mörser),
60 g Fett,
50 g Speck,
Wurzelwerk,
2 Zwiebeln,
1/4 l Rotwein,
1/4 l Brühe,
einige Pfefferkörner,
2 Lorbeerblätter,
1 EL Johannisbeergelee,
2 TL Speisestärke,
10 cl Sahne

EW	Fett	KH	kcal/kJ
55 g	24 g	7 g	495/2083

Fleisch mit Salz, Pfeffer, Thymian und zerstoßenen Wacholderbeeren einreiben. In einem Bräter in heißem Fett von allen Seiten gut anbraten. Speck, Wurzelwerk und Zwiebeln grob schneiden und auch mitbraten. Bei 220 Grad knapp 1 1/2 Stunden garen. Während des Bratvorgangs mit Rotwein und Brühe auffüllen, dabei öfter den Braten übergießen, Pfefferkörner und die Lorbeerblätter dazugeben.
Den fertigen Frischlingsrücken aus der Sauce nehmen, warm stellen und die Sauce zubereiten.
Dazu den Bratenfond durchseihen (passieren), mit den Gewürzen und Johannisbeergelee abschmecken und mit der Speisestärke binden (mit ein paar EL Sauce anrühren und zurückgießen). Zuletzt die Sauce mit Sahne verfeinern. Mit einem langen Messer das Fleisch vom Rücken lösen, schräg zur Faser in Scheiben schneiden und wieder dicht zusammensetzen; mit Sauce überziehen.
Mit Johannisbeergelee und Wacholderbeeren garnieren. Restliche Sauce getrennt dazu reichen. Mit feinen Kartoffelgerichten servieren.

Tip

Darauf achten, daß der gut abgelagerte und abgewaschene Wildschweinrücken auch abgeschwartet ist, denn durch das Abbrennen der Borsten beim Braten entsteht ein penetranter Geschmack auf der Schwarte.

Kaninchenragout

(Abb.)

Zutaten

1 kg küchenfertige Kaninchenteile,
Salz, Pfeffer,
1 TL Kräuter der Provençe,
Paprikapulver,
4 EL Öl,
2 mittelgroße Zwiebeln,
4 Knoblauchzehen,
200 ml Weißwein,
1 EL Mehl,
250 ml Sahne,
Worcestersauce

EW	Fett	KH	kcal/kJ
54 g	53 g	8 g	760/3178

Kaninchenteile kräftig mit Salz, Pfeffer, Kräutern der Provençe und Paprikapulver würzen. In heißem Öl rundherum anbraten. Zwiebeln und Knoblauchzehen schälen, fein würfeln und kurz mitdünsten. Mit Weißwein aufgießen und alles zugedeckt im Topf 10–15 Minuten garen. Mehl mit Sahne verrühren, zum Kaninchen geben, aufkochen lassen und mit Salz, Pfeffer, Paprikapulver und Worcestersauce pikant abschmecken.

Tip

Dazu schmeckt buntes, in Butter geschwenktes Gemüse.

Rehschäufele mit Holunderbeeren

Zutaten

1 kg Rehkeule,
Pfeffer, Salz,
Bratfett,
2 TL Tomatenmark,
5 cl Wacholderschnaps,
100 g Holunderbeeren (frische o. getrocknete)
Für die Marinade:
3/4 l Trollinger (Rotwein),
einige Pfefferkörner,
2 Lorbeerblätter,
2 Nelken,
1 TL Rosmarin,
1 TL Thymian,
1 Bd. Suppengrün.
1 Becher Crème fraîche

EW	Fett	KH	kcal/kJ
55 g	26 g	13 g	683/2871

Die Rehkeule am besten im Fachgeschäft schon zubereiten lassen; entbeinen, von Häuten und Sehnen befreien und die Knochen kleinhacken lassen. Eine Rotweinmarinade aus obengenanntem Gemüse und Gewürzen zubereiten. Das Fleisch über Nacht oder bis zu 3 Tagen einlegen. Die Schäufele trockentupfen, pfeffern, salzen und in heißem Fett im Bräter von allen Seiten anbraten. Das Gemüse aus der Marinade mit Tomatenmark zugeben und dauernd rühren, damit nichts ansetzen kann. Mit durchpassierter Marinade übergießen und im vorgeheizten Ofen bei 200 Grad 1 1/2–2 Stunden garen. Das fertige Fleisch herausnehmen, die Sauce passieren, mit Wacholderschnaps parfümieren und die Holunderbeeren unterrühren. Zum Schluß mit Crème fraîche binden und nochmals probieren, ob die Sauce den richtigen Geschmack besitzt. Die Rehschäufele auf einer Platte anrichten, mit Sauce aufgießen und mit Klößen und Pilzen oder Spätzle servieren.

Tip
Probieren Sie dazu einen schwäbischen Roséwein wie z. B. einen Remstäler Schiller.

Wildschweinbraten
(für 6 Personen)

Zutaten
2 Bd. Suppengrün,
1 Wildschweinkeule (etwa 2 kg),
Salz, Pfeffer, Thymian,
2 zerdrückte Lorbeerblätter,
einige zerdrückte Wacholderbeeren,
50–80 g Butterschmalz,
100 g gewürfelter Räucherspeck,
1 schwarze Brotrinde,
1/4 l Brühe,
1/4 l Sahne,
2 EL Preiselbeeren,
5 cl Wachölderken (Schnaps)

EW	Fett	KH	kcal/kJ
75 g	42 g	13 g	771/3239

Suppengrün waschen, abtropfen lassen und kleinschneiden. Die bratfertige und abgehangene Wildschweinkeule mit Salz, Pfeffer, Thymian, Lorbeerblättern und zerstoßenen Wacholderbeeren einreiben. In heißem Butterschmalz von allen Seiten bräunen, den gewürfelten Speck, die Brotrinde und das zerkleinerte Gemüse einstreuen. Nach einigen Minuten heftigen Röstens Brühe eingießen. In den vorgeheizten Ofen bei etwa 220 Grad schieben und etwa 1 1/2 Stunden braten lassen. Öfter mit Brühe beträufeln, da das Fleisch sonst leicht zu trocken werden könnte. Die fertige Keule aus dem Bräter nehmen, portionieren und warm stellen. Den Bratenfond auf dem Herd mit wenig Wasser lösen, einige Male aufkochen und durch ein Haarsieb passieren. Mit Sahne, Preiselbeeren und einem Schuß Wachölderken verfeinern.

Hasenfilets mit Walnußsauce

Zutaten
4 Hasenfilets,
Salz, Pfeffer, Zimt
5 EL Öl, 1 Zwiebel,
1/8 l Fleischbrühe (S. 40 oder Instant),
100 g gemahlene Walnüsse, 3 Scheiben entrindetes Weißbrot,
1/8 l Tomatensaft,
5 Knoblauchzehen,
Zimt,
Walnüsse und Korinthen zum Garnieren

EW	Fett	KH	kcal/kJ
58 g	37 g	20 g	692/2899

Die küchenfertigen Hasenfilets waschen und trockenreiben. Salzen und pfeffern. In heißem Öl die Filets von allen Seiten anbraten, feingewiegte Zwiebel zugeben. Wenn die Zwiebel sich leicht bräunt, mit Brühe aufgießen. Zugedeckt etwa 45 Minuten garen, ab und zu mit Bratenfond begießen. Nach Beendigung der Garzeit Fleisch herausnehmen, in Alufolie wickeln und warm stellen. In den Bratensatz die gemahlenen Nüsse und zerriebenes Weißbrot einstreuen. Mit Tomatensaft aufgießen und bei milder Hitze köcheln. Knoblauch schälen und durch die Presse in die Sauce drücken. Leicht mit Zimt, Salz und Pfeffer abschmecken. Hasenfilets in die Sauce setzen, mit gehackten Walnüssen und Korinthen bestreuen und in der Pfanne servieren.

Tip
Eine feine Kartoffelspeise als Beilage und einen trockenen Rotwein dazu servieren.

Rehschlegel mit Rotwein
(für 8 Personen)

Zutaten
1 Rehschlegel (fertig-gespickt),
3 Teile trockener Rotwein, 1 Teil Weißwein,
1 Zwiebel,
1 Möhre,
1/2 Stange Lauch,
2 Zitronenscheiben,
2 Lorbeerblätter,
2 Nelken,
1 TL Wacholderbeeren,
1 kleine Knoblauchzehe,
60 g Fett,
Knochen (kleingehackt),
4 cl Gin,
1 EL Johannisbeergelee,
200 ml Sahne

EW	Fett	KH	kcal/kJ
54 g	63 g	5 g	935/3911

Vorbereitetes Fleisch mit Weinmischung übergießen, Gemüse waschen, kleinschneiden und zusammen mit Gewürzen zugeben. Das Fleisch soll von der Flüssigkeit bedeckt sein und 3–4 Tage in der Beize im Kühlschrank bleiben. Fleisch ein- bis zweimal wenden.
Gut abgelagerten Schlegel aus der Beize nehmen, trocknen, eventuell noch häuten und würzen. Im Bräter Fett erhitzen, Fleisch zugeben, von allen Seiten anbraten, Knochen und geschnittenes Gemüse (von der Beize) zugeben und in die vorgeheizte Bratröhre bei 200–220 Grad schieben. Wenn sich der Bratenansatz bräunt, mit Beize nach und nach seitlich auffüllen. Die Garzeit beträgt etwa 1 1/2 Stunden. Öfters mit Beizflüssigkeit übergießen. Fertigen Schlegel aus dem Bräter nehmen, warm stellen. Bräter auf den Ofen setzen, 1 Tasse Beize zugießen, aufkochen, mit Gin flambieren, Johannisbeergelee zugeben und leise köcheln lassen. Durch ein Sieb streichen und mit Sahne verfeinern.
Fleisch in Scheiben schneiden, mit heißer Sauce überziehen.

Tip
Dazu passen Spätzle, Preiselbeeren und gekochtes Obst.

Hasenragout mit Pilzen

Zutaten
1 1/2 kg Hasenfleisch,
1 l Beize,
1 Zwiebel,
100 g geräucherter Speck,
50 g Butterschmalz,
Salz,
Pfeffer,
50 g Mehl,
4 cl Wacholderschnaps,
200 ml Rotwein,
50 g Preiselbeeren,
300 g Pfifferlinge (Dose)
200 g saure Sahne

EW	Fett	KH	kcal/kJ
82 g	50 g	14 g	1068/4479

Wildfleisch mit Marinade mindestens 1 Tag einlegen. Fleisch dabei ein- bis zweimal wenden. Fleisch aus der Beize nehmen und trockentupfen. Zwiebel schälen und kleinhacken.
Speck in dünne Scheiben schneiden. In einem breiten Topf Butterschmalz erhitzen. Speck- und Zwiebelwürfel glasig anschwitzen, salzen und pfeffern. Ragoutstücke in Mehl wenden und im Topf von allen Seiten scharf anbraten. Mit Wacholderschnaps ablöschen, mit insgesamt 300 ml Flüssigkeit (Wasser, Rotwein, Beizflüssigkeit) aufgießen. Nach dem ersten Aufkochen gründlich durchrühren, deftig würzen und zugedeckt bei milder Hitze etwa 1 Stunde schmoren lassen. Fleischteile aus dem Topf nehmen, Fleisch von den Knochen lösen, warm halten.
Sauce durch ein Sieb schlagen, Pilze dazu geben, Sauce erneut aufkochen und nachwürzen. Mit Preiselbeeren und saurer Sahne verfeinern.

Tip
Geeignet sind Fleischstücke mit Knochen von Hase, Hirsch und Reh.

Die Bezeichnung Geflügel umfaßt alle Tiere wie Hühner, Enten, Gänse, Perlhühner, Truthähne und Haustauben. Darunter versteht man alle Geflügelarten, die gezüchtet oder gemästet werden und nicht zur Gattung Wildgeflügel zählen. Man spricht deshalb auch von Haus- oder Mastgeflügel. Geflügelfleisch ist wegen seines Wohlgeschmacks allgemein geschätzt. Sein Bindegewebe ist zarter als das von Schlachttieren, das Fleisch ist mager, eiweißreich, leicht verdaulich und gut bekömmlich. Für Schon- oder Krankenkost sowie Diätzwecke ist es deshalb ideal geeignet.

Geflügel-Handelsklassen

Klasse A:
Gut entwickelter Körper, vollfleischig, frei von Haaren und Stoppeln, keine Haut- und Knochenverletzungen, keine Quetschungen oder Verfärbungen.

Klasse B:
Mäßig entwickelter Körper, fleischig, nicht mager, vereinzelt Haare oder Stoppeln, Verfärbung möglich, Haut oder Knochenverletzungen in geringem Umfang möglich.

Klasse C:
Geflügel oder -teile, die nicht der Klasse A oder B entsprechen.

Angebotssorten

Hühner:
Jungmasthühner werden vor der Geschlechtsreife geschlachtet.
Brathähnchen oder Poulets haben nach Mastende ein bratfertiges Gewicht von 700-1150 Gramm. Sie reichen für 2-3 Personen.
Junghühner oder Poularden reichen bratfertig mit einem Gewicht von über 1150 Gramm für 4 Personen aus.
Suppenhühner sind alte Hühner (1-1,5 Jahre alt) und taugen zum Auskochen.

Enten:
Frühmastenten sind ca. acht Wochen alt, bratfertig ca. 1,5 kg schwer und für 4 Personen ausreichend.
Jungenten sind unter einem Jahr alt, für 4 Personen ausreichend.

Gänse:
Frühmastgänse sind ca. zwölf Wochen alt, 2,4 kg schwer, für 3-4 Personen ausreichend.
Junggans, die typische „Martins- oder Weihnachtsgans", 4-6 kg schwer, für 6 Personen.

Puten:
Jungputer sind zwischen 20 Wochen (männliche Tiere) und 24 Wochen (weibliche Tiere) alt, 4-6 kg schwer.
Ältere Tiere gibt es bei uns nur in Stücken zerlegt zu kaufen.

Frisches Geflügel sollte spätestens zwei Tage nach dem Schlachten verzehrt werden. Tiefgefroren wird Geflügel ausschließlich im gerupften Zustand angeboten. Innereien sind meist in einem Beutel verpackt im Inneren beigelegt. Wenn Sie Geflügel auftauen, dann langsam im Kühlschrank. Danach sofort verbrauchen und Arbeitsplatz gründlichst reinigen, damit sich keine schädlichen Keime breitmachen!

Zubereitung von Hausgeflügel

Vor der Zubereitung sollten Sie Geflügel immer gründlich mit kaltem Wasser waschen. Generell gart Geflügel besser, wenn Sie es dressieren. Binden sie die Keulen und Flügel zusammen oder stechen Sie mit einer dicken scharfen Nadel durch Flügel und Schenkel und binden Sie den durchgezogenen Faden am Rücken zusammen (Abb. S. 241/1 und 2). Trocknen Sie das so vorbereitete Geflügel leicht mit Küchenpapier ab (Abb. S. 241/3). Hausgeflügel vor dem Garen innen und außen würzen. Nehmen Sie dazu Salz, Pfeffer, Paprika. Ins Innere können Sie zusätzlich Petersilie oder Beifuß geben. Geflügel läßt sich sehr gut braten oder grillen. Reiben Sie das Fleisch mit einer Marinade ein, schützen Sie es aber vor allzu großer

Hitze. Bestreichen Sie Geflügel auf dem Grill deswegen ab und zu mit Öl. Auch als Braten eignet sich Geflügel sehr gut. Hausgeflügel können Sie sehr gut füllen. Die Masse kommt in den unteren Hals und die Bauchhöhle. Aus Geflügel können Sie auch exzellente Suppen oder Brühen bereiten. Das Wasser darf dazu nicht kochen, sondern simmern, da das Fleisch sonst zäh und faserig wird. Älteres Wildgeflügel ist auch zum Schmoren geeignet. Häufig werden solche Schmorgerichte durch Schweinefleisch, durchwachsenen Speck oder Kohl ergänzt.

Wildgeflügel

Es gibt eine Vielzahl von Federwildarten, die Sie zu einem delikaten Mahl zubereiten können. Die beste Zeit für einen Kauf sind generell die kalten Wintermonate November bis Januar. Bei Wildgeflügel gibt es keine Klasseneinteilung. Zu den in unserer Küche gebräuchlichen Arten zählen Wachtel, Fasan, Rebhuhn, Auerhahn und Waldschnepfe. Je nach Wildart gelten strenge Jagdzeiten, während derer das Federwild gejagd werden darf. Wachteln z. B. dürfen in Deutschland gar nicht gejagd werden. Fasenenfleisch hat den typischen Wildgeschmack, wobei

Abb. 1

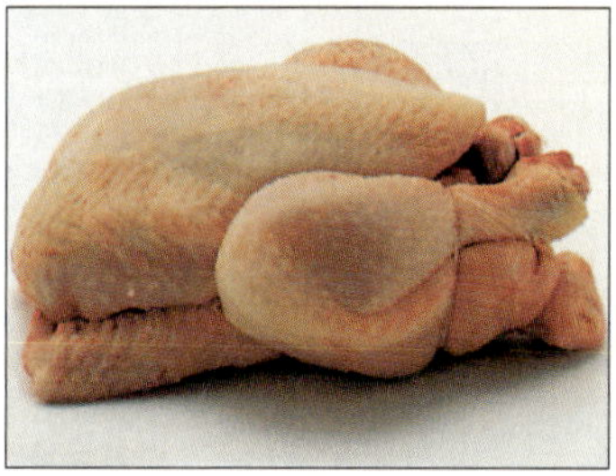

Abb. 2

Abb. 3

das der Henne aromatischer schmeckt als das des Hahns. Zur Gattung der Fasane gehören die Rebhühner und Wachteln. Ihr Fleisch ist sehr zart mit feinem Wildaroma. Ebenso das der Waldschnepfen. Auerhähne leben in bergigen Waldgegenden, so daß ihr Fleisch durchaus mal den Geschmack von Tannennadeln aufweisen kann. Beim Kauf von Federwild sollten Sie darauf achten, daß die Tiere gut genährt sind und fest sitzende Federn haben. Der Geruch darf nicht unangenehm scharf sein, sondern soll das typische Wildaroma aufweisen. Junges Fleisch können Sie an bestimmten Merkmalen erkennen: Junge Rebhühner haben genauso wie Haushühner biegsame Schnäbel und Brustbeine. Junge Fasane haben weiche, an den Enden abgerundete Sporne, ältere dagegen lange scharfe. Die Beine von jungen Rebhühnern sind gelblich, erst im Alter werden sie schiefergrau.

Abhängen

Damit das Fleisch zart wird, läßt man Federwild mit Gefieder und Innereien abhängen. Erst durch diesen Vorgang bekommt es den typischen Wildgesckmack. Fasan und Waldschnepfe brauchen bis zu sieben Tage, Rebhuhn ca. vier Tage. Nur Wachteln sollten ganz frisch gegessen werden.

Einfrieren: Wenn Sie Federwild einfrieren wollen, ist es ausgenommen, frisch oder nur kurz abgehangen. Es hält sich sieben bis neun Monate in der Tiefkühltruhe, aber Aroma und Struktur werden sehr beeinträchtigt.

Poulardenragout mit Frühlingsgemüse
(für 10 Personen)

Zutaten
20 Poulardenkeulen,
500 g Zuckerschoten,
2 Bd. Frühlingszwiebeln,
250 g Champignons,
5 kleine Möhren,
8 Tomaten,
3 Knoblauchzehen,
3 EL Butter,
Salz,
Pfeffer,
1/2 l Rotwein,
1 l Geflügelbrühe
(S. 40),
300 g Crème fraîche,
1 Bd. Thymian

EW	Fett	KH	kcal/kJ
84 g	28 g	10 g	705/2959

Poulardenkeulen waschen, trockentupfen, Fleisch vom Knochen lösen und würfeln. Zuckerschoten, Frühlingszwiebeln, Champignons und Möhren waschen und putzen. Zuckerschoten in Stücke, Frühlingszwiebeln in Ringe, Champignons in Viertel und Möhren in Scheiben schneiden. Tomaten überbrühen, häuten und vierteln. Knoblauchzehen schälen und fein hacken. Butter erhitzen, Poulardenfleisch und Knoblauch darin anbraten. Mit Salz und Pfeffer würzen und mit Rotwein und Geflügelbrühe ablöschen. Zuckerschoten, Frühlingszwiebeln, Champignons und Tomaten dazugeben und etwa 15 Minuten kochen lassen. Ragout mit Crème fraîche verfeinern. Thymian waschen und Ragout damit garnieren.

Gans mit Apfel und Blaukraut
(für 8 Personen) (Abb.)

Zutaten
1 küchenfertige Gans
(etwa 4 kg),
Salz,
Pfeffer aus der Mühle,
1 TL Majoran,
1 TL Beifuß,
3 Äpfel,
2 Zwiebeln,
1 Rotkohl (etwa 1 kg),
2 EL Butterschmalz,
1 EL Rotweinessig,
2 Lorbeerblätter,
1/8 l Rotwein,
4 EL Johannisbeergelee,
1/2 l Brühe,
Crème fraîche nach Belieben

EW	Fett	KH	kcal/kJ
48 g	92 g	19 g	1178/4932

Gans innen und außen abspülen, salzen, pfeffern und mit Majoran und Beifuß würzen. Äpfel schälen, vierteln, entkernen und in grobe Stücke schneiden. Zwiebeln schälen und achteln. Gans mit Zwiebelachteln und Apfelstücken füllen, Öffnung mit Holzspießen zustecken.

Gans mit der Brust nach oben in einen großen Bräter legen, mit 1/4 l Wasser aufgießen. Bei 160 Grad im vorgeheizten Ofen auf mittlerer Schiene etwa 2 Stunden braten. Temperatur auf 200 Grad erhöhen, Gans weitere 2 Stunden braten, dabei immer wieder mit austretendem Fett begießen. Rotkohl achteln, vom Strunk befreien und in feine Streifen schneiden. Butterschmalz erhitzen, Rotkohl glasig dünsten, Rotweinessig, Lorbeerblätter und 1/8 l Wasser dazugeben, etwa 45 Minuten garen. Eventuell etwas Wasser nachgießen. Kurz vor Ende der Garzeit mit Salz, Pfeffer, Rotwein und Johannisbeergelee abschmecken und fertiggaren. Flügel und Hals der Gans abtrennen, Gans warm stellen. Flügel und Hals kleinhacken, im Bräter anbraten, mit Brühe ablöschen und 30 Minuten köcheln lassen. Fett abschöpfen, Sauce durch ein Sieb gießen, nach Wunsch mit Crème fraîche verfeinern und mit den Gewürzen abschmecken. Gans tranchieren und mit Äpfeln, Sauce und Blaukraut servieren.

Hähnchenbrustfilet mit rotem Johannisbeerjus
(Abb.)

Zutaten

1 mittelgroße Zwiebel,
1 EL Butter,
3 EL Johannisbeergelee,
4 EL Johannisbeersirup,
1 EL Speisestärke,
Salz,
Sambal Oelek,
150 g Johannisbeeren,
4 große Kartoffeln,
1 Ei,
6 EL Öl,
4 Hähnchenbrustfilets (je 150 g),
Pfeffer,
Paprikapulver

EW	Fett	KH	kcal/kJ
37 g	21 g	41 g	522/2191

Zwiebel schälen und würfeln. Butter erhitzen, Zwiebelwürfel darin glasig dünsten. Johannisbeergelee und Johannisbeersirup hinzufügen und glattrühren. Mit 1/4 l Wasser aufgießen, aufkochen lassen. Sauce mit in Wasser angerührter Speisestärke binden und mit Salz und Sambal Oelek würzen. Johannisbeeren waschen, entstielen, in die Sauce geben und einmal aufkochen lassen.
Für die Rösti Kartoffeln waschen, schälen, grob raspeln, mit Ei vermischen, salzen. 4 EL Öl in einer Pfanne erhitzen und 4 Rösti abbacken, warm stellen. Hähnchenbrustfilets mit Salz, Pfeffer und Paprikapulver würzen. Restliches Öl in einer Pfanne erhitzen und Hähnchenbrustfilets von beiden Seiten etwa 3 Minuten braten. Zusammen mit Sauce und Rösti servieren.

Gebratener Fasan

Zutaten
2 Brötchen,
2 Eier,
100 g gehackte Petersilie, 1 Apfel,
10 grüne Wacholderbeeren, Salz, Pfeffer,
1 EL Gin,
2 Fasane mit Innereien,
4 Scheiben Speck,
50 g Butter

EW	Fett	KH	kcal/kJ
102 g	54 g	22 g	795/3316

Brötchen einweichen, gut ausdrücken, Eier und Petersilie zugeben. Apfel schälen, entkernen, raspeln und untermischen. Gewürze und Gin zufügen. Innereien fein hacken und untermischen.
Fasane gründlich waschen, trockentupfen, innen und außen salzen und pfeffern und mit der Masse füllen. Mit Zwirn zunähen und mit Speck umwickeln. Im vorgeheizten Ofen bei 220 Grad 30 Minuten in Butter braten. Speck entfernen. Fasane ab und zu mit abgetropftem Fett begießen. Noch 5–10 Minuten braten.

Tip
Damit sich der Geschmack vom Fasan richtig entwickeln kann, ist es wichtig, daß man ihn einige Tage im Federkleid hängen läßt.

Knusprige Ente »Basmati & Thai“
(Abb.)

Zutaten
500 g Entenbrust,
1 Knoblauchzehe,
1 EL Honig,
5 EL Sojasauce,
Chilipulver,
150 g Erbsen (tiefgekühlt),
1 Bd. Frühlingszwiebeln,
400 g Chinakohl,
2 EL Öl,
250 g Basmati & Thai Reis,
2 EL Erdnüsse,
1 EL Ingwer,
1 Glas Reiswein,
2 Scheiben Ananas

EW	Fett	KH	kcal/kJ
34 g	29 g	72 g	742/3125

Entenbrust waschen und trockentupfen. Fettschicht mehrmals diagonal einschneiden. Knoblauchzehe schälen, zerdrücken und mit Honig, 3 EL Sojasauce und wenig Chilipulver verrühren. Entenbrust damit einreiben und etwa 1 Stunde marinieren. Erbsen auftauen. Frühlingszwiebeln und Chinakohl putzen, waschen, Frühlingszwiebeln in Ringe und Chinakohl in Streifen schneiden. Öl erhitzen und Entenbrust darin von jeder Seite etwa 3 Minuten braten; herausnehmen, in Alufolie packen und im vorgeheizten Ofen bei 150 Grad etwa 15 Minuten fertig garen. Basmati & Thai Reis nach Packungsvorschrift zubereiten. Frühlingszwiebeln und Erdnüsse im verbliebenen Bratensatz anbraten, Chinakohl und Erbsen

dazugeben. Ingwer, Reiswein und in Stücke geschnittene Ananasscheiben dazugeben, 5 Minuten zugedeckt garen. Entenbrust in feine Scheiben schneiden, mit Gemüse und Reis anrichten.

Gefüllte Putenrolle
(für 4–6 Personen)

Zutaten

1 kleine rote Paprikaschote, 1 Bd. Petersilie,
250 g grobe Bratwurstmasse,
1 kg Putenrollbraten (aus der Brust),
Salz,
weißer Pfeffer,
25 g Butter,
1/4 l Hühnerbrühe (Instant),
200 ml Sahne,
3 EL Weinbrand,
1 EL heller Saucenbinder

EW	Fett	KH	kcal/kJ
74 g	40 g	3 g	735/3072

Paprikaschote putzen, waschen und klein würfeln. Petersilie waschen, trockenschütteln und fein hacken. Beides mit Bratwurstmasse verkneten. Putenrollbraten salzen, pfeffern und abrollen. Mit Bratwurstmasse bestreichen, aufrollen und mit Küchengarn fest zusammenbinden. Butter in einem Bräter erhitzen, Putenrolle darin rundherum anbraten. Mit Brühe aufgießen und das Fleisch bei mittlerer Hitze zugedeckt 40 Minuten schmoren lassen, dabei mehrmals wenden. Putenrolle aus dem Bräter nehmen, warm stellen. Bratenfond mit Sahne verrühren, zum Kochen bringen, Weinbrand hinzufügen, Saucenbinder einstreuen und alles 2 Minuten köcheln lassen. Sauce mit Salz und Pfeffer würzen. Putenrolle vom Küchengarn befreien, in Scheiben schneiden und mit der Sauce servieren.

Provencalisches Hähnchen

(Titelbild Mitte)

Zutaten

1 Hähnchen,
2 EL Olivenöl,
4 Tomaten,
1 Stange Lauch,
1 Zwiebel,
2 Knoblauchzehen,
2 Möhren,
1/8 l Rotwein,
2 TL Provençe-Kräutermischung,
1 Zweig frischer Rosmarin,
1 Zweig frischer Thymian,
Salz, Pfeffer

EW	Fett	KH	kcal/kJ
40 g	16 g	5 g	359/1502

Hähnchen waschen, trockentupfen und in 8 Teile teilen. Olivenöl in einer großen Pfanne erhitzen und die Hähnchenteile von allen Seiten knusprig braten. Tomaten überbrühen, kalt abschrecken, häuten und in grobe Stücke schneiden. Lauch waschen und in Ringe schneiden. Zwiebel und Knoblauch schälen und in Ringe und Scheiben schneiden. Möhren waschen, schälen und in Stifte schneiden. Zwiebel zu den Hähnchenteilen geben und mitbraten, danach Koblauch, Lauch, Möhren und Tomaten. Mit Rotwein aufgießen und die Kräutermischung darüberstreuen. Deckel aufsetzen und 8 Minuten schmoren lassen. Rosmarinnadeln von den Stielen streifen, Thymianblättchen von den Stielen zupfen. Danach die Sauce bei offenem Deckel etwas einkochen lassen. Alles mit Salz und Pfeffer würzen und mit den Kräutern bestreuen.

Gansljung

(Gebeiztes Gänsejung)

Zutaten

1 1/2 l Essigbeize,
(1/2 l Essig,
1/2 l Wasser,
1 Zwiebel mit 3 Nelken gespickt, 3 Pfefferkörner,
1 Bd. Suppengemüse, gewürfelt,
1 Lorbeerblatt,
Salz)
Kopf, Hals, Magen und Herz von 1 Gans oder 2 Enten, Salz,
3 EL Butter,
2 EL Mehl,
1 EL Zucker,
3/4 l Geflügelbrühe,
Essig,
weißer Pfeffer,
Zitronensaft,
1 Spritzer Rotwein,
gehackte Petersilie

EW	Fett	KH	kcal/kJ
19 g	24 g	8 g	349/1461

Essigbeize einmal aufkochen lassen und beiseite stellen. Gansteile in kaltem Wasser wässern, bis das Wasser klar bleibt. In eine Schüssel legen, mit Beize aufgießen und zugedeckt etwa 3–4 Tage marinieren.
In der Beize unter Zusatz von Salz etwa 1 Stunde köcheln lassen; dabei öfter den entstehenden Schaum auf der Oberfläche abschäumen.
Gansteile unter kaltem Wasser abschrecken und in gleichmäßig kleine Stücke schneiden, dabei Knorpel, kleine Knochen etc. entfernen.
Aus Butter, Mehl und Zucker eine braune Mehlschwitze herstellen. Unter ständigem Rühren Geflügelbrühe eingießen. Gansteile zugeben, mit Essig, Salz und Pfeffer abschmecken und etwa 20 Minuten leise kochen lassen. Nach Belieben mit Zitronensaft, Rotwein und Petersilie verfeinern.

Geflügel mit Äpfeln

Zutaten

2 küchenfertige Hähnchen,
Salz,
Pfeffer,
Majoran,
3 Äpfel,
2 Zwiebeln,
2 EL Honig,
Öl zum Braten

EW	Fett	KH	kcal/kJ
69 g	27 g	21 g	642/2680

Geflügel kalt abwaschen und mit einem Tuch trockenreiben. Salzen, pfeffern und mit Majoran einreiben.
Äpfel und Zwiebeln schälen und in Scheiben schneiden. In einer Schüssel mit Honig vermischen. Hähnchen mit Apfel-Zwiebel-Mischung locker füllen und zubinden oder zustecken. In heißem Öl von allen Seiten anbraten und im vorgeheizten Ofen bei etwa 200 Grad fertig braten.

Tip
Dazu passen frische Salate und verschiedene Kartoffelgerichte.

Wildentenbrust mit Herbstsalat
(Abb.)

Zutaten
4 Wildentenbrüste (je 125 g),
Pfeffer,
Salz,
Knoblauch,
1 TL getrockneter Beifuß,
1 EL Öl,
je 50 g Friséesalat, Feldsalat und Eichblattsalat,
350 g Sahnedickmilch,
4 EL Himbeeressig,
4 EL Walnußöl,
geriebene Orangenschale (unbehandelt),
100 g gehackte Walnüsse

EW	Fett	KH	kcal/kJ
42 g	42 g	8 g	582/2435

Wildentenbrüste mit Pfeffer, Salz, Knoblauch und Beifuß würzen. Öl in einer beschichteten Pfanne erhitzen, Entenbrüste nacheinander darin anbraten. Auf einen Rost im Ofen bei 200 Grad in 20–30 Minuten fertigbraten. Salate putzen, waschen und zerpflücken. Auf 4 großen Tellern verteilen. Sahnedickmilch mit Essig und Öl verquirlen, mit Salz und Orangenschale würzen und Nüsse unterheben.
Dressing über den Salat verteilen. Wildentenbrüste in je 4–5 Scheibchen schneiden und neben dem Salat anrichten.

Tip
Dazu passen Toastbrot und ein leichter, trockener Rotwein. Als Vorspeisensalat reicht die Menge für 6 Personen.

Arabisches Huhn mit Oliven
(Abb. S. 248)

Zutaten
1 Poularde (etwa 1,2 kg),
Salz,
Pfeffer,
2 Zwiebeln,
2 Knoblauchzehen,
2 EL Olivenöl,
1 EL Sonnenblumenöl,
1 TL Klare Hühnersuppe

oder 1/4 l Geflügelbrühe (S. 40),
1 Prise Kurkuma,
1 Prise Safran,
1/2 TL Ingwerpulver,
1 Zitrone (unbehandelt),
1 Packung Delikatess Sauce zu Geflügel,
20 schwarze Oliven

EW	Fett	KH	kcal/kJ
62 g	37 g	9 g	640/2680

Poularde waschen, trockentupfen, in 8 Teile zerlegen. Mit Salz und Pfeffer würzen. Zwiebeln und Knoblauchzehen schälen und kleinschneiden. Oliven- und Sonnenblumenöl erhitzen, Geflügelteile darin von allen Seiten braten. Zwiebeln und Knoblauch zugeben und kurz mitbraten. 1/4 l Wasser dazugießen und zum Kochen bringen. Klare Hühnersuppe darin auflösen. Mit Kurkuma, Safran und Ingwerpulver würzen. Zitronen waschen, achteln und in die Sauce geben. Zugedeckt etwa 30 Minuten schmoren.
Zitronenachtel herausnehmen. Delikatess Sauce einrühren und aufkochen lassen. Oliven dazugeben und heiß werden lassen.

Tip
Dazu paßt Couscous. Kurkuma kann man durch Safran ersetzen.

Gebratene Wildente

Zutaten
2 junge Wildenten,
Salz,
Pfeffer,
Wacholderbeeren,
Zitronensaft,
3 Äpfel,
2 Nelken,
2 Lorbeerblätter,
50–80 g Butterschmalz,
200 g Speckwürfel,
200 ml Rotwein,
Orangenscheiben zum Garnieren,
geriebene (unbehandelte) Orangenschale,
Speisestärke

EW	Fett	KH	kcal/kJ
94 g	65 g	15 g	1121/4682

Vorbereitete Wildenten sauber waschen und die Haut auf Trangeschmack überprüfen. Dazu ein Stück Haut auf eine heiße Pfanne legen. Würde sich der Trangeschmack hierbei bestätigen, müßte man die Haut abziehen.
Wildente mit oder ohne Haut innen und außen mit Salz, Pfeffer, zerstoßenen Wacholderbeeren und Zitronensaft einreiben.
Äpfel schälen in kleine Stücke schneiden und gewürzt mit Zitronensaft, Nelken und Lorbeerblättern in die Ente füllen. Wildenten mit der Brustseite nach unten in eine heiße Bratpfanne mit den

bereits in Butterschmalz gedünsteten Speckwürfeln setzen. Gut anbraten und bei 220 Grad 1–1 1/2 Stunden in die Röhre schieben. Öfter mit Rotwein, zum Schluß mit eigenem Bratensaft übergießen. Fertige Enten aus der Sauce nehmen, portionieren, auf eine heiße Platte setzen und mit Orangenscheiben garnieren. Sauce mit Orangenschale verfeinern, mit Speisestärke binden, noch mal kurz aufkochen, abschmecken und separat reichen.

Tip
Dazu passen Blaukraut und Teigwaren oder feine Klöße. Zur geschmacklichen Abrundung reicht man Preiselbeeren.

Panierte Hühnchenteile

Zutaten
2 küchenfertige Hühnchen,
Salz,
Pfeffer,
Hähnchenwürzmischung nach Belieben,
Saft von 1 Zitrone,
etwa 150 g Cornflakes,
1 EL Butter

EW	Fett	KH	kcal/kJ
64 g	20 g	30 g	589/2463

Hühnchen in Portionsstücke schneiden und sorgfältig mit kaltem Wasser waschen. Mit einem Tuch abtrocknen und mit Salz, Pfeffer und Gewürzmischung einreiben. Ofen auf etwa 200 Grad vorheizen. Geflügelteile leicht mit Zitronensaft beträufeln und in Cornflakes panieren (gut anklopfen). Auf ein gefettetes Blech setzen und in den Ofen schieben. Die Backzeit beträgt knapp 1 Stunde. Zwischendurch Hühnchenteile mit Butterflöckchen belegen.

Tip
Dazu passen Bratkartoffeln und Salat.

Unter der Haut gefüllte Poularde
(Abb.)

Zutaten
1 Zwiebel,
100 g Champignons,
1 Bd. Petersilie,
150 g Butter,
1–2 Knoblauchzehen,
Salz,
Pfeffer,
200 g Weißbrotwürfel,
1/4 l Milch,
2 Eier,
1 bratfertige Poularde
1/4 l Fleischbrühe (Instant),
Speisestärke

EW	Fett	KH	kcal/kJ
57 g	39 g	30 g	735/3075

Zwiebel schälen und fein hacken. Champignons waschen, mit Küchenpapier trockentupfen und in Scheiben schneiden. Petersilie hacken. 50 g Butter in einer Pfanne erhitzen, Zwiebeln und Champignons anrösten. Mit Petersilie, zerdrücktem Knoblauch, Salz und Pfeffer würzen. 120 g Brotwürfel dazugeben und goldgelb braten. Restliche Brotwürfel in Milch einweichen, anschließend gut ausdrücken. 50 g Butter cremig rühren, Eier, Brot-Champignon-Mischung und eingeweichte Brotwürfel dazugeben, alles gut vermischen, abschmecken. Von der Poularde Brusthaut vom Fleisch vorsichtig trennen, so daß ein »Sack« entsteht. Füllung vorsichtig hineingeben und zunähen. Poularde salzen, mit 50 g Butter bepinseln, in den vorgeheizten Ofen schieben. Im Ofen bei 180 Grad etwa 1 1/2 Stunden braten. Während des Bratens seitlich mit heißer Fleischbrühe aufgießen. Nach Beendigung der Bratzeit Poularde aus der Sauce nehmen, zerteilen und auf einer Platte anrichten. Sauce mit Speisestärke binden und mit Salz und Pfeffer abschmecken.

Tip
Dazu passen pochierte Birnen sehr gut.

Fenchelpfanne
(Abb. S. 239)

Zutaten
3 Hähnchenschenkel (je 200 g),
1 Hähnchenbrustfilet (200 g),
Salz, grober Pfeffer,
4 EL Öl,
250 g Zwiebeln,
3 Knoblauchzehen,
3 Fenchelknollen,
je 1 rote und grüne Paprikaschote,
1 TL Speisestärke,
1 TL Kurkuma,
1 TL gemahlener Koriander,
1/2 TL Cayennepfeffer,
1/2 TL Currypulver,
1/4 l Hühnerbrühe,
100 g Sahne,
Zitronensaft

EW	Fett	KH	kcal/kJ
48 g	23 g	21 g	507/2122

Hähnchenschenkel und -brust abwaschen, trockentupfen und von allen Seiten mit Salz und Pfeffer einreiben. Öl erhitzen, Fleisch darin von jeder Seite 8–10 Minuten anbraten und herausnehmen. Zwiebeln und Knoblauchzehen abziehen, würfeln. Fenchelknollen putzen und harten Strunk entfernen, zartes Fenchelgrün beiseite legen. Paprikaschoten halbieren, Kerne entfernen. Fenchel und Paprikaschoten waschen, in feine Streifen schneiden und im verbliebenen Bratensatz anbraten. Mit Speisestärke bestäuben. Kurkuma, Koriander, Cayennepfeffer und Curypulver zugeben, etwa 3 Minuten dünsten. Mit Brühe ablöschen und mit Salz und Pfeffer würzen. Hähnchenstücke darauflegen und alles bei geschlossenem Deckel etwa 20 Minuten köcheln lassen. Sahne unterrühren und mit Zitronensaft abschmekken. Mit Fenchelgrün bestreut servieren.

Tip
Dazu reichen Sie feinen Kartoffelbrei oder Teigwaren.

Geschmortes Huhn mit Pilzen

Zutaten
1 junges Brathähnchen ,
Öl zum Braten,
1 Zwiebel,
1 Knoblauchzehe,
4 eingeweichte Tongkupilze, 4 eingeweichte Morcheln,
1 Dose Champignons (ganz),
1 Frühlingszwiebel
Für die Marinade:
1 EL helle Sojasauce,
1 TL Salz, 2 EL Essig,
Pfeffer
Für die Sauce:
500 ml Brühe,
2 EL helle Sojasauce,
2 EL dunkle Sojasauce,

5 EL Reiswein,
2 EL Austernsauce,
Pfeffer, Glutamat

EW	Fett	KH	kcal/kJ
56 g	38 g	7 g	637/2666

Brathähnchen in kleine Stücke zerlegen, mit Marinadenzutaten gut vermischen, etwa 30 Minuten ziehen lassen. Öl erhitzen, Fleischstücke fritieren, bis sie goldbraun und gar sind, abtropfen lassen. Zwiebel und Knoblauch fein hacken. Tongkupilze halbieren, Morcheln vierteln. 2 EL Öl in einem Topf erhitzen, Zwiebeln und Knoblauch darin braten, bis sie duften. Hähnchenstücke und Pilze zugeben, Saucenzutaten zugießen, kurz aufkochen lassen, weitere 45 Minuten bei schwacher Hitze köcheln lassen. Vor dem Servieren die in 2 cm lange Stücke geschnittene Frühlingszwiebel zugeben, aufkochen lassen.

Hähnchenbrustfilet in Rosa-Pfeffer-Sauce

Zutaten
600 g Hähnchenbrustfilet, Salz, Pfeffer,
2 EL Butterschmalz,
1 Zwiebel, 1 TL Butter,
3/8 l Rinderfond,
2 EL rosa Pfeffer,
2 EL Speisestärke,
100 ml Sahne,
Salz, Pfeffer, 2 cl Cassis,
etwas Cayennepfeffer

EW	Fett	KH	kcal/kJ
26 g	18 g	8 g	318/1329

Hähnchenbrustfilets waschen, trockentupfen, mit Salz und Pfeffer würzen. Butterschmalz erhitzen und die Hähnchenbrustfilets bei mittlerer Hitze etwa 15 Minuten braten. Für die Sauce Zwiebel schälen und fein würfeln. Butter erhitzen, die Zwiebelwürfel darin andünsten. Mit Rinderfond ablöschen, rosa Pfeffer hinzufügen. Etwa 15 Minuten bei milder Hitze köcheln lassen. Speisestärke mit etwas Wasser anrühren, Sauce damit binden. Mit Sahne aufgießen. Mit Salz, Pfeffer, Cassis und Cayennepfeffer abschmekken. Hähnchenbrustfilets mit Pfeffersauce servieren.

Gefüllte Martinsgans
(für 8 Personen)
(Abb.)

Zutaten
1 küchenfertige Gans (etwa 4 kg),
Salz, Pfeffer,
Beifuß, Rosmarin,
Majoran,
1 kg mürbe Äpfel,
100 g Sultaninen,
1/4 l Fleischbrühe
(S. 40),
30 g Mehl

EW	Fett	KH	kcal/kJ
51 g	98 g	25 g	1257/5252

Gans gründlich waschen, trockentupfen, von innen und außen würzen. Äpfel putzen,

KOCHEN

vierteln, mit Sultaninen vermischen. Gans mit der Mischung füllen und Öffnung zunähen. In einen Bräter legen, mit 1/8 l Wasser und Brühe aufgießen, Bräter verschließen und im vorgeheizten Ofen bei 200 Grad etwa 2 Stunden garen, dabei mehrmals wenden und mit Bratenfond begießen. Fett abschöpfen und Gans im offenen Bräter knusprig werden lassen. Gans herausnehmen und warm stellen. Bratenfond mit etwas Wasser aufkochen, mit in Wasser angerührtem Mehl binden. Mit Salz und Pfeffer abschmecken.

Gefüllte Hühnerbrüstchen in Blätterteig
(Abb.)

Zutaten
2 kleine rote Paprikaschoten,
50 g Butter,
Salz, Pfeffer,
8 Wirsingblätter,
4 Hühnerbrustfilets,
250 g Blätterteig,
1 Eigelb,
4 kleine Stangen Lauch,
200 ml Sahne

EW	Fett	KH	kcal/kJ
32 g	50 g	24 g	701/2932

Paprikaschoten waschen, putzen und halbieren. 25 g Butter in einem Topf erhitzen, Paprikahälften mit Salz und Pfeffer kräftig würzen und 5–7 Minuten dünsten. Wirsingblätter in Salzwasser kurz blanchieren und abtropfen lassen. Zwischen je 2 Hühnerbrüstchen 2 halbe Paprika geben und fest in 4 Wirsingblätter wickeln. Blätterteig etwa 25 x 30 cm breit ausrollen und damit die Wirsingpäckchen einschlagen. Ränder mit Eigelb bestreichen und Päckchen gut verschließen. Mit restlichem Eigelb bestreichen und bei 200 Grad im vorgeheizten Ofen 25–30 Minuten backen. Lauch putzen, waschen und in fingerdicke Ringe schneiden. 25 g Butter erhitzen,

Lauch hineingeben, mit Salz und Pfeffer würzen und sofort mit Sahne aufgießen. 5–7 Minuten bei mittlerer Hitze köcheln lassen. Päckchen schräg halbieren oder in Scheiben schneiden und mit Lauch anrichten.

Pfälzer Entenbraten
(für 6 Personen)

Zutaten
1 küchenfertige Ente von knapp 3 kg,
Salz, Pfeffer,
2 Zwiebeln,
1 Apfel, 1/2 Orange,
1 TL gerebelter Majoran,
1/4 l Geflügelbrühe

EW	Fett	KH	kcal/kJ
33 g	63 g	5 g	914/3830

Ofen auf etwa 180 Grad vorheizen. Ente innen und außen unter fließendem kalten Wasser gründlich waschen, trockentupfen, salzen und pfeffern. Zwiebeln schälen und grob würfeln. Apfel schälen, entkernen und passend zu den Zwiebeln würfeln. Orange waschen, kleinschneiden und in einer Schüssel mit Apfel- und Zwiebelstücken sowie mit Majoran vermengen. Die Ente damit locker füllen und zubinden. Ente in einen großen Bräter setzen, seitlich 1/4 l kochend heißes Wasser eingießen und in den Ofen schieben. Ente während der Garzeit von knapp 2 1/2 Stunden ein paarmal mit der Gabel einstechen, damit das Fett besser austreten kann, ab und zu wenden.
Die fast fertige Ente aus dem Schmortopf nehmen, die Haut mit Salzwasser bepinseln und zurück in den Ofen geben. Bratenfond aus dem Schmortopf entfetten, mit Geflügelbrühe aufgießen und auf der Herdplatte kräftig durchkochen. Knusprige Ente in Portionsstücke schneiden und auf einer vorgewärmten Platte anrichten. Die Füllung separat auf einen Teller legen und mit etwas Sauce beträufeln. Sauce durch ein Sieb passieren und in einer Schüssel dazureichen.

Hähnchenbrustfilets mit Bundmöhren und Kerbelsahne
(Abb.)

Zutaten
2 Bd. Möhren,
2 EL Öl,
4 Hähnchenbrustfilets,
Salz, grober Pfeffer,
1/4 l Brühe (S. 40),
3 EL Butter,
200 g Crème fraîche,
50 g Kerbel, 1 Eigelb,
3 cl Weißwein,
1–2 TL Senf,
1 TL Zucker

EW	Fett	KH	kcal/kJ
29 g	33 g	14 g	493/2065

KOCHEN

Möhren putzen, dabei die Ansätze des Grüns stehenlassen, und dünn schälen.
Öl erhitzen, Hähnchenbrustfilets darin von allen Seiten anbraten, mit Salz und Pfeffer würzen und warm stellen.
Brühe zum Kochen bringen, Butter dazugeben und Möhren darin zugedeckt etwa 15 Minuten garen; aus der Brühe nehmen und warm stellen.
Crème fraîche unter die Brühe rühren und bei starker Hitze etwa 5 Minuten einkochen lassen.
Kerbel hacken, Eigelb, Weißwein und Senf verrühren, mit Kerbel in die Sauce geben und mit Salz, Pfeffer und Zucker abschmecken.
Hähnchenbrüste in Scheiben schneiden und mit Möhren und Sauce auf den Tellern anrichten und servieren.

Ente mit Orangensauce
(Abb.)

Zutaten
1 Ente (etwa 2 kg),
Salz, Pfeffer,
Paprikapulver,
700 g kleine Möhren,
Zucker, 2 EL Butter,
Muskatnuß,
300 g Kartoffelkrönchen (tiefgekühlt),
2 Orangen (unbehandelt),
1/4 TL Ingwerpulver,
1/2 TL Currypulver,
1 EL Speisestärke

EW	Fett	KH	kcal/kJ
69 g	71 g	24 g	1067/4468

Ente waschen und trockentupfen. Innen und außen mit Salz, Pfeffer und Paprikapulver einreiben. Flügel und Beine mit einem Faden zusammenbinden. Ente auf einen Rost legen. Rost auf die Fettpfanne vom Ofen setzen, 1/4 l Wasser in die Fettpfanne gießen, Ente bei 180 Grad im vorgeheizten Ofen etwa 1 1/2 Stunden garen.
Möhren schälen und in Salzwasser mit 1 Prise Zucker etwa 10 Minuten garen; abgießen.
Butter schmelzen und Möhren darin schwenken, mit Salz und Muskatnuß würzen. Kartoffelkrönchen nach Packungsvorschrift im Ofen garen.
Für die Sauce Bratenfond in einen Topf gießen, Fett abschöpfen. Orangen mit einem Sparschäler dünn schälen, Schale in feine Streifen schneiden. Orangen auspressen. Saft und Schale in die Sauce geben, mit Ingwerpulver, Salz, Pfeffer und Currypulver würzen. Speisestärke mit etwas Wasser anrühren, Sauce damit binden. Ente mit Orangensauce, Möhren und Kartoffelkrönchen servieren.

Geschmortes Huhn im Topf
(Coq au vin)

Zutaten
2 Hähnchen,
Salz, Pfeffer,
2 EL Zitronensaft,
100 g Mehl,
200 g frische Champignons,
100 g Räucherspeck,

2 Knoblauchzehen,
8 Schalotten,
80 g Butter,
3/4 l trockener Weißwein

EW	Fett	KH	kcal/kJ
76 g	34 g	47 g	955/3993

Hähnchen in jeweils 4 Portionen schneiden, waschen und trockentupfen. Mit Salz, Pfeffer und Zitronensaft einreiben. In Mehl wenden und dabei überschüssiges von den Hähnchen abklopfen.
Champignons putzen und feinblättrig schneiden. Speck in dünne Streifen schneiden. Knoblauchzehen schälen und hacken. Schalotten schälen.
In einem größeren Topf einen Teil der Butter erhitzen. Hähnchenteile von allen Seiten scharf anbraten; herausnehmen. Restliche Butter in den Bratensatz gleiten lassen. Knoblauch, Speckstreifen und Schalotten glasig andünsten.
Hähnchenteile wieder in den Topf legen und mit Weißwein und 1/4 l Wasser aufgießen. Nach dem ersten Aufkochen Hitze reduzieren und die Hähnchen bei geschlossenem Topf etwa 40 Minuten »schmurgeln« lassen.

Tip
Mit Kräutern Ihrer Wahl verfeinern.

Hähnchenpfanne mit Brokkoli
(Abb.)

Zutaten
500 g Hähnchenbrustfilet,
4 EL Öl,
2 Beutel Fertigmischung für China-Pfanne,
600 g Brokkoliröschen (frisch oder tiefgekühlt),
5 EL Mandelblättchen (oder gehackte Walnüsse)

EW	Fett	KH	kcal/kJ
39 g	17 g	13 g	360/1505

Hähnchenbrustfilet in Streifen schneiden und in heißem Öl anbraten. 600 ml Wasser dazugießen und Fertigmischung einrühren. Unter Rühren aufkochen lassen. Brokkoliröschen dazugeben (tiefgekühlte nicht auftauen lassen, sonst werden sie zu weich) und bei schwacher Hitze zugedeckt 10 Minuten garen. Ab und zu umrühren. Mandelblättchen (oder Walnüsse) goldbraun rösten und untermischen.

Tip
Mit körniggekochtem Reis servieren.

KOCHEN

Klassisches Grillhähnchen

(Abb.)

Zutaten

1 Hähnchen,
2 EL Butter,
1 EL Hähnchen-Würzsalz

EW	Fett	KH	kcal/kJ
38 g	17 g	0 g	325/1357

Hähnchen gründlich säubern und trockentupfen. Butter schmelzen, mit Hähnchen-Würzsalz mischen und Hähnchen innen und außen damit einpinseln. Im vorgeheizten Ofen bei 250 Grad etwa 1 Stunde grillen.

Geschmorter Fasan auf Sauerkraut

Zutaten

1 junger, küchenfertiger Fasan,
Salz, Pfeffer,
Saft von 1/2 Zitrone,
150 g dünne Speckscheiben,
30 g Butterschmalz,
2 Zwiebeln, 1 Apfel,
30 g Butter,
1 kg Sauerkraut,
1 Lorbeerblatt,
einige Wacholderbeeren,
300 ml trockener Weißwein

EW	Fett	KH	kcal/kJ
51 g	35 g	6 g	643/2683

Fasan gründlich waschen und trockenreiben. Innen und außen mit Salz, Pfeffer und Zitronensaft einreiben. Fasan mit Speckscheiben einwickeln. Speckscheiben eventuell mit Holzspießchen feststecken. Butterschmalz in einem Bräter erhitzen und Fasan von allen Seiten gut anbraten. Zugedeckt im eigenen Saft etwa 20 Minuten dünsten.
Inzwischen Zwiebeln und Apfel schälen und in Streifen schneiden. In einem breiten Topf in heißer Butter Zwiebel- und Apfelscheiben andünsten. Sauerkraut und Gewürze hinzufügen und sofort mit Weißwein aufgießen. Nach dem ersten Aufkochen Hitze reduzieren,

Fasan auf das Kraut legen und das Ganze bei mittlerer Hitze in etwa 1 Stunde fertig schmoren. Speckscheiben vom Fasan lösen und diesen in mundgerechte Stücke schneiden. Sauerkraut in eine Servierschüssel füllen, Fasan-Portionsstücke zusammen mit dem Speck auf das Kraut setzen.

Tip
Dazu passen Kartoffel- oder Semmelklöße und ein guter Rotwein.

Bambus-Huhn »Shandong«
(Abb.)

Zutaten
250 g Hühnerbrustfilets,
2 EL Sherry,
2 EL Sojasauce,
1 Dose Ananas in Scheiben (580 ml),
125 g Bambus (Glas),
1 Frühlingszwiebel,
2 EL Öl,
100 g Mischnüsse,
2 EL Tomatenmark,
1 Beutel Fertigmischung für China-Pfanne

EW	Fett	KH	kcal/kJ
25 g	23 g	44 g	490/2050

Hühnerbrustfilets in feine Streifen schneiden.
Sherry und Sojasauce verrühren, darübergeben und etwa 30 Minuten ziehen lassen. Ananas abtropfen lassen, Saft auffangen. Ananas in Achtel schneiden. Bambus und Frühlingszwiebel stäbchengerecht schneiden. 1 EL Öl im Wok erhitzen, Hühnerbrust nach und nach darin anbraten, auf einer Platte warm stellen. In 1 EL Öl Mischnüsse anbraten, Ananas und Bambus dazugeben, heiß werden lassen und über das Hühnerfleisch geben.
Tomatenmark, 1/4 l Wasser und 1/8 l Ananassaft dazugießen. Fertigmischung einrühren, zum Kochen bringen und 10 Minuten kochen lassen. Sauce über das Gericht gießen.

Tip
Mit körnigem Reis servieren.

Putensteaks mit Pfifferlingen

Zutaten
4 dicke kleine Putensteaks,
Salz,
weißer Pfeffer,
4 Scheiben Räucherspeck,
2 EL Öl,
300 g Pfifferlinge,
2 Schalotten,
1 Knoblauchzehe,
40 g Butter,
Muskatnuß,
1/8 l Orangensaft,
100 g Crème double,
4 Zweige Zitronenmelisse

EW	Fett	KH	kcal/kJ
43 g	75 g	8 g	881/3684

Putensteaks waschen, trockentupfen, mit wenig Salz und Pfeffer würzen.
Mit je 1 Scheibe Speck umwickeln (wie bei Tournedos), festbinden.
Öl stark erhitzen, Steaks darin braten. Nach gewünschter Bratlänge herausnehmen, warm stellen. Pfifferlinge putzen, Schalotten und Knoblauch schälen, hacken. In Butter braten, mit Salz, Pfeffer und Muskatnuß würzen. Mit Orangensaft ablöschen, mit Crème double einkochen. Nochmals abschmecken. Steaks von den Bindfäden befreien, mit der Sauce überziehen. Mit Zitronenmelisse garnieren.

Tip
Mit Herzoginkartoffeln und einem frischen Gemüseallerlei der Saison servieren.

KOCHEN

Ente mit Wirsing
(für 6 Personen)

Zutaten
1 küchenfertige Ente (etwa 3 kg),
Salz, Pfeffer,
6 EL Olivenöl, 12 mittelgroße Kartoffeln,
1 kleiner Wirsingkopf,
je 200 g Möhren und Zwiebeln,
4 EL Butter,
4 EL gehackte Petersilie

EW	Fett	KH	kcal/kJ
78 g	88 g	19 g	1273/5328

Ente waschen, trockentupfen, innen und außen salzen und pfeffern, zusammenbinden. 4 EL Öl in einem Bräter erhitzen, Ente rundherum anbraten, dann im vorgeheizten Ofen bei 200 Grad etwa 1 1/2 Stunden garen. In der Zwischenzeit Kartoffeln schälen, waschen und in kochendem Salzwasser 3–4 Minuten blanchieren, abgießen und abkühlen lassen. Wirsing von den äußeren Blättern befreien, waschen, in 6 gleich große Teile schneiden und ebenfalls 4 Minuten blanchieren, herausnehmen und in Eiswasser abschrecken. Möhren und Zwiebeln schälen und in etwa 5 cm dicke Scheiben schneiden. 2 EL der Butter in einer Kasserolle erhitzen, Möhren und Zwiebeln darin anschwitzen, mit 1/4 l Wasser ablöschen. Wirsingteile aus dem Wasser nehmen, abtropfen lassen, ausdrücken und zum Gemüse geben. Kartoffeln in restlichem Olivenöl rundherum braten, restliche Butter zufügen. Kartoffeln in eine zweite Kasserolle geben. Ente aus dem Ofen nehmen. Gemüse und Kartoffeln etwa 20 Minuten im Ofen garen. Das Wirsinggemüse immer wieder mit dem Fond begießen. 15 Minuten vor dem Servieren die Ente und die Kartoffeln zum Gemüse geben und alles zusammen in den Ofen stellen. Gemüse wiederholt mit dem Fond begießen. Den Bratfond der Ente entfetten, Bratensatz mit etwas Wasser lösen und zum Gemüse gießen. Die Ente auf eine vorgewärmte Platte geben, das Gemüse mit einem Schaumlöffel herausheben und um die Ente legen. Zurückgebliebenen Fond mit Petersilie verrühren und über das Gemüse gießen. Butter bräunen und die Ente damit überziehen.

Poularde mit Tomatensauce

Zutaten
1 küchenfertige Poularde (1,25 kg),
Salz, Pfeffer,
Paprikapulver,
35 g Butterschmalz,
500 g Eiertomaten,
1 Bd. Basilikum,
2 Zweige Estragon,
1 TL gehackter Thymian,
2 Zwiebeln,
2 Knoblauchzehen,
3 EL kaltgepreßtes Olivenöl,
6 EL trockener Weißwein

EW	Fett	KH	kcal/kJ
67 g	38 g	7 g	650/2721

Poularde in 4 Teile zerlegen, abspülen, trockentupfen und mit den Gewürzen einreiben. Butterschmalz im Schmortopf erhitzen, Poulardenteile darin 10 Minuten anbraten, Tomaten mit kochendem Wasser überbrühen, häuten, vierteln, von den Stielansätzen befreien und grob würfeln. Kräuter hacken, Zwiebeln und Knoblauch schälen und fein würfeln.
Poulardenteile aus dem Schmortopf nehmen, Fett abgießen. Öl im Schmortopf erhitzen, Zwiebeln und Knoblauch darin glasig braten und mit Wein ablöschen. Tomaten und Kräuter hinzufügen, salzen. Poulardenteile darauflegen und zugedeckt 20 Minuten schmoren lassen. Mit Baguette servieren.

Gefüllte Tauben

Zutaten
4 altbackene Brötchen,
200 ml Milch,
4 bratfertige Tauben mit Leber und Herzen,
1 Zwiebel,
Salz,
Pfeffer,
Butter,
1 EL gehackte Petersilie,
2 Eier,
1 Möhre,
300 ml Brühe

EW	Fett	KH	kcal/kJ
33 g	17 g	28 g	416/1737

Brötchen schneiden, mit heißer Milch übergießen und »aufweichen« lassen. Herzen, Leber und Zwiebel kleinhacken, mit Gewürzen in eine gebutterte Pfanne geben, nur kurz dünsten. Brötchen mit Petersilie, Eiern und Innereien vermischen. Tauben salzen, pfeffern, füllen und zunähen oder mit Holzspießen zustecken. In einem gefetteten Topf auf dem Herd gut anbraten und bei 220 Grad im Ofen weiterbraten.
Möhre schälen, würfeln, zugeben und bei Bedarf mit Brühe ablöschen. Nach etwa 1 Stunde Bratzeit Tauben aus dem Topf nehmen, der Länge nach schneiden und 2 Hälften auf einem Teller anrichten.
Sauce passieren, abschmecken und extra dazureichen.

Tip
Verschiedenes Gemüse und Salate als Beilage servieren.

Hähnchenschenkel mit Walnußkruste und Kirschsauce

Zutaten

2 Schalotten,
1 Glas Sauerkirschen (720 ml),
4 EL Speiseöl,
1/8 l trockener Rotwein,
6 cl Portwein,
1/2 Zitrone (unbehandelt), Salz,
grob geschroteter Pfeffer, Cayennepfeffer,
1 EL Speisestärke,
300 g Zuckerschoten,
2 mittelgroße Stangen Lauch, Zucker,
100 g Butter,
100 g gemahlene Walnüsse,
1 Msp. Nelkenpulver,
1/2 TL Zimt,
Paniermehl,
4 Hähnchenschenkel (je 200 g),
1 Packung Kroketten für den Ofen

EW	Fett	KH	kcal/kJ
44 g	44 g	99 g	1029/4310

Für die Sauce Schalotten abziehen und fein würfeln. Kirschen abtropfen lassen und den Saft auffangen. 1 EL Speiseöl erhitzen, Schalottenwürfel darin glasig dünsten, Kirschen zugeben und etwa 5 Minuten erhitzen. Mit 1/8 l Sauerkirschsaft, Rotwein und Portwein aufgießen. Zitronenschale abreiben, hinzufügen, aufkochen lassen. Mit Salz, Pfeffer und Cayennepfeffer abschmecken. Die Sauce nach Wunsch mit in kaltem Wasser angerührter Speisestärke binden und warm stellen. Zuckerschoten und Lauch waschen, putzen, Lauch in feine Ringe schneiden. 1 EL Speiseöl erhitzen und Gemüse darin etwa 5 Minuten dünsten, mit Salz, Pfeffer, Zucker abschmekken und ebenfalls warm stellen. Für die Walnußkruste Butter in einem Topf schmelzen lassen. Walnüsse, Nelkenpulver, Zimt, Salz und Pfeffer in die Butter rühren. Soviel Paniermehl hinzufügen, bis die Masse eine feste, aber streichbare Konsistenz hat. Hähnchenschenkel waschen, trockentupfen, salzen und pfeffern. Restliches Speiseöl erhitzen und Hähnchenschenkel von beiden Seiten etwa 5 Minuten scharf anbraten. Die Kroketten nach Packungsanweisung im Ofen zubereiten. Hähnchenschenkel mit Nußpaste bestreichen und 15 Minuten vor Ende der Backzeit der Kroketten in den Ofen legen. Zusammen mit der Kirschsauce servieren.

Hühnerfleisch mit Rettich und Ingwer

Zutaten

1 Brathähnchen (etwa 1 kg),
Salz, Pfeffer,
2 EL Essig,
Öl zum Braten,
1 Rettich,
1 Stück Ingwerwurzel (4 cm), 1 Zwiebel,
3 gepreßte Knoblauchzehen,
4 EL helle Sojasauce,
1 EL dunkle Sojasauce,
3 EL Reiswein,
1/2 l Brühe,
Maisstärke zum Andicken

EW	Fett	KH	kcal/kJ
54 g	31 g	14 g	592/2476

Brathähnchen waschen, in kleine Stücke zerteilen, mit Salz, Pfeffer, 2 EL Essig einreiben. 20 Minuten ziehen lassen. Brathähnchen im heißen Ofen braten, bis es halb gar ist, herausnehmen, abtropfen lassen. Rettich schälen, waschen, in mundgerechte Stücke schneiden. Ingwerwurzel schälen, flach klopfen. Zwiebel fein hacken. 2 EL Öl im Wok erhitzen, Knoblauch und Zwiebel darin braten, bis sie duften, dann Ingwer, Rettich, Brathähnchen zugeben, kurz umrühren. Mit Sojasauce, Reiswein, Salz, Pfeffer würzen, Brühe zugießen, alles untermischen, zum Kochen bringen, dann die Hitze reduzieren. Zugedeckt bei schwacher Hitze etwa 30 Minuten köcheln lassen. Anschließend mit Maisstärke andicken.

Innereien – diese Teile von Schlachttieren waren schon immer eine Besonderheit: von den einen heißgeliebt, von den anderen abgrundtief verabscheut. Manche Teile wie Herz und Hirn hatten in früherer Zeit eine tiefere Bedeutung. Man glaubte, die den Orangen innewohnenden Fähigkeiten würden sich durch den Verzehr auf den Menschen positiv auswirken. Viele Menschen lehnen Innereien wie Herz, Hirn, Leber, Nieren oder Bries noch heute strikt ab, und die meisten wissen wohl nicht, wo beim jeweiligen Tier sich Schweinenetz, Kutteln oder Gekröse überhaupt befinden. Gourmets beziehen Innereien nach wie vor mit in ihren Speiseplan ein.
Für Sie sollte jedoch gelten: Innereien nur einmal pro Woche essen und von vertrauenswürdigen Fachhändlern beziehen. Achten Sie auf das Gütezeichen, z. B. der CMA.

Verwendung in der Küche

Sie sollten Innereien grundsätzlich immer so frisch wie möglich verwenden, denn sie verderben leichter als anderes Fleisch. Grundsätzlich gilt hier die „24-Stunden-Regel", d. h. Innereien werden am besten innerhalb eines Tages nach dem Kauf verzehrt. Haben Sie keine Möglichkeit, Innereien frisch zu kaufen, so sollten Sie auf Tiefkühlprodukte zurückgreifen.
Zu den eßbaren Innereien gehören Herz, Bries, Leber, Hoden, Lunge, Backen, Magen, Milz, Zunge, Nieren und Hirn. Innereien unterscheiden sich in bezug auf die Hauptnährstoffe kaum von magerem Fleisch. Sie liefern jedoch in sehr hohem Maße Mineralstoffe, Spurenelemente und Vitamine.
Leider haben Innereien, vor allem Leber und Niere, die unangenehme Eigenschaft, Schadstoffe zu speichern. Es wird daher von verschiedenen Stellen empfohlen, Innereien nur gelegentlich und in größeren Zeitabständen zu verzehren.

Bries, Hirn und Zunge sollen vor der Verarbeitung in Wasser gelegt werden, damit das Blut herausgewaschen wird. Bries und Hirn werden danach in Essigwasser kurz blanchiert und können anschließend je nach Rezept weiterverarbeitet werden.
Zungen werden je nach Größe 10–30 Minuten gekocht und dann in kaltem Wasser rasch abgekühlt, damit man ihnen die ledrige Haut abziehen kann.
Nieren sollten vor der Zubereitung für einige Zeit in Essigwasser gelegt werden. Das mildert den manchmal etwas strengen Geschmack ab.

Herz
Eignet sich zum Schmoren im Ganzen, auch gefüllt. Das Muskelfleisch schmeckt am besten, wenn es innen immer noch ein bißchen blutig bis rosa ist. Gart es über diesen Punkt hinaus, wird es leicht zäh. Rinderherz ist zäher als Kalbs- oder Lammherz und sollte deshalb vorgekocht werden. Herz kann in Streifen geschnitten auch kurzgebraten werden.

Bries
Auch als Thymusdrüse bezeichnetes Wachstumsorgan des Kalbes. Es sieht dem Hirn ähnlich und wird meist in Scheiben geschnitten oder in kleine Röschen zerpflückt und in Butter gebraten. Vor der Zubereitung müssen Fett, Oberflächenhaut und Röhren entfernt werden. Das geht leichter, wenn das Bries vorher blanchiert wird.

Leber
Kalbsleber wird vom delikaten Geschmack und der zarten Konsistenz her als die feinste Leber eingeschätzt. Sie wird in dünne Scheiben geschnitten und kurzgebraten oder auch gegrillt. Auch Lammleber eignet sich zum Grillen und Braten, während Sie Rinder- und Schweineleber wegen ihrer festeren Beschaffenheit und dem kräftigen Geschmack eher als Schmorgericht zube-

reiten sollten. Rinder- und Schweineleber legt man vor dem Zubereiten häufig in Milch ein, um den Geschmack zu verfeinern. Es empfiehlt sich, vor dem Einlegen die Bindegewebehaut abzuziehen, da sie beim Garen zäh wird und das Fleisch verzieht.

Hoden
Sind wohl eher Geschmackssache und hierzulande auch nicht so leicht erhältlich. Lamm- oder Kalbshoden können Sie z.B. in Blätterteig backen oder kochen und mit einer süß-sauren Marinade servieren.

Lunge
Das magere tiefrote Fleisch vom Rind und Schwein ist sehr mager und eignet sich gut für Füllungen aller Art. Häufig wird daraus ein süßsaures Eintopfgericht zubereitet. Auch bei der Lunge müssen Adern, Röhren, Knorpel und Fett entfernt werden.

Backen
Schweinebacken werden gekocht und in verschiedenen Gerichten weiterverarbeitet oder auch kalt gegessen.

Kutteln
Gehören in der Mittelmeerküche unbedingt mit zum Speiseplan. Es werden glatte und zellige Kutteln unterschieden, je nachdem von welchem Magen von Rind oder Kalb sie stammen. Sie werden meist vom Metzger auf Bestellung schon entsprechend vorbereitet, erfordern aber dennoch eine relativ lange, langsame Zubereitung. Häufig werden sie zusammen mit den unterschiedlichsten Geschmackszutaten langsam weichgeschmort.

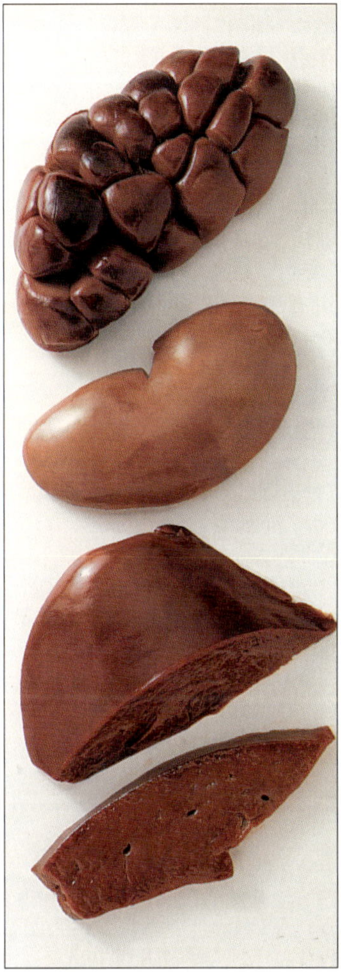

Leber und Nieren enthalten besonders viele Vitamine, Mineralstoffe und Spurenelemente.

Milz
Schweinemilz ist in Bayern bekannt, weil sie in der Milzwurst verarbeitet wird, die in Scheiben geschnitten und paniert mit Salat serviert wird. Auch Rinder- und Kalbsmilz kann gegessen werden. Da die Milz eine von Natur aus sehr lockere Konsistenz hat, sollten Sie die Oberflächenhaut nicht entfernen.

Zunge
Ausgezeichnet schmeckt Rinderzunge, die sowohl gepökelt als auch frisch zubereitet und kalt oder warm serviert werden kann. Kalbszunge und Lammzunge sind sogar von noch zarterem Geschmack.

Nieren
Man verwendet Nieren von Kalb, Hammel, Rind und Schwein. Kalbsnieren sind am zartesten und haben den mildesten Geschmack. Sie können sie braten, grillen oder schmoren. Das Nierenmark sollten Sie vor der Zubereitung entfernen; es ist im Inneren der Niere als weiße grießige Substanz zu finden.

Leber sauer

Zutaten
600 g Kalbs- oder Schweineleber,
Milch,
1 feingehackte Zwiebel,
40 g Butter,
2 EL Mehl,
200 ml ungesalzene Suppe,
1 TL Zitronensaft,
1 Msp. Zucker,
etwas süße Sahne,
1 Prise Salz

EW	Fett	KH	kcal/kJ
30 g	18 g	13 g	327/1368

Leber waschen, häuten; über Nacht in kalte Milch einlegen (Geschmacksverbesserung).
Leber schnetzelartig schneiden, mit Zwiebel in Fett andünsten. Die Leber bekommt dabei eine graue Farbe. Wenn kein Blut mehr austritt, mit Mehl bestäuben, leicht rösten. Aus der Pfanne nehmen.
Brühe in die Pfanne gießen, 2 Minuten leicht köcheln.
Pfanne vom Feuer nehmen, Leber hinzufügen, kurz durchschwenken.
Mit Zitronensaft, Zucker, süßer Sahne und Salz abschmecken.

Tip
Reis und Salate passen hervorragend dazu.

Kalbsleber mit Salbeizwiebeln
(Fegato di vitello)

Zutaten
3 Zwiebeln,
Butter,
10 frische Salbeiblätter,
Olivenöl,
300 g Kalbsleber,
Salz, Pfeffer

EW	Fett	KH	kcal/kJ
15 g	14 g	9 g	247/1032

Zwiebeln in feine Ringe schneiden, in einer Pfanne in Butter glasig werden lassen.
Frische Salbeiblätter dazugeben und bei niedriger Temperatur in geschlossener Pfanne weiterschmoren lassen.
Olivenöl und Butter in einer zweiten Pfanne erhitzen und Kalbsleberscheiben ungesalzen darin braten. Vor dem Servieren salzen und pfeffern und mit den Salbeizwiebeln anrichten.

Hirn gebacken

Zutaten
2 Kalbshirne (je gute 400 g),
Salz,
100 g Mehl,
2 Eier,
200 g Semmelbrösel

EW	Fett	KH	kcal/kJ
32 g	18 g	55 g	528/2212

Hirn im kalten Wasser wässern, blanchieren: in Salzwasser kalt zusetzen, zum Kochen bringen, in kaltem Wasser abschrecken, kurz darauf häuten.
Vorbereitetes Hirn in Salzwasser einige Minuten kochen, in flache Portionsstücke teilen, salzen und panieren. Gleich in heißes Fett geben und 8–10 Minuten backen. Mit Zitronenscheiben servieren.

Tip
Als Beilage schmeckt Kartoffelsalat.

Gänseleber mit Orangen

Zutaten
4 Gänselebern,
Pfeffer,
2 EL Mehl,
40 g Fett,
Salz,
1/8 l Fleischbrühe,
Saft einer Orange,
2 Orangen (unbehandelt)

EW	Fett	KH	kcal/kJ
26 g	13 g	19 g	307/1282

Gänselebern abspülen, eventuell Sehnen entfernen, mit Küchenpapier abtupfen. Mit Pfeffer einreiben, in Mehl wenden. Fett erhitzen. Leber darin auf jeder Seite 3 Minuten braten, herausnehmen, salzen.

Zugedeckt warm stellen.
Bratfond mit Fleischbrühe ablöschen, in einen Topf sieben, Orangensaft hinzugeben. Sauce nicht mehr kochen!
Orangen schälen, kleinschneiden, in die Sauce geben. Etwa 1/4 der Orangenschalen sehr fein schneiden, ebenfalls zur Sauce geben, nochmals erwärmen. Lebern auf einer vorgewärmten Platte anrichten, mit Orangenspalten garnieren.
Mit etwas Sauce übergießen.

Tip
Dazu paßt Toastbrot oder feiner Kartoffelbrei.

Würziges Lebergeschnetzeltes (Abb.)

Zutaten
600 g Kalbsleber,
1/2 l Buttermilch,
2 Zwiebeln,
je 1 rote und gelbe Paprikaschote,
1 Stange Lauch,
2 EL Butter oder Margarine,
2 EL Tomatenmark,
Salz,
Pfeffer,
1 Msp. Cayennepfeffer,
1 TL Curry,
125 ml trockener Weißwein,
1/4 l Fleischbrühe (S. 40 oder Instant)

EW	Fett	KH	kcal/kJ
35 g	11 g	13 g	314/1317

Leber in feine Streifen schneiden und ca. 1 Stunde in Buttermilch einlegen. In der Zwischenzeit Zwiebeln abziehen und in Ringe schneiden.
Paprikaschoten putzen, waschen, entkernen und in Streifen, Lauch putzen, waschen und in Ringe schneiden. Butter oder Margarine in einem Bräter erhitzen. Die gut abgetropften Leberstreifen kurz von allen Seiten darin anbraten.
Das vorbereitete Gemüse zugeben und ca. 3 Minuten mitdünsten. Tomatenmark und Gewürze zufügen, mit Weißwein und Brühe aufgießen, alles bei mittlerer Hitze im geschlossenen Topf ca. 15 Minuten garen. Nochmals pikant mit den Gewürzen abschmecken und eventuell mit etwas Saucenbinder andicken.
Nach Wunsch Lebergeschnetzeltes im Reisbett servieren.

Überbackene Rinderzunge

Zutaten
1 Rinderzunge,
1/2 Bd. Suppengrün,
Salz,
100 g geriebener Käse,
10 g geriebenes Brot,
200 g saure Sahne,

etwas weißer Pfeffer,
1 Spritzer Zitronensaft,
1 Spritzer Worcestersauce, 1 kleines Glas Champignons,
1 EL Butter

EW	Fett	KH	kcal/kJ
34 g	42 g	6 g	555/2323

Rinderzunge vom Metzger kochfertig herrichten lassen. Suppengrün säubern und kleinschneiden. Rinderzunge und Gemüse in reichlich Salzwasser in etwa 3 Stunden weich kochen lassen. Aus geriebenem Käse, geriebenem Brot, saurer Sahne, Salz, Pfeffer, Zitronensaft und Worcestersauce eine pikante Creme herstellen.
Champignons fein wiegen, in die Creme rühren.
Zunge quer in dünne Scheiben schneiden. Jede Scheibe mit Creme bestreichen und zusammengesetzt in eine gefettete, feuerfeste Form geben. Mit restlicher Creme bestreichen und obenauf Butterflöckchen setzen. Im vorgeheizten Ofen backen.

Tip
Mit Reis und frischem Gemüse genießen.

Gedünstetes Herz

Zutaten
1 Kalbsherz (2 Schweineherzen oder 3/4 kg Rinderherz),
100 g geräucherte Speckscheiben,
5 EL Öl,
100 g kleingeschnittenes Röstgemüse,
5 cl Weinbrand oder Sherry,
1/2 l Brühe,
Salz, Pfeffer,
je 1 Prise gemahlener Knoblauch und Salbei,
1 EL Speisestärke,
1 Prise Zucker,
etwas Zitronensaft,
Thymian,
Basilikum,
Rosmarin,
100 ml Sahne

EW	Fett	KH	kcal/kJ
32 g	49 g	7 g	634/2655

Herz halbieren, restliche Häute und Adern wegschneiden, gründlich wässern. Speck in feine Streifen schneiden. In einem breiten Topf Öl erhitzen. Herz von allen Seiten anbraten und dabei die Speckstreifen sowie die Gemüsewürfel einstreuen. Nach einigen Minuten mit Weinbrand oder Sherry ablöschen und mit Brühe aufgießen. Pikant würzen und bei geschlossenem Topf und milder Hitze in etwa 1 Stunde fertig dünsten. Das fertiggegarte Herz herausnehmen und zugedeckt ziehen lassen. Die Speisestärke mit Wasser anrühren, die Sauce damit binden und diese durch ein Sieb streichen. Erneut aufkochen, nach Bedarf mit Zucker, Zitronensaft, Thymian, Basilikum und Rosmarin abschmecken. Mit Sahne verfeinern. Herz in Scheiben schneiden und in die Sauce legen.

SCHNELLREZEPT
Kalbsleber »Napoli«

Zutaten
8 kleine Salbeiblätter,
2 EL Sonnenblumenöl,
8 Scheiben Kalbsleber (je 50 g),
2 EL Mehl,
Bratfett,
Salz, weißer Pfeffer
250 g Muschelnudeln,
1 kleine Peperoni,
1/8 l Weißwein,
1 Beutel Fertigmischung für Spaghetti Napoli

EW	Fett	KH	kcal/kJ
29 g	12 g	64 g	510/2140

Die Salbeiblätter in 1 EL Sonnenblumenöl kurz braten, herausnehmen. Kalbsleber in Mehl wenden und im Bratfett von jeder Seite etwa 2 Minuten braten. Mit Salz und Pfeffer würzen. Nudeln nach Packungsvorschrift zubereiten und abtropfen lassen. Peperoni waschen, putzen, kleinschneiden und in 1 EL Sonnenblumenöl andünsten. Mit Weißwein und 1/8 l Wasser aufgießen, erwärmen und Fertigmischung für Spaghetti Napoli einrühren. Zum Kochen bringen und 1 Minute kochen. Muschelnudeln mit Tomatensauce auf Tellern anrichten. Kalbsleber mit Salbei dazureichen.

Tip
Als Beilage gemischten Salat dazureichen.

Überkrustete Leber mit Kartoffelchips
(Abb.)

Zutaten
4 Äpfel,
2 mittelgroße Zwiebeln,
20 g Butter oder Margarine,
1/2 TL Zucker,
Salz, Pfeffer,
1/2 Tasse Brühe,
2 EL Sahne-Meerrettich (Glas),
1 Päckchen gehackte, gemischte Kräuter (tiefgekühlt),
4 Scheiben Kalbsleber (je 150 g),
2 EL Öl,
600 g Kartoffeln,
Fett zum Fritieren

EW	Fett	KH	kcal/kJ
38 g	75 g	81 g	1161/4862

Äpfel waschen, halbieren, entkernen, einen halben Apfel zur Seite legen, restliche Äpfel und abgezogene Zwiebeln grob würfeln. Butter oder Margarine schmelzen, Apfel- und Zwiebelwürfel hineingeben, mit Zucker, Salz und Pfeffer würzen, mit Brühe aufgießen und bei mittlerer Hitze etwa 10 Minuten schmoren. Sahne-Meerrettich und gemischte Kräuter unterrühren, nochmals abschmecken. Leber waschen, trockentupfen, mit Salz und Pfeffer würzen und von beiden Seiten in erhitztem Öl etwa 1 Minute braten. Nebeneinander auf ein Backblech oder in eine große Auflaufform legen. Jeweils 1 Portion der Apfelmasse auf jede Leberscheibe geben und im vorgeheizten Ofen bei 200 Grad Oberhitze etwa 10 Minuten überbacken. Kartoffeln schälen, mit einem Gurkenhobel feinblättrig aufschneiden. In erhitztem Fritierfett goldbraun backen, abtropfen lassen und salzen. Restliche Apfelhälfte in Scheiben schneiden, die Leber damit garnieren und mit Kartoffel-Chips servieren.

Hirnbavesen
(Hirnschnitten)

Zutaten
1 Brötchen (vom Vortag) (50g),
2 Kalbshirne (600 g),
1/2 Zwiebel,
50 g Petersilie,
20 g Butter, 4 Eier,

Salz, Pfeffer,
8 Scheiben Weißbrot (400 g),
50 g Mehl,
200 ml Milch,
2 Eier,
Fett zum Braten

EW	Fett	KH	kcal/kJ
38 g	30 g	71 g	731/3063

Brötchen einweichen. Kalbshirne wässern, dann mit warmem Wasser übergießen. Sorgfältig häuten, dabei darauf achten, daß kein Blut zurückbleibt. Hirn fein wiegen. Zwiebel schälen und hacken, Petersilie waschen, trockenschütteln, Blätter abzupfen und fein hacken.
Hirn mit der Zwiebel und Petersilie in Butter andünsten. Weiches Brötchen gut zerdrückt beigeben und Hirnmasse nach ein paar Minuten vom Feuer nehmen. 2 Eier und Gewürze zur erkalteten Masse mischen und diese dick zwischen je 2 Brotscheiben streichen (gut andrücken). Mehl mit Milch, restlichen Eiern und Salz glattschlagen und gefüllte Brotscheiben darin wenden.
In heißem Fett von beiden Seiten braten oder auf einem gebutterten Backblech bei 220 Grad in die Röhre schieben.

Tip
Mit Rahmspinat servieren.

Saure Nieren

Zutaten
750 g Schweinenieren,
1/2 l Milch,
40 g Schweineschmalz,
30 g Mehl,
3/8 l heiße Fleischbrühe (S. 40),
Salz, Pfeffer,
1 TL Zucker,
4 EL Essig,
50 g geräucherter Speck,
2 Zwiebeln

EW	Fett	KH	kcal/kJ
32 g	19 g	10 g	334/1398

Nieren längs aufschneiden, Röhren entfernen. Nieren gründlich waschen, in einer Schüssel mit Milch übergießen, 30 Minuten stehen lassen, abtropfen, trockentupfen, in dünne Scheiben schneiden. Schweineschmalz erhitzen, Nieren darin in 5 Minuten anbraten, mit Mehl bestäuben, rösten, bis das Mehl braun ist. Mit Fleischbrühe ablöschen, zugedeckt 8 Minuten kochen lassen. Mit Salz, Pfeffer, Zucker und Essig pikant abschmecken. Nieren in eine vorgewärmte Schüssel füllen, warm stellen. Speck fein würfeln, knusprig braun braten. Zwiebeln schälen, in dünne Ringe schneiden, im heißen Speck unter Rühren goldbraun braten.
Speck und Zwiebeln über die Nieren geben.

Tip
Mit gemischtem Salat und Bratkartoffeln oder Makkaroni servieren.

Lunge sauer

Zutaten
600 g Kalbslunge oder Rinderlunge,
Salz,
2 Bd. Suppengrün,
2 Zwiebeln,
3 Lorbeerblätter,
5 Pfefferkörner,
2 Nelken,
1/4 Zitrone,
30 g Fett,
40 g Mehl,
1 TL Zitronensaft,
1 Prise Zucker,
0,1 l Essig

EW	Fett	KH	kcal/kJ
28 g	13 g	14 g	305/1277

Die Lunge in 2 l Salzwasser ansetzen, kleingeschnittenes Gemüse und Gewürze zugeben. Gut 1 Stunde kochen, wobei Rinderlunge die doppelte Zeit benötigt.
Die fertige Lunge aus dem Sud nehmen, in einem großen Topf in Salzwasser erkalten lassen und in feine Streifen schneiden. Wieder in den Sud legen und 1–2 Tage ziehen lassen. Aus Fett und Mehl eine mittelbraune Einbrenne herstellen, mit Sud

ablöschen und die Lunge einlegen. Mit Zitronensaft, Zucker und vielleicht noch etwas Essig abschmecken und 10 Minuten dünsten.

Tip
Dazu schmecken Semmelknödel oder eine frische Semmel.

Berliner Leber
(Abb.)

Zutaten
4 Scheiben Leber (je 150 g),
Salz, Pfeffer,
2 EL Mehl,
2 EL Butter oder Margarine,
1 säuerlicher Apfel (z. B. Boskop),
250 g Zwiebeln,
3 EL Speiseöl

EW	Fett	KH	kcal/kJ
30 g	20 g	16 g	374/1568

Leber waschen, trockentupfen und Sehnen entfernen. Salz, Pfeffer und Mehl vermischen, die Leberscheiben damit bestäuben. Butter oder Margarine erhitzen und Leber darin von beiden Seiten braten. Apfel schälen, entkernen und in Scheiben, Zwiebeln abziehen und in Ringe schneiden. 2 EL Öl erhitzen und Zwiebeln goldbraun braten. Aus der Pfanne nehmen, restliches Öl zugeben und die Apfelscheiben darin dünsten. Leber mit Zwiebeln und Apfelscheiben und nach Wunsch mit Petersilie garniert servieren.

Tip
Dazu schmeckt ein leckerer Kartoffelbrei.

Kalbsbries in Rahmsauce

Zutaten
2 Kalbsbriese (beim Metzger vorbestellen),
1 Zwiebel,
1 Lorbeerblatt,
1 Gewürznelke,
Salz, 50 g Butter,
40 g Mehl,
0,1 l trockener Weißwein,
1/2 l Fleischbrühe oder Kalbsfond,
100 g Sahne,
1 Eigelb,
200 g Spargelspitzen,
weißer Pfeffer,
geriebene Zitronenschale (unbehandelt)

EW	Fett	KH	kcal/kJ
29 g	26 g	11 g	420/1761

Kalbsbriese in kaltem Wasser solange wässern, bis das Wasser klar bleibt. In einen Topf legen und mit etwa 1 1/2 l kaltem Wasser aufgießen. Zwiebel schälen, mit einem Lorbeerblatt und der Gewürznelke spicken

KOCHEN

und zusammen mit Salz in den Kochtopf geben. Nach dem ersten Aufkochen weitere 10 Minuten köcheln. Kalbsbriese mit kaltem Wasser abschrecken und mit einem spitzen Messer die Häute entfernen. Danach nochmals klar abspülen, quer in dünne Scheibchen schneiden. Aus Butter und Mehl eine helle Einbrenne (siehe Grundrezept S. 65) rühren und mit Weißwein sowie mit Brühe aufgießen, 5 Minuten durchkochen und mit einer Mischung aus Sahne und Eigelb legieren. Nicht mehr kochen lassen! Briesscheiben und Spargelspitzen zum Erwärmen einlegen. Mit Gewürzen und Zitronenschale abschmecken.

Gebratene Kalbsleber Lyoner Art
(für 6 Personen)

Zutaten
60 g Butter,
6 Scheiben Kalbsleber,
Salz, Pfeffer, Mehl,
4 große Zwiebeln,
1 EL Essig,
gehackte Petersilie

EW	Fett	KH	kcal/kJ
26 g	16 g	13 g	318/1344

Die Hälfte der Butter in einer Pfanne erhitzen. Unterdessen die Leberscheiben mit Salz und frisch gemahlenem Pfeffer würzen, in Mehl umwenden und das überflüssige Mehl wieder abklopfen. In der inzwischen haselnußbraun gewordenen Butter auf jeder Seite 2 Minuten braten. Auf eine vorgewärmte Servierplatte legen, zudecken und warm halten. Die andere Hälfte der Butter in die zum Braten verwendete Pfanne geben. Wenn sie gut heiß ist, die in feine Streifchen oder kleine Würfel geschnittenen Zwiebeln zufügen und bei mäßiger Hitze unter fast ständigem Wenden ganz langsam hellgelb und weich werden lassen. Dann den Essig und den aus den Lebern gelaufenen Saft zugeben, nicht mehr kochen lassen. Die Pfanne hin und her bewegen, damit alle am Pfannenboden angebratenen Säfte gelöst werden. Die Leberscheiben mit den Zwiebeln und dem erhaltenen Saft bedecken und mit gehackter Petersilie bestreuen.

Hirn mit Ei

Zutaten
2 Kalbshirne,
Salz,
1 kleine Zwiebel,
1 Bd. Petersilie,
40 g Butter,
2 Eier

EW	Fett	KH	kcal/kJ
20 g	22 g	5 g	308/1291

Hirn wässern, blanchieren, d. h. in kaltem Salzwasser zusetzen, zum Kochen bringen, in kaltem Wasser abschrecken. Sofort häuten, hacken. Zwiebel fein schneiden, Petersilie waschen, trockentupfen, hacken. Zwiebel und Petersilie in heißer Butter andünsten, Hirn zugeben, mitdünsten, salzen.
Eier verschlagen, etwas salzen, zugeben und unter leichtem Umrühren stocken lassen.
Sofort servieren.

Hirn oder Bries gedünstet

Zutaten
2–3 Kalbshirne
oder 2 Briese,
Salz,
2 EL Mehl,
50 g Butter,
2 EL süße Sahne,
1/4 l Fleischbrühe,
1 Prise Zucker

EW	Fett	KH	kcal/kJ
26 g	18 g	4 g	292/1223

Hirn oder Bries wässern, blanchieren, d. h. in kaltem Salzwasser zusetzen, zum Kochen bringen, in kaltem Wasser abschrecken. Sofort häuten, in Stücke teilen, salzen, in Mehl wenden. Butter erhitzen, Hirn oder Bries zugeben, auf beiden Seiten bräunen. Sahne zugeben, mit Brühe übergießen, würzen, zugedeckt 15 Minuten dünsten.
Sofort servieren.

Hackfleisch-Tradition

Hackfleisch hat eine lange Tradition. Vermutlich entstand es in der Mongolei.

Fleisch wurde gehackt, in Teigfladen eingerollt und gekocht oder gebraten. Durch die Mongolen verbreiteten sich diese eingewickelten Hackfleischgerichte bis nach Südosteuropa. Statt Teig wurden in diesen Ländern landesübliche Gemüsesorten wie Kohl, Mangold, Spinat oder Weinlaub verwendet. Die Ungarn oder Türken steckten das gehackte Fleisch auf Spieße oder formten Knödel daraus. Als „Köfte" gibt es sie mittlerweile in vielen Ländern.

Ein wichtiger Grund für die jahrhundertealte Tradition der Hackfleischzubereitung liegt wohl darin, daß selbst das zäheste Fleisch durch Hacken genießbar und formbar wird. In dem Sinne müßte unser heutiges Hackfleisch eigentlich Durchgedrehtes heißen, da die Zubereitung meist mit dem Fleischwolf beim Metzger passiert. Das geht zwar schneller, ist jedoch der manuellen Hackmethode nicht immer vorzuziehen. Hackfleisch vom Metzger ist zum Teil etwas fetter, mit dem Messer gehacktes Fleisch können Sie selbst aussuchen und entsprechend vorbereiten, d.h. Fett etc. entfernen. Auch die Konsistenz ist anders: Im Fleischwolf werden die Fleischfasern zerrissen und zerquetscht, der Fleischsaft geht verloren. Beim Hacken mit der Hand werden die Fasern zerschnitten und das Fleisch bleibt saftiger.

Lagerung

Grundsätzlich gilt: nur absolut hochwertiges und frisches Fleisch verwenden. Es sollte erst kurz vor dem Verzehr zerkleinert werden und auf keinen Fall über einen längeren Zeitraum roh gelagert werden. 4 Grad ist die maximale Lagertemperatur für Hackfleisch. Über längere Zeit haltbar ist es nur im komplett durchgegarten Zustand. Ein Wiedererwärmen von aufgetauten Hackfleischgerichten kann gefährlich werden.

Hackfleischtypen

Gemischt: „halb und halb", Muskelfleisch vom Rind und Schwein je zur Hälfte geeignet für Hackbraten, Frikadellen, Füllungen.

Rinderhack: schieres Muskelfleisch vom Rind. Für Hacksteaks, feine Fleischklößchen, Hamburger.

Tartar: Beefsteak oder Schabefleisch genannt, schieres, völlig sehnenfreies Muskelfleisch vom Rinderschlegel oder -lende. Sehr schöne rote Farbe. Wird meist roh gegessen und schmeckt gehackt, nicht durchgedreht, am besten. Für Hacksteak mit rosa Kern.

Schweinehack: Mett oder Hackepeter genannt. Meist roh gegessen, mit Salz, Pfeffer, Zwiebeln gewürzt.
Hack vom Lamm oder Hammel wird für Gerichte aus der Balkanküche verwendet. Geeignet sind Lammnacken und -schulter. Vom Hammel der Hals und Kamm. Kalbshack aus der Schulter für Klößchen in Sauce oder für Füllungen.

Zubreitung

Als Bindemittel für Hackfleisch brauchen Sie Eier oder Eiweiß. Eine gute Alternative ist Kartoffelmehl oder Mehl für rohe Klöße. Als Lockerungsmittel dient ein altes, in Wasser eingeweichtes und mit der Hand ausgedrücktes Brötchen, aber auch Weißbrot oder Paniermehl.
Als Flüssigkeit, die Sie zugeben können, eignen sich Wasser, Mineralwasser, Bier, Wein, Sahne oder Joghurt.

GRUNDREZEPT

Hackfleischteig

Zutaten
150 g entrindete Weißbrotwürfel (oder 1 Brötchen vom Vortag), 1 kleine Tasse warme Milch oder Wasser, 1 Zwiebel, 1 Knoblauchzehe, 1/2 Bd. Petersilie, 20 g Butter, 300 g Hackfleisch (gemischt), 1 Ei, Salz, Pfeffer, Majoran und Muskatnuß (gemahlen)

EW	Fett	KH	kcal/kJ
23 g	21 g	23 g	461/1932

Weißbrotwürfel mit wenig Milch oder Wasser begießen und zugedeckt ziehen lassen oder Brötchen in Wasser einweichen und ausdrücken.
Zwiebel und Knoblauchzehe schälen und fein würfeln.
Petersilie waschen, trockenschwenken, von den Stengeln zupfen.
Zwiebel, Knoblauchzehe und Petersilie in heißer Butter andünsten.
In einer Schüssel Hackfleisch, Ei, Pfanneninhalt sowie Weißbrotwürfel bzw. ausgedrücktes Brötchen zu einem geschmeidigen Fleischteig verarbeiten.
Mit Gewürzen pikant abschmecken.

Frikadellen, Buletten, Fleischpflanzl

Zutaten
1 Grundrezept Hackfleischteig (links), 50 g Fett

EW	Fett	KH	kcal/kJ
23 g	31 g	23 g	551/2303

Mit feuchten Händen aus dem Hackfleischteig 8 flache Küchlein formen, in erhitztem Fett auf beiden Seiten anbraten, bei geringer Hitze durchbraten.

Tip
Frikadellen schmecken auch kalt mit scharfem Senf.

Beefsteak tatar

Zutaten
800 g Rinderfilet, Salz, frisch gemahlener Pfeffer, 4 Eigelb, Fleischbrühe, Kapern, Zwiebel, Petersilie

EW	Fett	KH	kcal/kJ
41 g	12 g	1 g	310/1297

Das Fleisch von allem Fett und allen Sehnen befreien, fein hacken oder durch den Fleischwolf drehen und mit Salz und Peffer würzen. Alles durchkneten und zu 4 flachen Klößchen formen. Auf je 1 Teller legen und mit einem unter kalten Wasser gehaltenen Teelöffel eine Vertiefung in die Mitte drücken. Das rohe Eigelb hineingeben. Mit einer Schale oder Tasse voll heißer Fleischbrühe und drei kleinen Schälchen reichen, die Kapern, sehr fein geschnittene Zwiebeln und gehackte Petersilie enthalten.

Scharf gewürztes Hackfleisch türkische Art

Zutaten
5 Knoblauchzehen, 3/4 kg Rinderhackfleisch, 1/2 EL Kreuzkümmel, 1/2 EL rosenscharfer Paprika, 1/2 EL schwarzer Pfeffer, 1/4 EL granuliertes Knoblauchpulver, 1/4 EL gemahlene Gewürznelken, 1 kräftige Prise Zimt, 1/4 EL Cayennepfeffer, 1/2 EL Salz, Öl, 3 EL Tomatenmark, 1/4 kg gekochte Erbsen

EW	Fett	KH	kcal/kJ
35 g	48 g	6 g	631/2643

Knoblauchzehen schälen und hacken. Hackfleisch mit dem Knoblauch und den Gewürzen

vermischen; einige Stunden zugedeckt ruhen lassen. In einem breiten Topf oder einer breiten Pfanne mit Rand wenig Öl erhitzen. Das marinierte Hackfleisch einstreuen und krümelig braten. Mit Tomatenmark abrösten und ein paarmal einen Schuß Wasser eingießen, trocken braten und wieder aufgießen (erhöht die Konzentration der Sauce). Zuletzt die gekochten Erbsen unter das Hackfleisch mischen, abschmecken und heiß in der Pfanne servieren. Dazu paßt Reis.

Hackfleischklößchen türkisch

(Abb.)

Zutaten

60 g Reis,
500 g Rinderhackfleisch,
Kräutersalz, Pfeffer,
3 Stengel Minze,
2 EL Olivenöl,
1 Knoblauchzehe,
1 Becher Sahnejoghurt,
2 EL Zitronensaft,
abgeriebene Schale von 1/2 Zitrone (unbehandelt)

EW	Fett	KH	kcal/kJ
30 g	35 g	14 g	631/2643

Reis nach Packungsvorschrift garen und abkühlen lassen. Rinderhackfleisch mit Salz und Pfeffer würzen. Minze kleinschneiden und mit dem Reis unter das Hackfleisch mischen. Aus dem Teig kleine Bällchen formen und in Olivenöl von allen Seiten anbraten. Knoblauchzehe schälen, durchpressen und mit Joghurt verrühren. Mit Pfeffer, Kräutersalz, Zitronensaft und Zitronenschale würzen. Hackfleischbällchen heiß oder kalt zur Joghurtsauce servieren.

Tip

Zu den Hackfleischklößchen türkisches Fladenbrot reichen.

Gefüllte Zwiebeln

Zutaten

2 Brötchen (vom Vortag),
1/2 Bd. Petersilie,
300 g Hackfleisch,
1 Ei,
Salz, Pfeffer,
8 mittelgroße Zwiebeln,
50 g Butter,
1 TL Zucker,
300 ml Fleischbrühe,
Crème fraîche

EW	Fett	KH	kcal/kJ
22 g	27 g	24 g	520/2179

Brötchen in gleichmäßig kleine Stücke schneiden, mit etwa 200 ml lauwarmem Wasser begießen und zugedeckt ruhen lassen. Petersilie von den Stengeln zupfen, waschen, trockenschwenken und fein wiegen. Hackfleisch mit ausgedrücktem Brot, Ei, Petersilie, Salz und Pfeffer zu einem geschmeidigen Fleischteig verarbeiten.
Zwiebeln schälen, etwas zurechtschneiden, damit sie besser stehen.
Zwiebeloberseiten mit einem Rundausstecher und einem kleinen scharfen Messer gut aushöhlen. Einen Teil Zwiebelfruchtfleisch hacken und unter das Hackfleisch mengen (den Rest für eine Sauce etc. aufbewahren). Zwiebeln mit Hackfleischteig füllen, eventuell überschüssigen Teig zu kleinen Frikadellen formen.
In einem flachen, breiten Topf Butter schäumend erhitzen. Zucker unter ständigem Rühren darin auflösen und Zwiebeln einsetzen. Mit Brühe aufgießen und zugedeckt bei kleiner Hitze knapp 40 Minuten schmoren. Fertige Zwiebeln aus der Brühe nehmen. Brühe mit Crème fraîche binden und nochmals abschmecken.

Tip
Dazu passen Reis oder Kartoffeln und gemischte Salate.

Überbackene Auberginenrouladen
(Abb.)

Zutaten
750 g Auberginen,
Kräutersalz,
300 g gemischtes Hackfleisch,
Salz, Pfeffer,
Thymian,
1 Ei,
1 Zwiebel,
1 Knoblauchzehe,
1 EL Olivenöl,
1 Dose Tomaten (500 ml),
200 g Reis,
1 Würfel Fleischbrühe,
100 g Mozzarella,
100 g Schafskäse

EW	Fett	KH	kcal/kJ
31 g	24 g	45 g	515/2158

Auberginen putzen, waschen und längs in Scheiben schneiden. Mit Kräutersalz bestreuen und 30 Minuten ziehen lassen. Hackfleisch mit Salz, Pfeffer und Thymian würzen.
Ei untermischen.
Auberginenscheiben mit Küchenkrepp abtupfen, mit je 2 EL Hackfleisch belegen und aufrollen, beiseite stellen.
Zwiebeln und Knoblauchzehe schälen, kleinschneiden und mit Öl in einer feuerfesten Form andünsten.
Tomaten passieren, mit 1/4 l Wasser, Reis und Fleischbrühe zum Kochen bringen und Auberginen-Rouladen dazugeben.
Mozzarella und Schafskäse klein würfeln, auf den Rouladen verteilen und im Ofen bei 200 Grad 35–40 Minuten backen. Sofort servieren.

Würzige Hackfleischbällchen

Zutaten
2 Zwiebeln,
500 g Hackfleisch,
1 Ei,
2 TL Hackfleisch Würzer,
1 TL Paprika Würzpaste,
1 gestrichener TL Salz,
60 g Paniermehl,
60 g gehackte Mandeln,
10 g eingeweichte Backpflaumen,
10 Scheiben Frühstücksspeck,
20 g Butterschmalz

EW	Fett	KH	kcal/kJ
35 g	59 g	17 g	900/3769

Zwiebeln schälen, fein hacken, zusammen mit dem Hackfleisch, Ei, Hackfleisch Würzer, Paprika Würzpaste, Salz, Paniermehl und gehackten Mandeln zu einem Hackfleischteig vermischen. Aus der Fleischmasse mit je 1/2 Backpflaume Bällchen erstellen.
Die Speckscheiben in 2 Hälften teilen. Jedes Hackbällchen mit 1/2 Scheibe Frühstücksspeck umwickeln, mit Zahnstochern feststecken und in Butterschmalz braten.
Die Bällchen lassen sich gut zu einem Picknick im Grünen, für unterwegs oder aber dekorativ als Partyhappen anrichten. Dazu frisches Baguette reichen.

Kohlrouladen

Zutaten
1 kleiner Weißkohlkopf,
Salz,
300 g Fleischteig (siehe Grundrezept),
100 g geräucherter Schinkenspeck,
1 kleine Zwiebel,
50 g Butterschmalz,
1/4 l Brühe,
100 ml Sahne oder 2 EL Crème fraîche

EW	Fett	KH	kcal/kJ
25 g	64 g	7 g	839/3515

Weißkohlkopf halbieren, Strunk wegschneiden, 8–10 schöne Blätter lösen und in kochendes Salzwasser legen. Einige Minuten sprudelnd aufkochen lassen, herausnehmen und kalt überbrausen. Fleischteig längs in der Mitte der Kohlblätter verteilen. Blätter fest aufrollen. Mit Hölzchen feststecken.
Schinkenspeck fein würfeln. Zwiebel schälen und hacken. In heißem Butterschmalz Schinken- und Zwiebelwürfel kurz anschwitzen, Rouladen einsetzen. Nach kurzem Anbraten mit heißer Brühe aufgießen, Hitze verringern und zugedeckt etwa 30 Minuten garen.
Rouladen aus der Sauce nehmen, von Hölzchen oder Fäden befreien und auf vorgewärmte Teller verteilen. Sauce mit Sahne oder Crème fraîche verfeinern, gegebenenfalls nachwürzen und über die Kohlrouladen gießen.

Klassischer Hamburger

Zutaten
1 kg Hackfleisch vom Rind, Salz, Pfeffer,
Öl zum Braten,
4 Hamburgerbrötchen (fertig verpackt im Supermarkt),
1 Fleischtomate,
1 große Zwiebel,
4 Blätter Eisbergsalat,
Tomatenketchup

EW	Fett	KH	kcal/kJ
60 g	55 g	29 g	1143/4790

Ofen auf 180 Grad vorheizen. Hackfleisch mit Salz und Pfeffer würzen und in 4 Portionen teilen. Jede Hackportion mit den Händen so bearbeiten und flachdrücken, daß ein flacher Burger entsteht. In einer Pfanne Öl erhitzen und Hamburger von jeder Seite einige Minuten braten. Hamburgerbrötchen halbieren und im Ofen knusprig rösten. Zwiebel schälen und in Ringe schneiden. Tomate in Scheiben schneiden.
Eisbergblätter waschen und trockentupfen. Je 1 fertiggebratenen Hamburger auf die Brötchenunterseite mit 1 Eisbergsalatblatt setzen. Darauf Zwiebelringe und Tomatenscheiben legen. Mit Tomatenketchup »daraufkleben«.

Gefüllte Paprikaschoten

Zutaten

4 große Paprikaschoten,
Salz,
1 Grundrezept
Hackfleischteig (S. 273),
1 Zwiebel,
1 Knoblauchzehe,
250 g Tomaten oder
1 Dose Tomaten
(geschält),
40 g Fett,
1/2 Bd. Petersilie,
1 Prise Zucker,
2 TL Paprika (edelsüß),
2 EL Sahne

EW	Fett	KH	kcal/kJ
26 g	34 g	33 g	631/2644

Von den Paprikaschoten einen Deckel abschneiden, Schoten innen und außen waschen, entkernen und Scheidewände herausnehmen, leicht salzen. Den Hackfleischteig in die Schoten füllen, Deckel aufsetzen. Zwiebel und Knoblauch fein hacken, bei Verwendung von frischen Tomaten diese kurz in kochendes Wasser legen, dann mit kaltem Wasser abschrecken und die Haut abziehen, Tomaten vierteln. Schoten in das erhitzte Fett setzen, Zwiebel und Knoblauch dazugeben, gut durchdünsten. Tomaten und gewaschene, kleingehackte Petersilie und Gewürze ebenfalls zugeben und zugedeckt etwa 30 Minuten dünsten. Schoten herausnehmen, warm stellen. Sauce durch ein Sieb streichen, aufkochen, Sahne zugeben, zu den Paprikaschoten reichen.

Hackbraten in Blätterteig (Abb.)

Zutaten

7 Scheiben Blätterteig
(tiefgekühlt),
2 Zwiebeln,
2 Knoblauchzehen,
1 kg Hackfleisch (halb
und halb),
100 g Paniermehl,
3 Eier,
Salz, grober Pfeffer,
1/2 TL Curry,
1/2 TL Rosenpaprika,
1/2 TL Oregano,
1/2 TL Basilikum,
100 g Schinkenspeck,
3 hartgekochte Eier

EW	Fett	KH	kcal/kJ
44 g	55 g	79 g	1030/4319

Blätterteigscheiben nach Packungsvorschrift auftauen. Zwiebeln und Knoblauchzehen schälen und fein hacken. Hackfleisch mit 8 EL Paniermehl, 2 Eiern, Zwiebeln, Knoblauch, Gewürzen und Kräutern vermischen und pikant abschmecken. Teig auf einer mit Paniermehl bestreuten Arbeitsfläche zu

KOCHEN

einem Rechteck ausrollen und mit Schinkenspeck belegen. Hartgekochte, geschälte Eier hintereinander darauflegen. Fleischteig von beiden Seiten darüberklappen und mit nassen Händen gut verschließen. Restliches Ei trennen, Ränder von 6 Blätterteigscheiben mit Eiweiß bestreichen und die Scheiben überlappend zu einem Rechteck zusammenlegen. Ränder fest andrücken. Fleischrolle auf den Blätterteig legen und Teig darüber verschließen. Nahtstellen mit Eiweiß bestreichen und gut andrücken. Mit der Naht nach unten auf ein mit Backpapier ausgelegtes Backblech legen. Aus der letzten Blätterteigscheibe kleine Motive ausstechen, mit Eigelb an der Oberfläche des Blätterteiges befestigen und mit Eigelb bestreichen.
Im Ofen bei 200 Grad etwa 1 Stunde garen.

Tip
Mit Frühlingsgemüse und Kroketten servieren.

Königsberger Klopse

Zutaten
1 Grundrezept Hackfleischteig (S. 273),
2 EL zerdrückte Kapern,
3 entgrätete, eingelegte Sardellen,
Saft von 1 Zitrone und etwas Kapernsaft,
50 g Butter,
40 g Mehl,
1/8 l Weißwein,
1/2 l Brühe,
1 Lorbeerblatt,
1 geriebene Zitronenschale (unbehandelt),
Salz,
weißer Pfeffer

EW	Fett	KH	kcal/kJ
25 g	31 g	30 g	617/2583

Den Fleischteig mit zerdrückten Kapern, feingehackten Sardellen, etwas Zitronen- und Kapernsaft verfeinern.
Aus dem gut abgeschmeckten, leicht säuerlichen Fleischteig gleichmäßig kleine Kugeln formen. In einem breiten Topf aus Butter und Mehl eine helle Mehlschwitze (siehe Grundrezept im Kapitel Saucen und Fonds) rühren.
Mit Weißwein und Brühe aufgießen; etwa 5–10 Minuten durchkochen.
Die Fleischbällchen einlegen, mit den Gewürzen abschmekken und das Ganze etwa 15 Minuten ziehen lassen.
Dazu passen Reis und Gemüse oder Kartoffeln.

Gefüllte Gurken

Zutaten
1–2 Salatgurken,
Salz,
Pfeffer,
1 Grundrezept Hackfleischteig (S. 273),
weitere Zutaten s. Rezept „Gefüllte Paprikaschoten" (S. 277)

EW	Fett	KH	kcal/kJ
26 g	24 g	31 g	532/2229

Gurken schälen, der Länge nach halbieren, mit einem Löffel Kerne entfernen.
Gurkenhälften in Portionsstücke teilen, aushöhlen, mit Salz und Pfeffer würzen.
Den Hackfleischteig bergartig auf die Gurkenstücke füllen.
Weitere Zubereitung siehe Rezept „Gefüllte Paprikaschoten" (S. 277).

Gefüllte Tomaten

Zutaten
10 feste Tomaten,
1 Grundrezept Hackfleischteig (S. 273),
weitere Zutaten s. Rezept „Gefüllte Paprikaschoten" (S. 277),

EW	Fett	KH	kcal/kJ
26 g	24 g	32 g	536/2246

Tomaten waschen, Deckel abschneiden, aushöhlen, salzen, Fleischteig einfüllen.
Weiter Zubereitung siehen Rezept „Gefüllte Parikaschoten" (S. 277).

Gemüse ist für unsere tägliche Ernährung sehr wichtig. Es enthält nur wenig Kalorien, dafür um so mehr Vitamine, Spurenelemente und Mineralstoffe. Viele Gemüsesorten und auch Obstsorten enthalten Ballaststoffe, die für eine gute und geregelte Verdauung sorgen und damit Magen und Darm gesund erhalten.

Gemüsegruppen

Gemüse wird in acht Produktgruppen eingeteilt: Fruchtgemüse, Wurzel- und Knollengemüse, Kohlgemüse, Blattgemüse und Blattsalate, Zwiebelgemüse, Wurzelsprossen, Speisepilze und Kartoffel.

Fruchtgemüse
Dazu zählen Tomaten, Gurken, Paprika, Zucchini, Erbsen, Bohnen und Kürbis.
Tomaten enthalten viele Vitamine und sind fast ganzjährig bei uns zu haben. Es gibt runde Tomaten, Fleischtomaten, gerippte und längliche Tomaten. Fleischtomaten sind süß-würzig und sind ideal für dicke Saucen, da sie wenig Saft, dafür viel Fleisch enthalten. Die längliche Tomate wird in Südeuropa als die klassische Gemüsetomate angebaut und oft in Konserven angeboten. Runde und gerippte Tomaten sind sehr gut für Salate und Eintöpfe geeignet. Kirschtomaten, Party- oder Cocktailtomaten sind der Hit, da sie am intensivsten und besten nach Tomate schmecken und sich hervorragend auf dem kalten Bufett machen.
Paprika gibt es in verschiedenen Farbnuancen. Grün schmecken sie leicht bitter und würzig, da die Reife erst beginnt. Gelb schmecken sie süßlich-mild, denn die Reife ist im Zwischenstadium, rot sind sie gegen Ende der Reife, der Geschmack ist süß. Schwarze Paprika erreicht der Erzeuger durch einen besonderen Anbau. Beim Zubereiten sollten Samen und Aderstränge entfernt werden, da sie scharf sind.
Gurken gibt es als Salat-, Schmor-, Einlege- und Schälgurken. Letztere eignen sich zum Einwecken oder als Senfgurken. Schmorgurken können Sie kochen, schmoren aber auch als Füllung verwenden. Bei Salatgurken stecken die Mineralstoffe direkt unter der Schale. Deshalb ungespritzte Gurken nicht schälen. Sie enthalten viel Wasser, das durch Salz herausgezogen wird. Daher erst kurz vor der Verwendung salzen.
Zucchini und Auberginen stammen aus dem Mittelmeerraum und schmecken als kleines Gemüse am besten. Zucchini kann man im Gegensatz zu Auberginen roh essen. Beide Gemüsesorten können Sie schmoren, braten, dünsten oder grillen.
Bohnen sind Hülsenfrüchte und außerordentlich reich an Kalzium. Generell können Sie Bohnen für Suppen und Eintöpfe verwenden. Prinzeßbohnen eignen sich ideal als Beilage zu Braten, ebenso Delikateßbohnen.
Erbsen sind eine der ältesten kultivierten Gemüsearten der Menschheit. Man kann sie frisch oder getrocknet, zart und jung, aber auch aus der Hülse geschält essen.

Wurzelgemüse
Dazu zählen Möhren, Sellerie, Fenchel, Schwarzwurzeln, rote Rüben, Rüben und Rettich bzw. Radieschen. Letztere werden gerne als Salat, in Saucen, als Dressing oder als Brotbelag gegessen. Sie enthalten viel ätherische Öle, was auch ihren scharfen Geschmack ausmacht.
Rettich, in Bayern „Radi" genannt, wird dort als Spirale aufgeschnitten und bevorzugt zu einer Brotzeit gegessen.
Rüben, wie z. B. Steckrüben oder Teltower Rüben, werden nur noch selten angeboten. Sie schmecken gut als Eintopf oder als Gemüse zu Fleisch.
Sellerie ist in zwei Arten zu kaufen. Bleich- oder Staudensellerie kann man roh mit der Hand essen. Er sollte möglichst viele Blattstiele enthalten und nur ganz frisch gegessen werden. Die Stangen werden vor dem Essen abgeschnitten.
Knollensellerie wird als Gemüse und Gewürz verwendet. Das Grün eignet sich gut zum Würzen von Suppen und zum

Trocknen. Der Sellerie sollte auch beim Garvorgang immer schön weiß bleiben. Das ist ein Zeichen für seine Frische.
Rote Rüben sind ein sehr gesundes Gemüse bei Blutarmut, Grippe und Stoffwechselstörungen. Sie enthalten viel Eisen und sind über Monate zu lagern. Möhren enthalten am meisten Karotin und schmecken aufgrund ihrer natürlichen Süße hervorragend als Rohkost. Sie sind vorzüglich auch als Gemüse und ein origineller Farbtupfer auf jedem Bufett.
Möhren werden die länglichen kegelförmigen Arten genannt. Karotten sind rundlicher, dicker und gedrungener.

Kohlgemüse
Weiß-, Spitz-, Rot-, China-, Rosen- und Blumenkohl gelten als Kohlgemüse. Ferner Wirsing, Kohlrabi und Brokkoli.
Alle Kohlarten sind reich an Mineralstoffen wie Eisen, Natrium, Magnesium oder Kalzium. Sie enthalten viel Ballaststoffe für eine gute Verdauung. Da die Nährstoffe bei Kohlköpfen mehr in den Außenblättern liegen, sollten Sie diese mitverwenden. Kohl eignet sich als Gemüse, gedünstet oder geschmort. Weißkohl schmeckt hervorragend als Salat oder als Rohkost. Grünkohl und Rosenkohl entfalten ihr Aroma erst nach ein paar Frostnächten. Frost macht das Zellgewebe lockerer, und Stärke wird in Zucker umgewandelt. Der Kohlgeschmack wird dadurch milder. Beide Kohlarten sind also ideal als Tiefkühlgemüse und versorgen Sie auch in der Winterzeit mit ausreichend Vitamin C, B und Mineralstoffen wie Kalium und Phosphor.

Blattgemüse und Salat
Dazu gehören Spinat, Mangold, Chicorée, Radicchio, Kopf-, Eisberg-, Feld- und Endiviensalat, ferner Batavia-, Butter- und Eichblattsalat. Unter Salat versteht man Gemüsepflanzen, die ungekocht gegessen werden können. Salat ist ein erfrischendes und kalorienarmes Gemüse. In der Regel wird er roh als Salat mit Dressing angemacht verzehrt.
Radicchio wie Endivie hat einen leichten Bittergeschmack, man kann sie dünsten oder roh als Salat essen. Mangold und Spinat schmecken als Gemüse gedünstet sehr gut. Fenchel muß gründlich wegen des Sandes zwischen den Blättern gewaschen werden. Das Grüne können Sie gehackt über Ihr fertiges Gericht streuen. Fenchel schmeckt ausgezeichnet mit einer Käsesauce überbacken.
Artischocken gehören zu den Disteln. Sie wirken wohltuend auf Magen, Galle und Leber. Sie werden nur gekocht, nie roh gegessen. Man zupft die äußeren Blätter ab und taucht den Blattansatz in die Sauce. So knabbern Sie sich quasi immer weiter voran bis zum Herz.

Zwiebelgemüse
Das sind Gewürz- und Gemüsezwiebeln, Porree, Lauch und Knoblauch. Zwiebeln sollten Sie mit einem scharfen Messer nur schneiden oder würfeln, denn hacken kann sie bitter machen. Auch zu scharfes Anbraten kann ein bitteres Aroma erzeugen. Haushaltszwiebeln sind die schärfsten Vertreter, Schalotten, Gemüse- und rote Zwiebeln sind milder. Gemüsezwiebeln eignen sich gut im Salat. Lauch, auch Porree genannt, schmeckt gut als Gemüse.

Wurzelsprossen
Dazu zählen Spargel und Schwarzwurzeln. Beide Sorten schmecken als Salat vorzüglich. Schwarzwurzeln nur mit Handschuhen schälen, da er abfärbt. Spargel eignet sich auch für feine Suppen und als Gemüse mit Weißwein abgeschmeckt.

Pilze
In der Küche haben Bedeutung: Champignons, Waldpilze und Austernpilze. Alle Pilze schmekken angebraten zu Salaten, Braten, Kurzgebratenem und Geflügel. Auch Bratensaucen verleihen sie eine feine Würze.

Kartoffeln
Sie sind ein Allzweckgemüse. Als Beilage zu Braten, als Salat, Auflauf oder gebraten mit Kräuterquark.

GRUNDREZEPT

Gemüse gekocht

Zutaten
1 kg Gemüse (Spargel, Blumenkohl, Sellerie, Spinat, Wirsing, Mangold, Kohlrabi, Bohnen, Lauch, Rosenkohl, Schwarzwurzeln, Hülsenfrüchte, Trockenpilze),
Salz,
40 g Fett oder Butter,
30–40 g Mehl,
1/2 kleine Zwiebel (feingewiegt),
1/4–1/2 l Gemüsebrühe,
Petersilie (feingehackt),
je nach Belieben,
Dill, Schnittlauch,
Muskat, Bohnenkraut,
Oregano

EW	Fett	KH	kcal/kJ
6 g	11 g	16 g	194/811

Gemüse putzen, waschen, kleinschneiden, in kochendes Salzwasser geben und nicht zu weich kochen. Herausnehmen und große Stücke nochmals zerkleinern.

1. Zubereitungsart:
Einbrenne herstellen. Dazu im heißen Fett Mehl und Zwiebel andünsten, bis eine goldbraune Farbe erreicht ist, mit der Kochbrühe nach und nach auffüllen, durchrühren, etwas salzen, 10 Minuten kochen lassen, öfter umrühren. Gemüse dazugeben, nach Geschmack würzen.

2. Zubereitungsart:
Das gekochte Gemüse in das heiße Fett geben, durchdünsten, Mehl darüberstreuen, mit Kochbrühe aufgießen, durchkochen und nach Geschmack würzen.

3. Zubereitungsart:
Butter erhitzen, Gemüse zugeben, kurz durchrühren, nach Geschmack würzen.

GRUNDREZEPT

Gemüse gedünstet

Zutaten
1 kg Gemüse (alle frischen und jungen Gemüsearten und Pilze),
1/2 kleine Zwiebel (feingewiegt),
40 g Fett,
Salz,
1/4–1/2 l Wasser oder Brühe,
20 g Mehl

EW	Fett	KH	kcal/kJ
4 g	9 g	15 g	167/701

Gemüse putzen, waschen, kleinschneiden. Zwiebel im heißen Fett erhitzen, glasig dünsten, Gemüse dazugeben, dünsten, salzen, mit heißer Flüssigkeit aufgießen, im geschlossenen Topf nicht zu weich dünsten. Verdampfte Flüssigkeit während der Dünstzeit auffüllen. Das Gemüse mit Mehl überstäuben, durchrühren, nochmals gut durchkochen lassen, nach Geschmack würzen.

Wirsing süß-sauer

Zutaten
750 g Wirsing,
Salz,
1 Scheibe frische Ananas,
2 chinesische Schweinswürste,
2 EL Öl,
schwarzer Pfeffer,
je 1 Prise Salz,
Paprika (edelsüß),
Zucker,
1/8 l Hühnerbrühe,
2 TL Maisstärke,
1 EL Tomatenmark,
2 EL dunkle Sojasauce,
2 EL Essig,
2 EL Zucker,
4 Zweige Koriander (ersatzweise Petersilie)

EW	Fett	KH	kcal/kJ
14 g	32 g	22 g	422/1766

Wirsing putzen, vierteln und 10 Minuten in kochendem Salzwasser blanchieren.
Herausnehmen, in Essigwasser tauchen und in breite Streifen schneiden.
Ananas in kleine Stücke, Würste in Scheiben teilen.
Öl im Wok erhitzen. Wirsing und Ananas darin bei starker Hitze 1 Minute pfannenrühren, mit frisch gemahlenem Pfeffer und den restlichen Gewürzen bestreuen und mit der Hälfte der Brühe 5 Minuten köcheln lassen.
Die Wurstscheiben darauf

verteilen und alles in weiteren 5–10 Minuten garen.
Restliche Brühe mit Maisstärke, Tomatenmark, Sojasauce, Essig und Zucker verrühren.
Sauce über den Kohl gießen und einmal aufkochen lassen.
Den Kohl mit Koriander oder Petersilie bestreut servieren.

Blumenkohl auf Mailänder Art

Zutaten
1 Blumenkohl, Salz,
Butter zum Bestreichen,
150 g geriebener Parmesan,
60 g Butter

EW	Fett	KH	kcal/kJ
17 g	24 g	6 g	325/1360

Blumenkohl waschen, putzen. 30 Minuten in kaltes Salzwasser legen. In frischem, kochendem, leicht gesalzenem Wasser in 15 Minuten bißfest garen, herausnehmen, auf einem Sieb abtropfen lassen.
Eine feuerfeste Platte mit Butter bestreichen.
Mit etwa 1/3 Käse bestreuen. Blumenkohl darauflegen, restlichen Käse darauf verteilen; 20 g Butter in Flöckchen daraufsetzen. Bei 220 Grad 10 Minuten überbacken.
Dann kurz übergrillen.
Restliche Butter leicht bräunen, über den Blumenkohl gießen.

Blattspinat mit Käse

Zutaten
750 g Spinat,
1 Zwiebel,
1 Knoblauchzehe,
Salz,
40 g Butter,
Pfeffer,
Paprika (edelsüß),
Margarine zum Einfetten,
250 g geriebener Emmentaler

EW	Fett	KH	kcal/kJ
23 g	29 g	7 g	384/1607

Spinat putzen, waschen, Stiele abschneiden. Zwiebel und Knoblauch schälen. Zwiebel fein hacken. Knoblauch mit Salz zerdrücken, beides in heißer Butter andünsten. Spinat dazugeben, würzen. 5 Minuten dünsten. Vom Herd nehmen.
Eine feuerfeste Form einfetten. Die Hälfte des Spinats einfüllen. Mit der Hälfte des Käses bestreuen. Restlichen Spinat daraufgeben. Darüber kommt wieder Käse. Im vorgeheizten Ofen bei 220 Grad 10 Minuten überbacken. Sofort servieren.

Tip
Dieses Gratin paßt vorzüglich zu Rühreiern und Salzkartoffeln. Dazu gibt es kräftiges Graubrot.

Fenchelgratin

Zutaten
3 kleine Fenchelknollen,
1/4 l Fleischbrühe,
1/8 l Milch,
30 g Butter,
2 Knoblauchzehen,
Salz,
Pfeffer aus der Mühle,
4 EL Crème fraîche,
4 EL süße Sahne,
3 EL geriebener Greyerzer

EW	Fett	KH	kcal/kJ
10 g	19 g	14 g	269/1124

Fenchel putzen, waschen. Fenchelknollen längs in 3–4 Scheiben schneiden.
Brühe und Milch aufkochen, Fenchel darin zugedeckt 10 Minuten garen.
Eine feuerfeste Form einfetten, den abgetropften Fenchel hineingeben.
Die Knoblauchzehen schälen, mit Salz zerdrücken, über den Fenchel streuen, pfeffern.
Crème fraîche mit Sahne verquirlen, über den Fenchel streichen.
Käse darüberstreuen. Im Ofen bei 200 Grad etwa 25 Minuten überbacken.

Tip
Rühren Sie das gehackte Fenchelgrün unter die Sahnecreme.

Lauchgemüse mit Rosinen
(Abb.)

Zutaten
5 Stangen Lauch,
20 g Butter,
1/2 Würfel Klare Suppe mit Suppengrün,
3 EL Rosinen,
2 TL Crème fraîche

EW	Fett	KH	kcal/kJ
5 g	6 g	18 g	155/660

Lauch putzen, waschen, in Scheiben schneiden und in Butter anbraten. 1/8 l Wasser dazugießen, zum Kochen bringen und Suppenwürfel darin auflösen. Rosinen dazufügen und alles 25 Minuten kochen. Mit Crème fraîche abschmecken und servieren.

Lauch mit Speck

Zutaten
750 g Lauch,
Salz, weißer Pfeffer, geriebene Muskatnuß,
1 Prise Zucker,
150 g durchwachsener Speck (vom Metzger in hauchdünne Scheiben geschnitten),
50 g Butter,
4 Eigelb, 1/8 l Milch,
2 EL geriebener Emmentaler,
2 EL Paniermehl,
2 Tomaten,
1/2 Bd. Petersilie

EW	Fett	KH	kcal/kJ
12 g	53 g	20 g	635/2655

Lauch putzen, gründlich waschen, abtropfen lassen. Stangen in der Mitte quer durchschneiden. Wasser mit Salz, Pfeffer, Muskatnuß und Zucker in einem Topf aufkochen. Lauch hineingeben. 10 Minuten leise kochen lassen. Mit einem Schaumlöffel herausnehmen; abtropfen lassen. In etwa 2/3 der Speckscheiben einrollen. Eine feuerfeste Form mit 30 g Butter einfetten. Mit restlichen Speckscheiben auslegen. Lauch hineingeben. Eigelb und Milch verquirlen. Mit Salz und Muskatnuß würzen. Über den Lauch gießen. Emmentaler und Paniermehl mischen, darüberstreuen. Restliche Butter in Flöckchen daraufsetzen. Im vorgeheizten Ofen auf mittlerer Schiene bei 200 Grad 20 Minuten backen. Tomaten und Petersilie waschen, trockentupfen. Tomaten häuten, vierteln, Die Stielansätze herausschneiden. Petersilie zerpflücken.

Tip
Mit Petersiliensträußchen und Tomatenvierteln garniert servieren.

SCHNELLREZEPT
Spinatpastete

Zutaten
1 Packung (450 g)
Blätterteig (tiefgekühlt),
1 Packung (300 g)
Blattspinat (tiefgekühlt),
1 Bd. Frühlingszwiebeln,
1 Knoblauchzehe,
2 EL Butter,
Salz,
Paprika,
Pfeffer aus der Mühle,
1 Packung Sauce
Hollandaise (Fertigprodukt),
3 EL süße Sahne,
2 Eier,
3 EL Paniermehl,
1 Eigelb

EW	Fett	KH	kcal/kJ
10 g	35 g	30 g	455/1910

Blätterteig auftauen lassen. Blattspinat antauen lassen, in Stücke schneiden. Frühlingszwiebeln waschen, putzen, in Ringe schneiden. Knoblauchzehe schälen, durchpressen und mit dem Spinat in Butter etwa 5 Minuten dünsten. Frühlingszwiebeln zufügen und 2 Minuten mitdünsten. Mit Salz, Paprika und Pfeffer würzen.
1/8 l Wasser erwärmen. Sauce Hollandaise einrühren, zum Kochen bringen und bei geringer Wärmezufuhr 1 Minute kochen, Sahne unterrühren. Sauce etwas abkühlen lassen. Eier unterrühren. Gemüse und Paniermehl unterheben.
Blätterteig zu 2 Rechtecken von 30 x 30 cm ausrollen. 5 Streifen (1 cm breit) abschneiden und beiseite legen.
1 Teigplatte auf ein kalt abgespültes Blech legen und Spinat darauf streichen. Dabei einen 1 cm breiten Rand lassen. Eigelb mit 1 EL Wasser verrühren, Blätterteigrand damit bestreichen und die zweite Platte auf den Spinat legen. Ränder fest andrücken. Teigstreifen gitterförmig darauflegen, alles mit Eigelb bestreichen.
Mit einem Holzstäbchen einige Löcher in den Teig stechen. Pastete im vorgeheizten Ofen bei 200 Grad etwa 45 Minuten backen.
Gebratenen Fisch oder Fleisch dazu servieren.

Fenchel paniert

Zutaten
2 große Fenchelknollen (je 250 g),
Salz,
weißer Pfeffer,
Muskatnuß,
1 Ei,
4 EL Paniermehl,
6 EL Öl zum Braten,
1/2 Bd. Petersilie

EW	Fett	KH	kcal/kJ
7 g	25 g	19 g	321/1341

Fenchelknollen putzen, waschen und in 1 cm dicke Scheiben schneiden. In Salzwasser mit Pfeffer und Muskatnuß 15 Minuten bei schwacher Hitze kochen; abtropfen und auskühlen lassen. Ei mit etwas Salz verquirlen, Fenchelscheiben zuerst darin, dann in Paniermehl wenden. Panade leicht andrücken. Öl erhitzen und die panierten Fenchelscheiben darin nacheinander auf beiden Seiten je knapp 3 Minuten bei kleiner Hitze braten. Mit gewaschener, trockengetupfter Petersilie garniert anrichten.

Chicorée gebacken

Zutaten
4 Chicorée-Stauden,
Salz,
Saft von 1/2 Zitrone,
2 Eigelb,
4 EL Paniermehl,
Öl oder Margarine zum Backen

EW	Fett	KH	kcal/kJ
5 g	15 g	13 g	216/905

Chicorée waschen, putzen. Wurzelende 1 cm breit abschneiden. Bitteren Kern keilförmig herausschneiden. 1 l Wasser mit Salz und Zitronensaft aufkochen. Chicorée in 10 Minuten gar kochen, abtropfen. In verquirltem Eigelb, dann in Paniermehl wenden. Schwimmend in heißem Fett bei 180 Grad fritieren oder in einer großen Pfanne braten.

Blumenkohl mit Pilzhaube

Zutaten
1 Blumenkohl,
Salz, 1/2 l Milch,
1 Päckchen Kartoffelpüreepulver,
Muskatnuß,
45 g Butter,
Margarine zum Einfetten,
40 g Mehl,
1 kleine Dose Mischpilze oder Champignons,
1/8 l Pilzbrühe,
1 Ei,
2 EL gehackte Petersilie

EW	Fett	KH	kcal/kJ
15 g	22 g	32 g	405/1693

Blumenkohl waschen, putzen, 30 Minuten in Salzwasser legen. In frischem, leicht gesalzenem Wasser 15 Minuten kochen. 1/4 l Milch und 1/4 l Wasser in einem Topf aufkochen. Vom Herd nehmen. Püreepulver einrühren. Mit Salz und Muskatnuß abschmecken. 15 g Butter einrühren. In eine gefettete, feuerfeste Form verteilen. Blumenkohl daraufsetzen, warm stellen. Restliche Butter in einem Topf erhitzen, Mehl einrühren. Mit abgetropften, gehackten Pilzen durchschmoren. Mit Pilzbrühe, 1/8 l Wasser und 1/4 l Milch auffüllen. 5 Minuten kochen, salzen. Etwas Sauce abnehmen. Mit Ei verquirlen, wieder in die Sauce einrühren. Nicht mehr kochen. Petersilie hinzufügen, Blumenkohl mit der Sauce überziehen. Im vorgeheizten Ofen bei 220 Grad 15 Minuten überbacken.

Blumenkohl überbacken

Zutaten
1 Blumenkohl,
Salz,
Saft von 1/2 Zitrone,
Butter oder Margarine zum Einfetten,
1/4 l Milch,
Muskatnuß,
2 EL Maisstärke,
1 Eigelb,

100 g geriebener Emmentaler

EW	Fett	KH	kcal/kJ
14 g	16 g	17 g	277/1160

Blumenkohl putzen, 30 Minuten in Salzwasser legen. In frischem, gesalzenem Wasser und Zitronensaft in 15 Minuten bißfest kochen, auf einem Sieb abtropfen lassen. Auflaufform einfetten, Blumenkohl vorsichtig hineinlegen.
Milch mit Salz und Muskatnuß aufkochen. Mit in kaltem Wasser angerührter Stärke binden. Vom Feuer nehmen. Eigelb mit etwas Sauce verrühren.
Wieder in die Sauce rühren, abschmecken. Käse unterziehen. Sauce über den Blumenkohl gießen. Im vorgeheizten Ofen 10 Minuten bei 220 Grad überbacken.

Tip
Mit Schnitzel oder Kotelett und Salzkartoffeln servieren.

Spanischer Gemüsetopf
(Abb.)

Zutaten
2 Zwiebeln,
2 Knoblauchzehen,
150 g luftgetrockneter Schinken,
8 Artischockenböden (Dose),
200 g Blumenkohl,
200 g grüne Bohnen,
2 Stangen Stangensellerie,
3 kleine Möhren,
2 Kartoffeln,
200 g Spargel,
5 EL Olivenöl,
1 EL gehackte Petersilie,
1 EL Mehl,
2 EL Zitronensaft,
1/4 l trockener Weißwein,
Salz,

Pfeffer,
200 g Erbsen
(tiefgekühlt)

EW	Fett	KH	kcal/kJ
16 g	27 g	29 g	470/1970

Zwiebeln und Knoblauchzehen schälen und fein hacken. Schinken würfeln. Artischockenböden abtropfen lassen, halbieren. Blumenkohl, Bohnen und Stangensellerie waschen und putzen, Möhren, Kartoffeln und Spargel schälen. Gemüse in grobe Stücke schneiden. Olivenöl in einem großen Topf erhitzen, Zwiebeln, Knoblauch und Schinkenwürfel etwa 5 Minuten anbraten. Petersilie dazugeben und alles mit Mehl bestäuben. Gemüse mit halbierten Artischockenböden in den Topf geben, mit etwa 3/4 l Wasser, Zitronensaft und Weißwein aufgießen und mit Salz und Pfeffer würzen. Bei schwacher Hitze in 20–30 Minuten bißfest garen. 5 Minuten vor Ende der Garzeit Erbsen dazugeben.

Gefüllte Weinblätter
(Dolmádes - für 20 Röllchen) (Abb.)

Zutaten

1 Beutel (300 g) eingelegte Weinblätter,
1 Zwiebel,
1 EL Olivenöl,
120 g Reis,
50 g Korinthen,
1 TL Zimt,
1 TL Fondor,
30 g Pinienkerne,
1 Becher (150 g) Joghurt,
1 Beutel Kräuter-Salatsauce (Fertigprodukt)

EW	Fett	KH	kcal/kJ
2 g	6 g	3 g	60/255

Weinblätter ca. 20 Minuten in lauwarmes Wasser legen. Abspülen und abtropfen lassen. Zwiebel schälen, in Würfel schneiden und in Olivenöl andünsten. Reis und Korinthen dazugeben, mit Zimt und Fondor würzen. 1/4 l Wasser zugießen und den Reis in etwa 20 Minuten ausquellen lassen. Pinienkerne untermischen.
20 große Weinblätter auslegen, mit 1 EL Reismischung füllen. Weinblätter an den Seiten einschlagen und aufrollen. Eine flache Auflaufform mit der Hälfte der restlichen Weinblätter auslegen. Die Röllchen hineinlegen, mit den übrigen Blättern bedecken. 150 ml Wasser zugießen und zugedeckt im vor-

geheizten Ofen bei 175 Grad etwa 30 Minuten garen. Joghurt mit Kräuter-Salatsauce verrühren und die Sauce zu den Weinblättern reichen.

Schwarzwurzeln mit Schinken

Zutaten
1 kg Schwarzwurzeln,
2 EL Essig,
Salz,
2 EL Zitronensaft,
50 g Butter,
40 g Mehl,
1/4 l heiße Fleischbrühe,
1/4 l heiße Milch,
weißer Pfeffer,
1 Prise Zucker,
2 Eigelb,
Cayennepfeffer,
1 Prise geriebene Muskatnuß,
250 g gekochter Schinken (in Scheiben geschnitten),
50 g geriebener Emmentaler

EW	Fett	KH	kcal/kJ
24 g	31 g	15 g	456/1907

Schwarzwurzeln unter kaltem Wasser abbürsten. Schälen, sofort in eine Schüssel mit Essigwasser legen, bis alle Wurzeln fertiggeschält sind. In 5 cm lange Stücke schneiden. 1 l Wasser mit Salz und Zitronensaft in einem Topf sprudelnd aufkochen. Schwarzwurzeln hineingeben. Zugedeckt 20 Minuten kochen. 30 g Butter in einem Topf erhitzen. Mehl auf einmal hineinschütten. Unter Rühren in 3 Minuten durchschwitzen. Nach und nach Fleischbrühe und Milch einrühren. 8 Minuten sanft köcheln. Mit Salz, Pfeffer und Zucker abschmecken. Topf vom Herd nehmen. Eigelb mit etwas Sauce verquirlen. In die Sauce rühren. Mit Cayennepfeffer und Muskatnuß würzen. Schinken in 1 cm breite, 3 cm lange Streifen schneiden. Schwarzwurzeln abtropfen. Eine feuerfeste Form mit restlicher Butter einfetten. Abwechselnd Schwarzwurzeln und Schinken einschichten. Mit Sauce übergießen. Käse darüberstreuen.
Butter zerlassen. Käse darüberstreuen. Im vorgeheizten Ofen auf mittlerer Schiene bei 220 Grad 5 Minuten überbacken.

Spinat chinesische Art

Zutaten
500 g Spinat,
3 EL Öl zum Braten,
1 gepreßte Knoblauchzehe,
1 Tasse Brühe,
2 EL Austernsauce,
2 EL helle Sojasauce,
Glutamat,
Pfeffer,
1/2 TL Zucker

EW	Fett	KH	kcal/kJ
4 g	12 g	2 g	134/560

Spinat putzen, waschen, abtropfen lassen. Öl im Wok erhitzen, Knoblauch darin braten, bis er duftet. Spinat zugeben, kurz unter Rühren durchbraten. Rasch die Brühe, Austernsauce, Sojasauce, Glutamat, Pfeffer und Zucker zugeben. Alles bei starker Hitze weiter unter Rühren braten, bis der Spinat weich ist.

Wirsingbratlinge

Zutaten
500 g Wirsing,
1 Brötchen,
1/8 l Milch,
Salz,
1 Knoblauchzehe,
30 g Butter,
2 Eier, Pfeffer,
Muskatnuß,
3 EL Paniermehl,
Öl zum Braten

EW	Fett	KH	kcal/kJ
7 g	19 g	22 g	287/1202

Wirsing in Streifen schneiden. Brötchen in Milch einweichen. Wirsing in wenig Salzwasser mit der Knoblauchzehe weich garen, abtropfen lassen,

Knoblauch grob hacken.
Das Gemüse so lange in Butter schmoren, bis alle Flüssigkeit verdampft ist. Gemüse mit dem ausgedrückten Brötchen und den Eiern mischen, mit Salz, Pfeffer und Muskatnuß abschmecken. Paniermehl zugeben, bis die Masse bindet.
Aus dem Teig in heißem Öl knusprige Pätzchen backen.

Spinat italienische Art

Zutaten

1 kg Blattspinat,
3 Knoblauchzehen,
6 Sardellenfilets,
5 EL Öl,
5 EL heiße Fleischbrühe,
schwarzer Pfeffer,
geriebene Muskatnuß

EW	Fett	KH	kcal/kJ
8 g	20 g	8 g	239/999

Den frischen Spinat verlesen, in kaltem Wasser gründlich waschen, abtropfen lassen. Knoblauchzehen schälen, zusammen mit den Sardellenfilets fein hacken. Öl in einem Topf erhitzen. Sardellenfilets und Knoblauch darin kurz anbraten. Spinat und Fleischbrühe dazugeben, umrühren. Spinat zugedeckt 15 Minuten dünsten. Mit Pfeffer und Muskatnuß würzen. Auf einer vorgewärmten Platte anrichten.

Gefüllte Tomaten chinesisch

Zutaten

8 harte Tomaten,
Maisstärke,
100 g Bambussprossen,
100 g Krabben,
300 g Schweinehackfleisch,
2 EL feingehackter Lauch,
1 EL Reiswein,
2 EL helle Sojasauce,
Salz,
Pfeffer,
Glutamat,
Öl zum Braten,
125 ml Brühe,
1 TL Zucker,
2 EL helle Sojasauce,
1 EL dunkle Sojasauce,
2 EL Reiswein

EW	Fett	KH	kcal/kJ
59 g	33 g	22 g	476/1993

Tomaten waschen, Käppchen entfernen, entkernen, die Innenseite mit Maisstärke bestäuben. Bambussprossen fein hacken, Krabben ebenso. In einer Schüssel Schweinehackfleisch, Krabben, Bambussprossen, Lauch, Reiswein, Sojasauce, Salz, Pfeffer, Glutamat gut durchkneten. Tomaten mit dieser Mischung füllen.
3 EL Öl erhitzen, gefüllte Tomaten zugeben, mit der Fleischmischung nach unten in den Wok setzen, solange braten, bis diese Seite braun ist. Brühe zugießen, kurz aufkochen lassen, dann die restlichen Saucenzutaten und Glutamat hinzufügen, sofort vom Herd nehmen. Auf einer feuerfesten Schüssel die Tomaten anrichten (Füllung nach unten). Alles mit der Sauce begießen, dann etwa 20 Minuten dämpfen.
Vor dem Servieren die Sauce mit Maisstärke andicken.

SCHNELLREZEPT

Gebratener Chinakohl mit Krabben

Zutaten

etwa 500 g Chinakohl oder chinesisches Gemüse,
2 EL Öl zum Braten,
2 gepreßte Knoblauchzehen,
100 g Krabben,
2 EL helle Sojasauce,
125 ml Brühe,
Salz,
Pfeffer,
Glutamat,
etwas Maisstärke

EW	Fett	KH	kcal/kJ
20 g	47 g	2 g	448/1874

Chinakohl putzen, waschen, in Stücke schneiden.
Öl im Wok erhitzen, Knoblauch darin braten, bis er duftet, Krabben und Chinakohl zugeben, unter Rühren durchbraten. Saucenzutaten zugießen, zum

Kochen bringen, bis der Chinakohl gar ist, anschließend mit Maisstärke andicken.

Blumenkohl gefüllt

Zutaten
1 Blumenkohl,
Salz,
100 g roher Schinken,
Margarine zum Einfetten,
1/4 l süße Sahne oder Dosenmilch,
3 hartgekochte Eier

EW	Fett	KH	kcal/kJ
16 g	31 g	9 g	406/1697

Blumenkohl putzen, mit den Röschen nach unten 30 Minuten in kaltes Salzwasser legen. Ganzen Kopf in frischem, leicht gesalzenem Wasser in 20 Minuten weichkochen; herausnehmen, abtropfen. Mit einem Wasserglas obersten Teil des Kohlkopfes gleichmäßig ausstechen. Schinken würfeln, in die Höhlung füllen. Ausgestochenen Teil wieder einsetzen. Blumenkohlkopf in eine gefettete, feuerfeste Glasschüssel setzen.
Mit Sahne oder Dosenmilch übergießen, leicht salzen. Eier halbieren und um den Blumenkohl herum legen. 12 Minuten im heißen Ofen bei 220 Grad überbacken.

Tip
Mit Salzkartoffeln servieren.

Zucchini in Weinteig

Zutaten
1 EL Kürbiskerne,
150 g Mehl,
1 Msp. Backpulver,
2 Eier, Salz,
175 ml trockener Weißwein,
1 kleiner Kopfsalat,
400 g Zucchini (etwa 4 Stück),
1 EL Weinessig,
Pfeffer aus der Mühle,
8 EL Olivenöl,
Öl zum Fritieren,
2 Fleischtomaten,
1 Zwiebel,
Cayennepfeffer

EW	Fett	KH	kcal/kJ
11 g	44 g	33 g	597/2501

Die Kürbiskerne fein hacken. Das Mehl mit dem Backpulver, 1 Ei und 1 Eigelb verrühren, salzen. Unter Rühren den Wein zugießen. Die Kürbiskerne unter den Teig ziehen. 20 Minuten quellen lassen. Den Kopfsalat und die Zucchini waschen und putzen. Die Zucchini der Länge nach in 1 cm dicke Scheiben schneiden, salzen und auf Küchenkrepp auslegen. Den Essig mit etwas Pfeffer und Salz verrühren, 6 EL Olivenöl hinzugeben. Das Fritierfett auf 180 Grad erhitzen. Die Tomaten überbrühen, abschrecken und häuten. Die Stielansätze entfernen. Die Tomaten vierteln, entkernen und würfeln. Die Zwiebel schälen und fein hacken. In 2 EL Öl goldgelb braten. Die Tomaten kurz miterhitzen. Mit 1 Prise Salz und Cayennepfeffer würzen. Die Zucchini portionsweise in Weinteig wenden und in heißem Fett in je 3–4 Minuten goldbraun fritieren. Den Kopfsalat mit der Marinade beträufeln. Auf 4 Tellern die Zucchini, die Tomaten und den Kopfsalat nebeneinander anrichten.

Ratatouille Napoli

Zutaten
1 rote Paprikaschote,
1 grüne Paprikaschote,
4 Tomaten,
1 Aubergine,
3 Zucchini,
1 Zwiebel,
2 EL Sonnenblumenöl,
1 Beutel Fertigmischung für Spaghetti Napoli

EW	Fett	KH	kcal/kJ
9 g	11 g	25 g	235/975

Paprika waschen, aufschneiden, Tomaten, Aubergine und Zucchini waschen und in Scheiben schneiden. Zwiebel schälen, würfeln. Öl erhitzen,

Zwiebel darin glasig braten; Gemüse hinzufügen und kurz anbraten. 1/8 l Wasser zugießen und zugedeckt 15 Minuten dünsten. Fertigmischung einrühren und 1 Minute kochen lassen.

Gurkengemüse mit Garnelen

Zutaten
2 EL getrocknete Garnelen,
50 g durchwachsener Speck,
2 Schalotten,
2 Scheiben Ingwerwurzel,
600 g Gemüsegurken,
Zucker,
1 EL helle Sojasauce,
1 EL Tomatenketchup,
1 EL Austernsauce,
Sesamöl,
1 TL Maisstärke, Salz

EW	Fett	KH	kcal/kJ
5 g	16 g	7 g	194/813

Die Garnelen von warmem Wasser bedeckt 30 Minuten quellen lassen. Den Speck und die geschälten Schalotten und Ingwerscheiben sehr fein würfeln. Die Gurken waschen, abtrocknen, der Länge nach halbieren und schräg in 3 cm große Stücke schneiden.
Die Garnelen abtropfen lassen und fein hacken.
3 EL vom Einweichwasser mit 1 TL Zucker, Sojasauce, Ketchup und Austernsauce verrühren.
2 EL Öl im Wok sehr heiß werden lassen. Ingwer mit Schalotten und Speck darin anbraten. Garnelen hinzufügen.
1 Minute pfannenrühren und Gurkenstücke ebenfalls braten. Mit Würzsauce aufgießen, 5 Minuten kochen lassen. Stärke kalt anrühren, Sauce damit binden. Das Gemüse abschmecken und mit 1 TL Sesamöl beträufelt servieren.

Austernpilze mit Ei und Parmesankäse

Zutaten
4 große feste Austernpilze (ohne Stiele),
2 Knoblauchzehen,
Olivenöl,
Salz,
Pfeffer,
4 Eier,
1 Stück Parmesan zum Reiben

EW	Fett	KH	kcal/kJ
30 g	2 g	3 g	184/770

Austernpilze putzen, nicht waschen. Knoblauchzehen schälen, in feine Streifen schneiden. Etwas Olivenöl in einer großen Pfanne erhitzen, Austernpilze auf der Lamellenseite 1 Minute braten, wenden, mit etwas Salz und Pfeffer würzen, mit einigen Knoblauchscheibchen bestreuen. Pilze nach 2 Minuten wieder auf die Lamellenseite wenden, dabei sollten die Knoblauchscheibchen möglichst in den Lamellen hängenbleiben. Nach etwa 1 Minute Pilze nochmals wenden, kurz weiterbraten.
Aus der Pfanne nehmen, im Backrohr warm halten.
Aus den Eiern Spiegeleier bereiten, Pilze auf Servierteller geben, auf jeden Pilz ein Spiegelei setzen. Etwas Parmesankäse darüberreiben und heiß servieren.

Spinat Tessiner Art

Zutaten
1 kg Spinat,
50 g Butter,
Salz,
Pfeffer,
Muskatnuß,
50 g geriebener Emmentaler,
Margarine zum Einfetten,
25 g geriebener Parmesan,
2 EL gehackte Petersilie

EW	Fett	KH	kcal/kJ
13 g	18 g	8 g	246/1030

Spinat verlesen, waschen, auf einem Sieb abtropfen. 40 g Butter in einem Topf erhitzen. Spinat hineingeben, zugedeckt 5 Minuten dünsten. Mit Salz,

Pfeffer und Muskatnuß abschmecken. Mit Emmentaler mischen. Eine feuerfeste Form einfetten. Spinat hineingeben. Mit Parmesankäse bestreuen, Petersilie darüber verteilen. Restliche Butter in Flöckchen daraufsetzen. Spinat im vorgeheizten Ofen auf mittlerer Schiene bei 220 Grad 5 Minuten garen und in der Form servieren.

Fritiertes Gemüse
(Abb.)

Zutaten

800 g Gemüse (z. B. Blumenkohl, Brokkoli, Möhren, Rosenkohl, Kirschtomaten, Auberginen, Zucchini, Austernpilze, Champignons),
Zitronensaft,
Salz, Pfeffer,
Mehl zum Wenden,
350 g Mehl,
ca. 150 ml Wein, Bier oder Milch,
2 Eier (getrennt),
1 Knoblauchzehe,
20 gefüllte Oliven,
100 g Mayonnaise,
1 TL Sherryessig,
ca. 1 kg Fritierfett

EW	Fett	KH	kcal/kJ
16 g	57 g	65 g	637/2666

Gemüse putzen und in mundgerechte Stücke teilen, Auberginen und Zucchini in Scheiben schneiden. Blumenkohl, Brokkoli, Möhren und Rosenkohl blanchieren, abtropfen lassen. Auberginen, Zucchini und Pilze mit Zitronensaft beträufeln. Gemüse salzen, pfeffern und in 5 EL Mehl wenden. Restliches Mehl, Wein, Bier oder Milch, Eigelb und eine Prise Salz zu einem zähflüssigen Teig verrühren. Eiweiß steif schlagen und unterheben. Für die Sauce Knoblauchzehe abziehen, zerdrücken, Oliven hacken, beides mit Mayonnaise verrühren und mit Essig, Salz und Pfeffer abschmecken. Gemüsestücke in den Teig tauchen und je nach Sorte 5–8 Minuten in heißem Fritierfett backen. Dabei regelmäßig wenden. Gut abtropfen lassen und zusammen mit der Sauce servieren.

Tip

Dazu paßt frisches Baguette oder Graubrot.

Zucchini-Tomaten-Gemüse mit Mandeln

(Abb. S. 279)

Zutaten

2 große Zwiebeln,
4 Tomaten,
4 Zucchini,
2 EL Speiseöl,
Salz, Pfeffer,
5 cl Weißwein,
1 EL feingehackter Dill,
4 EL Mandelstifte

EW	Fett	KH	kcal/kJ
4 g	15 g	8 g	265/1110

Zwiebeln abziehen und fein würfeln. Tomaten und Zucchini waschen und putzen. Tomaten halbieren, entkernen und in kleine Stücke, Zucchini in etwa 1 cm dicke Scheiben schneiden. Öl in einem Kochtopf erhitzen und Gemüse andünsten, salzen, pfeffern und mit Wein abschmecken.
Bei mittlerer Hitze etwa 10 Minuten dünsten. Vor dem Servieren mit Dill und Mandelstiften bestreuen.

Gedünstete Gurkenscheiben

Zutaten

1 große Salatgurke,
Salz,
Pfeffer,
Saft von 1 Zitrone,
80 g Butter,
100 g Parmesan

EW	Fett	KH	kcal/kJ
6 g	16 g	2 g	179/748

Gurke schälen, längs halbieren, die Kerne entfernen. Gurkenhälften in dicke Scheiben schneiden, salzen, pfeffern, mit Zitronensaft beträufeln. Gurkenscheiben in Butter 8–10 Minuten dünsten. Zum Servieren Parmesan auf den Tisch stellen. Als Beilage zum Steak oder als Vorspeise mit Toast servieren.

Gemüsepfanne mexikanisch

Zutaten

1 Knoblauchknolle,
1 große Aubergine,
500 g Zucchini,
Saft von 1 Zitrone,
1 Zwiebel,
50 ml Olivenöl,
2 EL Butter,
Oregano, Basilikum,
Salz, Pfeffer,
2 große Dosen Tomaten,
1 TL Maisstärke mit 1 EL Wasser verrührt

EW	Fett	KH	kcal/kJ
4 g	17 g	35 g	257/1074

Knoblauchzehen schälen. Aubergine schälen, in 2 cm große Würfel schneiden. Zucchini kleinschneiden. Zucchini und Auberginen gründlich mit Zitronensaft beträufeln. Zwiebel schälen, hacken. Alle Knoblauchzehen, bis auf 4, zusammen mit der Zwiebel in Öl und Butter 10 Minuten bei mittlerer Hitze dünsten. Die Flüssigkeit von den Tomaten hinzufügen, aufkochen, Hitze vermindern, mit

Oregano, Basilikum, Salz und Pfeffer abschmecken. Bei schwacher Hitze weiterköcheln. Tomaten vierteln, entkernen, Fruchtfleisch grob hacken, beiseite stellen. Zucchini und Auberginen mit wenig Wasser etwa 10 Minuten weich dämpfen, zusammen mit Tomatenfleisch in die Sauce geben. Restlichen feingehackten Knoblauch hinzufügen; aufkochen und Maisstärke hinzufügen. Umrühren, bis die Sauce gleichmäßig eingedickt ist. 1 Stunde stehen lassen, damit sich das Aroma entfalten kann.

Sizilianischer Auberginneintopf

Zutaten

Olivenöl,
2 Zwiebeln,
Essig,
Zucker,
Tomatenmark,
1/8 l Fleischbrühe,
4 Auberginen,
2 Stangen Bleichsellerie,
10 gefüllte Oliven,
1 EL Kapern,
3 Anchovisfilets,
Salz,
Pfeffer,
1 Petersiliensträußchen

EW	Fett	KH	kcal/kJ
3 g	8 g	7 g	111/466

Olivenöl in einem Topf erhitzen und die feingewürfelten Zwiebeln darin anbraten. 1 Schuß Essig, etwas Zucker und 2 EL Tomatenmark dazurühren. Mit der Fleischbrühe auffüllen und langsam köcheln lassen. Inzwischen die geschälten Auberginen in kleine Würfel schneiden und zusammen mit der gehackten Sellerie in einer Pfanne in Olivenöl goldbraun braten.
Die gebratenen Würfel zusammen mit den in Scheiben geschnittenen Oliven, den gehackten Kapern und den kleingeschnittenen Anchovisfilets in die Tomatensauce geben und kurz aufkochen lassen. Mit Salz und Pfeffer abschmecken, mit der gehackten Petersilie bestreuen und heiß servieren.

Zucchini in Olivenöl

Zutaten

500 g Zucchini,
4 Knoblauchzehen,
4 EL Olivenöl,
Salz

EW	Fett	KH	kcal/kJ
3 g	16 g	8 g	179/750

Zucchini und geschälten Knoblauch jeweils in sehr dünne Scheiben schneiden.
Zusammen in heißem Olivenöl etwa 5–7 Minuten braten und mit Salz abschmecken.

Moussaka kalt

(Abb.S. 294)

Zutaten

4 Auberginen,Salz,
1/2 Glas Olivenöl,
2 Zwiebeln,
2 Tomaten,
1 TL Zucker,
1 EL Tomatenmark,
2 dünne Paprikaschoten,
5 Knoblauchzehen

EW	Fett	KH	kcalkJ
4 g	13 g	15 g	197/822

Auberginen waschen, schälen, in große Würfel schneiden. 30 Minuten in Salzwasser legen. Öl in einem Topf erhitzen, Zwiebeln schälen, hacken, im Öl rösten. Tomaten waschen, würfeln, hinzufügen, 10 Minuten garen. Mit Zucker und Tomatenmark würzen. Paprikaschoten putzen, waschen, in Streifen schneiden, Knoblauchzehen schälen, hacken; beides in den Topf geben, alles zum Kochen bringen. Auberginen aus dem Wasser nehmen, mit Küchenpapier abtrocknen.
Mit dem Gemüse vermischen, zugedeckt bei niedriger Hitze etwa 40–50 Minuten kochen. Kalt servieren.

Tip

Frisches Weißbrot reichen. Einen leichten Weißwein dazu servieren.

Pilze mit Knoblauchbutter

Zutaten
750 g Austernpilze oder Champignons,
7 EL Zitronensaft,
125 g Butter,
3 Knoblauchzehen,
Salz, Pfeffer

EW	Fett	KH	kcal/kJ
3 g	26 g	9 g	288/1206

Pilze sorgfältig putzen, kurz waschen, abtropfen. Große Pilze in Scheiben schneiden. Alle mit Zitronensaft einreiben, kurz ziehen lassen. Butter schmelzen, dabei nicht zu stark erhitzen. Knoblauch schälen, grob hacken, mit dem Salz zu einem Brei zerdrücken. Mit Butter vermischen. Pilze damit bestreichen, auf dem Grillrost über mäßiger Glut in wenigen Minuten grillen. Dabei 1–2mal wenden, mit Butter bestreichen. Fertige Pilze pfeffern.

Tortilla mit Champignons

Zutaten
1 kg festkochende Kartoffeln,
1/8 l Olivenöl,
300 g Champignons,
1 Zwiebel,
1 EL gehackte Petersilie,
5 Eier,
3 EL süße Sahne,
Salz, Paprikapulver

EW	Fett	KH	kcal/kJ
16 g	43 g	40 g	621/2601

Kartoffeln schälen, waschen, fein würfeln, abtrocknen. Hälfte des Olivenöls erhitzen, Kartoffelwürfel darin unter Wenden knusprig braten. Öl abgießen.
Pilze putzen, blättrig schneiden. Zwiebel schälen, fein würfeln; in 2 EL Öl glasig braten, Pilze hinzufügen, 3 Minuten mitbraten, Petersilie untermengen.
Eier mit Sahne, Pilzen und Kartoffeln vermischen, salzen und mit Paprika würzen.
Restliches Öl erhitzen, Kartoffelmischung darin zu 2 goldbraunen Tortiallas braten.

Tomaten Freiburger Art

Zutaten
2 kleine Zwiebeln,
20 g Butter,
Salz,
weißer Pfeffer,
150 g Greyerzer,
1 Bd. Petersilie,
12 kleine Tomaten,
Butter zum Einfetten,
4 Pellkartoffeln,
3/8 l Milch,
3 Eier,
1 Bd. Schnittlauch,
Paprika (rosenscharf),
geriebene Muskatnuß

EW	Fett	KH	kcal/kJ
23 g	25 g	26 g	435/1819

Zwiebeln schälen, fein hacken. Butter in einer Pfanne erhitzen. Zwiebeln darin 3 Minuten braten. Mit Salz und Pfeffer würzen. Vom Herd nehmen.
Käse fein würfeln.
Petersilie waschen, trockentupfen, hacken. Beides mit den Zwiebeln mischen.
Tomaten waschen, abtrocknen. Stielansätze herausschneiden. Tomaten mit einem Teelöffel vorsichtig aushöhlen.
In eine eingefettete feuerfeste Form setzen und mit Zwiebelgemisch füllen.
Pellkartoffeln schälen, in dünne Scheiben schneiden, um die Tomaten legen. Milch und Eier verrühren.
Schnittlauch waschen, trockentupfen, fein schneiden, in den Guß geben.
Mit Salz, Pfeffer, Paprika und Muskatnuß abschmecken.
Guß in die Tomaten verteilen. Rest über die Kartoffeln gießen. Im vorgeheizten Ofen auf mittlerer Schiene bei 200 Grad 20 Minuten überbacken.

Möhren-Zucchini-Gratin

Zutaten
600 g Möhren,
500 g Kartoffeln,
400 g Zucchini,

1 Würfel Klare Fleischbrühe (Fertigprodukt),
200 g Schmelzkäse (45 % Fett),
1 Bd. gemischte gehackte Kräuter,
Pfeffer,
2 EL Sesam

EW	Fett	KH	kcal/kJ
15 g	16 g	36 g	349/1463

Möhren und Kartoffeln gründlich waschen und schälen. Die Zucchini waschen. Möhren, Kartoffeln und Zucchini in sehr dünne Scheiben schneiden und in eine feuerfeste Form einschichten. 1/8 l Wasser in einem kleinen Topf zum Kochen bringen und Brühwürfel darin auflösen. Den Schmelzkäse dazugeben, unter ständigem Rühren schmelzen lassen. Die gemischten und gehackten Kräuter und Pfeffer zur Sauce geben. Die Sauce über das Gemüse gießen. Mit Sesam bestreuen. Bei 220 Grad etwa 50 Minuten garen.

Bunte Gemüsepfanne
(Abb.)

Zutaten
1 Zwiebel,
1 Knoblauchzehe,
2 mittelgroße Zucchini,
je 1 rote Paprikaschote und grüne Paprikaschote,

125 g Zuckerschoten,
25 g Butter,
Salz, schwarzer Pfeffer,
100 ml Rotwein,
1 Glas Tomatensauce (Fertigprodukt),
1 Bd. Basilikum

EW	Fett	KH	kcal/kJ
3 g	8 g	11 g	153/645

Zwiebel und Knoblauch schälen und fein würfeln. Restliches Gemüse putzen und waschen. Zucchini in Scheiben, Paprikaschoten in Würfel schneiden. Zuckerschoten je nach Größe halbieren. Butter in einer Pfanne erhitzen und Zwiebel und Knoblauchwürfel darin andünsten. Zucchini und Paprika hinzufügen und unter Wenden 3 Minuten garen. Zuckerschoten hinzufügen und weitere 3 Minuten garen. Gemüse mit Salz und Pfeffer würzen und mit Rotwein aufgießen. Alles aufkochen lassen. Tomatensauce hinzufügen, untermischen und erwärmen. Gemüsepfanne nochmals mit Salz und Pfeffer abschmecken. Zum Schluß grobgehacktes Basilikum darüberstreuen.

Tip
Dazu schmeckt Knoblauchbrot.

Gemüse-Kartoffel-Tortilla

Zutaten
1 kg festkochende Kartoffeln,
100 ml Olivenöl,
1 Zwiebel,
2 Knoblauchzehen,
120 g durchwachsener Speck,
1 grüne Paprikaschote,
1 rote Paprikaschote,
5 Eier,
Salz,
Pfeffer,
100 g Mais (Dose),
2 EL geriebener Käse

EW	Fett	KH	kcal/kJ
18 g	62 g	47 g	843/3528

Kartoffeln waschen, schälen, in hauchdünne Scheiben hobeln, mit Küchenpapier abtrocknen. Die Hälfte des Öls erhitzen, Kartoffeln darin in etwa 15 Minuten weich garen. Zuletzt bei starker Hitze knusprig braten. Öl abgießen.
Zwiebel und Knoblauch schälen, fein würfeln. Speck fein würfeln, auslassen. Zwiebel darin glasig braten, Knoblauch schä-

len, hacken und hinzufügen. Paprikaschoten putzen, waschen, in Würfel schneiden. Eier mit Salz und Pfeffer verquirlen. Die Kartoffeln mit Speckmischung, Paprikawürfeln, Mais und Käse unter die Eier mengen.
Jeweils die Hälfte des restlichen Öls erhitzen.
Die Hälfte der Tortilla-Masse jeweils darin auf jeder Seite goldbraun braten.
Sofort zu Tisch bringen.

Tip
Als deftiges Abendessen mit grünem Salat und dunklem Bier servieren.

Dänische Möhrenpfanne (Abb.)

Zutaten
1 kg Kartoffeln,
500 g Möhren,
1 Brühwürfel mit Suppengrün,
125 g saure Sahne,
125 g Crème fraîche,
150 g Blauschimmelkäse,
1 Bd. Schnittlauch

EW	Fett	KH	kcal/kJ
16 g	28 g	48 g	520/0

Kartoffeln waschen, putzen, schälen und würfeln. Möhren putzen, schälen und in Stifte schneiden. 1/4 l Wasser in einer Pfanne zum Kochen bringen. Brühwürfel hinzufügen und unter Rühren darin auflösen. Kartoffel- und Möhrenstücke einschichten und zugedeckt etwa 15 Minuten kochen. Saure Sahne und Crème fraîche verrühren. Blauschimmelkäse zerbröckeln, zur Sahnemischung geben. Sauce auf die Möhrenpfanne geben und alles 15 Minuten kochen. Mit feingehacktem Schnittlauch bestreuen und servieren.

Tip
Ersetzen Sie den Blauschimmelkäse einmal durch Kräuterfrischkäse.

Amerikanische Gurke

Zutaten
1 kleine Sellerieknolle,
1 Salatgurke,
Salz,
Zucker,
Saft von 1 Zitrone,
2 Äpfel,
2 süße Orangen,
1 Beutel Mayonnaise,
1/8 l süße Sahne,
weißer Pfeffer,
2 EL Schaschliksauce (Fertigprodukt),
50 g Krabben (Dose),
1 EL gehackte Walnüsse

EW	Fett	KH	kcal/kJ
6 g	22 g	27 g	338/1416

Den Sellerie bißfest kochen. In der Zwischenzeit Gurke waschen und trockenreiben. Längs halbieren und leicht salzen. Mit 1 Prise Zucker bestreuen. Mit dem Zitronensaft beträufeln. Die Äpfel schälen, vom Kernhaus befreien und in Stifte schneiden. Die Orangen schälen und würfeln. Den Sellerie schälen und in Stifte schneiden. Alles mischen. Die Mayonnaise in einer Schüssel verrühren. Die Sahne steif schlagen und unterheben. Mit etwas Pfeffer und der Schaschliksauce verrühren. Unter den Salat mischen. Den Salat auf die Gurkenhälften verteilen. Mit den Krabben und den Walnüssen garnieren.

Tip
Amerikanische Gurken sehen dekorativ auf einem kalten Büfett aus.

Gemüse-Güvec mit Schafkäse
(Für 6 Portionen) (Abb.)

Zutaten

1 Packung (300 g) tiefgefrorene Brechbohnen,
1 Aubergine,
Salz,
1 Zwiebel,
1 grüne Paprikaschote,
1 gelbe Paprikaschote,
2 EL Sonnenblumenöl,
1 EL Olivenöl,
2 Beutel Fertigmischung für Zucchini-Moussaka,
2 Fleischtomaten,
3 kleine Zucchini

EW	Fett	KH	kcal/kJ
5 g	7 g	17 g	160/670

Brechbohnen auftauen lassen. Aubergine waschen, putzen, längs schälen, dabei einige Streifen von der Schale stehen lassen. Aubergine in grobe Stücke schneiden und mit Salz bestreuen. Ca. 15 Minuten ziehen lassen und trockentupfen. Zwiebel schälen und in Scheiben schneiden. Paprikaschoten waschen, putzen und in Stücke schneiden. Sonnenblumen- und Olivenöl heiß werden lassen und Gemüse darin anbraten. 600 ml Wasser zugießen. Fertigmischung für Zucchini-Moussaka einrühren und alles in eine flache Auflaufform geben. Fleischtomaten überbrühen, Haut abziehen, Kerne entfernen und Tomaten in Achtel schneiden.
Zucchini waschen, putzen und in 1/2 cm dicke Scheiben schneiden. Mit den Tomaten auf dem Auflauf verteilen und im

vorgeheizten Backofen bei 200 Grad ca. 45 Minuten backen. Mit Schafkäse und Fladenbrot servieren.

Artischocken Mornay (Abb. 1–3)

Zutaten

4 Artischocken,
Zitronenwasser,
Salz, 1 Zitrone,
1/8 l Milch,
1 Packung Helle Sauce,
100 g Edelpilzkäse,
Zitronensaft

EW	Fett	KH	kcal/kJ
12 g	10 g	12 g	190/790

Artischocken waschen, Stiel und Blattspitzen abschneiden (Abb. 1 und 2). Innere Blätter herausschneiden und Heu darunter entfernen (Abb. 3). Sofort in Zitronenwasser legen. Genügend Wasser mit Salz und 1 in Scheiben geschnittene Zitrone zum Kochen bringen, Artischokken darin etwa 45 Minuten kochen; herausnehmen und auf den Kopf gestellt abtropfen lassen. Für die Sauce Milch mit 1/8 l Wasser erwärmen. Helle Sauce einrühren und zum Kochen bringen. Käse zerkleinern und in der Sauce schmelzen lassen. Mit etwas Zitronensaft abschmecken. Sauce in die Mitte der Artischocken gießen und servieren.

Abb. 1

Abb. 2

Abb. 3

Spargel Mornay

Zutaten

750 g Spargel,
Salz,
100 g Butter,
20 g Mehl,
1/4 l Milch,
weißer Pfeffer,
80 g geriebener Emmentaler,
1 Eigelb,
Butter zum Einfetten

EW	Fett	KH	kcal/kJ
12 g	29 g	12 g	365/1525

Spargelstangen vom Kopf her schälen. Wasser mit Salz und etwas Butter in einem Topf zum Kochen bringen. Spargel hineingeben; 15 Minuten bei schwacher Hitze kochen lassen.
In der Zwischenzeit etwas Butter erhitzen, Mehl einstreuen. Unter Rühren 2 Minuten durchschwitzen.
Mit Milch auffüllen, 5 Minuten kochen lassen. Mit Salz und Pfeffer abschmecken. Die Hälfte des Käses unterrühren. Eigelb mit 3 EL Sauce verrühren. Unter Rühren wieder in die Sauce geben. Spargel abtropfen lassen. Eine feuerfeste Platte einfetten, Spargel darauflegen. Spargelköpfe mit Sauce überziehen. Spargelstangen mit restlichem Käse bestreuen. Restliche Butter erhitzen, darüberträufeln. Unter vorgeheiztem Grill 5 Minuten gratinieren (überbacken).

Gemüse-Antipasto
(Abb.)

Zutaten
je 1 rote und gelbe Paprikaschote,
300 g Zucchini,
300 g Champignons,
100 ml Olivenöl,
1 Knoblauchzehe,
1 1/2 Würfel Klare Gemüsesuppe,
2 TL Thymian,
2 TL Oregano,
Pfeffer aus der Mühle

EW	Fett	KH	kcal/kJ
5 g	27 g	6 g	285/1185

Paprikaschoten waschen, putzen und vierteln. Zucchini putzen, waschen und in Scheiben schneiden. Champignons putzen und halbieren. Gemüse nach und nach im Öl anbraten, aus der Pfanne nehmen. Knoblauchzehe schälen, hacken und im Bratfett goldbraun braten, mit 200 ml Wasser ablöschen, aufkochen und Suppenwürfel darin auflösen. Mit Thymian, Oregano und Pfeffer würzen.
Gemüse in einer flachen Auflaufform dachziegelartig anrichten, Gemüsesuppe darüber gießen und 2–3 Stunden durchziehen lassen.

Tip
Dazu Baguette servieren.

Austernpilze mit Raclettekäse überbacken

Zutaten
500 g Austernpilze,
Salz, Pfeffer,
2 Knoblauchzehen,
2–3 EL Butter,
150 g roher Schinken,
150 g Raclettekäse (in dünne Scheiben geschnitten),
1/2 Bd. Schnittlauch

EW	Fett	KH	kcal/kJ
20 g	32 g	6 g	397/1662

Austernpilze gut putzen und mit Salz und Pfeffer würzen. Knoblauchzehen schälen, durchpressen und mit der weichen Butter vermischen. Schinken in dünne Streifen schneiden. In einer Pfanne Knoblauchbutter erhitzen und darin Austernpilze knusprig ausbraten. Schinken und die gebratenen Pilze vermischen und in eine feuerfeste gebutterte Form geben. Darüber Raclettekäse verteilen und im Backrohr bei 180 Grad backen, bis der Käse geschmolzen ist. Schnittlauch darüberstreuen. Heiß zu frischem Baguette und grünem Salat reichen.

Tomaten-Curry

Zutaten
750 g reife Tomaten,
3 Zwiebeln,
2 Knoblauchzehen,
1 scharfe grüne Chilischote,
2 cm frische Ingwerwurzel,
60 g Ghee oder
3 EL Sesamöl,
1/2 TL Kümmel (gemahlen),
1 TL brauner Zucker,
Salz,
schwarzer Pfeffer,
1 EL gehackte Korianderblätter

EW	Fett	KH	kcal/kJ
3 g	16 g	10 g	189/790

Die Tomaten überbrühen, häuten, vom Stielansatz befreien und würfeln. Die Zwiebeln und die Knoblauchzehen schälen und fein hacken. Die Chilischote waschen, entkernen und fein hacken. Die Ingwerwurzel schälen und reiben. Das Fett in einem Topf erhitzen, den Kümmel einige Sekunden darin anbraten, den Knoblauch zugeben, goldbraun braten, die Zwiebeln und die Chilischote zugeben und unter Rühren 2 Minuten mitbraten. Die Tomaten, den Ingwer, den Zucker, knapp 1 TL Salz und 1 Prise Pfeffer zugeben und alles zum Kochen bringen. Bei schwacher Hitze etwa 10 Minuten köcheln lassen. Dabei den Deckel etwas geöffnet lassen. Mit den Korianderblättern bestreuen.

Pilze mit Knoblauchfüllung

Zutaten
4 große Egerlinge,
Salz, Pfeffer,
Öl,
1 Bd. Petersilie,
4 Knoblauchzehen,
4 Scheiben Toastbrot,
40 g geriebener Parmesan

EW	Fett	KH	kcal/kJ
19 g	9 g	61 g	388/1624

Pilze putzen. Kappen von den Stielen ziehen, mit Salz und Pfeffer würzen, in eine mit Öl ausgepinselte feuerfeste Form legen. Mit Alufolie abdecken, im vorgeheizten Rohr bei schwacher Hitze 15–20 Minuten dünsten. Pilzstiele und Petersilie fein hacken, Knoblauch mit Salz zerreiben. Brot toasten. Pilzkappen auf dem Toast anrichten, mit der Masse füllen, mit Parmesan bestreuen und sofort als Beilage zu Kurzgebratenem oder als Vorspeise servieren.

Tip

Dazu schmeckt ein Tomatensalat mit Basilikum.

Tomaten-Stangensellerie-Gratin

Zutaten
750 g Fleischtomaten,
500 g Stangensellerie,
Salz,
30 g Butter für die Form,
50 g Vollkornpaniermehl, 4 Scheiben alter Weizenvollkorntoast,
100 g geriebener Parmesan,
4–5 EL Olivenöl

EW	Fett	KH	kcal/kJ
16 g	27 g	26 g	405/1698

Tomaten in Scheiben schneiden. Vom Stangensellerie ein paar grüne Blättchen beiseite legen. Die Stiele in der Mitte quer durchschneiden. Von den äußeren, festeren Stielen die Fasern abziehen. Die unteren Hälften in kochendem Salzwasser 5–6 Minuten garen, die zarteren oberen Hälften zugeben und weitere 6–8 Minuten mitkochen. In einem Durchschlag abtropfen lassen. Eine flache, feuerfeste Form fetten. Mit Paniermehl ausstreuen. Tomaten und Sellerie dachziegelartig einschichten. Toastbrot entrinden und im Mixer zerkleinern. Brotkrumen mit restlichem Paniermehl, Parmesan, Olivenöl und gehackten Sellerieblättchen mischen, über das Gemüse streuen. Ins kalte Rohr schieben. Auf 225 Grad schalten und 30 Minuten garen.

Spargel-Bleichsellerie-Gratin
(Abb.)

Zutaten
1 1/4 kg Spargel,
600 g Stangensellerie,
Salz,
1 Prise Zucker,
160 g Butter,
1 Packung Sauce Hollandaise,
Fett für die Form,
1 1/2 EL gehackte Walnüsse

EW	Fett	KH	kcal/kJ
9 g	42 g	17 g	501/2099

Spargel schälen und waschen. Stangensellerie putzen, waschen und je nach Dicke der Stangen längs halbieren. Wasser mit Salz, Zucker und 10 g Butter zum Kochen bringen. Stangensellerie darin bei schwacher Hitze etwa 25 Minuten garen. Nach 5 Minuten Spargel dazugeben und mitgaren. Sauce Hollandaise mit dem Schneebesen in kaltes Wasser einrühren und unter Rühren langsam aufkochen. Restliche Butter bei schwacher Hitze nach und nach darunterschlagen, bis sie geschmolzen ist. Gemüse abgießen und in eine gefettete Auflaufform legen. Walnüsse darüberstreuen. Sauce Hollandaise über das Gemüse verteilen und alles unter vorgeheiztem Grill oder Ofen etwa 10 Minuten gratinieren.

Tip
Servieren Sie Petersilienkartoffeln und rohen Schinken dazu.

Fenchel-Zucchini-Gemüse

Zutaten
2 Fenchelknollen,
3 Zucchini,
2 Stangen Lauch,
2 Knoblauchzehen,
Olivenöl,
1/4 l Weißwein,
Salz,
Pfeffer,
1/4 l süße Sahne,
1 EL gehackter Oregano,
1 Bd. Petersilie

EW	Fett	KH	kcal/kJ
4 g	28 g	13 g	319/1333

Gemüse waschen, gut abtropfen lassen. Fenchel in Streifen, Zucchini und Lauch in Scheiben schneiden, Knoblauch grob hacken.
Olivenöl erhitzen und Fenchelstreifen anbraten, dann Knoblauch, Lauch und Zucchini dazugeben und mit Wein ablöschen. Salzen und pfeffern.
Nach 5 Minuten Garzeit Hitze höherstellen, Sahne zugießen und bei starker Hitze unter häufigem Umrühren einkochen lassen.
Petersilie waschen, mit Haushaltspapier trockentupfen, fein hacken.
Wenn die Sauce sämig ist, Oregano und Petersilie untermengen, nochmals abschmekken und servieren.

Gedünsteter Chicorée mit Kapern

Zutaten
4 große Chicorée,
Butter, 1/4 l Weißwein,
1/4 l Sahne,
1 kleines Glas Kapern,
Salz, Pfeffer,
Zitronensaft

EW	Fett	KH	kcal/kJ
3 g	27 g	4 g	306/1280

Chicorée von den Außenblättern befreien, mit einem scharfen Messer den Strunk herausschneiden und die Köpfe der Länge nach halbieren, waschen, trockentupfen. In einem Topf Butter schmelzen lassen und den Weißwein darin erhitzen. Die Chicoréehälften vorsichtig mit den Schnittflächen nach unten in den Wein legen und in 2 Minuten gardünsten. Den Topf mindestens einmal öffnen und den Chicorée vom Boden lösen, da er leicht anbrennt. Den weichen Chicorée herausheben und warm stellen, den Weinfond mit der Sahne ablöschen, die Kapern dazugeben und mit Salz, Pfeffer und Zitronensaft abschmecken. Eindicken lassen und mit dem Chicorée servieren.

Tip
Den Chicorée mit geriebenem Käse bestreut servieren.

Champignons griechische Art

Zutaten
200 g kleine Champignons oder Egerlinge,
90 ml Weißwein,
1 EL Zitronensaft,
1 EL Korinthen,
1 EL Pinienkerne,
1 kleines Lorbeerblatt,
Salz,
2 Pimentkörner,
3 Pfefferkörner,
75 ml Traubenkernöl

EW	Fett	KH	kcal/kJ
2 g	23 g	6 g	250/1046

Die Pilze putzen und waschen. In einem Topf mit dem Wein und dem Zitronensaft übergießen und mit Wasser auf etwa 200 ml Flüssigkeit auffüllen.
Die Korinthen, die Pinienkerne, das Lorbeerblatt, Salz, die Piment- und Pfefferkörner hinzugeben und alles zum Kochen bringen. 5 Minuten köcheln lassen, abkühlen lassen. Das Lorbeerblatt entfernen.
In ein Glas oder einen kleinen Steinguttopf füllen und mit dem Öl übergießen.
Gut verschließen und kühl lagern. Bei kühler Lagerung können die Pilze etwa 2 Wochen aufbewahrt werden. Sie werden in kleinen Schälchen als Antipasti serviert.

Artischocken à la Béarnaise
(Abb.)

Zutaten
4 Artischocken,
2 Zitronen, Salz,
1 Beutel Sauce Béarnaise (Fertigprodukt) oder ein Grundrezept für Sauce Béarnaise (S. 68),
125 g Butter

EW	Fett	KH	kcal/kJ
8 g	28 g	28 g	400/1665

Artischocken waschen, Stiel und Blattspitzen abschneiden. Innere Blätter herausschneiden und das Heu darunter gründlich entfernen. Sofort in Zitronenwasser legen. Restliche Zitrone in Scheiben schneiden. 1/8 l Wasser mit Salz und Zitronenscheiben zum Kochen bringen. Artischocken zugeben und ca. 45 Minuten kochen. Herausnehmen und auf den Kopf gestellt abtropfen lassen. 1/8 l Wasser erwärmen. Fertigprodukt Sauce Béarnaise zubereiten, zum Kochen bringen. Butter bei geringer Wärmezufuhr unterschlagen. Sauce in die Mitte der ausgehöhlten Artischocken geben.

SCHNELLREZEPT
Chinapfanne mit Pilzen

Zutaten
1 Bd. Frühlingszwiebeln,
2 rote Paprikschoten,
500 g Austernpilze,
2 EL Öl,
3 Beutel Fertigmischung für China-Pfanne,
Sojasauce

EW	Fett	KH	kcal/kJ
10 g	14 g	20 g	244/1020

Zwiebeln putzen, waschen, in 5 cm lange Stücke schneiden, Paprikaschote waschen, putzen, würfeln.
Austernpilze putzen, in große Stücke schneiden.
Gemüse nacheinander unter Rühren im Öl anbraten. Aus der Pfanne nehmen.
Knapp 3/8 l Wasser in die Pfanne gießen.
Fertigmischung einrühren, aufkochen.
Gemüse hinzufügen, zugedeckt etwa 10 Minuten bei geringer Hitze kochen.
Nach Belieben mit Sojasauce würzen und mit Gewürzen abschmecken.

KOCHEN

Pfifferlinge in Tomatensauce

Zutaten
50 g San Daniele Schinken (in dünne Scheiben geschnitten),
1 Zwiebel,
1 Knoblauchzehe,
4 EL gutes Pflanzenöl,
1 Dose italienische Eiertomaten,
1/4 l Gemüsebrühe,
1 Schuß trockener Weißwein,
500 g Pfifferlinge,
3 EL Butter,
Salz,
Pfeffer,
1 TL getrockneter Oregano,
1 TL getrocknetes Basilikum,
1 EL frischgehackte Petersilie

EW	Fett	KH	kcal/kJ
5 g	25 g	7 g	290/1215

Den Schinken in sehr feine Streifen schneiden, die Zwiebel schälen und fein hacken. Knoblauch ebenfalls schälen und durch die Presse drücken. Öl in einer Pfanne erhitzen und Schinken, Zwiebeln und Knoblauch darin anbraten. Die zerdrückten Tomaten mit der Brühe und dem Wein dazugeben und etwa 10 Minuten leise köcheln lassen. Währenddessen die Pfifferlinge küchenfertig vorbereiten, größere Pilze teilen und in der zerlassenen Butter 5 Minuten dünsten. Die Pilze in die Tomatensauce rühren und nochmals 10 Minuten bei kleiner Hitze schmoren lassen. Mit den Gewürzen und Kräutern fein abschmecken. Hierzu passen hausgemachte Gnocchi und ein leichter Rotwein.

SCHNELLREZEPT

Paprikaschoten mit Fischfüllung (Abb.)

Zutaten
500 g Kabeljaufilet,
1 Beutel Fertigmischung für Hackbraten,
1 EL gehackte Petersilie,
4 Paprikaschoten,
2 Beutel Tomatensauce (Fertigprodukt)

EW	Fett	KH	kcal/kJ
42 g	7 g	49 g	445/1855

Kabeljaufilet waschen, trockentupfen und in 1 x 1 cm große Würfel schneiden. Fertigmischung für Hackbraten in 1/8 l Wasser einrühren. Fischwürfel und Petersilie untermischen. Paprikaschoten waschen, putzen und Fischmasse einfüllen. 1/2 l Wasser erwärmen, Tomatensauce einrühren und aufkochen.

Paprikaschoten in eine flache Auflaufform setzen, mit Tomatensauce aufgießen und alles im vorgeheizten Ofen bei 220 Grad etwa 35 Minuten garen.

Spargel mit Kräuter-Hollandaise
(Abb.)

Zutaten
2 kg Spargel,
Salz,
250 g Butter,
4 Eigelb,
4 EL Weißwein,
25 ml Gemüsebrühe,
1 EL Zitronensaft,
gehackte Kräuter nach Geschmack (Kerbel, Petersilie, Schnittlauch, Dill)

EW	Fett	KH	kcal/kJ
13 g	56 g	14 g	641/2685

Spargel schälen, holzige Enden abschneiden. In kochendem Salzwasser in etwa 10 Minuten weichkochen. Inzwischen Butter schmelzen und einmal kräftig aufschäumen lassen. Eigelb, Weißwein, Brühe und Zitronensaft verrühren und im Wasserbad bei geringer Hitze cremig rühren. Die Butter zuerst tropfenweise, dann in dünnem Strahl unterrühren. Die gehackten Kräuter unter die fertige Sauce ziehen. Nicht kochen lassen, da die Sauce sonst gerinnt.

Tip
Den Spargel auf einer angewärmte Platte anrichten, mit Sauce übergießen. Restliche Sauce getrennt dazureichen.

Rosenkohl mit Parmesan

Zutaten
500 g Rosenkohl,
Salz,
Zucker,
Olivenöl,
1 Knoblauchzehe,
Pfeffer, Parmesan

EW	Fett	KH	kcal/kJ
6 g	8 g	6 g	132/531

Geputzten Rosenkohl im sprudelnden Salzwasser mit etwas Zucker bißfest kochen. Olivenöl erhitzen und zerdrückten Knoblauch darin dünsten.
Den heißen Rosenkohl in das Olivenöl gleiten lassen und kurz von allen Seiten anbraten, salzen und pfeffern. Mit viel Parmesan bestreut servieren.

Bohnenpüree

Zutaten
500 g zarte grüne Bohnen, Salz,
100 g Crème fraîche,
15 g Butter,
Pfeffer aus der Mühle,
1 Prise getrocknetes, fein zerriebenes Bohnenkraut, je 1/2 Bd. Petersilie und Kerbel

EW	Fett	KH	kcal/kJ
3 g	5 g	7 g	90/375

Bohnen waschen und putzen, darauf achten, daß sie keine Fäden mehr haben. Anschließend ein paarmal durchdrehen. Salzwasser etwa zweifingerhoch in einen Topf gießen. Rasch sprudelnd aufkochen, die Bohnen hineingeben, nach dem Aufkochen bei milder Hitze in 20 Minuten garen, gut abtropfen und etwas abkühlen lassen. Durch ein Sieb streichen oder im Mixer pürieren und anschließend durch ein Sieb passieren. Mit Crème fraîche und Butter verrühren und unter ständigem Rühren erhitzen, aber nicht aufkochen lassen. Mit Salz, Pfeffer und Bohnenkraut abschmecken. Petersilie und Kerbel waschen, trockenschwenken und hacken. Das Püree mit 2 großen Löffeln wie Nockerln (längliche Klöße) abstechen und auf einer vorgewärmten Platte anrichten. Mit den Kräutern bestreut servieren.

Tip
Reichen Sie Bohnenpüree als Beilage zu feinen Braten.

Gebratene Bohnensprossen mit Krabben

Zutaten
500 g Sojabohnensprossen,
1 Frühlingszwiebel,
3 EL Öl zum Braten,
1 gepreßte Knoblauchzehen,
100 g Hackfleisch,
100 g Krabben,
2 Stangen Lauch,
Salz,
Pfeffer,
Glutamat,
1/2 TL Zucker,
4 EL helle Sojasauce,
2 EL Reiswein

EW	Fett	KH	kcal/kJ
16 g	20 g	6 g	279/1166

Sojabohnensprossen putzen, Frühlingszwiebel in Ringe schneiden. Öl im Wok erhitzen, Knoblauch darin unter Rühren braten, bis er duftet, Hackfleisch, Krabben und Lauch zugeben, mit Salz und Pfeffer würzen, umrühren. Dann mit Sojabohnensprossen und den restlichen Zutaten vermischen, bis die Bohnensprossen gar sind.

Bohnen mit chinesischen Pilzen

Zutaten
6 schwarze chinesische Pilze,
500 g grüne Bohnen,
3 EL Erdnußöl,
Salz,
Zucker,
2 EL dunkle Sojasauce,
1 EL Hoisinsauce,
1 TL Maisstärke,
ein paar Tropfen Sesamöl

EW	Fett	KH	kcal/kJ
5 g	14 g	10 g	179/750

Pilze waschen und in heißem Wasser 20–30 Minuten quellen lassen. Bohnen putzen, dabei die Fäden abziehen. Bohnen schräg in 4 cm lange Stücke schneiden, waschen und abtropfen. Pilze ausdrücken, Stiele entfernen und Hüte halbieren. Einweichwasser aufbewahren. Öl im Wok stark erhitzen. Bohnen und Pilze darin 1 Minute pfannenrühren, mit 1 guten Prise Salz bestreuen und mit 1 Tasse Pilzeinweichwasser aufgießen. Zugedeckt 10 Minuten köcheln.
1 TL Zucker mit Soja- und Hoisinsauce verrühren und Gemüse damit abschmecken. Maisstärke kalt anrühren, Flüssigkeit damit binden, das Gericht mit Sesamöl beträufeln.

Gebratene Bambussprossen

Zutaten

500 g Bambussprossen,
1 Frühlingszwiebel,
100 g Schweinebauch,
4 eingeweichte Tongkupilze,
3 EL Öl zum Braten,
2 gepreßte Knoblauchzehen,
200 g Krabben,
3 EL helle Sojasauce,
1 EL dunkle Sojasauce,
1/2 TL Zucker,
Salz,
Pfeffer,
Glutamat,
250 ml Brühe

EW	Fett	KH	kcal/kJ
17 g	22 g	12 g	305/1277

Bambussprossen in dünne Scheiben schneiden. Frühlingszwiebel halbieren, dann schräg in etwa 3 cm lange Stücke schneiden. Schweinebauch schnetzeln. Die Tongkupilze in Streifen schneiden. Öl im Wok erhitzen, Knoblauch darin braten, bis er duftet, Schweinebauch zugeben, unter Rühren durchbraten, dann Tongkupilze, Krabben, Frühlingszwiebeln zugeben, kurz anbraten und die Saucenzutaten zugießen. Alles bei schwacher Hitze etwa 40 Minuten köcheln lassen.

Linsen-Curry-Salat
(Abb.)

Zutaten

150 g Linsen,
1 gehäufter TL Klare Fleischsuppe (Instant),
175 g Bleichsellerie,
2–3 EL Zitronensaft,
3–4 EL Keimöl,
Curry,
Salz,
Pfeffer,
200 g süß-sauer eingelegter Kürbis (Dose),
Petersilie

EW	Fett	KH	kcal/kJ
11 g	11 g	24 g	237/994

Linsen und 1/2 l Wasser zum Kochen bringen, Klare Fleischsuppe dazugeben und etwa 20 Minuten kochen lassen (die Linsen sollten noch bißfest sein).
Bleichsellerie putzen, waschen und in Streifen schneiden.
Für die Marinade Zitronensaft, Keimöl, Gewürze verrühren.
Kürbis in Würfel schneiden.
Abgetropfte Linsen und Kürbis mit der Marinade vermischen.
Vor dem Servieren Bleichsellerie und feingehackte Petersilie daruntermischen und pikant abschmecken.
Gut durchziehen lassen und servieren.

Gebratene grüne Bohnen mit Pilzen

Zutaten
300 g breite grüne Bohnen,
3 EL Öl zum Braten,
2 gepreßte Knoblauchzehen,
100 g Krabben,
150 g Champignons,
125 ml Brühe, Salz,
Glutamat, Pfeffer,
1/2 TL Zucker,
3 EL helle Sojasauce,
1 EL dunkle Sojasauce,
1 EL Reiswein,
1 TL Maisstärke

EW	Fett	KH	kcal/kJ
7 g	12 g	8 g	174/727

Bohnen putzen, waschen, schräg in 4 cm lange Stücke schneiden. Öl im Wok erhitzen, Knoblauch kurz anbraten, Bohnen zugeben unter Rühren braten. Krabben und Champignons zugeben. Restliche Zutaten verrühren, zugießen, kurz aufkochen lassen. Zugedeckt bei schwacher Hitze etwa 15 Minuten köcheln lassen.

Pfifferlinge mit Rühreiern

Zutaten
750 g Pfifferlinge,
60 g Butter,
1 Bd. Petersilie,
4 Eier, 4 EL Milch,
Salz

EW	Fett	KH	kcal/kJ
12 g	20 g	9 g	270/1129

Pfifferlinge putzen, waschen, auf ein Sieb geben und abtropfen lassen. Große Pfifferlinge kleinschneiden. Butter erhitzen, Pfifferlinge zugeben und unter Rühren weich dünsten bis der Saft verdampft ist.
Petersilie waschen, trockentupfen, fein wiegen, zu den Pilzen geben. Eier mit Milch und Salz verrühren, über die Pfifferlinge gießen und stocken lassen, dabei umrühren. Mit Salz abschmecken. Sofort servieren.

Tip
Dazu passen frische Salzkartoffeln oder kräftiges Landbrot.

Weinsauerkraut

Zutaten
1/2 kg geräucherter Speck, 2 Zwiebeln,
1 Apfel,
2 EL Gänseschmalz,
1/2 kg rohes Sauerkraut,
1 Schuß Kirschwasser,
1/4 l Weißwein,
1/2 l Brühe,
Salz, Pfeffer,
Kümmel,
einige Wacholderbeeren nach Belieben

EW	Fett	KH	kcal/kJ
6 g	120 g	9 g	1245/5216

Den geräucherten Speck in feine Streifen schneiden. Die Zwiebeln schälen und ebenfalls in Streifen schneiden. Den Apfel schälen und in Scheiben schneiden. In einem größeren Topf das Gänseschmalz erhitzen. Die Zwiebelstreifen darin glasig dünsten. Apfelscheiben, Speckstreifen und Sauerkraut hinzufügen. Das Ganze einige Minuten durchrühren, mit Kirschwasser parfümieren und mit Weißwein ablöschen. Zuletzt mit Brühe aufgießen. Salzen, pfeffern und Kümmel und Walcholderbeeren zusetzen. Bei milder Hitze und zugedeckt etwa 1 1/2 Stunden köcheln.

Gebackene Zwiebeln

Zutaten
1/2 kg Zwiebeln,
Salz, Pfeffer,
Mehl,
Olivenöl zum Backen

EW	Fett	KH	kcal/kJ
7 g	12 g	8 g	174/727

Die Zwiebeln schälen und in Ringe schneiden. Salzen und pfeffern. In Mehl wenden, leicht abklopfen und in schwimmendem, heißem Fett goldgelb backen.
Paßt gut zu Kurzgebratenem.

Kartoffeln eignen sich nicht nur als Beilage, sondern auch als Hauptgericht sowie für Diät- und Schonkostrezepte. Sie enthalten hochwertiges Eiweiß, Mineralstoffe und viel Vitamin C – sind also besonders gesund. Kartoffeln werden nach dem Kochtyp klassifiziert:

Kartoffel-Kochtypen

festkochend
Festes kerniges Fleisch, das beim Kochen seine Konsistenz behält und nicht zerbröckelt. Die Schnittfläche ist feucht und glänzend. Diese Kartoffeln eignen sich hervorragend für Aufläufe, Gratins, Pommes frites, Salate und Bratkartoffeln. Generell für Gerichte, bei denen die Kartoffel nicht ihre Form verlieren soll.
Festkochende Sorten: Sorte Granola, Nicola, Hansa und Sieglinde. Alle drei Sorten sind sehr gut für Salate, Bratkartoffeln und Salzkartoffeln geeignet. Sieglinde kann im Gegensatz zu den beiden anderen mittelfrühen Sorten nicht lange gelagert werden, da sie eine Frühkartoffel ist.
Kartoffeln der festkochenden Art sind mit einem grünen Streifen auf dem Beutel versehen.
vorwiegend festkochend
Kartoffeln dieses Kochtyps sind sehr gut geeignet für Salz-, Pell- und Bratkartoffeln, für Pommes frites und Suppen. Man kann sie nach dem Kochen gut mit der Gabel zerteilen, ohne daß sie gleich zerfallen. Sie haben also eine mittlere Festigkeit. Hervorragend schmecken sie auch als Beilage zu Braten oder zu Dips wie z. B. bei Fondues oder Raclettes.
Vorwiegend festkochende Sorten: Sorte Clivia, Gloria, Grandifolia, Saskia, Desiree, Grata und Hela. Obwohl alle diese Sorten vorwiegend festkochend sind, gibt es kleine Unterschiede. Grata und Desiree z. B. eignen sich für die Backröhre. Desiree als Backkartoffel und Grata zum Überbacken oder Füllen. Gloria und Clivia können Sie gut als Salz- und Pellkartoffeln verwenden. Beide haben einen milden bis kräftigen Geschmack und eine schöne längliche ovale Form. Hela und Saskia haben eine glatte Schale und sind geeignet für Pell- und Salzkartoffeln. Von der Marke Saskia lassen sich gut Pommes frites herstellen. Die Beutel haben einen roten Streifen.
mehlig festkochend
Kartoffeln dieser Art haben einen hohen Stärkegehalt, was vor allem bei den mittelspäten bis sehr späten Kartoffeln vorkommt. Sie sind ideal zum Pürieren, Zerstampfen und Zerkleinern für Pürees, Suppen, Klöße, Knödel, Kartoffelpuffer, Kroketten, Eintöpfe und alle Kartoffelteiggerichte.
Mehlig festkochende Sorten: Sorte Irmgard und Bintje. Bintje, eine in Holland seit langem kultivierte Kartoffel, ist ziemlich universell einsetzbar. Sie eignet sich als Pell-, Brat- und Salzkartoffel ebenso wie für Pommes frites oder Püree. Auch Chips werden aus ihr hergestellt. Jedoch ist sie relativ geschmacksneutral. Irmgard ist die passende Kartoffel für Kartoffelklöße oder -knödel, Pürees, Eintöpfe und für Suppen. Sie hat einen kräftigen Geschmack und ist gut zu lagern. Sie haben einen blauen Streifen auf dem Beutel.

Lagerung

Kartoffeln sollten Sie kühl, trokken, luftig und dunkel lagern. Im Hellen treiben sie schnell aus, in Wärme schrumpfen sie ein und Frost gibt ihnen, weil die Stärke chemisch in Zucker umgebaut wird, ein unangenehmes, süßes, atypisches Aroma. Länger lagern sollten Sie nur späte, mittelfrühe und mittel- bis sehr späte Sorten. Wenn Sie Kartoffeln im Folienbeutel kaufen, bitte zu Hause auspacken, in der Hülle werden sie feucht und beginnen schnell zu schimmeln. Lagern Sie sie anschließend im dunkelsten und kältesten Raum Ihrer Wohnung in kleinen Drahtkörbchen, die mit Leinenstoff ausgeschlagen sind, oder in Weidenkörbchen. Falls sie austreiben, die Keime sofort abknicken. Grüne Stellen sollten Sie großzügig vor dem Kochen ausschneiden, denn hier hat sich das hochgiftige Solanin gebildet.

GRUNDREZEPT
Gekochte Kartoffeln (Salzkartoffeln)

Zutaten
750 g Kartoffeln,
Salz

EW	Fett	KH	kcal/kJ
3 g	0 g	27 g	127/534

Die Kartoffeln schälen. Bei ungleicher Größe die Kartoffeln in gleichmäßig große Stücke schneiden, damit alle Kartoffeln zum gleichen Zeitpunkt gar werden. Die Kartoffeln sofort ins Wasser legen, damit sie sich nicht verfärben. Salzen und in etwa 25 Minuten gar kochen. (Nadelprobe machen!) Das Wasser abschütten und die Kartoffeln dann ausdampfen lassen.

GRUNDREZEPT
Kartoffelteig

Zutaten
750 g mehligkochende Kartoffeln,
Salz,
60–80 g Mehl, 2 Eier

EW	Fett	KH	kcal/kJ
4 g	0 g	40 g	186/781

Kartoffeln gut waschen, kochen, noch heiß schälen, durchpressen, auskühlen lassen, salzen. Mehl über die Kartoffeln streuen, unterrühren, Eier verquirlen, untermischen, mit den Händen zu einem Teig verarbeiten. Sofort verwenden.

Fingernudeln, Kartoffelküchlein, Kartoffelplätzchen

Zutaten
1 Grundrezept Kartoffelteig,
Backfett

EW	Fett	KH	kcal/kJ
4 g	8 g	40 g	254/1063

Aus dem fertigen Kartoffelteig mit bemehlten Händen eine dicke Rolle formen, Scheiben abschneiden. Die Scheiben in Fingernudeln, ovale Küchlein oder Plätzchen formen, in heißes Fett geben, auf beiden Seiten nicht zu schnell goldbraun backen.
Variation: Feingewiegte Kräuter oder Schinken untermengen und mit Sauerkraut als Hauptspeise servieren.

Fritierter Kartoffelteig

Zutaten
1 Grundrezept Kartoffelteig,
2 Eier, knapp 80 g Paniermehl, Fritierfett

EW	Fett	KH	kcal/kJ
7 g	8 g	54 g	324/1359

Aus dem Kartoffelteig eine Rolle formen. Quer Scheiben abschneiden und aus diesen entsprechende Formen herstellen. Kartoffelkroketten, -bällchen oder -plätzchen formen und dann durch die verquirlten Eier ziehen sowie rundherum in Paniermehl wenden. Bei 180 Grad in der Friteuse in einigen Minuten knusprig und goldbraun von allen Seiten fritieren. Mit einem Schaumlöffel herausnehmen und auf Küchenkrepp entfetten.
Variante 1: Das Paniermehl mit Mandelblättchen vermengen = Krokettenbällchen.
Variante 2: Den Kartoffelteig mit frisch gehackten Kräutern verfeinern.

Kartoffel-Tomaten-Gemüse

Zutaten
750 g Kartoffeln,
5 EL Öl,
1 Zwiebel,
1 kleine Dose geschälte Tomaten,
Salz,
Pfeffer,
Basilikum, frisch oder getrocknet,
geriebener Käse

EW	Fett	KH	kcal/kJ
11 g	20 g	32 g	360/1508

Kartoffeln schälen, würfeln. Öl in einem Topf erhitzen, Kartoffeln anbraten, kleingeschnittene Zwiebeln zugeben, glasig braten. Tomaten etwas zerkleinern, mit dem Saft dazugeben. Mit den Gewürzen abschmekken. Deckel auflegen, Wärmezufuhr herunterschalten, etwa 30 Minuten köcheln. Geriebenen Käse darüberstreuen.

Bratkartoffeln

Zutaten

500 g festkochende Kartoffeln,
1 Zwiebel,
2 EL Bratfett,
Salz,
Paprika,
Pfeffer,
Kümmel

EW	Fett	KH	kcal/kJ
2 g	5 g	19 g	135/566

Die Kartoffeln waschen und etwa 15 Minuten dämpfen. Dann schälen und in Scheiben schneiden. Zwiebel schälen und in feine Würfel schneiden. Fett in einer Pfanne erhitzen, die Zwiebelwürfel leicht anrösten, die Kartoffelscheiben dazugeben und goldgelb rösten. Kurz vor Ende der Bratzeit mit den Gewürzen kräftig abschmecken.

Rösti

Zutaten

750 g rohe Kartoffeln (mehlige Sorte) ,
1/2 Zwiebel,
1 TL Speisestärke,
1 Ei,
Salz,
Pfeffer,
nach Belieben gemahlene Muskatnuß,
100 g Butterschmalz, oder Butter

EW	Fett	KH	kcal/kJ
5 g	21 g	29 g	340/1426

Die Kartoffeln schälen und auf einer speziellen Reibe rasch reiben. Die „rohen Streichhölzer" mit der Hand oder in einem Tuch kräftig auspressen; Kartoffelsaft abgießen. Die Zwiebel schälen und reiben. Alle Zutaten miteinander vermengen; pikant abschmecken. In einer größeren Pfanne reichlich Fett erhitzen. Eßlöffelgroße Portionen in die Pfanne setzen und mit dem Löffelrücken flachdrücken. Nach dem ersten Anbacken wenden.

Béchamelkartoffeln

Zutaten

1 kg vorwiegend festkochende Kartoffeln,
1 Zwiebel,
50 g roher Schinken,
50 g Butter,
40 g Mehl,
knapp 1/2 l Fleischbrühe,
250 g süße Sahne,
Salz,
1/2 TL weißer Pfeffer,
Muskatnuß,
2 EL Paniermehl,
Butter für die Form

EW	Fett	KH	kcal/kJ
9 g	37 g	50 g	582/2439

Die Kartoffeln dämpfen, schälen und in Scheiben schneiden. Während die Kartoffeln dämpfen, wird die Sauce bereitet: Dazu Zwiebel schälen und in feine Würfel schneiden, den Schinken ebenfalls klein würfeln. Beides in heißem Fett leicht andünsten, mit Mehl bestäuben, mit der Brühe ablöschen und die Sahne aufgießen. Die Sauce 5–8 Minuten köcheln lassen, dann fein mit Salz, Pfeffer und etwas Muskatnuß abschmecken. Die noch heißen Kartoffelscheiben in die Sauce geben, 10 Minuten ziehen lassen und eventuell etwas nachwürzen. Eine große feuerfeste Form dick mit Butter ausstreichen, die Béchamelkartoffeln hineingeben. Einige Butterflöckchen und etwas Paniermehl darüberstreuen und im vorgeheizten Ofen 5 Minuten überbacken. Béchamelkartoffeln schmecken sehr gut zu Braten, Lamm und Fischsteaks.

Brühkartoffeln (Bouillonkartoffeln)

Zutaten
750 g Kartoffeln,
1/4 l heiße Fleischbrühe (Instant),
1 B. Petersilie

EW	Fett	KH	kcal/kJ
3 g	0 g	27 g	128/538

Kartoffeln schälen, in Würfel schneiden, in wenig heißer Fleischbrühe 15–20 Minuten dünsten. Petersilie waschen, fein hacken, über die Kartoffeln streuen.

Kartoffelpüree

Zutaten
750 g frisch gekochte Kartoffeln (siehe Grundrezept, S. 313),
1/4 l heiße Milch,
50 g zimmerwarme Butter, Salz,
frisch geriebene Muskatnuß

EW	Fett	KH	kcal/kJ
5 g	12 g	30 g	260/1089

Die ausgedampften, noch heißen Kartoffeln durch eine spezielle Kartoffelpresse drücken oder einen Kartoffelstampfer nehmen. Mit einem Schneebesen oder elektrischen Handrührgerät die heiße Milch und die Butter einschlagen. Salzen und mit Muskat würzen.
Variante 1: Kartoffelpüree mit Erbsen: Halb Kartoffelpüree und halb Erbsen verwenden. Zum Beispiel 250 g Tiefkühlerbsen in 1/8 l Brühe einige Minuten köcheln, im Küchenmixer pürieren und unter 250 g Kartoffelpüree mischen. Mit Kräutern würzen.
Variante 2: Kartoffelpüree mit Möhren: 250 g Möhrenscheiben in 1/8 l Brühe 5–10 Minuten köcheln. Pürieren und mit 250 g Kartoffelpüree gründlich vermengen.

Tip
Mit gerösteten Zwiebelringen und Paniermehl servieren oder viele frische Kräuter dazugeben.

Fritierte rohe Kartoffeln

Zutaten
750 g rohe Kartoffeln,
Salz,
Pfeffer,
Kümmel,
Fritierfett

EW	Fett	KH	kcal/kJ
3 g	15 g	27 g	262/1099

Die Kartoffeln schälen und je nach Bedarf in die gewünschte Form schneiden.
1. *Waffelkartoffeln* werden mit einem „Buntmesser" in dünne Scheiben geschnitten.
2. *Pommes frites* in daumenlange, dünne Stäbe schneiden.
3. *Streichholzkartoffeln* in Streichholzform schneiden.
4. *Kartoffelstäbe* in lange, dicke Stäbe (ca. 1 cm dick, 4 cm lang) schneiden.
5. *Strohkartoffeln* hauchdünn stifteln.
6. *Kartoffelchips* sind hauchdünn gehobelte Scheibchen.
Die geschnittenen Kartoffeln pikant würzen und anschließend in siedendem Fett von ca. 180 Grad knusprig und goldgelb fritieren. Mit einem Schaumlöffel herausnehmen und auf Küchenkrepp entfetten.

Pellkartoffeln

Zutaten
750 g Kartoffeln,
Salz

EW	Fett	KH	kcal/kJ
3 g	0 g	27 g	127/534

Mittelgroße Kartoffeln gründlich waschen, in kochendem Salzwasser oder in Kartoffeldämpfer (Dampfkartoffel) zusetzen, schnell zum Kochen bringen, etwa 30 Minuten garen, abgießen, offen abdämpfen.

Kartoffelkrapfen

Zutaten
250 g Pellkartoffeln (S. 316),
30 g Butter,
Salz,
Muskat,
75 g Mehl,
2 Eier,
750 g Backfett

EW	Fett	KH	kcal/kJ
6 g	196 g	22 g	1888/7909

Kartoffeln heiß schälen, sofort durchpressen. Einen Brandteig zubereiten: 1/8 l Wasser, Butter, Salz und wenig Muskat in einem Topf aufkochen, vom Herd nehmen. Mehl auf einmal hineinschütten, schnell glattrühren, zurück auf den Herd stellen, kurz abbrennen. Topf wieder von der Herdstelle nehmen. Eier nacheinander einrühren, Kartoffeln zugeben, gut durchrühren, nochmal würzen. Backfett erhitzen, aus dem Teig mit einem kleinen Löffel Nocken abstechen, ins heiße Fett gleiten lassen, goldgelb backen, herausnehmen, abtropfen lassen.

Folienkartoffeln

Zutaten
4 große, mehligkochende Kartoffeln

EW	Fett	KH	kcal/kJ
1 g	0 g	15 g	68/285

Kartoffeln gründlich waschen, 4 ausreichend große Blätter Alufolie herrichten, jede Kartoffel mit Alufolie umwickeln, die glänzende Seite nach innen. Auf den Rost in den vorgeheizten Ofen (200 Grad) legen, etwa 1 Stunde garen. Wenn die Kartoffeln sich mit der Nadel weich anstechen lassen, herausnehmen, Folie öffnen, Kartoffel kreuzweise einschneiden, kurz zusammendrücken. Die aufgesprungene Kartoffel mit einem Klecks saure Sahne, Crème fraîche oder Butter in der Folie servieren.

Tip
Die Kartoffeln werden aus der Schale gelöffelt. Eine Bereicherung für alle Grillfeste.

Kartoffelpuffer

Zutaten
750 g Kartoffeln,
2 Eier,
2 EL Mehl, Salz,
125 g Fett

EW	Fett	KH	kcal/kJ
7 g	34 g	5 g	469/1964

Kartoffeln schälen, roh fein reiben. Eier zugeben, Mehl und Salz darüberstreuen, glattrühren. Die Kartoffelmasse löffelweise in heißes Fett geben (Vorsicht, spritzt leicht!), mit dem Löffel flachdrücken und auf beiden Seiten langsam schön braun und knusprig braten. Kurz auf Küchenpapier abtropfen lassen, sofort servieren.

Tip
Paßt gut zu Sauerkraut oder Braten. Mit Apfelmus werden Kartoffelpuffer zur Hauptspeise.

Erbsenkücherl

Zutaten
400 g gekochte Kartoffeln, 30 g Butter,
500 g grüne gegarte Erbsen,
2 EL Mehl, 1 Ei,
Kräutersalz,
Muskatnuß,
Butterschmalz zum Backen

EW	Fett	KH	kcal/kJ
8 g	15 g	30 g	297/1244

Die gekochten Kartoffeln schälen und durchdrücken. Butter schaumig rühren. Erbsen abtropfen und erkalten lassen. Kartoffeln, Erbsen, Butter, Mehl und Ei mischen, mit Salz und Muskatnuß würzen. Mit bemehlten Händen flache, runde Kücherl formen und beidseitig in heißem Butterschmalz hellbraun backen.

Kümmelkartoffeln mit 3 verschiedenen Saucen
(Abb.)

Zutaten
8 mittelgroße Kartoffeln, Salz, Kümmel, 1 Päckchen Quark (20 % Fett), (500 g), 1/8 l Milch, 2 EL gehackte Walnüsse, 1 EL gehackte Kräuter (tiefgekühlt), je 1/2 rote und grüne Paprikaschote, 30 g Sellerie, 100 g Kefir, 1 EL Ketchup, 1 kleine Zwiebel, 1 Gewürzgurke, 1 Knoblauchzehe, Pfeffer

EW	Fett	KH	kcal/kJ
22 g	11 g	41 g	366/1531

Kartoffeln waschen und in Salzwasser mit Kümmel etwa 25 Minuten kochen. Abgießen und warm halten. Für den Walnußquark 200 g Quark mit 4 EL Milch und gehackten Walnüssen verrühren. Kräuter auftauen, zu der Quarkmasse geben und mit Salz würzen. Quark mit Nüssen und Kräutern verzieren.
Für den Paprikaquark 200 g Quark mit der restlichen Milch verrühren. Paprikaschoten putzen, waschen, vierteln, entkernen. 2 Paprikaviertel für die Verzierung in Streifen schneiden und beiseite legen, restliche Paprikaviertel fein hacken. Sellerie schälen, waschen und in Würfel schneiden. Paprika- und Selleriewürfel mit der Quarkmasse verrühren und mit Kümmel und Paprikastreifen garnieren.
Für den pikanten Quark restlichen Quark mit Kefir und Ketchup verrühren. Zwiebel abziehen und in feine Würfel schneiden. Von der Gewürzgurke einige Scheiben abschneiden und für die Verzierung zurücklegen, restliche Gurke würfeln. Knoblauchzehe abziehen und zerdrücken. Zwiebelwürfel, Gurkenwürfel und Knoblauch zu der Quark-Kefir-Masse geben und mit Salz und Pfeffer würzen. Mit Gurkenscheiben und Pfeffer verzieren.

Saures Kartoffelgemüse

Zutaten
1/2 Zwiebel, 50 g geräucherter Speck, 30 g Mehl, 1/2 l Fleischbrühe, Salz, Pfeffer, etwas Liebstöckel, 1 TL Majoran, 800 g gekochte, geschälte Kartoffeln, 2 EL Essig, 3 EL Crème fraîche, 1 große Essiggurke

EW	Fett	KH	kcal/kJ
5 g	13 g	36 g	289/1215

KOCHEN

Zwiebel und Speck fein würfeln, dann aus Zwiebeln, Speck und Mehl eine helle Einbrenne herstellen, mit heißer Brühe langsam aufgießen. Jetzt alle Gewürze hinzufügen und 10 Minuten kochen lassen. Währenddessen die Kartoffeln in Scheiben schneiden und dazugeben; weitere 5 Minuten ziehen lassen. Mit Essig und Crème fraîche abschmecken, die Essiggurke fein würfeln und untermischen. Das heiße Gemüse zu Knackwürsten oder kurz gebratenem Fleisch servieren.

Kartoffelpüree mit Knoblauch und Kapern

Zutaten

3 Knoblauchzehen,
2 EL Butter, 1 EL Kapern,
Kartoffelpüree von 1 kg Kartoffeln (Rezept S. 315),
frisch gemahlener Pfeffer

EW	Fett	KH	kcal/kJ
5 g	18 g	31 g	315/1320

Die Knoblauchzehen schälen und in sehr feine Scheibchen schneiden. Die Butter in einer Pfanne zerlassen und die Knoblauchscheibchen darin knusprig rösten. Die Kapern fein wiegen und kurz mitbraten lassen. Kapern und Knoblauchscheibchen unter den heißen Kartoffelbrei mischen und mit Pfeffer pikant abschmecken.

Mini-Rösti
(etwa 30 Stück)
(Abb.)

Zutaten

1 Zwiebel,
50 g Butter,
350 g Kartoffeln,
1 TL Bratkartoffel Würzer (Fertigprodukt),
125 g Crème fraîche,
Saft von 1/2 Zitrone,
1 EL Tzatziki (Fertigprodukt,
2 EL Schnittlauchröllchen,
15 schwarze Oliven

EW	Fett	KH	kcal/kJ
3 g	30 g	17 g	354/1483

Zwiebel schälen, fein hacken und in 25 g Butter in einer Pfanne andünsten. Kartoffeln schälen, waschen und raspeln. Zur Zwiebel geben, mit Bratkartoffel Würzer würzen und weiterdünsten, bis die Kartoffelraspel gar sind. Vom Herd nehmen und die Röstimasse abkühlen lassen. Mit 2 TL portionsweise kleine Kugeln entnehmen, zu kleinen Röstitalern formen und in restlicher Butter von jeder Seite goldbraun backen. Crème fraîche mit Zitronensaft mischen, Tzatziki unterrühren. Mit 1 TL Crème-fraîche-Häubchen auf die Mini-Rösti setzen. Mit Schnittlauch und Oliven verzieren. Paßt gut zu Lammgerichten.

Kartoffel-Gratin

Zutaten

1,5 kg festkochende, große Kartoffeln,
Salz,
Butter für die Form,
100 g Schinkenspeck,
1 Stange Lauch,
1 EL Öl,
150 g Schmelzkäse mit Salamigeschmack,
200 ml Sahne,
3 Eier,
Salz, Pfeffer,
1/2 TL Kräuter der Provençe

EW	Fett	KH	kcal/kJ
21 g	47 g	62 g	769/3230

Kartoffeln schälen, waschen, in 4 mm dicke Scheiben schneiden. In Salzwasser knapp gar kochen. In eine gefettete Gratinform schichten. Speck würfeln, Lauch putzen, waschen und in Ringe schneiden. In heißem Öl 5 Minuten unter Rühren dünsten. Über die Kartoffeln verteilen. 100 g Schmelzkäse mit Sahne, Eiern und Gewürzen gut verquirlen. Über die Kartoffeln gießen. Bei 200–225 Grad 45–50 Minuten im Ofen backen. Nach 30 Minuten Backzeit 50 g Schmelzkäse in kleinen Klecksen darübergeben.

Tip

Mit Schnittlauchröllchen bestreut servieren. Dieses Rezept läßt sich gut mit verschiedenem blanchierten Gemüse variieren. Es schmeckt auch gut, wenn man den Käse und die Eier durch Milch oder Sahne ersetzt. Als Getränk schmeckt ein trockener Weißwein.

Kartoffel-Zucchini-Gratin

Zutaten

1/2 Knoblauchzehe,
Butter,
600 g Kartoffeln,
400 g Zucchini,
Salz,
Pfeffer,
Muskat,
50 g geriebener Käse,
1/4 l Sahne

EW	Fett	KH	kcal/kJ
9 g	25 g	28 g	384/1613

Eine Auflaufform mit Knoblauch ausreiben, buttern. Kartoffeln schälen, Kartoffeln und Zucchini in Scheiben hobeln. Lagenweise in die Form geben, jede Lage würzen, mit etwas Käse bestreuen. Sahne mit restlichem Käse verrühren, darübergießen, in den vorgeheizten Ofen (200 Grad) schieben, etwa 60 Minuten backen.

Tip
Schmeckt gut zu gebratenem Fleisch oder mit Salat als Hauptspeise.

Petersilienkartoffeln

Zutaten

1 kg neue Kartoffeln,
1 Bd. Petersilie,
40 g Butter,
Salz

EW	Fett	KH	kcal/kJ
4 g	8 g	37 g	244/1021

Kartoffeln mit der Schale weichkochen, sofort schälen, eventuell halbieren. Petersilie waschen, trockentupfen, fein schneiden. Butter erhitzen, die Hälfte der Petersilie und die heißen Kartoffeln zugeben, kurz durchschwenken, abschmecken. Mit restlicher Petersilie bestreuen, sofort servieren.

Sahnekartoffeln

Zutaten

1 kg Kartoffeln,
30 g Fett,
Salz, 2 Eier,
1/8 l süße Sahne,
Schnittlauch

EW	Fett	KH	kcal/kJ
4 g	8 g	37 g	244/1021

Kartoffeln mit der Schale kochen, schälen, etwas abgekühlt in Würfel schneiden. Fett erhitzen, Kartoffelwürfel anrösten, salzen. Eier mit Sahne verschlagen, mit Salz abschmekken. In Röllchen geschnittenen Schnittlauch hinzugeben, zu den Kartoffelwürfeln geben, stocken lassen. Sofort servieren.

Tip
Herzhaft werden die Sahnekartoffeln, wenn man geröstete Speckwürfel hinzufügt.

Weinkartoffeln

Zutaten

1 kg festkochende Kartoffeln,
Salz,
1 Zwiebel,
50 g Butter,
8 cl Weißwein,
1 EL grüne Pfefferkörner (Glas),
1/4 l Sahne

EW	Fett	KH	kcal/kJ
8 g	22 g	38 g	389/1631

Die Kartoffeln waschen, schälen und in Scheiben schneiden, leicht mit Salz würzen und halbfest dämpfen. Die Zwiebel schälen und in sehr dünne Ringe schneiden. Die Kartoffelscheiben und die Zwiebelringe in der zerlassenen Butter gut anbraten, Weißwein und die Pfefferkörner dazugeben und 10 Minuten leise köcheln lassen. Sahne dazugießen, verrühren und heiß servieren.
Abwandlung:
Statt Weißwein mit Brühe aufgießen.

Tip
Diese Kartoffeln sind eine leckere Beilage zu Hühnchengerichten. Als Getränk eignet sich die gleiche Weißweinsorte, die zum Kochen verwendet wurde.

Kartoffel-Käse-Nockerl

Zutaten

100 g Hartkäse,
25 g Speck,
1 Packung Knödel halb und halb (Fertigprodukt),
Salz,
100 g Champignons,
10 Cocktailtomaten,
150 g grüner Spargel,
3 junge Möhren,
1 Kopfsalatherz,
6 EL Weinessig,
5 EL Olivenöl,
Pfeffer,
Zucker,
1 EL frische, gehackte Kräuter,
70 g Brunnenkresse

EW	Fett	KH	kcal/kJ
14 g	8 g	85 g	477/2003

Käse reiben, Speck klein würfeln und knusprig braten.
Käse und Speck in 1/2 l Wasser geben. Knödelpulver mit einem Schneebesen unterrühren, 10 Minuten quellen lassen.
Salzwasser zum Kochen bringen, vom Teig mit 2 EL Klößchen abstechen, 10 Minuten bei schwacher Hitze ziehen lassen, abgießen und abtropfen lassen.
Gemüse und Salatherz waschen, ggf. schälen, in

Stücke und Streifen schneiden. Essig, Öl, Salz, Pfeffer, 1 Prise Zucker und Kräuter verrühren und mit dem Salat mischen. Mit Kresse und Nockerln auf Tellern dekorativ anrichten.

Tip
Die Nockerln kann man auch selber herstellen. 500 g mehligkochende, durchgepreßte Kartoffeln mit 125 g Speisestärke verkneten. 1/8 l heiße Milch unterarbeiten. Käse und Speck einkneten. In Salzwasser 10– 12 Minuten ziehen lassen.

Kartoffelpfannkuchen mit Speck
(Abb.)

Zutaten
1 kg festkochende Kartoffeln,
150 g Zwiebeln,
150 g durchwachsener Speck, Pfeffer,
Muskatnuß, Salz, 3 Eier,
50 g Buttermilch,
50 g Mehl,
50 ml Sonnenblumenöl,
Schnittlauch zum Garnieren

EW	Fett	KH	kcal/kJ
16 g	42 g	51 g	646/2703

Kartoffeln schälen und grob raffeln. In einem sauberen Baumwolltuch etwas ausdrücken. Zwiebel schälen, mit Speck fein würfeln und ohne Fettzugaben anbraten. Zu den Kartoffelraspeln geben, würzen. Eier mit Buttermilch und Mehl verquirlen, unter die Kartoffelmischung ziehen, gleichmäßig verrühren. Eine beschichtete Pfanne erhitzen, leicht mit Öl ausstreichen und aus dem Teig nacheinander 8 dicke Pfannkuchen backen. Zwischendurch Pfanne immer wieder leicht fetten. Pfannkuchen bis zum Servieren warm halten, mit Schnittlauch bestreut anrichten.

Kümmelkartoffeln vom Blech mit Kräuterquark und Salat

Zutaten
1 kg kleine Kartoffeln,
1 EL Butter,
4 EL Kümmel,
Salz, 2 Zwiebeln,
200 g Sahnequark,
2 EL Milch,
2 EL Crème fraîche,
3 EL gemischte, gehackte Kräuter,
Pfeffer,
je 1 rote, grüne und gelbe Paprikaschote,

3 Stangen Stangensellerie,
150 g Weißkohl,
3 EL Sherryessig,
3 EL Öl,
2 EL gemischte, gehackte Kräuter,
Pfeffer, Zucker

EW	Fett	KH	kcal/kJ
13 g	18 g	49 g	418/1750

Kartoffeln gründlich waschen, längs halbieren. Backblech einfetten, mit Kümmel und Salz bestreuen. Kartoffelhälften mit der Schnittseite nach unten auf das Blech setzen. Im vorgeheizten Ofen bei 200 Grad etwa 30 Minuten backen. Eine Zwiebel schälen, fein reiben und mit Quark, Milch, Crème fraîche und Kräutern mischen, mit Salz und Pfeffer abschmecken. Paprikaschoten waschen, putzen und vierteln, restliche Zwiebel schälen und beides in Streifen schneiden. Stangensellerie waschen und in Scheiben schneiden. Weißkohl waschen, putzen und fein hobeln. Essig, Öl und Kräuter verrühren. Mit etwas Salz, Pfeffer und Zucker abschmecken und mit Salatzutaten mischen, kurz ziehen lassen. Kümmelkartoffeln mit Quark und Salat servieren.

Tip
Wer keinen Kümmel mag, kann das Backblech mit geschälter Sesamsaat bestreuen.

Bunte Kartoffel-Restepfanne
(Abb.)

Zutaten
500 g gekochte Salzkartoffeln (vom Vortag),
2 mittelgroße Zwiebeln,
je 1 rote und grüne Paprikaschote,
1 EL Butter,
2 EL Öl,
1 EL Senf, Salz,
grob geschroteter Pfeffer, Paprikapulver,
Zucker,
200 g Aufschnittreste,
200 g Sauerkraut,
100 ml Gemüsebrühe,
1 Bd. Schnittlauch

EW	Fett	KH	kcal/kJ
12 g	12 g	26 g	263/1105

Kartoffeln in Scheiben schneiden. Zwiebeln schälen, Paprikaschoten putzen, halbieren und waschen. Beides in Streifen schneiden. Butter und Öl erhitzen, vorbereitetes Gemüse hinzugeben, mit Senf, Salz, Pfeffer, Paprikapulver und 1 Prise Zucker würzen und kurz anbraten. Aufschnitt in Streifen schneiden und mit Sauerkraut unterheben. Mit Brühe aufgießen. Alles zugedeckt bei mittlerer Hitze etwa 20 Minuten schmoren, dabei hin und wieder vorsichtig wenden. Schnittlauch waschen und in Röllchen schneiden, über die Kartoffelpfanne streuen und servieren.

Tip
Auch Bratenreste mit Sauce eignen sich für dieses Rezept.

Herzhafte Bratkartoffeln
(Abb.)

Zutaten
1 kg Kartoffeln,
5 EL Öl, 1 TL Kümmel,
Salz, Pfeffer,
Paprikapulver,
150 g Thunfisch (Dose),
80 g Salami,
140 g schwarze Oliven,
4 eingelegte Peperoni,
1 EL gehackter Schnittlauch,
1 TL Dill

EW	Fett	KH	kcal/kJ
17 g	45 g	39 g	642/2689

Kartoffeln schälen, waschen und würfeln. Öl in einer großen Pfanne erhitzen, Kartoffeln kroß anbraten, mit Kümmel, Salz, Pfeffer und Paprikapulver würzen und bei mittlerer Hitze zugedeckt etwa 15 Minuten weiterbraten.
Thunfisch abtropfen lassen und in Stücke teilen; mit Salami, Oliven und Peperoni zu den Kartoffeln geben und alles etwa 5 Minuten erhitzen.
Bratkartoffeln pikant abschmecken und mit Schnittlauch und Dill bestreut servieren.

Tip
Kartoffelwürfel mit Rosmarin braten, bis sie gar sind. Sie schmecken gut als Beilage zu Fleisch und Fisch.

Anglerglück

Zutaten
800 g festkochende Kartoffeln,
2 Zwiebeln,
4 EL Fett,
1 zerdrückte Knoblauchzehe,
100 g durchwachsener Speck,
3 Eier,
1 EL Tomatenmark,
400 g Nordseekrabben aus der Salzlake,
Salz,
Pfeffer,
1 Prise Cayennepfeffer

EW	Fett	KH	kcal/kJ
27 g	38 g	33 g	613/2572

Die Kartoffeln waschen und dämpfen, dann schälen und in dünne Scheiben schneiden. Zwiebeln ebenfalls schälen und in dünne Ringe schneiden. Das Fett in einer hohen Pfanne zerlassen, die Kartoffelscheiben, Zwiebelringe, Knoblauch und den gewürfelten Bauchspeck dazugeben und so lange braten, bis die Kartoffeln etwas Farbe angenommen haben. Die Eier mit Tomatenmark aufschlagen und die Krabben dazugeben. Die Eimischung nun über die goldbraunen Kartoffeln gießen und unter ständigem Wenden etwas eindicken lassen. Mit Salz, Pfeffer und Cayennepfeffer abschmecken.

Kartoffel-Peperoni-Kuchen

Zutaten

1 kg mehligkochende Kartoffeln,
300 g milde grüne Peperoni (Glas),
20 g Salami in dicken Scheiben,
2 Zwiebeln,
100 g weiche Butter,
4 Eier,
200 frische Champignons,
1 TL Oregano,
Salz, Pfeffer

EW	Fett	KH	kcal/kJ
14 g	28 g	42 g	501/2098

Die Kartoffeln waschen, schälen und dämpfen; anschließend durch die Kartoffelpresse drücken. Die Peperoni abtropfen lassen, entstielen und mit dem Wiegemesser sehr fein zerhacken. Die Salamischeiben in feine Streifen schneiden. Zwiebeln schälen und in Ringe schneiden. Die Hälfte der Butter in einer Pfanne schmelzen, dann Zwiebeln, Salami und Peperoni dazugeben und unter ständigem Rühren bei starker Hitze so lange braten, bis die Zwiebeln glasig sind. Die Masse in eine Schüssel geben, sofort mit den Eiern vermischen und die Kartoffeln einrühren; pikant abschmecken. Die Champignons putzen und feinblättrig schneiden. Eine große Springform (26 cm ø) dick mit Butter ausstreichen und die Kartoffelmischung einfüllen. Die Oberfläche glattstreichen und die Champignons darüberschichten. Die restliche Butter zerlassen und über den Kuchen gießen. Im vorgeheizten Ofen bei 200 Grad etwa 20–30 Minuten backen. Den Kuchen warm servieren. Dazu schmeckt ein kühles Bier.

Kartoffelpfanne mit Hühnerherzen

Zutaten

1 kg festkochende Kartoffeln,
1/2 bis 3/4 l Hühnerbrühe,
3–4 EL Butter,
3 Knoblauchzehen,
500 g Hühnerherzen,
1 Bd. Petersilie,
1 EL Zitronensaft,
Salz, Pfeffer

EW	Fett	KH	kcal/kJ
27 g	17 g	43 g	456/1909

Die Kartoffeln waschen, schälen und würfeln. Die Würfel in einen Topf geben und soviel Brühe dazugeben, daß die Kartoffeln bedeckt sind. Die Kartoffeln darin garen und eventuell etwas Brühe nachgießen. Währenddessen die Butter in einer Pfanne zerlassen und die geschälten, in Scheiben geschnittenen Knoblauchzehen darin kurz anbraten, die gewaschenen Hühnerherzen dazugeben und braten. Die Petersilie waschen, fein wiegen und kurz bevor die Hühnerherzen gar sind, dazugeben. Die gegarten Kartoffeln mit dem Zitronensaft unter die Hühnerherzen mischen und mit Salz und Pfeffer abschmecken.

Überbackene Kartoffeln mit Schafkäse

Zutaten

1 kg vorwiegend festkochende Kartoffeln,
500 g Hackfleisch,
Salz,
Pfeffer,
4 EL Olivenöl,
1 kleine Dose geschälte Eiertomaten,
2 zerdrückte Knoblauchzehen,
4 EL Zitronensaft,
1 TL Kräuter der Provençe,
4 milde eingelegte Peperoni,
150 g fein zerbröckelter Schafkäse,
100 g Schafkäse in möglichst dünnen Scheiben

EW	Fett	KH	kcal/kJ
42 g	45 g	39 g	878/3158

Die Kartoffeln waschen, dämpfen, schälen, etwas abkühlen lassen und in dünne Scheiben schneiden. Das Hackfleisch mit Salz und Pfeffer würzen und in Olivenöl scharf anbraten. Geschälte Tomaten mit einer Gabel zerdrücken und mit Knoblauch, Zitronensaft und Kräutern der Provençe vermischen. Peperoni entstielen und in dünne Streifen schneiden. Nun eine Schicht Kartoffelscheiben flach in eine feuerfeste Form geben, darauf eine Schicht Hackfleisch, eine Schicht fein gebröckelten Schafkäse und einige Peperonistreifen verteilen. Einen Schöpflöffel angemachte Tomaten darübergießen. In dieser Art schichtweise die Form auffüllen, bis alle Zutaten verbraucht sind. Zum Abschluß den in Scheiben geschnittenen Schafkäse darauf legen. Dann bei 200 Grad etwa 20–20 Minuten im Ofen backen, bis der Schafkäse leicht geschmolzen ist.
Dazu Bauernbrot und Weißwein servieren.

Gefüllte Kartoffeln mit pikanter Joghurtsauce
(Abb.)

Zutaten

8 mittelgroße Kartoffeln (je 150 g),
1 rote Zwiebel,
1 kleine Aubergine,
150 g Zucchini,
1 Tomate,
2 EL Olivenöl,
Salz,
Pfeffer,
4 EL gehackte, gemischte Kräuter,
125 g Mozzarella,
Fett für die Form,
150 g Joghurt,
200 ml Sahne,
3 EL saure Sahne,
1 Knoblauchzehe,
Paprikapulver

EW	Fett	KH	kcal/kJ
15 g	28 g	52 g	527/2212

Kartoffeln gründlich waschen, garen, abgießen, auskühlen lassen. Einen Deckel abschneiden und die Kartoffeln so aushöhlen, daß ein etwa 1 cm breiter Rand stehen bleibt. Zwiebel schälen, Aubergine, Zucchini und Tomate waschen, alles mit Kartoffelinnerem würfeln. Öl erhitzen, Zwiebelwürfel anbraten, dann restliche Gemüsewürfel dazugeben, mit Salz, Pfeffer und Kräutern würzen. Masse in die Kartoffeln füllen. Mozzarella abtropfen lassen, würfeln und auf dem Gemüse verteilen. Kartoffeln in eine gefettete Auflaufform setzen und im vorgeheizten Ofen bei 200 Grad etwa 20 Minuten backen.
Joghurt, Sahne und saure Sahne verrühren. Knoblauchzehe schälen, fein hacken, dazugeben und Sauce mit Salz, Pfeffer und Paprikapulver pikant abschmecken. Sauce mit warmen Kartoffeln auf Tellern anrichten.

Tip
Dazu schmeckt ein bunter Salat.

Kartoffeln mit Olivensauce

Zutaten
1 kg festkochende Kartoffeln,
150 g grüne, entsteinte Oliven (Glas),
4 Sardellenfilets,
4 EL Olivenöl,
1/2 TL frisch gemahlener Chili,
3 EL Tomatenmark,
Salz,
Pfeffer

EW	Fett	KH	kcal/kJ
7 g	16 g	40 g	334/1399

Die Kartoffeln waschen, dämpfen und schälen. Anschließend die noch heißen Kartoffeln in längliche Viertel schneiden und mit Olivensauce bestreichen. Für die Sauce abgetropfte Oliven, Sardellenfilets, Öl, Chili und Tomatenmark im Mixer pürieren. Die Sauce mit Salz und Pfeffer abschmecken. Dazu paßt helles Brot, im Idealfall Toskanabrot (im italienischen Feinkostladen erhältlich).

Kartoffelkuchen »Akropolis«
(12 Stück) (Abb.)

Zutaten
3 Tassen Flockenpüree mit Milch,
1 Ei,
1 EL Speisestärke,
2 EL Sonnenblumenöl,
1 TL Rosmarin,
6 Tomaten,
Thymian,
Oregano,
Salz, Pfeffer,
200 g Schafkäse,
5 EL Parmesankäse,
10 schwarze Oliven,
2 EL Olivenöl,
Basilikumblättchen

EW	Fett	KH	kcal/kJ
12 g	22 g	9 g	288/1205

3 Tassen Wasser aufkochen, in eine Schüssel gießen. Flockenpüree mit dem Kochlöffel einrühren und etwa 1 Minute quellen lassen. Ei und Speisestärke verrühren und unterrühren. Ein Backblech mit Sonnenblumenöl ausstreichen und mit Rosmarin bestreuen. Kartoffelmasse darauf gleichmäßig zu einer runden Platte (etwa 30 cm Durchmesser) auseinanderdrücken und im vorgeheizten Ofen bei 225 Grad etwa 20 Minuten backen. Tomaten waschen, in Scheiben schneiden und auf den Kartoffelboden legen. Mit Thymian, Oregano, Salz und Pfeffer würzen. Schafkäse in

Würfel schneiden und mit Parmesankäse und schwarzen Oliven auf dem Boden verteilen. Mit Olivenöl beträufeln und im vorgeheizten Ofen bei 220 Grad etwa 20 Minuten backen. Mit Basilikumblättchen garnieren.

Bauernfrühstück
(Abb.)

Zutaten
750 g Kartoffeln,
80 g durchwachsener Speck,
Salz,
2 Stangen Lauch,
3 Eier,
3 EL Milch,
125 g Schinkenwürfel,
50 g Emmentaler,
1/2 Bd. Petersilie

EW	Fett	KH	kcal/kJ
20 g	30 g	32 g	506/2120

Kartoffeln waschen, 30 Minuten in der Schale kochen. Abschrecken, auskühlen lassen, abziehen. In Scheiben schneiden. Speck klein würfeln, in der Pfanne anbraten. Lauch in Ringe schneiden und hinzufügen. Kartoffeln hineingeben, salzen und hellbraun rösten. Eier mit Milch und Salz verquirlen. Schinkenwürfel dazugeben. Käse reiben und in die Eiermilch mischen, über die Kartoffeln gießen.
Petersilie fein schneiden, darüberstreuen. Sofort servieren.

Osternester

Zutaten
1 1/2 kg mehligkochende Kartoffeln,
1/4 l Sahne,
1 kleine Zwiebel,
Brat- und Backfett,
200 g Rahmspinat (tiefgekühlt),
1 EL gekörnte Brühe,
Muskatnuß,
5 rohe Eier,
Salz, Pfeffer,
20 g geriebener Emmentaler,
2 EL feingewiegte Petersilie,
3 kleine hartgekochte Eier

EW	Fett	KH	kcal/kJ
28 g	47 g	61 g	840/3414

Die Kartoffeln waschen und mit der Schale dämpfen, etwas abkühlen lassen und schälen. Noch heiß durch die Kartoffelpresse drücken und die Sahne einrühren. Die Zwiebel schälen, fein wiegen und in etwas Fett anschwitzen, dann den gefrorenen Spinat, 1 EL Brühe und etwas Muskatnuß dazugeben. Den Spinat bei schwacher Hitze unter häufigem Rühren zubereiten, kurz vom Herd nehmen und mit einem Schneebesen 2 rohe Eier hineinrühren und mit Gewürzen abschmecken. In das jetzt abgekühlte Kartoffelpüree 3 rohe Eier, den geriebenen Käse, Petersilie und etwas Muskatnuß gleichmäßig einrühren, mit Salz und Pfeffer abschmecken. Eine runde, hohe feuerfeste Keramikform (etwa 25 cm Durchmesser) dick mit Backfett ausstreichen und die Spinatmasse ringsherum gleichmäßig dick einfüllen. In die Mitte des Spinatkranzes nun den vorbereiteten Kartoffelbrei füllen, möglichst ohne daß die Breie zusammenlaufen. Zum Schluß die gekochten, geschälten Eier halbieren und verteilt in die Kartoffelmasse setzen. Das Osternest im vorgeheizten Ofen bei 220 Grad 15–20 Minuten backen und danach sofort heiß servieren.

Tip

Diese Osternester schmecken als Hauptspeise, aber auch als Beilage zu gebratenem Fleisch mit oder ohne Sauce.
Sie sehen außerdem sehr dekorativ aus.

Kartoffelauflauf mit Gemüse

(Abb.)

Zutaten

200 g mehligkochende Kartoffeln,
100 ml Buttermilch,
Pfeffer,
Muskatnuß,
Majoran,
Salz,
evtl. etwas Butter für die Form,
1 Ei,
50 g Lauch- bzw. Frühlingszwiebeln,
1 kleine Möhre (25 g)

EW	Fett	KH	kcal/kJ
16 g	8 g	38 g	288/1205

Kartoffeln schälen, halbieren und in Salzwasser garen. Abgießen und mit 75 ml Buttermilch zerstampfen, bis ein gleichmäßiges Püree entstanden ist. Masse würzen und mit dem Spritzbeutel an den Rand einer leicht gebutterten hitzefesten Form spritzen. Ei mit Pfeffer, Muskatnuß und Salz verquirlen. Gemüse in sehr feine Streifen schneiden, mit der Buttermilch unter die Eimasse rühren, dann die Mischung in die Mitte der Form geben. Im vorgeheizten Ofen bei 200 Grad etwa

20 Minuten backen, bis die Eimasse gestockt ist. Auflauf gleich servieren.

Erdäpfelkäs

Zutaten
500 g Kartoffeln (Erdäpfel),
2 kleine Zwiebeln,
je 100 g süße und saure Sahne, Salz,
Pfeffer aus der Mühle,
1 Bd. Schnittlauch

EW	Fett	KH	kcal/kJ
3 g	10 g	22 g	199/834

Die Kartoffeln kochen, schälen und einen Tag kühl stellen. Am nächsten Tag mit einer Gabel zerdrücken. Die Zwiebeln schälen, würfeln und zu den Kartoffeln geben. Süße und saure Sahne mischen und so viel davon in die Kartoffelmasse einrühren, bis sie cremig ist. Die Masse sollte jedoch ihren Stand behalten und nicht zerlaufen. Anschließend mit Salz und Pfeffer deftig abschmecken. Den fertigen Erdäpfelkäse mit feingeschnittenen Schnittlauchröllchen bestreuen und mit Bauernbrot sofort servieren.

Tip
Erdäpfelkäs sofort verzehren, da die Kartoffeln nach kurzer Zeit Wasser ziehen.

Labskaus

Zutaten
500 g Corned beef (eventuell aus der Dose),
3 Zwiebeln,
2 Matjesfilets,
1 kg Kartoffeln,
80 g Fett,
200 g rote Bete,
nach Bedarf etwas Fleischbrühe,
Muskatnuß,
Salz, Pfeffer,
1 TL grüne Pfefferkörner,
2 Salzgurken,
4 Spiegeleier

EW	Fett	KH	kcal/kJ
45 g	42 g	46 g	771/3232

Das Corned beef mit einem Kochlöffel auseinander drücken. Die Zwiebeln schälen, in Stücke schneiden und mit den Matjesfilets durch den Fleischwolf drehen. Währenddessen die Kartoffeln schälen, dämpfen und durch die Kartoffelpresse drücken. In einer Pfanne das Fett zerlassen, das Corned beef und den Zwiebel-Fischbrei dazugeben und anrösten.
Die rote Bete ebenfalls durch den Fleischwolf drehen und mit den Kartoffeln in die Pfanne geben. Die Masse sollte jetzt ein lockerer Brei sein. Ist er zu fest, kann man etwas Fleischbrühe hinzugeben.
Mit Muskatnuß, Salz und Pfeffer würzen, zum Schluß die grünen Pfefferkörner unterrühren. Labskaus wird heiß mit Salzgurken und Spiegeleiern serviert.

Hoppel Poppel

Zutaten
1 kg vorwiegend festkochende Kartoffeln,
150 g geräucherter Speck,
4 Eier,
4 EL Sahne,
100 g Schinkenwürfel,
2 EL feingewiegter Schnittlauch,
Salz,
Pfeffer

EW	Fett	KH	kcal/kJ
17 g	45 g	37 g	662/2772

Die Kartoffeln gründlich waschen und mit der Schale dämpfen. Anschließend abdampfen lassen, schälen und in Scheiben schneiden. Den Speck in sehr kleine Würfel schneiden und auslassen, bis er glasig ist. Die Kartoffelscheiben hinzugeben und unter Wenden wie Bratkartoffeln zubereiten. Die Eier mit der Sahne und den restlichen Zutaten verquirlen und über die heißen Bratkartoffeln gießen. Das Ganze sofort umrühren, bis die Eimasse etwas angezogen hat. Hoppel Poppel heiß zu grünem Salat reichen.

Das Grundprinzip der Nudelherstellung klingt einfach: Aus gemahlenem Getreide und Wasser wird eine elastische Masse hergestellt, die geschnitten und getrocknet nahezu unbegrenzt haltbar ist.

Nudelgruppen

1. Getrocknete, industriell hergestellte Pasta aus Wasser, Salz und Weizengrieß, meist Hartweizen.

2. Frische Pasta aus Grieß oder Mehl, Salz, Milch oder Wasser und Eiern. Sie bietet der Handel frisch oder getrocknet an, sie kann aber auch zu Hause hergestellt werden.

Die Teige können in eine Vielzahl von Formen und Größen gepreßt oder geschnitten werden, z.B. Spiralen, Bänder, Bögen, Schleifen, Muscheln, Räder oder Röhren. Zusätzlich können die Teige vor der Weiterverarbeitung mit Spinat, Paprika, Safran und Tomatenmark eingefärbt werden. Durch Verwendung von Vollkornweizengrieß oder anderen Getreidesorten wie Roggen, Hafer oder Grünkern lassen sich geschmackliche Variationen erzielen.

Zusätzlich zu den Nudelarten aus Weizenmehl sind im asiatischen Raum Nudeln auch aus folgenden Grundzutaten gebräuchlich: Mehl von Buchweizen, Mais, Seetang, Kichererbsen, Mungobohnen, Sojabohnen und Reis. Einige Sorten enthalten auch Ei. Man erhält die Nudeln in asiatischen Fachgeschäften.

Zubereitung

Wichtig für jede Pasta ist, daß sie in reichlich sprudelnd kochendem Salzwasser „al dente" gekocht wird, d.h., sie soll nicht weich, sondern fest im Biß sein. Auch sollte sie nach dem Abgießen nur kurz oder gar nicht mit Wasser überbraust werden. Vielmehr empfiehlt es sich, bereits zum Kochwasser einen Eßlöffel Öl zu geben, um ein Zusammenkleben zu verhindern.

In Italien werden viele Saucen nur zu bestimmten Nudelsorten gereicht. Prinzipiell: Dünnflüssige Saucen werden mit Nudeln kombiniert, die durch ihre aufgelockerte Oberflächenstruktur die Sauce besser „aufnehmen" (z. B. Spiralen, Räder). Dickflüssige Saucen passen gut zu oberflächlich glatten Nudeln (z. B. Bandnudeln).

Abb. 1

Abb. 2

Abb. 3

GRUNDREZEPT

Nudelteig hausgemacht

Zutaten
300 g Mehl,
3 Eier,
2 EL Wasser,
Salz

EW	Fett	KH	kcal/kJ
12 g	5 g	53 g	315/1317

Das Mehl auf die Arbeitsfläche sieben und eine Grube eindrücken. Eier, Wasser und Salz darin vorsichtig verrühren (Abb. 1). Dann den Teig mit den Händen gut durcharbeiten, bis ein geschmeidiger Teig entsteht (Abb. 2). Eventuell etwas Wasser oder Mehl zugeben. Den Teig in 2–3 gleich große Stücke teilen und jeden Teil noch etwas durchkneten (Abb. 3). Mit einem Küchentuch zugedeckt etwa 30 Minuten bei Raumtemperatur ruhen lassen. Den Teig auf einem bemehlten Teigbrett millimeterdick ausrollen (Abb. 4) und leicht antrocknen lassen. Den ausgerollten Teig zusammenlegen (Abb. 5) und mit dem Messer quer in fingerbreite Streifen schneiden (Abb. 6) oder mit dem Teigrädchen ausrollen. Für Suppennudeln sehr dünne Streifen schneiden. Die Nudeln an der Luft trocknen lassen. Entweder gleich in Salzwasser kochen oder gut verpackt aufheben.

Abb. 4

Abb. 5

Abb. 6

Tagliatelle mit Lachs
(Tagliatelle al Salmone)

Zutaten
300 g Tagliatelle,
150 g Räucherlachs,
150 ml Sahne,
4 EL Weinbrand,
1 EL Saucenbinder (hell),
Salz,
weißer Pfeffer,
1/2 Bd. Dill

EW	Fett	KH	kcal/kJ
23 g	25 g	57 g	555/2330

Tagliatelle nach Packungsvorschrift garen, abgießen. Räucherlachs in Streifen schneiden. Sahne mit Weinbrand und 100 ml Wasser zum Kochen bringen.
Mit Saucenbinder binden. Lachsstreifen hinzufügen. Mit Salz und Pfeffer würzen. Sauce mit Nudeln mischen. Dill waschen, kleinschneiden und gleichmäßig darüberstreuen.

Tagliatelle mit Fleischsauce
(Abb.)

Zutaten
400 g Bandnudeln,
Salz, 4 Zwiebeln,
2 Knoblauchzehen,
4 EL Olivenöl,
250 g Tomaten,
2 EL Tomatenmark,
1/8 l heiße Fleischbrühe aus Würfeln,
weißer Pfeffer,
500 g Schweinefilet,
80 g Butter,
1 Prise Oregano,
50 g geriebener Parmesan

EW	Fett	KH	kcal/kJ
38 g	50 g	53 g	837/3500

Nudeln in 3 l Salzwasser 8–10 Minuten bißfest (al dente) kochen. Zwiebeln schälen, hacken. Knoblauchzehen schälen, mit Salz zerdrücken. Zwiebeln und Knoblauch in heißem Öl 5 Minuten glasig dünsten. Tomaten häuten, entkernen, würfeln, dazugeben. 3 Minuten mitbraten. Tomatenmark untermengen. Mit Fleischbrühe aufgießen, pfeffern. In 10 Minuten sämig kochen.
Filet abtupfen, in 2 cm große Würfel schneiden. Hälfte der Butter erhitzen. Fleisch hineingeben, mit Salz, Pfeffer und Oregano würzen. In 10 Minuten hellbraun braten. In die Sauce geben. Nudeln gut abtropfen. Restliche Butter erhitzen, Nudeln darin schwenken. Auf einer vorgewärmten Platte anrichten. Sauce und Fleisch darübergeben. Mit Parmesan bestreut servieren.

Tortellini mit Krabben und Lachs
(Abb.)

Zutaten
450 g Mehl, 2 Eier,
7 EL Öl, Salz,
2 Zwiebeln,
1 rote Zwiebel,
1 Knoblauchzehe,
150 g Blattspinat (tiefgekühlt),
Knoblauchsalz,
150 g Krabben (küchenfertig),
200 ml Gemüsebrühe,
150 g Crème fraîche,
4 cl trockener Weißwein,
1 Bd. Schnittlauch,
150 g Räucherlachs,
Pfeffer

EW	Fett	KH	kcal/kJ
35 g	48 g	88 g	914/3833

Mehl, Eier, 5 EL Öl, 6 EL Wasser und 1 Prise Salz zu einem geschmeidigen Teig verarbeiten, in Folie einpacken und etwa 30 Minuten ruhen lassen. Zwiebeln und Knoblauchzehe schälen, Zwiebeln würfeln und Knoblauchzehe zerdrücken. 1 TL Öl erhitzen, 2 EL Zwiebelwürfel darin glasig dünsten, wenig Wasser und Blattspinat dazugeben, bei schwacher Hitze auftauen lassen. Mit Knoblauchsalz abschmecken, abkühlen lassen. Nudelteig dünn ausrollen, Kreise ausstechen, darauf Spinatfüllung verteilen. Teigkreise in der Mitte zusammenfalten, Ränder fest andrücken. Beide Ecken zusammendrücken und Kanten umknicken. In einem großen Topf Wasser, Salz und 1 TL Öl zum Kochen bringen, Tortellini darin etwa 5 Minuten sieden lassen. Abschütten, abschrecken und warm stellen. Restliches Öl erhitzen, Knoblauchzehe und restliche Zwiebelwürfel darin glasig dünsten, Krabben dazugeben, kurz mitdünsten und mit Brühe ablöschen. Crème fraîche und Wein unterrühren, etwa 5 Minuten köcheln lassen. Schnittlauch waschen, in Röllchen, Lachs in Streifen schneiden. Beides unter die Sauce heben, salzen und pfeffern, mit den Tortellini auf Tellern anrichten.

Spaghetti mit Knoblauch und Öl

Zutaten
500 g Spaghetti,
Salz,
4 EL Olivenöl,
4 Knoblauchzehen,
1 Bd. Petersilie,
Pfeffer

EW	Fett	KH	kcal/kJ
16 g	13 g	89 g	543/2299

Spaghetti in reichlich Salzwasser »al dente« kochen. Inzwischen Öl in einer Pfanne erhitzen und den feingehackten Knoblauch darin goldbraun rösten. Knoblauch aus dem Öl nehmen und das Öl warm stellen. Petersilie fein hacken. Nudeln abgießen, abtropfen lassen, in eine Schüssel geben, mit Pfeffer aus der Mühle bestreuen. Das sehr heiße Öl und die gehackte Petersilie darübergeben und sofort servieren. Zu diesem Gericht ißt man keinen Käse.

Gefärbte Nudeln hausgemacht

Zutaten
1 Grundrezept Nudelteig (S. 333)

EW	Fett	KH	kcal/kJ
12 g	5 g	53 g	315/1317

Grüne Nudeln
200–250 g Spinat etwa 5 Minuten blanchieren, kalt abschrekken, gut ausdrücken, durchpassieren.
Mit den Teigzutaten gut vermengen (eventuell etwas mehr Mehl verwenden, damit der Teig nicht klebt). Weiter verarbeiten wie im Grundrezept beschrieben.

Gesprenkelte Nudeln
5 EL gemischte, feingewiegte Kräuter, frisch oder tiefgefroren, mit den Teigzutaten vermengen. Weiter verarbeiten wie im Grundrezept beschrieben.

Rote Nudeln
1 Knolle rote Bete in Salzwasser weich kochen, schälen und mit dem Mixer pürieren.
3 EL des Pürees mit den Teigzutaten vermengen. Weiter verarbeiten wie im Grundrezept beschrieben.

Gelbe Nudeln
1 Briefchen Safran zuerst mit dem Mehl, dann mit den restlichen Teigzutaten gut vermengen. Weiter verarbeiten wie im Grundrezept beschrieben.

Orangefarbene Nudeln
1 Dose Tomaten unter Rühren einkochen, durchrühren.
3 EL der Sauce mit den Teigzutaten vermengen. Weiter verarbeiten wie im Grundrezept beschrieben.

Braune Nudeln
1–2 EL Kakaopulver mit den Teigzutaten vermengen. Weiter verarbeiten wie im Grundrezept beschrieben.

Hellbraune Nudeln
1–2 EL gemahlene Trockenpilze unter den Nudelteig mischen. Weiter verarbeiten wie im Grundrezept beschrieben.
Die Pilze geben den Nudeln nicht nur Farbe, sondern auch einen sehr pikanten Geschmack.

Spaghetti-Pizza
(Abb. S. 331)

Zutaten
300 g Spaghetti,
Salz, 4 Eier,
Pfeffer, Oregano,
2 gelbe Paprikaschoten,
2 kleine Zucchini,
4 EL Maiskeimöl,
1 Packung dicke, gewürzte Tomatensauce (Fertigprodukt),
100 g Mozzarella,
ein paar Basilikumblätter

EW	Fett	KH	kcal/kJ
24 g	23 g	62 g	554/2337

Spaghetti nach Packungsvorschrift in reichlich Salzwasser bißfest garen. In ein Sieb abgießen, kalt abbrausen und gut abtropfen lassen. Mit Eiern mischen und mit Salz, Pfeffer und Oregano würzen. Paprikaschoten und Zucchini putzen und waschen. Paprika in große Ringe, Zucchini in Scheiben schneiden. Öl in einer feuerfesten Pfanne erhitzen. Spaghetti-Mischung dazugeben und zu einem Fladen formen. Bei mittlerer Hitze auf der Unterseite goldbraun braten; vorsichtig wenden. Paprika, Zucchini und die halbe Packung Tomatensauce auf den Spaghetti-Fladen verteilen. Mozzarella in Scheiben schneiden und darauflegen. Spaghetti-Pizza kurz unter dem vorgeheizten Grill überbacken. Mit Basilikumblättern dekorieren.

Tagliatelle mit Fenchel und Austernpilzen (Abb.)

Zutaten
500 g Fenchel,
300 g Austernpilze,
2 EL Butter,
1/2 Brühwürfel,
100 g Crème fraîche,
Pfeffer,
1 EL Saucenbinder (hell),
250 g grüne Tagliatelle,
1 Tomate

EW	Fett	KH	kcal/kJ
14 g	63 g	22 g	510/2140

Fenchel putzen, waschen und in Streifen schneiden. Austernpilze putzen und in mundgerechte Stücke schneiden. Butter erhitzen, Pilze und Fenchel darin anbraten. Mit knapp 1/4 l Wasser aufgießen, zum Kochen bringen, Brühwürfel darin auflösen, 10 Minuten kochen lassen und Crème fraîche hinzufügen. Mit Pfeffer würzen und mit Saucenbinder binden. Tagliatelle nach Packungsvorschrift garen, abgießen. Tomate waschen und würfeln. Nudeln mit Sauce mischen und mit Tomatenwürfeln bestreut servieren.

Tip
Ein Schuß Tomatenketchup gibt der Sauce einen lieblichen Geschmack.

Spaghetti alla carbonara

Zutaten
Salz, 500 g Spaghetti,
1 Bd. Petersilie,
80 g durchwachsener Speck,
2 Knoblauchzehen,
40 g Butter,
1/8 l süße Sahne,
3 Eier, 3 Eigelb,
6 TL geriebener Parmesan,
Pfeffer aus der Mühle

EW	Fett	KH	kcal/kJ
30 g	51 g	92 g	968/4050

Reichlich Salzwasser in einem Topf aufkochen. Spaghetti hineingeben, kurz umrühren. Bei starker Hitze bißfest garen.
Petersilie waschen und hacken.
Speck fein würfeln.
Knoblauch schälen. Butter erhitzen. Knoblauchzehen 3 Minuten darin braten, wieder herausnehmen. Speckwürfel in 5 Minuten glasig braten.
Sahne unter Rühren dazugeben, kurz aufkochen.
Eier und Eigelb mit Petersilie und Parmesan verquirlen.
Spaghetti auf einem Sieb abschrecken, abtropfen.
In die heiße Speck-Sahne-Mischung geben.
Eier darübergießen. Gründlich mischen, mit Salz abschmecken.
In einer vorgewärmten Schüssel anrichten, mit Pfeffer bestreuen.
Sofort servieren.

Meeresfrüchte-Lasagne
(6 Personen)
(Abb.)

Zutaten
700 g gemischtes Fischfilet (z. B. Kabeljau, Rotbarsch, Steinbutt),
300 g Krabben,
Saft von 1 Zitrone,
3 EL gemischte gehackte Kräuter (z. B. Petersilie, Basilikum, Schnittlauch),
Pfeffer,
300 g Frühlingszwiebeln,
3 Knoblauchzehen,
3 EL Olivenöl,
400 g Tomaten, Salz,
500 ml Béchamelsauce nach Rezept S. 65,
ca. 200 g Lasagneplatten, 80 g geriebener Parmesan

EW	Fett	KH	kcal/J
37 g	23 g	39 g	548/2294

Fischfilet und Krabben kurz waschen und trockentupfen. Fisch in ca. 2 cm große Stücke schneiden. Mit Zitronensaft, Kräutern und Pfeffer marinieren. Zwiebeln säubern und in Ringe schneiden. Knoblauch schälen und fein hacken. Lauch und Knoblauch im heißen Öl 5 Minuten dünsten. Tomaten mit kochendem Wasser überbrühen, häuten und achteln.
Unter den Lauch mischen, mit Salz und Pfeffer abschmecken. Etwas Béchamelsauce in eine Lasagneform (2 l Inhalt) geben. Abwechselnd Lasagne-platten, Lauch-Tomaten-Gemüse, Fisch, Krabben und Parmesan einfüllen. Jede Schicht mit Salz und Pfeffer würzen und mit Béchamelsauce begießen. Die oberste Schicht sollte aus Sauce und restlichem Parmesan bestehen. Lasagne mit Alufolie abdecken, im vorgeheizten Ofen (200 Grad) 30 Minuten bedeckt und 15 Minuten offen backen.

Spaghetti all'arrabbiata

Zutaten
500 g Tomaten,
1 Zwiebel,
2 Knoblauchzehen,
60 g Schweineschmalz,
4 eingelegte rote Pfefferschoten,
1 Bd. Petersilie,
1 EL Basilikum,
Salz, Pfeffer,
400 g Spaghetti, Öl

EW	Fett	KH	kcal/kJ
14 g	16 g	82 g	532/2224

Tomaten überbrühen, abschrekken, häuten und fein würfeln. Zwiebel und Knoblauch schälen, fein hacken. Beides in Schmalz hellgelb anbraten. Tomaten dazugeben, zu Püree verkochen. Pfefferschoten hacken, dazugeben. Alles zu einer dicklichen Sauce einkochen. Petersilie und Basilikum hacken, mit der Sauce vermengen. Mit Salz und Pfeffer abschmecken. Spaghetti in Salzwasser mit einem Schuß Öl »al dente« garen, abtropfen, mit der Sauce vermengen.

Spinatlasagne
(Abb.)

Zutaten
1 Zwiebel,
1 Knoblauchzehe,
2 EL Butter,
2 Packungen Blattspinat (je 300 g, tiefgekühlt),
Salz,
Pfeffer,
Muskatnuß,
3 Fleischtomaten,
1 Würfel Klare Suppe mit Suppengrün,
250 ml Sahne,
250 g Crème fraîche,
80 g Parmesan,
300 g Lasagneblätter,
25 g geschälte Kürbiskerne

EW	Fett	KH	kcal/kJ
24 g	55 g	44 g	755/3155

Zwiebel und Knoblauchzehe schälen, kleinschneiden und in Butter anbraten.
Spinat auftauen lassen, kleinschneiden und dazugeben. 5 Minuten dünsten und mit Salz, Pfeffer und Muskatnuß abschmecken. Von den Tomaten Kerne mit einem Kaffeelöffel entfernen, Fruchtfleisch würfeln. Knapp 1/4 l Wasser zum Kochen bringen, Suppenwürfel darin auflösen, abkühlen lassen und Sahne, Crème fraîche und Parmesan unterrühren.
Lasagneblätter abwechselnd mit Spinat, Tomatenwürfeln und Sahnesauce in eine Auflaufform schichten. Erste und letzte Schicht ist jeweils Sauce.
Lasagne mit Kürbiskernen bestreuen und im Ofen bei 180 Grad zugedeckt 30 Minuten backen. Deckel abnehmen und weitere 20 Minuten offen backen.

Spaghetti mit Pilzen

Zutaten
500 g Spaghetti, Salz,
400 g frische Pilze,
4 EL Olivenöl,
1 Knoblauchzehe,
1/8 l Fleischbrühe,
etwas Pfeffer,
1 EL feingehackte Petersilie

EW	Fett	KH	kcal/kJ
19 g	14 g	90 g	560/2374

Spaghetti in kochendem Salzwasser »al dente« kochen, abgießen und abtropfen lassen. Die frischen Pilze, es können Pfifferlinge oder Steinpilze oder auch eine Mischung verschiedener Sorten sein, sorgfältig putzen und, wenn nötig, kleinschneiden. Öl in einer Pfanne erhitzen, die Knoblauchzehe in hauchdünne Scheibchen schneiden und mit den Pilzen in das

heiße Öl geben. Bei geringer Hitze langsam dünsten. Nach etwa 5 Minuten die Fleischbrühe zugießen, mit Salz und Pfeffer würzen und die gehackte Petersilie darüberstreuen. Mit den heißen Spaghetti vermengen und servieren.

Grüne Nudeln in Sahne
(Abb.)

Zutaten
400 g grüne Bandnudeln, Salz,
1/4 l Sahne,
Saft von 1/2 Zitrone,
Cayennepfeffer,
1 TL Currypulver,
Muskatnuß,
1 Päckchen Kresse,
80 g Räucherlachs,
50 g gehackte Walnüsse

EW	Fett	KH	kcal/kJ
20 g	30 g	72 g	655/2761

Nudeln in reichlich Salzwasser bißfest garen. Sahne aufkochen, Salz, Zitronensaft, 1 Prise Cayennepfeffer, Currypulver und Muskatnuß hinzufügen. Sauce etwa 5 Minuten dicklich einkochen lassen. Kresse abschneiden, waschen und trockentupfen. Räucherlachs in Streifen schneiden. Sauce mit Kresseblättchen Walnüssen und Räucherlachsstreifen mischen, nochmals mit den Gewürzen pikant abschmecken. Nudeln abschrecken, gut abtropfen lassen. Mit der Sauce auf Tellern angerichtet servieren.

Spaghetti mit Garnelen

Zutaten
750 g mittelgroße Garnelen,
3 EL Olivenöl,
120 g Butter,
3 Frühlingszwiebeln,
1 Knoblauchzehe,
Saft von 1/2 Zitrone,
frisches Basilikum bzw.
2 TL zerriebenes, getrocknetes Basilikum,
Salz,
Pfeffer,
Petersilie,
500 g Spaghetti

EW	Fett	KH	kcal/kJ
36 g	37 g	90 g	922/3891

Garnelen aus der Schale lösen, Darm entfernen und unter kaltem Wasser gründlich waschen. In einer großen Kasserolle Olivenöl auf mittlerer Flamme erhitzen, bis es zu rauchen beginnt. Anschließend 100 g Butter dazugeben. Frühlingszwiebeln in Scheiben unter ständigem Rühren angaren. Knoblauch weich dünsten, jedoch nicht braun werden lassen. Auf mittlerer bis großer Flamme Garnelen dazugeben und 2–3 Minuten unter ständigem Rühren angaren, bis sie sich leicht rosa färben. Zitronensaft und gehacktes Basilikum zufügen und unter ständigem Rühren einen Moment kochen lassen. Mit 1 TL Salz und Pfeffer aus der Mühle abschmecken. Petersilie einrühren und vom Herd nehmen. Die Pasta in reichlich Salzwasser »al dente« kochen, abgießen, abtropfen lassen und in einer Schüssel mit 1 EL weicher Butter sofort durchmischen. Die Hälfte der Garnelenmischung unter die Pasta heben, den Rest darauf verteilen und sofort servieren.

Linguine mit Olivensauce

Zutaten

150 g Zwiebeln,
2 Knoblauchzehen,
100 g Möhren,
50 g Sellerie,
50 g Lauch,
85 g schwarze Oliven,
50 g Pinienkerne,
4 EL Olivenöl,
Paprikapulver (edelsüß),
850 g Tomaten (Dose),
50 g Tomatenmark,
Salz,
Zucker,
Cayennepfeffer,
300 g (Vollkorn-) Linguine,
geriebener Parmesan

EW	Fett	KH	kcal/kJ
17 g	34 g	73 g	656/2746

Zwiebeln schälen, würfeln. 1 Knoblauchzehe schälen, zerdrücken. Möhren, Sellerie und Lauch putzen, waschen, in feine Würfel schneiden. Oliven halbieren, entsteinen und vierteln. Pinienkerne im Öl hellbraun braten, herausnehmen.
Zwiebeln und Knoblauch im Öl andünsten. Gewürfeltes Gemüse dazugeben, mit Paprika würzen.
Tomaten mit Saft und Tomatenmark hinzufügen, gut verrühren, aufkochen, bei schwacher Hitze etwa 15 Minuten lang sämig kochen. Mit Salz, Zucker und Pfeffer abschmecken.
Zweite Knoblauchzehe schälen, zerdrücken. Oliven und Pinienkerne unterrühren, 10 Minuten in der Sauce ziehen lassen. Linguine in Salzwasser etwa 10 Minuten »al dente« garen, abtropfen, Sauce über die Linguine gießen, mit Parmesan bestreut servieren.

Fusilli überbacken
(Abb.)

Zutaten

200 g Fusilli oder Penne,
Salz, 1 EL Olivenöl,
einige Zweige frisches Basilikum,
1 Glas Pasta Sauce (Fertigprodukt, 475 g) oder Tomatensauce, siehe Rezept S. 73,

1 TL Thymian,
2 EL geriebener Parmesan,
1 Glas Kapern (45 g),
grober Pfeffer,
2 Mozzarella (je 125 g)

EW	Fett	KH	kcal/kJ
24 g	17 g	46 g	424/1792

Fusilli in reichlich Salzwasser und Olivenöl bißfest garen. Basilikum waschen, Blätter abzupfen und grob zerkleinern. Pasta Sauce kurz aufkochen. Basilikum, Thymian, Parmesan und Kapern dazugeben und mit Pfeffer abschmecken. Mozzarella in Scheiben schneiden. Fusilli abtropfen lassen und mit Pastasauce vermengen. In eine feuerfeste Form geben, mit Mozzarellascheiben belegen und bei 200 Grad etwa 5 Minuten im Ofen überbacken.

Nudeln polnische Art

Zutaten

Salz,
400 g Bandnudeln,
80 g Butter, 1 Ei,
1/2 Bd. Petersilie,
40 g Paniermehl

EW	Fett	KH	kcal/kJ
17 g	20 g	79 g	571/2389

1 1/2 l Wasser mit Salz aufkochen. Nudeln hineingeben. 15 Minuten kochen. Auf einem Sieb abtropfen lassen. 1 EL Butter erhitzen. Nudeln darin in 3 Minuten heiß werden lassen. In einer vorgewärmten Schüssel warm stellen. Ei 10 Minuten kochen, schälen und hacken. Petersilie abspülen, mit Küchenpapier trockentupfen, hacken. Restliche Butter erhitzen. Paniermehl, Ei und Petersilie einstreuen. Unter Rühren 3 Minuten rösten. Über die Nudeln verteilen.

Tip
Die Nudeln können mit frischem Blattsalat oder als köstliche Beilage zu gebratenem Fisch serviert werden.

Lasagne mit Pilzfüllung (Abb.)

Zutaten

250 g Lasagneplatten (nicht vorgekocht),
Salz,
400 g Austernpilze,
400 g Champignons,
100 g Möhren,
3 EL Maiskeimöl,
1 Packung dicke, gewürzte Tomatensauce (Fertigprodukt),
Pfeffer,
2 EL gehackte Petersilie,
1/2 l Milch,
5 gehäufte EL Speisestärke,
Muskatnuß,
Fett für die Form,
50 g geriebener Parmesan

EW	Fett	KH	kcal/kJ
21 g	20 g	79 g	591/2592

Lasagneplatten nach Packungsvorschrift in Salzwasser vorkochen. Austernpilze und Champignons putzen, Möhren schälen und waschen; alles in Scheiben schneiden.
Pilze und Möhren in heißem Öl andünsten.
Tomatensauce hinzufügen, leicht salzen und pfeffern. Petersilie darüberstreuen.
Milch aufkochen lassen, Speisestärke mit dem Schneebesen einrühren und 1 Minute kochen lassen, mit Salz, Pfeffer und Muskatnuß abschmecken.
In eine gefettete flache Auflaufform abwechselnd Béchamelsauce, Lasagneplatten und Pilzfüllung einschichten. Mit Sauce abschließen. Parmesankäse darüberstreuen. Im vorgeheizten Ofen bei 200 Grad 30 Minuten garen.

Maultaschen

Zutaten

300 g Mehl, Salz,
4 Eier, 500 g Spinat,
1 Bd. frische Kräuter,
1 gehackte Zwiebel,
Pfeffer,
50 g geriebener Käse,
1 altes Brötchen

EW	Fett	KH	kcal/kJ
21 g	8 g	63 g	402/1683

Aus gesiebtem Mehl, Salz, 2 Eiern und 2 EL Wasser einen Nudelteig zubereiten; ruhen lassen. Für die Füllung den gekochten Spinat zusammen mit den gehackten Kräutern und der Zwiebel, mit 2 Eiern, Salz, Pfeffer, dem geriebenen Käse und dem zerkleinerten Brötchen gut durchmischen. Nudelteig dünn ausrollen. Die eine Teighälfte in gleichmäßigen Abständen mit 1 TL Füllung belegen. Die Zwischenräume mit Wasser bestreichen und die andere Teighälfte darüberschlagen. Den Teig etwas aufeinanderdrücken und mit einem Rädchen Vierecke ausradeln. Die Maultaschen im Salzwasser etwa 20 Minuten kochen.

Tip

Diese Maultaschen eignen sich vorzüglich als Einlage in einer Fleischbrühe oder mit gerösteten Zwiebelringen als eigenständige Mahlzeit.

Spaghetti mit bunter Gemüsesauce (Abb.)

Zutaten

400 Spaghetti,
Salz, 1 Zwiebel,
1 Knoblauchzehe,
je 1 rote und gelbe Paprikaschote,
2 Lauchzwiebeln,
2 EL Olivenöl,
1/4 l Sahne,
150 g Sahne-Schmelzkäse,
1 EL Saucenbinder (hell),
weißer Pfeffer, Basilikum

EW	Fett	KH	kcal/kJ
21 g	38 g	78 g	765/3213

Spaghetti in reichlich kochendem Salzwasser bißfest garen. Inzwischen Gemüse putzen und waschen.
Zwiebel und Knoblauchzehe fein hacken, Paprikaschoten klein würfeln. Lauchzwiebeln in Ringe schneiden.
Olivenöl in einem Topf erhitzen. Zwiebel- und Knoblauchwürfel darin glasig dünsten.
Restliches Gemüse hinzufügen, leicht andünsten.

Sahne dazugießen, alles kurz aufkochen, dann Hitze reduzieren. Schmelzkäse würfeln, hinzufügen und unter Rühren schmelzen lassen.
Saucenbinder in die Gemüsesauce einrühren. Die Sauce mit Salz und Pfeffer abschmecken. Spaghetti gut abtropfen lassen und in einem Topf mit der Gemüsesauce durchmischen. Mit Basilikumblättchen bestreuen.

Tip
Dazu schmecken gemischter Blattsalat und ein leichter italienischer Rotwein.

Nudelauflauf mit Champignons und Tomaten
(Abb.)

Zutaten
250 g Muschelnudeln,
Salz,
400 g Champignons,
200 g gekochter Schinken,
300 g Tomaten, 2 EL Öl,
2 EL gehackte Petersilie,
Pfeffer, 1/2 l Milch,
2 gestr. TL klare Fleischbrühe,
8 gehäufte EL Saucenbinder (hell),
4 EL Crème fraîche,
60 g geriebener Hartkäse

EW	Fett	KH	kcal/kJ
31 g	28 g	62 g	640/2688

Nudeln in reichlich kochendem Salzwasser bißfest garen; abtropfen lassen. Champignons putzen und in Scheiben schneiden. Schinken würfeln, Tomaten waschen, putzen und achteln. Champignons in heißem Öl kurz dünsten, Schinken und Tomatenachtel nach 2–3 Minuten hinzufügen. Petersilie untermischen und mit Salz und Pfeffer abschmecken.
Milch aufkochen und klare Fleischbrühe einstreuen. Saucenbinder mit dem Schneebesen einrühren und 1 Minute kochen lassen. Crème fraîche dazugeben und pikant abschmecken.
In eine gefettete Auflaufform die Hälfte der Nudeln geben, darauf Champignon-Tomaten-Gemüse und restliche Nudeln verteilen. Helle Sauce darübergeben und mit Käse bestreuen. Im vorgeheizten Ofen bei 225 Grad 25 Minuten backen.

Tip
Servieren Sie dazu gemischten Blattsalat mit Tomaten und einer Vinaigrette.

Cannelloni mit Fleischfüllung

Zutaten
50 g getrocknete Steinpilze (in warmes Wasser eingeweicht),
2 Möhren,
2 Stangen Bleichsellerie,
1 Zwiebel,
4 EL Olivenöl,
50 g Butter,
150 g grobe Bratwurst,
150 g Rinderhack,
6 EL trockener Weißwein,
3/8 l heiße Fleischbrühe,
150 g Tomatenmark,
Salz,
Pfeffer,
Zucker,
Oregano,
250 g Hühnerleber,
12 Cannelloni,
Fett für die Form,
frisches Basilikum,
Parmesan,
Butterflöckchen

EW	Fett	KH	kcal/kJ
34 g	40 g	24 g	626/2623

Die eingeweichten Steinpilze hacken, Möhren und Bleichsellerie waschen und in kleine Würfel schneiden. Die Zwiebel ebenfalls würfeln.
Olivenöl und 30 g Butter in einem Topf erhitzen, Möhren, Sellerie, Zwiebelwürfel darin kurz anbraten. Die enthäutete und zerkleinerte Bratwurst sowie das Rinderhack in den Topf geben und fein zerkrümeln. 10 Minuten durchbraten, Steinpilze unterrühren und mit Weißwein aufgießen. Der Weißwein muß unter ständigem Rühren verdampfen. Mit Fleischbrühe verrührtes Tomatenmark dazugeben und mit Salz, Pfeffer, etwas Zucker und Oregano pikant abschmecken. Zugedeckt 25 Minuten bei schwacher Hitze köcheln lassen, dann den Deckel abnehmen und weitere 15 Minuten köcheln, so daß viel Flüssigkeit verdampfen kann.
In der Zwischenzeit die Hühnerleber waschen, von Haut und Sehnen befreien, grob hacken und mit 20 g Butter in einer kleinen Pfanne ca. 10 Minuten braten. Ragout mit der Leber mischen, nochmals abschmecken.
Gekaufte Teigrollen kurz in kochendes Wasser geben, damit der Teig elastisch, aber noch bißfest wird. Mit dem Ragout füllen und in eine gefettete Auflaufform legen. Frische Teigplatten mit Ragout füllen, mit gewaschenen, trockengetupften zerteilten Basilikumblättchen bestreuen und aufrollen. Restliches Raguout über die Teigrollen geben.
Cannelloni mit reichlich Parmesan bestreuen und Butterflöckchen daraufsetzen. Im vorgeheizten Backofen bei 220 Grad 15 Minuten backen, bis die Kruste goldbraun ist.

Cannelloni vegetarisch
(für 6 Personen)

Zutaten
150 g Tiefkühlspinat,
2 Zwiebeln,
3 Knoblauchzehen,
2 Bund Basilikum,
100 g Pinienkerne,
200 g Parmesankäse,
6 EL Olivenöl,
Salz, 250 g Nudeln oder Cannelloni,
1 große Dose geschälte Tomaten,
1 Becher Crème fraîche,
1 Prise Zucker, Pfeffer,
150 g Mozzarella,
1 EL Butter

EW	Fett	KH	kcal/kJ
27 g	46 g	39 g	677/2846

Für die Füllung Spinat auftauen lassen. Zwiebeln und Knoblauchzehen schälen. 1 Zwiebel und die Knoblauchzehen ganz fein hacken. Gewaschenes Basilikum, Spinat, Pinienkerne, zerbröckelten Parmesankäse und 4 EL Olivenöl zu einer glatten Masse verarbeiten und mit Salz abschmecken. Teigplatten in Stücke von etwa 10x15 cm schneiden, jeweils mit der Füllung bestreichen, aufrollen und nebeneinander in eine ofenfeste Form mit niedrigem Rand legen. Gekaufte Cannelloni nach Packungsvorschrift vorbereiten und mit je 1 TL füllen. Die zweite Zwiebel hacken und im restlichen Öl glasig braten. Tomaten (mit Flüssigkeit) und Crème fraîche zugeben und bei starker Hitze unter ständigem Rühren dickflüssig einkochen lassen. Mit Salz, Zucker und Pfeffer abschmekken und über die Cannelloni gießen. Mit gewürfeltem Mozzarella und Butterflöckchen belegen. Im vorgeheizten Backofen bei 220 Grad etwa 45 Minuten überbacken, bis die Kruste schön braun ist.

Überbackene Makkaroni

Zutaten
500 g Fleischtomaten,
5 EL Olivenöl,
2 Knoblauchzehen,
1 Bd. Petersilie,
1 Bd. Basilikum,
Salz,
Pfeffer,
400 g geriffelte Makkaroni,
2 EL Parmesan

EW	Fett	KH	kcal/kJ
16 g	17 g	74 g	513/2166

Tomaten überbrühen, häuten, entkernen, halbieren und den Boden einer mit Öl eingefetteten Auflaufform damit belegen. Knoblauch, Petersilie und Basilikum grob hacken und über die Tomaten geben. Alles mit Salz und reichlich frisch gemahlenem Pfeffer bestreuen und das restliche Öl darübergießen. Im vorgeheizten Backofen bei 180 Grad etwa 30 Minuten überbacken. In der Zwischenzeit die Makkaroni in reichlich Salzwasser »al dente« kochen, gut abtropfen lassen und in der Auflaufform mit Tomaten und Gewürzen gut vermischen. Alles noch einmal kurz überbacken, aus dem Backofen nehmen, mit frisch geriebenem Parmesan bestreuen und in der Form servieren.

Schwäbische Spätzle

Zutaten
250 g Mehl,
1 gestrichener TL Salz,
2 Eier,
Paniermehl, Butter

EW	Fett	KH	kcal/kJ
22 g	15 g	30 g	352/1474

Mehl, Salz, Eier und 1/8 l Wasser rasch zu einem Teig zusammenrühren. Den Teig mit einem Holzlöffel schlagen, bis er ganz glatt ist und Blasen wirft. Nun soll er möglichst eine Weile ruhen. Nacheinander kleine Portionen Teig auf ein angefeuchtetes Küchenbrett streichen und mit dem Messer streifenweise in kochendes Salzwasser schaben. Wenn die Spätzle an die Oberfläche kommen, werden sie mit einer Schaumkelle herausgehoben. Paniermehl in Butter hellbraun rösten und über die Spätzle streuen. Dazu paßt jede Art von Fleisch mit Sauce.

Polenta

Zutaten
50 g Butter,
2 TL Salz,
225 g Maisgrieß,
Pfeffer

EW	Fett	KH	kcal/kJ
20 g	44 g	176 g	180/4932

In 3/4 l kochendem Wasser die Butter schmelzen und das Salz dazugeben. Langsam, unter ständigem Rühren, nun den Maisgrieß dazugeben und so lange auf dem Herd rühren, bis die Polentamasse eindickt (mindestens 30 Minuten). Mit Salz und Pfeffer abschmecken. Die lockere Polenta, die kürzer auf der Flamme gerührt wurde, begleitet kleinere gebratene Geflügel oder Gemüsesorten, die feste Polenta wird zu einem Kuchen geformt, in Scheiben geschnitten und je nach Wunsch gebraten, gegrillt oder überacken.

Tip
Polenta bekommt man in Naturkostläden, Reformhäusern und Biokostabteilungen von Supermärkten.

Reis ist eine einjährige Sumpfpflanze, die vor allem in Ostasien, Amerika und Südeuropa kultiviert wird. Im asiatischen Kulturraum ist Reis die wichtigste Getreideart und damit Hauptnahrungsmittel. Im europäischen Kulturraum spielt Reis besonders als Beilage oder als Zutaten für Risotto und Aufläufe eine Rolle.

Reisgruppen

Langkornreis
Er ist 4-5mal so lang wie breit und nach dem Kochen locker und körnig. Er kann für Salate, Fleisch- und Geflügelgerichte sowie für Currys verwendet werden. Die bekanntesten Sorten sind der indische Patna-Reis, der nordamerikanische Karoliner-Reis und der edle, duftende Basmatireis.

Rundkorn- und Mittelkornreis
Er hat kurze, dicke Körner, die nach dem Kochen weich, feucht und klebrig sind. Er findet bei verschiedenen süßen Reisspeisen, für Risotto sowie in der japanischen und chinesischen Küche Verwendung. Die größten Körner hat der italienische Arborio, der in der asiatischen Küche verwendete Klebereis hat besonders viel Stärke und kann daher gut mit Stäbchen gegessen werden.

Reis nimmt beim Kochen mindestens das Anderthalbfache seines Volumens an Flüssigkeit auf. Rundkornreis kann bis zum Vierfachen seines Volumens an Flüssigkeit aufnehmen.

Garmethoden

Zwei Garmethoden sind möglich. Entweder wird Reis in viel kochendem Salzwasser gekocht und über einem Sieb abgegossen. So eignet er sich gut für Salate. Oder er wird mit Wasser im Verhältnis 1:2, d.h. ein Teil Reis zu zwei Teilen Wasser, aufgesetzt. Sobald alles Wasser vom Reis aufgesogen wurde, ist er gar. Er wird ca. 20 Minuten bei sehr schwacher Hitzezufuhr in einem Topf mit fest schließendem Deckel gekocht.

Will man Reis warm halten, so gibt man auf den fertigen Reis einige Butterflocken, bedeckt den Topf oder die Schüssel mit Alufolie und stellt ihn in den mäßig warmen Ofen. Eine weitere Möglichkeit: Man gibt den Reis in ein Sieb, das in einen Topf gehängt wird, in dem man etwas Wasser kochen läßt.

Reissorten

Weißer Reis wird der geschälte und daher rein weiße Reis genannt.

Parboiled Reis bezeichnet ein bestimmtes Verfahren, bei dem vor dem Schälen der Reiskörner mittels Hitze und Druck wertvolle Inhaltsstoffe aus der Schale ins Innere des Reiskorns übergehen. Gleichzeitig verkürzt sich durch dieses Verfahren die Garzeit.

Naturreis, auch als brauner Reis bezeichnet, ist vollständig ungeschälter Reis. In den Spelzen dieses Reises stecken zusätzliche Proteine, Vitamin B, Kalzium, Eisen und Ballaststoffe. Er sollte nicht länger als 6 Monate gelagert werden. Wegen der Schalenbestandteile muß dieser Reis länger gekocht werden.

Der von der Form her ähnliche *„wilde Reis"* ist trotz seines Namens keine Reissorte, sondern eine Wassergraspflanze. Die aus Amerika stammende Pflanze hat lange grau-braune Körner, die nussig schmecken und als Beilage, auch gemischt mit Langkornreis, sowie zum Füllen von Wild und Geflügel verwendet werden.

Reis kann auch zu alkoholischen Getränken vergoren werden wie z.B. zu Bier in Mexiko oder in Japan zu *„Sake"*. Dieser wird kalt oder heiß in kleinen Schnapsgläsern getrunken und schmeckt sowohl als Apertitiv als auch nach dem Essen.

GRUNDREZEPT

Gekochter Reis

Zutaten

Salz,
250 g Langkornreis

EW	Fett	KH	kcal/kJ
4 g	0 g	49 g	216/919

3–4 l Salzwasser zum Kochen bringen, Reis einrieseln lassen, 15 Minuten körnig kochen. Durch ein Sieb gießen, mit kaltem Wasser abspülen, abtropfen lassen. Zum Nachtrocknen in den nicht zu heißen Ofen stellen.

Trockenreis

Zutaten

1 Grundrezept »Gekochter Reis«,
75 g Butter

EW	Fett	KH	kcal/kJ
4 g	15 g	49 g	354/1497

Abgetropften Reis in gebutterte Form geben, mit Butterflöckchen belegen, mit Alufolie abdecken, im nicht zu heißen Ofen trocknen lassen. Mit einer Gabel auflockern.

Tip

Der abgetropfte Reis kann auch auf einem Backblech ausgebreitet im warmen Ofen ausdampfen. Öfter wenden.

GRUNDREZEPT

Gedünsteter Reis

Zutaten

40 g Butter,
250 g Langkornreis,
1 Zwiebel,
3/4 l Fleischbrühe (Instant),
1/2 Bd. Petersilie

EW	Fett	KH	kcal/kJ
5 g	8 g	50 g	297/1259

Butter erhitzen, Reis und feingehackte Zwiebel zugeben, unter Rühren glasig dünsten. Heiße Fleischbrühe aufgießen, zum Kochen bringen, Wärmezufuhr reduzieren, zugedeckt 15–20 Minuten ausquellen lassen, nicht umrühren. Reis auflockern, mit gehackter Petersilie bestreut servieren.

Pilzreis

Zutaten

1 Grundrezept »Gedünsteter Reis«,
80–100 g Pilze (Champignons, Pfifferlinge)

EW	Fett	KH	kcal/kJ
5 g	0 g	49 g	220/933

Pilze waschen, kleinschneiden, mit Reis und Zwiebel andünsten. Weitere Verarbeitung wie im Grundrezept beschrieben.

Reis mit Schinken

Zutaten

80–100 g gekochter Schinken,
1 Grundrezept »Gedünster Reis«

EW	Fett	KH	kcal/kJ
9 g	9 g	50 g	343/1454

Schinken mit Reis und Zwiebel andünsten. Weitere Verarbeitung wie im Grundrezept beschrieben.

Tomatenreis

Zutaten

2–4 Tomaten,
1 Grundrezept »Gedünsteter Reis«

EW	Fett	KH	kcal/kJ
5 g	8 g	51 g	303/1284

Tomaten kurz mit heißem Wasser überbrühen, kalt abschrecken, schälen, kleinschneiden, in der heißen Butter mit Reis und Zwiebel andünsten. Weitere Verarbeitung wie im Grundrezept beschrieben.

Tip

Tomatenreis schmeckt lecker zu gekochtem oder gebratenem Fisch.

Risi-Bisi

Zutaten
100 g grüne Erbsen (frisch gekocht oder tiefgekühlt),
1 Grundrezept »Gedünsteter Reis«,
30 g geriebener Parmesan

EW	Fett	KH	kcal/kJ
9 g	11 g	52 g	348/1474

Frisch gekochte Erbsen unter gedünsteten Reis mischen. Bei Verwendung von tiefgekühlten Erbsen diese zu Reis und Zwiebel in die heiße Butter geben und mitdünsten. Mit Parmesan bestreut servieren.

GRUNDREZEPT
Quellreis

Zutaten
250 g Langkornreis,
Salz

EW	Fett	KH	kcal/kJ
4 g	0 g	49 g	216/919

Reis in 1/4 l kaltes Salzwasser einrieseln lassen, zum Kochen bringen, zudecken. Wärmezufuhr reduzieren, ausquellen lassen, nicht umrühren. Die Flüssigkeit wird vom Reis aufgesogen. Reis mit einer Gabel auflockern, sofort servieren.

Reisrand

Zutaten
1 Grundrezept »Quellreis«,
30 g Butter

EW	Fett	KH	kcal/kJ
4 g	6 g	49 g	271/1150

Fertigen Quellreis in gebutterte Ringform füllen, festdrücken. Im Wasserbad etwa 5 Minuten fest werden lassen, auf vorgewärmten Teller stürzen.
Reisrand kann mit verschiedenem Gemüse, Pilzen oder Ragout gefüllt werden.

GRUNDREZEPT
Risotto

Zutaten
70 g Butter,
1 Zwiebel,
250 g italienischer Reis,
1 l Fleischbrühe (Instant),
Salz,
4 EL Parmesan

EW	Fett	KH	kcal/kJ
9 g	17 g	50 g	391/1652

50 g Butter erhitzen, fein gewiegte Zwiebel andünsten, Reis zugeben, glasig dünsten, dabei ständig umrühren. Mit heißer Fleischbrühe aufgießen, mit Salz abschmecken.
Wärmezufuhr reduzieren, zugedeckt etwa 15 Minuten garen. Vom Herd nehmen, einige Minuten ausquellen lassen.
20 g Butter und geriebenen Parmesan zugeben, durchrühren. Sofort servieren.

Tomatenrisotto

Zutaten
2–4 Tomaten,
1 Grundrezept »Risotto«

EW	Fett	KH	kcal/kJ
9 g	17 g	51 g	397/1676

Tomaten kurz mit heißem Wasser überbrühen, kalt abschrecken, schälen, kleinschneiden, in der heißen Butter mit Reis und Zwiebel andünsten. Weitere Verarbeitung siehe Grundrezept.

Tip
Wenn es besonders schnell gehen muß, können Tomaten durch Tomatenmark ersetzt werden, oder man verwendet italienische geschälte Tomaten aus der Dose. Herzhafter wird das Risotto durch Mitbraten von Speckwürfeln.

Risotto auf Mailänder Art

Zutaten
2 Zwiebeln,
50 g Rindermark,
Butter,
350 g Rundkornreis,
1/8 l Weißwein,
1 l Hühnerbrühe,
1 g Safran,
Parmesan,
Salz, Pfeffer

EW	Fett	KH	kcal/kJ
11 g	21 g	71 g	538/2278

Zwiebeln schälen, hacken, Mark ebenfalls kleinschneiden und in einem großen Topf mit Butter glasig dünsten. Reis dazugeben und so lange unter Rühren braten, bis er durchsichtig ist. Mit Weißwein ablöschen, weiterrühren und einkochen lassen. Sobald der Reis den Wein aufgesogen hat, mit der Hühnerbrühe auffüllen und auf mittlerer Flamme ohne Deckel weitergaren. Safran mit etwas Wein verflüssigen und zum Reis geben.
Etwa 20 Minuten garen, mit der restlichen Butter und Parmesan mischen, salzen und pfeffern.

Tip
Paßt gut zu kurzgebratenem Fleisch und Geflügel.

Herzhafte Reisküchlein mit Dip (Abb.)

Zutaten
100 g Reis, Salz,
2 Möhren,
230 g Sellerie,
1 kleine Stange Lauch,
300 g Putenbrustfilet,
4 EL Speiseöl,
2 Knoblauchzehen,
4 Eier, 8 cl Weißwein,
2 EL Sesamsamen,
Pfeffer,
1/2 TL China-Gewürz,
1/2 TL Currypulver,
1 EL Sojasauce,
1 säuerlicher Apfel,
1 TL Tomatenmark,
1 EL Butter,
1 TL Zucker,
100 ml Gemüsebrühe,
2 EL Schnittlauchröllchen

EW	Fett	KH	kcal/kJ
29 g	23 g	37 g	500/2105

Reis 20 Minuten in reichlich Salzwasser garen. Möhren, etwa 80 g Sellerie und Lauch putzen, waschen. Möhren und Sellerie schälen und raspeln, Lauch in feine Ringe schneiden. Putenbrust waschen, trockentupfen, fein würfeln, in 2 EL Öl anbraten, Reis, Möhren, Sellerie und Lauch zugeben und etwa 10 Minuten dünsten. Masse etwas abkühlen lassen. Knoblauchzehen schälen, zerdrücken, mit Eiern, Weißwein und Sesamsamen verrühren und mit Salz, Pfeffer, China-Gewürz, Currypulver und Sojasauce kräftig abschmecken. Restliches Öl in einer Pfanne erhitzen, mit 2 EL Reismasse abstechen und nacheinander kleine Küchlein abbacken. Auf Küchenpapier

abtropfen lassen und warm stellen. Für den Dip restlichen Sellerie putzen und waschen. Sellerie und Apfel schälen. Apfel halbieren und entkernen. Beides kleinschneiden und mit Tomatenmark, Butter, Zucker und Gemüsebrühe pürieren. Schnittlauchröllchen zugeben und mit Salz und Pfeffer würzen. Küchlein auf Tellern anrichten und dazu Dip nach Wunsch mit Schnittlauchröllchen bestreut servieren.

Champignonreis mit Wein

Zutaten

500 g Champignons,
3 Schalotten,
1 Knoblauchzehe,
Olivenöl,
1/4 l Weißwein,
1/2 l Brühe,
250 g Reis,
Salz, Pfeffer,
1/2 Bd. Petersilie

EW	Fett	KH	kcal/kJ
8 g	6 g	50 g	320/1356

Champignons putzen, mit einem feuchten Tuch abreiben und in Scheiben schneiden. Schalotten schälen und hacken. Knoblauchzehe schälen und fein schneiden. In heißem Olivenöl Schalotten glasig dünsten. Champignons und Knoblauch hinzufügen. Einige Minuten schwenken, bis der Pilzsaft zum größten Teil aufgesogen ist. Mit Weißwein und Brühe aufgießen. Sobald das Ganze kocht, Reis einrühren. Mit Salz und Pfeffer abschmecken. Petersilie waschen, hacken und unter den fertigen Reis mischen.

Reiscurry

Zutaten

250 g Naturreis,
Salz,
200 g Zwiebeln,
80 g Butter,
400 g frische Aprikosen oder 200 g Trockenaprikosen,
1–2 EL milder Curry,
3 EL Apfeldicksaft,
40 g Sonnenblumenkerne, 20 g Sesamsaat,
Zitronenmelisse zum Garnieren

EW	Fett	KH	kcal/kJ
9 g	24 g	69 g	543/2296

Reis gründlich waschen, in gut 1/2 l kochendem Salzwasser 30 Minuten ausquellen lassen. Zwiebeln schälen, in Ringe schneiden, in Butter 10 Minuten dünsten. Aprikosen entsteinen, in Stücke schneiden. Trockenaprikosen einige Stunden in Wasser einweichen. Aprikosen zu den Zwiebeln geben, zusammen 5 Minuten dünsten. Mit Curry überstäuben und mit Apfeldicksaft abschmecken. Reis unterheben und 5 Minuten ziehen lassen.
Sonnenblumenkerne und Sesam hellbraun rösten und über den Curry streuen. Mit Melissenblättchen garnieren.

Risotto mit Schinken und Erbsen

Zutaten

1 Grundrezept »Risotto«,
80–100 g gekochter Schinken,
80–100 g grüne Erbsen (frischgekocht oder tiefgekühlt)

EW	Fett	KH	kcal/kJ
14 g	20 g	52 g	458/1932

Risotto wie im Grundrezept beschrieben zubereiten, feingewiegten Schinken und frischgekochte Erbsen untermischen. Bei Verwendung von tiefgekühlten Erbsen diese zu Reis und Zwiebel in die heiße Butter geben und mitdünsten.

Tip

Anstelle von gekochtem Schinken kann auch magerer Frühstücksspeck, fein gewürfelt, verwendet werden.

Paella
(Abb. S. 347)

Zutaten

250 g Schweinefleisch,
250 g Hähnchenbrust,
1/8 l Olivenöl,
2 Zwiebeln,
Salz, Cayennepfeffer,
1 l Fleischbrühe,
1 Lorbeerblatt,
2 Msp. Safran,
350 g Reis,
2 Paprikaschoten,
4 Tomaten,
100 Brechbohnen,
100 g Champignons,
100 g grüne Erbsen (tiefgekühlt),
125 g Krabben (tiefgekühlt),
1 kleine Dose Muscheln

EW	Fett	KH	kcal/kJ
47 g	58 g	78 g	1039/4365

Schweinefleisch und Hähnchenbrust würfeln. 2/3 des Öls in einer großen Pfanne

Abb. 1

Abb. 2

Abb. 3

Abb. 4

(oder Wok) erhitzen und Fleischwürfel darin rundherum anbraten (Abb. 1).
Zwiebeln würfeln und zugeben. Mit Salz und Cayennepfeffer würzen. Die Fleischbrühe aufkochen und mit Lorbeerblatt und Safran würzen (Abb. 2).
Reis in die Brühe geben und bei geringer Hitze etwa 20 Minuten garen. Reis abgießen und zum Fleisch geben (Abb. 3).
Paprikaschoten halbieren, entkernen, mit Tomaten und Bohnen waschen. Tomaten achteln. Bohnen und Champignons putzen. Erbsen auftauen lassen. Bohnen in Salzwasser etwa 10 Minuten blanchieren, abgießen und abtropfen lassen. Restliches Öl erhitzen und Erbsen, Bohnen und Champignons kurz andünsten. Das Gemüse zum Fleisch und Reis geben (Abb. 4).
Mit Krabben und Muscheln unter den Reis mischen und kurz erhitzen (Abb. 5).

Abb. 5

Mexikanische Reispfanne mit Shrimps

(Abb.)

Zutaten

1 grüne Paprikaschote,
1 rote Paprikaschote,
100 g Stangensellerie,
2 Möhren, 2 Zwiebeln,
2 Knoblauchzehen,
4 EL Sonnenblumenöl,
200 g Langkornreis,
1 Würfel Klare Gemüsesuppe,
1 Chilischote,
200 g Shrimps,
1 Bd. frisches Koriandergrün

EW	Fett	KH	kcal/kJ
16 g	14 g	47 g	380/1585

Paprikaschoten und Stangensellerie waschen und kleinschneiden. Möhren putzen, waschen, schälen und raspeln. Zwiebeln und Knoblauchzehen schälen, kleinschneiden und im Öl andünsten. Reis hinzufügen, glasig werden lassen.
Mit 400 ml Wasser aufgießen, zum Kochen bringen.
Suppenwürfel auflösen und Chilischote hinzufügen.
Gemüse dazugeben und bei geringer Hitze zugedeckt etwa 20 Minuten ausquellen lassen, Chilischote herausnehmen.
Shrimps kurz vor Ende der Garzeit unterheben.
Koriandergrün waschen, kleinschneiden und kurz vor dem Anrichten dazugeben.

Überbackener Pilzreis

Zutaten

1 TL gekörnte Gemüsebrühe,
200 g Naturreis,
500 g Champignons,
1 Zwiebel, 1 EL Öl,
1/2 Bd. Dill,
Pfeffer,
Kräutersalz,
300 g saure Sahne,
150 g geriebener Käse,
1 Bd. Petersilie,
Butterflocken

EW	Fett	KH	kcal/kJ
20 g	28 g	42 g	511/2151

Gemüsebrühe in 400 ml kochendem Wasser auflösen, gewaschenen Reis dazugeben und bei schwacher Hitze in etwa 30 Minuten garen.
Champignons putzen und in Scheiben schneiden. Zwiebel schälen, fein hacken, in heißem Öl knapp weich dünsten.
Reis mit feingewiegtem Dill, Pfeffer und Kräutersalz pikant abschmecken.
Aus saurer Sahne, 100 g Käse und feingehackter Petersilie eine dicke Sauce rühren. Eine Auflaufform fetten, lagenweise Reis, Pilze und Sauce einschichten, mit Reis abschließen. Mit restlichem Käse und Butterflocken belegen. Im vorgeheizten Ofen bei 175 Grad 30 Minuten überbacken.

Gebratener Reis mit Gemüse

Zutaten
200 g Schweinefleisch,
1 Frühlingszwiebel,
100 g gekochter Schinken,
4 eingeweichte Morcheln,
2 eingelegte Peperoni,
100 g Sojabohnensprossen, Öl zum Braten,
1 gepreßte Knoblauchzehe, 1 Tasse Bambussprossen in Streifen,
1 Tasse Champignons in Scheiben, 4 EL Erbsen,
1 TL Salz, Glutamat, Pfeffer,
3 EL helle Sojasauce,
2 EL Reiswein,
einige Tropfen Sesamöl,
500 g gekochter Reis (kalt)

EW	Fett	KH	kcal/kJ
20 g	22 g	42 g	433/1813

Schweinefleisch in dünne Streifen, Frühlingszwiebeln in etwa 2 cm lange Stücke, Schinken und Morcheln in Streifen schneiden. Peperoni in kleine Stückchen zerteilen. Sojabohnensprossen putzen, waschen und abtropfen.
4 EL Öl im Wok erhitzen, Knoblauch anbraten, bis er duftet. Fleischstreifen und Schinken darin braten. Bambussprossen, Morcheln, Champignons, Erbsen, Peperoni, Gewürze zugeben und alles kurz unter Rühren anbraten. Dann Reis und Sojabohnensprossen zugeben. Alles bei Mittelhitze gut durchmischen, ständig wenden, eventuell nachwürzen.

Reisauflauf mit Champignons

Zutaten
500 g Champignons,
2 Zwiebeln,
2 Knoblauchzehen,
1 rote eingelegte Paprikaschote,
50 g Butter,
1 EL Mehl,
1/8 l Gemüsebrühe,
Salz, Pfeffer,
1 EL Paprikapulver (mild),
2 Tassen gekochter Reis,
1/8 l Sahne,
4 Eier,
4 EL feingewiegte Petersilie

EW	Fett	KH	kcal/kJ
15 g	26 g	37 g	448/1886

Champignons putzen und in dünne Blättchen schneiden. Zwiebeln und Knoblauch schälen und fein hacken. Paprikaschote abtropfen lassen und in Streifen schneiden. Butter in einer Pfanne zerlassen, Zwiebeln, Knoblauch und Champignons darin kurz andünsten. Mit Mehl bestäuben und leicht bräunen lassen. Mit Brühe ablöschen, Paprikaschoten hinzugeben und nochmals aufkochen lassen; mit Salz, Pfeffer und Paprikapulver abschmecken.
Reis und Pilzgemüse schichtweise in eine gefettete Auflaufform füllen. Sahne mit Eiern verquirlen, mit Salz und Pfeffer würzen und über den Auflauf gießen. Im Ofen bei 200 Grad 20 Minuten backen. Zum Schluß mit Petersilie bestreuen.

Risotto mit Hummerkrabben und Gemüse

Zutaten
250 g Spargel,
Salz,
Butter,
Zucker,
250 g Reis,
2 Zucchini,
100 g Erbsen,
Salz, Pfeffer,
Muskatnuß,
8 ungekochte Hummerkrabben,
Kümmel,
1/4 l Sahne,
1 Knoblauchzehe,
4 Artischockenböden

EW	Fett	KH	kcal/kJ
17 g	25 g	79 g	620/2615

Spargel schälen, in knapp 1 l Salzwasser mit etwas Butter und Zucker kochen, abtropfen lassen und in 5 cm lange Stücke

schneiden. Mit der Hälfte vom Spargelwasser den Reis kochen. Zucchini in schmale Streifen schneiden, mit Erbsen und Spargelstücken in Butter anbraten.
Mit Salz, Pfeffer und Muskatnuß würzen und vorsichtig unter den Reis heben.
Hummerkrabben im heißen Kümmelwasser 10 Minuten ziehen lassen, aus der Schale brechen und auf den Gemüserisotto setzen.
Sahne steif schlagen, durchgepreßten Knoblauch unterziehen und mit Salz abschmecken; Artischockenböden damit füllen und zwischen die Hummerkrabben setzen.

Vitamin-Reissalat
(Abb.)

Zutaten

200 g Reis, 100 g Erbsen (tiefgekühlt),
je 1 kleine rote und grüne Paprikaschote,
3 Tomaten, 2 Zwiebeln,
1 Apfel, 1 Dose Mais,
2 Knoblauchzehen,
150 Joghurt,
2 EL Mayonnaise,
1 EL Zitronensaft,
Salz, Pfeffer,
1 Bd. Schnittlauch,
4 hartgekochte Eier,
2 Scheiben gekochter Schinken,
2 Scheiben Gouda

EW	Fett	KH	kcal/kJ
22 g	25 g	55 g	546/2285

Reis nach Packungsvorschrift zubereiten. Erbsen auftauen lassen. Paprika und Tomaten waschen. Paprikaschoten putzen und kleinschneiden.
1 Tomate fein würfeln. Zwiebeln schälen, in Ringe schneiden. Apfel schälen, vierteln, entkernen und in Stücke schneiden. Mais abtropfen lassen. Reis und Gemüse in einer Schüssel vermengen. Knoblauchzehen schälen, zerdrücken und mit Joghurt, Mayonnaise und Zitronensaft verrühren, mit Salz und Pfeffer abschmecken. Schnittlauch waschen und in Röllchen schneiden. Eier schälen und mit restlichen Tomaten achteln. Schinken auf die Käsescheiben legen, einrollen und in etwa 3 cm lange Röllchen schneiden. Salat auf Tellern anrichten, Knoblauchdressing darübergießen. Eier, Tomaten und Schinken-Käse-Röllchen um den Salat arrangieren, mit Schnittlauchröllchen bestreuen und servieren.

Feurige Reispfanne

Zutaten

100 g Salami,
2 Knoblauchzehen,
3 Zwiebeln,
4 EL Olivenöl,
2 Peperoncini (getrocknete Chilischoten),

1 EL Kapern,
1/2 TL Rosmarin,
400 g gekochter Reis,
Pfeffer, Salz

EW	Fett	KH	kcal/kJ
12 g	22 g	81 g	580/2451

Salami klein würfeln. Knoblauchzehen und Zwiebeln schälen und hacken. Olivenöl in einer beschichteten Pfanne erwärmen, Zwiebeln und Knoblauch darin glasig dünsten. Peperoncini halbieren und Kerne entfernen. (Dabei Gummihandschuhe tragen, da die Schärfe der Peperoncini auch nach dem Händewaschen an den Fingern bleibt. Es brennt sonst stark, wenn man sich zufällig die Augen reibt.) Schotenhälften zu den Zwiebeln geben und 1 Minute mitschmoren. Mit einer Gabel alle Schoten wieder entfernen. Salami, Kapern und Rosmarin einrühren. Reis untermengen und gut erhitzen. Mit Pfeffer und Salz abschmecken.

Reichhaltiges Reisgratin
(Abb.)

Zutaten

200 g Langkorn-Reis & Wildreis gemischt,
2 Zwiebeln,
2 EL Öl,
400 g Hackfleisch,
1 Zucchini,
1 Aubergine,
2 Knoblauchzehen,
500 g Tomaten,
getrockneter Thymian,
getrockneter Oregano,
Paprikapulver,
Salz, Pfeffer,
Fett für die Form,
100 g Schafskäse,
8 eingelegte rote Peperoni

EW	Fett	KH	kcal/kJ
40 g	40 g	45 g	711/2577

Reis & Wildreis nach Packungsanweisung zubereiten. Zwiebeln schälen, in feine Würfel schneiden und in erhitztem Öl glasig dünsten. Hackfleisch zugeben und anbraten. Zucchini und Aubergine waschen, putzen und in Scheiben schneiden. Zum Hackfleisch geben und 5 Minuten dünsten. Knoblauchzehen abziehen und zerdrücken. Tomaten waschen, würfeln und mit dem Knoblauch zum Hackfleisch geben. Alles mit den Kräutern und Gewürzen abschmecken. Reis und Hackfleisch-Gemüse-Masse in eine gefettete Gratinform geben. In Würfel geschnittenen Schafskäse darauf geben und mit den Peperoni garnieren. Bei 225 Grad im vorgeheizten Ofen etwa 10 Minuten garen.

KOCHEN

Zwetschgen-Milchreis-Auflauf
(Abb.)

Zutaten

500 g Zwetschgen,
3 Eier, 75 g Zucker,
1 TL abgeriebene Zitronenschale (unbehandelt),
600 g fertiger Milchreis,
1 EL Zitronensaft,
1 EL Butter

EW	Fett	KH	kcal/kJ
12 g	11 g	63 g	398/1665

Zwetschgen waschen, halbieren und entsteinen. Eier trennen, Eigelb mit 2 EL Zucker schaumig schlagen, Zitronenschale hinzufügen und Milchreis locker unterheben. Eiweiß mit Zitronensaft und restlichem Zucker steif schlagen und gut die Hälfte unter die Reismasse mischen. Eine feuerfeste Form leicht mit Butter ausstreichen, abwechselnd Milchreis und Zwetschgen einfüllen und restlichen Eischnee obenauf geben; glattstreichen und im vorgeheizten Ofen auf mittlerer Schiene bei 180 Grad etwa 15–20 Minuten backen. Heiß servieren!

Tip
Sie können den Auflauf auch mit Aprikosen zubereiten.

Milchreis

Zutaten

250 g Rundkorn-Naturreis,
3/4 l Milch,
abgeriebene Schale von 1/2 Zitrone (unbehandelt),
1 Prise Salz,
4 EL Honig,
70 g Butter,
1 Päckchen Vanillinzucker,
1 EL Zucker,
1 EL Zimtpulver

EW	Fett	KH	kcal/kJ
8 g	22 g	36 g	382/1598

Reis waschen, abtropfen lassen und in Milch mit Zitronenschale und Salz 25–35 Minuten bei mäßiger Hitze garen, dabei mehrmals umrühren. Fertigen Brei mit Honig und Butterstückchen vermengen und auf 4 Teller verteilen.
Aus Vanillinzucker, Zucker und Zimt eine Mischung bereiten und auf dem Milchreis verteilen.

Tip
Für Milchreis eignet sich zum Verfeinern jede Art von Dosenobst. Es sollte aber nicht in den Reis gerührt, sondern mit der Fruchtsauce in einer kleinen Schüssel bereitgestellt werden.

Reis mit Feigen und Nüssen

Zutaten
250 g frische oder getrocknete Feigen,
2 EL Butter,
50 g Mandeln,
50 g Haselnüsse,
3 EL Waldhonig,
1/4 l Sahne,
130 g Reis

EW	Fett	KH	kcal/kJ
8 g	38 g	51 g	598/2517

Frische Feigen schälen und in kleine Stücke schneiden. Butter in einer Pfanne zerlassen, Mandeln und Nüsse darin anrösten. Feigen einrühren und erwärmen. Honig in Sahne auflösen, mit Reis unterrühren. Dessert gut erwärmt servieren.

Apfelreis mit Rum

Zutaten
2 Äpfel,
1/2 feste Banane,
1 EL Zitronensaft,
1/2 Mango,
1 EL brauner Zucker,
1 TL Vanillinzucker,
4 cl brauner Rum,
2 EL Butter,
2/3 Tassen Rundkornreis

EW	Fett	KH	kcal/kJ
2 g	3 g	41 g	238/1003

Äpfel schälen, vom Kerngehäuse befreien, in Scheiben schneiden. Banane schälen, in Scheiben zerteilen; Banane und Apfel sofort mit Zitronensaft beträufeln. Mango klein würfeln. Zucker, Vanillinzucker und Rum in einem Glas verrühren.
Zucker im heißen Wasserbad unter Rühren auflösen.
Butter in einer Pfanne zerlassen, Reis und vorbereitetes Obst hinzugeben und unter Rühren etwa 5 Minuten erwärmen. Gericht in der Pfanne zu Tisch bringen, Rum gleichmäßig darübergießen und das Ganze flambieren.

Italienischer Früchtereis (Abb.)

Zutaten
3 frische Aprikosen,
2 Nektarinen,
1 Pfirsich,
200 g Erdbeeren,
200 g Honigmelone,
600 g fertiger Milchreis,
einige dunkle Süßkirschen zum Garnieren,
30 g gehackte Pistazien

EW	Fett	KH	kcal/kJ
9 g	6 g	41 g	249/1042

Aprikosen, Nektarinen und Pfirsich entsteinen, kleinschneiden und mischen. Erdbeeren vierteln, Honigmelone würfeln. Früchte locker unter den Milchreis mischen. Dessert auf 4 bzw. 6 Schälchen verteilen, mit Kirschen und gehackten Pistazien garnieren.

Reisauflauf mit Zimt

Zutaten

80–100 g Milchreis,
1/2 l Milch,
1 Prise Zimtpulver,
abgeriebene Schale von 1/2 Zitrone (unbehandelt),
40 g Butter,
3–4 Eier (getrennt),
50 g Zucker,
Fett für die Form

EW	Fett	KH	kcal/kJ
8 g	17 g	38 g	343/1435

Den Reis kurz überbrühen und dann mit Milch, Zimtpulver und Zitronenschale zu einem dicken Mus verkochen. Die Butter schaumig rühren, nach und nach Eigelb und Zucker dazugeben, sehr schaumig schlagen. Anschließend den abgekühlten Reis löffelweise untermengen. Eiweiß steif schlagen und unter die Milchreismasse heben. Eine Auflaufform gut einfetten, den Teig hineinfüllen, bei 180 Grad im vorgeheizten Backofen etwa 45 Minuten backen.

Reissoufflé mit Johannisbeeren

Zutaten

1/2 l Milch,
Salz,
1/2 Vanilleschote,
250 g Milchreis,
50 g Butter,
5 Eier,
100 g Zucker,
1 EL Maraschino,
300 g Johannisbeeren,
Butter zum Einfetten,
Minzeblätter zum Garnieren

EW	Fett	KH	kcal/kJ
14 g	21 g	81 g	571/2391

Milch mit Salz, ausgeschabtem Vanillemark und »leerer« Schote aufkochen. Reis darin 50–60 Minuten quellen lassen. Vanilleschote entfernen. Butter unter den Reis rühren, abkühlen lassen. Eier trennen, Eigelb mit 80 g Zucker und Maraschino schaumig schlagen, mit gewaschenen, entstielten Johannisbeeren locker unter den Reis heben. In eine gefettete, feuerfeste Form geben, glattstreichen. Eiweiß mit restlichem Zucker schnittfest schlagen, mit dem Spritzbeutel auf dem Auflauf verteilen.
Bei 180 Grad etwa 30 Minuten backen.
Kurz ausdampfen lassen und servieren.
Mit Minzeblätter garnieren.

Kaiserinnen-Reis

Zutaten

200 g Rundkornreis (Milchreis), 1 l Milch,
1 Prise Salz,
abgeriebene Schale von 1 Zitrone (unbehandelt),
400 g Aprikosen,
1 Schuß Weißwein,
4 EL Aprikosengeist,
3 EL Honig,
4 EL Mandelblättchen,
3/8 l Sahne

EW	Fett	KH	kcal/kJ
15 g	46 g	52 g	732/3069

Reis in kochende Milch geben. Salz und Zitronenschale dazugeben und bei schwacher Hitze ausquellen lassen. Aprikosen waschen, entsteinen und in Scheiben schneiden, mit Weißwein kurz aufkochen lassen. Aprikosengeist darübergießen und 10 Minuten ziehen lassen, mit Honig abschmecken. Mandelblättchen hellgelb rösten. Ausgekühlten Reis mit Honig süßen und steifgeschlagene Sahne unterziehen. Aprikosen abwechselnd mit Reis in eine Glasschale füllen und mit Mandelblättchen bestreuen.

Tip

Statt der frischen Aprikosen kann man auch 150 g getrocknete, über Nacht in Wasser eingeweichte Aprikosen verwenden.

Exotisches Reisdessert *(Abb. unten)*

Zutaten
300 g frische Ananas,
300 g fertiger Milchreis,
300 g Honigmelone,
1 EL Kokosraspel

EW	Fett	KH	kcal/kJ
4 g	3 g	26 g	143/600

Ananas putzen, Ananasfleisch in Stückchen schneiden und auf 4 weite Gläser verteilen. Darauf Milchreis verteilen. Vom Melonenfleisch Kugeln ausstechen und auf dem Milchreis verteilen. Mit Kokosraspeln bestreuen, gekühlt servieren.

Tip
Probieren Sie die Kombination von Ananas mit Bananen! Bananen erst kurz vor dem Servieren auf den Milchreis geben, das Fruchtfleisch wird im Kühlschrank rasch braun und trocken.

Bananen-Reisauflauf *(Abb. oben)*

Zutaten
10 g Butter,
2 Eier,
25 g Zucker,
600 g fertiger Milchreis (S. 358),
2 kleine Bananen,
4 cl Eierlikör,
Butterflöckchen

EW	Fett	KH	kcal/kJ
10 g	11 g	46 g	330/1381

Eine feuerfeste Form gut mit Butter ausstreichen. Eier trennen, Eigelb mit 10 g Zucker schaumig schlagen, zur Hälfte unter den Milchreis mischen. Eiweiß mit restlichem Zucker steif schlagen, zur Hälfte unter die Milchreismasse heben. Masse in die Form füllen. Restlichen Eischnee mit übriger Eigelbmasse mischen. Bananen schälen, in dicke Scheiben schneiden und auf dem Milchreis verteilen. Eierlikör darübergießen und obenauf Eimasse streichen. Mit Butterflöckchen belegen. Im vorgeheizten Ofen bei 180 Grad etwa 10 Minuten backen. Heiß servieren!

Tip
Mit heißer Vanillesauce wird das Gericht ein echter Traum.

Naturreisbrei mit Kirschen

Zutaten
1/2 l Milch,
1 Vanilleschote,
abgeriebene Schale von
1 Zitrone (unbehandelt),
180 g Naturreis,
400 g entsteinte Sauerkirschen,
50 g gehackte Walnüsse,
Zimtpulver,
Honig nach Geschmack

EW	Fett	KH	kcal/kJ
9 g	13 g	58 g	396/1671

Milch, Mark der Vanilleschote, Schote selbst und Zitronenschale mit Reis aufkochen, bei kleiner Hitze fertig garen. Vanilleschote entfernen. Kirschen und Walnüsse unterheben und nach Geschmack mit Zimt und Honig süßen.

Reis Trauttmannsdorff

Zutaten
1/4 l Milch,
1/2 Vanillestange,
1 Prise Salz,
50 g Zucker,
150 g Rundkornreis,
4 Blätter weiße Gelatine,
1/4 l Sahne,
5 cl Maraschino oder Rum,
400 g gemischte Kompottfrüchte und frische Früchte wie Erdbeeren, Aprikosen, Pfirsiche, Ananas und
50 g kandierte Früchte,
einige Erdbeeren oder Früchte nach Wahl

EW	Fett	KH	kcal/kJ
8 g	21 g	47 g	605/1903

Milch mit Vanilleschote, Salz und Zucker kochen.
Währenddessen Reis waschen, kurz brühen und abtropfen lassen.
Reis in kochende Milch einstreuen und langsam weich dünsten (Vanilleschote entfernen).
Gelatine nach Packungsaufschrift auflösen und unter den Reisbrei rühren; kalt stellen.
1/8 l Sahne steif schlagen und, kurz bevor die Masse stockt, unterheben.
Mit Maraschino parfümierte Kompottfrüchte bzw. frische Früchte in gleichmäßig kleine Würfel schneiden und vorsichtig in den Reis einrühren.
In mit kaltem Wasser ausgespülte Förmchen füllen und kalt stellen.
Nach einigen Stunden auf Teller stürzen, mit Erdbeeren oder anderen Früchten garnieren.
1/8 l Sahne steif schlagen, etwas zuckern und Reis Trauttmannsdorff mit Sahnetupfern verzieren.

Reis-Wein-Creme

Zutaten
40 g Butter
etwas Zitronenschale (unbehandelt),
1 Prise Salz,
225 g Rundkornreis,
3 Eier,
150 g Zucker,
1/4 l Weißwein,
Saft von 1 Zitrone,
1/8 l Sahne,
Vanillinzucker

EW	Fett	KH	kcal/kJ
10 g	22 g	85 g	624/2624

1/2 l Wasser mit Butter, Zitronenschale und Salz zum Kochen bringen. Reis mit heißem Wasser waschen, ins Salzwasser geben, aufkochen lassen, im Backofen ausquellen lassen. Der Reis sollte körnig weich sein. Eigelb mit Zucker schaumig rühren, Weißwein, Zitronensaft und Reis unterrühren. Eiweiß steif schlagen, unter die noch heiße Reismasse heben. Vor dem Servieren Sahne mit Vanillinzucker steif schlagen. Die Reiscreme damit verzieren.

Tip
Ersetzen Sie den Weißwein durch einen fruchtigen Rotwein. Geschmacklich und optisch ein Genuß.

Mehl- und Eierspeisen sind ideale Schnellgerichte. Sie sind meist einfach zu machen, preiswert und stellen mit einem fein angemachten Salat oder einem Kompott ein schmackhaftes Hauptgericht dar.

Mehlspeisen

Die klassischen Mehlspeisen kommen aus der österreichisch-böhmischen Küche und haben sich in der Zeit der Donaumonarchie entwickelt. Da die Landbevölkerung damals nicht allzu reich war, ihr jedoch klimatisch bedingt viele Obst- und Gemüsesorten zur Verfügung standen, sind die Rezepte einfach, meist ohne Fleisch aber gehaltvoll und häufig süß. Wenn Sie Mehl verarbeiten, sollten Sie auf die Typennummer achten. Je niedriger sie ist, desto weißer und stärkereicher ist das Mehl. Aber es enthält auch weniger Vitamine, Mineralstoffe, Eiweiß und Zellulose. Dunklere Mehle sind deshalb vom Gesundheitsaspekt aus gesehen hochwertiger, da sie von diesen Stoffen mehr enthalten. Sie sind allerdings schwierig zu feinen Mehlspeisen zu verarbeiten. Für feine Teige und Backwaren sollten Sie deshalb Weizenmehl mit niedriger Type (405 oder 550) verwenden, denn der darin enthaltene Kleber ergibt gute, leicht zu verarbeitende Mehlteige. Fehlenden Kleber, z. B. bei dunkleren Mehlen, können Sie durch die vermehrte Verwendung von Eiern ausgleichen. Eier erleichtern nämlich das Gelingen, binden und lockern die Struktur des Teiges, und die Speise schmeckt besser. Damit Mehlteige ausreichend quellen können, sollten Sie flüssige Mehlteige, z. B. für Pfannkuchen, immer etwas stehenlassen. Weiche Mehlteige, z. B. Strudel, immer gut abschlagen. Feste Teige, z. B. für Nudeln, müssen Sie sehr gut kneten. Typische Zutaten für Mehlspeisen sind gequetschter Mohn oder gemahlene Nüsse (Mohnnudeln, Nußstrudel), Zwetschgen oder Aprikosen (Marillenknödel).

Eierspeisen

In der Küche verwendet man zur Herstellung von Eierspeisen in der Regel Hühnereier. Sie sind das ganze Jahr über in guter Qualität zu kaufen. Frische Eier erkennt man nach dem Aufschlagen an dem kugelig sich hochwölbenden Eigelb, das von einem dickflüssigen Ring kompakten Eiweiß umgeben ist. Bei alten Eiern ist das Eigelb flach und das Eiweiß wässerig und dünnflüssig. Damit Ihnen keine alten Eier „durchrutschen“, schlagen Sie jedes Ei vor der Verwendung in einer Tasse extra auf und betrachten es. Eine andere Möglichkeit ist, das ganze Ei in Salzwasser zu legen. Bleibt es unten liegen, ist es frisch, steigt es auf oder richtet sich auf, haben Sie ein altes Ei erwischt. Riecht es schwefelig und faul, sofort wegwerfen, denn es ist zu alt und vielleicht verdorben.
Enteneier sind extrem salmonellengefährdet und sollten deshalb in der normalen Haushaltsküche gar nicht verwendet werden. Eier kühl und dunkel im Kühlschrank lagern. Warme Luft begünstigt das Entstehen von Krankheitskeimen. Besprengt man Eier mit etwas Wasser, trocknen sie nicht so schnell aus. Mit dem spitzen Pol nach unten gelagert, halten Eier länger. Gut geeignet sind Eier, um Speisen zu binden, zu emulgieren oder mittels Eischnee zu lockern. Eier können Sie kochen oder pochieren, zu Rühr- oder Spiegeleiern verarbeiten, backen, Pfannkuchen und Omeletts daraus herstellen oder in Förmchen aufbacken als Soufflés. Zu pochierten Eiern passen gut gewürzte Saucen. Gekochte Eier finden als Frühstücksei ebenso Verwendung wie gefüllt oder gratiniert. Rühreier und Spiegeleier sind Allroundkünstler. Sie können sie mit Krabben, Tomaten, Pilzen, Schinken, Speck, Würstchen, Geflügelleber, Kräutern oder mit Räucheraal servieren. Sie schmecken gut auf Toast mit einer würzigen Sauce und Salat. Omeletts schmecken pur mit Salat genausogut wie mit pikanten herzhaften Füllungen, z. B. als Bauernomelett.

Gekochte Eier

Zutaten
4 frische Eier,
Wasser

EW	Fett	KH	kcal/kJ
7 g	6 g	0 g	85/357

Eier mit spitzer Nadel am runden Ende anstechen, so daß die Luft entweichen kann und die Eier beim Kochen nicht platzen. Wasser zum Kochen bringen, Eier vorsichtig mit dem Löffel einlegen, zudecken.
Kochzeit:
4–5 Minuten = weich,
6–7 Minuten = wachsweich (im Glas serviert oder als verlorene Eier),
10 Minuten = hart (für Eiersalat, als Soleier, zum Garnieren).
Eier nicht länger als 10 Minuten kochen, da sich sonst um den Dotter eine grüne Schicht bildet.
Nach der Garzeit Eier mit kaltem Wasser abschrecken, so lassen sie sich problemlos schälen.

Soleier

Zutaten
30–40 g Salz,
8 Eier (10 Minuten gekocht)

EW	Fett	KH	kcal/kJ
13 g	11 g	0 g	170/715

1 l Wasser mit Salz zum Kochen bringen, gut durchkochen. Gekochte Eier anklopfen, aber nicht schälen, in ein Glasgefäß (Einweckglas) geben, die erkaltete Salzsole darübergießen, so daß die Eier völlig bedeckt sind. Einige Tage im Kühlschrank durchziehen lassen.

Tip
Eine Bereicherung für jedes kalte Buffet und für kalte Platten.

Verlorene Eier

Zutaten
80 ml Essig,
4 frische Eier

EW	Fett	KH	kcal/kJ
7 g	6 g	0 g	85/357

1 l Wasser mit Essig zum Kochen bringen (kein Salz zugeben!). Eier einzeln in eine Tasse aufschlagen, vorsichtig nach und nach ins leicht siedende Essigwasser gleiten lassen.
Außen sollen die Eier fest, der Dotter jedoch noch weich sein. Eier mit einem Schaumlöffel herausnehmen, abkühlen lassen, rundum glatt schneiden.
Verwendung: als Einlage für verschiedene Saucen und Suppen.

Tip
Verlorene Eier kann man sehr gut vorbereiten. Man legt sie in kaltes Essigwasser und wärmt sie vor Gebrauch in Salzwasser auf.

GRUNDREZEPT
Spiegeleier

Zutaten
50–60 g Butter,
8 frische Eier,
Salz,
Pfeffer

EW	Fett	KH	kcal/kJ
13 g	20 g	0 g	277/1161

Butter erhitzen. Eier einzeln aufschlagen und ins Fett gleiten lassen. Das Eigelb muß ganz bleiben. Wärmezufuhr herunterschalten und die Eier langsam braten, bis das Eiweiß fest ist. Der Dotter sollte noch fast flüssig sein, auf jeden Fall heiß. Das Eiweiß, nicht das Eigelb, mit Salz würzen, mit der Pfeffermühle darübergehen.

Spiegeleier mit Speck

Zutaten
50–60 g Butter,
16 dünne Scheiben Schinkenspeck,
8 frische Eier,
Salz,
Pfeffer

EW	Fett	KH	kcal/kJ
18 g	59 g	0 g	640/2679

Butter erhitzen, Schinkenspeck hineingeben und auf beiden Seiten knusprig braten. Herausnehmen, auf vorgewärmte Teller geben. Eier zubereiten wie im Grundrezept beschrieben und über die Speckscheiben geben.

Tip
Dazu schmeckt frisches Bauernbrot und grüner Salat.

GRUNDREZEPT
Rühreier

Zutaten
50 g Butter,
12 frische Eier,
6–8 EL Milch,
Salz,
Schnittlauch (fein geschnitten)

EW	Fett	KH	kcal/kJ
21 g	28 g	2 g	370/1551

Butter erhitzen, Eier, Milch, Salz und Schnittlauch gut verschlagen, in die heiße Butter geben. Bei schwacher Hitze unter vorsichtigem Rühren flockig stocken lassen. Noch weich von der Herdplatte nehmen, da die Eiermasse noch anzieht. Sofort servieren.

Tip
Das Gericht wird noch herzhafter, wenn man kleingeschnittenen Schinken in die rohe Eiermasse rührt.

Rühreier mit Speck

Zutaten
60–80 g Butter,
8 dünne Scheiben Schinkenspeck,
8 Eier,
6 EL Milch,
Salz,
Pfeffer

EW	Fett	KH	kcal/kJ
17 g	45 g	2 g	503/2104

Butter erhitzen, Schinkenspeck hineingeben und auf beiden Seiten knusprig braten. Herausnehmen, warm stellen. Eier mit Milch verquirlen, mit Salz und Pfeffer würzen, in die Pfanne geben. Bei schwacher Hitze wie Rühreier zubereiten, auf die Speckscheiben verteilen. Sofort servieren.

Rühreier mit Tomaten

Zutaten
4 feste Tomaten,
60 g Fett oder
4 Scheiben Speck,
2 große Zwiebeln,
1/2 Bd. Petersilie,
Salz,
8 Eier,
2–4 EL Milch

EW	Fett	KH	kcal/kJ
15 g	24 g	4 g	311/1303

Tomaten waschen, kurz in kochendes Wasser tauchen, kalt abschrecken, häuten, in Scheiben schneiden.
Fett oder Speckscheiben in einer Pfanne erhitzen, feingewiegte Zwiebel und Petersilie dazugeben, glasig dünsten.
Tomatenscheiben in die Pfanne geben, salzen, durchdünsten.
Eier mit Milch und Salz verrühren, in die Pfanne geben, stocken lassen.
Sofort servieren.

Tip
Rühreier lassen sich beliebig variieren. So können anstelle der Tomaten z. B. Paprikaschoten, Zucchini, Champignons oder gefüllte grüne Oliven gut verwendet werden.

Holländische Eier

Zutaten
4 Eier,
40 g Butter,
4 Scheiben gekochter Schinken,
4 Scheiben Toastbrot,
einige Salatblätter,
Sauce Hollandaise (siehe Rezept S. 68 oder Fertigprodukt)

EW	Fett	KH	kcal/kJ
21 g	58 g	13 g	682/2854

Eier in 6–7 Minuten wachsweich kochen, mit kaltem Wasser abschrecken, schälen, warm halten. Einen Teil der Butter erhitzen, Schinkenscheiben darin auf beiden Seiten braten, warm stellen. Toastbrotscheiben toasten. Kurz abkühlen lassen. Dünn mit Butter bestreichen. Auf gewaschene Salatblätter legen. Schinkenscheiben obenauf legen. Auf jede Scheibe Schinken ein Ei geben. Warme Sauce Hollandaise darübergießen.

Gefüllter Eierkuchen
(Abb.)

Zutaten
400 g Kalbfleisch,
Salz, 310 g Mehl,
1/2 l Milch,
3 Eier (getrennt),
250 g Möhren,
250 g Spargel,
250 g Erbsen (ohne Schoten), 60 g Butter,
Saft von 1/2 Zitrone,
weißer Pfeffer aus der Mühle, 1 Bd. Petersilie,
Butter zum Braten,
80 g junger Gouda

EW	Fett	KH	kcal/kJ
44 g	29 g	74 g	760/3176

Kalbfleisch etwa 45 Minuten in leicht gesalzenem Wasser sieden. Nach dem Auskühlen würfeln. Eierkuchenteig aus 250 g Mehl, Salz, Milch und Eigelb mit dem Schneebesen glattrühren; etwa 40 Minuten quellen lassen. Inzwischen Möhren und Spargel schälen und kleinschneiden. Gemüse getrennt in Salzwasser bißfest garen, dann abschrecken. Gemüsebrühe mit Kalbsbrühe auf 1 l Flüssigkeit auffüllen. Butter in einer Kasserolle erhitzen, 60 g Mehl darin anschwitzen, nach und nach mit Brühe ablöschen und etwa 10 Minuten köcheln lassen. Sauce mit Salz, Zitronensaft und weißem Pfeffer abschmekken. Weiße Sauce in 4 Teile trennen. In 1/4 l Sauce das Gemüse und das Kalbfleisch erwärmen und mit gehackter Petersilie bestreuen. Eiweiß steif schlagen und unter den Eierkuchenteig heben. Butter in einer Pfanne erhitzen und 5 Eierkuchen ausbacken. Auf einer Platte aufschichten, dazwischen Gemüse und Kalbfleisch füllen. Auf obersten Eierkuchen geriebenen Gouda streuen. »Eierkuchentorte« am Tisch wie eine Torte in Stücke schneiden.

Pfannkuchen mit Huhn
(Abb. 1–3)

Zutaten
Suppengrün, Salz,
2 Hühnerbrüstchen (tiefgekühlt),
2 EL Butter,
1 Zwiebel,
1/4 Sellerieknolle,
300 g Mehl,
1 TL Currypulver,
1/4 l Hühnerbrühe,
Saft von 1/2 Zitrone,
weißer Pfeffer,
4 EL Rosinen,
1/4 l Milch,
3 Eier,
125 g Fett zum Braten

EW	Fett	KH	kcal/kJ
35 g	41 g	80 g	854/3570

Suppengrün waschen, putzen, in 1/2 l Salzwasser geben, zum Kochen bringen. Hühnerbrüstchen unaufgetaut dazugeben, etwa 30 Minuten garen. In Würfel schneiden, in heißer Butter anbraten. Feingeschnittene Zwiebel und Sellerieknolle mitbraten. 50 g Mehl und Currypulver darüberstäuben, unterrühren, mit heißer Hühnerbrühe aufgießen. 10–15 Minuten kochen lassen. Mit Salz, Zitronensaft und Pfeffer abschmecken. Rosinen waschen, dazugeben, kurz mitkochen. Warm stellen. Restliches Mehl in eine Schüssel sieben. In die Mitte eine Mulde drücken. Milch, 1 TL Salz und Eier hineingeben. Von innen nach außen zu einem Teig rühren. Nacheinander Pfannkuchen braten: In einer Pfanne etwas Fett erhitzen, mit einem Schöpflöffel wenig Teig hineingeben (Abb. 1). Mit kreisenden Bewegungen den Teig gleichmäßig verteilen.

Abb. 1

Abb. 2

Abb. 3

Nach etwa 5 Minuten den Pfannkuchen mit einem Teigschaber wenden (Abb. 2). Auf beiden Seiten goldbraun braten. Zusammengeklappt warm stellen (Abb. 3), bis der ganze Teig aufgebraucht ist. Jeweils die Hälfte der Pfannkuchen füllen, die andere darüberschlagen.

GRUNDREZEPT
Omelett
(für 1 Person)

Zutaten
2 große Eier,
2 EL Milch oder Sahne (nach Belieben 1 EL durch Mineralwasser ersetzen),
1 Prise Salz,
20–30 g Butter

EW	Fett	KH	kcal/kJ
17 g	36 g	2 g	420/1757

Eier mit Milch oder Sahne (Mineralwasser) und Salz verquirlen. Butter in einer Pfanne erhitzen, Eiermasse hineingleiten lassen. Die Masse kurz durchrühren, bis sie außen leicht fest zu werden beginnt, innen noch weich ist. Nicht mehr rühren. Pfanne etwas hin- und herrütteln. Wenn das Omelett am Boden leicht gebräunt ist, zur Hälfte zusammenschlagen und auf vorgewärmte Teller geben. Sofort servieren.

Omelett mit Schinken
30 g Schinken würfeln, unter die Eiermasse rühren.

Omelett mit Kräutern
2 EL feingewiegte Kräuter (frisch oder tiefgefroren) unter die Eiermasse rühren.

Omelett mit Käse
1–2 EL geriebenen Käse unter die Eiermasse rühren.

Omelett mit Spargel in Käsesauce
(Abb.)

Zutaten
1 kg grüner Spargel,
Salz,
1 Prise Zucker,
4 Eier,
150 g Butter,
1 Tomate,
1 Beutel Sauce Hollandaise (Fertigprodukt),
50 g gehobelter Gouda

EW	Fett	KH	kcal/kJ
14 g	42 g	3 g	468/1957

Vom Spargel die unteren Enden abschneiden, Stangen waschen und eventuell schälen. In kochendem Salzwasser mit 1 Prise Zucker etwa 15 Minuten garen. Eier mit 1 Prise Salz verrühren. 30 g Butter in einer Pfanne erhitzen, Hälfte der Eimasse in das heiße Fett geben, Unterseite stocken lassen, aber nicht bräunen. Die Oberseite soll leicht feucht sein und glänzen. Restliche Omelette genauso zubereiten. Tomate waschen, überbrühen, häuten, entkernen und klein würfeln. Sauce Hollandaise anrühren und unter Rühren langsam aufkochen. Restliche Butter in Stückchen bei schwacher Hitze nach und nach unterschlagen, bis sie geschmolzen ist. Käse hinzufügen und unter Rühren schmelzen lassen. Tomatenwürfel hinzufügen. Spargel abtropfen lassen. Spargel und Käse-Sauce auf die Omeletts verteilen, Omeletts einschlagen und auf vorgewärmten Tellern servieren.

Tip
Frischen grünen Salat dazureichen. Anstelle des grünen Spargels eignet sich auch weißer.
Ein Glas Weißwein ist das passende Getränk zum Omelett mit Spargel.

KOCHEN

Gefüllte Haselnuß-pfannkuchen
(Abb.)

Zutaten
200 g Mehl,
7 EL gehackte Haselnüsse,
1/8 l Mineralwasser,
1/4 l Milch,
3 Eier,
1 Prise Salz,
2 EL Öl,
500 g Kohlrabi,
1 Würfel Klare Gemüsesuppe,
1 EL Butter, 2 EL Mehl,
2 EL Crème fraîche,
2 EL gehackte Petersilie,
150 g Mozzarella

EW	Fett	KH	kcal/kJ
28 g	43 g	54 g	715/2995

Aus Mehl, Nüssen, Mineralwasser, Milch, Eiern und Salz einen Pfannkuchenteig herstellen. Im Öl 8 dünne Pfannkuchen backen. Kohlrabi putzen, schälen und in kleine Stücke schneiden. Knapp 1/2 l Wasser zum Kochen bringen und Suppenwürfel darin auflösen. Kohlrabistücke dazugeben und 10 Minuten kochen; abgießen, dabei Kochflüssigkeit aufheben. Butter erhitzen, Mehl dazugeben und anschwitzen. Mit Kochflüssigkeit aufgießen und Crème fraîche unterrühren. Petersilie und Kohlrabistücke hinzufügen. Kohlrabiragout auf die Pfannkuchen verteilen, aufrollen und nebeneinander in eine Auflaufform schichten. Mozzarella würfeln, über die Pfannkuchen geben und im Ofen bei 220 Grad 15 Minuten überbacken.

Eier mit Shrimps

Zutaten
100–150 g Shrimps (tiefgekühlt),
1/4 l Milch,
30 g Speisestärke,
Salz,
Pfeffer,
1 Msp. Curry,
4 EL Sahne,
Butter zum Einfetten,
6 Eier

EW	Fett	KH	kcal/kJ
19 g	17 g	10 g	286/1198

Shrimps auftauen lassen.
Milch kurz aufkochen, Speisestärke mit etwas kaltem Wasser verrühren. Unter Rühren in die Milch gießen, noch einmal aufkochen lassen. Mit Salz, Pfeffer und Curry würzen.
Sahne zugießen. Die Shrimps dazugeben, unterrühren.
Feuerfeste Form einfetten, die Shrimpsmasse einfüllen.
Eier verquirlen, salzen und darübergeben, im vorgeheizten Ofen 30 Minuten backen.
Sofort servieren.

Eierkuchen-Röllchen

Zutaten
250 g Mehl,
Salz,
Curry,
6 Eier,
1/4 l Milch,
3 EL gemischte Kräuter (tiefgekühlt),
Öl zum Braten,
5 mittelgroße Möhren,
1 Bd. Frühlingszwiebeln,
3 Zwiebeln,
1 Knoblauchzehe,
2 EL Butter,
Pfeffer,
400 g geriebener Gouda

EW	Fett	KH	kcal/kJ
48 g	48 g	59 g	898/3756

Mehl, Salz und Curry in eine Schüssel geben, nach und nach Eier und Milch dazugeben und alles zu einem glatten Teig verarbeiten. Kräuter unterrühren und Teig etwa 20 Minuten ruhen lassen. Öl in einer Pfanne erhitzen und darin nacheinander dünne Eierkuchen von beiden Seiten je etwa 2 Minuten goldbraun abbacken. Möhren schälen und raspeln. Frühlingszwiebeln putzen und waschen, Zwiebeln und Knoblauch schälen, Frühlingszwiebeln und Zwiebeln in Ringe schneiden. Knoblauch durch die Presse drücken. 1 EL Butter in einer Pfanne erhitzen. Möhren, Zwiebeln und Knoblauch darin etwa 5 Minuten dünsten und mit Salz, Pfeffer und Curry pikant abschmecken. Auf jeden Eierkuchen etwas Gemüse und Käse geben, aufrollen und jeweils in 4 Teile schneiden. Etwa 4 EL Käse zurückbehalten. Eine feuerfeste Form mit restlicher Butter ausstreichen und Röllchen aufrecht in die Form stellen. Mit restlichem Käse bestreuen und bei 175 Grad etwa 25 Minuten backen.

Pfannkuchen mit Hackfleischfülle

Zutaten

200 g Mehl,
Salz,
3/8 l Milch,
4 Eier,
80–100 g Butter,
2 Zwiebeln,
350 g gemischtes Hackfleisch,
1 Knoblauchzehe,
2 TL Paprika (edelsüß),
weißer Pfeffer,
5 EL Tomatenketchup,
1 Tomate,
1/2 Bd. Petersilie

EW	Fett	KH	kcal/kJ
19 g	34 g	154 g	998/4176

Mehl und Salz in eine Schüssel geben. In die Mitte eine Mulde drücken. Milch und Eier verquirlen und in die Mulde gießen. Von der Mitte aus einen glatten Teig rühren; 10 Minuten quellen lassen. Etwas Butter in der Pfanne erhitzen. Teig portionsweise einfüllen. Unterseite in 2 Minuten goldbraun backen. Wenden, die andere Seite backen. Insgesamt 4 Pfannkuchen backen; warm stellen. Zwiebeln schälen, würfeln, in etwas Butter braten. Hackfleisch dazugeben, unter Rühren braun braten.
Knoblauchzehe schälen, durch die Knoblauchpresse drücken, unterrühren.
Fleisch salzen, Paprika dazugeben, pfeffern. Tomatenketchup unterrühren und 10 Minuten köcheln lassen; auf 4 Pfannkuchen verteilen, aufrollen. Mit Tomatenachteln und Petersilie garniert servieren.

Herzhafte Crêpes
(Abb.)

Zutaten

1/8 l Milch,
1 Ei,
3 gehäufte EL Mehl,
1/4 TL Salz,
2 Frühlingszwiebeln,
1 Packung Frischkäse,
Salz,
Pfeffer,
100 g Räucherlachs,
Fett zum Ausbacken

EW	Fett	KH	kcal/kJ
16 g	25 g	11 g	344/1439

Milch mit Ei verquirlen. Mehl mit Salz unterrühren, Teig 30 Minuten ruhen lassen.
Frühlingszwiebeln putzen, waschen und in feine Ringe schneiden. Frischkäse unterrühren, mit Salz und Pfeffer würzen.
Räucherlachs in feine Streifen schneiden.
Eine beschichtete Pfanne leicht fetten. Darin nacheinander 4 dünne Crêpes backen.
Crêpes mit Frischkäsemasse bestreichen.
Lachsstreifen darauf verteilen und Crêpes zu Vierteln falten.
Sofort servieren.

Eier auf Sauerampfer

Zutaten

1 Handvoll Sauerampferblätter,
1/2 Päckchen Brunnenkresse,
5 Eier,
1/2 Becher Joghurt,
150 ml Mayonnaise,
6 EL Sahne,
1 EL Zitronensaft

EW	Fett	KH	kcal/kJ
10 g	48 g	4 g	601/2513

Sauerampferblätter waschen, trockenschwenken und in sehr feine Streifen schneiden. Brunnenkresse abschneiden, gut waschen.
Eier in 10 Minuten hart kochen, mit kaltem Wasser abschrecken, schälen und halbieren.
Sauerampfer in eine flache Salatschüssel geben, Eier mit der Schnittfläche nach unten auf den Sauerampfer legen.
Joghurt mit Mayonnaise, Sahne und Zitronensaft anrühren.
Die Sauce über die Eier geben und mit der Brunnenkresse garnieren.

Tip

Hartgekochte Eier möglichst nicht länger als 2–3 Tage im Kühlschrank aufbewahren. Bei längerer Lagerung verfärbt sich das Eigelb.

Buchweizenpfannkuchen

Zutaten

500 g Buchweizen,
40 g Hefe,
1 gestrichener TL Salz,
100 g Butter,
500 ml Buttermilch,
3 Eier (getrennt),
Öl zum Ausbacken

EW	Fett	KH	kcal/kJ
24 g	41 g	97 g	851/3561

Buchweizen sehr fein mahlen, mit zerbröckelter Hefe, dem Salz, der flüssigen Butter, Buttermilch und 3 Eigelb zu einem Teig vermengen.
An einem warmen Ort zugedeckt ruhen lassen, bis er aufgeht. Eiweiß steif schlagen, Eischnee vorsichtig unterheben. Etwas Öl in eine Pfanne geben und kleine Pfannkuchen ausbacken.

Fleischstrudel

Zutaten

200 g Mehl, Salz,
60 g Butter,
250 g gemischtes Hackfleisch,
1 Ei, 2 Zwiebeln,
weißer Pfeffer,
1/2 Bd. Petersilie,
1 Prise Thymian,
2 Tomaten,
1 grüne Paprikaschote,
1 Röhrchen Kapern,
Mehl zum Bestäuben,
Butter zum Einfetten,
1 Eigelb zum Bestreichen

EW	Fett	KH	kcal/kJ
21 g	31 g	40 g	522/2184

Mehl in eine Schüssel sieben. In die Mitte eine Mulde drücken. 1 Prise Salz, 7 EL Wasser und die in Flöckchen geschnittene Butter in die Mulde geben, zu einem Brei rühren. Von außen nach innen einen Teig kneten. Gut durcharbeiten, bis er glatt und trocken ist. 30 Minuten zugedeckt ruhen lassen.
Hackfleisch mit Ei, geschälten, gehackten Zwiebeln, Salz, Pfeffer, gewaschener, gehackter Petersilie und Thymian mischen. Tomaten überbrühen, häuten, von Stielansätzen befreien, fein hacken. Paprikaschote halbieren, entkernen, waschen; würfeln. Abgetropfte Kapern fein hacken. Alles mit dem Fleisch mischen. Ein Küchentuch auf die Arbeitsfläche legen. Fein mit Mehl bestäuben. Teig darauf dünn, beinahe durchsichtig, ausrollen. Dicke Ränder abschneiden. Füllung auf die Schmalseite in Form einer Rolle packen. Teig mit Hilfe des Tuches zum Strudel aufrollen. Backblech oder Fettpfanne einfetten. Strudel vorsichtig hineinlegen. Eigelb mit Wasser verquirlen, Strudel damit bestreichen. Im vorgeheizten Ofen bei 220 Grad 35 Minuten backen.

Russische Eier

Zutaten
6–8 Eier,
50 g gekochte Zunge,
Mayonnaise (S. 75 oder Fertigprodukt),
einige Kapern nach Belieben,
etwas Sardellenpaste,
Salatblätter,
Kaviar oder Kaviarersatz,
Lachsstreifen

EW	Fett	KH	kcal/kJ
16 g	21 g	1 g	269/1127

Eier in 10 Minuten hartkochen, mit kaltem Wasser abschrecken, schälen, halbieren.
Dotter herausnehmen, durch ein Sieb drücken.
Gekochte Zunge in kleine Würfelchen schneiden.
Mayonnaise mit Zungenfleisch, kleingeschnittenen Kapern und Sardellenpaste verrühren, Dotter unterrühren.
Mayonnaise in die Eihälften füllen oder mit großer Sterntülle spritzen, auf gewaschenen, trockengetupften Salatblättern anrichten, mit Kaviar und Lachsstreifen garnieren.

Tip
Dazu paßt frisches Stangenweißbrot und ein Gläschen trockener Sekt.

Gemüseomelett
(Abb.)

Zutaten
250 g weißer Spargel,
4 Möhren, Salz,
6 mittelgroße Champignons,
100 g Zuckerschoten,
30 g Butter,
Pfeffer,
1/2 Päckchen Kresse,
8 Eier (getrennt),
2 EL Sahne,
Pfeffer, Currypulver,
2 EL gehackte gemischte Kräuter,
1 Knoblauchzehe,
30 g Butterschmalz

EW	Fett	KH	kcal/kJ
19 g	29 g	8 g	386/1617

Spargel und Möhren schälen und in Stücke schneiden. Spargel in Salzwasser etwa 8–10 Minuten garen. Champignons und Zuckerschoten waschen und putzen. Butter in einer Pfanne erhitzen, alles Gemüse hineingeben, würzen und bei geringer Hitze etwa 5 Minuten schmoren, dabei die Pfanne mehrmals schwenken. Kresse untermischen. Für die Omeletts Eigelb mit Sahne, Gewürzen, Kräutern und zerdrückter Knoblauchzehe verrühren. Eiweiß steif schlagen und unterheben. In einer Pfanne nach und nach 4 Omeletts in heißem Butterschmalz backen und warm stellen. Gemüse auf die Omeletts verteilen, diese je einmal überschlagen und servieren.

Käse-Eierkuchen

Zutaten
30 g Mehl,
1/8 l Buttermilch,
4 Eier,
150 g geriebener Emmentaler,
1 Prise Salz,
1 TL Paprika (edelsüß),
1 Bd. Petersilie,
30 g Butter zum Backen

EW	Fett	KH	kcal/kJ
16 g	19 g	7 g	307/1285

Mehl in eine Schüssel geben. Nach und nach Buttermilch einrühren. Eier trennen. Eigelb einzeln in die Buttermilch rühren. Käse dazugeben, Teig mit Salz und Paprika würzen. Petersilie waschen, trockentupfen und fein hacken. Eiweiß steif schlagen, mit Petersilie unter den Teig heben. Butter in einer sehr großen Pfanne erhitzen. Teig auf einmal hineingeben.
7 Minuten bei mittlerer Hitze backen, bis die Unterseite hellbraun ist. Pfanne auf die mittlere Schiene in den vorgeheizten Ofen stellen und bei 180 Grad Oberhitze etwa 5 Minuten backen. Eierkuchen auf eine große, runde Platte gleiten lassen. Sofort servieren.

Tip
Endivien-, Feld- oder Kopfsalat in Kräutermarinade als Beilage servieren.

Verlorene Eier in Kräutersauce

Zutaten
30 g Butter,
30 g Mehl,
1/4 l heiße Fleischbrühe,
1/4 l Milch,
Salz,
weißer Pfeffer,
geriebene Muskatnuß,
je 1 Bd. Petersilie und Schnittlauch,
1/2 Bd. Dill,
1/2 Kästchen Kresse,
5 EL Weinessig,
8 Eier

EW	Fett	KH	kcal/kJ
17 g	16 g	10 g	300/1255

Butter erhitzen. Mehl dazugeben, in 2 Minuten hellgelb schwitzen. Fleischbrühe und Milch langsam einrühren. Mit Salz, Pfeffer und Muskat würzen. 5 Minuten kochen lassen. Kräuter abspülen, trockentupfen und fein hacken; beiseite stellen. Wasser in einem hohen Topf aufkochen. Mit Essig und reichlich Salz würzen. Jeweils ein Ei in einem Schöpflöffel aufschlagen. Vorsichtig in das kochende Wasser gleiten lassen. In 5 Minuten stocken lassen. Mit einem Schaumlöffel herausnehmen. Gut abtropfen. In einer vorgewärmten Schüssel anrichten. Kräuter in die Sauce geben, umrühren. Über die Verlorenen Eier gießen.

Kerbelomelett

Zutaten
1 Bd. frischer oder 1 EL getrockneter Kerbel,
1 Bd. Petersilie, 8 Eier,
Salz, weißer Pfeffer,
40 g Butter, 2 Tomaten

EW	Fett	KH	kcal/kJ
14 g	21 g	2 g	251/1049

Kerbel und Petersilie waschen, trockentupfen. Fein hacken. Eier verquirlen, mit Salz und Pfeffer würzen. Kräuter in die Eiermasse geben.
10 g Butter in einer Pfanne schwach erhitzen. 1/4 der Eiermasse hineingeben.
Bei schwacher Hitze stocken lassen. Pfanne während des Backens häufig schütteln.
Omelett überklappen und auf einen Teller gleiten lassen.
Warm stellen, bis die anderen 3 Omeletts fertig sind. Tomaten waschen, vierteln. Omeletts damit garnieren.

Eierrösti

Zutaten
4 Scheiben Weißbrot,
30 g Butter, 2 Eier,
2 EL süße Sahne,
Salz,
Muskat

EW	Fett	KH	kcal/kJ
5 g	212 g	10 g	175/732

Weißbrot in feine Streifen schneiden. Butter in einer Pfanne erhitzen, Weißbrot darin unter ständigem Schütteln goldgelb braten. Eier und Sahne verquirlen. Mit Salz und Muskat abschmecken. Über das Weißbrot gießen, unter Rühren stocken lassen. Sofort servieren.

Altberliner Speckeierkuchen

Zutaten
250 g Mehl,
1/2 l Weißbier,
6 Eier, Salz,
1 Msp. Muskatnuß,
1 Msp. Backpulver,
125 g fetter Speck

EW	Fett	KH	kcal/kJ
20 g	30 g	49 g	545/2278

Mehl mit Weißbier glattrühren. Eier, Gewürze und Backpulver unterschlagen. Speck fein würfeln. Jeweils 1 Portion (insgesamt für 4 Personen) der Speckwürfel in einer Pfanne knusprig anbraten, mit einer Kelle Teig begießen und Eierkuchen zubereiten.

Crespelle »Alfredo« (Abb.)

Zutaten
300 g Blattspinat (tiefgekühlt),
12 EL Butter,
Salz,
Pfeffer,
Muskatnuß,
60 g Doppelrahm-Frischkäse,
150 g Mehl,
200 ml Milch,
2 Eier,
1 EL gehackte Petersilie,
3 EL Sonnenblumenöl,
1 Beutel Pasta Sauce (Fertigprodukt),
50 g Gorgonzola

EW	Fett	KH	kcal/kJ
16 g	34 g	35 g	510/2130

Blattspinat auftauen lassen, in Butter andünsten, mit Salz, Pfeffer und Muskatnuß würzen. Frischkäse unterrühren, etwas abkühlen lassen. Mehl, Milch und Eier verrühren, mit Salz und Pfeffer würzen. Petersilie unterrühren und Teig etwa 30 Minuten ruhen lassen. In Sonnenblumenöl 8 dünne Pfannkuchen ausbacken. Spinat-Käsefüllung auf Pfannkuchen verteilen, diese in Viertel übereinander schlagen und in eine flache Auflaufform legen. 1/4 l Wasser erwärmen. Pasta Sauce einrühren, zum Kochen bringen und bei geringer Wärmezufuhr 5 Minuten kochen. Dabei gelegentlich umrühren.
Gorgonzola durch ein Sieb in die Sauce streichen und alles auf die Pfannkuchen geben.
Im vorgeheizten Ofen bei 200 Grad etwa 10 Minuten überbacken.

Eierpfanne mit Gemüse

Zutaten
1 Bd. Frühlingszwiebeln,
1/2 rote Paprikaschote,
2 EL Butter, 4 EL Erbsen,
4 Eier, Salz,
Pfeffer,
2 EL Petersilie

EW	Fett	KH	kcal/kJ
10 g	13 g	5 g	185/775

Frühlingszwiebeln putzen, waschen und in 1 cm lange Stücke schneiden. Paprikaschote putzen, waschen und in Streifen schneiden. Butter erhitzen, Paprika und Zwiebeln unter Rühren darin glasig braten. Erbsen hinzufügen und weitere 2 Minuten mitbraten. Eier mit einer Gabel nur so verrühren, daß die Eidotter aufspringen; über das Gemüse gießen und mit Salz und Pfeffer würzen. Eier bei mittlerer Hitze stocken lassen, bis das Eiweiß glasig-fest ist. Dabei die Eier nicht umrühren. Eierpfanne mit Petersilie bestreuen und sofort servieren.

GRUNDREZEPT

Strudelteig
(Abb. 1–3)

Zutaten
300 g Mehl,
Salz,
40 g Butter (zerlassen)
oder 2 EL Öl, 1 Ei,
gut 1/8 l Wasser oder
Milch,
zerlassene Butter oder Öl
zum Bepinseln,
Füllung nach Belieben,
Fett für das Blech

EW	Fett	KH	kcal/kJ
10 g	17 g	55 g	422/1763

Mehl in eine Schüssel oder auf ein Arbeitsbrett sieben, in die Mitte eine Mulde drücken. Salz, die Hälfte der Butter oder das Öl, Ei und lauwarme Flüssigkeit darin zu einem weichen Teig verrühren. Rasch mit der flachen Hand abschlagen, bis sich der Teig vom Boden löst.
In 3 Teile teilen, jeweils zu einem Laib formen, mit einem Topf oder einer Schüssel zudecken (Abb. 1). Etwa 30 Minuten ruhen lassen. Auf einem bemehlten Küchentuch dünn ausrollen. Mit bemehlten Händen vorsichtig von der Mitte aus sehr dünn, fast durchsichtig, ausziehen (Abb. 2). Dicke Ränder abschneiden, diese Reste zum Reparieren von etwa entstandenen Löchern verwenden. Teig mit zerlassener Butter oder Öl bepinseln (Abb. 3).

Abb. 1

Abb. 2

Abb. 3

Vorbereitete Füllung gleichmäßig auf dem Strudelblatt verteilen, Ränder einschlagen, diese ebenfalls mit Fett bestreichen. Das Tuch an einer Seite anheben und so den Strudel aufrollen. Mit dem Tuch vorsichtig auf ein gefettetes Backblech oder in einen gefetteten Schmortopf geben. Nochmals mit Butter bepinseln. Nacheinander 3 Strudel zubereiten. Im vorgeheizten Backofen (200 Grad) 45–60 Minuten goldbraun backen.

Apfelstrudel
(für 6 Personen)

Zutaten
1 Grundrezept
Strudelteig oder
1 Packung Strudelblätter
(tiefgekühlt),
1 kg Äpfel,
Saft von 1 Zitrone,
80–100 g Zucker,
1 Päckchen Vanillinzucker, 100 g Rosinen,
1/4 l süße oder saure
Sahne

EW	Fett	KH	kcal/kJ
7 g	19 g	84 g	556/2335

Strudelteig zubereiten oder Strudelblätter nach Vorschrift auftauen lassen. Äpfel schälen, in dünne Scheiben schneiden, mit Zitronensaft, Zucker, Vanillinzucker sowie Rosinen vermengen. Apfelfülle auf den Strudelblättern verteilen, mit

Sahne beträufeln. Backen wie im Grundrezept beschrieben.

Tip
Die Äpfel kann man durch kleingeschnittenen Rhabarber (etwas mehr Zucker notwendig) oder entsteinte Zwetschgen ersetzen.

Quarkstrudel
(für 6 Personen)

Zutaten
1 Grundrezept Strudelteig (S. 378) oder 1 Packung Strudelblätter (tiefgekühlt),
100 g Butter,
3 Eier (getrennt),
220 g Zucker,
1 kg Quark (Topfen),
1/8 l saure oder süße Sahne nach Belieben,
abgeriebene Zitronenschale (unbehandelt),
50–100 g Sultaninen,
1/4 l Milch,
1/2 Päckchen Vanillinzucker,
1 Eigelb

EW	Fett	KH	kcal/kJ
36 g	35 g	91 g	851/3564

Strudelteig herstellen oder nach Vorschrift auftauen lassen. 60 g weiche Butter, 3 Eigelb und 200 g Zucker schaumig rühren. Quark abtropfen lassen, durch ein Sieb streichen, zur Schaummasse geben, mit Sahne, Zitronenschale und Sultaninen verrühren. Zuletzt den steifgeschlagenen Eischnee unterheben. Quarkmasse auf die Strudelblätter verteilen, weiter verarbeiten wie im Grundrezept beschrieben. Nach 15 Minuten Backzeit warme Milch, verrührt mit Vanillinzucker und Eigelb, darübergießen und backen, bis alles eingezogen und der Strudel goldbraun ist.
Zwischendurch mit dem Rest der Butter bestreichen.

Tip
Vanillesauce dazureichen.

Mohnstrudel

Zutaten
1 Grundrezept Strudelteig (S. 378) oder 1 Packung Strudelblätter (tiefgekühlt),
1/2 l Milch,
150 g Zucker,
200–250 g Mohn,
50–100 g Rosinen,
100 g Nüsse,
Paniermehl nach Bedarf,
50 g Butter

EW	Fett	KH	kcal/kJ
20 g	47 g	75 g	830/3478

Strudelteig zubereiten oder Strudelblätter nach Vorschrift auftauen lassen. Milch mit Zucker aufkochen, fein gemahlenen Mohn zugeben, etwas einkochen lassen. Gewaschene, abgetrocknete Rosinen, feingeschnittene Nüsse zugeben. Wenn die Masse zu dünn ist, mit Paniermehl eindicken. Teig mit der Hälfte der zerlassenen Butter bepinseln. Mohnmasse auf die Strudelblätter verteilen, weiter verarbeiten, wie im Grundrezept beschrieben. Fertigen Strudel mit der restlichen Butter bestreichen.

Milchrahmstrudel
(für 6 Personen)

Zutaten
1 Grundrezept Strudelteig (S. 378) oder 1 Packung Strudelblätter (tiefgekühlt),
10 Scheiben Weißbrot ohne Rinde,
3/4 l lauwarme Milch,
200 g Butter,
100 g Puderzucker,
5 Eier (getrennt),
Saft und abgeriebene Schale 1 Zitrone,
etwas Vanillearoma,
1/8 l saure Sahne,
200 g Quark (Topfen),
100 g Zucker,
100 g Rosinen, 2 Eigelb

EW	Fett	KH	kcal/kJ
29 g	55 g	118 g	1120/4693

Strudelteig zubereiten oder Strudelblätter nach Vorschrift

auftauen. Weißbrotscheiben gleichmäßig würfeln und mit 1/4 l lauwarmer Milch übergießen. Die Hälfte der Butter, Puderzucker und 5 Eigelb schaumig rühren. Nach und nach Zitronensaft und -schale, Vanillearoma, die mit Milch eingeweichten Weißbrotwürfel, saure Sahne und Quark hinzufügen. (Den Quark vorher in einem Tuch auspressen). Das Eiweiß mit 50 g Zucker steif schlagen und zuletzt unterheben. Den Strudelteig mit dieser Füllung belegen und obenauf die Rosinen streuen. Mit Hilfe des Tuches den Teig zusammenrollen und in eine feuerfeste Form legen, die mit Butter ausgestrichen ist. Die Seiten umschlagen und den Strudel mit flüssiger Butter bestreichen. Aus 1/2 l Milch, 2 Eigelb und Zucker einen Guß bereiten und 1/3 davon über den Strudel gießen. Den Milchrahmstrudel in den vorgeheizten Ofen bei 220 Grad schieben und gute 45 Minuten backen. Während des Backens die restliche Eiermilch nach und nach darübergießen.

Tip
Mit Vanillesauce servieren.

Hirseschmarren
(Abb.)

Zutaten
250 g Hirse,
4 Eier,
1 Prise Salz,
2 EL Mehl,
3 EL Puderzucker,
1 Prise Muskatnuß,
100 g Walnüsse,
300 g gemischte Beeren (frisch oder tiefgekühlt),
3 EL Zucker,
1 EL Speisestärke,
Fett zum Braten,
Zimtpulver,
1 EL Crème fraîche

EW	Fett	KH	kcal/kJ
19 g	32 g	70 g	670/2806

Hirse in 1/2 l Wasser etwa 15 Minuten köcheln und zugedeckt 10 Minuten quellen lassen. Eier trennen, Eigelb, Salz, Mehl, 2 EL Puderzucker und Muskatnuß unterziehen. Einige Walnüsse zum Dekorieren beiseite legen, restliche grob hacken und dazugeben. Masse abkühlen lassen.
Beeren verlesen bzw. auftauen lassen, pürieren, mit Zucker süßen, vorsichtig erhitzen. Speisestärke mit wenig Wasser anrühren, Beerensauce damit andicken.
Eiweiß steif schlagen, unter Hirsemasse heben. Fett in einer Pfanne erhitzen, Hirsemasse portionsweise anbacken, wenden, zerstoßen und goldbraun backen. Schmarren mit Sauce auf Tellern verteilen, mit restlichem Puderzucker und Zimtpulver bestreuen. Crème fraîche cremig rühren, tropfenweise in die Beerensauce geben und mit einem Zahnstocher verziehen. Mit restlichen Walnüssen garniert servieren.

Apfelschmarrn mit Kirschen

(Abb.)

Zutaten

8 Eier, 1/2 TL Zimt,
120 g Zucker, 2 Äpfel,
4 EL gehackte Haselnüsse,
4 EL Rosinen,
4 EL Butter,
1 Glas Schattenmorellen (720 ml),
1/2 Päckchen Vanille-Puddingpulver,
4 cl Kirschwasser,
2 EL Puderzucker

EW	Fett	KH	kcal/kJ
18 g	32 g	80 g	726/3041

Eier trennen. Eiweiß steif schlagen. Eigelb mit Zimt und 4 EL Zucker schaumig rühren. Äpfel schälen, vierteln, Kerngehäuse entfernen und würfeln. Mit Haselnüssen, Rosinen und Eischnee vorsichtig unter die Eigelbmasse heben. 2 EL Butter in einer Pfanne erhitzen, die Hälfte der Eimasse hineingeben und anbacken. Mit einem Pfannenwender in Stückchen teilen, unter häufigem Wenden goldbraun backen und warm stellen. Mit der restlichen Masse genauso verfahren.
Schattenmorellen mit restlichem Zucker zum Kochen bringen. Puddingpulver mit wenig Wasser glattrühren, unter die Kirschen rühren und kurz aufkochen lassen. Mit Kirschwasser verfeinern und zusammen mit dem Schmarrn auf Tellern anrichten. Mit Puderzucker bestreut servieren.

Früchte-Eierkuchen

Zutaten

150 g Mehl,
1/4 l Milch,
3 Eier, 1 Prise Salz,
50 g Butter,
250 g Erdbeeren,
2 Kiwis,
50 g Marzipanrohmasse,
2 EL Amaretto (Mandellikör),
200 ml süße Sahne,
Schokostreusel

EW	Fett	KH	kcal/kJ
15 g	35 g	53 g	604/2526

Mehl in eine Schüssel sieben. Milch, Eier und Salz dazugeben, zu einem dünnen Eierkuchenteig verrühren. Teig 30 Minuten ruhen lassen. Butter portionsweise in einer Pfanne erhitzen, nacheinander 8 dünne Eierkuchen backen. Erdbeeren putzen, waschen, abtropfen. Große Früchte halbieren. Kiwis schälen und klein würfeln. Erdbeeren und Kiwis gleichmäßig auf die Eierkuchen verteilen, zu Tüten zusammenrollen. Marzipanrohmasse mit Likör verrühren. Sahne steif schlagen. Mischen, auf die Früchte-Eierkuchen geben. Mit Schokostreuseln servieren.

Salzburger Nockerln

Zutaten

4 Eier,
1 Päckchen Vanillinzucker,
75 g Zucker,
30 g Mehl,
1/8 l Milch,
30 g Butter

EW	Fett	KH	kcal/kJ
10 g	13 g	30 g	286/1195

Eier trennen, Eiweiß zu sehr steifem Schnee schlagen, dabei das halbe Päckchen Vanillinzucker und 50 g Zucker langsam einrieseln lassen. Eischnee mit Eigelb vermengen, gesiebtes Mehl vorsichtig unterziehen.
In einer Auflaufform Milch mit restlichem Vanillinzucker und Butter zum Kochen bringen. Eiermasse darauf streichen, mit Zucker bestreuen. Im Ofen bei 225 Grad in 15 Minuten goldbraun überkrusten. Noch heiß mit Zucker bestreuen und sofort servieren.

Butterwaffeln

Zutaten

125 g Butter,
1 EL Zucker, 4 Eigelb,
250 g Mehl, 1/4 l Milch,
1 Prise Salz,
abgeriebene Schale von 1/2 Zitrone,
4 Eiweiß, eventuell Öl,
Puderzucker und Marmelade zum Garnieren

EW	Fett	KH	kcal/kJ
16 g	35 g	52 g	587/2456

Butter mit Zucker und Eigelb schaumig rühren. Abwechselnd Mehl und Milch dazugeben. Mit Salz und Zitronenschale würzen. Eiweiß steif schlagen; unterheben. Waffeleisen gut heiß werden lassen. Nur beim ersten Gebrauch mit Öl leicht einfetten. Teig löffelweise darin backen. Heiß, mit Puderzucker bestäubt oder mit Marmelade bestrichen, servieren.

Dampfnudeln mit Vanillesauce
(Abb.)

Zutaten

25 g Hefe,
4 EL Zucker,
1/2 l Milch,
500 g Mehl,
2 frische Eier (verquirlt),
100 g Butter,
1 Prise Salz

EW	Fett	KH	kcal/kJ
22 g	30 g	113 g	828/3462

Für den Vorteig 1/4 l Milch erwärmen. Die Hefe mit 1/2 EL Zucker in 4 EL lauwarmer Milch auflösen. Das Mehl in eine Schüssel sieben und eine kleine Mulde hineindrücken. Die Milch mit der aufgelösten Hefe hineingeben und mit etwas Mehl verrühren. Die Schüssel zum Gehen zugedeckt an einen warmen Ort stellen. Wenn der Vorteig blasig aufgegangen ist, die restliche erwärmte Milch, die Eier, die Hälfte der flüssigen lauwarmen Butter, das Salz und 3 1/2 EL Zucker zugeben und so lange durchkneten, bis sich der Teig vom Schüsselrand löst.
Noch einmal für mindestens 30 Minuten gehen lassen, bis sich der Teig verdoppelt hat. Den Teig durchkneten und Rollen formen.
Gleichmäßige Teigstücke (etwa 5 cm lang) abschneiden und jedes Stück zu einer glatten Kugel formen. In einem großen flachen Topf (mindestens 30 cm Durchmesser) 1/4 l Milch erwärmen, restliche Butter und 1 EL Zucker untermischen und die Teigkugeln nebeneinander hineinsetzen. Noch einmal 20 Minuten gehen lassen.
Den Ofen auf 180 Grad vorheizen. Den Topf verschließen, für

35 Minuten in die Mitte des Ofens stellen und die Dampfnudeln garen. Während der Garzeit den Topf nicht öffnen, weil der Dampf sonst entweicht.
Dazu paßt Vanillesauce oder Früchtekompott.

Apfelpfannkuchen
(Abb.)

Zutaten
4 Eier,
250 g Buttermilch,
1/2 TL Salz,
125 g Mehl,
2 kleine Äpfel,
50 ml Butterschmalz,
nach Belieben Zimtzucker zum Bestreuen

EW	Fett	KH	kcal/kJ
12 g	19 g	34 g	356/1490

Eier mit Buttermilch und Salz verquirlen, Mehl unterrühren. Äpfel vom Kernhaus befreien und in dünne Scheiben schneiden. Eine beschichtete Pfanne erhitzen, leicht mit Butterschmalz ausstreichen und eine knappe Schöpfkelle Teig hineingeben. Einige Apfelscheiben darauf verteilen, anbacken lassen und Pfannkuchen von der anderen Seite fertigbacken. In gleicher Weise 6 Pfannkuchen backen. Heiß servieren; nach Belieben Zimtzucker zum Bestreuen dazustellen.

Flädle überbacken

Zutaten
150 g Mehl,
3 Eier,
Salz,
1/2 l Milch,
6 EL Öl,
1 Glas Apfelmus,
100 g Rosinen,
Margarine zum Einfetten,
2 EL Zucker,
50 g blättrige Mandeln,
20 g Butter

EW	Fett	KH	kcal/kJ
16 g	44 g	70 g	754/3153

Mehl sieben. 2 Eier und Salz einrühren, mit 1/4 l Milch aufgießen, einen halbflüssigen Teig zubereiten. Öl erhitzen, 6 dünne Eierkuchen auf jeder Seite etwa 2 Minuten backen. Apfelmus im offenen Topf bei kleiner Hitze 10 Minuten kochen. Rosinen hineingeben. Auf die Eierkuchen verteilen, aufrollen und mit einem Messer halbieren. Eine feuerfeste Form einfetten. Gefüllte Flädle aufrecht hineinsetzen. 1 Ei mit Zucker, Salz und 1/4 l Milch verquirlen. Mit Mandeln mischen, über die Flädle verteilen. Mit Butterflöckchen besetzen, im vorgeheizten Ofen 40 Minuten backen.

Palatschinken nach Gundel Art

Zutaten
250 g Mehl,
3/8 l Milch,
3 Eier,
je 1 Prise Zucker und Salz
Für die Füllung:
250 g Kastanienpüree,
1/8 l Sahne,
2 Eigelb,
100 g Biskuitbrösel,
50 g Puderzucker
Für die Sauce:
1/4 l Milch,
100 g Schokolade,
100 g Vanillinzucker,
3 Eigelb;
extra Butter zum Backen und 4 cl Rum zum Flambieren

EW	Fett	KH	kcal/kJ
29 g	46 g	151 g	1159/4848

Aus Mehl, Milch, Eiern, 1 Prise Zucker und Salz einen lockeren Pfannkuchenteig herstellen. Dann dünne Palatschinken backen und einzeln auf eine Arbeitsfläche legen. Kastanienpüree mit Sahne, Eigelb, Biskuitbrösel und Puderzucker glattrühren. Diese Masse auf die ca. 15 Palatschinken gleichmäßig verteilen und streichen. Der Länge nach zusammenrollen und in eine gebutterte, feuerfeste Form legen. Mit ein paar Butterflocken belegen und im vorgeheizten Ofen ca. 5–10 Minuten überbacken. Für die Schokoladensauce die Milch (1 Tasse zurückbehalten) mit zerbröckelter Schokolade und Vanillinzucker aufkochen lassen. Die Eigelb mit der restlichen kalten Milch verrühren und in die kochende Milch einschlagen. Kurz aufkochen lassen und in eine Saucenschüssel umfüllen. Die Palatschinken mit erwärmtem Rum übergießen und brennend servieren. Wer eine andere Variante wünscht, kann das Kastanienpüree durch eine Nußfüllung ersetzen.

Palatschinken pikant
(Abb. S. 363)

Zutaten
3/8 l Milch,5 Eier, Salz,
125 g Zucker,
150 g Mehl,
Fett zum Ausbacken,
4 EL Rosinen,
4 EL Butter,
abgeriebene Schale von 1/2 Zitrone,
300 g Quark,
100 ml Sahne,
Butter für die Form,
Puderzucker

EW	Fett	KH	kcal/kJ
28 g	41 g	77 g	813/3400

200 ml Milch, 1 Ei, 1 Prise Salz, 1 TL Zucker und Mehl zu einem glatten Teig verrühren. Fett erhitzen, darin nacheinander 12 dünne Pfannkuchen backen. Rosinen waschen und trockentupfen. 3 Eier trennen. Butter, 3 EL Zucker, 1 Prise Salz, Zitronenschale und Eigelb schaumig rühren. Quark, Sahne und Rosinen unterziehen. Quarkmasse auf die Pfannkuchen verteilen, aufrollen und nebeneinander in eine gebutterte feuerfeste Form legen. Restliches Ei, Milch und Zucker verquirlen und über die Palatschinken gießen. Im vorgeheizten Ofen bei 175 Grad in etwa 20 Minuten goldgelb backen. Mit reichlich Puderzucker bestreut servieren.

Mehlpudding

Zutaten
75 g Korinthen,
75 Rosinen,
50 g Orangeat,
50 g Zitronat,
150 g Mehl,
1/2 l Milch, 150 g Butter,
150 g Zucker,
1 Prise Salz,
4 Eigelb, 4 Eiweiß,
Margarine zum Einfetten, Paniermehl zum Ausstreuen

EW	Fett	KH	kcal/kJ
17 g	43 g	116 g	945/3952

Korinthen und Rosinen in einer Schüssel mit kochendem Wasser überbrühen und 5 Minuten ziehen lassen. Auf ein Sieb geben, abtropfen lassen.

Orangeat und Zitronat fein hacken und beiseite stellen. Mehl in einen Topf geben. Milch eßlöffelweise einrühren. Milch und Mehl unter ständigem Rühren erhitzen, bis sich der Teig vom Topfboden löst und einen Kloß bildet. Topf vom Herd nehmen. Zuerst die Butter, dann Zucker, Salz und Eigelb in den Teig rühren. Eiweiß zu steifem Schnee schlagen. Korinthen, Rosinen, Orangeat und Zitronat unterheben. Eine Puddingform mit Margarine einfetten und mit Paniermehl ausstreuen. Teig einfüllen. Form schließen. Pudding im heißen, nicht kochenden Wasserbad in 1 Stunde garen. Form aus dem Wasserbad nehmen, kurz unter fließendes Wasser halten und öffnen. 10 Minuten abkühlen lassen. Den Pudding auf einen Teller stürzen und servieren.

Rahmküchle

Zutaten
3 Eigelb,
30 g Crème fraîche,
1 EL Vanillinzucker,
Salz, 100 g Mehl,
500 g Butterschmalz zum Fritieren,
Puderzucker

EW	Fett	KH	kcal/kJ
5 g	10 g	2 g	418/1750

Eigelb, Crème fraîche, Vanillinzucker und Salz mit dem Handrührgerät verrühren. Das Mehl löffelweise zum Teig geben, etwa 5 Minuten verrühren und etwa 1 Stunde ruhen lassen. Auf einer bemehlten Arbeitsfläche den Teig portionsweise dünn ausrollen und Kreise bzw. Dreiecke ausstechen. Butterschmalz erhitzen und die Küchle darin hellbraun ausbacken. Mit Puderzucker bestreuen.

Kaiserschmarrn
(Abb.)

Zutaten
6 Eier,
280 g Mehl,
Salz,
1/2 l Milch,
4 EL Mandelblättchen,
8 cl Rum, 4 EL Butter,
4 EL Puderzucker

EW	Fett	KH	kcal/kJ
28 g	36 g	74 g	834/3486

Eier trennen, Eiweiß in den Kühlschrank stellen. Mehl mit Salz und Milch verrühren. Eigelb, Mandeln und Rum untermengen. Eiweiß mit 1 Prise Salz steif schlagen, vorsichtig unter den Teig mischen. Butter in einer großen Pfanne zerlassen. Teig einfüllen und solange backen, bis die Masse an den Rändern fest wird. Wenden und auf der Unterseite ebenfalls backen. Mit 2 Gabeln in Stücke reißen und noch einige Sekunden backen. Mit Puderzucker bestäubt servieren.

Topfen-Palatschinken überbacken

Zutaten
250 g Mehl,
Salz,
5 Eier,
5/8 l Milch,
170 g Butter,

KOCHEN

80 g Zucker,
3 Eigelb,
Saft und abgeriebene Schale von 1 Zitrone,
300 g Quark,
1 Becher saure Sahne,
4 EL Rosinen,
3 Eiweiß

EW	Fett	KH	kcal/kJ
35 g	56 g	93 g	1015/4247

Mehl in eine Schüssel sieben. In die Mitte eine Mulde drücken. 1 Prise Salz, 4 Eier und 1/2 l Milch hineingeben, verquirlen. Teig 30 Minuten ruhen lassen. 50 g Butter mit 50 g Zucker, Eigelb, 1 Prise Salz und Zitronenschale schaumig rühren. Quark durch ein Sieb in die Schüssel passieren. Saure Sahne und Rosinen dazugeben, verrühren. Eiweiß schlagen, unterheben. Für jeden Palatschinken etwas Butter in einer kleinen Pfanne (12 cm Durchmesser) erhitzen, einen Schöpflöffel Teig hineingeben.
Palatschinken auf der Unterseite in 1 Minute goldgelb backen. Auf einen Deckel gleiten lassen, mit der Oberseite in die Pfanne geben. Noch 1 Minute backen. 12 Palatschinken backen und warm stellen.
Mit Füllung bestreichen. Aufrollen und in der Mitte durchschneiden. Eine flache, feuerfeste Form einfetten. Palatschinken fächerartig einlegen. 30 g Zucker mit 1/8 l Milch und 1 Ei verrühren. Über die Palatschinken gießen. Form in den vorgeheizten Ofen auf die unterste Schiene stellen und in 45 Minuten bei 180 Grad backen.

Semmelschmarrn mit Beeren

Zutaten

8 Brötchen, 1/2 l Milch,
4 Eier, 1 Prise Salz,
100 g Himbeeren,
100 g rote Johannisbeeren, 100 g schwarze Johannisbeeren,
50 ml Öl, 4 EL Zucker,
1 Mps. Zimt

EW	Fett	KH	kcal/kJ
20 g	17 g	25 g	220/921

Die Brötchen in feine Scheiben schneiden. Milch mit Eiern und Salz verquirlen; über die Brötchenscheiben gießen. Die Beeren waschen und putzen.
Unter die Brötchenmasse heben und etwa 30 Minuten ziehen lassen. Öl in einer Pfanne erhitzen. Die Brötchenmasse mit Hilfe eines Löffels abstechen, in das heiße Fett gleiten lassen und goldgelb backen. Zucker und Zimt vermischen und über den »Schmarrn« streuen.

Tip
Eine leicht zuzubereitende und doch raffinierte Nachspeise.

Eierkuchen mit Kirschen

Zutaten

4 Eier, 4 EL Mehl,
2 EL Zucker,
1/4 l Milch,
Salz,
4 EL Butter,
500 g entsteinte Kirschen,
200 g gestoßener Zwieback,
Zucker zum Bestreuen

EW	Fett	KH	kcal/kJ
17 g	22 g	56 g	517/2163

Eier trennen. Eigelb schaumig rühren, vorsichtig Mehl und Zucker daruntergeben. Milch und 1/4 l Wasser dazurühren, salzen. Eiweiß mit 1 Prise Salz steif schlagen, unterheben. 1 EL Butter in der Pfanne erhitzen, 1/4 des Teiges hineingeben; stocken lassen. 14 der Kirschen darauf verteilen, mit 50 g Zwieback bestreuen. Unterseite goldgelb backen. Eierkuchen vorsichtig mit Hilfe eines Deckels wenden, fertig backen. Auf einen Teller gleiten lassen. Mit Zucker bestreuen, weitere 3 Eierkuchen backen.

Tip
Der Belag muß nicht unbedingt aus Kirschen bestehen. Ebensogut schmecken Heidelbeeren, Himbeeren, Johannisbeeren oder Aprikosen.

Knödel sind sehr vielseitige Gerichte und können sowohl Beilagen zu Braten als auch eigenständige Hauptmahlzeiten darstellen.
Sie sollten nicht hart und fest, sondern weich, luftig und locker sein. Mit Eiern können Sie Teige auflockern und eventuell sogar etwas Backpulver zugeben. Wenn die Knödelmasse richtig ist, kann das Knödeldrehen beginnen.
Achtung: Formen Sie zunächst nur einen *Probeknödel* und lassen diesen garen. Er zeigt, ob Ihr Teig in Ordnung ist.

Knödeldrehen

Dazu glätten Sie zuerst die Masse in Ihrer Schüssel und teilen sie in gleich große Portionen ein. Sie sollten ungefähr wissen, wie viele Knödel Sie haben wollen. Für Kartoffelteige mit rohen Kartoffeln oder bei Semmelteigen feuchten Sie Ihre Hände an. Verarbeiten Sie gekochte Kartoffeln oder Grießmassen, mehlen Sie Ihre Hände ein. Drücken Sie eine Teigportion zwischen den hohl geformten Händen zusammen und rollen den Teig mit Drehbewegungen zwischen Ihren Handflächen. Die Außenfläche Ihrer Knödel sollte glatt sein, denn überstehendes Material kocht ab, und der Knödel sieht zerrupft aus. Ihr erster Knödel ist das Probeexemplar. Erst danach alle anderen Knödel drehen und in kochendes Salzwasser einlegen. Garen Sie sie ohne Deckel oder mit leicht geöffnetem bei mäßiger Hitze. Sind die Knödel fertig, schwimmen sie an der Wasseroberfläche auf, sind sie nicht durch, befinden sie sich noch am Topfboden unter Wasser.

Abhilfe bei Teigfehlern

Wenn Ihr Probeknödel sich während des Kochens auflöst, ist der Teig *zu weich*. Die Masse hält nicht zusammen. In dieser Situation brauchen Sie ein „Bindemittel“. Verwenden Sie dazu etwas Speisestärke wie Mondamin, Maizena oder Gustin, Grieß oder einfach Mehl, das sie unter die vorliegende Knödelmasse rühren. Ist Ihr Probeknödel zu fest und auch nach dem Aufschwimmen noch hart, geben Sie Ei, Fett, Speckwürfel,. Mineralwasser oder Backpulver zum Teig. Das lockert die Knödelmasse auf.

Teigmassen

Semmelteig: Basis sind Brötchen- oder Weißbrotreste, die kleingeschnitten und in Milch eingelegt werden, damit sie durchziehen und weich werden. Eier und Gewürze zugeben. Gut durchkneten. Semmelteige sind der Grundteig für Semmelknödel, Leberknödel, Schinkenknödel oder Speckknödel.
Grießteig: Basis dieses Teiges ist ein festerer Grießbrei, in den nach dem Erkalten Eier untergerührt werden. Grießknödel schmecken gut mit pikanten Saucen aus Kräutern, Tomaten oder Käse.
Mehlteig: Basis dieses Teiges ist ein lockerer Teig aus Mehl, Eiern und Wasser. Die Knödel passen gut zu Gulasch, Braten oder zu Gemüse mit Salat.
Kartoffelteig:
Rohe Knödel: Basis dieses Teiges sind fein geriebene, mit kochender Milch überbrühte, rohe Kartoffeln, die mit einem Brei aus gedämpften bzw. gekochten Kartoffeln vermischt werden. Hierzu stärkereiche Kartoffeln verwenden.
Gekochte Knödel: Basis dieses Teiges sind gekochte, heiß durchgepreßte Kartoffeln, die mit Eiern vermischt werden. Den Teig erst kurz vor der Verwendung herstellen. Er wird sonst zu weich!
Halbseiden: Durchgepreßte gekochte Kartoffeln mit Speisestärke mischen, mit kochender Milch übergießen und zum Formen Hände mit Speisestärke bestäuben. In die Mitte der Portion kleingewürfelte, in Fett angeröstete Weißbrotstücke (Rinde entfernen!) legen und Knödel formen. Kartoffelknödel passen gut zu Rinder- und Schweinebraten.

Kartoffelklöße aus gekochten Kartoffeln

Zutaten
1 kg mehligkochende Kartoffeln,
100–150 g Weizenmehl (je nach Beschaffenheit der Kartoffeln),
etwas Salz,
2 Eier,
Muskat,
Backerbsen oder in Butter geröstete Brötchenwürfel

EW	Fett	KH	kcal/kJ
10 g	4 g	58 g	316/1322

Kartoffeln waschen, schälen und dämpfen. Heiß durch die Kartoffelpresse drücken und mit einem Löffel zum Auskühlen auseinanderstreichen. Etwa 2/3 der Mehlmenge und das Salz über die Kartoffeln sieben und vermengen. Eier mit einer kleinen Prise Muskat verrühren und mit dem restlichen Mehl zum Kartoffelteig geben, daraus rasch einen lockeren Teig herstellen. Den Teig nicht länger als notwendig kneten, da er sonst zu weich wird. Einen Probekloß kochen: Ist er zu weich, dem Teig noch etwas Mehl oder Grieß hinzufügen. Mit bemehlten Händen Klöße formen und diese mit Backerbsen oder Brötchenwürfel füllen, in kochendes Salzwasser geben und 15–20 Minuten ziehen lassen. Die gegarten Klöße mit einem Schaumlöffel aus dem Wasser nehmen, abtropfen lassen und in einer vorgewärmten Schüssel servieren.

Tip
Diese Kartoffelklöße sind eine beliebte Beilage zu allen Bratengerichten mit viel Sauce.

Rohe Kartoffelklöße

Zutaten
1 kg geschälte, mehligkochende Kartoffeln,
Salz,
etwa 1/8 l heiße Milch,
je nach Kartoffelsorte etwas Speisestärke,
3 Scheiben altbackenes Brot,
20 g Butter

EW	Fett	KH	kcal/kJ
7 g	5 g	43 g	287/1204

Kartoffeln schälen. 1/4 der Kartoffeln in Salzwasser gar kochen und anschließend durch die Kartoffelpresse geben. Den Rest der Kartoffeln auf der Reibe fein reiben, in ein Küchenhandtuch geben und über einer Schüssel kräftig ausdrücken. Kartoffelwasser 10 Minuten stehenlassen und dann die Flüssigkeit abgießen, so daß die Kartoffelstärke auf dem Schüsselboden bleibt. Die rohen und gekochten Kartoffeln mit der heißen Milch, Salz und der Kartoffelstärke verkneten. Wenn der Teig klebt, noch etwas Speisestärke hinzufügen.
In einem großen Topf Wasser mit Salz zum Kochen bringen, einen Kloß aus dem Teig formen und probeweise etwa 20 Minuten kochen. Wenn er auseinanderfällt, noch etwas Speisestärke unter den Teig mischen. Inzwischen das Brot würfeln und mit der Butter bei mittlerer Hitze braun rösten. Aus dem Teig die Kartoffelklöße formen, in die Mitte Brotwürfel setzen und in das siedende Wasser geben. Bei schwacher Hitze in 25 Minuten gar ziehen lassen.

Kartoffel-Grießklöße

Zutaten
1 kg festkochende Kartoffeln,
Salz, Muskat,
150 g Mehl,
150 g Grieß,
2 Eier, 80 g Butter,
ca. 100 g Paniermehl

EW	Fett	KH	kcal/kJ
23 g	20 g	134 g	828/3469

Kartoffeln in reichlich Salzwasser garen. In ein Sieb abgießen, schälen und noch heiß durch die Kartoffelpresse drükken. Kartoffelbrei mit 1 Prise

Salz und Muskat würzen, Mehl, Grieß und Eier zugeben und zu einem glatten Teig verarbeiten. 20–30 Minuten ziehen lassen und nochmals durchkneten. Mit bemehlten Händen aus dem Teig faustgroße Klöße formen und in reichlich kochendes Salzwasser einlegen, Hitze reduzieren und 20 Minuten ziehen lassen. Klöße mit einem Schaumlöffel herausheben und gut abtropfen lassen. Danach zuerst in zerlassener Butter wälzen und zum Schluß in Paniermehl rollen.

Tip
Diese Kartoffelklöße schmecken heiß zu allen Braten- und Geflügelgerichten mit viel Sauce.

Kartoffel-Quarkknödel
(Abb.)

Zutaten
500 g festkochende Kartoffeln, Salz,
100 g frischer Spinat,
1 Knoblauchzehe,
250 g Schichtkäse,
50 g gehackte Mandeln,
150 g Mehl,
Pfeffer, Curry,
1 TL gehackte, italienische Kräuter

EW	Fett	KH	kcal/kJ
25 g	10 g	46 g	345/1444

Kartoffeln in Salzwasser garen, schälen und noch heiß durch die Presse drücken. Spinat putzen, waschen und in feine Streifen schneiden.
Knoblauchzehe schälen.
Kartoffeln mit Schichtkäse, Mandeln, Spinat, Knoblauch und Mehl verkneten, mit Pfeffer, Curry und Kräutern abschmecken. Sollte der Teig zu feucht sein, noch etwas Mehl unterkneten.
Mit 2 Eßlöffeln kleine Klößchen abstechen und in heißem, nicht kochendem Salzwasser bei schwacher Hitze etwa 20 Minuten ziehen lassen.
Gut abtropfen lassen.

Wickelklöße aus Sachsen
(für 6 Personen)

Zutaten
1 kg geschälte, gekochte Kartoffeln vom Vortag,
350–400 g Mehl,
1 Ei, Salz,
1 TL Backpulver,
40 g Butter oder Margarine,
6 EL Paniermehl,
200 g geräucherter Bauchspeck

EW	Fett	KH	kcal/kJ
19 g	56 g	118 g	1080/4526

Kartoffeln durchdrücken, mit Mehl, Ei, 1 Prise Salz und Backpulver zu festem Kloßteig kneten. Butter erhitzen und das Paniermehl leicht anrösten. In

einer extra Pfanne den klein gewürfelten Bauchspeck auslassen. Kartoffelteig 1/2 cm dick ausrollen. Paniermehl und Speckwürfel (ohne Ausbratfett) gleichmäßig darüber verteilen. Mit beiden Händen das Pergamentpapier an den Enden anheben und so den Teig zu einer flachen Rolle aufwickeln. Von der Kloßrolle 2 cm breite Scheiben abschneiden und die Enden mit den Fingern fest zusammendrücken. Die gewickelten Klöße in reichlich kochendes Salzwasser geben und etwa 20 Minuten ziehen lassen.
Die abgetropften Klöße mit Sauerkraut und Bratwürsten servieren.

Kartoffelklöße halb und halb

Zutaten
1 kg Kartoffeln,
Salz,
150 g Mehl,
1 EL Fett,
1 Ei,
in Butter geröstete Brötchenwürfel

EW	Fett	KH	kcal/kJ
9 g	5 g	58 g	319/1338

Gut die Hälfte der rohen Kartoffeln schälen und reiben, von dem Rest Salzkartoffeln zubereiten. Die heißen Kartoffeln zerdrücken und unter die geriebenen, gut ausgedrückten rohen Kartoffeln mischen – so werden die Kartoffeln nicht dunkel. In die ausgekühlte Masse Mehl, Salz, Fett und Ei einarbeiten. Aus dem Teig Klöße formen und in die Mitte einige Brötchenwürfel füllen, in kochendes Salzwasser geben und 15–20 Minuten ziehen lassen.

Halbseidene Kartoffelklöße

Zutaten
1 kg mehligkochende Kartoffeln,
250 g Speisestärke,
Salz,
3/8 l Milch,
2 Brötchen vom Vortag,
etwas Pflanzenfett

EW	Fett	KH	kcal/kJ
8 g	7 g	98 g	493/2066

Kartoffeln dämpfen, schälen, durch die Kartoffelpresse drücken und auskühlen lassen. In einer Schüssel Kartoffeln mit Speisestärke und Salz vermengen. Milch aufkochen lassen, darübergießen und rasch zu einem glatten Teig verarbeiten. Probekloß kochen. Brötchen in kleine Würfel schneiden und in heißem Fett goldbraun rösten. Aus dem Teig mit bemehlten Händen Klöße formen, in die Mitte einige Brötchenwürfel geben und die Klöße in kochendes Salzwasser geben; etwa 20 Minuten ziehen lassen.

Bayerische Kartoffelklöße

Zutaten
1 kg mehligkochende Kartoffeln,
Salz,
100 g Paniermehl,
1 Ei,
1/8 l heiße Milch,
Pfeffer,
1 altbackenes Brötchen,
1 EL Schweineschmalz

EW	Fett	KH	kcal/kJ
10 g	6 g	55 g	325/1361

500 g Kartoffeln gründlich waschen und in reichlich Salzwasser 30–35 Minuten garen. In ein Sieb gießen, mit kaltem Wasser abschrecken und schälen. Die restlichen Kartoffeln schälen und vierteln und durch eine Saftpresse drücken. Die Flüssigkeit in einem Becher auffangen und beiseite stellen. Den Kartoffelbrei aus dem Entsafter nehmen und in eine Schüssel geben. Das Kartoffelwasser (bis auf die Stärke, die sich nach etwa 15 Minuten abgesetzt hat) weggießen. Die Stärke zu dem Kartoffelbrei geben. Die gekochten Kartoffeln durch die Kartoffelpresse drücken und mit dem Panier-

mehl, dem Ei und der heißen Milch dazugeben. Zu einem Teig verarbeiten und mit Salz und Pfeffer würzen. Brötchen klein würfeln und im heißen Schweineschmalz knusprig braten. Aus dem Kartoffelteig einen Probeknödel formen und mit einigen Brötchenwürfeln füllen. Knödel in reichlich kochendes Salzwasser geben und 30–35 Minuten ziehen lassen. Mit einem Schaumlöffel herausheben und prüfen. Der Knödel sollte die Form behalten und von lockerer Beschaffenheit sein. Ist der Probeknödel in Ordnung, die restlichen Knödel kochen. Bei zu weichem Kartoffelteig gibt man etwas Kartoffelmehl unter den Teig. Ist er zu fest, mengt man ein weiteres Ei oder etwas Wasser in den Teig.

Tip
Bayerische Kartoffelknödel zu Schweinebraten oder Geflügel mit reichlich Sauce und Rotkohl servieren. Als Getränk empfiehlt sich ein dunkles Hefeweizenbier.

Gnocchi

Zutaten
1 kg mehligkochende Kartoffeln,
200 g Weizenmehl,
3–4 Eigelb,
1/4 TL weißer Pfeffer,
1/4 TL Salz,
1/2 EL getrockneter, geriebener Majoran

EW	Fett	KH	kcal/kJ
17 g	10 g	67 g	441/1848

Kartoffeln waschen, schälen und dämpfen. Die noch heißen Kartoffeln durch die Kartoffelpresse drücken und mit Mehl, Eigelb, Pfeffer, Salz und Majoran vermengen. Daraus einen weichen Teig kneten (ist er zu weich, noch etwas Mehl dazugeben) und zu kleinen Klößchen formen. Sofort in kochendes Salzwasser geben. Nicht zu viele auf einmal, damit sie nicht zusammenkleben. Fertig sind die Gnocchi, wenn sie an der Wasseroberfläche schwimmen. Mit einem Schaumlöffel aus dem Wasser heben und in eine Schüssel geben. Auf die Gnocchi einige Butterflöckchen geben.

Gnocchi mit Paprika
(Gnocchi con peperoni)
(Abb. S. 387)

Zutaten
je 1 rote und grüne Paprikaschote,
2 säuerliche Äpfel,
2 große Zwiebeln,
2 Knoblauchzehen,
3 EL Sonnenblumenöl,
2 EL Gemüsebrühe (Instant),
1 EL Saucenbinder (hell),
150 g Crème fraîche,
Pfeffer aus der Mühle,
500 g Gnocchi di patate (Fertigprodukt)

EW	Fett	KH	kcal/J
7 g	26 g	69 g	455/1900

Paprika waschen, putzen und grob würfeln. Äpfel waschen, vierteln, Kerngehäuse entfernen und Äpfel in Scheiben schneiden. Zwiebeln schälen und in Scheiben teilen. Knoblauch schälen und zerdrücken. Sonnenblumenöl erhitzen. Paprika, Äpfel, Zwiebeln und Knoblauch darin anbraten. 1/2 l Wasser dazugießen, zum Kochen bringen und Gemüsebrühe darin auflösen. Alles zugedeckt etwa 10 Minuten bei mittlerer Hitze kochen. Mit Saucenbinder binden. Crème fraîche unterrühren, pfeffern. Gnocchi di patate nach Packungsvorschrift zubereiten und abtropfen lassen. Basilikumblätter abzupfen, in Streifen schneiden und über das Gemüse geben.

Zehntelklöße

Zutaten
1 kg mehligkochende Kartoffeln,
100 g Speisestärke,
100 g Grieß,
Salz

EW	Fett	KH	kcal/kJ
6 g	0 g	69 g	309/1294

Kartoffeln 30 Minuten garen, ausdampfen lassen und schälen. Noch heiß durch die Kartoffelpresse drücken, Speisestärke und Grieß untermengen und mit etwas Salz abschmecken. Daraus Klöße formen und in reichlich kochendes Salzwasser geben. Etwa 20 Minuten ziehen lassen, abschöpfen und servieren.

Buchweizenklöße

Zutaten
1 kg mehligkochende Kartoffeln,
100 g durchwachsener Bauchspeck,
250 g Buchweizenmehl (im Reformhaus erhältlich), 4 Eier, Salz,
etwa 1/4 l Milch,
50 g Butter

EW	Fett	KH	kcal/kJ
21 g	41 g	79 g	796/3334

Kartoffeln schälen, waschen und garen, heiß durch die Kartoffelpresse drücken. Bauchspeck in kleine Würfel schneiden und mit Buchweizenmehl, Eiern und Salz zu den Kartoffeln geben und zu einem glatten Teig verarbeiten. Soviel Milch zugeben, daß ein glatter, gut formbarer Kloßteig entsteht. Mit nassen Händen kleine Klöße formen und in kochendes Salzwasser geben. Bei kleiner Hitze etwa 15 Minuten ziehen lassen. Butter anbräunen und über die abgetropften Klöße gießen.

Knödel mit Brokkoli-Sauce
(Abb.)

Zutaten
Salz,
2 Packungen 5-Minuten-Knödel halb und halb,
2 Möhren, 100 g gekochter Schinken,
300 g Brokkoliröschen,
200 ml süße Sahne,
5 gehäufte EL Klassische Mehlschwitze (hell, Fertigprodukt),
Pfeffer, Muskatnuß

EW	Fett	KH	kcal/kJ
14 g	20 g	93 g	615/2577

Salzwasser zum Kochen bringen, Topf von der Kochstelle nehmen. Knödel darin 5 Minuten ziehen lassen, herausnehmen, Kochbeutel aufreißen und warm stellen. Möhren waschen, abschaben und grob reiben, Schinken in Streifen schneiden. Brokkoliröschen in Salzwasser bißfest garen. Möhrenstreifen und Sahne in 3/4 l des Brokkoliwassers einrühren und 3 Minuten kochen lassen. Mit Klassischer Mehlschwitze binden, Brokkoli und Schinken zugeben und heiß werden lassen. Mit Salz, Pfeffer und Muskatnuß abschmecken. Knödel mit Brokkoli-Sauce auf Tellern anrichten.

Kroketten einmal anders *(etwa 6 Stück) (Abb.)*

Zutaten
6 EL Butter oder Margarine,
12 EL Mehl,
etwa 1/4 l Milch,
1/8 l Fleischbrühe,
1/2 Becher Sahne (125 ml),
Salz, Pfeffer,
1 Prise Muskatnuß,
500 g Kalbsbratenreste,
2 Eier,
6 EL Paniermehl zum Wenden, Pflanzenfett zum Fritieren

EW	Fett	KH	kcal/kJ
27 g	36 g	22 g	542/2269

Butter oder Margarine erhitzen, 6 EL Mehl darin hellgelb anschwitzen. Mit Milch, Brühe und Sahne aufgießen, mit Salz, Pfeffer und Muskatnuß würzen und alles dick einkochen. Fleisch in kleine Würfel schneiden, in die Sauce geben und diese abkühlen lassen.
Masse zu walnußgroßen Bällchen formen und zuerst in restlichem Mehl, dann in verschlagenen Eiern und zum Schluß in Paniermehl wenden. Vorgang einmal wiederholen. Die Bällchen in erhitztem Pflanzenfett bei 150 Grad goldbraun fritieren.
Auf Küchenpapier abtropfen lassen und heiß servieren. Nach Wunsch mit extra scharfem Senf servieren.

Böhmische Knödel

Zutaten
325 g Mehl,
2 Eier,
5 g Hefe,
1/8 l Milch,
3 frische Brötchen,
1/2 Zwiebel,
40 g Butter,
1 EL gehackte Petersilie,
1 TL Salz

EW	Fett	KH	kcal/kJ
16 g	14 g	77 g	502/2099

Mehl in eine Schüssel sieben. Eier, Hefe und Milch verquirlen. Alles zu einem festen Teig verrühren. Gut schlagen, bis er Blasen wirft. Etwas Mehl darüberstäuben. 20–30 Minuten gehen lassen. Brötchen und Zwiebel würfeln. In heißer Butter leicht rösten. Mit Petersilie und Salz in den Teig geben; gut durchkneten. Auf bemehltem Backbrett eine 7 cm dicke Rolle formen. In kochendes, leicht gesalzenes Wasser geben. In 30 Minuten gar ziehen lassen. Nach 15 Minuten wenden. In 2 cm dicke Scheiben schneiden und servieren.

Tip
Böhmische Knödel als Beilage zu Gulaschgerichten reichen. Als Getränk eignet sich dazu ein kühles Pils.

Speckknödel nach Friauler Art

Zutaten
10 altbackene Brötchen,
1/2 l Vollmilch,
2 kleine Zwiebeln,
2 EL Distelöl,
100 g Friauler Speck,
2 Eier,
1/2 Bd. fein gehackte Petersilie,
Paniermehl,
Salz,
Pfeffer,
Muskat

EW	Fett	KH	kcal/kJ
19 g	34 g	75 g	702/2941

Brötchen in möglichst dünne Scheiben schneiden, mit heißer Milch übergießen und 30 Minuten quellen lassen. Zwiebeln schälen, hacken und in Distelöl anschwitzen, mit dem fein gewürfelten Speck, Eiern und Petersilie zu den Brötchen geben und zu einem formbaren Teig verarbeiten. Falls der Teig zu weich sein sollte, etwas Paniermehl untermengen. Mit Salz, Pfeffer und Muskat würzen. Den Teig zu faustgroßen Knödeln formen, in kochendes Salzwasser geben und 20–25 Minuten ziehen lassen.

Tip
Heiß servieren, Feldsalat und Rotwein dazureichen.

Brezelnknödel

Zutaten
10 altbackene Brezeln,
2 kleine Zwiebeln,
100 g durchwachsener Bauchspeck,
Pfeffer,
3/8 l Milch,
3 Eier

EW	Fett	KH	kcal/kJ
20 g	39 g	76 g	754/3158

Brezeln in kleine Stücke schneiden. Zwiebeln schälen und fein wiegen.
Brezeln, Zwiebeln und fein gewürfelten Speck in eine Pfanne geben und anrösten. Mit Pfeffer würzen und abkühlen lassen. Milch und Eier verquirlen und mit den Brezeln vermengen. 20 Minuten ziehen lassen und danach mit dem Handrührgerät zu einem mittelfesten Teig verarbeiten. Aus dem Teig Knödel formen, in reichlich kochendes Salzwasser geben und 20 Minuten ziehen lassen.

Tip
Hervorragend geeignet zu Schweinebraten oder Geflügel.

Leberknödel

Zutaten
8 Brötchen vom Vortag,
Salz,
1/4 l Milch,
300–400 g Schweine- oder Rinderleber (durchgedreht),
2–3 Eier,
1 Zwiebel,
1 Bd. Petersilie,
30 g Butter,
1 Prise Majoran,
Paniermehl nach Bedarf,
Zwiebelringe (geröstet)

EW	Fett	KH	kcal/kJ
31 g	16 g	60 g	516/2160

Brötchen in feine Scheiben schneiden, salzen, mit warmer Milch übergießen, durchziehen lassen. Leber und Eier zugeben. Zwiebel fein hacken.
Petersilie waschen, trockentupfen, von den Stielen streifen, ebenfalls hacken.
Zwiebel und Petersilie in heißer Butter andünsten, zugeben, würzen. Teig gut durcharbeiten, Probeknödel kochen, falls zu locker, Paniermehl untermischen.
Mit feuchten Händen Probeknödel formen, in kochendes Salzwasser legen, 30 Minuten leise kochen lassen. Die fertigen Knödel mit einer Gabel etwas aufreißen und mit gerösteten Zwiebelringen bestreut mit Sauerkraut als Beilage servieren oder als Suppeneinlage verwenden.

Spinatklöße mit Speck

Zutaten
8 altbackene Brötchen,
1/8–1/4 l Milch,
800 g frischer Spinat,
Salz,
100 g geräucherter Bauchspeck,
1 kleine Zwiebel,
1 Knoblauchzehe,
110 g Butter,
2 Eier, Pfeffer,
Muskat, 1EL Mehl,
2 EL Paniermehl,
geriebener Käse (Emmentaler)

EW	Fett	KH	kcal/kJ
27 g	54 g	64 g	876/3670

Von den Brötchen die Rinde abschneiden und die Brötchen in kleine Würfel schneiden. Mit Milch befeuchten, bis sie sich vollgesogen haben (sie sollen aber nicht zu naß sein). Spinat verlesen, waschen und 5 Minuten in Salzwasser blanchieren. Abgießen, gut ausdrücken und fein wiegen. Speck in kleine Würfel schneiden. Zwiebel und Knoblauch schälen und beides fein wiegen. Mit dem Speck in 20 g Butter andünsten, Spinat zugeben und kurz erwärmen. Eier mit den Brötchen und Spinat vermengen. Mit Salz, Pfeffer und 1 Prise Muskat würzen. Mehl und Paniermehl darüberstreuen und zu einem lockeren Knödelteig verarbeiten. Aus der Masse etwa 8 Klöße formen und in kochendes Salzwasser geben. 15 Minuten ziehen lassen. Gut abtropfen lassen, mit zerlassener Butter übergießen und frisch geriebenen Käse darüberstreuen.

Griebenknödel mit Knoblauch

Zutaten
300 g Schweinespeck,
1 Zwiebel,
2 Knoblauchzehen,
4 Scheiben Schwarzbrot,
1 EL fein gewiegte Petersilie,
3 Eier,
200 g Mehl,
Salz, Pfeffer

EW	Fett	KH	kcal/kJ
16 g	66 g	58 g	918/3844

Speck von der Schwarte befreien, in kleine Würfel schneiden und in einer Pfanne auslassen (solange Braten, bis die Speckwürfel knusprig sind und das Fett ausgetreten ist). Die Grieben mit einem Schaumlöffel herausnehmen, Fett abgießen und die Grieben zurück in die Pfanne geben. Zwiebel und Knoblauch schälen, fein hacken und mit den Grieben anschwitzen. Schwarzbrot in kleine Würfel schneiden, in eine Schüssel geben und mit Griebengemisch, Petersilie und Eiern vermengen. Löffelweise Mehl dazugeben und mit Salz und Pfeffer abschmecken. Aus dem gut durchgekneteten Knödelteig 4–6 Knödel formen und in kochendes Salzwasser geben; 15–20 Minuten ziehen lassen.

Semmelknödel mit Sesam

Zutaten
Knödelbrot von 8–10 Brötchen,
3/8 l warme Milch,
4 Eier,
1 EL Öl,
1 Tasse Sesamsamen,
Salz

EW	Fett	KH	kcal/kJ
22 g	20 g	64 g	537/2250

Knödelbrot in eine Schüssel geben und mit warmer Milch übergießen. 10 Minuten quellen lassen und dann die Eier untermengen. Die Knödelmasse mit dem Handrührgerät zu einem glatten Teig verarbeiten. Öl in der Pfanne erhitzen und Sesamsamen darin anrösten, bis sie duften; unter die Knödelmasse mengen. Mit Salz abschmecken und kleine Knödel formen. In kochendes Salzwasser geben und 15 Minuten ziehen lassen. Mit einem Schaumlöffel herausheben und gut abtropfen lassen.

Semmelknödel mit Käse

Zutaten

100 g Butter,
3 Eier,
80 g geriebener Emmentaler,
3 altbackene Brötchen,
2 Tassen Milch,
100 g Paniermehl,
Salz, Pfeffer,
1 EL Kümmel,
1 EL Paprika (edelsüß)

EW	Fett	KH	kcal/kJ
19 g	33 g	40 g	548/2295

Butter mit den Eiern schaumig schlagen, dabei den Käse zugeben. Brötchen feinblättrig aufschneiden, mit der Milch übergießen und kurz weichen lassen. Gut ausdrücken und mit dem Paniermehl zur Butter geben. Mit Salz, Pfeffer, Kümmel und Paprika würzen und zu einem Knödelteig verarbeiten. Den Teig 20 Minuten ziehen lassen und nochmals gut durchkneten. Aus der Knödelmasse kleine Klößchen formen, in reichlich kochendes Salzwasser geben und 8–10 Minuten ziehen lassen.

Tip
Diese leckeren Klößchen schmecken gut zu Bratengerichten, aber auch »nur« mit einer feinen Sauce und frischem Salat.

Bayerische Semmelknödel
(Abb. 1–4)

Zutaten

8 altbackene Brötchen,
3/8 l Milch,
20 g Butter,
50 g Räucherspeckwürfel,
1 kleine Zwiebel,
1/2 Bd. Petersilie,
3 Eier,
Salz,
Muskatnuß

EW	Fett	KH	kcal/kJ
18 g	23 g	58 g	500/2092

Brötchen in feine Scheiben schneiden (Abb. 1). Lauwarme Milch darübergießen (Abb. 2). 30 Minuten ziehen lassen. Butter erhitzen. Speck darin gelb rösten. Zwiebel und Petersilie fein hacken.
Je nach Geschmack kurz mitschmoren.
Abkühlen lassen. Zusammen mit Eiern, Salz und Muskatnuß zu den Brötchen geben, gut mischen.
Hände kalt abspülen, mittelgroße Klöße formen (Abb. 3).
In kochendem Salzwasser einlegen (Abb. 4) und bei geringer Hitze 20 Minuten ziehen lassen.
Sofort servieren.

Tip
Übriggebliebene Semmelknödel am nächsten Tag in Scheiben schneiden und in Butter anbraten .

Abb. 1

Abb. 2

Abb. 3

Abb. 4

Hefeknödel mit Zwetschgen
(Abb.)

Zutaten
1/4 l Milch,
500 g Mehl,
1/2 Würfel frische Hefe (20 g),
3 EL Zucker,
3 EL Butter, Salz,
1 Päckchen Vanillinzucker,
abgeriebene Schale von 1/2 Zitrone (unbehandelt),
24 Zwetschgen,
24 Stück Würfelzucker

EW	Fett	KH	kcal/kJ
16 g	10 g	134 g	692/2898

Milch lauwarm erwärmen. Mehl in eine Schüssel sieben, in die Mitte eine Mulde drücken, Hefe hineinbröckeln und mit 1 TL Zucker und etwas Milch zu einem Vorteig verrühren.
Zugedeckt an einem warmen Ort etwa 15 Minuten gehen lassen.
Butter in restlicher Milch auflösen, zum Vorteig geben und mit restlichem Zucker, 1 Prise Salz, Vanillinzucker und Zitronenschale zu einem glatten Teig verarbeiten. Zugedeckt an einem warmen Ort etwa 30 Minuten gehen lassen.
Zwetschgen waschen, halbieren und entsteinen. Teig zu einer Rolle formen, in 24 gleich große Stücke schneiden, auf der Handfläche etwas flachdrücken und in die Mitte je eine mit 1 Stück Würfelzucker gefüllte Zwetschge legen. Teig zu Knödeln formen.
Knödel in kochendes Salzwasser geben und etwa 15 Minuten ziehen lassen.

Schokoknödel mit Nüssen

Zutaten
10 altbackene Brötchen,
3/8 l Milch, 3 Eier,
6 EL Kakaopulver,
4 EL gehackte Haselnüsse,
4 EL Rosinen,
4 EL Zucker,
1 TL Rum oder Rumaroma, Salz

EW	Fett	KH	kcal/kJ
24 g	19 g	99 g	699/2928

Brötchen in dünne Scheiben schneiden, mit der Milch zu den Eiern verkneten und 10 Minuten ziehen lassen. Mit dem Handrührgerät zu einem Brei verarbeiten. Kakaopulver, Nüsse, Rosinen, Zucker und Rum oder Aroma gleichmäßig untermischen. Aus dem Teig eigroße Knödel formen und in kochendes Salzwasser geben. Hitze reduzieren und 10 Minuten ziehen lassen. Mit einem Schaumlöffel herausnehmen, gut abtropfen und erkalten lassen.

Hefeklöße mit buntem Obst

Zutaten
500 g Mehl,
1 Würfel frische Hefe,
1/4 l Milch, Salz,
6 EL Zucker, 150 g Butter oder Margarine,
150 g Kirschen,
3 Birnen, 3 Pfirsiche,
1 EL Pflaumenmus (Glas),
2 Prisen Nelkenpulver,
10 cl Weißwein,
5 EL Paniermehl,
3 EL Zimtzucker

EW	Fett	KH	kcal/kJ
20 g	34 g	160 g	1054/4417

Mehl in eine Schüssel geben, in die Mitte eine Vertiefung schieben, Hefe hineinbröckeln. Milch lauwarm erwärmen, etwas über die Hefe gießen und zu einem Vorteig verrühren. Etwas Mehl darüberstäuben und zugedeckt etwa 15 Minuten an einem warmen Ort gehen lassen. 1 Prise Salz und 4 EL Zucker an den Rand streuen. In der restlichen lauwarmen Milch 4 EL Butter oder Margarine schmelzen, zu dem Vorteig gießen und zu einem Teig verkneten. Zugedeckt an einem warmen Ort etwa 30 Minuten gehen lassen. In der Zwischenzeit Kirschen, Birnen und Pfirsiche waschen, halbieren und entkernen. Die Hälfte der halbierten Pfirsiche und Birnen würfeln und mit der Hälfte der Kirschen, dem Pflaumenmus, 1 EL Zucker und 1 Prise Nelkenpulver vermischen. Die restlichen Pfirsiche und Birnen in Scheiben schneiden und zusammen mit den restlichen Kirschen, 1 EL Zucker und 1 Prise Nelkenpulver in Weißwein etwa 2 Minuten dünsten. Hefeteig nicht zu dünn ausrollen und in etwa 10 cm große Quadrate schneiden. Das Obst-Pflaumenmus-Gemisch gleichmäßig auf den Quadraten verteilen. Jeweils die Teigecken bis zur Mitte einschlagen und zu einem Kloß formen. Klöße zugedeckt 20–30 Minuten gehen lassen. In reichlich kochendes Salzwasser geben, Temperatur herunterschalten und die Klöße 7–10 Minuten ziehen lassen (nicht mehr kochen). Butter zerlassen, Paniermehl darin hellbraun rösten, mit Zimtzucker vermischen, auf die abgetropften Klöße streuen und zusammen mit dem in Wein gedünsteten Obst heiß servieren.

Preiselbeerknödel in Blätterteig

Zutaten

500 g mehligkochende Kartoffeln,
50–80 g Weizenmehl,
Salz, 2 Eier,
Muskatnuß,
4 Scheiben Blätterteig (tiefgekühlt),
4 EL Preiselbeeren (Glas)

EW	Fett	KH	kcal/kJ
11 g	25 g	67 g	542/2272

Kartoffeln waschen, schälen und dämpfen. Noch heiß durch die Kartoffelpresse drücken und den Brei zum Auskühlen auseinanderstreichen. 2/3 der Mehlmenge und das Salz hinzugeben und gut vermengen.
1 Ei mit Muskatnuß und dem restlichen Mehl verquirlen, zu den Kartoffeln geben und rasch einen lockeren Knödelteig bereiten.
Aus dem Teig 4 gleich große Knödel formen und in reichlich kochendes Salzwasser geben; 20 Minuten ziehen lassen. Mit einem Schaumlöffel herausheben und sehr gut abtropfen lassen.
In die warmen Knödel mit einem Kochlöffel ein tiefes Loch stechen.
Die Blätterteigplatten soweit ausrollen, daß man jeweils einen Knödel darin einschlagen kann. Die Teigränder leicht mit Wasser einpinseln.
Die Knödel mit dem Loch nach oben auf die Blätterteigquadrate setzen und die Löcher mit Preiselbeeren füllen.
Blätterteig zu einer Tasche zusammenklappen, an den Enden gut zusammendrücken und mit Eigelb einpinseln.
Die Knödel in ihrem »Kleid« im vorgeheizten Ofen bei 180 Grad knusprig backen.

Tip
Dieses Rezept schmeckt genausogut mit Heidel- oder Johannisbeeren. Auch Pflaumenmuß bietet sich als leckere Füllung an.

Safranklöße mit Mandelkern

Zutaten

750 g Kartoffeln,
15 Safranfäden,
1/4 l Milch,
3 EL Zucker,
Salz,
150 g Speisestärke,
Würfelzucker,
50 g Mandeln

EW	Fett	KH	kcal/kJ
7 g	9 g	84 g	454/1901

Kartoffeln waschen, schälen und etwa 25 Minuten garen. Abgießen und heiß durch die Kartoffelpresse drücken.
Safranfäden im Mörser zerreiben. Milch zum Kochen bringen, Safran, Zucker und Salz darin auflösen. Über die Kartoffeln gießen, Speisestärke hinzugeben und zu einem glatten Kloßteig verarbeiten. 10 Minuten ruhen lassen und aus dem Teig kleine Klöße formen. In die Kloßmitte jeweils 1 Stück Würfelzucker und 1 Mandel einarbeiten. In kochendes Salzwasser geben und etwa 15 Minuten ziehen lassen. Heiß mit Obstsalat servieren.

Tip
Für den Obstsalat eignet sich eine bunte Obstmischung der Saison. Mit Zitronensaft und Zucker abschmecken.

Eintöpfe galten lange Zeit als „Arme-Leute-Essen". Das muß aber nicht so sein, denn gerade in der heutigen Zeit mit einem vielfältigen Angebot an Waren lassen sich ganz hervorragende und delikate Eintöpfe herstellen. Bei einem Eintopf werden alle Zutaten zusammen in einem Topf oder einer Pfanne auf dem Herd oder im Backofen langsam gekocht oder geschmort. Bei entsprechender Auswahl der Zutaten, je nach Saison, können Sie aus einem Eintopf eine gesunde und vollwertige Mahlzeit zaubern, ohne viel Geld dafür auszugeben. Die Zubereitung der Eintöpfe ist zeit- und arbeitssparend, und Sie brauchen nicht soviel Geschirr. Eintöpfe sind außerdem ideal zum Aufwärmen, d. h. sie können vorkochen.

Zutaten

Bei der Auswahl der Zutaten sollten Sie nicht knauserig sein. Grundsätzlich können Sie Eintopf mit Fleisch, Geflügel, Wurst und Gemüse machen. Bei Fleisch muß es nicht das teuerste Stück sein. Gut geeignet sind Schweine-, Rind-, Ochsen- und Kalbfleisch. Vom Schwein empfiehlt sich frischer oder geräucherter Schweinebauch, Brust oder Rippe. Vom Rind sind ebenfalls Rippe und Bein gut geeignet. Vom Ochsen schmeckt der Ochsenschwanz geschmort sehr gut, ebenso Zwerchrippe und Schulter. Für Eintöpfe, die ihren Ursprung in südosteuropäischen Ländern haben, können Sie ohne Bedenken auf Lamm- oder Hammelfleisch zurückgreifen. Sie verwenden am besten Bug bzw. Schulter oder Lammbrust. Wenn Sie Geflügel verwenden wollen, greifen Sie bei frischem Geflügel zu. Frisches Fleisch schmeckt intensiver und ist saftiger als Tiefkühlware. Können Sie nirgends frisch geschlachtetes Geflügel kaufen, nehmen Sie tiefgefrorenes. Gut mit Kräutern gewürzt werden Ihre Gäste keinen großen Unterschied bemerken. Bei Fischeintöpfen dagegen, wie z. B. der provencalischen Bouillabaise, sollten Sie ganz frischen Fisch kaufen. Würste verleihen sehr vielen Eintöpfen erst die spezielle würzig-rauchige Note. Je nachdem, welche Sie zubereiten wollen, eignen sich geräucherte Wurstwaren wie Debreziner, Landjäger aber auch Wiener, Knackwürste, Frankfurter oder Pfälzer.

Zubereitung

Bei der Zubereitung des Eintopfes empfiehlt es sich, die Zutaten zu schichten und lagenweise leicht zu würzen. Kartoffeln sind als unterste Lage z. B. nicht geeignet, da sie am Topfboden leicht anbrennen. Nehmen Sie deshalb Gemüse, Zwiebeln oder Speck in Fett angedünstet als Unterstes. Diese Lebensmittel enthalten mehr Wasser, bzw. ziehen während des Garens Wasser, so daß nichts ansetzen kann. Zutaten, die eine längere Garzeit als andere benötigen oder einen sehr starken Eigengeschmack aufweisen, wie z. B. Fenchel oder Sellerie, schneiden Sie in kleinere Stücke als alle anderen. Sie werden so schneller gar und geben ihr Aroma besser ab. Schmecken Sie die Flüssigkeit, die Sie zugeben, vorher ab. In der Regel ist das Brühe. Die Brühe immer seitlich zugießen und den Eintopf nicht richtig aufwallen lassen, sondern bei mittlerer Hitze dünsten. Umrühren sollten Sie wie bei Risotto nicht, lediglich schütteln oder mit der Gabel lockern. Ein Eintopf darf nicht zu lange garen, sonst wird er zu Brei! Alle Eintopfgerichte können Sie durch Zugabe von frischen Kräutern wunderbar aufwerten. Sie sollten gut, aber nicht überwürzen. Für Eintöpfe sollten Sie im Haus haben: Kümmel, Knoblauch, Lorbeerblatt, Paprika mild und scharf, Thymian, Oregano, Basilikum, Rosmarin, Salbei, Piment, Wacholderbeeren, Pfefferkörner, Estragon, Bohnenkraut, Majoran und Muskatnuß. Dill, Schnittlauch und Petersilie erst kurz vor dem Servieren auf den Eintopf streuen. Eine spezielle Note erhält Ihr Eintopf mit einem kräftigen Schuß Wein oder etwas Sherry oder Tabascosauce.

Debrecziner Rosenkohltopf

Zutaten
2 Zwiebeln,
250 g Debrecziner Würstchen,
1 EL Butter,
2 Würfel Klare Fleischbrühe,
2 EL Tomatenmark,
300 g Kartoffeln,
500 g Rosenkohl,
2 TL Paprikapulver,
2 EL gehackte Walnüsse

EW	Fett	KH	kcal/kJ
14 g	39 g	19 g	535/2250

Zwiebeln schälen und würfeln. Würstchen in Scheiben schneiden und mit Zwiebeln in Butter anbraten. 3/4 l Wasser und Fleischbrühe dazugeben, aufkochen lassen. Tomatenmark unterrühren: Kartoffeln schälen. Rosenkohl putzen, waschen, halbieren und mit Kartoffelwürfeln in die Suppe geben. 10 Minuten kochen lassen. Suppe mit Paprikapulver würzen und mit Walnüssen bestreut servieren.

Geflügel-Gemüseeintopf
(Abb.)

Zutaten
2 Zwiebeln,
2 Fleischtomaten,
400 g Möhren,
400 g grüne Bohnen,
600 g Kartoffeln,
250 g rote und grüne Paprikaschoten,
400 g Hähnchenbrustfilet,
60 g Margarine,
Salz,
Pfeffer,
Paprikapulver (edelsüß),
2 Zweige Rosmarin,
4 Zweige Thymian,
4 Liebstöckelblätter

EW	Fett	KH	kcal/kJ
31 g	11 g	42 g	410/1718

Zwiebeln schälen und fein hacken. Tomaten überbrühen, häuten und würfeln. Restliches Gemüse putzen, waschen und kleinschneiden. Hähnchenbrustfilet würfeln und in der heißen Margarine rundherum anbraten.
Zwiebeln würfeln, hinzufügen und rundherum goldgelb rösten.
Restliches Gemüse untermischen, alles würzen.
Kräuter und etwas Margarine hinzufügen und Eintopf zugedeckt im vorgeheizten Ofen bei 220 Grad 30–35 Minuten garen. Dabei ab und zu wenden und eventuell etwas Flüssigkeit nachgießen.

Tip
Das Hähnchenbrustfilet läßt sich durch Pute ersetzen. Sie ist ebenso leicht und schmackhaft.

Bunter Herbsttopf

(Abb. S. 401)

Zutaten

750 g Rindfleisch,
Salz,
1 Bd. Suppengrün,
2 Knoblauchzehen,
1 Lorbeerblatt,
500 g Kartoffeln,
2 Möhren,
3 Stangen Lauch,
3 Birnen, Pfeffer,
1 TL Zucker,
1 Bd. Petersilie

EW	Fett	KH	kcal/kJ
37 g	37 g	52 g	746/3127

Rindfleisch in 2 l kochendes Salzwasser geben. Suppengrün putzen, waschen und grob zerkleinern. Knoblauchzehen schälen und zusammen mit Lorbeerblatt und Suppengrün zum Rindfleisch geben. Kräftig mit Pfeffer würzen und etwa 1 Stunde bei milder Hitze zugedeckt kochen lassen. Fleisch herausnehmen, Brühe durch ein Sieb gießen und auffangen. Kartoffeln und Möhren schälen und waschen. Kartoffeln würfeln, Möhren in Scheiben schneiden. Lauch putzen, waschen und in Ringe schneiden. Brühe erneut zum Kochen bringen und Kartoffelwürfel und Möhrenscheiben 15 Minuten darin garen. Lauch hinzufügen und alles noch 10 Minuten köcheln lassen. Birnen waschen, putzen, halbieren, entkernen und in Scheiben schneiden. Kurz vor Ende der Garzeit hinzufügen; mit Salz, Pfeffer und Zucker abschmecken. Rindfleisch würfeln, hinzufügen und erwärmen. Petersilie waschen, trockentupfen, fein hacken und kurz vor dem Servieren überstreuen.

Schweinefleischkartoffeln

Zutaten

1 kg Kartoffeln,
750 g nicht zu fetter Schweinebauch,
250 g Zwiebeln,
1 l Fleisch- oder Gemüsebrühe,
1 TL getrockneter Majoran,
Salz, Pfeffer

EW	Fett	KH	kcal/kJ
30 g	65 g	42 g	927/3886

Kartoffeln schälen und in gleich große Würfel schneiden. Schweinefleisch etwas kleiner würfeln. Zwiebeln schälen, halbieren und in Streifen schneiden. Schweinefleisch, Kartoffeln und Zwiebeln in einem Topf mischen, mit Brühe aufgießen und zum Kochen aufstellen. Mit Majoran, Salz und Pfeffer würzen. Knapp 50 Minuten garen. Die Kartoffeln dürfen durchaus etwas zerfallen sein.

Bohneneintopf mit Bratwürsten westfälische Art

Zutaten

3 Zwiebeln,
100 g geräucherter Schinkenspeck,
500 g Kartoffeln,
500 g Bohnen,
1 EL Butter, 1 TL Mehl,
1/2 l Fleischbrühe nach Belieben, Salz, Pfeffer, Bohnenkraut, Fondor,
4 Bratwürste,
1 EL Schmalz

EW	Fett	KH	kcal/kJ
26 g	69 g	30 g	886/3711

Zwiebeln schälen und hacken. Speck würfeln. Kartoffeln schälen und in etwa 1 cm große Würfel schneiden. Bohnen verlesen, waschen und in kleine Stücke schneiden. In heißer Butter Zwiebel- und Speckwürfel anbraten. Mit Mehl überstäuben, keine Farbe annehmen lassen und mit Brühe oder Wasser aufgießen. Kartoffeln und Bohnen zugeben. Mit Salz, Pfeffer, Bohnenkraut und Fondor abschmecken und bei milder Hitze gar kochen. Zuletzt Bratwürste in Schmalz anbraten und auf den Eintopf legen.

Tip

Dazu passen Bier und Brot. Der Eintopf kann auch mit Essig und Zucker abgeschmeckt werden.

Himmel und Erde

Zutaten

750 g Kartoffeln,
Salz,
500 g Äpfel,
Schale von 1 Zitrone (unbehandelt),
3 EL Zucker,
Pfeffer, 2 Zwiebeln,
200 g durchwachsener Speck,
40 g Butter,
200 g Blutwurst in Scheiben

EW	Fett	KH	kcal/kJ
14 g	58 g	56 g	838/3513

Kartoffeln waschen, schälen und in Salzwasser gar kochen. Noch heiß zerstampfen. Äpfel schälen, vom Kernhaus befreien und zerkleinern. Mit wenig Wasser, Zitronenschale und Zucker zu Mus kochen. Apfelmus und Kartoffelbrei miteinander vermischen, salzen und pfeffern. Zwiebeln schälen und in Streifen schneiden. Speck fein würfeln. Beides in heißem Fett bräunen. Fertige Speckzwiebeln über den Kartoffel-Apfelbrei geben und mit Blutwurstscheiben anrichten.

Tip
Die fleischige oder wurstige Beigabe ist beliebig variabel. In Westfalen wird Blutwurst genommen.

Chili con Carne (Abb.)

Zutaten

400 g Tomaten,
100 g durchwachsener Speck, 2 Zwiebeln,
50 g Bratenfett,
500 g Rinderhackfleisch,
2 grüne Paprikaschoten,
1/2 Tasse Fleischbrühe,
500 g rote Bohnen,
Salz, Pfeffer,
1 EL Chilipulver,
1 EL Paprikapulver (edelsüß)

EW	Fett	KH	kcal/kJ
34 g	34 g	20 g	558/2338

Tomaten schälen, vierteln, entkernen und würfeln. Speck fein würfeln. Zwiebeln schälen und fein hacken. Bratenfett in einer großen tiefen Pfanne erhitzen. Speck und Zwiebeln darin goldbraun braten. Hackfleisch nach und nach dazugeben und unter ständigem Wenden Farbe annehmen lassen. Paprikaschoten putzen, fein würfeln, zugeben. Mit Fleischbrühe aufgießen. 10 Minuten zugedeckt schmoren, dabei gelegentlich etwas umrühren. Tomaten und Bohnen hinzufügen. Mit Salz, Pfeffer, Chili- und Paprikapulver kräftig würzen und 20 Minuten köcheln lassen, davon 10 Minuten zugedeckt. Pikant abschmecken und anrichten.

Tip
Dazu frisches Landbrot oder mit Knoblauch leicht angeröstetes Stangenweißbrot reichen.

Linsen mit Speck

Zutaten

500 g getrocknete braune Linsen,
1 kleine Zwiebel,
2 kleine Gewürznelken,
2 Lorbeerblätter,
1 Bd. Suppengrün,
Salz,
150 g durchwachsener Räucherspeck,
50 g Butter, 30 g Mehl,
1/4 l Rotwein,
schwarzer Pfeffer,
1 Spritzer Rotweinessig

EW	Fett	KH	kcal/kJ
33 g	45 g	79 g	921/3889

Linsen mindestens 8 Stunden in kaltem Wasser einweichen. Wasser wechseln und Linsen in etwa 1 Stunde gar kochen. Zwiebel schälen, halbieren und mit Gewürznelken und Lorbeerblättern spicken. Suppengrün säubern und kleinschneiden. Mit gespickten Zwiebelhälften und Salz zu den Linsen geben. Räucherspeck klein würfeln. In einem größeren flachen Topf Butter heiß schäumend erhitzen. Speckwürfel 1–2 Minuten darin braten, mit Mehl bestäuben und unter ständigem Rühren bräunen lassen.
Mit Rotwein und Linsensud aufgießen.
Mit Gewürzen und Essig abschmecken und weitere 20 Minuten köcheln lassen.

Möhreneintopf

Zutaten

1 kg Möhren,
300 g Kartoffeln,
300 g Knollensellerie,
3 Zwiebeln,
40 g Butter,
1 1/2 l Fleisch- oder Gemüsebrühe,
Salz, Pfeffer,
300 g gemischtes Hackfleisch,
2 EL Paniermehl,
1 Ei, Paprikapulver,
Knoblauchpulver,
1 EL gehackte Petersilie,
1 EL Schnittlauchröllchen

EW	Fett	KH	kcal/kJ
24 g	26 g	31 g	442/1849

Möhren, Kartoffeln und Sellerie schälen. Waschen, abtropfen lassen und in Würfel schneiden. 2 Zwiebeln schälen und in Ringe schneiden. In heißer Butter glasig dünsten.
Das Gemüse zugeben und mitdünsten. Mit Brühe aufgießen, würzen und alles etwa 30 Minuten im geschlossenen Topf garen. In der Zwischenzeit die Hackfleischbällchen vorbereiten. Restliche Zwiebel schälen und hacken. Hackfleisch mit Zwiebelwürfeln und den restlichen Zutaten (ohne Kräuter) vermengen; abschmecken.
Walnußgroße Klößchen formen und etwa 20 Minuten vor Ende der Garzeit zum Gemüse geben. Den fertigen Eintopf mit Petersilie und Schnittlauchröllchen servieren.

Sauerkrauttopf

Zutaten

2 Zwiebeln,
100 g gekochter Schinken,
1 TL Butterschmalz,
250 g Sauerkraut,
1 1/2 l Fleischbrühe,
Salz, Pfeffer,
Kümmel,
1 Becher saure Sahne,
1 Bd. Schnittlauch

EW	Fett	KH	kcal/kJ
9 g	13 g	6 g	171/715

Die Zwiebeln schälen, halbieren und in Streifen schneiden.
Den gekochten Schinken fein würfeln. In einem Topf das Butterschmalz erhitzen. Die Zwiebelstreifen und den Schinken darin glasig dünsten. Anschließend das Sauerkraut hinzufügen und mit Brühe aufgießen. Sehr pikant abschmecken. Den Sauerkrauttopf etwa 20 Minuten ziehen lassen. Zuletzt die saure Sahne und den gehackten Schnittlauch einrühren.

Tip
Als Getränk hierzu paßt Bier oder Rotwein.

Frühlingsgemüse-Eintopf mit Grießklößchen

Zutaten

750 g Rinderbrust,
Salz,
1 Bd. Suppengrün,
1 großer Kohlrabi,
3 kleine Möhren,
100 g Blumenkohl,
1 kleine Stange Lauch,
1 Bd. Petersilie,
2 EL Butter,
1 Ei, 4 EL Grieß,
1 Prise Muskatnuß

EW	Fett	KH	kcal/kJ
36 g	47 g	26 g	728/3053

Rinderbrust mit etwa 2 l kaltem Salzwasser zum Kochen bringen. Suppengrün waschen, putzen, zum Fleisch geben und bei geringer Hitze etwa 2 1/2 Stunden kochen lassen.
Fleisch und Suppengrün aus der Brühe nehmen. Fleisch in Streifen schneiden und beiseite stellen.
Kohlrabi schälen und in Streifen, Möhren schälen und in Würfel schneiden. Blumenkohl in Röschen teilen. Lauch putzen, waschen und in Ringe schneiden. Gemüse mit Fleisch in die Brühe geben, etwa 15 Minuten garen.
Petersilie fein hacken. Butter schaumig rühren. Ei, Grieß, 1 TL Wasser und Petersilie nach und nach einrühren; mit Salz und Muskatnuß würzen, kurz ruhen lassen. Mit 2 Teelöffeln Klößchen abstechen und in siedendem Salzwasser etwa 10 Minuten leicht kochen, weitere 5 Minuten zugedeckt ziehen lassen. Klößchen in der Suppe servieren.

Steckrüben-Rindfleisch-Topf
(Abb.)

Zutaten
350 g Rindfleisch,
3 Schalotten, Öl,
2 EL Klare Fleischbrühe (Instant),
350 g Rotkohl,
350 g Steckrüben,
1 Bd. Suppengrün,
1 1/2 EL Kümmel,
Essig,
1 1/2 EL Petersilie

EW	Fett	KH	kcal/kJ
19 g	18 g	9 g	285/1194

Rindfleisch in kleine Würfel schneiden. Schalotten schälen, fein hacken.

Öl in einem großen Topf erhitzen, Fleisch und Schalotten darin von allen Seiten gut anbraten. 1 l Wasser hinzugeben, aufkochen lassen und Klare Fleischbrühe darin auflösen. Rotkohl, Steckrüben und Suppengrün gründlich waschen, putzen und würfeln.
Gemüse zusammen mit 1/2 l Wasser in den Topf geben. Kümmel einstreuen und alles 30 Minuten köcheln lassen; kräftig mit Essig abschmecken.
Eintopf mit gehackter Petersilie bestreut servieren.

Tip
Ein deftiges Essen, das besonders an kalten Tagen viel Energie liefert.

Altdeutscher Rindertopf

Zutaten
2 Markknochen,
1 kg Rinderbrust,
2 Knoblauchzehen,
Salz,
2 Zwiebeln,
2 Lorbeerblätter,
1 kleiner Bd. Thymian,
Pfefferkörner,
2 Stangen Lauch,
1/2 Sellerieknolle,
300 g Weißkohl,
250 g Möhren,
2 Petersilienwurzeln,
1 EL gehackte Petersilie

EW	Fett	KH	kcal/kJ
42 g	51 g	15 g	736/3081

Die gewaschenen Markknochen mit 2 l kaltem Wasser aufsetzen; das Fleisch mit Knoblauch einreiben, salzen und in die kochende Brühe legen. Die geviertelten Zwiebeln, Lorbeerblätter, Thymian und Pfefferkörner zugeben und gut 1 Stunde köcheln. In der Zwischenzeit das Gemüse vorbereiten. Gut waschen, putzen und in etwas größere Stücke und den Weißkohl bandnudelartig schneiden. Die Möhren und Petersilienwurzeln schälen, der Länge nach vierteln und in 2 cm lange Stücke schneiden. Wenn das Fleisch fast gekocht ist, Gemüse zu dem Fleisch geben und nochmals 30–40

Minuten leise kochen lassen. Das Gemüse solll am Schluß knackig sein. Die Markknochen entfernen und den Eintopf bei Bedarf noch abschmecken. Das fertige Fleisch in Scheiben schneiden und zurück in den Topf geben. Mit Petersilie bestreut servieren.

Graupeneintopf

Zutaten

2 EL Butter oder Margarine,
40 g Perlgraupen,
2 Zwiebeln,
1 Packung Suppengemüse (tiefgekühlt),
2 Würfel Klare Suppe mit Suppengrün,
frischgemahlener Pfeffer,
1 TL Majoran,
400 g Corned beef

EW	Fett	KH	kcal/kJ
109 g	59 g	61 g	1217/5093

Butter oder Margarine erhitzen und die Graupen mit den abgezogenen, in Ringe geschnittenen Zwiebeln kurz darin andünsten. Gefrorenes Suppengemüse, Wasser und Klare Suppe mit Suppengrün zugeben, alles zum Kochen bringen und etwa 15–20 Minuten garen.
Mit Pfeffer und Majoran abschmecken. Corned beef in Würfel schneiden und im Eintopf erhitzen. Nach Wunsch kräftiges Bauernbrot dazu servieren.

Allerlei im Topf

Zutaten

500 g Weißkraut,
500 g Kartoffeln,
250 g Möhren,
1 große Zwiebel,
1 Lauchstange,
Sonnenblumenöl,
Salz, Pfeffer, Kümmel,
3/4 l Brühe oder Wasser,
1 Bd. frische Petersilie

EW	Fett	KH	kcal/kJ
5 g	8 g	30 g	227/9575

Weißkohl putzen und mittelgrob hobeln. Restliches Gemüse waschen, schälen und in Scheiben schneiden. Zwiebel schälen und in Streifen schneiden. Lauch längs halbieren, waschen und quer in etwa 1 cm dicke Stücke schneiden. In einem größeren Topf das Sonnenblumenöl erhitzen. Zwiebelstreifen glasig schwitzen. Weißkohl, Kartoffeln, Lauch und Möhren abwechselnd einschichten. Dabei jede Lage leicht salzen, pfeffern und mit Kümmel bestreuen. Zuletzt Brühe oder Wasser eingießen. Den Topf mit einem Deckel versehen und bei zurückgedrehter Hitze den Eintopf etwa 1 Stunde schmoren lassen. Vor dem Servieren mit frischer Petersilie bestreuen.

Gurkeneintopf mit Kabeljau

Zutaten

100 g durchwachsener, geräucherter Speck,
2 große Zwiebeln,
2 mittelgroße Gurken,
2 Bd. Dill,
2 EL Butter, 1 EL Öl,
250 g saure Sahne,
1 gehäufter EL Gekörnte Brühe,
500 g Kabeljau,
Würzmischung für Fisch (Fertigprodukt),
600 g Kartoffeln, Salz

EW	Fett	KH	kcal/kJ
128 g	131 g	127 g	2185/9148

Speck und abgezogene Zwiebeln würfeln. Gurken schälen, halbieren, entkernen und in Scheiben schneiden. Dill waschen und hacken. Einen Teil der Butter und Öl in einem Topf erhitzen. Speck, Zwiebeln, Gurkenscheiben und Dill darin anschwitzen. Mit saurer Sahne und Gekörnter Brühe verrühren. Kabeljau grob würfeln, mit Würzmischung würzen. Fischwürfel in den Eintopf legen und bei milder Hitze und geschlossenem Deckel 6 Minuten ziehen lassen. Kartoffeln schälen, waschen und in Salzwasser garen; abgießen. Den Rest der Butter in einer Pfanne schmelzen lassen, Kartoffeln darin schwenken, dabei überglänzen und separat zum Eintopf servieren.

Jugoslawischer Eintopf (Duvec)

Zutaten

500 g gemischtes Fleisch (Rind, Lamm und Schwein),
je 1 rote, gelbe und grüne Paprikaschote,
3 Zwiebeln,
500 g Tomaten,
250 g Zucchini,
1 EL Butter,
4 Knoblauchzehen,
125 g Reis,
Salz,
Pfeffer,
1/2 Bd. glatte Petersilie,
3/4 l Brühe

EW	Fett	KH	kcal/kJ
25 g	32 g	36 g	585/2459

Gemischtes Fleisch waschen, trockentupfen und in kleinere Würfel schneiden. Paprikaschoten halbieren, entkernen und in Streifen schneiden. Zwiebeln schälen und ebenfalls in Streifen schneiden. Tomaten und Zucchini waschen und in Scheiben schneiden. Eine feuerfeste Form üppig ausbuttern. Knoblauch schälen, durch die Presse drücken und verteilen. Den Boden mit Tomaten und Zucchinischeiben auslegen. Das Gemüse abwechselnd mit Reis und Fleischwürfeln einschichten. Jede Schicht leicht salzen, pfeffern und mit gehackter Petersilie bestreuen. Mit Brühe seitlich aufgießen und die Form mit Alufolie oder einem Deckel verschließen. Eintopf in den auf etwa 200 Grad vorgeheizten Ofen schieben und etwa 1 Stunde dünsten lassen.

Kohlrouladen-Topf

Zutaten

1 kleiner Kopf Wirsing oder Chinakohl,
Salz,
300 g Hackfleisch halb und halb,
1 Ei,
1 TL Senf,
1 EL Paniermehl,
Kümmel,
Oregano,
1 EL Butter oder Margarine,
3 TL Gemüsebrühe,
1 kleine Dose geschälte Tomaten (400 g),
250 g Kartoffeln,
1 Stück Sellerie,
1 Stange Lauch,
3 Möhren

EW	Fett	KH	kcal/kJ
24 g	21 g	26 g	487/1733

Wirsing in einzelne Blätter zerlegen, harte Blattenden abschneiden und die Blätter in kochendem Salzwasser kurz blanchieren, herausnehmen, auf Küchenkrepp abtropfen lassen. Hackfleisch mit Ei, Senf und Paniermehl vermischen, mit Salz, Kümmel und Oregano abschmecken. Wirsingblätter bei Bedarf halbieren und etwas Hackfleischmasse darin einschlagen. Säckchen in die Mitte einer Stoffserviette legen, einen Beutel formen und diesen gut »auswringen«. Butter oder Margarine erhitzen, Wirsingsäckchen kurz darin anbraten, herausnehmen, Wasser aufgießen, erhitzen, Gemüsebrühe einrühren. Dosentomaten, geschältes, zerkleinertes Gemüse und übriggebliebenen, kleingeschnittenen Wirsing zugeben, aufkochen. Alles etwa 15 Minuten köcheln lassen. Nochmals abschmecken, Wirsingrouladen in die Suppe legen und alles weitere 15 Minuten garen.

Rote-Bete-Rindfleisch-Topf

Zutaten

2 Würfel Klare Fleischbrühe (Fertigprodukt),
1 Lorbeerblatt,
750 g Rindfleisch,
300 g durchwachsener, geräucherter Speck,
500 g Weißkohl,
500 g rote Bete,
2 Zwiebeln,
2 EL Essig,
1 Becher saure Sahne (150 g), Pfeffer,

2 EL gehackte, gemischte Kräuter

EW	Fett	KH	kcal/kJ
201 g	262 g	90 g	3463/14487

Wasser mit den Würfeln für Klare Fleischbrühe und Lorbeerblatt zum Kochen bringen. Fleisch und Speck hineingeben und bei geringer Hitze etwa 50 Minuten köcheln lassen. Geputzten Weißkohl in feine Streifen schneiden. Geschälte rote Bete klein würfeln. Zwiebeln abziehen und in Ringe schneiden. Vorbereitetes Gemüse zum Fleisch geben und alles weitere 20–30 Minuten garen. Fleisch und Speck herausnehmen, würfeln und der Suppe wieder zufügen. Essig und saure Sahne unterrühren. Eintopf mit Pfeffer abschmekken und mit Kräutern bestreut servieren.

Rosenkohleintopf

Zutaten

500 g Rosenkohl, 300 g Möhren, 500 g Kartoffeln, 2 TL Klare Gemüsebrühe, 400 g Bratwurstmasse, Salz, Pfeffer, 1 EL gehackte, gemischte Kräuter

EW	Fett	KH	kcal/kJ
92 g	134 g	114 g	2033/8507

Rosenkohl putzen, Möhren und Kartoffeln schälen, Möhren in Scheiben schneiden, Kartoffeln würfeln (1 ganze zurückbehalten). 1 l Wasser zum Kochen bringen, Gemüsebrühe einrühren, Gemüse zufügen und alles etwa 20 Minuten garen. Zurückbehaltene Kartoffel hineinreiben, alles zum Kochen bringen. Bratwurstmasse zu Bällchen formen und darin ziehen lassen. Eintopf mit Salz und Pfeffer abschmecken und mit Kräutern bestreut servieren.

Paprikatopf (Abb.)

Zutaten

3 Zwiebeln, 2 Stangen Lauch, 3 rote Paprikaschoten, 500 g Kartoffeln, 1 Brühwürfel mit Suppengrün, 4 Krakauer-Würstchen, Pfeffer, Petersilie

EW	Fett	KH	kcal/kJ
36 g	14 g	30 g	405/1697

Zwiebeln schälen, Lauch putzen. Beides in Scheiben schneiden. Paprikaschoten putzen und in Streifen schneiden. Kartoffeln waschen, schälen und in mundgerechte Würfel schneiden. 3/4 l Wasser zum Kochen bringen. Brühwürfel darin auflösen. Gemüse und Kartoffeln hinzufügen und alles etwa 25 Minuten kochen. Krakauer-Würstchen in Scheiben schneiden, hinzufügen und mit heiß werden lassen. Suppe kräftig mit Pfeffer würzen, abschmecken. Petersilie fein hacken, Suppe damit bestreuen. Suppe möglichst heiß servieren und dazu kräftiges, frisches Bauernbrot oder Zwiebelbaguette reichen.

Tip
Wer es feurig mag, ergänzt die Gemüsemischung durch eine Chilischote. Dazu schmeckt ein leichter Rotwein.

Spanischer Hackfleischtopf mit Früchten

Zutaten
2 Gemüsezwiebeln,
2 Tomaten,
4–6 EL Olivenöl,
500 g Hackfleisch (Rind),
Knoblauchpulver,
1 Nelke,
1 Lorbeerblatt,
Salz, Pfeffer,
1 TL Gekörnte Brühe,
1/8 l Rotwein,
500 g Kartoffeln,
300 g Pfirsichhälften (Dose),
150 g Pflaumen ohne Stein (Dose),
30 g Rosinen

EW	Fett	KH	kcal/kJ
119 g	153 g	191 g	1513/6332

Zwiebeln abziehen und in Streifen schneiden. Tomaten heiß überbrühen, abziehen und die Stielansätze entfernen. Tomaten in Achtel schneiden. Öl erhitzen, Zwiebelstreifen darin andünsten, Tomaten und Hackfleisch zugeben. Mit Knoblauchpulver, Nelke, Lorbeerblatt, Salz und Pfeffer würzen. Alles unter Rühren etwa 5 Minuten schmoren. In 1/4 l heißem Wasser aufgelöste Gekörnte Brühe und Wein zugießen und etwa 10 Minuten köcheln lassen. Kartoffeln schälen, sehr klein würfeln und zugeben, weitere 10 Minuten garen. Pfirsiche in Scheiben schneiden, Pflaumen halbieren, Rosinen waschen und abtropfen lassen, zum Eintopf geben und nochmals 10 Minuten mehr ziehen als kochen lassen. Hackfleischtopf vor dem Servieren pikant abschmecken.

Tip
Es eignen sich auch eingeweichte getrocknete Aprikosen und Pflaumen dazu.

Polnischer Eintopf

Zutaten
4 Zwiebeln,
250 g geräucherter Speck,
250 g mageres Schweinefleisch,
250 g geräucherte Mettwurst,
250 g Weißkohl,
250 kg Sauerkraut,
125 g frische Pfifferlinge,
2 EL Tomatenmark,
1 kräftige Prise Paprika (edelsüß),
Salz, Kümmel,
Majoran, 1 EL Schmalz

EW	Fett	KH	kcal/kJ
26 g	90 g	11 g	999/4184

Zwiebeln schälen und hacken. Den geräucherten Speck fein würfeln. Schweinefleisch in kleine Würfel und die gehäutete Mettwurst in Scheiben schneiden. Weißkohl säubern und hobeln. Die frischen Pilze verlesen, sorgfältig waschen und eventuell vierteln. In heißem Fett die Speck- und Zwiebelwürfel andünsten. Nach und nach sämtliche Zutaten hinzufügen. Pikant abschmecken und bei kleiner Hitze langsam fertig schmoren.

Tip
Ein kräftiges Pils dazu servieren.

Zigeuner-Eintopf

Zutaten
250 g mageres Schweinefleisch,
500 kg Tomaten,
je 1 rote, grüne und gelbe Paprikaschote,
250 g Zwiebeln,
5 Knoblauchzehen,
125 g geräucherter Speck, 1 EL Fett,
Salz,
Pfeffer (Cayennepfeffer),
1/4 l Rotwein,
2 getrocknete rote Chilis,
1 Dose rote Kidneybohnen,
1 Prise Zucker,
Kräuter wie Basilikum, Oregano, Thymian und Kerbel,

EW	Fett	KH	kcal/kJ
33 g	36 g	56 g	753/3157

Das magere Schweinefleisch in feine Streifen oder Würfel schneiden. Tomaten waschen, blanchieren, häuten und das Fruchtfleisch würfeln. Paprikaschoten halbieren, entkernen, waschen und in Streifen schneiden. Zwiebeln schälen und passend zu den Schoten schneiden. Knoblauch schälen und hacken. Speck fein würfeln. In sehr heißem Fett das Schweinefleisch von allen Seiten bräunen. Nach und nach geräucherten Speck, Zwiebel- und Paprikastreifen einstreuen. Unter ständigem Rühren Knoblauch, Salz und Pfeffer hinzufügen. Mit Rotwein ablöschen und dabei die gesäuberten Chilischoten in den Topf schneiden. Tomatenwürfel, abgetropfte Bohnen, 1 Prise Zucker und die Kräuter hinzufügen. Zuletzt mit etwa 1/2–3/4 l Wasser aufgießen. Bei kleiner Hitze fertig schmoren. Nochmals abschmecken, nach Belieben sehr feurig.

Tip

In Ungarn werden in den letzten 15 Minuten der Kochzeit kleine Eiergraupen, sogenannte Tarhonya, hinzugegeben.

Kohlrabieintopf mit Rindfleisch
(Abb.)

Zutaten
3 gestr. EL Klare Fleischbrühe (Fertigprodukt),
500 g Rinderbeinscheibe,
500 g Kohlrabi,
250 g Kartoffeln,
100 g Möhren,
1 Zwiebel, Pfeffer, Salz,
50 g Crème fraîche,
2 EL gehackte Petersilie

EW	Fett	KH	kcal/kJ
25 g	23 g	20 g	497/2085

1 l Wasser aufkochen, Klare Fleischbrühe hinzufügen,

Beinscheibe dazugeben und 1 1/2 Stunden garen. Inzwischen Kohlrabi und Kartoffeln schälen und waschen. Kohlrabi in Scheiben, Kartoffeln in Würfel schneiden. Möhren schälen, waschen und in Streifen schneiden, Zwiebel schälen und in Ringe schneiden. Gemüse zum Suppenfleisch geben und weitere 15 Minuten garen. Beinscheibe herausnehmen, Fleisch würfeln und wieder dazugeben. Eintopf mit Pfeffer und Salz abschmecken. Crème fraîche darübergeben und mit Petersilie bestreuen.

Tip
Statt Beinscheibe kann man auch normales Suppenfleisch verwenden.

Pichelsteiner Eintopf
(Abb.)

Zutaten
500 g Rindfleisch,
3 Zwiebeln,
1/2 Sellerieknolle,
300 g Möhren,
400 g Kartoffeln,
1 Stange Lauch,
1 kleiner Weißkohl (500 g),
1/2 Wirsingkohl (500 g),
2 EL Butter,
Salz,
Pfeffer,
Paprikapulver,
Kümmel,
3/4 l Brühe,
2 EL gehackte Petersilie

EW	Fett	KH	kcal/kJ
30 g	29 g	40 g	573/2411

Fleisch würfeln. Zwiebeln schälen und in Ringe, Sellerie, Möhren und Kartoffeln schälen und in Würfel schneiden. Lauch und Kohl putzen und waschen, Lauch in Ringe, Kohl in Streifen schneiden.
Butter erhitzen, Zwiebeln darin anbraten. Gemüse und Fleischwürfel lagenweise einschichten, dabei jede Lage mit den Gewürzen bestreuen. Mit Brühe aufgießen und alles zugedeckt bei mittlerer Hitze etwa 1 Stunde garen. Nochmals mit Gewürzen abschmecken und mit Petersilie bestreut servieren.

Eintopf der Fischer
(Abb.)

Zutaten
1 Zwiebel,
1 Knoblauchzehe,
3 Tomaten,
1 grüne Paprikaschote,
2 Kartoffeln,
4 EL Olivenöl,
1 EL Paprikapulver,
Pfeffer, 2 EL Klare Gemüsebrühe,
300 g Rotbarschfilet,
4 Scheiben Weißbrot

EW	Fett	KH	kcal/kJ
21 g	16 g	35 g	365/1535

Zwiebel und Knoblauchzehe schälen und würfeln.
Tomaten waschen und würfeln.
Paprikaschote waschen, putzen und würfeln.
Kartoffeln waschen, schälen und würfeln. Öl erhitzen, Zwiebeln und Knoblauch darin andünsten. Tomaten- und Paprikawürfel dazugeben und 5 Minuten kochen lassen, dabei öfters umrühren. Kartoffelwürfel, Paprikapulver und Pfeffer dazugeben. Mit 1/2 l Wasser aufgießen, zum Kochen bringen und Brühe darin auflösen. Bei geringer Hitze 30 Minuten zugedeckt garen. Rotbarschfilet in größere Würfel schneiden, dazugeben und in weiteren 10 Minuten garziehen lassen. Weißbrot toasten, in 4 Suppentellern verteilen und Eintopf darübergeben.

Bayerischer Gemüseeintopf

Zutaten
500 g Weißkohl,
125 g geräucherter Speck,
2 Zwiebeln,
500 g Möhren,
500 g Kartoffeln,
3 EL Butter,
Salz,
Pfeffer,
Kümmel,
3/4 l Brühe,
1 EL Mehl

EW	Fett	KH	kcal/kJ
7 g	40 g	36 g	569/2388

Den Weißkohl von Strunk und dicken Blattrippen befreien. Waschen und in Rauten schneiden. Den Speck in dünne Streifen schneiden. Die Zwiebeln schälen und hacken. Die Möhren und Kartoffeln schälen und in Scheiben schneiden. In einem größeren Topf die Hälfte der Butter erhitzen. Zwiebelwürfel und Speckstreifen einstreuen. Nach einigen Minuten das Gemüse einzeln einschichten und dabei jede Schicht leicht salzen, pfeffern und mit Kümmel bestreuen. Mit Brühe übergießen.
Die Hitze zurückdrehen und den Topf mit einem Deckel versehen. Etwa 45 Minuten schmo-

ren lassen. Kurz vor Ende der Garzeit aus der restlichen Butter und dem Mehl eine helle Schwitze bereiten. Mit der Gemüsebrühe aus dem anderen Topf auffüllen. Gegebenenfalls etwas Wasser zugießen. Das restliche gargekochte Gemüse unterheben und nochmals abschmecken.

Tip

Der Eintopf wird durch die Mehlschwitze sämiger, sie ist aber nicht unbedingt notwendig. Mit frischem Bauernbrot, Griebenschmalz und Bier servieren.

Fischeintopf mit Croutons und Knoblauchmayonnaise

Zutaten

etwa 300 g Seelachsfilets,
3 Zwiebeln,
1 Zucchini,
1 Fenchelknolle,
5 EL Olivenöl oder Pflanzenöl,
1 gehackte Knoblauchzehe,
1 große Dose Tomaten,
1 Würfel für Gemüsebrühe (Fertigprodukt),
Saft von 1/2 Zitrone,
Salz,
Pfeffer,
1 kleines Weißbrot,
5 TL Knoblauchmayonnaise (Fertigprodukt)

EW	Fett	KH	kcal/kJ
20 g	87 g	26 g	516/2160

Die Seelachsfilets in mundgerechte Stücke schneiden.
Die Zwiebeln schälen, halbieren und in Scheiben schneiden.
Die Zucchini und die Fenchelknolle gründlich waschen.
Der Länge nach halbieren und dann kleinschneiden.
In einem Topf das Öl erhitzen. Zwiebeln, Knoblauch, Zucchini und Fenchel darin andünsten. Die Tomaten über einem Sieb abtropfen lassen. Den aufgefangenen Tomatensaft mit Wasser zu 1 l auffüllen. In den Kochtopf gießen und zum Kochen bringen. Den Gemüsebrühwürfel in der kochenden Flüssigkeit auflösen. Weitere 5 Minuten köcheln lassen. Mit Zitronensaft abschmecken und dann würzen.
Für die Croutons das Weißbrot in etwa 2 cm große Würfel schneiden. Auf ein Backblech legen, mit Öl beträufeln und im vorgeheizten Ofen einige Minuten bräunen. Immer wieder die Brotwürfel wenden.
In vorbereitete und vorgewärmte Suppenteller je einige Croutons legen.
Je mit 1 TL Knoblauchmayonnaise versehen.
Heiße Suppe darübergeben.

Exotischer Geflügeltopf

Zutaten

100 g Reis,
500 g Hähnchenfleisch ohne Knochen,
250 g Lauchzwiebeln,
1 EL Butter,
Salz,
weißer Pfeffer,
1 TL Curry,
1/8 l Weißwein,
1 Dose Mangoscheiben,
1 l Brühe,
2 EL Mandelblättchen

EW	Fett	KH	kcal/kJ
30 g	16 g	34 g	438/1849

Reis kochen und abseihen.
Hähnchenfleisch waschen, trockentupfen und in kleine Würfel schneiden.
Lauchzwiebeln putzen und vierteln, gegebenenfalls achteln. In heiß schäumender Butter das Geflügelfleisch von allen Seiten bräunen. Lauchzwiebeln zugeben, einige Minuten weiter braten und währenddessen salzen, pfeffern und mit Currypulver stäuben. Mit Weißwein und dem Saft der Mangos ablöschen. Nach etwa 10 Minuten mit heißer Brühe übergießen und leise köcheln lassen.
Kurz vor dem Servieren die Mangoscheiben und den Reis miterhitzen. Nochmals abschmecken und mit Mandelblättchen servieren.

Aufläufe können Sie ohne Probleme vorbereiten, schieben Sie sie dann einfach, kurz bevor Ihre Gäste kommen, in den Ofen. Sie selbst haben nicht soviel Streß, vermeiden Arbeitsspitzen und können sich in aller Ruhe Ihren Gästen widmen. Sie brauchen auch nicht lange aufzuschneiden oder zu portionieren, sondern können das fertige Gericht vom Ofen direkt zu Tisch bringen, und jeder kann sich nach Lust und Laune selbst bedienen.

Herkunft und Zubereitung

In dem Wort Auflauf steckt das französische Wort „souffler", das bedeutet aufblasen oder aufblähen. Auch bei uns spricht man ja, vor allem bei süßen Aufläufen, oft von Soufflés. Sie blähen sich durch Zugabe von geschlagenem Eiweiß hoch auf. Doch nicht nur Süßes, sondern auch Pikantes und Würziges schmeckt als Auflauf sehr gut. Der Vorteil solcher Gerichte besteht darin, daß Sie fast alle Lebensmittel für Aufläufe benutzen können, d. h. also auch aus Resten in Ihrem Kühlschrank wunderbare Aufläufe zaubern können. Mit feinen Kräutern gewürzt und mit der richtigen Sauce abgeschmeckt, gelingen Aufläufe in allen Variationen. Zu den Aufläufen zählen auch Gratins. Sie bestehen meist aus vorgegarten Zutaten und werden recht häufig mit Käse, Butterflöckchen und Paniermehl im Ofen gebacken, bis eine schöne braune Kruste entsteht. Sie sind gut als Eingangsgericht für größere Menüs geeignet.

Damit Ihre Aufläufe gut gelingen, brauchen Sie das notwendige Handwerkszeug. Wichtig ist eine feuerfeste Form aus Ton oder Steingut, Glas, Porzellan oder Gußeisen in verschiedenen Größen und eventuell Formen, also rund oder eckig. Für Gratins und Gerichte, die sich nicht aufblähen, eignen sich flache Formen gut. Für Soufflés und Aufläufe, die nicht flach bleiben, brauchen Sie hohe und glattwandige Formen, da die Gerichte beim Aufblähen am Gefäßrand sonst „hängenbleiben". Für süße Aufläufe oder Puddings nehmen Sie am besten kleine Förmchen oder Ringe. Sie brauchen nicht unbedingt glattwandig zu sein. Allerdings sollten Sie nicht vergessen, die Formen richtig zu fetten und zu bröseln. Aufläufe nach Hausmacherart machen sich sehr gut in der gußeisernen Form, da diese passend rustikal wirkt. Für das richtige Gelingen brauchen Ihre Zutaten Flüssigkeit. Mit einem Handmixer können Sie die benötigten Saucen problemlos verquirlen und aufschlagen. Da oft mit Käse überbacken wird, sollten Sie eine ganz normale Reibe bei der Hand haben.

Zutaten

Für Aufläufe können Sie, wie gesagt, Reste verwenden. Zum Vermischen dieser Reste sind Kartoffeln, Reis und Nudeln wichtige Zutaten. Sie müssen vorgekocht werden, – aber nicht zu stark, denn sie kommen ja nochmals in die Röhre. Sie sollten dann noch al dente sein, also Biß haben. Fleisch, Wurst, Schinken oder Bratenreste lassen sich gut mit den Zutaten vermischen.
Gemüse als Zutaten sollten – wenn möglich – frisch sein, denn altes Gemüse schmeckt immer ein bißchen fade.
Als Gemüse geeignet sind alle Kohl- und Knollenfruchtarten, Zwiebelgemüse, Zucchini, Auberginen, Möhren, Kartoffeln, Tomaten, Paprika, Spargel, Spinat, Mangold, Bohnen und Chicorée.
Farbtupfer im Auflauf sind grüne, frische Kräuter, Möhren und Lauch.
Für süße Aufläufe nehmen Sie z. B. altbackenes Brot oder Brötchen und vermischen es mit Obst wie Äpfel, Kirschen, Erdbeeren, Zwetschgen, Johannisbeeren. Mit einer Sauce aus Ei, Milch, Sahne, Zucker und Nüssen oder Mandeln schmeckt Ihr süßer Auflauf ganz hervorragend. Mit Eischnee, fein gesiebtem Mehl und Zutaten wie Vanille oder Schokolade können Sie lockere duftige Soufflés herstellen.

Kartoffelauflauf
(Abb.)

Zutaten
50 g durchwachsener Speck,
500 g Kartoffeln,
200 g Frühlingszwiebeln,
2 Möhren, 2 Becher Joghurt (je 150 g),
1/2 l Milch, 2 Eier,
2 Bd. Schnittlauch,
6 gehäufte EL helle Mehlschwitze (Fertigprodukt),
Salz, Pfeffer,
60 g geriebener Hartkäse (z. B. Emmentaler),
Fett für die Form

EW	Fett	KH	kcal/kJ
20 g	27 g	39 g	499/2097

Speck würfeln, Kartoffeln schälen, waschen und in feine Scheiben schneiden. Frühlingszwiebeln und Möhren putzen und waschen, Zwiebeln in Ringe schneiden, Möhren grob raffeln. Joghurt, Milch und Eier mit dem Schneebesen verrühren. Schnittlauch in Röllchen schneiden, mit Mehlschwitze hinzufügen und unterrühren; salzen und pfeffern. Speck, Kartoffeln und Gemüse mit Eier-Milch-Mischung vermengen und alles in eine gefettete Auflaufform füllen. Käse darüberstreuen und im vorgeheizten Ofen bei 175–200 Grad 50–60 Minuten backen.

Quarkauflauf mit Schinken

Zutaten
1 kg Speisequark,
1/4 l Milch, 6 Eigelb,
50 g Speisestärke,
250 g gekochter Schinken,
1 kleine Zwiebel,
Salz,
weißer Pfeffer,
1/2 TL getrockneter, zerriebener Thymian,
Knoblauchsalz,
3 Eiweiß,
40 g Butter,
30 g Paniermehl

EW	Fett	KH	kcal/kJ
51 g	33 g	29 g	645/2704

Quark, Milch, Eigelb und Speisestärke in einer Schüssel

verrühren. Schinken und geschälte Zwiebeln fein würfeln, dazugeben. Mit der Quarkmasse mischen. Mit Salz, Pfeffer, Thymian und Knoblauchsalz abschmecken. Eiweiß in einer Schüssel steif schlagen. Unter die Auflaufmasse heben. Eine feuerfeste Form mit etwas Butter einfetten. Puddingmasse einfüllen.
Oberfläche mit einem angefeuchteten Löffel glattstreichen Paniermehl darüberstreuen.
Die restliche Butter oder Margarine mit Flöckchen darauf verteilen. Form in den vorgeheizten Ofen auf die mittlere Schiene stellen. Bei 220 Grad 50 Minuten backen.

Lachsforellen-Auflauf
(Abb.)

Zutaten

300 g frischer Spinat,
Salz,
6 Stangen Spargel,
Butter für die Form,
3 filetierte Lachsforellen (je 300 g), 1 Eiweiß,
200 ml Sahne,
125 g Crème double,
Pfeffer, Cayennepfeffer,
Curry, 1 EL Zitronensaft,
6 dünne Scheiben Emmentaler,
1 Bd. Schnittlauch,
150 g Crème fraîche

EW	Fett	KH	kcal/kJ
62 g	66 g	66 g	910/3811

Spinat etwa 1/2–1 Minute in siedendem Salzwasser blanchieren, eiskalt abschrecken.
Spargel schälen und in siedendem Salzwasser etwa 6 Minuten garen. Eine längliche Auflaufform einfetten, mit einigen Spinatblättern auskleiden.
Fischfilets kleinschneiden und mit Eiweiß im Mixer pürieren. Durch ein Sieb streichen und in eine gekühlte Schüssel geben.
Eiskalte Sahne und Crème double mischen und vorsichtig unter das Lachsforellenpüree heben. Mit Pfeffer, Salz, einem Hauch Cayennepfeffer und Curry würzen. Tropfenweise Zitronensaft dazugeben. Hälfte der Fischcreme in die Auflaufform auf das Spinatblätterbett füllen. Spargelstangen zuerst in Emmentaler-Scheiben, dann in Spinatblätter einrollen und auf die Fischcreme legen. Mit restlicher Lachsforellencreme bedecken und glattstreichen.
Fettpfanne aus dem Ofen mit heißem Wasser 2 cm hoch füllen. Auflaufform mit geschlossenem Deckel in die Pfanne stellen und etwa 1 Stunde im vorgeheizten Ofen bei 160 Grad garen. Deckel abnehmen und 10 Minuten bei Oberhitze bräunen. Schnittlauch in Röllchen schneiden und mit Créme fraîche verrühren. Auflauf in Scheiben schneiden und mit der Schnittlauchcreme anrichten.

Moussaka
(Abb. S. 417)

Zutaten
750 g Auberginen,
Salz,
2 Zwiebeln,
5 EL Öl,
400 g Rinderhackfleisch,
2 Knoblauchzehen,
1 Würzmischung Tomatensauce mit Kräutern,
Pfeffer,
Thymian,
Oregano,
1/2 l Milch,
4 gehäufte EL (35 g) Saucenbinder (hell),
1 Eigelb,
Fett für die Form,
40 g geriebener Parmesan

EW	Fett	KH	kcal/kJ
33 g	23 g	19 g	441/1848

Auberginen längs in 1 cm dicke Scheiben schneiden, mit Salz bestreuen und 30 Minuten ziehen lassen. Zwiebeln schälen und klein würfeln. Auberginen abtupfen, in heißem Öl goldgelb braten und herausnehmen. Zwiebeln im Öl andünsten. Hackfleisch dazugeben und anbraten. Durchgepreßte Knoblauchzehen und Mischung für Tomatensauce hinzufügen. Mit Salz, Pfeffer, Thymian und Oregano abschmecken.
Für die Sauce Milch aufkochen, Saucenbinder mit dem Schneebesen einrühren und 1 Minute kochen lassen. Eigelb unterziehen und mit Salz und Pfeffer abschmecken. Auberginen, Hackfleischmasse und wieder Auberginen in eine gefettete Auflaufform füllen. Jede Schicht mit etwas Parmesan-Käse bestreuen. Sauce darübergießen und Moussaka im vorgeheizten Ofen bei 175–200 Grad etwa 40 Minuten backen.

Käse-Soufflé
(Abb.)

Zutaten
5 EL Butter,
6 EL Mehl,
1/4 l Milch,
Salz, Pfeffer,
150 g geriebener Greyerzer,

4 Eier,
6 EL gehackte Walnüsse,
2 EL gehackte Petersilie,
Muskatnuß,
Fett für die Form,
Paniermehl für die Form

EW	Fett	KH	kcal/kJ
23 g	40 g	18 g	553/2318

Butter in einem Topf erhitzen, Mehl darin anschwitzen.
Mit Milch aufgießen und mit einem Schneebesen kräftig durchschlagen, mit Salz und Pfeffer würzen. Käse unterrühren. Eier trennen, Eigelb, Walnüsse und Petersilie nach und nach untermengen und mit Muskatnuß würzen. Eiweiß steif schlagen und unterheben. Eine feuerfeste Form einfetten und mit Paniermehl ausstreuen. Masse einfüllen, glattstreichen und mit einem Messer rundherum eine Kerbe ziehen. Soufflé im vorgeheizten Ofen auf der unteren Schiene bei 200 Grad etwa 30 Minuten backen. Sofort servieren.

Emmentaler Käsegratin

Zutaten
1 kg gekochte Pellkartoffeln,
Margarine zum Einfetten,
200 g geriebener Emmentaler Käse,
1/2 l Milch,
1 Ei, Salz,
1 EL gehackte Petersilie,
1 Zwiebel

EW	Fett	KH	kcal/kJ
24 g	23 g	38 g	470/1968

Pellkartoffel abziehen und in Scheiben schneiden. Gratinform (Auflaufform) einfetten. Kartoffelscheiben einschichten. Jede Schicht mit Käse bestreuen. Milch mit Ei, Salz und der gehackten Petersilie verquirlen. Zwiebel schälen, fein würfeln und dazugeben. Alles über die Kartoffeln gießen. Letzte Schicht: geriebener Käse. Auflaufform auf die untere Schiene des vorgeheizten Ofens schieben und 45 Minuten bei 200 Grad backen.

Auberginenauflauf
(Abb.)

Zutaten
1 große Aubergine (600–700 g),
Salz,
Zitronensaft,
2 Zwiebeln,
1 Knoblauchzehe,
6 EL Maiskeimöl,
375 g Hackfleisch,
Rosmarin, Thymian,
Paprika, Salbei,
Pfeffer,
2 mittelgroße Fleischtomaten,
500 g gekochte Kartoffeln,
Fett für die Form,
1/8 l Milch,
4 EL helle Mehlschwitze (Fertigprodukt),
1 Becher Joghurt (150 g),
1 Becher Crème fraîche (125 g),
1–2 Eier,
Muskatnuß

EW	Fett	KH	kcal/kJ
33 g	69 g	42 g	1040/3971

Aubergine waschen, längs in Scheiben schneiden, von beiden Seiten leicht salzen, mit Zitronensaft beträufeln und etwa 10 Minuten ziehen lassen. Ausgetretenen Saft mit Küchenkrepp abtupfen. Zwiebeln und Knoblauch schälen und fein hacken. Öl in einer Pfanne erhitzen und darin nacheinander der Auberginenscheiben anbraten, herausnehmen und auf Küchenkrepp abtropfen lassen. Anschließend in der Pfanne Hackfleisch mit Zwiebeln und Knoblauch anbraten und mit Gewürzen abschmecken. Fleischtomaten waschen und in Scheiben schneiden. Kartoffeln schälen und in Scheiben schneiden. Eine Auflaufform fetten, Auberginen, Tomaten, Kartoffeln und Hackfleisch einschichten. Milch aufkochen, mit Mehlschwitze andicken lassen, etwas abkühlen lassen. Joghurt, Crème fraîche, Eier, Muskatnuß und Salz einrühren. Guß über den Auflauf verteilen. Auflauf im vorgeheizten Ofen bei 200 Grad etwa 45 Minuten backen.

Kohlauflauf

Zutaten
2 Stauden Chinakohl (750 g),
Salz,
Margarine zum Einfetten,
2 EL Sojasauce,
250 g Rinderhack,
1 Zwiebel,
1 Bd. Suppengrün,

1/8 l heiße Fleischbrühe aus Würfeln,
100 g durchwachsener Speck,
4 Tomaten (160 g),
10 g Butter

EW	Fett	KH	kcal/J
32 g	44 g	4 g	562/2356

Chinakohl waschen, putzen, abtropfen lassen und vierteln. In 1 l gesalzenem Wasser in 20 Minuten gar kochen. Feuerfeste Form mit Margarine einfetten. Kohl herausnehmen und auf einem Sieb abtropfen lassen. In feine Streifen schneiden und die Hälfte mit Sojasauce in die Form geben. Rinderhack in eine Schüssel geben. Zwiebel schälen und fein würfeln. Suppengrün putzen, unter kaltem Wasser abspülen, trockentupfen und sehr fein hacken. Beides in das Hackfleisch geben; salzen. Masse auf dem Kohl in der Form verteilen und den restlichen Chinakohl darübergeben. Mit heißer Fleischbrühe aufgießen. Speck fein würfeln und darüberstreuen. Form in den vorgeheizten Ofen auf die mittlere Schiene stellen und 30 Minuten bei 220 Grad backen. In der Zwischenzeit Tomaten waschen, Stengelansätze herausschneiden. Tomaten dann oben kreuzweise einschneiden. Butter und Wasser in einen Topf geben, Tomaten hineinsetzen und in 5 Minuten weich dünsten; warm stellen. Form aus dem Ofen nehmen, mit den gedünsteten Tomaten garniert sofort servieren.

Auflauf nach Karpatischer Art
(Abb.)

Zutaten
750 g Kartoffeln,
Salz,
1/8 l Milch,
2 EL Butter,
Kräutersalz,
Pfeffer,
1 Prise Muskatnuß,
1 Gemüsezwiebel,
1 EL Öl,
200 g Kochschinken,
Paprika (edelsüß),
1/2 TL Majoran,
1/8 l trockener Weißwein,
Fett für die Form,
1 Dose Sauerkraut,
150 g Crème fraîche,
2 TL gemischte, gehackte Kräuter

EW	Fett	KH	kcal/kJ
15 g	27 g	34 g	480/2011

Kartoffeln schälen, waschen und in Salzwasser 20 Minuten garen, abgießen und zerstampfen. Mit Milch und geschmolzener Butter verrühren. Püree mit Kräutersalz, Pfeffer und Muskatnuß abschmecken. Zwiebel schälen und in Ringe schneiden, in Öl schwitzen. Schinken kurz darin dünsten, mit 1 TL Paprika, Majoran und Pfeffer würzen, mit Wein aufgießen. Bei mittle-

rer Hitze etwa 10 Minuten schmoren lassen. Eine Auflaufform fetten und abwechselnd Kartoffelpüree, Kochschinken-Zwiebel-Gemisch und Sauerkraut einschichten.
Crème fraîche mit gemischten Kräutern abschmecken und darauf streichen. Mit Paprika bestreuen und im vorgeheizten Ofen bei 200 Grad etwa 40 Minuten backen.

Heringsauflauf norddeutsche Art

Zutaten

5 Salzheringe (je 150 g),
3/8 l Milch,
500 g Pellkartoffeln (am Vortag gekocht),
Butter zum Einfetten,
80 g Butter,
4 Eigelb,
Salz,
schwarzer Pfeffer,
Piment,
geriebene Muskatnuß,
2 Zwiebeln,
4 Eiweiß,
2 EL Paniermehl,
3 EL geriebener Käse

EW	Fett	KH	kcal/kJ
56 g	57 g	44 g	957/4011

Heringe ausnehmen und entgräten. Kopf, Schwanz und Flossen abschneiden. In eine Schüssel legen und unter fließendes kaltes Wasser stellen. Sind sie sehr salzig, 10 Minuten in Milch legen. Die Pellkartoffeln schälen und durch eine Presse oder in einen Mixer geben. Auflaufform einfetten.
In einer Schüssel 40 g Butter und Eigelb schaumig rühren. Gewürze und geriebene Kartoffeln untermischen. Geschälte, gehackte Zwiebeln in der restlichen Butter in einer Pfanne goldbraun anbraten. In die Masse geben. Den gewässerten, trockengetupften Fisch in kleine Stücke schneiden und daruntermischen. Eiweiß steif schlagen und unterziehen. Den Auflauf in die Form füllen, mit Paniermehl und Käse bestreuen.
Butterflöckchen über die Masse verteilen. In den vorgeheizten Ofen stellen. 1 Stunde bei 240 Grad backen.

Spanischer Gemüseauflauf

Zutaten

1 kleines Paket tiefgefrorene Brechbohnen (300 g),
Salz,
4 kleine Zwiebeln,
4 EL Olivenöl,
8 kleine Tomaten (500 g),
125 g gekochter Schinken in Scheiben,
12 gefüllte grüne Oliven,
200 g Knoblauchwurst,
3 Eier,
3 EL geriebener Emmentaler Käse,
1 Bd. Schnittlauch

EW	Fett	KH	kcal/kJ
28 g	46 g	11 g	583/2439

Brechbohnen nach Vorschrift in einem Topf mit wenig gesalzenem Wasser in 20 Minuten garen. In der Zwischenzeit Zwiebeln schälen und achteln.
Olivenöl in einem anderen Topf erhitzen. Zwiebeln darin in 5 Minuten glasig braten.
Tomaten häuten, vierteln, Stengelansätze wegschneiden.
Tomaten zu den Zwiebeln geben und 5 Minuten schmoren lassen. Schinken in zarte Streifen schneiden. In den Topf geben. Weitere 5 Minuten schmoren. Oliven in Scheiben schneiden. Mit den abgetropften Bohnen in den Topf geben und mischen. Knoblauchwurst häuten, in dünne Scheiben, dann in schmale Streifen schneiden, untermischen.
Alles in eine feuerfeste Form füllen.
Die Eier in einer Schüssel mit dem Käse verquirlen.
Schnittlauch waschen und fein schneiden. In die Eiermasse geben. Auf den Auflauf gießen.
Form in den vorgeheizten Ofen auf die mittlere Schiene stellen.
Bei 200 Grad 20 Minuten backen.
Den Gemüseauflauf in der Form servieren.

Kirschpfanne
(Abb.)

Zutaten
5 Eier,
250 g Mehl,
1/2 TL Backpulver,
40 g Butter,
1 Prise Salz,
1/2 l Milch,
1 kg Kirschen,
125 g Zucker,
6–8 Brötchenscheiben,
Milch zum Eintauchen,
1/2 TL Zimtpulver,
2 cl Kirschwasser,
Fett für die Form

EW	Fett	KH	kcal/kJ
25 g	22 g	141 g	896/3758

Eier trennen, Mehl mit Backpulver, Eigelb, Butter, Salz und Milch verquirlen; steifgeschlagenes Eiweiß vorsichtig unterheben. Die Hälfte davon in eine gefettete, feuerfeste Glas- oder Porzellanform füllen. Bei mittlerer Hitze 8–10 Minuten backen.
Kirschen entsteinen, 750 g mit 75 g Zucker mischen, auf dem leicht angebackenen Teig verteilen, restlichen Teig darübergießen und mit Brötchenscheiben, die vorher in Milch getaucht werden, belegen.
Mit 50 g Zucker und Zimtpulver bestreuen und in etwa 40 Minuten bei 200 Grad goldgelb backen.
Restliche Kirschen mit Kirschwasser und etwas Zucker pürieren. Zum Auflauf reichen.

Tip
Anstatt frischer Kirschen kann man Kirschen aus dem Glas oder auch leicht säuerliche Äpfel verwenden.

Rüdesheimer Apfelauflauf
(Abb.)

Zutaten
1 1/4 l Milch,
1 Prise Salz,
50 g Butter,
120 g Zucker,
1 Päckchen Vanillinzucker,
125 g Grieß,
1 kg Äpfel,
0,2 l Weißwein,
Saft von 1 Zitrone,
50 g Sultaninen,
4 frische Eiweiß,
4 EL Sahne,
4 frische Eigelb,
3 EL Zimtzucker.
1 Päckchen Vanillesauce

EW	Fett	KH	kcal/kJ
22 g	32 g	112 g	868/3649

Milch aufkochen, Salz, Butter, 60 g Zucker, Vanillinzucker und Grieß unter stetem Rühren hinzufügen. Bei kleiner Hitze etwa 10 Minuten aufquellen und danach abkühlen lassen. Äpfel schälen und in feine Scheiben schneiden. Den Weißwein, Zitronensaft und 60 g Zucker darübergeben. Die in Wasser aufgequollenen Sultaninen zu den Äpfeln geben. Aus Eiweiß Eischnee schlagen. Zusammen mit Sahne und Eigelb unter den Grießbrei rühren. Mit den vorbereiteten Äpfeln vermischt in eine gebutterte feuerfeste Form füllen. Bei 180 Grad etwa 40 Minuten im Ofen backen. Zum Schluß mit Zimtzucker bestreuen und mit Vanillesauce servieren.

Schwarzbrotauflauf

Zutaten
250 g altbackenes Schwarzbrot,
4 EL Rum,
4 Eigelb,
100 g Zucker,
1 Päckchen Vanillinzucker,
75 g Blockschokolade,
4 Eiweiß,
1 Prise Salz,
1/2 TL gemahlener Zimt,
Margarine zum Einfetten

EW	Fett	KH	kcal/kJ
12 g	14 g	66 g	491/2063

Schwarzbrot entrinden, auf einer feinen Reibe reiben oder durch die Mandelmühle drehen. In eine Schüssel geben. Mit Rum tränken. Zugedeckt ziehen lassen. Eigelb in einer Schüssel mit 4 EL heißem Wasser, Zucker und Vanillinzucker schaumig rühren. Blockschokolade fein reiben. Eiweiß in einer anderen Schüssel zu steifem Schnee schlagen und salzen. Auf die Eigelbmasse gleiten lassen. Darüber Schokolade und Schwarzbrot legen. Mit Zimt bestäuben, vorsichtig mischen. Eine feuerfeste Form mit Margarine einfetten. Die Auflaufmasse hineingeben und mit einem nassen Löffel glattstreichen. Form in den vorgeheizten Ofen auf die untere Schiene stellen und 30 Minuten bei 200 Grad backen. Nach Beendigung der Backzeit den Elektro- oder Gasherd ausschalten. Auflauf noch 10 Minuten im Herd lassen. Dann herausnehmen und in der Form servieren. Beilage: Vanille- oder Weinschaumsauce.

Auflauf mit Pflaumen
(Abb.)

Zutaten
400 g Backpflaumen,
100 g Zucker,
Schale von 1 Zitrone (unbehandelt),
1 Zimtstange,
1 Prise Salz,
25 g Butter für die Form,
250 g Toastbrotscheiben (etwa 10 Scheiben zu je 25 g), 4 EL Pflaumenkochflüssigkeit,
4 Eier,
1/2 l Milch,
200 ml Sahne,
50 g Zucker,
1 Päckchen Vanillinzucker,
50 g Butter

EW	Fett	KH	kcal/kJ
18 g	29 g	133 g	871/3660

Backpflaumen mit 1/4 l Wasser, 100 g Zucker, Zitronenschale, Zimtstange und Salz zum Kochen bringen. Etwa 10 Minuten köcheln lassen; dann abtropfen lassen. Eine rechteckige Auflaufform ausbuttern und mit Toastbrotscheiben auslegen. Darauf entsteinte Pflaumen verteilen. Mit Toastbrotscheiben bedekken. Kochflüssigkeit der Pflaumen darüberträufeln.
Eier, Milch, Sahne, 50 g Zucker und Vanillinzucker verquirlen und so über den Auflauf gießen, daß die oberen Toastscheiben gut getränkt sind. Butter als Flöckchen darauf verteilen.
Im vorgeheizten Ofen bei 200 Grad auf der unteren Schiene etwa 45 Minuten backen, bis die Oberfläche goldbraun gebacken ist.

Obstauflauf mit Quark

Zutaten
2 Bananen, 2 Orangen,
1 Glas entsteinte Sauerkirschen (290 g),
Margarine zum Einfetten,
1 EL gehackte Haselnußkerne,
90 g Zucker,
40 g Butter oder Margarine,
2 Eigelb,
abgeriebene Schale von 1/2 Zitrone,
250 g Speisequark,
5 EL Speisestärke,
2 Eiweiß,
1 EL Paniermehl,
20 g Butter

EW	Fett	KH	kcal/kJ
14 g	19 g	78 g	556/2331

Bananen und Orangen schälen (von den Orangen auch die weiße Haut abziehen und die Kerne entfernen). In Scheiben schneiden. Kirschen abtropfen lassen. Obst in der genannten Reihenfolge in eine gut gefettete Auflaufform schichten.
Mit gehackten Nüssen und 15 g Zucker bestreuen. Butter oder Margarine mit restlichen Zucker und Eigelb schaumig rühren. Abgeriebene Zitronenschale, Quark und Speisestärke einrühren. Eiweiß steif schlagen. Zum Schluß unterziehen. Quarkmasse über die eingeschichteten Früchte füllen, mit Paniermehl bestreuen und mit Butterflöckchen belegen.
In den vorgeheizten Ofen auf die mittlere Schiene stellen und 40 Minuten bei 200 Grad backen.

Kerniger Haferflockenauflauf
(Abb.)

Zutaten
300 g säuerliche Äpfel,
75 g Butter,
3 Eigelb, 100 g Zucker,
100 ml Milch,
125 g Haferflocken,
20 g Speisestärke,
1 TL Backpulver,
3 Eiweiß,
1 Apfel,
Fett für die Form

EW	Fett	KH	kcal/kJ
11 g	23 g	63 g	505/2140

Äpfel schälen, entkernen und in Scheibchen schneiden. Weiche Butter in eine Schüssel mit Eigelb, Zucker, Milch, Haferflocken, Speisestärke und Backpulver geben, mit dem Handrührgerät auf der höchsten Schaltstufe etwa 2 Minuten gut verrühren.
Eiweiß steif schlagen und mit den Äpfeln unter die Teigmasse heben; in eine gefettete Auflaufform füllen. Einzelnen Apfel schälen, mit dem Apfelausstecher entkernen, in Ringe schneiden und den Auflauf damit belegen. Bei 220–225 Grad etwa 45 Minuten backen. Nach etwa 30 Minuten den Auflauf mit Alufolie abdecken.

Tip
Das wird ein Lieblingsgericht für Ihre Kinder.

Pfirsichauflauf
(für 6 Personen)

Zutaten
500 g Pfirsiche,
Butter zum Einfetten,
180 g Zucker,
2 Päckchen Vanillinzucker,
3 Eiweiß,
3 Eigelb,
80 g Mehl,
80 g Speisestärke,
1 gestr. TL Backpulver,
100 g gehackte Mandeln,
Puderzucker zum Bestäuben

EW	Fett	KH	kcal/kJ
7 g	12 g	98 g	420/1761

Pfirsiche mit kochendheißem Wasser übergießen und die Haut abziehen. Früchte halbieren, entsteinen und vierteln. Feuerfeste Form mit Butter einfetten, Pfirsiche hineingeben. Mit 30 g Zucker und 1 Päckchen Vanillinzucker bestreuen. Für den Teig Eiweiß und 3 EL kaltes Wasser in einer Schüssel sehr steif schlagen. 150 g Zucker und 1 Päckchen Vanillinzucker einrieseln lassen. Eigelb in einer Tasse verquirlen und unter die Eiweißmasse mischen. Mehl, Speisestärke und Backpulver mischen und zusammen mit den Mandeln unterheben. Teig über die Pfirsiche füllen. Form auf die untere Schiene in den vorgeheizten Ofen stellen und 45 Minuten bei 180 Grad backen. Auflauf aus dem Ofen nehmen. Mit Puderzucker bestäuben und sofort servieren. Beilage: Vanille- oder Weinschaumsauce.

Grießauflauf

Zutaten

1 l Milch, 80 g Zucker,
1 Prise Salz, 80 g Butter,
200 g Hartweizengrieß,
4 Eigelb,
abgeriebene Schale von 1 Zitrone,
50 g geriebene Mandeln,
50 g Rosinen,
4 Eiweiß,
Butter oder Margarine zum Einfetten,
Paniermehl zum Ausstreuen

EW	Fett	KH	kcal/kJ
23 g	39 g	82 g	794/3338

Milch mit Zucker, Salz und Butter aufkochen. Grieß einstreuen und 10 Minuten unter Rühren quellen, danach abkühlen lassen. Eigelb mit abgeriebener Zitronenschale in einem Becher verquirlen, in den Grieß rühren. Mandeln und gewaschene Rosinen zugeben. Eiweiß im Topf steif schlagen und leicht unterheben. Eine Auflaufform einfetten und mit Paniermehl ausstreuen. Die Masse einfüllen. In den vorgeheizten Ofen auf die mittlere Schiene stellen und 55 Minuten bei 180 Grad backen. Beilage: Fruchtsauce oder Kompott.

Quark-Aprikosen-Auflauf
(Abb.)

Zutaten

50 g Butter,
100 g Zucker,
3 Eigelb, 1 Päckchen Vanillinzucker,
Saft und Schale von 1 Zitrone (unbehandelt),
75 g Speisestärke,
500 g Speisequark (Magerstufe),
3 Eiweiß,
Fett für die Form,
1 Dose Aprikosen (460 g),
40 g gehäutete, gehackte Mandeln,
1–2 EL Butter

EW	Fett	KH	kcal/kJ
26 g	24 g	77 g	625/2650

Weiche Butter mit Zucker, Eigelb, Vanillinzucker, Zitronensaft und -schale, Speisestärke und Quark mit einem Handrührgerät gut verrühren. Zuletzt Eiweiß steif schlagen und unterziehen.
Die Hälfte der Masse in eine gut gefettete Auflaufform füllen, mit abgetropften Aprikosen

belegen und mit restlicher Quarkmasse abschließen. Mandeln darüberstreuen und mit Butterflöckchen belegen. Auflauf im vorgeheizten Ofen bei 200 Grad in etwa 50 Minuten goldgelb backen.

Schokoladenauflauf

Zutaten

100 g Schokolade (zartbitter),
1/4 l Milch, 5 Eigelb,
100 g Zucker,
1 Päckchen Vanillinzucker,
Salz,
abgeriebene Schale von 1/2 Orange
(oder 1 Mandarine),
40 g Mehl,
40 Butter,
2 Gläser (je 2 cl) Rum (54 Vol. %),
Butter zum Einfetten,
5 Eiweiß,
1 EL Puderzucker zum Bestäuben

EW	Fett	KH	kcal/kJ
14 g	29 g	51 g	564/2365

Schokolade grob zerbrechen. Mit Milch in einen Topf geben und aufkochen.
Eigelb mit 70 g Zucker, Vanillinzucker, 1 Prise Salz, Orangen- oder Mandarinenschale in einem anderen Topf schaumig rühren. Mehl zuletzt untermischen. Heiße Schokoladenmilch zugießen, verrühren.
Unter ständigem Rühren aufkochen. Butter und Rum untermischen, kühl stellen. Feuerfeste Form mit 30 g Butter einfetten, mit Zucker ausstreuen. Eiweiß mit 1 Prise Salz in einer Schüssel steif schlagen.
Locker unter die noch gut warme Creme heben.
Creme in die Form füllen.
In den vorgeheizten Ofen auf die mittlere Schiene stellen und 35 Minuten bei 180 Grad backen.
Nach 30 Minuten Backzeit mit Puderzucker bestäuben und fertig backen.
Der Auflauf soll in der Mitte noch leicht cremig sein. Sofort servieren.

TIP
Kalte Vanillesauce oder frische Früchte dazureichen.

Reisauflauf

Zutaten

250 g Rundkornreis (Milchreis),
1 l Milch, Salz,
Zitronenschale (unbehandelt), 120 g Butter,
80–100 g Zucker,
3 Eier (getrennt),
50 g Rosinen nach Belieben,
Butter für die Form

EW	Fett	KH	kcal/kJ
16 g	38 g	58 g	660/2764

Reis waschen und brühen, in die kalte Milch geben, Salz und Zitronenschale zugeben, zum kochen bringen.
Zugedeckt bei schwacher Hitze 30–40 Minuten quellen lassen. Zitronenschale herausnehmen. Brei auskühlen lassen.
80 g weiche Butter mit Zucker und Eigelb schaumig rühren, Reisbrei löffelweise unterrühren. Gewaschene Rosinen zugeben, steif geschlagenes Eiweiß unterheben.
Masse in gebutterte Auflaufform füllen, mit restlicher Butter in Flocken belegen.
Auflauf in den vorgeheizten Ofen (180 Grad) schieben und etwa 45 Minuten backen.

TIP
Vanille- oder Fruchtsauce dazureichen.
Variation: Beliebiges Obst unter die Auflaufmasse geben oder kleingehackte Nüsse oder Orangeat.
Mit 3–4 EL Arrak verfeinern.
Statt Reis kann man ebenso Grieß, Haferflocken oder Rollgerste verwenden.
Grieß wird in die kochende Milch eingestreuet, Haferflocken und Rollgerste werden kalt zugesetzt.

Fondues und Raclettes sind das Ideale für ein gemütliches Fest, denn Ihre Gäste können sich mit dem Essen viel Zeit lassen.

Fondue

Fondue geht auf das französische Wort „fondre" zurück, was soviel bedeutet wie schmelzen. Das trifft bei dem ursprünglichsten aller Fondues, dem Schweizer Käsefondue, auf jeden Fall zu, ansonsten beschreibt es diese spezielle Zubereitungsart.

Ausrüstung

Die Fondue-Pfanne, auch schweizerisch Caquelon genannt, ist meist aus Ton, Gußeisen oder Stahl. Die Fondues mit Öl oder Brühe werden ausschließlich im Kessel aus Metall zubereitet; das richtige Käsefondue im Tontopf auf dem Rechaud. Als Hitzequelle, denn die Flüssigkeit soll ja leise köcheln, dient ein Alkohol-, Spiritus- oder Gasbrenner mit regulierbarer Flamme.

Thema Gabeln

Fonduegabeln sollten immer einen Griff aus Holz oder Kunststoff haben. Metallgriffe können unerträglich heiß werden. Für Fleisch- bzw. Fischfondue nehmen Sie zweizinkige Gabeln, für Käsefondues dreizinkige Gabeln.

Für Fondues werden alle Zugaben in mundgerechte Stücke zerteilt. Das Weißbrot für Käsefondue, das Fleisch und Geflügel wird in Würfel geschnitten. Bei einem Ölfondue empfiehlt es sich, nur kurzbratendes Fleisch aus der Rinder- oder Kalbslende bzw. Putenbrust oder Hähnchenbrustfilet zu nehmen.
Wenn Sie Brühe verwenden, können Sie Schweinefilet oder Kalbsschnitzel verwenden. Das Fleisch muß dann aber in hauchdünne Scheibchen geschnitten sein, damit es beim Garen nicht hart wird. Legen Sie Ihr Fleisch dazu für eine Stunde ins Gefrierfach. Es wird dadurch hart und läßt sich in dünne Scheiben schneiden. Als Öl nehmen Sie am besten ein geschmacksneutrales, z. B. Sonnenblumenöl.
Wenn Sie Brühe verwenden, schmeckt sie selbstgemacht immer noch am besten. Für Fisch setzen Sie aus Fischabschnitten (Flossen, Schwanz, Kopf) eine Brühe an, bei Geflügel aus Teilen eines Suppenhuhns und für Fleisch nehmen Sie Suppenknochen und Rindernacken oder -rippe. Hervorragend zu Fondue geeignet sind auch gewürfelte Gemüsestücke. In Brühe gegart, schmecken Auberginen, Zucchini, Kürbis, Brokkoli (kleine Röschen verwenden!), Staudensellerie, Paprika, Blumenkohl, Kohlrabi und Frühlingszwiebeln sehr gut. Übrigens: Die köstliche Brühe können Sie nach Abschluß des Fondues trinken.

Raclette

Die Heimat des Raclettes ist der Schweizer Kanton Wallis. Am offenen Feuer wurde damals der Käse mit der Schnittfläche ans Feuer gehalten, bis er brodelte. Die geschmolzene Käsemasse wurde auf einen Teller abgestrichen. Heute gibt es für diese Käseraclettes eine Tischvorrichtung, bei der der Käse von oben erwärmt wird und schmelzend nach unten direkt auf den Teller fließt. Für ein Raclette sind viele kleine Vorbereitungsschritte notwendig. Alle Zutaten müssen so klein geschnitten werden, daß sie mühelos in die Pfännchen passen. „Überladen" Sie Ihr Pfännchen nicht! Wenn die Masse mal brodelt, kann es leicht sein, daß Käse zusammen mit Zutaten an der Heizspirale des Gerätes hängenbleibt und fürchterlich zu riechen beginnt. Als Käse eignet sich spezieller Raclettekäse, den es so zu kaufen gibt. Er schmilzt optimal.
Weitere geeignete Zutaten: Salami, Mais, Paprikaringe, gekochter Schinken, geräucherter durchwachsener Speck in Würfeln, Oliven, Cornichons halbiert, Mixed Pickles, Ananasscheibchen, Mandarinen, Spinat, Chicorée und Mangold, kurz blanchiert, Zucchini und Karotten in Scheiben, Zwiebelringe oder ganze Frühlingszwiebeln. Dazu reichen Sie Weißbrot, Salate, verschiedene Butterzubereitungen mit Kräutern und Kartoffeln.

Fondue Bourguignonne

Zutaten
800 g Rinderfilet,
1 Knoblauchzehe,
1 l Öl oder 1 kg Kokosfett,
Salz, Pfeffer

EW	Fett	KH	kcal/kJ
37 g	23 g	0 g	380/1590

Fett und Haut vom Fleisch entfernen. Fleisch kurz waschen, abtrocknen, in etwa 3 cm große Würfel schneiden, auf 4 Teller verteilen. Knoblauchzehe schälen, halbieren, den Fonduetopf damit ausreiben. Öl oder Fett im Fonduetopf auf dem Herd erhitzen, auf den Rechaud stellen und dort weiter köcheln lassen. Salz und frisch gemahlenen Pfeffer dazugeben. Jeweils einen Fleischwürfel auf die Fonduegabel aufspießen, ins heiße Fett hängen. Nach Belieben durchbraten.
Zum Fondue reicht man frisches Baguette, verschiedene Salate, Mixed Pickles, Gürkchen, Oliven, Dosenfrüchte, Perlzwiebeln, Senfgurken und diverse Saucen. Als Getränk paßt am besten ein kräftiger Rotwein.

TIP
Sehr gut schmecken auch im heißen Öl oder Fett gebratene Champignons.

Feuertopf-Fondue
(Abb.)

Zutaten
25 g Mu-err-Pilze,
300 g Rinderfilet,
2 Knoblauchzehen,
10 EL Sojasauce,
8 EL Sherry,
1 Bd. Koriandergrün,
1 TL Speisestärke,
1/2 TL Chinesische Gewürzmischung (Fertigmischung),
125 g Tartar,
125 g Garnelen (ausgelöst),
250 g Heilbuttfilet (oder anderes Fischfilet),
2 Eier,
Pfeffer,
1 TL Öl,
3 Möhren,
175 g Rettich,
2–3 l Rinderfleischbrühe

EW	Fett	KH	kcal/kJ
43 g	29 g	9 g	521/2185

Pilze in etwas lauwarmem Wasser einweichen. Rindfleisch in dünne Scheiben schneiden, Knoblauch schälen, fein hacken und mit je 3 EL Sojasauce und Sherry verrühren. Marinade über das Fleisch träufeln, alles zugedeckt 1 Stunde im Kühlschrank ziehen lassen. Koriandergrün fein hacken, Hälfte mit Speisestärke, 1/4 TL Chinesische Gewürzmischung, Tartar, je 1 EL Sojasauce und Sherry vermengen, kleine, walnußgroße Bällchen formen. Garnelen und Fischfilet waschen, trockentupfen, Fischfilet in dünne Scheiben schneiden. Eier verquirlen, mit 2 EL Sojasauce, restlicher Gewürzmischung, etwas Koriandergrün und Pfeffer ab-

schmecken. In Öl zu einem Omelett backen, in Stücke teilen. Pilze abtropfen lassen. Möhren und Rettich waschen, putzen, alles in dekorative, mundgerechte Stücke teilen. Alle Zutaten dekorativ auf Tellern anrichten, mit restlichem Koriandergrün bestreuen. Brühe mit restlicher Sojasauce und Sherry auf dem Herd zum Kochen bringen, etwa 2 l davon in einen Feuertopf (oder einen Fondue-Topf) gießen, weiter am Köcheln halten. Alle Zutaten mit kleinen Sieben o. ä. in der Brühe garen. Brühe zum Schluß als Suppe reichen.

Fisch-Fondue

(für etwa 8 Personen)
(Abb.)

Zutaten

1 1/2 kg festkochendes Fischfilet oder
3 kg festkochender Fisch (z. B. Lachs, Seeteufel, Drachenkopf, Goldbrasse, Dornhai, Knurrhahn, Stör, Makrele, Petermännchen, Meeräsche, Seehecht, Petersfisch, Zackenbarsch, Wolfsbarsch etc),
200 g Riesengarnelen,
1 Glas Fischfond (Fertigprodukt, 400 ml),
1 l klare Gemüsebrühe,
50 g Frühlingszwiebeln

EW	Fett	KH	kcal/kJ
42 g	23 g	7 g	405/1697

Fischfleisch von den Gräten lösen, in mundgerechte Stücke schneiden und trockentupfen. Fischfond mit Gemüsebrühe auffüllen. Frühlingszwiebeln putzen, in Ringe schneiden und hinzugeben; alles erhitzen, in eine Kasserolle füllen und auf einem Rechaud warm halten. Pikante Saucen zum Fondue servieren.

Bierfondue nach Bauernart

(für 4–6 Personen)

Zutaten

1/4 l dunkles Malzbier,
1/4 TL Kümmelpulver,
1 Prise Muskatnuß,
1 Prise Nelkenpulver,
Salz,
weißer Pfeffer aus der Mühle,
1 EL Honig,
600 g Chesterkäse,
2–3 EL Orangensaft,
3 EL Speisestärke,
1/2 Bd. krause Petersilie,
8–10 frische Brezeln

EW	Fett	KH	kcal/kJ
39 g	45 g	74 g	854/3586

Bier im Fonduetopf erhitzen, Gewürze und Honig einrühren. Käse fein reiben und dazugeben. Mit einem Kochlöffel so lange rühren, bis der Käse geschmolzen ist. Orangensaft mit Speisestärke verrühren und unter die Käsemasse geben. Petersilienblätter abzupfen, waschen, fein wiegen und unterrühren. Heiße Käsemasse in einer flachen glasierten Tonpfanne auf ein Rechaud in die Mitte des Tisches stellen. Spiritus anzünden und ausnahmsweise einmal nicht die Fonduegabeln verwenden, denn hier wird mit den Händen gespeist. Jeder Fondueteilnehmer bricht sich ein Stück Brezel ab und taucht damit in die Käsemasse ein. Das Stück mit Käse wird abgebissen und der Rest wird wieder in den Käse getaucht. Dazu gibt es Bier (z. B. dunkles Malzbier) und zwischendurch einen Obstler.

Fleischfondue mit Gemüse

(Abb. S. 431)

Zutaten

je 200 g Schweine-, Rinder- und Hähnenbrustfilet,
200 g Putenbrustfilet,
150 g Champignons,
200 g Zucchini,
150 g Brokkoli,
100 g kleine Zwiebeln,
etwa 1 1/2 kg Pflanzenfett,
pikante Saucen zum Dippen

EW	Fett	KH	kcal/kJ
44 g	76 g	7 g	918/3848

Fleisch würfeln, Champignons, Zucchini und Brokkoli waschen und putzen, Zucchini längs halbieren, in Scheiben schneiden und Brokkoli in Röschen teilen. Zwiebeln schälen und halbieren. Fett im Fonduetopf erhitzen, alle Zutaten auf Fonduegabeln gesteckt darin garen. Pikante Saucen, Salate, Oliven, Gürkchen und frisches Stangenweißbrot zum Fondue servieren.

Spanisches Fischfondue

Zutaten

1 Döschen Safran,
etwa 3/4 l Hühnerbrühe,
1 Bd. Kerbel,
500 g Seezungenfilet, in mundgerechte Würfel geschnitten,
1 Paket Riesenkrabben,
100 g geschälte Schalotten,
250 g Brokkoli in Röschen gebrochen,
4 geputzte Frühlingszwiebeln,
4 Eigelb,
1 Schuß Sherry

EW	Fett	KH	kcal/kJ
51 g	18 g	18 g	467/1962

Safran in Brühe auflösen und zur Hühnerbrühe geben; umrühren. Kerbelblättchen von den Stengeln zupfen und zur Suppe geben. Hühnerbrühe in den Fonduetopf schütten und erhitzen. Seezungenfilet, Krabben, Schalotten und Brokkoli auf Platten anrichten und mit in Stücke geschnittenen Frühliingszwiebeln dekorieren. Rechaud anzünden und den Fonduetopf darauf stellen. Seezungenstückchen, Krabben, Schalotten, Brokkoli und Stückchen von den Frühlingszwiebeln auf die Fonduegabel aufspießen, in die Hühnerbrühe tauchen und darin garen lassen.

Schweizer Käsefondue
(Abb.)

Zutaten
1 Knoblauchzehe,
1/2 l Weißwein,
Pfeffer,
400 g Emmentaler,
400 g Appenzeller,
1 TL Speisestärke,
6 EL Kirschwasser,
1 Stangenweißbrot
(500 g)

EW	Fett	KH	kcal/kJ
68 g	81 g	72 g	1397/5856

Knoblauchzehe schälen, halbieren und Fonduetopf mit der Schnittfläche ausreiben. Wein hineingießen (1 EL zurückbehalten) und mit Pfeffer würzen. Käse in Stücke schneiden, hinzufügen. Mischung zum Kochen bringen und Käse bei schwacher Hitze unter ständigem Rühren mit dem Schneebesen in etwa 8–10 Minuten schmelzen lassen. Sobald der Käse soweit geschmolzen ist, daß sich ein Klumpen in der Mitte gebildet hat, die mit restlichem Wein angerührte Speisestärke nach und nach unter kräftigem Schlagen hinzufügen. Kirschwasser unterrühren.
Alles 1 Minute kochen lassen, pfeffern.
Topf auf ein Rechaud stellen, Temperatur so einstellen, daß das Fondue leicht simmert.
Brot würfeln und jeweils einen Würfel mit Hilfe einer Fonduegabel in den Käse tauchen und frisches Baguette dazureichen.

Tip
Als Getränk serviert man kühles Bier oder einen frischen Weißwein.

Fondue chinoise

Zutaten
800 g Rinderfilet oder
400 g Schweine- und
400 g Kalbsfilet,
1 l Fleischbrühe
(Fertigprodukt),
2 EL Weißwein,
2 TL Sojasauce

EW	Fett	KH	kcal/kJ
40 g	33 g	1 g	479/2008

Fleisch in dünne, mundgerechte Scheiben schneiden, auf 4 Teller verteilen. Fleischbrühe im Fonduetopf auf dem Herd erhitzen, mit Weißwein und Sojasauce würzen.
Fonduetopf auf das Rechaud stellen.
Fleischscheiben auf Fonduegabeln spießen, in die kochende Brühe tauchen.
Garzeit etwa 1 Minute. Dazu serviert man pikante Saucen und Beilagen und Stangenbaguette.
Als Getränk paßt ein herber Rotwein.
Zum Schluß die Fleischbrühe verteilen. Sie schmeckt besonders kräftig.

Gemüsefondue
(Abb.)

Zutaten

pro Person etwa 200 g Gemüse (z. B. Blumenkohl, Brokkoli, Möhren, Zucchini, Auberginen, Fenchel, Lauch, Kräuter etc.),
100 g Mehl,
2 Eier,
1/2 TL Salz,
1/8 l Bier,
Öl zum Ausbacken

EW	Fett	KH	kcal/kJ
9 g	24 g	25 g	371/1555

Sämtliches Gemüse putzen und waschen.
Blumenkohl und Brokkoli in Röschen teilen, Möhren halbieren oder vierteln, Zucchini, Auberginen und Fenchel kleinschneiden.
Kräuter abbrausen. Alle festen Gemüsesorten wie Blumenkohl, Brokkoli, Möhren und Fenchel etwa 2–3 Minuten blanchieren und kalt abschrecken.
Mehl sieben, mit Eiern, Salz und Bier zu einem glatten Teig verrühren.
Öl in einem Fonduetopf auf dem Herd erhitzen, auf das Rechaud stellen, dort weiter köcheln lassen.
Gemüse auf Gabeln stecken, durch den Bierteig ziehen und im heißen Öl goldgelb ausbacken.
Dazu pikante Saucen und Stangenweißbrot mit Butter servieren.

Dill-Senf-Honig-Sauce

Zutaten
260 g Sahnedickmilch,
75 g Crème fraîche,
2 TL Honig,
2 EL Dijon-Senf,
1 EL feingehackter Dill

EW	Fett	KH	kcal/kJ
3 g	25 g	13 g	199/835

Alle Zutaten gründlich miteinander verrühren.

Knoblauchsauce

Zutaten
260 g Sahnedickmilch,
75 g Crème fraîche,
2 Knoblauchzehen,
Zitronensaft,
Salz, roter Pfeffer

EW	Fett	KH	kcal/J
42 g	23 g	7 g	405/1697

Sahnedickmilch und Crème fraîche verrühren, Knoblauch dazupressen, mit Zitronensaft und Salz abschmecken und mit rotem Pfeffer garnieren.

Artischockensauce

Zutaten
150 g Artischockenherzen (Dose),
3 EL Mayonnaise,
Salz, Pfeffer,
Rosenpaprikapulver

EW	Fett	KH	kcal/kJ
1 g	13 g	5 g	147/615

Artischockenherzen pürieren, mit Mayonnaise verrühren, mit Salz, Pfeffer und Rosenpaprikapulver abschmecken.

Tomaten-Zwiebel-Sauce

Zutaten
1 kleine Dose Tomaten (425 ml), 1 Schalotte,
1 Lauchzwiebel,
grober Pfeffer,
Knoblauchsalz,
1 Prise Zimtpulver,
1/4 TL Zucker,
1/2 TL Chilipulver

EW	Fett	KH	kcal/kJ
1 g	0 g	5 g	28/117

Tomaten abtropfen lassen, Schalotte schälen und beides würfeln. Lauchzwiebel putzen, waschen und in Scheiben schneiden. Alles vermischen und mit Pfeffer, Knoblauchsalz, Zimtpulver, Zucker und Chilipulver würzen.

Tip
Das Knoblauchsalz kann durch eine frische, durchgedrückte Zehe ersetzt werden.

Scharfe Orangensauce

Zutaten
1 Orange,
1 TL Butter,
2 TL Preiselbeerkompott,
1 TL mittelscharfer Senf,
1 EL Meerrettich (Glas),
1 TL Zitronensaft,
1 TL Zucker, Salz

EW	Fett	KH	kcal/J
0 g	2 g	10 g	65/271

Orange schälen, Fruchtfleisch in Stücke schneiden, Butter erhitzen, Fruchtfleisch darin dünsten. Preiselbeerkompott, Senf, Meerrettich und Zitronensaft unterrühren und mit Zucker und Salz abschmecken.

Knoblauchmayonnaise

Zutaten
2 Knoblauchzehen,
4 EL Mayonnaise,
2 EL Crème fraîche,
5 EL gehackte gemischte Kräuter,
Salz,
Pfeffer

EW	Fett	KH	kcal/J
0 g	9 g	1 g	138/577

Knoblauchzehen schälen, zerdrücken, mit Mayonnaise, Crème fraîche und Kräutern verrühren, mit Salz und Pfeffer würzen.

Früchtefondue
(für 6 Personen)

Zutaten
1 Honigmelone,
1/2 frische Ananas,
250 g frische Datteln,
2 Kakifrüchte nach Belieben, 250 g Pfirsiche,
6 Orangen, 3 Zitronen,
6 EL Honig,
2 cl Himbeergeist,
100 g Kokosraspeln

EW	Fett	KH	kcal/J
42 g	23 g	7 g	405/1697

Melone, Ananas, Datteln, Kakifrüchte putzen, kleinschneiden. Pfirsiche kurz in heißes Wasser tauchen, kalt abschrecken, Haut entfernen, in mundgerechte Stücke schneiden. Früchte auf 6 Teller verteilen. Orangen und Zitronen auspressen, mit Honig süßen. Saft im Fonduetopf aufkochen, Himbeergeist zugeben, auf das Rechaud stellen. Früchte auf Fonduegabeln spießen, im Obstsaft etwa 2 Minuten garen, in Kokosraspeln wenden.

Fondue für den Kindergeburtstag

Zutaten
1 Dose Ananas (300 g),
2 Bananen,
Saft von 1/2 Zitrone,
1 Glas Cocktailkirschen,
1 Dose Pfirsiche (300 g),
1 Dose Mandarin-Orangen (300 g),
200 g Blockschokolade,
1/8 l Milch,
60 g gehackte Mandeln,
3 EL Waldhonig,
3 EL Kakaopulver,
1 Prise Salz,
2 EL brauner Zucker

EW	Fett	KH	kcal/J
10 g	28 g	114 g	750/3148

Ananas abtropfen und würfeln. Bananen schälen, in Scheiben schneiden und mit Zitronensaft beträufeln. Cocktailkirschen und Pfirsiche abtropfen, grob würfeln, Mandarin-Orangen abtropfen. Alle Früchte in Portionsschälchen anrichten. Blockschokolade im Wasserbad auflösen. Mit dem Schneebesen Milch unterrühren. Auf dem Herd weiterkochen. Mandeln, Honig, Kakaopulver, Salz und Zucker hinzufügen. Die kochende Mischung aufs Rechaud stellen und heiß halten. Fruchtstückchen auf Fonduegabeln spießen und in die Fonduemischung tauchen. Dazu gibt es Waffeln, Löffelbiskuits und einfache Kekse.

Ingwerfondue

Zutaten
500 g Birnen,
Saft von 1 Zitrone,
4 Mandarinen (in Spalten geteilt),
1/8 l süße Sahne,
250 g zerbröckelte Bitterschokolade,
100 g kandierter, gehackter Ingwer,
1 EL Ingwer- oder Orangenlikör,
Zimt- und Nelkenpulver,
Vollkornbrot und Zitronenkuchen (in mundgerechte Stücke geschnitten)

EW	Fett	KH	kcal/J
11 g	36 g	84 g	754/3168

Birnen schälen, in Scheiben schneiden und sofort mit Zitronensaft beträufeln. Birnenscheiben und Mandarinenspalten auf Tellern oder Platten anrichten. Sahne im Topf erwärmen, die zerbröckelte Bitterschokolade hinzufügen und unter ständigem Rühren schmelzen lassen. Kandierten Ingwer, Likör, Gewürze (je nach Geschmack) hinzufügen und gut verrühren. Fonduegerät vorbereiten. Schokoladencreme in einen Keramiktopf umfüllen und mit Mandarinenspalten sowie Birnenscheibchen, Brot und Zitronenkuchen austunken. Dazu gibt es Mandeln, Hagelzucker, gekaufte Mandelmakronen und Crème fraîche.

Schokoladenfondue
(Abb. S. 440)

Zutaten
500 g gemischte frische Früchte,

120 g Sandkuchen,
10 Löffelbiskuits,
100 g Mandelmakronen,
200 ml süße Sahne,
100 g Vollmilchschokolade,
100 g Zartbitterschokolade,
2 EL Cognac oder Weinbrand

EW	Fett	KH	kcal/J
11 g	46 g	91 g	845/3550

Früchte putzen, in mundgerechte Würfel schneiden und in Schälchen anrichten. Sandkuchen würfeln, mit Löffelbiskuits und Makronen dekorativ anrichten. Sahne im Fonduetopf erwärmen. Schokolade hineinbröckeln und schmelzen lassen; immer rühren, damit die Fonduemasse nicht ansetzt; nicht kochen lassen. Fonduetopf auf ein Rechaud mit regulierbarer Flamme oder auf ein Stövchen stellen. Cognac oder Weinbrand einrühren. Früchte und Gebäck auf Fonduegabeln spießen und durch die Schokolade ziehen.

GRUNDREZEPT
Raclette

Zutaten
250–300 g Raclette-Käse pro Person,
Pfeffer aus der Mühle

EW	Fett	KH	kcal/kJ
16 g	10 g	1 g	198/828

Traditionelles Walliser Raclette-Essen wird am offenen Feuer zelebriert. Halbe Käselaibe werden mit der Schnittfläche vor das Feuer gehalten. Die dann schmelzende und leicht brodelnde Schnittfläche wird mit einem Spezialmesser oder der stumpfen Rückseite eines Brotmessers auf einen vorgewärmten Teller abgestrichen und mit ein wenig Pfeffer aus der Mühle gewürzt. Ein Abstrich ergibt jeweils eine Portion.

Verwendungsmöglichkeiten im Haushalt:
Es gibt diverse Tischgeräte, die – elektrisch beheizt – sowohl die Möglichkeit bieten, halbe Käse zu verwenden, als auch Portionsscheiben. Diese Geräte gibt es für 4 oder 6 Personen.

Tip
Dazu werden Pellkartoffeln, Cornichons und Silberzwiebeln serviert. Ein spritziger, trockener Weißwein ist das ideale Getränk.

Raclette asiatisch
(für 8 Personen) (Abb.)

Zutaten
500 g Rinderfilet,
200 g Crème fraîche,
50 g Joghurt,
1 Msp. Chinesische Gewürzmischung,
Salz, Pfeffer,
10 g frischer Ingwer,
2 Frühlingszwiebeln,
6 Tomaten,
1 Glas sauer eingelegte Paprika (300 g),
1 Glas Chop Suey (350 g),
1 Dose Mangos (425 g),
100 g Mayonnaise,
1/2 TL Sambal Oelek,
1 EL Sojasauce,
300 g gekochter Schinken,
800 g Raclette-Käse,
3 Baguettes

EW	Fett	KH	kcal/kJ
35 g	32 g	4 g	706/2958

Rinderfilet etwa 1 Stunde im Tiefkühlfach anfrieren lassen. 150 g Crème fraîche, Joghurt und Gewürzmischung verrühren, salzen und pfeffern. In ein Schälchen füllen. Ingwer schälen, kleinhacken, in ein Schälchen geben. Frühlingszwiebeln putzen, waschen und in Ringe schneiden. Tomaten überbrühen, häuten, halbieren, entkernen und würfeln. Paprika und Chop Suey abtropfen lassen und mit übrigem Gemüse auf einer Platte anrichten. Mangos abtropfen lassen, Hälfte mit der Gabel zerdrücken, andere Hälfte würfeln, zusammen in ein Schälchen füllen. Mayonnaise, restliche Crème fraîche, Sambal Oelek

und Sojasauce mischen und in ein Schälchen geben.
Schinken in Streifen, Rinderfilet in dünne Scheiben schneiden, auf einer Platte anrichten.
Raclette-Käse in Scheiben schneiden, Baguette aufbacken.
Alle Zutaten dekorativ auf dem Tisch um das Raclette-Gerät anrichten.
Je nach Geschmack verschiedene Zutaten und Gewürze kombinieren, z. B. Rinderfilet in Raclette-Pfännchen legen, Mayonnaisen-Sauce darüberstreichen, mit ein paar Frühlingszwiebeln und Käsescheiben belegen, ins Raclette-Gerät schieben und überbacken. Oder Schinkenscheiben mit Mangostückchen und Käse überbacken.

Südamerikanisches Kartoffelraclette

Zutaten

750 g vorwiegend festkochende Kartoffeln,
4 große Fleischtomaten,
3 große gewürfelte Zwiebeln,
1 EL Butter,
1/2 TL Pfeffer aus der Mühle,
1/4 TL Kreuzkümmel,
1/2 TL Cayennepfeffer,
Salz,
250 g geriebener, mittelalter Gouda,
100 ml Milch

EW	Fett	KH	kcal/kJ
21 g	23 g	36 g	429/180

Kartoffeln etwa 30 Minuten in der Schale kochen, schälen und in dicke Scheiben schneiden. Auf der heißen Abdeckplatte des Gerätes warm stellen.
Tomaten überbrühen und häuten.
Zwiebeln in der Pfanne mit Butter goldgelb dünsten, Tomaten dazugeben und 5 Minuten köcheln lassen.
Pfeffer, Kreuzkümmel, Cayennepfeffer und Salz hinzufügen; kalt stellen.
Erst kurz vor dem Anrichten Käse und Milch unterziehen und in eine Servierschüssel geben. Jeder Teilnehmer der Tischrunde belegt nun den Boden seines Raclette-Pfännchens mit Kartoffelscheiben und bestreicht diese dick mit der Tomatenmasse.
Pfännchen in das Raclette-Gerät schieben und erhitzen, bis die Masse goldgelb ist.
Den Inhalt des Pfännchens auf die Eßteller schaben. Dazu gibt es verschiedene pikante Saucen (S. 437), Stangenweißbrot, Salate, Dosenfrüchte, Mixed Pickles, Gürkchen, Oliven, Perlzwiebeln, Senfgurken.
Der Fantasie sind keine Grenzen gesetzt.

Tip
Als Getränk serviert man kühles Bier oder herben Weißwein.

Fisch auf dem heißen Stein
(für 6 Personen)

Zutaten

8 Riesengarnelen,
400 g Rotbarsch- oder Steinbuttfilet,
400 g Forellenfilet,
2 EL Olivenöl,
1 Knoblauchzehe,
1 Bd. Petersilie,
Saft von 1 Zitrone,
Salz, Pfeffer,
4 kleine frische Lachsscheiben,
2 EL geschälte Sesamkörner

EW	Fett	KH	kcal/kJ
36 g	15 g	1 g	305/1278

Riesengarnelen schälen, schwarzen Darmfaden entfernen, Kopf daran lassen.
Rotbarsch- oder Steinbuttfilet in Würfel schneiden, Forellenfilet längs halbieren, dann in schräge Scheiben schneiden. Aus Olivenöl, geschälter und grobgehackter Knoblauchzehe, feingewogener Petersilie, Zitronensaft, Salz und Pfeffer eine Marinade herstellen. Riesengarnelen und Rotbarsch- oder Steinbuttfiletstücke in die Marinade legen, 30 Minuten ziehen lassen; einmal wenden. Lachsscheiben befeuchten und eine Seite mit Sesamkörner bestreuen. Alle Zutaten auf einer Platte anrichten, nach und nach auf den heißen Stein legen.

Heißer Stein
(für 8 Personen)

Zutaten
1,2 kg Rinderfilet,
1 Eiweiß,
6 EL Sojasauce,
2 EL Reiswein,
1 EL Speisestärke,
6 EL Öl,
1 TL Sambal Oelek,
Salz, 32 Scampi,
150 g China Mie (Eiernudeln),
10 g Ingwerwurzel,
2 Frühlingszwiebeln,
je 1 rote und grüne Paprikaschote,
1 Dose Bambussprossen (230 g),
1 Glas Bohnenkeime (350 g),
2 EL Weinessig

EW	Fett	KH	kcal/kJ
49 g	16 g	18 g	437/1831

Rinderfilet in Scheiben schneiden. Eiweiß leicht schlagen und mit 2 EL Sojasauce, Reiswein, Speisestärke, 2 EL Öl, Sambal Oelek und Salz gut verrühren. Scampi und Fleisch getrennt etwa 30 Minuten darin marinieren. Nudeln nach Packungsvorschrift zubereiten. Ingwer schälen, Frühlingszwiebeln putzen und beides in feine Streifen schneiden. Mit 2 EL Öl in einem Topf dünsten; salzen und vom Herd nehmen. Nudeln mit in den Topf geben, mit 2 EL Sojasauce würzen, in einer Schüssel warm stellen. Paprikaschoten waschen, putzen, halbieren, entkernen und in lange Streifen schneiden. Bambussprossen und Bohnenkeime abtropfen lassen. 2 EL Öl, Weinessig, restliche Sojasauce und Salz mischen, Gemüse dazugeben, gut durchrühren. Rindfleisch und Scampi etwas abtropfen lassen, auf dem heißen Stein braten.

Krabbenraclette

Zutaten
400 g gegarte Nordseekrabben (Garnelen),
Saft von 1 Zitrone,
2 große Tomaten,
1 Glas Spargel, in Stücke geschnitten,
1 Bd. Kerbel,
1 Knoblauchzehe,
1 Döschen Safran,
200 g grob geriebener Emmentaler,
Stangenweißbrot,
100 g zerbröckelter Gorgonzola, Salz,
weißer Pfeffer aus der Mühle, schwarzer Pfeffer aus der Mühle, 4 EL Öl

EW	Fett	KH	kcal/kJ
39 g	36 g	2 g	494/2070

Krabben in zwei Anrichteschüsseln geben und mit Zitronensaft beträufeln. Tomaten oben kreuzweise einritzen, überbrühen, häuten; kalt stellen und dann erst aufschneiden, entkernen und würfeln. Tomaten- und Spargelstücke auf den Platten anrichten. Kerbelblätter von den Stengeln lösen. Knoblauch schälen, in der Knoblauchpresse zerdrücken, zusammen mit Safran und Kerbel unter den Emmentaler mischen. Raclettegerät anschalten. Stangenweißbrot aufschneiden, auf der Abdeckplatte aufwärmen lassen. Grogonzola salzen und pfeffern, in ein Schälchen füllen. Jedes Pfännchen zuerst mit Öl beträufeln, dann mit Krabben, Spargel und Tomaten belegen. Zuletzt mit den beiden Käsesorten bestreuen. Pfännchen in das Gerät schieben und so lange überbacken, bis der Käse anfängt zu bräunen. Den Inhalt der Pfännchen auf die vorgeheizten Teller schagen und mit Brot servieren. Dazu gibt es Knoblauch, Tomatensauce und Gurkensauce.

Bulettenraclette »Berlin«

Zutaten
2 große Rinderrouladen,
1 TL scharfer Senf,
1/2 altbackenes Brötchen,
1 Tasse heiße Milch,
300 g Schweinehackfleisch,
1 Msp. Selleriepulver,
1 EL gehackte Petersilie,
1 Eigelb, 100 g gewürfelte Champignons,
Salz, Pfeffer, 8 EL Öl,
28 Scheiben Käse (Emmentaler, Raclette, Brie)

EW	Fett	KH	kcal/kJ
61 g	86 g	10 g	1148/4823

Rouladen mit Senf einreiben. Brötchen in Milch ziehen lassen, ausdrücken und mit Hackfleisch, Selleriepulver, Petersilie sowie Eigelb gut vermischen. Champignons vorsichtig unterheben und mit Salz und Pfeffer abschmecken. Aus dieser Masse zwei Hackfleischrollen (4–5 cm Durchmesser) formen; auf die Rouladen legen und ganz einwickeln. 1,5 cm dicke Scheiben (Minibuletten) abschneiden und mit dem Holzzahnstocher waagerecht durchstechen. Buletten auf einer Platte hübsch anrichten. Jeder Teilnehmer der Tischrunde legt nun eine Bulette in sein geöltes Pfännchen und läßt sie so lange braten, bis die Bulette leicht zu bräunen beginnt. Pfännchen kurz herausnehmen, mit Käse belegen, wieder einschieben und so lange erhitzen, bis der Käse leicht schmilzt.

Appenzeller Pfännchen (für 1 Person)

Zutaten
2 Pellkartoffelscheiben,
ein paar Zwiebelringe,
1 TL gehackte Cornichons,
1 dünne Scheibe Raclette-Käse,
Pfeffer aus der Mühle

EW	Fett	KH	kcal/kJ
11 g	9 g	23 g	226/949

Kartoffelscheiben ins Raclettepfännchen legen, darauf nacheinander 1 dünne Lage Zwiebelringe, Cornichons, Raclettekäse. Etwas Pfeffer darüberstreuen und überbacken.

Partyhappen

Brötchen oder Brezeln müssen tagfrisch sein. Wenn Sie belegte Brote oder Sandwiches machen, lassen Sie die Rinde am Brot, bei allen anderen Zubereitungsarten entfernen Sie die Rinde. Grundsätzlich geeignet sind: Pumpernickel, Vollkornbrot, Schrot- oder Mischbrot aus Weizen und Roggen, Kasten- oder Stangenweißbrot und Knäckebrot.
Je nach verwendeter Brotsorte sollte der Belag ausfallen: deftige Wurst wie Leberwurst oder würziger Käse zu Schrot- oder Mischbroten. Weißbrot, Knäcke- und helles Weizenmischbrot eignen sich gut für feinere Wurstwaren, milden Käse, Braten oder für Fisch. Pumpernickel ist der ideale Partner für Käse bzw. Frischkäsezubereitungen. Sehr schön sehen runde Brottaler aus Pumpernickel oder Stangenweißbrot aus. Leicht zu handhaben sind runde Kräcker. Sie schmecken sehr gut mit allen Arten von Käsecremes aus Frischkäse oder Kräuterquark.

Fleisch und Wurst
Luftgetrocknete Würste wie Salami oder Debreziner mit kräftigem Aroma eignen sich nicht zum Belegen von Happen. Kochwürste dagegen sind geschmeidig und deshalb zum Belegen sehr gut geeignet. Dies sind Pasteten aus Leber (Kalb, Geflügel, Schwein, Gans) oder Leberwurst. Sie können Sie gut mit herzhaftem Brot kombinieren, aber auch mit Knäcke. Um das feine Aroma von Pasteten nicht zu überdecken, paßt Weißbrot am besten.
Für kleine würzige Happen eignen sich die gängigsten Brühwurstsorten, Mortadella, Fleisch- oder Leberkäse.

Garnitur

Als Garnitur geeignet sind fast alle Obst- und Gemüsesorten, Salate und Kräuter, Salatblätter, Tomaten-, Gurkenscheiben, Radieschen, Paprikastreifen oder -ringe, kleine Pepperoni, Ananas- oder Pfirsichscheibchen, Mandarinen, Mixed Pickles, Trauben, Walnußkerne, Perlzwiebeln, Cornichons, Oliven oder eingelegte Champignons – sie alle sehen als Garnitur schön und bunt aus.
Grüne Petersilie, Dill und Kresse harmonieren zu allen Belägen.

Kalte Platten

Fleischplatten
Enthalten meist kalten, mageren Braten vom Schwein oder Rind (Roastbeef, Filet englisch gebraten) oder Hackbraten. Besonders geschätzt sind Rehrücken oder -schlegel und gebratenes Geflügel. Den Braten schneiden und fächerförmig in Gruppen geordnet auf die Platte legen. Geflügel möglichst auslösen.

Aufschnittplatte
Geeignet sind alle bei den Happen beschriebenen Wurstsorten. Die Wurst pellen und hübsch mit Tomatenpaprika, Gürkchen, Eiern etc. garnieren.

Schinkenplatte
Zu empfehlen sind alle unter den Happen genannten Schinkenarten. Schinken mit Spargel zu Rollen formen, mit Ei-Frischkäse-Masse oder pikanten Salaten füllen.

Schwedenplatte
Sie besteht aus kaltem pikanten Fisch, der einzeln in Schälchen oder Muschelformen angerichtet und auf eine schöne Platte gestellt wird.
Verwenden können Sie Lachs, Ölsardinen, Heringsröllchen, Krabben, Kaviar, Forellen, Räucheraal und Lachs.
Garnieren Sie mit Zitronenscheiben, gefüllten Eiern, Eischeiben, Zwiebelringen, Oliven und Salatblättern.

Käseplatte
Delikat sieht Käse auf einem schönen Holzbrett aus. Hartkäse sollte mild und saftig sein. Weichkäse ausgereift und bissig und Frischkäse natürlich frisch angemacht. Gut dazu paßt angemachter Quark.
Als Garnitur eignen sich Salzstangen, Gürkchen oder Radieschen.

Fleischbällchen
(Keftédhes)

Zutaten
1 Zwiebel,
1 EL Butter,
500 g Lammhackfleisch,
2 EL Paniermehl,
1 EL frische, gehackte Minze,
2 EL geriebener Parmesan,
Salz,
Pfeffer,
Mehl,
Olivenöl zum Backen

EW	Fett	KH	kcal/kJ
24 g	31 g	6 g	421/1763

Zwiebel schälen, fein hacken. In heißer Butter in 5 Minuten glasig schwitzen und beiseite stellen.
Lammhack mit Paniermehl, Minze, Käse, Salz und Pfeffer zu einem geschmeidigen Fleischteig verarbeiten. Kleine Kugeln formen, in Mehl wenden, abklopfen.
Fleischbällchen in heißem Olivenöl schwimmend von allen Seiten knusprig braten.

Tip
Fleischbällchen können heiß oder kalt gegessen werden. Statt Lammhackfleisch kann man natürlich auch Rinderhack verwenden. Dazu schmeckt Hot-Fire-Dip.

Gefülltes Gemüse
(Abb.)

Zutaten
8 Tomaten,
1 Salatgurke,
4 Stangen Sellerie,
8 große Zuchtchampignons, 1 1/2 Packungen Frischkäse,
1 TL Knoblauchbutter,
1 TL Knoblauch Würzpaste (Fertigprodukt),
1 TL Grüner Pfeffer Würzpaste (Fertigprodukt), 6 EL Milch

EW	Fett	KH	kcal/kJ
14 g	30 g	9 g	384/1610

Tomaten, Gurke und Stangensellerie waschen, Champignons putzen. Von den Tomaten ein Käppchen abschneiden, die Tomaten mit einem Teelöffel aushöhlen. Salatgurke in etwa 1 cm dicke Scheiben, Stangensellerie in etwa 3 cm lange Stücke schneiden. Champignons blanchieren und Stiele entfernen.
Frischkäsemasse dritteln.
3 verschiedene Frischkäsefüllungen herstellen.
Eine mit Knoblauchbutter, eine mit Knoblauch Würzpaste und eine mit Grüner Pfeffer Würzpaste vermengen. Jeweils 2 EL Milch unter die Mischung rühren. Füllungen bergartig in die ausgehöhlten Tomaten, auf die Gurkenscheiben und in die Champignonköpfe spritzen. Mit den Resten die Selleriestücke verzieren. Gemüse auf einer Platte anrichten und servieren.

Käsesalat San Remo
(Abb. S. 449)

Zutaten
1 kleine Honigmelone,
200 g mittelalter Gouda,
6 Scheiben gekochter Schinken,
100 g Lollo Rosso,
4 EL Öl,
2 EL Sherryessig,
Salz,
Pfeffer

EW	Fett	KH	kcal/kJ
22 g	29 g	7 g	382/1599

Melone vierteln, entkernen, schälen und Fruchtfleisch in Streifen schneiden. Käse und Schinken in Streifen schneiden. Salat waschen und in mundgerechte Stücke zupfen. Öl, Essig, Salz und Pfeffer verrühren, mit Salatzutaten mischen und etwa 30 Minuten ziehen lassen.

Tip
Mit Butter und frischem Baguette serviert ist der Salat ein leckeres Abendessen. Dazu ein kühles Bier reichen.

Puszta-Spießchen
(Abb. S. 449)

Zutaten
je 1 kleine rote, gelbe und grüne Paprikaschote,
300 g Rinderfilet,
2 Zwiebeln,
4 EL Öl,
Paprikapulver,
Cayennepfeffer,
Salz,
Pfeffer

EW	Fett	KH	kcal/kJ
15 g	13 g	6 g	211/885

Paprika putzen, waschen und mit Rinderfilet in breite Streifen schneiden.
Zwiebeln schälen und achteln. Zutaten abwechselnd auf Spießchen stecken. Öl würzen und Spießchen damit bestreichen. In einer Pfanne rundherum anbraten oder in Alufolie auf dem Grill unter mehrmaligem Wenden etwa 15 Minuten garen, mit restlichem Würzöl bestreichen.

Mozzarella-Tomaten-Platte
(Abb. S. 449)

Zutaten
10 Tomaten,
300 g Mozzarella,
6 EL Olivenöl,
4 EL Essig,
1–2 TL Zitronensaft,
1 TL Senf,
Salz,
Pfeffer,
1/2 Bd. Basilikum

EW	Fett	KH	kcal/kJ
16 g	27 g	2 g	328/1375

Tomaten waschen, vom Stielansatz befreien, in Scheiben schneiden und auf einer Platte anrichten.
Mozzarella abtropfen lassen, in Stifte schneiden und auf die Tomaten legen.
Öl, Essig, Zitronensaft, Senf, Salz und Pfeffer verrühren und über die Tomaten und den Mozzarella gießen. Basilikum waschen, Blätter abzupfen und Mozzarella-Tomaten-Platte damit anrichten.

Mykonos-Dip
(Abb. S. 449)

Zutaten
500 g Quark,
150 g Crème fraîche,
100 ml Sahne,
50 g Cornichons,
3 Knoblauchzehen,
Salz,
Pfeffer,
Paprikapulver

EW	Fett	KH	kcal/kJ
17 g	29 g	8 g	369/1549

Quark und Crème fraîche verrühren. Sahne steif schlagen, Cornichons würfeln, mit zerdrücktem Knoblauch und Sahne unter den Quark rühren, pikant abschmecken.

Tip
Dip mit einem Schuß Gin verfeinern.

Hawaii-Spießchen
(Abb.)

Zutaten
300 g Hähnchen-brustfilet,
3 Zwiebeln,
2 kleine Stangen Lauch,
1 kleine Dose Ananasstücke,
4 EL Öl,
Salz, Pfeffer, Curry

EW	Fett	KH	kcal/J
18 g	11 g	25 g	282/1183

Hähnchenbrustfilets in dicke Streifen schneiden. Zwiebeln schälen und achteln. Lauch aufschlitzen, gründlich waschen und in Ringe schneiden. Ananas abtropfen lassen. Alles abwechselnd auf Spießchen stecken und mit gewürztem Öl bestreichen. In einer Pfanne rundherum anbraten oder in Alufolie auf dem Grill unter mehrmaligem Wenden etwa 15 Minuten garen, dabei mit restlichem Würzöl bestreichen.

Hot-Fire-Dip
(Abb.)

Zutaten
2 Zwiebeln,
1 EL Olivenöl,
3 Fleischtomaten,
1 kleine rote Paprikaschote,
1 kleine getrocknete Chilischote,
Salz, Pfeffer,
1 Prise Zucker,
Paprikapulver

EW	Fett	KH	kcal/J
2 g	3 g	7 g	60 /249

Zwiebeln schälen, würfeln und im heißen Öl andünsten. Tomaten überbrühen, häuten und würfeln. Paprikaschote putzen und waschen. Chilischote putzen, mit der Paprika würfeln, zu den Zwiebeln geben und 20 Minuten köcheln lassen. Hälfte der Masse pürieren, zum restlichen Dip geben und pikant abschmecken.

Tip
Dip mit einem Schuß Gin verfeinern.

Neptun-Spießchen
(Abb. S. 449)

Zutaten
200 g Seelachsfilet,
200 g Kabeljaufilet,
1–2 TL Zitronensaft,
Salz,
2 Tomaten,
1 Zucchini,
2 EL Butter,
Kräutersalz,
1 Knoblauchzehe

EW	Fett	KH	kcal/kJ
18 g	7 g	7 g	163/685

Fisch säubern, mit Zitronensaft beträufeln, salzen und in dicke Streifen schneiden. Tomaten waschen und achteln, Zucchini waschen, in Scheiben schneiden und halbieren. Alle Zutaten abwechselnd auf Spießchen stecken. Butter schmelzen, mit Kräutersalz und zerdrücktem Knoblauch verrühren und Spießchen damit bestreichen. In einer Pfanne rundherum anbraten oder in Alufolie auf dem Grill unter mehrmaligem Wenden etwa 15 Minuten garen.

Tip
Dazu schmeckt Curryreis.

Exotic-Dip
(Abb. S. 449)

Zutaten
1 kleine Dose Aprikosen,
150 g Crème fraîche,
2 EL Honig, 1 EL Sahne,
Currypulver, Kurkuma,
Zitronensaft,
1 EL Ananasstücke

EW	Fett	KH	kcal/kJ
1 g	16 g	29 g	263/1101

Aprikosen abtropfen lassen, mit Crème fraîche, Honig und Sahne pürieren. Mit Currypulver, Kurkuma und Zitronensaft würzen. Ananas fein würfeln und unterrühren. Nach Wunsch mit Currypulver bestreuen und servieren.

Kräutli-Dip
(Abb. S. 449)

Zutaten
1 Bd. gemischte Kräuter (z. B. Dill, Kerbel, Kresse, Petersilie, Schnittlauch),
4 hartgekochte Eier,
200 g Schmand,
150 g saure Sahne,
100 ml Buttermilch,
Salz, Pfeffer,
Senf

EW	Fett	KH	kcal/kJ
11 g	23 g	5 g	264/1105

Kräuter waschen und fein hacken. Eier würfeln, mit Schmand, saurer Sahne, Buttermilch und Kräutern verrühren, würzig abschmecken. Im Kühlschrank 1 Stunde ziehen lassen.

Birnen mit Edelpilzkäse gefüllt

Zutaten
4 mittelgroße reife Birnen,
1 TL Zitronensaft,
200 g Edelpilzkäse (Danablu, Bavaria Blu, Fourme d'Anbert oder Roquefort), 2 EL Butter,
4 EL Naturjoghurt,
1 TL fein gewiegter Dill,
1 EL fein gewiegte Petersilie,
Salz, Pfeffer

EW	Fett	KH	kcal/kJ
12 g	21 g	17 g	303/1271

Birnen gut waschen, abtrocknen. Vom oberen Drittel einen Deckel abschneiden. Die Schnittfläche sofort mit etwas Zitronensaft einreiben, damit das Fruchtfleisch nicht dunkel wird. Birnen mit einem kleinen Löffel aushöhlen. Kerne und Kernhaus entfernen, Fruchtfleisch fein hacken, in eine Schüssel geben. Edelpilzkäse zerdrücken, mit der weichen Butter vermischen und zum Birnenfruchtfleisch geben. Das Ganze mit Joghurt und Kräutern zu einer Creme verarbeiten, mit etwas Salz und Pfeffer abschmecken. Gleichmäßig in die ausgehöhlten Birnen füllen, die Deckel wieder aufsetzen.

Käseplatte
(Abb. S. 445)

Zutaten
150 g Camembert,
150 g Kräuterfrischkäse,
150 g Brie,
150 g Gouda (am Stück),
1 rote Zwiebel,
8 Radieschen,
einige Petersilienstengel,
Pfeffer

EW	Fett	KH	kcal/kJ
31 g	41 g	4 g	503/2109

Käse würfeln, auf einer Platte dekorativ anrichten. Zwiebel schälen und in Ringe, Radieschen putzen, waschen und in Scheiben schneiden. Petersilie waschen, trockentupfen, in Sträußchen teilen und Käseplatte mit Zwiebelringen, Radieschenscheiben und Petersiliensträußchen dekorieren. Pfeffer nach Belieben.

Roter Heringssalat
(Abb. S. 445)

Zutaten
250 g rote Bete,
1 Kartoffel,
2 Salzheringe,
300 g Äpfel,
1 Zwiebel,
1 EL Senf,
125 g Mayonnaise,
2 EL Crème fraîche

EW	Fett	KH	kcal/kJ
14 g	36 g	19 g	471/1971

Rote Bete waschen, etwa 45 Minuten kochen, schälen. Kartoffel etwa 20 Minuten kochen, schälen und mit roter Bete würfeln. Salzheringe etwa 30 Minuten wässern, abtropfen lassen und kleinschneiden. Äpfel und Zwiebel schälen, Äpfel vierteln, vom Kerngehäuse befreien und mit Zwiebel würfeln. Senf, Mayonnaise und Crème fraîche verrühren und mit den vorbereiteten Zutaten vermischen. Salat etwa 3 Stunden kühl stellen.

Tip
Salat mit Kopfsalatblättern, gekochten Eischeiben und Petersilie dekorativ garnieren.

Fleischwurst-Salat
(Abb. S. 445)

Zutaten
400 g Fleischwurst,
3 Gewürzgurken,
200 g Mayonnaise,
Zitronensaft,
Salz,
Pfeffer,
einige Salatblätter

EW	Fett	KH	kcal/J
14 g	63 g	2 g	663/2778

Fleischwurst in Streifen schneiden, Gewürzgurken würfeln. Mayonnaise mit Zitronensaft, Salz und Pfeffer abschmecken, Wurst und Gurken unterheben. Eine Schüssel mit Salatblättern auslegen und Fleischwurst-Salat darin anrichten.

Shrimps-Cocktail in Gurken-Türmchen
(Abb. S. 452)

Zutaten
1 Salatgurke,
1 Tomate,
1 Bd. Dill,
100 g Mayonnaise,
1 EL Weißwein,
Salz,
Pfeffer,
100 g Shrimps,
Dill zum Garnieren

EW	Fett	KH	kcal/kJ
4 g	19 g	2 g	215/901

Salatgurke waschen, schälen und in 8 etwa 5 cm lange Stücke schneiden. Mit einem Teelöffel bis auf einen dünnen Boden aushöhlen.
Tomate waschen, entkernen und klein würfeln. Dill fein schneiden.
Mayonnaise mit Weißwein verrühren und mit Salz und Pfeffer abschmecken. Shrimps, Tomatenwürfel und Dill untermischen.
Shrimps-Cocktail in die Gurkentürmchen füllen. Mit Dillsträußchen garnieren.

Thunfisch-Dreiecke
(Abb.)

Zutaten
1 Möhre, 1 Zucchini,
1 Dose Thunfisch naturell (Abtropfgewicht 150 g),
100 g Crème fraîche,
Salz, Pfeffer,
10 Scheiben Sandwichbrot,
Kerbelblättchen zum Garnieren

EW	Fett	KH	kcal/kJ
15 g	19 g	42 g	409/1715

Möhre und Zucchini putzen und waschen. Beides grob raspeln.
Thunfisch abtropfen lassen, zerpflücken und mit Crème fraîche pürieren.
Möhren- und Zucchiniraspel unter die Thunfischcreme mischen und mit Salz und Pfeffer pikant abschmecken.
Thunfisch-Gemüse-Creme auf der Hälfte der Brotscheiben verstreichen. Mit je 1 zweiten Brotscheibe abdecken.
Sandwiches in kleine Dreiecke schneiden. Mit Kerbelblättchen garnieren.

Tip
Zum Schneiden ein scharfes Messer verwenden, sonst muß man zu sehr aufdrücken, und die Füllung quillt heraus.

Sandwich-Schnecken
(Abb.)

Zutaten
1 Kastenweißbrot,
1 Kästchen Kresse,
75 g Radieschen,
150 g gekochter Schinken,
100 g Mayonnaise,
2 EL Magerquark,
Salz, Pfeffer

EW	Fett	KH	kcal/kJ
19 g	25 g	64 g	573/2399

Weißbrot entrinden und der Länge nach in 1/2–1 cm dicke Scheiben schneiden. Zwischen Frischhaltefolie mit einem Wellholz flachrollen.
Kresse abschneiden, kurz waschen, abtropfen lassen. Radieschen waschen, abtrocknen. Radieschen und Schinken würfeln und mit Kresse, Mayonnaise und Magerquark mischen. Mit Salz und Pfeffer würzen.
Schinkenfüllung auf die Brotscheiben verteilen und von der schmalen Seite her aufrollen. Brotrollen in Frischhaltefolie verpackt 2 Stunden in den Kühlschrank stellen.
Brotrollen in 2 cm dicke Sandwich-Schnecken schneiden.

Tip
Statt der Radieschen schmecken auch Tomaten. Entkernen nicht vergessen!

Olivenkaviar
(Caviale di olive)

Zutaten
200 g schwarze Oliven,
10 Sardellenfilets in Öl,
frisches Weißbrot

EW	Fett	KH	kcal/kJ
8 g	21 g	34 g	355/1488

Oliven entkernen, Sardellen abtropfen lassen.
Zusammen im Mixer fein pürieren und die Paste auf Weißbrot streichen.

Tip
Zum Aperitiv servieren.

Fruchtige Käsehäppchen

Zutaten
12 Scheiben Baguette,
40 g Butter,
4 Scheiben Ananas (Dose),
12 mittelgroße Käsewürfel (Bel Paese, Edamer, Munster, Reblochon),
2 EL Olivenöl,
1 EL frisch gemahlener schwarzer Pfeffer,
12 Scheiben luftgetrocknete Salami

EW	Fett	KH	kcal/kJ
22 g	34 g	37 g	542/2270

Baguettescheiben leicht antoasten, etwas abkühlen lassen und mit Butter bestreichen.
Ananasscheiben in jweils 3 Stücke teilen. Käsewürfel auf allen Seiten mit Olivenöl bestreichen und leicht in den frisch gemahlenen Pfeffer dippen.
Je ein Ananasdrittel auf einen Zahnstocher spießen, dann eine eingerollte Salamischeibe und zuletzt einen Käsewürfel aufspießen. Spieße in die Baguettescheiben stecken.

Tip
Diese leckeren Käsehäppchen zu trockenem Sekt servieren.

Hausgemachtes Zwiebelmett

Zutaten
2 große Zwiebeln,
1 Knoblauchzehe,
100 g durchwachsener Räucherspeck,
200 g mageres Rindfleisch,
100 g mageres Schweinefleisch,
Salz,
Pfeffer

EW	Fett	KH	kcal/kJ
14 g	32 g	2 g	372/1557

Zwiebeln und Knoblauchzehe schälen. 1 Zwiebel und die Knoblauchzehe fein reiben, die andere Zwiebel kleinschneiden. Räucherspeck und beide Fleischsorten grob zerschneiden. Alle Zutaten in der Küchenmaschine grob hacken.
Mit reichlich Salz und Pfeffer abschmecken.

Tip
Dieses Zwiebelmett sollte am selben Tag, am besten gleich nach der Herstellung, verzehrt werden. Gekaufte Zwiebelmettwurst hält sich aufgrund von Konservierungsmitteln einige Tage länger. Zu Zwiebelmett passen diverse Brotsorten, Bier und frische Salate.

Fischplatte
(für 8 Personen)

Zutaten
1 Apfel,
200 ml Sahne,
4 EL Meerrettich (Glas),
1 EL Zitronensaft,
Salz,
Zucker,
8 Rollmöpse,
400 g geräucherter Lachs,
400 g Garnelen (küchenfertig),
2 Zitronen,
100 g schwarze Oliven,
einige Dillzweige,
1 Zwiebel,
1 Knoblauchzehe,
400 g Hackfleisch,
1 Ei,
2 EL Paniermehl,

Pfeffer,
Paprikapulver,
2 EL Öl,
4 Gewürzgurken,
100 g Silberzwiebeln (Glas),
8 Radieschen

EW	Fett	KH	kcal/kJ
35 g	35 g	9 g	550/2305

Apfel schälen, halbieren, entkernen und fein reiben. Sahne steif schlagen. Beides mit Meerrettich mischen und mit Zitronensaft, Salz und Zucker abschmecken.
Fisch auf einer Platte anrichten. Garnelen auf Zitronenscheiben legen. Apfel-Meerrettich-Sahne in einen Spritzbeutel geben und Tupfer auf die Garnelen spritzen. Mit Oliven und Dillzweigen dekorieren.
Zwiebel und Knoblauchzehe schälen, zerdrücken und fein würfeln. Hackfleisch mit Ei, Paniermehl, Zwiebel- und Knoblauchwürfeln mischen und mit Salz, Pfeffer und Paprikapulver abschmecken. Kleine Frikadellen daraus formen und in heißem Öl von beiden Seiten braten.
Gewürzgurken in Scheiben schneiden, Silberzwiebeln abtropfen lassen.
Radieschen waschen und eventuell halbieren. Zutaten abwechselnd auf Spieße stecken und nach Wunsch zusammen mit dem Fisch auf einer Platte anrichten.

Gebratene Riesengarnelen

(Abb. S. 455)

Zutaten
4 Riesengarnelen,
Salz, Pfeffer,
1 Ei,
2 EL Mehl,
3 EL Sesam,
2 EL Öl,
4 Austernschalen

EW	Fett	KH	kcal/kJ
9 g	11 g	4 g	173/726

Garnelen salzen und pfeffern. Ei, Mehl und Sesam vermengen, Garnelen darin wenden. In heißem Öl rundherum braten. In Scheiben geschnitten auf Austernschalen servieren.

Garnierter Räucherlachs

(Abb. S. 455)

Zutaten
4 Scheiben geräucherter Lachs,
4 Austernschalen,
2 Wachteleier (gekocht),
1 EL Kaviar

EW	Fett	KH	kcal/kJ
8 g	4 g	0 g	49/203

Je 1 Scheibe Lachs auf Austernschalen anrichten, mit halbierten Wachteleiern und Kaviar garnieren.

Shrimps mit Sprossen

(Abb. S. 455)

Zutaten
80 g ausgelöstes Shrimpsfleisch, Salz, Pfeffer, 4 Austernschalen,
50 g Sojakeimlinge,
8 schwarze Oliven

EW	Fett	KH	kcal/kJ
3 g	5 g	1 g	69/288

Shrimps salzen und pfeffern, auf Austernschalen verteilen und mit Sprossen bestreuen. Je 2 Oliven dazulegen.

Kaviar-Häppchen

(Abb. S. 455)

Zutaten
5 EL Keta Kaviar,
3 EL Beluga Kaviar,
4 Austernschalen,
1 Wachtelei (gekocht),
4 Zitronenscheiben

EW	Fett	KH	kcal/kJ
4 g	2 g	0 g	38/157

Beide Kaviarsorten auf den Austernschalen verteilen, mit Eivierteln und Zitronenscheiben garnieren.

Tip
Statt Austernschalen kann man auch Muschelhälften verwenden.

Miesmuscheln mit Gemüse
(Abb.)

Zutaten
1 Glas Miesmuscheln (330 g),
Salz,
Pfeffer,
4 Austernschalen,
4 Zuckerschoten,
2 Cocktailtomaten

EW	Fett	KH	kcal/kJ
8 g	1 g	0 g	49/206

Miesmuscheln abtropfen lassen, salzen, pfeffern und auf Austernschalen verteilen. Zuckerschoten etwa 3 Minuten in kochendem Wasser blanchieren. Cocktailtomaten waschen und vierteln. Muscheln mit Zuckerschoten und Tomatenvierteln garnieren.

Bunte Hummerscheren
(Abb.)

Zutaten
4 Hummerscheren,
4 Austernschalen,
Salz, Pfeffer,
1 Möhre, 1 Zucchini

EW	Fett	KH	kcal/kJ
13 g	3 g	4 g	90/380

Hummerscheren auf Austernschalen legen, salzen und pfeffern. Möhre und Zucchini in feine Streifen schneiden und Hummerscheren damit garnieren.

Bunte Platte
(Abb. S. 456)

Zutaten
2 Scheiben helles Knäckebrot,
150 g Butter,
125 g Camembert,

1/4 Paprikaschote,
2 Scheiben dunkles Knäckebrot,
100 g Bündnerfleisch,
1/4 Honigmelone,
25 g Brunnenkresse,
1 Mehrkornbaguette,
50 g Hüttenkäse,
50 g Erdbeeren,
2 EL gehackte Pistazien,
1 Baguettestange,
2–3 Blätter Eisbergsalat,
100 g ausgelöste Scampi,
1/2 Zirone (unbehandelt),
125 g Mozzarella,
2 Tomaten,
2 Stengel Basilikum,
3 EL kaltgepreßtes Olivenöl,
150 g Graved Lachs,
1/2 Limette,
2–3 Blätter Kopfsalat,
Salz,
Pfeffer

EW	Fett	KH	kcal/kJ
37 g	59 g	34 g	794/3328

Helles Knäckebrot mit Butter bestreichen, Camembert in Scheiben, Paprika in Streifen schneiden und die Brote damit dekorieren. Dunkles Knäckebrot mit Butter bestreichen, mit dünnen Scheiben Bündnerfleisch belegen. Aus der Melone Kugeln ausstechen, Brote mit Brunnenkresse und Melonenkugeln servieren.
Mehrkornbaguette in Scheiben schneiden, Scheiben mit Butter und Hüttenkäse bestreichen. Erdbeeren waschen, große Früchte halbieren, Brote mit Erdbeeren belegen und mit Pistazien bestreuen.
Baguettestange in Scheiben schneiden und buttern. 1/3 der Scheiben mit Eisbergsalat, Scampi und Zitronenscheiben belegen. Das zweite Drittel mit in Scheiben geschnittenem Mozzarella, Tomaten und Basilikumblättern belegen und mit Olivenöl beträufeln. Die restlichen Scheiben mit Lachs, Limettenscheiben und Salatblättern anrichten. Die Brote nach Wunsch mit Salz und Pfeffer würzen.

Feine Canapés mit Käse

(36 Stück)

Zutaten

36 Scheiben Weißbrot,

150 g weiche Butter,
je 4–8 dünne Scheiben Camembert, Roquefort, Mozzarella, Gouda, Emmentaler, Edamer, Bergkäse, Esrom, Provolone,
3 in Scheiben geschnittene Tomaten,
20 g Crème fraîche,
1 EL Schnittlauchröllchen,
2 rote Weintrauben,
4 Blätter Basilikum,
4 gefüllte Oliven,
1 Stengel Petersilie,
10 g Margarine,
4 Walnußhälften,
4 kleine Scheiben gekochter Schinken,
2 TL Meerrettich,
4 Cornichons,
1 EL Öl,
2 El geriebener grüner Pfeffer,
2–3 Champignons

EW	Fett	KH	kcal/kJ
6 g	9 g	11 g	158/661

Weißbrotscheiben rund, oval oder rechteckig ausstechen, mit Butter bestreichen und jeweils 4 Scheiben Brot mit einer Sorte Käse belegen. Käsebrote wie folgt garnieren: Auf den Camembert 1 Scheibe Tomate legen, etwas Crème fraîche darauf geben und mit Schnittlauchröllchen bestreuen. Auf den Roquefort je eine halbe Weintraube legen. Auf den Mozzarella 1 Scheibe Tomate legen und 1 Blatt Basilikum in die Tomate stecken. Auf den Gouda 1 in Scheiben geschnittene, gefüllte Olive legen und mit 1 Petersiliensträußchen dekorieren. Auf den Emmentaler einen kleinen Klecks Margarine setzen und 1 Walnußhälfte daraufkleben. Auf den Edamer Schinken legen, darauf eine kleine Meerrettichrosette spritzen. Auf den Bergkäse 1 Tomatenscheibe geben, Cornichons zu Fächern schneiden und auf die Tomatenscheibe legen. Esrom mit Öl bestreichen und über Kopf in grünen Pfeffer drücken. Provolone mit einigen Scheiben roher Champignons belegen.

Canapés mit Fisch und Fleisch
(28 Stück)

Zutaten
800 g Butter,
35 g püriertes Crevettenfleisch,
Salz,
Pfeffer,
Saft von 1 Zitrone,
3 EL Cognac,
60 g Sardellenfilets,
25 g Kaviar,
2 Eigelb,
35 g püriertes Krebsfleisch,
1 Knoblauchzehe,
Petersilie,
Schnittlauch,
1 TL Zitronenschale einer unbehandelten Zitrone,
Cayennepfeffer,
28 Weißbrotscheiben,
20 g Crevetten,
1/2 hartgekochtes Ei,
20 g gegartes Krebsfleisch,
4 Scheiben Parmaschinken,
1/4 Melone,
4 Scheiben gebratene Hühnerbrust oder
4 Scheiben gebeizter Lachs,
2 TL Meerrettich-Mayonnaise oder etwas Meerrettich und Dill,
100 g Gänseleberpastete,
10 g Trüffel

EW	Fett	KH	kcal/kJ
5 g	25 g	12 g	306/1281

750 g Butter schaumig rühren, in 6 Portionen teilen. Erste Portion mit Crevettenfleisch, Salz, Pfeffer, etwas Zitronensaft und Cognac vermischen. Zweite Portion mit 40 g pürierten Sardellen und Zitronensaft vermischen. Dritte Portion mit 15 g Kaviar und einem Eigelb vermischen, mit Zitronensaft, Salz und Pfeffer würzen. Vierte Portion mit Krebsfleisch, Salz, Pfeffer, Zitronensaft und 1 Schuß Cognac vermischen. Fünfte Portion mit zerdrückter Knoblauchzehe, püriertem Sardellenfilet, etwas Petersilie

und Schnittlauch verrühren, ein Eigelb unterziehen und die Pariser Butter mit Salz, Pfeffer und Cognac abschmecken. Letzte Portion mit 2 EL Zitronensaft und 1 TL Zitronenschale vermischen, mit Salz und Cayennepfeffer würzen. Je 4 Brotscheiben mit einer der Buttersorten bestreichen. Mit einem passenden Förmchen Kreise oder andere Figuren ausstechen. Auf die Crevettenbutter einige Crevetten legen. Auf die Sardellenbutter je ein Sardellenfilet und etwas hartgekochtes gehacktes Ei geben. Auf die Kaviarbutter je einen 1/2 TL Kaviar häufen. Auf die Krebsbutter je eine Scheibe Krebsfleisch legen. Auf die Pariser Butter je ein Röllchen Parmaschinken und eine Kugel Melone setzen. Auf die Zitronenbutter je einige gebratene Hähnchenbruststücke mit einem Klecks Merrettich-Mayonnaise oder ein Lachsröllchen mit etwas Merrettich und Dill legen. Die letzten 4 Scheiben Brot mit Butter bestreichen, in Form schneiden und mit Gänseleberpastete belegen. Einige hauchdünne Scheiben Trüffel darüberhobeln.

Gefüllte Party-Eier

(reicht zur Füllung von 16 Eihälften)

Zutaten

8 Eier,
150 g Frischkäse

EW	Fett	KH	kcal/kJ
5 g	6 g	1 g	78/327

Eier in 8–10 Minuten hart kochen, abschrecken, pellen, in der Mitte längs durchschneiden. Eidotter mit einem Spachtel durch ein feines Haarsieb streichen, mit Frischkäse vermischen und zu einer glatten Masse rühren. Anschließend wahlweise nach folgenden Rezepten verfeinern (Zutaten sind jeweils für die Hälfte der Grundmasse, also für 8 Eihälften, berechnet):

Variation 1

Zutaten

250 g Tomaten,
Salz,
Pfeffer aus der Mühle,
4 Cocktailtomaten,
einige Basilikumblättchen

EW	Fett	KH	kcal/kJ
0 g	0 g	1 g	6/25

Tomaten brühen, häuten, von den Kernen befreien. Fruchtfleisch fein pürieren und unter die Grundmasse arbeiten. Mit Salz und Pfeffer abschmekken, mit der Spritztüte in die Eihälften füllen. Mit halbierten Cocktailtomaten und Basilikumblättchen garnieren.

Variation 2

Zutaten

2 EL Sahne,
Limettensaft,
50–100 g deutscher Kaviar

EW	Fett	KH	kcal/kJ
3 g	3 g	0 g	37/153

Grundmasse mit Sahne verdünnen, mit 1 Spritzer Limettensaft abschmecken. Mit Kaviar vermischen, in die Eihälften spritzen, mit Kaviar belegen.

Variation 3

Zutaten

2 EL Sahne, Pfeffer, Salz,
100 g ausgepulte Krabben,
Limettensaft,
ein paar Dillspitzen

EW	Fett	KH	kcal/kJ
2 g	1 g	0 g	17/74

Grundmasse mit Sahne mischen, mit Pfeffer und Salz abschmecken, in die Eihälften spritzen. Krabben mit Limettensaft beträufeln, auf die Dottermasse legen, mit Limettensaft beträufeln und mit ein paar Dillspitzen dekorieren.

Variation 4

Zutaten

1 reife Avocado,
1 EL Crème fraîche,
1 EL Zitronensaft,
Salz, Pfeffer,
gehackte Pistazien

EW	Fett	KH	kcal/kJ
1 g	7 g	1 g	80/333

Avocado halbieren, Kern und dunkle Haut innen entfernen. Fruchtfleisch mit einem Löffel herausheben. Mit Crème fraîche und Zitronensaft pürieren, salzen, pfeffern und unter die Grundmasse arbeiten und in die Eihälften füllen. Mit Pistazien verzieren.

Variation 5

Zutaten
2 EL Mayonnaise,
1 Prise Knoblauchpulver,
Salz, Pfeffer,
1 Bd. frisches Basilikum

EW	Fett	KH	kcal/kJ
1 g	6 g	0 g	27/111

Grundmasse mit Mayonnaise glatt verrühren, mit Knoblauchpulver, Salz und Pfeffer würzen. Basilikumblättchen ohne Stiel grob hacken, mit etwas Eimasse verrühren und mit dem Schneidestab des Handmixers pürieren. Mit dem Rest der Grundmasse mischen, in die Eier füllen. Vor dem Servieren mit je 1 Basilikumblättchen verzieren.

Carpaccio-Röllchen

Zutaten
1 hartgekochtes Ei,
100 g Parmesankäse,
200 g Rinderlende oder Rinderfilet (vom Metzger hauchdünn mit der Aufschnittmaschine schneiden lassen),
2 EL frischer Zitronensaft,
5 EL Olivenöl,
Salz,
Pfeffer,
etwas weiche Butter,
Baguette oder Weißbrotscheiben

EW	Fett	KH	kcal/kJ
22 g	26 g	16 g	400/1676

Hartgekochtes Ei schälen, durch ein feines Sieb streichen. Parmesankäse grob reiben, mit dem Ei verrühren. Jede Rindfleischscheibe mit etwas Eicreme bestreichen, darüber etwas Zitronensaft und Olivenöl träufeln und mit etwas Salz und Pfeffer würzen. Die Rindfleischscheiben zusammenrollen und auf gebutterte Baguettescheiben legen.

Avocadoschiffchen mit Frischkäse

Zutaten
2 große reife Avocados,
Saft einer Zitrone,
125 g Doppelrahmfrischkäse,
2 Ecken Sahneschmelzkäse,
1 Zwiebel,
1 Knoblauchzehe,
1 EL Tomatenmark,
1 TL fein gewiegter Dill,
1 Salz,
1 Msp. Cayennepfeffer,
1–2 EL reifer geriebener Ziegenkäse (z.B. Crottin)

EW	Fett	KH	kcal/J
3 g	14 g	3 g	146/613

Avocados halbieren, die Kerne entfernen. Jede Hälfte in drei längliche »Schiffchen« schneiden. Diese mit Zitronensaft beträufeln. Frischkäse und Schmelzkäse mit einer Gabel zerdrücken. Zwiebel schälen und fein hacken, Knoblauch ebenfalls schälen, durch die Presse drücken, beides mit dem Käse vermischen. Tomatenmark und Dill unterrühren, die Käsecreme mit Salz und Cayennepfeffer pikant abschmecken. Anschließend in einen Spritzbeutel mit Sterntülle füllen und die Avocados großzügig mit Käsecreme garnieren.
Über jedes Avocadoschiffchen etwas geriebenen Ziegenkäse streuen.

Käse-Garnelen-Happen

Zutaten
50 g weiche Butter,
1 Eigelb,
8 Garnelenschwänze ohne Schale,

1 EL Olivenöl zum Braten,
8 Scheiben Baguette,
8 Scheiben Steppenkäse,
Cayennepfeffer

EW	Fett	KH	kcal/J
25 g	22 g	19 g	341/1427

Die weiche Butter mit Eigelb schaumig schlagen.
Garnelenschwänze in Olivenöl auf beiden Seiten kurz anbraten, aus der Pfanne nehmen.
Jede Baguettescheibe mit der cremigen Butter bestreichen, jeweils eine Scheibe Käse auflegen und eine Garnele daraufsetzen.
Zum Schluß etwas Cayennepfeffer darüberstreuen.

Tomaten mit Schafkäsefüllung

Zutaten

4 große Fleischtomaten,
200 g milder Schafkäse,
2–3 EL getrockneter Basilikum,
3 EL Öl,
100 g Joghurt,
2 EL gemischte italienische Kräuter (tiefgekühlt),
Salz,
Pfeffer,
einige Pepperoni

EW	Fett	KH	kcal/J
5 g	12 g	7 g	154/646

Tomaten waschen, am oberen Drittel eine Kappe abschneiden. Das weiche Innere der Tomaten mit einem Löffel herausnehmen.
Schafkäse mit den Händen zerreiben und mit dem getrockneten Basilikum vermischen.
Öl in einer Pfanne erhitzen, Schafkäse darin eine Minute unter ständigem Rühren erwärmen.
Die Pfanne von der Herdplatte nehmen, den Joghurt einmischen. Die Kräuter unterrühren, abschmecken, die Mischung in die Tomaten füllen.
Den Stielansatz des Tomatendeckels möglichst rund herausschneiden, in den Ausschnitt eine pikante grüne Peperoni stecken.
Die Tomatendeckel auf die gefüllten Käsetomaten setzen.

Käse-Fischbrötchen

Zutaten

4 Scheiben getoastetes Weißbrot,
4 dünne Scheiben Tilsiter,
3 EL weiche Butter,
8 Eier,
4 TL Schnittlauchröllchen,
4 geräucherte Sprotten,
Salz,
Pfeffer

EW	Fett	KH	kcal/J
30 g	31 g	20 g	498/2082

Auf jede Toastbrotscheibe eine Scheibe Tilsiter legen. Etwas Butter in einer Pfanne zerlassen, Eier verquirlen und wie Rührreier zubereiten.
Anschließend auf die Käsebrote verteilen und mit Schnittlauchröllchen bestreuen.
Auf jedes Brot eine Sprotte legen und mit etwas Salz und Pfeffer würzen.

Käsebrötchen mit Melone

Zutaten

6 leicht angetoastete Toastbrotscheiben,
1 EL weiche Butter,
etwa 100 g Stilton,
6 dünne Scheiben Parmaschinken,
6 Kugeln Honigmelone (mit einem Kugelausstecher aus dem Fruchtfleisch gestochen)

EW	Fett	KH	kcal/J
9 g	11 g	13 g	188/788

Die noch warmen Brotscheiben dünn mit Butter bestreichen.
Den Stilton – soweit möglich – in 6 Scheiben teilen.
In jede Schinkenscheibe nun ein Stück Stilton einrollen und die Toastscheiben damit belegen.
Jeweils in die Mitte eine Melonenkugel setzen und mit einem Zahnstocher feststecken.

Es gibt tausend Möglichkeiten, ein Dessert zuzubereiten. Generell sollte es sich an dem vorausgegangenen Mahl, an der Gelegenheit und sogar an der Jahreszeit orientieren. Wenn Sie eine Sommerparty veranstalten, passen ein leichtes frisches Kompott, eine Kaltschale mit frischen Früchten oder Eis mit frischer Beerensauce sehr gut.
Zu feinen Buffets mit vielen Komponenten sollte mehr als ein Dessert angeboten werden. Fein geschlagene Cremes, Moussevariationen mit eingelegten Früchten oder kleine Törtchen mit etwas Creme eignen sich dafür hervorragend.

Kalte Süßspeisen

Dazu zählen Cremes, Süßspeisen aus Brand- oder Blätterteig, Tartelettes (kleine Törtchen), kalte Puddings, Obstsalat und -cocktails, Fruchtsüßspeisen, Kompotte, Süßspeisen mit Quark oder Joghurt, Eis, Grützen, Gelees, Müsli und Flammeris.
Cremes sind sehr abwechslungsreiche Desserts und können unterschiedlich nährstoffreich gestaltet werden. Sie werden meist einige Stunden vor dem Essen zubereitet und ersparen Ihnen so unangenehme Arbeitsspitzen, wenn Ihre Gäste schon im Haus sind. Für Cremes benötigen Sie als Hauptzutat Milch, Rahm, Obstsaft oder Wein. Je nach Rezept wird verfeinert und meist mit Eischnee oder geschlagener Sahne aufgelokkert. Das ergibt dann eine luftige, lockere Konsistenz.

Warme Desserts

Dazu gehören: warme Puddings, Omeletts, Nockerln, Pfannkuchen, Kaiserschmarren, Crêpes, Palatschinken, Strudel, Aufläufe, Fettgebackenes, Süßspeisen aus Hefeteig, gekochte Mehlspeisen und Süßspeisen mit Früchten flambiert.
Aufläufe und Puddings sollten von lockerer Beschaffenheit und eventuell nicht zu süß sein. Je mehr Eier Sie verwenden, desto lockerer wird Ihre Masse.
Die Grundzutaten für Aufläufe können altbackenes in Milch eingeweichtes Weiß- oder Schwarzbrot sein, Grieß, Reis, Quark oder z. B. gekochte Nudeln. Mit Rosinen, Weintrauben, Erdbeeren, Kirschen, Äpfeln oder Aprikosen als weitere Zutat entsteht ein leckerer Auflauf. Wenn Sie den Rand der Auflaufform gut buttern und mit Paniermehl einstreuen, bekommt Ihr Auflauf eine schöne seitliche Kruste.
Puddings sind für empfindliche Mägen besser geeignet. Sie schmecken gut in Verbindung mit Frucht-, Wein-, Fruchtschaumsauce oder mit Kompott. Palatschinken, Omeletts, Pfannkuchen und Schmarren werden in der Pfanne gebacken. Für dünne Pfannkuchen sollten Sie ganze Eier verwenden und den Teig dünn in der Pfanne verteilen. Lockere Pfannkuchen erreichen Sie durch Trennen der Eier. Verwenden Sie den Eischnee zum Unterheben. Sie können einen Teil der Milch durch Mineralwasser ersetzen, denn Kohlensäure treibt den Teig zusätzlich auf.
Für die Herstellung von Schmarren können Sie Reis, Quark, Grieß, Semmeln, Mehl oder Kartoffeln verwenden. Die Teige für Semmelschmarren, Grieß- und Reisschmarren sollten nicht zu weich sein und besser nicht mit Eischnee, sondern mit ganzen Eiern hergestellt werden. Die Schmarren backen so besser durch, fallen nicht zu leicht auseinander und sind schneller fertig. Wenn Sie Quark verwenden, achten Sie darauf, daß der Quark trocken ist.
Omeletts werden immer mit Eischnee zubereitet, denn sie sollen ja schön aufgehen. Lassen Sie beim Backen unbedingt den Deckel auf Ihrer Pfanne, denn die dadurch entstehende feuchte Hitze zieht die Omelettmasse förmlich nach oben.

GRUNDREZEPT
Crêpes

Zutaten
ca. 8 hauchdünne Crêpes:
50 g Mehl, 1/8 l Milch-Wasser-Mischung,
1 Msp. Salz, 1 TL Zucker,
2 Eier, Butter

EW	Fett	KH	kcal/kJ
3 g	5 g	6 g	88/367

Mehl, Milch-Wasser-Mischung, Salz und Zucker miteinander verrühren. Die Eier und 1 EL flüssige Butter zugeben. Mit dem Schneebesen sehr gut durcharbeiten und den Teig mindestens 1 Stunde im Kühlen ruhen lassen. Vor dem Backen nochmals durchschlagen. Die heiße Crêpes-Pfanne schnell mit wenig Butter einpinseln, den Teig mit einem Löffel (richtige Größe!) in die Pfanne gießen, die Pfanne dabei bewegen, so daß sich der Teig gleichmäßig verteilt, und die Crêpes von beiden Seiten hellbraun backen.

Schnee-Eier mit Früchtepüree

Zutaten
6 Eiweiß,
100 g Zucker,
1 Päckchen Vanillinzucker, 1 l Milch,
4 Aprikosen,
100 g Himbeeren,
1 Kiwi, 100 g Erdbeeren,
Zitronensaft,
Pflaumenkonfitüre

EW	Fett	KH	kcal/kJ
14 g	9 g	52 g	355/1485

Die Eiweiß mit dem Zucker und dem Vanillinzucker steif schlagen. Die Milch mit der gleichen Menge Wasser verdünnen und zum Kochen bringen. Von der Eischneemasse mit dem Löffel kleine Klößchen abstechen und vorsichtig in die kochende Milch geben. Nach 4 Minuten die Schnee-Eier einmal wenden und abermals 4 Minuten pochieren. Die Schnee-Eier mit dem Schaumlöffel herausnehmen und auf Tellern anordnen. Die verschiedenen Früchte einzeln pürieren und nach Geschmack süßen oder mit Zitronensaft abschmecken.
Jedes der Schnee-Eier mit einem anderen Früchtepüree oder der Konfitüre überzogen servieren.

Apfelkücherl

Zutaten
200 g Mehl, 1 Prise Salz,
2 Eigelb, 4 EL Milch,
2 TL Öl, 1/8 l Bier,
2 Eiweiß,
6 große Äpfel (säuerlich),
100 g Zucker,
etwas Zitrone, 2 EL Rum,
Schmalz zum Ausbacken

EW	Fett	KH	kcal/kJ
1 g	3 g	9 g	64/267

Das gesiebte Mehl, Salz, Eigelb, Milch, Öl und das Bier verrühren, zuletzt steifen Eischnee unterziehen. Äpfel schälen, Kernhaus ausstechen und 1–2 cm dicke Apfelringe schneiden, mit Zucker bestreuen und mit Zitronen-Rum-Gemisch beträufeln. Durch den Ausbackteig ziehen und im schwimmenden, heißen Fett goldbraun backen, kurz abtropfen lassen und noch heiß mit Zucker bestreut anrichten.

Sommerlicher Fruchtsalat

Zutaten
125 g Johannisbeeren,
125 g Himbeeren,
125 g Erdbeeren,
1 Apfel, 1 Banane,
3 EL helle Rosinen,
200 g Crème fraîche,
1 TL Zitronensaft,
1 EL Zucker

EW	Fett	KH	kcal/kJ
3 g	10 g	33 g	330/1382

Früchte waschen und sorgfältig putzen, Erdbeeren halbieren, Apfel und Banane in kleine Scheiben und Stücke schneiden. Das Obst mischen und in Schälchen anrichten. Mit den Rosinen bestreuen. Crème fraîche mit Zitronensaft und Zucker verrühren, über den Salat gießen.

Waldmeisterspeise mit Vanillecreme auf Erdbeerschaum

(Abb.)

Zutaten

100 g weiche Butter,
5 EL Zucker,
2 Eier,
100 g weiße Kuvertüre,
1 Bd. Waldmeister,
2 EL Grieß,
Butter und Zucker für die Form,
1/4 l Milch,
1 EL Vanillepuddingpulver,
1/2 Vanilleschote,
1 Eigelb,
250 g Erdbeeren,
1 EL Sahne

EW	Fett	KH	kcal/kJ
8 g	42 g	32 g	529/2214

Butter mit 1 EL Zucker schaumig schlagen. Eier trennen, Eigelb mit Butter verrühren. Kuvertüre im Wasserbad auflösen und mit abgezupftem Waldmeister unter die Buttermasse ziehen. Alles schaumig schlagen und Grieß einrühren. Eiweiß mit 1 EL Zucker steif schlagen, unter die Buttermasse heben. Kleine Förmchen einfetten und mit Zucker ausstreuen.

Waldmeisterspeise einfüllen, im Wasserbad bei 180 Grad im Ofen in 20–30 Minuten stocken lassen; 10 Minuten abkühlen lassen, dann aus der Form nehmen.

Für die Vanillecreme 1 EL Milch mit Puddingpulver verrühren. Vanilleschote aufschlitzen, ausschaben und beides in restlicher Milch mit 1 EL Zucker zum Kochen bringen. Vanilleschote herausnehmen. Eigelb mit 1 EL Zucker schaumig schlagen, mit etwas warmer Milch verrühren, mit angerührtem Puddingpulver

in die Milch geben, zum Kochen bringen. Vanillecreme abkühlen lassen und in einen Spritzbeutel füllen.
Erdbeeren waschen, putzen, Hälfte im Mixer mit 1 EL Zucker pürieren und durch ein Sieb streichen. 4 Teller mit Sauce ausgießen. Sahne hineintropfen lassen, Tropfen mit einem Holzspieß ausziehen. Restliche Erdbeeren vierteln und dazugeben. Waldmeisterspeise in die Sauce setzen, Vanillecreme dazuspritzen.

Tip
Dessert mit Schokoladenraspeln bestreuen und mit Waldmeisterblättchen garniert servieren.

Käse-Birnen-Soufflé auf Brombeersauce

(Abb. S. 457)

Zutaten
3 große, vollreife Williamsbirnen,
Saft und Schale von 1 Zitrone (unbehandelt),
3 cl Aprikosenlikör,
3 1/2 EL Zucker,
1/4 l Muskateller Spätlese,
1 Eigelb,
40 g Quark,
40 g deutscher Tilsiter (feingerieben),
2 Eiweiß,
250 g Brombeeren,
40 g Puderzucker,
3 cl schwarzer Johannisbeerlikör,
Butter für die Form

EW	Fett	KH	kcal/kJ
9 g	7 g	47 g	365/1527

1 Birne schälen, entkernen und das Fruchtfleisch würfeln. Mit Saft von 1/2 Zitrone, einigen feinen Streifen Schale, Aprikosenlikör und 1/2 EL Zucker bei kleiner Hitze dünsten, bis das Birnenmus weich und alle Flüssigkeit verdampft ist. Restliche Birnen schälen und halbieren. Mit dem Kugelausstecher das Kernhaus ausstechen. Birnen mit restlichem Zitronensaft übergießen und in der Muskateller Spätlese bißfest dünsten.
Eigelb und 1 EL Zucker mit dem Schneebesen schaumig rühren. Quark, Tilsiter und Birnenmus hinzufügen. Eiweiß steif schlagen, dabei 2 EL Zucker langsam einrieseln lassen. Behutsam unter die Käsefruchtcreme heben.
Birnen in eine flache gefettete Gratinform setzen, mit Käsefruchtcreme füllen und 20–30 Minuten im vorgeheizten Ofen bei 200 Grad goldgelb backen.
Brombeeren mit Puderzucker im Mixer pürieren. Durch ein feines Sieb streichen und mit Johannisbeerlikör abschmecken. Birnen-Soufflé auf der Brombeersauce anrichten.

Birne Hélène

Zutaten
8 Birnenhälften (Dose),
250 g Blockschokolade,
4 cl Birnenschnaps,
250 g Vanilleeis

EW	Fett	KH	kcal/kJ
2 g	25 g	75 g	553/2317

Birnenhälften abtropfen lassen. Die Blockschokolade im Wasserbad schmelzen lassen. Birnenschnaps einrühren. Birnenhälften mit der Höhlung nach unten auf 4 Desserteller verteilen, mit der heißen Schokoladensauce überziehen. Sofort servieren.
Aus dem Eis 8 Kugeln stechen. Je 2 Kugeln auf einen Teller geben.

Weinschaumcreme

(Zabaione)

Zutaten
6 Eigelb,
50 g Zucker,
1/8 l Marsalawein,
1 cl Weinbrand

EW	Fett	KH	kcal/kJ
5 g	9 g	14 g	194/813

Eigelb mit Zucker schaumig schlagen. Marsala und Weinbrand nach und nach einrühren. Die Creme so lange im Wasserbad schlagen, bis sie dickflüssig ist. In Gläser füllen und sofort servieren.

Pfirsich Melba

Zutaten

300 g tiefgefrorene Himbeeren,
Saft von 1/2 Zitrone,
5 EL Puderzucker,
2 cl Himbeergeist,
4 Pfirsichhälften (Dose),
250 g Vanilleeis,
150 g süße Sahne,
50 g Zucker,
1 Päckchen Vanillinzucker

EW	Fett	KH	kcal/kJ
4 g	16 g	46 g	360/1506

Himbeeren auftauen lassen. Zitronensaft darüberträufeln, Himbeeren pürieren. Puderzucker darübersieben, unter die Himbeeren mischen. Himbeergeist unterrühren. Pfirsichhälften abtropfen lassen. Eis in Portionen teilen und auf 4 Teller verteilen. Pfirsiche mit der Rundung nach oben darauf legen, mit dem Himbeermus übergießen.
Sahne mit Zucker und Vanillinzucker steif schlagen. Das Dessert damit garnieren.

Creme Bavaroise

(Bayerische Creme)
(für 6 Personen)

Zutaten

4 Blatt weiße Gelatine,
1/4 l Milch,
125 g Zucker,
1 Vanilleschote,
1 Prise Salz,
4 Eigelb,
1/4 l Sahne

EW	Fett	KH	kcal/kJ
4 g	18 g	24 g	284/1189

Gelatine in kaltem Wasser einweichen. Milch mit der Hälfte des Zuckers, der aufgeschnittenen Vanilleschote und dem Salz langsam aufkochen. Schote entfernen. Eigelb mit dem restlichen Zucker schaumig rühren. Die heiße Milch nach und nach unterschlagen. Die Eiermilch nochmals erhitzen, nicht mehr kochen. Gelatine ausdrücken, einrühren und auflösen, abkühlen lassen.
Die Sahne steif schlagen, unter die etwas abgekühlte Creme rühren. Im Kühlschrank abkühlen lassen.

Tip

Durch Beigabe weiterer Geschmackszutaten sind viele Ableitungen möglich, z. B. Kaffee-, Schoko-, Mokka- oder Nußcreme. Mit frischen Früchten servieren.

Zuppa Romana

(für 8 Personen)

Zutaten

2 Biskuittortenböden (fertig gekauft) oder 2 Hälften Biskuittorte (s. Rezept S. 491),
10 EL Maraschinolikör oder Grand Marnier,
750 g entsteinte Kirschen (Glas),
3/8 l Milch,
1/2 Vanilleschote,
4 Eier, 3 EL Zucker,
2 EL Speisestärke,
1/4 l Sahne

EW	Fett	KH	kcal/kJ
14 g	19 g	75 g	554/2319

Die Tortenböden für eine Glasschale passend schneiden, mit dem Likör tränken. Kirschen abtropfen lassen. Milch mit der aufgeschnittenen Vanilleschote aufkochen und abkühlen lassen. Eier trennen. Eigelb mit Zucker und Speisestärke gut verrühren, nach und nach Milch zugießen, unter Rühren bei schwacher Hitze aufkochen, kalt stellen. Eiweiß zu steifem Schnee schlagen und unter die Creme heben. Die Sahne mit Zucker steif schlagen. Einen Tortenboden in die Schale legen, die Hälfte der Kirschen darauf verteilen, die Vanillecreme darüberstreichen. Den zweiten Tortenboden daraufsetzen, mit den restlichen Kirschen belegen, mit Sahnetupfen garnieren.

Käsespießchen mit Früchten auf Himbeermark
(Abb.)

Zutaten
1/4 l trockener Riesling,
1 Eigelb,
1 Prise Salz, 175 g Mehl,
1 Eiweiß,
4 Aprikosen,
250 g Erdbeeren,
2 reife Birnen,
250 g Butterkäse,
Butterschmalz zum Ausbacken,
250 g Himbeeren,
100 g Puderzucker,
2 EL Crème double,
1 EL feine Streifen von 1 Zitrone (unbehandelt)

EW	Fett	KH	kcal/kJ
21 g	34 g	81 g	780/3268

Aus Weißwein, Eigelb, Salz und Mehl einen zähflüssigen Teig rühren. Etwa 1 Stunde ruhen lassen, dann steif geschlagenes Eiweiß unterheben.
Obst waschen und putzen. Aprikosen und Birnen in Spalten teilen. Käse in mundgerechte Würfel schneiden. Durch den Ausbackteig ziehen und in heißem Butterschmalz goldfarbig und kroß ausbacken. Noch heiß mit den Aprikosenspalten, Erdbeeren und Birnenspalten auf Holzspießchen stecken. Himbeeren mit Puderzucker pürieren und durch ein feines Haarsieb passieren. Mark auf flache Teller gießen. Von der Crème double jeweils Tropfen auf das Himbeermark träufeln und mit einem Holzspießchen zur länglichen Tropfenform verziehen. Spießchen mit Zitronenstreifen bestreuen.

Rote Grütze

Zutaten
je 250 g Erdbeeren, Himbeeren, rote und schwarze Johannisbeeren oder gemischte Beeren (tiefgekühlt),
75 g Speisestärke,
4 EL Zucker,
2 cl Kirschwasser,
1/4 l Vanillesauce oder
1/4 l süße Sahne

EW	Fett	KH	kcal/kJ
3 g	19 g	45 g	386/1618

Frische Früchte waschen, entstielen. Beeren in 1/4 l kaltem Wasser zusetzen, kurz kochen, tiefgekühlte auftauen lassen. Früchte durch ein Sieb passieren, nochmals erhitzen. Stärke mit Wasser verrühren, dazugeben, aufkochen lassen, Zucker unterrühren. In die etwas abgekühlte Grütze Kirschwasser rühren. Im Kühlschrank erkalten lassen, mit Vanillesauce oder Sahne servieren.

Mousse au chocolat
(für 6 Personen)

Zutaten
3 Eier,
2 EL Zucker,
1/8 l Milch,
100 g bittere Schokolade,
1 TL Pulverkaffee,
2 EL Weinbrand,
50 g Butter,
1/8 l Sahne

EW	Fett	KH	kcal/kJ
5 g	22 g	16 g	297/1244

Eier trennen. Eigelb mit Zucker schaumig rühren. Im Wasserbad die Milch nach und nach in die Eigelbmasse rühren und so lange schlagen, bis sie dicklich wird. Die Schokolade zerbröckeln, im Wasserbad unter ständigem Rühren schmelzen lassen. Kaffee, Weinbrand und Butter einrühren. Schokoladencreme und Eimasse mischen, kühl stellen. Eiweiß und Sahne getrennt sehr steif schlagen. Unter die abgekühlte Schokoladencreme Eischnee und Schlagsahne heben. Creme im Kühlschrank durchkühlen lassen.

Nougateis

Zutaten
4 Eigelb,
100 g brauner Zucker,
250 ml Milch,
1 Vanilleschote,
100 g Nougat-Rohmasse,
100 ml süße Sahne

EW	Fett	KH	kcal/kJ
8 g	32 g	46 g	517/2162

Eigelb mit Zucker schaumig rühren. Milch mit ausgekratztem Vanillemark und Vanilleschote erwärmen. Vanilleschote entfernen.
Milch unter die Eimasse rühren und im Wasserbad cremig schlagen, nicht kochen lassen.
Nougat in kleine Würfel schneiden, hinzufügen, unter Rühren auflösen. Sahne unter die erkaltete Creme rühren, in eine Schale füllen.
Masse im Gefrierschrank durchfrieren lassen.

Tip
Das Eis hält sich gut verschlossen 6–8 Wochen im Tiefkühlschrank.

Haselnußcreme

Zutaten
1 l Milch,
60 brauner Zucker,
40 g Speisestärke,
4 Eigelb,
100 g gemahlene, geröstete Haselnüsse,
100 ml süße Sahne

EW	Fett	KH	kcal/kJ
19 g	52 g	40 g	712/2976

Milch mit Zucker aufkochen. In etwas kalter Milch Stärke anrühren, in die kochende Flüssigkeit einrühren.
Aufkochen lassen, vom Feuer nehmen.
Eigelb in die etwas abgekühlte Creme rühren, Nüsse unterziehen, dann kalt stellen.
Sahne steif schlagen, unter die erkaltete Masse ziehen.

Quarkcreme

Zutaten
100 g Mandelstifte,
200 ml süße Sahne,
400 g Quark,
4 EL Tannenhonig,
1 abgeriebene Zitronenschale (unbehandelt),
4 Eigelb,
4 EL Portwein,
120 g Rosinen,
4 Feigen

EW	Fett	KH	kcal/kJ
30 g	46 g	37 g	680/2842

Mandeln rösten, Sahne steif schlagen.
Restliche Zutaten (ohne Feigen) gut verrühren. Sahne unter die Creme heben und in eine Servierschüssel geben. Mit Mandeln bestreuen.
Feigen in Streifen schneiden, Creme damit garnieren.

Gefüllte Crêpes auf Himbeerschaum
(Abb.)

Zutaten
120 g Mehl,
1 Ei, 200 ml Milch,
1 EL geschmolzene Butter,
80 g Butterschmalz,
250 g Sahnequark,
150 g Doppelrahm-frischkäse,
80 g Puderzucker,
Saft und Schale von 1/2 Zitrone (unbehandelt),
400 g Himbeeren,
1 Schnapsglas Himbeergeist

EW	Fett	KH	kcal/kJ
19 g	44 g	57 g	714/2993

Mehl in eine Schüssel sieben, mit geschlagenem Ei, Milch und 100 ml Wasser verrühren, flüssige Butter hinzufügen. In heißem Butterschmalz 10–12 kleine, dünne Crêpes backen, aufeinandergeschichtet warm stellen. Quark, Frischkäse, Puderzucker, Zitronensaft und -schale glattrühren. Himbeeren mit Puderzucker bestreuen, ziehen lassen. Kurz erhitzen und passieren. Schaumig aufschlagen, mit Himbeergeist aromatisieren. Pfannkuchen mit der Quarkcreme bestreichen, je 2 Seiten einklappen und Pfannkuchen aufrollen. Crêpes auf Himbeerschaum anrichten, mit Puderzucker bestäuben, servieren.

Kirschsoufflé

Zutaten
3 Eiweiß,
Salz,
1 kleine Tasse Milch,
1 EL Speisestärke,
1 EL Butter,
5 cl Kirschwasser,
2 Eigelb,
Zucker und Butter für die Form

EW	Fett	KH	kcal/kJ
5 g	17 g	24 g	275/1152

Eiweiß mit einer Prise Salz zu steifem Schnee schlagen. Milch, Zucker und Speisestärke aufkochen und einige Minuten aufpuffen lassen (dabei aber ständig rühren). Den Topf vom Herd ziehen, Butter, Kirschwasser und zuletzt Eigelb einrühren.
Eischnee locker unterheben, die Form mit Zucker ausklopfen. Die leichte Soufflémasse einfüllen. In den vorgeheizten Backofen bei etwa 200 Grad schieben. Die Backzeit beträgt ca. 1/2 Stunde.
Sofort servieren!

Weißes Schokoladenmousse mit Walderdbeeren
(Abb.)

Zutaten
180 g weiße Konditor-Kuvertüre,
30 g Puderzucker,
90 g Butter,
4 Eigelb,
6 EL Orangenlikör (Grand Marnier),
400 g halbfest geschlagene Sahne,
250 g Walderdbeeren

EW	Fett	KH	kcal/kJ
18 g	79 g	34 g	891/3733

Weiße Kuvertüre im 38 Grad heißen Wasserbad auflösen und danach auf etwa 22 Grad abkühlen lassen. Puderzucker mit zimmerwarmer Butter weißschaumig aufschlagen. Eigelb (ebenfalls Zimmertemperatur) einzeln einlaufen lassen; noch etwa 5 Minuten weiterschlagen.
Angewärmten Orangenlikör und Kuvertüre in beschriebener Reihenfolge mit dem Schneebesen unterrühren.
Zum Schluß die halb aufgeschlagene Sahne vorsichtig unterheben. Mousse in eine Schüssel umfüllen und für 2–3 Stunden in den Kühlschrank stellen. Zum Anrichten einen Eßlöffel in heißes Wasser tauchen und je ein schönes Klößchen vom Mousse abstechen und mit Walderdbeeren anrichten.

Soufflé mit Himbeeren

Zutaten
250 g tiefgekühlte Himbeeren,
1 Glas (2 cl) Himbeergeist,
4 Eier,
75 g Zucker,
1 Päckchen Vanillinzucker,
1 Prise Salz,
Butter zum Einfetten,
1 EL Puderzucker

EW	Fett	KH	kcal/kJ
9 g	8 g	29 g	242/1013

Himbeeren auftauen, mit Himbeergeist beträufeln. Eier trennen. Eigelb mit Zucker, Vanillinzucker und Salz schaumig rühren. Eiweiß zu steifem Schnee schlagen und locker unterheben. Eine feuerfeste Form mit Butter einfetten. 2/3 der Eimasse einfüllen. Die Himbeeren daraufgeben. Mit der restlichen Eimasse bedecken. Auf unterster

Schiene im vorgeheizten Ofen bei 160 Grad etwa 15–20 Minuten backen. Soufflé mit Puderzucker bestäubt servieren.

Crêpes Suzette

Zutaten
50 g Butter, 2 TL Zucker,
1 TL ger. Orangenschale,
0,1 l Orangensaft,
2 cl Zitronensaft,
4 cl Grand Marnier

EW	Fett	KH	kcal/kJ
0 g	10 g	11 g	162/681

Die Butter zerlassen, den Zucker zugeben, Schale und den Saft eingießen, reduzieren lassen. Die gebackenen Crêpes (S. 459) in der Sauce erwärmen, zusammenlegen, mit Grand Marnier übergießen und flambiert (oder nicht flambiert) servieren.

Joghurt-Basilikum-Savarin
(Abb.)

Zutaten
4 EL Puderzucker,
200 g Joghurt,
6 Blatt weiße Gelatine,
100 ml Sahne,
6 Stengel Basilikum,
200 g Brombeeren,
400 g Himbeeren,
3 cl Cassis

EW	Fett	KH	kcal/kJ
4 g	10 g	30 g	249/1044

Puderzucker mit Joghurt gut verrühren. Gelatine in 2 EL Wasser auflösen, unter die Joghurtmasse mischen. Sahne steif schlagen, vorsichtig unter den Joghurt heben. Basilikumblätter in feine Streifen schneiden, zur Masse geben. In kleine Savarinförmchen füllen und im Kühlschrank fest werden lassen. Brombeeren und Himbeeren verlesen, Brombeeren pürieren und durch ein Sieb passieren, mit 2 cl Cassis verrühren. Vom Fruchtmark auf Dessertteller einen Spiegel gießen. Darauf Joghurt-Savarin stürzen und mit Himbeeren füllen. Beeren mit restlichem Cassis verfeinern.

Valencia Crêpes

Zutaten
100 g Mehl,
90 g Puderzucker,
1 Prise Salz,
abgeriebene Schale von 1 Orange (unbehandelt),
3 Eier, gut 1/4 l Milch,
5 EL Curaçao,
140 g Butter,
1 TL Orangensaft,
2 Orangen,
4 EL Weinbrand,
Puderzucker zum Bestäuben

EW	Fett	KH	kcal/kJ
11 g	35 g	46 g	624/2612

Mehl mit 40 g Puderzucker, Salz und halber Menge Orangenschale in einer Schüssel mischen. Eier mit Milch und 1 TL Curaçao verquirlen. Nach und nach in die Mehl-Mischung rühren. Jeweils 5 g Butter in einer Pfanne erhitzen. Nacheinander 8 dünne Crêpes backen. 100 g Butter, 50 g Puderzucker, restliche Orangenschale, Orangensaft und 1 TL Curaçao verkneten. Orangen sorgfältig schälen, würfeln und entkernen. Orangenbutter in der Flambierpfanne erhitzen. Orangenwürfel darin erhitzen. Auf eine Pfannenseite schieben. Crêpes nacheinander durch die Orangenbutter ziehen. Mit Orangenwürfeln füllen. Einige zum Garnieren zurücklassen. Crêpes auf eine feuerfeste Platte legen. Weinbrand und 4 EL Curaçao darübergießen. Anzünden und ausbrennen lassen. Sofort mit Puderzucker bestäuben und mit restlichen Orangenwürfeln garnieren.

Abb. 1

Abb. 2

Abb. 3

Abb. 4

Abb. 5

Crème caramel
(Abb. 1–5)

Zutaten
200 g Zucker,
etwas Öl,
1/2 Vanilleschote,
1/2 l Milch,
2 Eigelb,
3 Eier

EW	Fett	KH	kcal/kJ
11 g	17 g	56 g	431/1807

Die Hälfte des Zuckers in einem kleinen Topf schmelzen, rühren, bis er sich vollständig aufgelöst hat. 2 cl Wasser zugießen und den erstarrten Zucker erneut schmelzen.

Den Karamel in dünner Schicht in die mit ein wenig Öl ausgepinselten Förmchen gießen (Abb. 1).

Vanilleschote mit der Milch aufkochen. Eigelb und ganze Eier mit dem Zucker verrühren und die Milch nach und nach zugießen (Abb. 2).

Kräftig mit dem Schneebesen schlagen, die Creme durch ein feines Sieb geben (Abb. 3) und in die Förmchen füllen (Abb. 4). Anschließend die Crème im Wasserbad 20 Minuten im Ofen (170 Grad) garen (Abb. 5).

Das Wasserbad darf keinesfalls kochen. Temperatur entsprechend regeln.

Die Crème im Kühlschrank über Nacht auskühlen lassen und kurz vor dem Servieren stürzen.

Savarinchen mit Käse-Obstsalat
(Abb.)

Zutaten
250 g Mehl,
1/8 l Milch,
20 g Hefe,
2 EL Zucker,
1 Prise Salz,
2 Eier,
75 g Butter,
Butter für die Formen,
100 g Erdbeeren,
100 g Brombeeren,
100 g Himbeeren,
100 g Heidelbeeren,
200 g Camembert,
50 g gehackte Walnüsse,
6 EL Himbeeressig,
1/8 l Apfelsirup,
1 Päckchen Vanillinzucker,
2 TL Zitronensaft,
1 EL Streifen von 1 Zitronenschale (unbehandelt)

EW	Fett	KH	kcal/kJ
26 g	38 g	89 g	825/3457

Alle Zutaten auf Küchentemperatur bringen. Mehl in eine Teigschüssel sieben. Milch lauwarm erwärmen, Hefe hineinbröckeln. 1 EL Mehl und etwas Zucker unterrühren.
Zum Mehl Salz und restlichen Zucker mischen, eine Mulde eindrücken und Eier hineingeben. Butterflöckchen obenauf legen. Milch-Hefe-Mischung dazugießen und alles zu einem Teig schlagen. Zugedeckt an einem warmen Ort gehen lassen, bis sich das Teigvolumen verdoppelt hat. Danach Teig gut durchrühren.
Kleine Savarin-Formen mit Butter ausstreichen. Teig einfüllen. 15 Minuten gehen lassen. Dann in 20–25 Minuten bei 200 Grad goldfarbig backen. Aus der Form nehmen und auskühlen lassen.
Früchte putzen und waschen. Camembert in haselnußgroße Stücke schneiden und mit Früchten und Walnüssen gut durchmischen.
Essig, Apfelsirup, Vanillinzucker und Zitronensaft verrühren und über den Obstsalat gießen.
Savarinchen auf Dessertteller legen und mit Salat füllen.
Savarinchen mit restlicher Sauce tränken.
Dessert mit Zitronenschalenstreifen bestreuen und sofort servieren.

Savarin mit Kirschragout und Zimtsahne

(für 6 Personen)
(Abb.)

Zutaten
10 g Hefe,
50 ml lauwarme Milch,
150 g Mehl,
2 Eier,
230 g Zucker,
abgeriebene Schale von 1/4 Zitrone (unbehandelt),
60 g flüssige Butter,
1 Prise Salz,
Butter für die Formen,
Schale und Saft von 1/2 Zitrone und Orange (unbehandelt),
je 120 ml Weißwein und Rum,
150 g Aprikosenmarmelade,
1/8 l Sahne,
1 gestrichener TL Zimtpulver,
300 g Sauerkirschen,
250 ml Rotwein,
200 ml Portwein,
10 g Speisestärke,
Saft von je 1 Orange und Zitrone

EW	Fett	KH	kcal/kJ
7 g	21 g	85 g	702/2941

Hefe in Milch auflösen, unter das gesiebte Mehl rühren, mit einem feuchten Tuch zudecken und gehen lassen.
Eier, 10 g Zucker und Zitronenschale schaumig schlagen und mit flüssiger Butter und Salz unter den Vorteig arbeiten.
Teig in gebutterte Förmchen füllen. Zugedeckt gehen lassen, bis sich das Teigvolumen verdoppelt hat.
Auf der mittleren Schiene bei 220 Grad im Ofen 12–18 Minuten backen. 1/2 l Wasser mit 125 g Zucker, Schale und Saft von 1/2 Zitrone und Orange aufkochen. Weißwein und Rum dazugeben. Savarins noch heiß in die Tränkflüssigkeit tauchen, dann mit Marmelade bestreichen.
Sahne mit Zimt und 60 g Zucker steif schlagen. Kirschen mit Rotwein, Portwein und 2 EL Zucker aufkochen. Speisestärke im Saft von 1 Orange und 1 Zitrone auflösen und Kirschen damit binden.

Obstsalat mit Nüssen

Zutaten
2 Äpfel,
2 Birnen,
Zitronensaft,
2 Orangen,
2 cl Cointreau,
2 EL Honig,
5 EL einer Mischung aus Walnüssen, Pistazien,

Cashewnüssen und
Pinienkernen,
4 EL Sahne

EW	Fett	KH	kcal/kJ
2 g	10 g	30 g	244/1022

Äpfel und Birnen putzen und kleingeschnitten mit Zitrone beträufeln. Die Orangen filetieren. In einer Schüssel den Likör mit dem Honig verrühren und alle Früchte und die Nüsse damit vermischen. In Portionsgläser füllen und je 1 EL Sahne in die Mitte geben.

Omelette Surprise

Zutaten

Für den Biskuitteig:
2 Eier (getrennt),
70 g Zucker,
1 TL ger. Zitronenschale,
1 Prise Salz,
40 g Mehl,
40 g Speisestärke
Für die Baisermasse:
3 Eiweiß,
125 g Zucker
ferner Kirschwasser und
100 g Vanilleeis

EW	Fett	KH	kcal/kJ
8 g	5 g	68 g	367/1539

Backofen auf 180 Grad vorheizen. Für den Teig Eigelb mit der Hälfte des Zuckers, 2 EL warmem Wasser, Zitronenschale und der Prise Salz schaumig rühren. Mehl und Speisestärke nach und nach zugeben. Die Eiweiß mit dem restlichen Zucker steif schlagen und behutsam unter den Teig geben. Auf ein mit Backpapier ausgelegtes Backblech streichen und 20 Minuten im Ofen backen. Zum Auskühlen auf ein Gitter stürzen und das Papier abziehen. Zwei Rechteckstücke für eine Backform ausschneiden. Ein Stück in die Form legen und mit 2 cl Kirschwasser beträufeln. Den Backofen auf 250 Grad vorheizen.
Für die Baisermasse die Eiweiß steif schlagen und den Zucker einrieseln lassen. Das Vanilleeis auf den Biskuitboden in der Form streichen, darüber die zweite Platte legen und diese wiederum mit etwas Kirschwasser benetzen. Die Baisermasse rasch darauf verteilen und mit der Gabel ein Muster ziehen.
Im Ofen 5 Minuten überbacken und sofort servieren.

Karamelbirnen

Zutaten

80 g Zucker,
4 reife Birnen,
6 cl Williamsbrand

EW	Fett	KH	kcal/kJ
0 g	0 g	35 g	179/749

Den Zucker in einem Topf schmelzen und karamelisieren lassen, mit 1/8 l Wasser abschrecken und ein wenig einkochen.
Die Birnen schälen, das Kernhaus entfernen und in gleiche Stücke geteilt in der Zuckerlösung karamelisieren. Kurz bevor sie gar sind, mit dem Williamsbrand parfümieren. Dazu Schokoladenpudding (Fertigprodukt) servieren.

Aprikosen mit Erdbeerschaum

Zutaten

400 g Erdbeeren,
60 g Zucker,
2 Eigelb,
0,1 l Sekt,
1/8 l steife Schlagsahne,
8 Aprikosen

EW	Fett	KH	kcal/kJ
3 g	13 g	25 g	254/1063

Die Erdbeeren putzen und mit der Hälfte des Zuckers pürieren. Die Eigelb im Wasserbad mit dem restlichen Zucker und dem Sekt schaumig aufschlagen und über Eis abkühlen. Weiterschlagen, bis der Schaum ganz abgekühlt ist, das Erdbeerpüree und die Sahne unterheben und auf den Tellern verteilen. Die Aprikosen putzen, vierteln und wie eine Blüte auf dem Erdbeerschaum angerichtet servieren.

Frische Fruchtkugeln

Zutaten
2 Pfirsiche,
2 Birnen,
2 Nektarinen,
1 Banane,
1 Honigmelone,
Zitroneneis

EW	Fett	KH	kcal/kJ
3 g	0 g	43 g	187/785

Mit dem Kartoffelstecher aus dem Fruchtfleisch aller Früchte kleine Kugeln ausstechen. Die Fruchtreste im Mixer pürieren. Das Püree und die Früchtekugeln mindestens 1 Stunde gut kühlen. Das Püree auf flache Teller verteilen, die Früchtekugeln daraufgeben und Zitroneneiskugeln in gleicher Größe dazwischenlegen.

Palatschinken

Zutaten
200 g Mehl,
1/4 l saure Sahne,
3 Eier, 1 Prise Salz,
1 Päckchen Vanillinzucker,
etwas geriebene Zitronenschale,
3–4 EL Milch,
Butter zum Backen,
Zucker zum Bestreuen

EW	Fett	KH	kcal/kJ
13 g	18 g	41 g	384/1611

Aus den Zutaten einen schönen glatten Teig rühren. Palatschinken sind, wie die Crêpes (S. 459), kleine, hauchdünne Pfannkuchen und werden in einer kleinen Pfanne mit ein wenig Butter beidseitig goldgelb gebacken. Die Palatschinken aufrollen und mit Zucker bestreut servieren.

Topfen-Palatschinken

Zutaten
1 ganzes Ei,
1/16 l Sahne,
90 g Zucker,
40 g Butter,
1 TL ger. Zitronenschale,
1 Msp. Salz,
1 Ei (getrennt),
200 g Quark,
2 cl Rum,
30 Rosinen,
Butterflöckchen,
Puderzucker

EW	Fett	KH	kcal/kJ
10 g	23 g	32 g	395/1657

Palatschinken für vier Personen backen und beiseite legen. Das ganze Ei mit der Sahne und 1 EL Zucker verquirlen und ebenfalls zur Seite stellen.
Für die Füllung die weiche Butter mit dem Zucker, der Zitronenschale und dem Salz schaumig rühren, dann das Eigelb, den Quark und die in Rum eingelegten Rosinen beigeben. Das Eiweiß schlagen und unterheben. Jeweils einen dicken Strang Quarkmasse auf einen Palatschinken geben und die Seiten übereinanderschlagen. Die gefüllten Palatschinken nebeneinander in eine gebutterte Auflaufform legen und die Ei-Zucker-Sahne darübergießen. Mit Butterflöckchen belegen und im vorgeheizten Ofen bei ca. 200 Grad etwa 20 Minuten goldbraun backen. Mit Puderzucker bestreut heiß servieren.

Erdbeeren mit Pfeffercreme

Zutaten
300 g Erdbeeren,
150 g Zucker,
4 Eigelb,
1 TL gem. schwarzer Pfeffer,
2 cl Cognac,
1/4 l Schlagsahne,
Mandelsplitter

EW	Fett	KH	kcal/kJ
6 g	28 g	46 g	479/2006

Die Erdbeeren putzen und halbieren, mit 3 EL Zucker bestreuen und 30 Minuten durchziehen lassen. In Portionsgläser füllen und gut durchkühlen lassen. Die Eigelb mit dem Zucker, dem Pfeffer und dem Cognac schaumig rühren, die steife Schlagsahne unterziehen und die Creme über die Erdbeeren gießen. Mit Mandelsplitter bestreut servieren.

Klößchen im Früchtebett
(Abb.)

Zutaten
500 g Rhabarber,
500 g Erdbeeren,
200 g Zucker,
200 ml Apfelsaft,
1 Vanilleschote,
1/2 l Milch,
1 Prise Salz,
80 g Zucker,
40 g Butter,
100 g Hartweizengrieß,
2 Eier,
100 g gehackte Mandeln,
Zitronenmelisse,
Puderzucker zum Bestreuen

EW	Fett	KH	kcal/kJ
25 g	28 g	118 g	814/3410

Rhabarber waschen, schälen und in 2–3 cm lange Stücke schneiden. Erdbeeren waschen und etwa 15 Beeren zur Seite legen. Rest halbieren. Rhabarber mit Zucker, Apfelsaft und längs halbierter Vanilleschote aufkochen und zugedeckt 8 Minuten köcheln lassen. Er darf nicht zerfallen. 3 Minuten vor Ende der Garzeit halbierte Erdbeeren dazugeben. Erdbeeren leicht

musig köcheln lassen; auskühlen lassen.
Milch mit Salz, Zucker und Butter zum Kochen bringen. Grieß unter kräftigem Rühren mit dem Schneebesen ausquellen lassen. Vom Feuer nehmen und schnell Eier einrühren. Ganze Erdbeeren von Stielen und Blättchen befreien. Aus ausgekühlter Grießmasse mit 2 Eßlöffeln Klößchen formen; in leicht gesalzenem, siedendem Wasser etwa 10 Minuten ziehen lassen. Auf dem Kompott anrichten und mit gerösteten Mandeln bestreuen. Mit restlichen Erdbeeren garnieren. Ein schönes Blatt Zitronenmelisse anlegen. Alles mit Puderzucker besieben.

Bratäpfel

Zutaten
4 kochfeste Äpfel
Für den Sud:
1 Teil Wasser,
1 Teil Weißwein,
1 EL Zucker,
Zitronensaft
Für die Füllung:
250 g Preiselbeerkompott oder Johannisbeermarmelade
Zum Überbacken:
100 g Marzipan,
2 cl Rum, 2 Eiweiß,
Zum Garnieren einige Mandelsplitter

EW	Fett	KH	kcal/kJ
5 g	9 g	67 g	408/1710

Die gewaschenen Äpfel schälen, das Kernhaus ausstechen und in dem abgeschmeckten Sud gute 5 Minuten dünsten. Sie sollen einen guten Biß besitzen. Die Äpfel halbieren, mit dem Kompott oder der Marmelade füllen und in eine gefettete Auflaufform setzen. Das Marzipan weich kneten, mit einem Schuß Rum und dem bereits vorbereiteten steifen Eischnee untermischen. Die Masse auf die Äpfel verteilen und bei 200–220 Grad etwa 15 Minuten überbacken. Kurz vor Ende der Garzeit die Mandelsplitter einstecken. Als Dessert mit Vanillesauce reichen.

Sommerliche Crêpes mit Beerenfrüchten
(Abb.)

Zutaten
4 Eier,
270 g Mehl,
1/2 TL Salz,
250 ml Milch,
3 EL Butterschmalz,
250 g Blaubeeren,
250 g Himbeeren,
75 g Puderzucker,
Minzeblättchen zum Verzieren

EW	Fett	KH	kcal/kJ
18 g	10 g	90 g	560/2350

Eier, Mehl, Salz und Milch mit einem Schneebesen verrühren. Soviel Wasser nach und nach zugießen (etwa 250 ml), bis ein glatter, dünnflüssiger Teig entstanden ist. 30 Minuten zugedeckt quellen lassen. Wenig Fett in einer beschichteten Pfanne erhitzen. Etwas Teig einfüllen und dabei die Pfanne so schwenken, daß der Pfannenboden gerade bedeckt ist. Alle Crêpes beidseitig goldgelb backen. Aufeinandergeschichtet im Ofen bei etwa 50 Grad warm halten. Crêpes mit Beeren belegen, jeweils zu einer Tüte falten, mit Puderzucker bestäuben und mit Minze garnieren.

Melonenbecher

Zutaten
1/2 Wassermelone,
1 Zuckermelone,
3 saftige Birnen,
70 g Zucker, 8 cl weißer Rum, 1/2 Päckchen Vanillinzucker,
1/8 l Schlagsahne

EW	Fett	KH	kcal/kJ
2 g	10 g	40 g	317/1328

Die Kerne aus den Melonen entfernen. Die Birne schälen

und das Kernhaus herausschneiden. Mit dem Kartoffelstecher kleine Kügelchen aus dem Fruchtfleisch stechen, mit Zucker bestreuen, mit Rum übergießen und 30 Minuten im Kühlschrank ziehen lassen. Inzwischen die Schlagsahne mit dem Vanillinzucker steif schlagen. Die Melonenkugeln in hohe Gläser füllen, die Schlagsahne mit dem Spritzbeutel darübergeben und servieren.

Gefüllte Melone

Zutaten

2 Zuckermelonen,
2 Birnen, 2 Mandarinen,
100 g Himbeeren,
1 Apfel, 2 EL Zucker,
4 cl Cointreau,
Schlagsahne

EW	Fett	KH	kcal/kJ
3 g	8 g	34 g	248/1039

Die Melonen halbieren, das Fruchtfleisch herauslösen, die Kerne entfernen. Den Melonenschalen eine Standfläche schneiden. Birnen und den Apfel schälen, das Kernhaus entfernen. Die Mandarinen filetieren, die Himbeeren putzen. Die Früchte in kleine Stücke schneiden, mit dem Zucker bestreut, dem Cointreau parfümiert in die Melonenschalen füllen und 30 Minuten kühlen. Mit Schlagsahne nach Belieben dekorieren und servieren.

Arme Ritter

Zutaten

3 Eigelb,
50 g Zucker,
geriebene Zitronenschale,
1 Prise Salz,
1/4 l Milch,
8 Scheiben altes Weißbrot (4 Brötchen)
Zum Panieren:
3 Eiweiß,
Paniermehl
Zum Ausbacken:
Fett,
Zucker,
Zimt

EW	Fett	KH	kcal/kJ
12 g	22 g	55 g	482/2021

Eigelb, Zucker, geriebene Zitronenschale und etwas Salz mit Milch gut verschlagen, über die Weißbrotscheiben gießen, durchziehen lassen (Brötchen benötigen hierfür mehr Zeit als die Brotscheiben). Vorsichtig herausnehmen, in mit 2 EL Wasser verrührtem Eiweiß und Paniermehl panieren. In heißem Fett schwimmend auf beiden Seiten goldbraun backen. In Zucker und Zimt wenden, heiß servieren.

Tip

„Arme Ritter“ sind auch als Hauptspeise sehr beliebt.

Weincreme

Zutaten

1/2 l Rotwein,
2 Eier (getrennt),
60 g Zucker,
2 EL Speisestärke,
1 EL Zitronensaft,
200 g geschlagene Sahne

EW	Fett	KH	kcal/kJ
5 g	18 g	22 g	366/1534

Den Rotwein aufkochen. Die Eigelb mit Zucker und Speisestärke glatt verrühren. Dann unter ständigem Schlagen mit einem Schneebesen in den kochenden Rotwein geben. Nach dem ersten Aufpuffen den Topf vom Herd nehmen, ein paar Minuten schlagen und die Creme abkühlen lassen. Mit etwas Zitronensaft verfeinern. Die Eiweiß zu steifem Schnee schlagen und zusammen mit der Schlagsahne unter die Creme rühren. In Portionsschalen füllen und kühl stellen. Variante: Sobald die Creme abkühlt, Früchte, Likör oder Nüsse untermengen.

Schaumomelette mit Kirschlikör

Zutaten

4 Eigelb,
200 g Zucker,
etwas Vanillearoma,

5 cl Kirschlikör,
6 Eiweiß, 1 EL Butter,
Puderzucker zum
Bestreuen

EW	Fett	KH	kcal/kJ
9 g	9 g	57 g	380/1591

Eigelb und 150 g Zucker schaumig schlagen. Mit Vanillearoma und Kirschlikör abschmecken. Das Eiweiß zu steifem Schnee schlagen und sehr vorsichtig unter die Eigelbmasse heben. In eine gebutterte Auflaufform, ausgestreut mit dem restlichen Zucker, füllen und bei mittlerer Hitze, ca. 190 Grad, backen. Kurz vor Ende der Backzeit das Schaumomelette mit Puderzucker bestreuen und glasieren. Der Zucker karamelisiert dabei und gibt dem Schaumomelette eine schöne Farbe.
Dieser Nachtisch muß sofort serviert werden, um auch das Auge zu erfreuen.
Nach Belieben am Tisch mit demselben Likör flambieren.

Versoffene Jungfrauen

Zutaten
3 Eier (getrennt),
120 g Zucker,
geriebene Zitronenschale, 70 g Mehl,
Fett zum Ausbacken,
0,5 l Rotwein,
1 Zimtstange,
Zitronensaft

EW	Fett	KH	kcal/kJ
7 g	17 g	43 g	450/1884

Einen Rührteig herstellen: Eigelb mit Zucker schaumig rühren, Zitronenschale, gesiebtes Mehl zugeben und zuletzt den steifen Eischnee unterheben.
Von dem Teig mit dem Eßlöffel kleine Klößchen abstechen und ins heiße Bratfett gleiten lassen. Die Jungfern gut abtropfen lassen und in vier tiefen Tellern anrichten.
In der Zwischenzeit Rotwein mit Zimt kochen, mit Zucker und etwas Zitronensaft abschmekken. Heiß über das Gebäck gießen.

Rhabarber in Rotwein

Zutaten
250 g Rhabarber,
1/8 l Rotwein,
130 g Zucker,
1 EL Speisestärke

EW	Fett	KH	kcal/kJ
0 g	0 g	37 g	171/718

Den Rhabarber schälen und in kleine Stücke schneiden.
1/8 l Wasser mit dem Rotwein und dem Zucker erwärmen, den Rhabarber hineingeben, aufkochen und 10 Minuten ziehen lassen.
Den Rhabarber herausnehmen und kalt stellen.
Den Rotwein durch ein Sieb geben und auf die Hälfte reduzieren, mit der Speisestärke binden, zu dem Rhabarber geben und 2 Stunden auskühlen lassen. Servieren Sie den Rhabarber in Rotwein mit Mazipanmousse.

Gefüllte Datteln

Zutaten
16 frische Datteln,
15 g Rohmarzipan,
15 g Pistazien,
1 TL Rum,
Karamelsauce (S. 481)

EW	Fett	KH	kcal/kJ
3 g	20 g	66 g	496/2077

Die Datteln schälen und entkernen. Das Rohmarzipan mit den Pistazien und dem Rum mischen und in die Datteln füllen. Die Datteln in Karamelsauce erwärmen.
Servieren Sie die gefüllten Datteln zu einem Stück Bienenstich-Kuchen, zusammen mit Mohn- oder Vanilleeis.

Honigmousse

Zutaten
4 Eigelb,
50 g Waldhonig,
1 Prise Salz,
1/2 Päckchen
Vanillinzucker,

1 Blatt Gelatine,
90 g geschlagene Sahne

EW	Fett	KH	kcal/kJ
4 g	13 g	14 g	187/786

Eigelb zusammen mit Honig, der Prise Salz und dem Vanillinzucker im Wasserbad aufschlagen. Die gelöste Gelatine hinzugeben und die Sahne unterziehen.
Mindestens 3 Stunden kühlen.

Nuß-Reis-Äpfel
(Abb.)

Zutaten
4 große Äpfel,
1 EL Zitronensaft,
400 ml Milchreis,
1 Ei,
1 EL Zucker,
50 g geriebene Haselnüsse

EW	Fett	KH	kcal/kJ
8 g	11 g	38 g	271/1135

Von den Äpfeln Deckel abschneiden und die Früchte mit einem Teelöffel vorsichtig aushöhlen.
Fruchtfleisch mit Zitronensaft beträufeln und mit Milchreis vermischen.
Ei trennen, Eiweiß mit Zucker steif schlagen und Nüsse unterheben.
Eigelb unter den Milchreis mengen. Eischnee locker unterheben. Masse in die ausgehöhlten Äpfel füllen. Äpfel in eine feuerfeste Form setzen. Im vorgeheizten Ofen bei 180 Grad etwa 25 Minuten backen.
Äpfel ofenfrisch servieren.

Tip
Milchreis mit etwas Zimtpulver aromatisieren. Warme Vanillesauce dazureichen.

Hollunderkücherl

Zutaten
200 g Mehl,
1 Prise Salz,
1/4 l Weißwein,
2 Eigelb, 2 TL Öl,
ca. 12 Hollunderblütendolden,
Fett zum Backen,
Zucker zum Bestreuen

EW	Fett	KH	kcal/kJ
7 g	18 g	43 g	410/1717

Mehl sieben, mit einer Prise Salz mischen, mit Weißwein zu einem dickflüssigen Teig rühren, Eigelb und Öl unterrühren. Das Eiweiß steif schlagen und den Schnee unter die Teigmasse ziehen. Hollunderblüten waschen, gut abtrocknen und im Backteig wenden. Im schwimmenden Fett ausbacken, auf einem Gitter abtropfen lassen und heiß bestreut mit Zucker anrichten.

Erdbeereissoufflé

Zutaten
250 g Erdbeeren,
3 Blatt Gelatine,
1/8 l trockener Weißwein,
Saft von einer Zitrone,
6 Eigelb,
200 g Zucker,
4 Eiweiß,
1/4 l Sahne

EW	Fett	KH	kcal/kJ
10 g	28 g	57 g	556/2328

Die Erdbeeren putzen und pürieren. Die Gelatine in dem kurzzeitig erhitzten Weißwein auflösen und den Zitronensaft zugeben. Die Eigelb mit dem Zucker schaumig aufschlagen, den Wein zugeben und mit dem Schneebesen schlagen, bis die Creme dicklich geworden ist. Das Erdbeerpüree unterrühren und den Eischnee und die Schlagsahne unterziehen. In kleine Förmchen füllen und sofort frieren lassen. Servieren Sie das Eissoufflé in den mit frischen Erdbeeren dekorierten Förmchen.

Tip
Exotische Variante: Ersetzen Sie die Erdbeeren durch Mangos.

Maronencreme auf Obst

(für 6 Personen)
(Abb.)

Zutaten
300 g frische Eßkastanien,
1/2 l Milch,
80 g Zucker,
4 cl Pfirsichlikör,
8 Blatt weiße Gelatine,
3 Eiweiß,
150 g Puderzucker,
300 ml Sahne,
2 Birnen,
2 Äpfel,
200 g Pflaumen,
je 200 g weiße und blaue Trauben,
1/8 l weißer Traubensaft,
1 EL Zitronensaft

EW	Fett	KH	kcal/kJ
8 g	19 g	96 g	611/2560

Ofen auf 250 Grad vorheizen. Maronen kreuzweise einschneiden, auf ein Blech legen und so lange im heißen Ofen braten, bis die harte Schale platzt. Noch heiß beide Schalen entfernen. Kastanien mit Milch und 50 g Zucker in einem Topf 30 Minuten leise kochen lassen. Mit dem Mixstab fein pürieren oder durch ein Sieb streichen; Pfirsichlikör untermischen. Gelatine in Wasser einweichen. Eiweiß steif schlagen, Puderzucker dazugeben. Schnee vorsichtig unter das Kastanien-

püree heben. Nasse Gelatine in einer kleinen Kasserolle schmelzen und vorsichtig unter die Kastanienmasse rühren. Sahne steif schlagen, untermischen. Masse im Kühlschrank in etwa 2 Stunden fest werden lassen. Früchte waschen, putzen und in Schnitze schneiden, Trauben halbieren; kreuzweise einschneiden, mit 2 EL Zucker, Traubensaft und Zitronensaft marinieren.
Obstsalat auf einem Desserteller anrichten.
Mit 2 Eßlöffeln größere Klößchen von der Kastanienmasse abstechen und auf dem Obstsalat anrichten.

Beerenkaltschale mit gefüllten Blätterteig-Käse-Halbmonden
(Abb.)

Zutaten

1/8 l Johannisbeersaft,
Schale von 1 Zitrone (unbehandelt),
Schale von 1 Orange (unbehandelt),
50 g Speisestärke,
500 g verschiedene Beeren,
Zucker,
1 Päckchen fertige Blätterteigplatten,
1 Ei,
100 g Frischkäse,
50 g Crème fraîche,
Zitronenschale

EW	Fett	KH	kcal/kJ
11 g	39 g	70 g	680/2849

Johannisbeersaft mit Schale von gewaschener, unbehandelter Zitrone und Orange zum Kochen bringen und mit Speisestärke binden. Die Beeren zugeben und noch einmal kurz aufkochen. Mit Zucker abschmekken. Dann kalt stellen. Am besten einen Tag vorher zubereiten. Halbmonde: Die Halbmonde aus den fertigen Blätterteigplatten ausstechen, auf ein Blech mit Backpapier legen und nur die Oberfläche mit Eigelb bestreichen. Bei 220 Grad goldgelb backen. Den Ofen nicht zu früh öffnen, da die Halbmonde sonst zusammenfallen. Frischkäse, Créme fraîche, abgeriebene Zitronenschale und Zucker glattrühren. Die Halbmonde lassen sich leicht in zwei Hälften teilen. Auf die untere Hälfte 1 TL der Käsemasse geben, den Deckel wieder daraufsetzen und mit Puderzucker bestäuben. Zur Kaltschale servieren.

Tip
Winzer-Sekt oder ein junger Weißherbst passen zu dieser raffinierten Dessert-Kreation.

KOCHEN

Himbeersauce (kalt)

Zutaten
200 g frische Himbeeren,
50 g Zucker,
2 TL Zitronensaft,
4 cl Himbeerlikör

EW	Fett	KH	kcal/kJ
0 g	0 g	20 g	106/444

Die geputzten Himbeeren im Mixer zusammen mit allen anderen Zutaten zu einer frischen Sauce verarbeiten. Gut gekühlt servieren.

Melonensauce

Zutaten
2 reife Zuckermelonen,
100 g Zucker,
1 TL Zitronensaft

EW	Fett	KH	kcal/kJ
0 g	0 g	31 g	127/531

Das Fruchtfleisch der Melonen zusammen mit dem Zucker und dem Zitronensaft im Mixer pürieren.
Gut gekühlt servieren.

Rhabarbersauce

Zutaten
Saft von zwei Orangen,
100 g Zucker,
100 g geschälter Rhabarber in kleinen Stücken,

EW	Fett	KH	kcal/kJ
0 g	0 g	29 g	119/500

1/4 l Wasser, Orangensaft und Zucker aufkochen, den Rhabarber zugeben und 2 Minuten ziehen lassen.

Hollundersauce

Zutaten
1/4 l Hollunderbeersaft,
1 TL Zitronensaft,
1 EL Zucker,
8 g Speisestärke

EW	Fett	KH	kcal/kJ
1 g	0 g	11 g	52/218

Hollunderbeersaft und Zitronensaft mit dem Zucker aufkochen. Die Stärke in 3 EL Wasser anrühren, in die Saftmischung geben und noch einmal aufkochen.

Kirschsauce

Zutaten
250 g Sauerkirschen aus der Dose,
1 Joghurt,
1 EL Cream-Sherry,
1/8 l Sahne,
1 Prise gem. Nelken

EW	Fett	KH	kcal/kJ
3 g	11 g	11 g	164/689

Die Hälfte der Kirschen mit dem Saft aus der Dose im Mixer pürieren, mit dem Joghurt und dem Cream-Sherry verrühren und mit der Sahne durchschlagen. Die restlichen Kirschen unterrühren, mit Nelkenpulver abschmecken. Die Sauce gutgekühlt servieren.

Himbeersauce (heiß)

Zutaten
200 g Himbeeren,
80 g Zucker,
10 cl herber Rotwein,
ein kleines Stückchen Zitronenschale

EW	Fett	KH	kcal/kJ
0 g	0 g	25 g	123/515

Die Hälfte der Himbeeren mit Zucker, Rotwein und Zitronenschale 2 Minuten leicht kochen. Durch ein Sieb geben und den Rest der Himbeeren in die noch heiße Sauce rühren und kurz darauf servieren.

Preiselbeersauce

Zutaten
200 g Preiselbeeren,
2 EL Zucker,
2 EL Honig,
1/8 l Rotwein,
2 cm Zimtstange

EW	Fett	KH	kcal/kJ
0 g	0 g	16 g	86/358

Alle Zutaten zusammen etwa 5 Minuten leicht kochen, durch ein Sieb geben und gut gekühlt servieren.

Erdbeersauce

Zutaten
250 g Erdbeeren,
60 g Zucker,
1/2 Orangenschale,
2 cl Rum,
Prise Zimt

EW	Fett	KH	kcal/kJ
0 g	0 g	20 g	97/407

Die Erdbeeren pürieren.
Den Zucker und die Orangenschale in 6 EL Wasser aufkochen, durch ein Sieb geben und zusammen mit dem Rum und der Prise Zimt in das Erdbeerpüree rühren.
Gut gekühlt servieren.

Orangensauce

Zutaten
1/4 l frisch gepreßter Orangensaft,
80 g Zucker,
4 cl Orangenlikör,
1 Orange

EW	Fett	KH	kcal/kJ
0 g	0 g	33 g	162/679

Den Saft mit dem Zucker aufkochen und etwas reduzieren lassen. Den Orangenlikör zufügen. Die Orange filetieren und die Orangenstückchen der Sauce beigeben. Abgekühlt servieren.

Schokoladensauce

Zutaten
1/8 l Sahne,
15 g Honig,
1 Vanilleschote,
100 g Blockschokolade

EW	Fett	KH	kcal/kJ
0 g	4 g	8 g	61/255

Die Sahne mit dem Honig und der aufgeschlitzten Vanilleschote aufkochen, das Mark der Schote herauskratzen und wieder in die Sahne geben.
Die Schote entfernen. Die Schokolade im Wasserbad schmelzen und die Sahne in die geschmolzene Schokolade rühren. Heiß anrichten.
In dieser Konzentration wird die Sauce beim Abkühlen zu fest. Nehmen Sie deshalb auf jeden Fall die doppelte Sahnemenge, um eine kalte Schokoladensauce zu bekommen.

Karamelsauce

Zutaten
100 g Zucker,
40 g Butter,
1/8 l Sahne,
2 cl Rum

EW	Fett	KH	kcal/kJ
1 g	17 g	21 g	283/1185

Den Zucker schmelzen, mit Butter, Sahne und Rum ablöschen.
Gut durchkochen und Früchte nach Wahl (z. B. Datteln) in der Sauce erwärmen.

Walnußsauce

Zutaten
1/8 l Milch,
1/8 l Sahne,
100 g Zucker,
3 Eigelb,
60 g geröstete Walnüsse

EW	Fett	KH	kcal/kJ
6 g	23 g	30 g	370/1549

Milch, Sahne und Zucker aufkochen, die Sauce vom Feuer nehmen.
Eigelb einrühren und so lange weiterrühren, bis die Sauce den Löffelrücken überzieht, d. h. dicklich geworden ist und beim Draufblasen kleine Kringel entstehen, die an die Form einer Rose erinnern (»zur Rose abziehen«).
Die Sauce durch ein feines Sieb passieren und die Walnüsse zugeben. Langsam erkalten lassen und nochmals gut über Eis mit dem Schneebesen durchschlagen.
Gut gekühlt und schaumig servieren.

Kuchen, Torten und Gebäck waren schon immer sehr beliebt und sind es auch heute noch. Und obwohl man überall fertige und auch geschmacklich gute Backwaren kaufen kann, ist Selbstgebackenes doch immer noch etwas Besonderes. Mit den modernen Küchengeräten ist das Herstellen von Gebäck mittlerweile relativ einfach. Wenn ein paar Dinge berücksichtigt werden, gilt für Bäcker und Genießer mehr denn je das Wort „Backen macht Freude".

Allgemeines

1. Für ein perfektes Backergebnis ist eine gute Vorbereitung ganz wichtig. Deshalb vor dem Arbeitsbeginn das Rezept gründlich durchlesen. Alle Zutaten nach Anweisung vorbereiten, Mengenangaben genau einhalten und Arbeitsgeräte bereitstellen.
2. Alle Zutaten müssen frisch und von einwandfreier Qualität sein. Ist nur eine Kleinigkeit verdorben, mißlingt das ganze Gebäck.
3. Bleche und Backformen *vor* der Teigherstellung zurecht machen, Arbeitsgeräte nach Herstellerangaben verwenden.

Zutaten

Mehl ist Grundbestandteil der meisten Teige. Es sollte kleberreich und gut backfähig sein. Weizenmehl Type 405 hat beste Backeigenschaften und wird üblicherweise verwendet. Es kann in manchen Rezepten teilweise durch Stärkemehl ersetzt werden.
Rezeptanweisungen genau beachten. Auch Mehle mit niedrigerem Ausmahlungsgrad können verwendet werden. Da sie nicht die gleichen Backeigenschaften wie Weißmehl besitzen, sollten sie nur einen Teil der gesamten Mehlmenge ausmachen. Weißmehl immer gesiebt verwenden.

Fett beeinflußt Beschaffenheit und Geschmack des Gebäcks sowie dessen Verdaulichkeit. Zum Backen sind Butter und Pflanzenmargarine guter Qualität geeignet, für manche Teigarten kann auch Pflanzenöl verwendet werden. Wichtig ist, daß das verwendete Fett frisch ist.
Für Schaummassen müssen Butter oder Margarine weich sein, also rechtzeitig aus dem Kühlschrank nehmen.
Für Knetteige muß das Fett kalt sein.
Wird flüssige Butter oder Margarine verwendet, vor dem Zugeben gut abkühlen lassen.

Eier sind Lockerungs- und Bindemittel im Gebäck. Eigelb macht das Gebäck mürbe, Eiweiß knusprig. Eischnee dient der Lockerung des Gebäcks und wird immer untergehoben. Beim Trennen der Eier darauf achten, daß kein Eigelb im Eiweiß ist, sonst wird der Eischnee nicht richtig steif. Eier, sie sollten immer frisch sein, einzeln in eine Tasse aufschlagen und Frische prüfen.

Zucker gibt dem Gebäck Geschmack und beeinflußt seine Konsistenz.
Nach Möglichkeit immer feinkörnigen Zucker verwenden. Er löst sich besser auf und beeinflußt das Backergebnis günstig.
Puderzucker bei Bedarf vorher sieben.

Flüssigkeit ist notwendig für das Quellen des Weizenklebers und damit für ein lockeres Teiggerüst.
Flüssigkeitsmengen genau abmessen. Zu viel Flüssigkeit läßt den Teig beim Backen wieder zusammenfallen, zu wenig Flüssigkeit macht das Gebäck trocken und fest. Geeignete Flüssigkeiten sind Wasser und verschiedene Milcharten.

Geschmackszutaten sollten immer frisch sein. Längeres Lagern wirkt sich negativ auf Qualität und Aroma aus.

Nüsse und Mandeln immer erst vor dem Gebrauch

hacken oder mahlen. In dunkle Teige kommen sie ungeschält, für helle Teige werden sie geschält verwendet. Haselnüsse dafür im Backofen kurz rösten und die Schale zwischen den Handflächen oder einem Küchentuch abreiben. Mandeln mit kochendem Wasser übergießen, kurz ziehen lassen und Schale abziehen. Anschließend im Küchentuch trocknen.

Rosinen, Sultaninen und Korinthen mit warmem Wasser waschen, abtropfen lassen, Stiele u.ä. entfernen und im Küchentuch trocknen. Mit etwas Mehl bestäubt sinken Rosinen im Teig nicht so leicht nach unten.

Zitronen- und Orangenschale nur von ungespritzten Früchten verwenden. Nur die äußere, dünne Schale abreiben, die weiße Haut schmeckt bitter. Vorher mit heißem Wasser gründlich waschen und trockenreiben.

Zitronat und Orangeat sind kandierte und häufig glasierte Schalen der Zedrat-Zitrone und der Bitterorange. Sie werden sehr klein geschnitten verwendet.

Vanilleschoten nicht zu lange lagern. Sie werden der Länge nach aufgeschnitten und das Mark herausgekratzt.

Vanillezucker kann selbst hergestellt werden. Feinen Grießzucker mit Vanillemark und -schote vermischen und in gut schließendem Glas nicht zu lange aufbewahren.

Vanillinzucker wird durch Zugabe von synthetischem Vanillin zu Zucker hergestellt. Bei längerer Lagerung kann es zu Aromaverlust kommen.

Arbeitsgeräte und Bleche bzw. Backformen

Ebenso wichtig wie frische und einwandfreie Zutaten ist das richtige Handwerkszeug. Dazu gehören auf jeden Fall Waage oder Meßbecher, Rührschüssel, Handrührgerät oder Küchenmaschine, Gummischaber, Teigkarte, Backpinsel, Kuchengitter sowie Backbleche und -formen.
Backbleche und -formen gibt es aus unterschiedlichen Materialien. Matte und dunkle Formen backen schneller, in hellen glänzenden Formen müssen Temperatur und Backzeit erhöht werden.
Bleche und Formen je nach Teigart mit weichem Fett gut einstreichen und mehlen bzw. mit Backpapier auslegen oder kalt abspülen. Bleche mit Gebäck gleicher Größe platzsparend belegen, Formen dreiviertel voll füllen.

Backen

Einschubhöhe für Formen und große Gebäckstücke ist die untere Schiene. Blechkuchen und Springformen in mittlerer Schiene einschieben.
Während des Backens Erschütterungen und unnötiges Öffnen der Backofentür vermeiden.
Frühestens nach der ersten Hälfte der Backzeit öffnen. Vor dem Herausnehmen mit Holzstäbchen oder Spicknadel Garprobe an der dicksten Stelle des Gebäckes machen. Bleibt kein Teig mehr hängen, ist das Gebäck fertig. In der Form 5-10 Minuten abkühlen lassen, dabei vor Zugluft schützen, aus der Form oder vom Blech nehmen und auf Kuchengitter ganz auskühlen lassen.
Weiterverarbeitung erfolgt in der Regel nach dem Auskühlen des Gebäcks, z.B. das Füllen einer Torte oder das Überziehen des Gebäcks mit einem Guß.

Biskuitteig ist ein leicht verdaulicher Teig, obwohl er reich an Eiern ist, dafür aber wenig Mehl und kein Fett enthält. Wenn man einige Regeln beachtet, ist er rasch und einfach herzustellen:

1. Die verwendeten Eier – sie müssen immer ganz frisch sein – stets gut cremig rühren. Durch die eingeschlagene Luft wird der Teig locker.

2. Eischnee muß schnittfest geschlagen werden. Der Eischnee wird vorsichtig unter die Schaummasse gehoben.

3. Nur feinen Zucker verwenden, diesen nach und nach unterschlagen.

4. Nur feines Mehl verwenden, dieses stets frisch sieben. Das Mehl kann bis zur Hälfte durch Speisestärke ersetzt werden. Dadurch entsteht ein besonders feiner Biskuit. Das Mehl nur leicht unter die Eiermasse heben, da der Teig sonst zäh wird.

5. Keine schwermachenden Geschmackszutaten verwenden, meist abgeriebene Zitronenschale (ungespritzt) oder Vanille. Bei Zugabe von geriebenen Nüssen oder Kakaopulver etwas weniger Mehl verwenden.

6. Den Teig nie länger stehenlassen, da er sonst zusammenfällt.

7. Die Backformen gut buttern und mehlen oder mit gebuttertem Backpapier auslegen. Springformen nur am Boden buttern, da der Teig sonst nicht hochgehen kann.

8. Kuchen und Torten bei mäßiger Hitze backen. Dünne Teigplatten schneller backen, sonst brechen sie leicht.

Teilen, Füllen und Zusammensetzen einer Torte

Teilen mit einem scharfen Messer oder überkreuzten

Zusammensetzen mit Creme- oder Marmeladenfüllung.

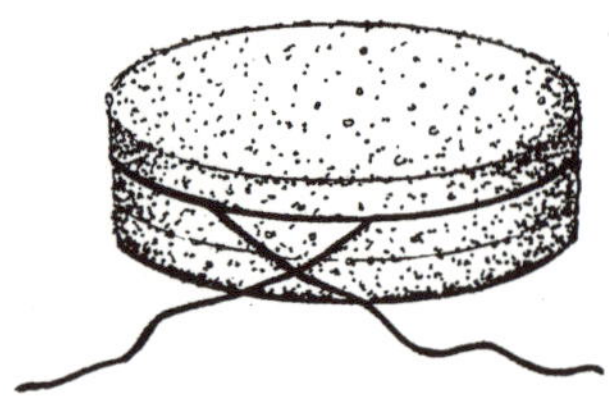

Bestreichen mit Creme oder Guß.

Der Tortenrand wird mit gerösteten Mandeln oder Krokant bestreut.

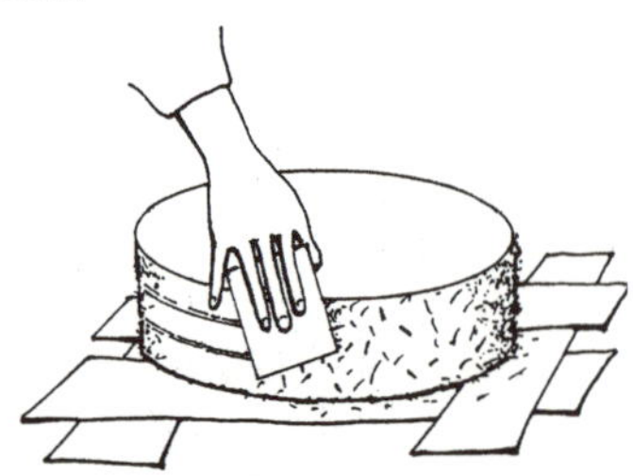

GRUNDREZEPT
Biskuittorte

Zutaten
8 Eier (ganz oder getrennt),
200 g Zucker,
1 abgeriebene Zitronenschale (unbehandelt) oder 1 Päckchen Vanillinzucker,
200 g Mehl (eventuell bis zur Hälfte mit Speisestärke vermischt),
1 TL Backpulver

EW	Fett	KH	kcal/kJ
5 g	3 g	22 g	140/588

1. Zubereitungsart: Eier trennen, Eigelb und Zucker gut schaumig rühren. Geschmackszutaten zugeben. Eiweiß zu sehr steifem Schnee schlagen, vorsichtig auf die Schaummasse geben. Mehl mit Backpulver gemischt darübersieben, alles locker und schnell unterheben. In die vorbereitete Form füllen, sofort backen.

2. Zubereitungsart: Eier trennen, Eiweiß sehr steif schlagen, Zucker löffelweise unterschlagen, Eigelb verquirlen, die Geschmackszutaten untermischen. Mehl eventuell mit Backpulver gemischt darübersieben, locker und schnell unterheben. In die vorbereitete Form füllen, sofort backen.

3. Zubereitungsart: Die ganzen Eier schaumig schlagen, Zucker einrieseln lassen, weiterschlagen, bis eine sehr lockere Schaummasse entsteht. Geschmackszutaten unterrühren. Mehl und eventuell Backpulver darübersieben, rasch unterheben. In die vorbereitete Springform (26 cm Durchmesser) füllen (s. S. 490), sofort backen.
Ergibt 16 Stück.
Backtemperatur: 180–200 Grad,
Backzeit: 50–60 Minuten.

GRUNDREZEPT
Wasserbiskuittorte

Zutaten
6 Eier (ganz oder getrennt),
300 g Zucker,
1 abgeriebene Zitronenschale (unbehandelt) oder 1 Päckchen Vanillinzucker,
300 g Mehl (eventuell bis zur Hälfte mit Speisestärke vermischt),
2 TL Backpulver

EW	Fett	KH	kcal/kJ
5 g	3 g	33 g	174/731

1. Zubereitungsart: Eier trennen, Eigelb sehr schaumig rühren. 6 El heißes Wasser löffelweise unterrühren. Gut die Hälfte des Zuckers langsam einrieseln lassen, die Geschmackszutaten zugeben. Die Masse zu einer Creme rühren, Eiweiß zu sehr steifem Schnee schlagen. Verbleibenden Zucker unterrühren. Den steifen Eischnee auf die Crememasse geben. Mehl mit Backpulver vermischt darübersieben, alles locker und schnell unterheben. In die vorbereitete Springform (26 cm Durchmesser) füllen (s. S. 490), sofort backen.
Ergibt 16 Stück.
Backtemperatur: 180-200 Grad,
Backzeit: 50–60 Minuten.

2. Zubereitungsart: Eier trennen, steifen Schnee aus Eiweiß und 6 EL kaltem Wasser schlagen. Zucker langsam zugeben, weiterschlagen. Eigelb verquirlen, mit Geschmackszutaten zugeben. Mehl mit Backpulver gemischt darübersieben, locker unterheben. In die vorbereitete Form füllen, sofort backen.

3. Zubereitungsart: Ganze Eier mit 6 EL heißem Wasser schaumig schlagen, Zucker einrieseln lassen. Weiterschlagen, bis eine sehr lockere Schaummasse entsteht. Geschmackszutaten unterrühren. Mehl mit Backpulver gemischt darübersieben, rasch unterheben. In die vorbereitete Form füllen, sofort backen.

Nach der Backzeit Garprobe machen. An einer eingestochenen Nadel darf kein Teig mehr kleben. Torte vorsichtig aus der Form nehmen, nach vollständigem Abkühlen, am besten über Nacht, entweder mit einem scharfen, langen Messer in 3–4 Scheiben schneiden oder mit dem Messer 3–4 Rillen einritzen, einen Faden hineinlegen, die Enden überkreuzen und die einzelnen Platten so abtrennen. Die erste Schicht auf eine mit Tortenpapier belegte Tortenplatte legen. Zum Schutz des Tortenpapiers 4 Pergamentstreifen unter die Tortenplatte schieben. Die einzelnen Platten mit Flüssigkeit tränken, danach mit Creme oder Konfitüre zusammensetzen. Die schönste Platte immer als Deckplatte verwenden, diese nicht tränken. Nun die Torte mit Creme bestreichen, mit Spritzbeutel Muster aufspritzen. Den Rand mit Streuseln, geschnittenen Nüssen, Mandeln oder mit Krokant bewerfen.

Glasierte Torten werden mit passierter Aprikosenmarmelade aprikotiert. Den Guß von der Mitte aus durch Schräghalten über die Torte laufen lassen, den Rand glattstreichen. Torte bis zum Verzehr kühl stellen.

Buttercremetorte

Zutaten

1 Rezept Biskuit- oder Wasserbiskuittorte (s. Rezept S. 491),
1/2 l Flüssigkeit nach Belieben: Arrak, Maraschino, Kaffee oder mit Alkohol parfümierter Fruchtsaft,
1 Rezept Buttercreme (s. Rezept S. 499),
blättrig geschnittene Mandeln, Nüsse oder Krokant

EW	Fett	KH	kcal/kJ
6 g	19 g	50 g	417/1746

Biskuittorte oder Wasserbiskuittorte backen, erkalten lassen, in 3–4 Platten schneiden (s. Grundrezept S. 491). Jede Platte tränken (die oberste nicht). Auf jede Platte eine Schicht Buttercreme streichen, dabei am Rand etwa 1 cm freilassen. Die Torte zusammensetzen, mit Creme bestreichen. Mit einem Messer, in heißes Wasser getaucht, läßt sich die Butter schön glattstreichen. Nach Belieben Rand mit Mandeln etc. bewerfen. Ergibt 16 Stück.

Tip
Sehr saftig wird die Torte durch Zugabe von Dosenobst, das man gut abgetropft zwischen die einzelnen Platten auf die Cremeschicht legt.

Punschtorte

Zutaten

1 Biskuit- oder 1 Wasserbiskuittorte (s. Rezept S. 491),
125 ml Fruchtsaft,
Saft von 1 Zitrone,
2 EL Rum oder Arrak,
2 EL Rumtopfflüssigkeit nach Belieben,
2 EL Weißwein nach Belieben,
Zucker nach Belieben,
Aprikosen- oder Johannisbeermarmelade,
1 Punschglasur (s. Rezept S. 500),
2 TL Kakaopulver

EW	Fett	KH	kcal/kJ
5 g	3 g	52 g	269/1125

Biskuit- oder Wasserbiskuittorte herstellen. Nach völligem Abkühlen, am besten am nächsten Tag, in 3–4 Scheiben schneiden. Fruchtsaft, Zitronensaft und Arrak oder Alkohol nach Belieben verrühren, mit etwas Zucker abschmecken.
Jede Platte damit tränken. Die Torte oben nicht tränken. Jede Platte mit Marmelade bestreichen, aufeinandersetzen. Die Tortenoberfläche mit passierter Marmelade ebenfalls bestreichen. Punschglasur herstellen (s. Rezept S. 499), 2 EL der Glasur mit gesiebtem Kakaopulver färben. Mit der weißen Glasur die Torte überziehen. Mit der Kakaoglasur durchgezogenen Guß herstellen (s. Rezept S. 499).
Ergibt 16 Stück.

Erdbeertorte
(Abb. S. 489)

Zutaten
3 Eier,
180 g Zucker,
150 g Mehl,
2 EL Speisestärke,
Fett für die Form,
500 g Erdbeeren,
100 g gehackte Mandeln,
1 Päckchen roter Tortenguß,
50 g gehobelte Mandeln

EW	Fett	KH	kcal/kJ
4 g	6 g	22 g	166/697

Eier mit 1 EL Wasser schaumig rühren, dabei den Zucker langsam einrieseln lassen. Mehl und Speisestärke mischen, über die Eimasse sieben und unterheben. Teig in eine gefettete Obstkuchenform füllen und im vorgeheizten Ofen bei 200 Grad 20–25 Minuten backen. Auf einem Tortengitter auskühlen lassen.
Erdbeeren waschen, putzen und abtropfen lassen. Tortenboden mit gehackten Mandeln bestreuen und mit Erdbeeren belegen.
Tortenguß nach Packungsanweisung zubereiten und über die Erdbeeren gießen.
Gehobelte Mandeln in einer Pfanne ohne Fett kurz rösten und die Torte damit bestreuen.
Ergibt 16 Stück.

Muttertagstorte
(Abb.)

Zutaten
1 kleine Ananas,
1 Kiwi, 1 Banane,
1 kleine Orange,
100 g Erdbeeren,
je 100 g grüne und blaue Trauben,
1/2 Rezept Biskuittorte oder Wasserbiskuittorte (s. Rezept S. 491),
1 Biskuittortenboden (fertiggekauft),
1 Päckchen klarer Tortenguß,
2 EL Zucker

EW	Fett	KH	kcal/kJ
7 g	4 g	56 g	288/1206

Ananas, Kiwi, Banane und Orange schälen, Kiwi halbieren. Ananas in Scheiben schneiden, 1 davon zu einer Blume ausstechen, restliche Scheiben fein würfeln. Erdbeeren und Weintrauben waschen und putzen. Kiwihälften, Banane, je einen Teil der Orange und Erdbeeren in Scheiben, Rest in Streifen schneiden. Blaue Weintrauben halbieren und entkernen. Biskuittortenboden wie folgt belegen: Aus Bananenscheiben eine Wolke, aus 1 Orangescheibe und -streifen die Sonne legen. Himmel aus blauen Traubenhälften bilden. Blumen mit Erdbeerscheiben und -streifen, Orangenscheibe, Ananas

und blauen Weintrauben formen, für die Blätter Kiwischeiben nehmen. »Wiese« mit grünen Weintrauben legen und Rest mit Ananaswürfeln ausfüllen. Tortenguß mit Zucker mischen, nach Packungsvorschrift zubereiten und gleichmäßig über den Tortenboden verteilen. Ergibt 12 Stück.

Biskuitrolle

Zutaten

1/2 Rezept Biskuittorte oder 1/2 Rezept Wasserbiskuittorte (s. Rezept S. 491), Butter für das Blech, Zucker zum Bestreuen, 250 g Marmelade, Puderzucker oder Punschglasur

EW	Fett	KH	kcal/kJ
3 g	1 g	39 g	184/770

Biskuit- oder Wasserbiskuitteig herstellen, Backblech gut buttern, mit Pergamentpapier belegen. Den Teig etwa 1 cm dick auf das Pergamentpapier streichen. An der offenen Seite des Backbleches einen Papierrand falten, so kann der Teig nicht auslaufen. Im vorgeheizten Backrohr bei 200 Grad etwa 10 Minuten backen. Die Biskuitplatte nach dem Backen auf ein mit Zucker bestreutes Papier stürzen. Dieses mit kaltem Wasser bepinseln und vorsichtig abziehen. Die Biskuitplatte mit glattgerührter Marmelade bestreichen und sofort aufrollen. Der Biskuitteig muß noch heiß gerollt werden. Nach dem Erkalten mit Puderzucker bestäuben oder mit Punschglasur (s. Rezept S. 499) überziehen. Ergibt 16 Stück.

Biskuitringe

Zutaten

4 Eier (getrennt), 200 g Zucker, 1 Päckchen Vanillinzucker, 100 g Mehl, 100 g Speisestärke, Zitronengelee, Fett für das Blech, 1 Päckchen Kuvertüre

EW	Fett	KH	kcal/kJ
4 g	14 g	42 g	293/1229

Eigelb mit 4 EL heißem Wasser cremig schlagen. Nach und nach Zucker und Vanillinzucker dazugeben.
Eiweiß steif schlagen. Auf die Crememasse geben.
Mehl und Speisestärke mischen, darübersieben.
Locker unterheben.
Mit dem Spritzbeutel Ringe auf ein gefettetes Backblech spritzen, bei 180 Grad etwa 15 Minuten backen.
Noch heiß mit Zitronengelee bestreichen, abkühlen lassen.
Mit aufgelöster Kuvertüre überziehen.
Ergibt 12 Stück.

Biskuitschnitten mit Johannisbeersahne

Zutaten

6 Eier (getrennt), 150 g Zucker, 1 Päckchen Vanillinzucker, 100 g Mehl, 50 g Speisestärke, 1 gestrichener TL Backpulver, Butter für das Blech, 400 g Johannisbeeren, 500 ml Sahne, 100 g Puderzucker, 3 Päckchen Sahnesteif

EW	Fett	KH	kcal/kJ
3 g	1 g	39 g	184/769

Eigelb mit 6 EL warmem Wasser schaumig schlagen. Zucker und Vanillinzucker langsam dazugeben, zu einer Creme weiterschlagen. Eiweiß zu sehr steifem Schnee schlagen, auf die Crememasse geben. Mehl, Speisestärke und Backpulver mischen, über den Teig sieben und mit dem Schnee locker unterheben. Backblech buttern oder mit Backpapier belegen. Den Teig etwa fingerdick aufstreichen. An der offenen Seite

des Backblechs eine Falte knicken, so kann der Teig nicht auslaufen. Im vorgeheizten Ofen bei 200–220 Grad etwa 10 Minuten backen. Noch heiß auf ein mit Zucker bestreutes Backpapier stürzen, mit kaltem Wasser bepinseln. Das Papier schnell abziehen. Nach dem Abkühlen die Biskuitplatte in der Mitte durchschneiden. Die Johannisbeeren waschen, abstreifen und mit dem Mixer pürieren, durch ein Sieb streichen. Sahne, Puderzucker und Sahnesteif schlagen. Johannisbeeren unterrühren. Gut die Hälfte der Creme auf eine Biskuitplatte streichen, die zweite Platte daraufsetzen, mit der restlichen Sahne bestreichen. Mit Johannisbeertrauben garnieren.
Ergibt 16 Stück.

Beerentorte halb und halb
(Abb.)

Zutaten

1/2 Rezept Biskuittorte oder Wasserbiskuittorte (s. Rezept S. 491) oder 1 Biskuittortenboden (fertiggekauft),
Butter für die Form,
8 Blatt weiße Gelatine,
500 g Joghurt,
170 g Zucker,
Saft von 1 Zitrone,
200 ml Sahne,
2 cl Himbeergeist,
250 g Himbeeren (frisch oder tiefgekühlt),
250 g Brombeeren (frisch oder tiefgekühlt),
1 Päckchen klarer Tortenguß,
1 EL geröstete Mandelblättchen,
1 EL gehackte Pistazien,
1 EL Schokoladenraspeln,
Zitronenmelisse zum Garnieren

EW	Fett	KH	kcal/kJ
6 g	10 g	46 g	313/1311

Biskuitteig nach Vorschrift zubereiten, eine Springform am Boden buttern, Teig einfüllen, glattstreichen und im vorgeheizten Ofen bei 200 Grad 15–20 Minuten backen. Gelatine nach Packungsvorschrift einweichen. Joghurt mit 150 g Zucker und Zitronensaft verrühren. Sahne steif schlagen. Gelatine ausdrücken, mit Himbeergeist leicht erwärmen, damit sie sich auflöst.
Joghurt nach und nach in die aufgelöste Gelatine rühren und Sahne unterheben. Tortenring um den Biskuitboden legen, Joghurtmasse einfüllen und Torte im Kühlschrank einige Stunden fest werden lassen. Himbeeren und Brombeeren verlesen, waschen, abtropfen oder auftauen lassen. Torte halb mit Himbeeren und halb mit

Brombeeren belegen. Tortenguß mit restlichem Zucker nach Packungsvorschrift zubereiten und mit einem Pinsel auf die Beeren streichen. Die Himbeerhälfte mit Mandelblättchen und gehackten Pistazien bestreuen. Brombeerhälfte mit Schokoladenraspeln und Zitronenmelisse verzieren. Ergibt 12 Stück.

Mandeltorte
(Abb.)

Zutaten
4 Eier,
100 g Zucker,
3 EL Vanillinzucker,
175 g gehackte Mandeln,
5 EL gemahlene Mandeln,
5 EL Mehl,
1 TL Backpulver,
Schale von 1/2 Zitrone (unbehandelt),
Fett für die Form,
1 EL Mehl für die Form,
150 g Puderzucker,
2 EL Zitronensaft,
2 cl Mandellikör,
gehackte Zitronenmelisse

EW	Fett	KH	kcal/kJ
5 g	9 g	22 g	204/853

Eier trennen. Eigelb mit Zucker und Vanillinzucker schaumig rühren. 150 g gehackte und gemahlene Mandeln, Mehl, Backpulver und Zitronenschale untermischen. Eiweiß steif schlagen und vorsichtig unterheben. Teig in eine gefettete, mit Mehl ausgestäubte Backform füllen und im vorgeheizten Ofen bei 175 Grad etwa 40 Minuten backen. Puderzucker, Zitronensaft und Mandellikör glattrühren. Restliche gehackte Mandeln in einer Pfanne ohne Fett leicht rösten. Glasur auf ausgekühlten Kuchen streichen, mit gerösteten Mandeln und Zitronenmelisse bestreuen.
Ergibt 16 Stück.

Biskuit-Omeletts

Zutaten
2 Eier,
2 EL heißes Wasser,
50 g Zucker, 1 Päckchen Vanillinzucker,
2 TL Puderzucker,
40 g Mehl,
25 g Speisestärke,
1 Msp. Backpulver,
1/4 l Schlagsahne,
200 g Obst aus der Dose

EW	Fett	KH	kcal/kJ
3 g	8 g	23 g	210/880

Eier trennen. Eigelb mit zwei EL heißem Wasser schaumig schlagen. Nach und nach Zucker und

Vanillinzucker einrühren. Eiweiß mit Puderzucker steif schlagen. Auf die Eierschaummasse geben. Mehl mit Speisestärke und Backpulver mischen und darübersieben. Locker unterheben. Backblech mit Pergamentpapier auslegen. Einfetten. Teigplatten von etwa 8 cm Durchmesser zentimeterdick daraufstreichen. (Es gibt auch Metallringe, die man einfach auf das Blech setzt und mit Teig füllt.) In den vorgeheizten Ofen schieben. Backzeit: 10–12 Minuten, 200 Grad. Herausnehmen. Auf ein Backbrett stürzen. Papier sofort anfeuchten und abziehen. Omeletts von zwei Seiten zur Mitte hin zusammenklappen. Auskühlen lassen. Sahne schlagen. Mit in Würfel geschnittenem Obst mischen. Die Omeletts kurz vor dem Servieren füllen. Ergibt 4 Stück.

Sahnetorte

Zutaten

4 Eier (getrennt),
200 g Zucker,
abgeriebene Schale von
1 Zitrone (unbehandelt),
1 Päckchen
Vanillinzucker,
100 g Mehl,
50 g Speisestärke,
1 TL Backpulver,
Margarine zum
Einfetten,
3 Gläser Maraschino,
3/4 l Sahne,

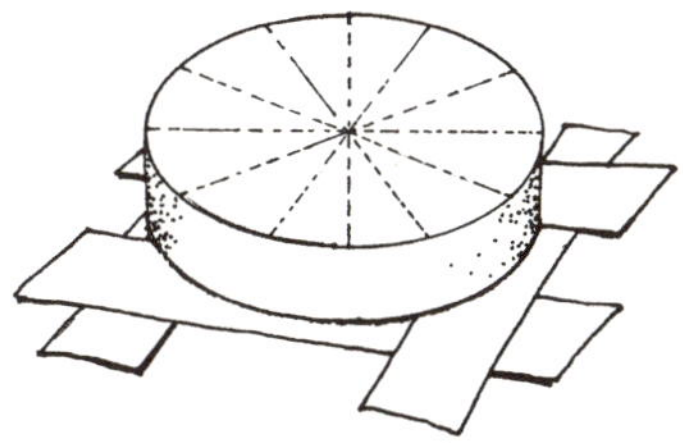

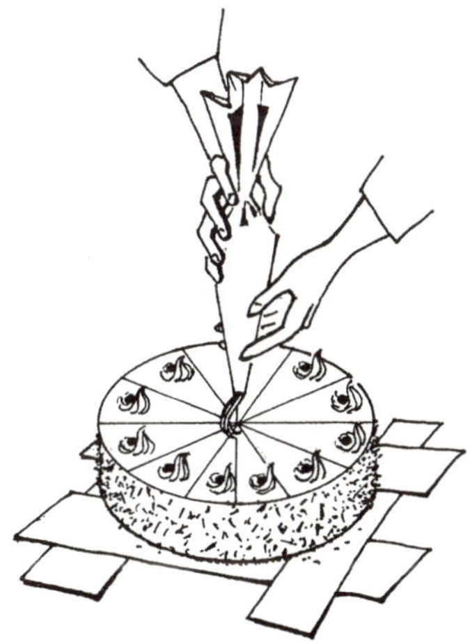

40 g Puderzucker,
2 Päckchen
Vanillinzucker,
1 Beutel blättrige
Mandeln

EW	Fett	KH	kcal/kJ
7 g	27 g	35 g	438/1836

Eiweiß mit 4 EL kaltem Wasser steif schlagen. Zucker einrieseln lassen, Zitronenschale, Vanillinzucker und Eischnee kurz unterrühren. Mehl, Speisestärke und Backpulver mischen, auf die Creme sieben, locker unterheben. Boden einer Springform (26 cm Durchmesser) einfetten, Teig einfüllen. In den vorgeheizten Ofen auf die untere Schiene schieben. Bei 180 Grad 40 Minuten backen.

Tortenboden nach dem Abkühlen einmal durchschneiden und mit Maraschinolikör beträufeln. Sahne steif schlagen. Puderzucker und Vanillinzucker einrühren.

Torte mit der Hälfte der Sahne füllen. Ringsum mit Sahne bestreichen.

Mit der restlichen Sahne Muster aufspritzen (siehe Abb.).

Blättrige Mandeln in einer Pfanne 3 Minuten bräunen.

Torte damit bestreuen.

Ergibt 12 Stück.

Maraschino-Torte

Zutaten

1 Rezept Biskuittorte
oder Wasserbiskuittorte
(s. Rezept S. 491),
1/4 l Milch,
1 Vanillestange,
2 EL Speisestärke,
200 g Butter,
200 g Zucker,
2 Gläser Maraschinolikör,
200 g Orangen-
marmelade,
12 dünne kandierte
Zitronenscheiben,
12 Maraschinokirschen

EW	Fett	KH	kcal/kJ
5 g	13 g	67 g	418/1751

Biskuittorte oder Wasserbiskuittorte backen, Form aus dem Ofen nehmen.
Tortenboden aus der Form lösen, auskühlen lassen.
In der Zwischenzeit die Milch mit der aufgeschnittenen Vanillestange unter Rühren zum Kochen bringen. Die Stange herausnehmen. Speisestärke mit etwas Wasser glattrühren, in die Milch einrühren, kurz aufkochen lassen. Unter häufigem Rühren erkalten lassen.
In der Zwischenzeit Butter und Zucker schaumig rühren. Die Vanillecreme und den Maraschinolikör einrühren.
Erkalteten Tortenboden in drei Platten schneiden.
Zwei Tortenplatten mit je der Hälfte der Marmelade und dann 1/3 der Creme bestreichen, zusammensetzen. Die Oberseite der Torte und die Ränder mit der restlichen Creme bestreichen. Mit den kandierten Zitronenscheiben und den Maraschinokirschen garnieren.
Ergibt 16 Stück.

Biskuitrolle mit Ananas-Sahne-Füllung

Zutaten
3 Eier,
100 g Zucker,
2 Päckchen Vanillinzucker,
1 TL Backpulver,
150 g Mehl,
8 Scheiben Ananas (frisch oder aus der Dose),
600 ml Sahne,
2 Päckchen Sahnesteif,
100 g Kuchenglasur

EW	Fett	KH	kcal/kJ
4 g	16 g	23 g	251/1050

Eier trennen. Eiweiß schaumig rühren, 4 EL Zucker einrieseln lassen und steif schlagen. Eigelb mit 4 EL warmem Wasser aufschlagen, 4 EL Zucker, 1 Päckchen Vanillinzucker und Backpulver dazugeben, cremig rühren. Mehl auf Eigelbmasse sieben, steifgeschlagenes Eiweiß darübergeben, vorsichtig unterheben. Teig auf ein mit Backpapier ausgelegtes Backblech streichen. Im vorgeheizten Ofen bei 200 Grad 10 Minuten backen. Auf ein mit Zucker bestreutes Küchentuch stürzen, sofort Backpapier lösen, Teig aufrollen, abkühlen lassen.
Ananasscheiben in mundgerechte Stücke schneiden, einige Stücke für die Garnitur zurückbehalten. Sahne mit Sahnesteif und restlichem Vanillinzucker steif schlagen. Ananasstücke unter 2/3 der Sahne heben, Biskuitrolle aufrollen, Handtuch entfernen, mit Ananassahne bestreichen, zusammenrollen, mit restlicher Sahne, Ananasstücken belegen. Kuchenglasur erwärmen und in Fäden über die Biskuitrolle ziehen.
Ergibt 16 Stück.

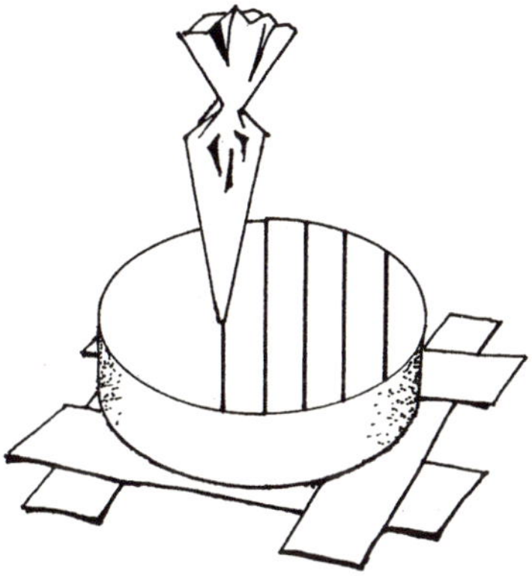

Abb. 1

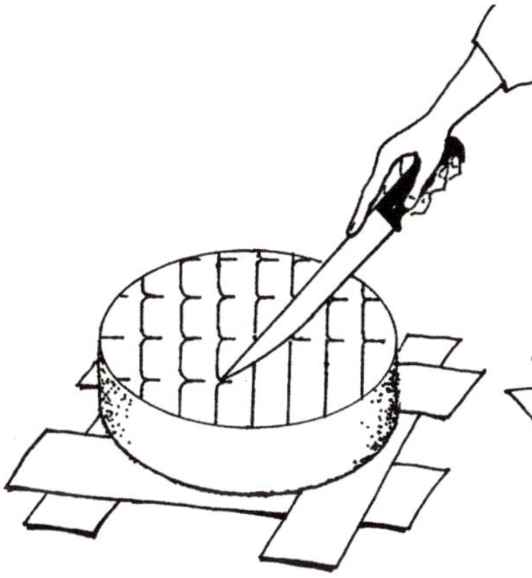

Abb. 2

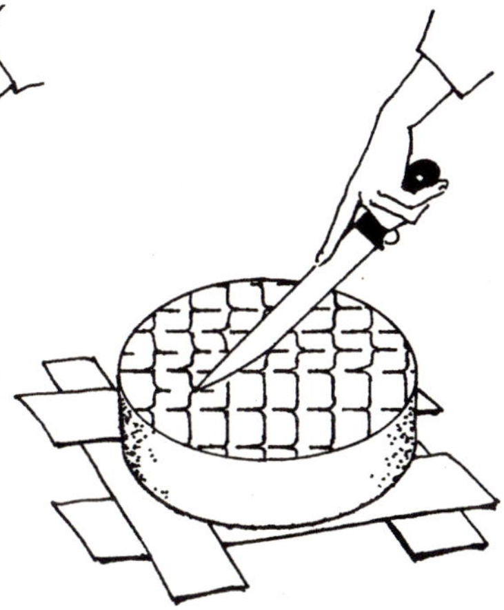

Abb. 3

Durchgezogener Guß
(Abb. 1–3)

Zutaten
1 Rezept Punschglasur
(s. Rezept S. 500),
2 TL Kakaopulver
(gesiebt)

EW	Fett	KH	kcal/kJ
1 g	0 g	17 g	80/334

Punschglasur herstellen, sofort auf dem Gebäck verteilen, 2 EL davon zurückbehalten. Diesen Rest mit Kakaopulver verrühren, mit 1–2 Tropfen Wasser verdünnen. In einen Spritzbeutel füllen und Ringe oder Streifen auf das glasierte Gebäck spritzen. Mit einem Messer, in Wasser getaucht, Muster durchziehen (Abb. 1–3).

Reine Buttercreme

Zutaten
250 g Butter,
3–4 Eigelb, 180 g Puderzucker (gesiebt),
Geschmackszutaten:
2–3 EL Arrak, Rum, Likör oder Kirschwasser, Vanillemark oder 4 EL Kakaopulver oder 80–100 g Schokolade (im Wasserbad leicht erwärmt) oder 80–100 g geriebene Nüsse oder Mandeln oder 4 EL Krokant

EW	Fett	KH	kcal/kJ
1 g	16 g	15 g	213/894

Weiche Butter schaumig rühren, Eigelb und Puderzucker dazugeben und gut durchrühren. Die Creme muß weich und streichfähig sein. Beliebig mit Geschmackszutaten abschmecken.

Tip
Reine Buttercreme ist schwerer als gemischte Buttercreme, dafür aber haltbarer.

Gemischte Buttercreme

Zutaten
3 Eigelb,
2 EL Zucker,
60 g Speisestärke oder
1 Päckchen Vanillepudding,
1/2 l Milch,
250 g Butter,

150 g Puderzucker,
Geschmackszutaten wie bei reiner Buttercreme

EW	Fett	KH	kcal/kJ
2 g	15 g	15 g	207/869

Eigelb mit Zucker verquirlen. Speisestärke in die kalte Milch einrühren, zur Eigelb-Zucker-Mischung geben, kurz aufkochen, erkalten lassen. Öfter umrühren. Oder Vanillepudding nach Packungsvorschrift zubereiten, ebenfalls unter öfterem Rühren erkalten lassen. Weiche Butter schaumig rühren, Puderzucker und beliebige Geschmackszutaten zugeben. Den erkalteten Pudding unterrühren.

Sahnecreme mit Früchten

Zutaten
500 g Früchte nach Belieben,
6 Blatt Gelatine,
5 EL Fruchtsaft oder Wasser,
3/4 l Sahne,
120 g Puderzucker,
2 EL Rum oder Kirschlikör

EW	Fett	KH	kcal/kJ
1 g	14 g	13 g	194/811

Dosenfrüchte abtropfen lassen, kleinschneiden. Beerenfrüchte zerdrücken. Gelatine in kaltes Wasser legen, 10–15 Minuten weichen lassen, ausdrücken. Fruchtsaft oder Wasser erhitzen, Gelatine darin auflösen und abkühlen lassen. Sahne schlagen, gesiebten Puderzucker und Gelatine-Flüssigkeit unterrühren, weiterschlagen, bis die Sahne völlig steif ist. Früchte und Alkohol dazugeben. Sofort verwenden. Das fertige Gebäck kühl stellen.

Puderzuckerglasur

Zutaten
60 g Puderzucker (gesiebt),
1 EL Flüssigkeit nach Belieben: warmes Wasser, Cognac, Fruchtsaft, Zitronensaft, Kaffee, Weißwein, Arrak, Zitronensaft oder Rum

EW	Fett	KH	kcal/kJ
0 g	0 g	5 g	22/91

Puderzucker mit Flüssigkeit glattrühren, sofort auf das Gebäck geben, an der Luft trocknen lassen.

Schokoladenglasur

Zutaten
200 g Schokolade,
etwas Butter

EW	Fett	KH	kcal/kJ
1 g	6 g	9 g	96/402

Schokolade mit 4 EL Wasser im Wasserbad auflösen, Butter dazurühren. Glasur noch warm über das Gebäck geben. An der Luft trocknen lassen.

Kaffeeglasur

Zutaten
200 g Puderzucker (gesiebt),
3 EL warmer, starker Kaffee,
1 Eiweiß

EW	Fett	KH	kcal/kJ
0 g	0 g	17 g	68/285

Puderzucker mit Kaffee und Eiweiß gut durchrühren, sofort auf das Gebäck geben.

Punschglasur

Zutaten
200 g Puderzucker,
1 EL Zitronensaft,
1 EL Arrak,
1 Eiweiß

EW	Fett	KH	kcal/kJ
0 g	0 g	17 g	72/301

Puderzucker sieben, mit Zitronensaft und Arrak glattrühren, Eiweiß einrühren und vorsichtig 1 EL Wasser zugeben, bis der Guß streichfähig ist. Sofort verwenden.

Die Grundrezeptur des Rührteiges besteht zu je einem Viertel aus Fett, Zucker, Eier und Mehl. Die Teiglockerung wird hauptsächlich durch Backpulver bewirkt, weshalb man auch von Backpulverteig spricht. Aber auch das Einschlagen von Luft, Eiern und der Zusatz von Alkohol haben einen Einfluß auf die lockere Beschaffenheit und beeinflussen die Backpulvermenge. Kuchen und Gebäck aus Rührteig sind leicht herzustellen und deshalb für Backanfänger besonders zu empfehlen. Folgende Tips sollten beachtet werden, dann kann nichts schiefgehen:

Zubereitung und Backen

1. Alle Zutaten müssen die gleiche Temperatur (möglichst Raumtemperatur) haben, sonst gerinnt der Teig. Sie werden immer kalt verarbeitet.
2. Fettart und Fettmenge beeinflussen Geschmack und Beschaffenheit des Gebäcks. Butter oder gute Margarine verwenden. Sie sollen von weicher Beschaffenheit sein. Deswegen einige Zeit vorher aus dem Kühlschrank nehmen. Durch Rühren im warmen Wasserbad wird zu hartes Fett geschmeidig. Fett so lange rühren, bis es schaumig ist.
3. Nach und nach den Zucker unterrühren. Feiner Grießzucker ist grobkörnigem vorzuziehen, da er sich besser auflöst. Zucker kann durch Honig ersetzt werden. Meist genügt die halbe Zuckermenge. Bei Zucker und Honig kann die Menge je nach Geschmack von der Rezeptur leicht variieren.
4. Eier wirken als Lockerungs- und Bindemittel. Sie werden in das Butter-Zucker-Gemisch einzeln eingerührt, damit sie sich gut mit der Masse verbinden. Pro Ei ungefähr eine halbe Minute rühren. Werden die Eier getrennt verarbeitet, den sehr steifgeschlagenen Eischnee zu einem Drittel in die Masse einrühren, den Rest locker unterheben.
5. Geschmackszutaten wie Vanille, Zitrone etc. werden vor dem Mehl zugegeben.
6. Gesiebtes Mehl mit Backpulver vermischen. Abwechselnd mit Milch oder anderer Flüssigkeit rasch einrühren. Flüssigkeit immer kalt zugeben, damit verliert das Backpulver seine Triebkraft nicht verliert. Nicht zu lange rühren, sonst wird der Teig zäh und geht beim Backen nicht richtig auf. Flüssigkeit sehr knapp bemessen, um Zusammenfallen des Teiges beim Backen zu verhindern. Der Teig soll so beschaffen sein, daß er breit reißend vom Löffel fällt. Wird Vollkornmehl verwendet, muß der Teig etwas feuchter gehalten werden, da die Kleie im Vollkornmehl beim Backen noch quillt und das Gebäck sonst zu trocken wird.
7. Nach dem Mehl werden weitere Verbesserungszutaten, wie vorbereitete Trockenfrüchte, Mandeln, Nüsse etc. rasch untergehoben.
8. Masse in gut gefettete und gemehlte oder gebröselte Backform geben und im vorgeheizten Ofen nach Rezeptangaben, meist zwischen 175 und 200 Grad backen. Formen höchstens dreiviertel voll füllen und sofort backen. Wird Rührteig ausgerollt, vorher kühl stellen.
9. Während des Backens Zugluft vermeiden, besonders während der ersten Hälfte der Backzeit Ofentür nicht öffnen.
10. Nach dem Backen (Garprobe) Kuchen in der Form 5-10 Minuten abkühlen lassen, aus der Form lösen und auf einem Kuchengitter auskühlen. Anschließend mit Puderzucker oder Glasur versehen und servieren.

GRUNDREZEPT
Mittelfester Rührteig (Backpulverteig)
für Blechkuchen und Kuchenböden

Zutaten
80 g weiche Butter,
80 g Zucker, 2 Eier,
1 Prise Salz,
1/2 Päckchen Vanillinzucker oder abgeriebene Schale von 1/4 Zitrone (unbehandelt), 1 EL Rum oder Arrak nach Geschmack, knapp 1/2 Päckchen Backpulver, 200 g Mehl, 1–2 EL Milch nach Bedarf

EW	Fett	KH	kcal/kJ
3 g	6 g	19 g	153/639

Butter schaumig rühren, nach und nach abwechselnd Zucker und Eier unterrühren bis zu einer sehr lockeren Schaummasse, Salz und weitere Geschmackszutaten zugeben. Das mit Backpulver vermischte Mehl darübersieben, unterrühren, bei Bedarf Milch zugeben. Der Teig soll schwer vom Löffel fallen. Teig in gefettete und gemehlte Form füllen, im vorgeheizten Ofen bei 180 Grad sofort backen. Backzeit: 30–40 Minuten. Die angegebene Menge ist ausreichend für 1 Obstkuchenform. Für Blechkuchen doppelte Menge verwenden.

GRUNDREZEPT
Weicher Rührteig (Backpulverteig)
für Kuchen in der Form

Zutaten
200 g Butter,
250 g Zucker,
4–5 Eier,
1 Prise Salz,
1 Päckchen Vanillinzucker oder abgeriebene Schale von 1/2 Zitrone (unbehandelt),
2 EL Rum oder Arrak nach Geschmack,
1 Päckchen Backpulver,
500 g Mehl (kann zur Hälfte durch Speisestäke ersetzt werden)
1/8 l Milch,

EW	Fett	KH	kcal/kJ
7 g	16 g	52 g	395/1651

Butter schaumig rühren, nach und nach abwechselnd Zucker und Eier unterrühren bis zu einer lockeren Schaummasse, Salz und weitere Geschmackszutaten zugeben. Das mit Backpulver vermischte, gesiebte Mehl abwechselnd mit der Milch unterrühren. D. h., die Milch immer erst zugeben, wenn das Mehl ganz untergearbeitet ist, sonst verliert das Backpulver seine Triebkraft. Teig in gefettete, gemehlte Form füllen, sofort im vorgeheizten Ofen bei 180 Grad backen. Backzeit: etwa 1 Stunde. Das angegebene Rezept ergibt den klassischen *Gesundheitskuchen*.

GRUNDREZEPT
Quarkölteig (Backpulverteig)
für Obst-Blechkuchen, Kleingebäck

Zutaten
100 g Quark,
3 EL Öl,
50 g Zucker,
1 Eigelb,
abgeriebene Schale von 1/4 Zitrone (unbehandelt),
1 Prise Salz,
1/2 Päckchen Backpulver,
200 g Mehl,

EW	Fett	KH	kcal/kJ
3 g	3 g	16 g	107/448

Quark abtropfen lassen, mit Öl, Zucker, Eigelb, Zitronenschale und Salz glattrühren. Die Hälfte des gesiebten, mit Backpulver vermischten Mehls unterrühren, Rest auf dem Backbrett mit den Händen unterheben. Teig in gefettete, gemehlte Form füllen, im vorgeheizten Ofen bei 180 Grad sofort backen. Backzeit: 30–40 Minuten.
Die angegebene Menge ist ausreichend für 1 Obstkuchenform. Für Backblech doppelte Menge verwenden.

Rheinische Mutzenmandeln
(Abb.)

Zutaten

125 g Butter,
5 Eier,
200 g Zucker,
1/2 TL Hirschhornsalz,
375 g Mehl,
100 g geriebene Mandeln,
Öl zum Backen,
Puderzucker zum Bestreuen

EW	Fett	KH	kcal/kJ
1 g	3 g	8 g	70/292

Butter schaumig rühren, nach und nach Eier und Zucker dazugeben und alles schaumig rühren. Hirschhornsalz in wenig Wasser auflösen und mit Mehl und Mandeln unterheben. Öl in einer Friteuse auf etwa 175 Grad erhitzen, mit 2 TL Teig abstechen und im Fett goldbraun backen. Abtropfen lassen und mit Puderzucker bestreut servieren. Ergibt etwa 60 Stück.

Amerikaner

Zutaten

100 g Butter oder Margarine,
100 g Zucker,
1 Päckchen Vanillinzucker,
2 Eier,
1 Prise Salz,
3 EL Milch,
1 Päckchen Vanille-Puddingpulver,
250 g Mehl,
3 gestr. TL Backpulver,
Fett für das Blech,
Milch zum Bestreichen,
100 g Puderzucker,
1 TL Kakaopulver

EW	Fett	KH	kcal/kJ
5 g	14 g	41 g	316/1320

Butter oder Margarine schaumig rühren. Nach und nach Zucker, Vanillinzucker, Eier, Salz und mit Milch angerührtes Puddingpulver dazugeben. Masse gut schlagen. Das Mehl mit dem Backpulver mischen, sieben und dazurühren. Der Teig muß fest sein. Falls er nicht fest genug ist, noch etwas Mehl dazugeben. Backblech fetten. Mit dem Eßlöffel große Portionen von etwa 5 cm Durchmesser auf das Blech setzen. 15–20 Minuten bei 190 Grad backen. Nach 10 Minuten mit Milch bestreichen. Amerikaner kalt werden lassen. Für den Guß Puderzucker mit etwas heißem Wasser glattrühren. Die Hälfte mit Kakaopulver würzen. Unterseite des Gebäcks mit Guß bestreichen.

Nougatkuchen
(Abb.)

Zutaten
150 g Butter,
150 g Zucker,
1 Päckchen Vanillinzucker,
1 Prise Salz, 3 Eier,
250 g Mehl,
3 TL Backpulver,
3 cl Rum,
3 EL Milch,
50 g gehackte Mandeln,
Fett für die Form,
100 g Nougatmasse

EW	Fett	KH	kcal/kJ
4 g	15 g	26 g	270/1130

Butter mit Zucker, Vanillinzucker und Salz schaumig rühren, nach und nach Eier hinzufügen. Mehl mit Backpulver mischen und abwechselnd mit Rum, Milch und Mandeln unterrühren. 2/3 vom Teig in eine gefettete Napfkuchenform füllen. Restlichen Teig mit im Wasserbad geschmolzener Nougatmasse verrühren und auf hellem Teig verteilen; mit einer Gabel spiralförmig durch beide Teige ziehen. Kuchen im vorgeheizten Ofen bei 175 Grad etwa 1 Stunde backen. Ergibt 16 Stücke.

Marmorkuchen

Zutaten
siehe Nougatkuchen,
100 g Nougatmasse werden durch 2–3 EL Kakaopulver ersetzt

EW	Fett	KH	kcal/kJ
4 g	14 g	23 g	247/1037

Zubereitung wie Nougatkuchen.

Königskuchen

Zutaten
100 g Rosinen,
2 EL Rum,
250 g Butter oder Margarine,
200 g Zucker,
1 Päckchen Vanillinzucker,
1 Prise Salz,
4 Eigelb,
abgeriebene Schale von 1 Zitrone (unbehandelt),
200 g Mehl,
50 g Speisestärke,
1/2 TL Backpulver,
2 EL Milch,
70 g gehackte Mandeln,
70 g Zitronat,
4 Eiweiß,
Margarine zum Einfetten,
30 g Puderzucker zum Bestäuben

EW	Fett	KH	kcal/kJ
4 g	16 g	35 g	319/1337

Rotwein-Kirschkuchen
(Abb.)

Zutaten
150 g Butter,
250 g Farinzucker,
250 g feingeriebenes altbackenes Graubrot,
1/8 l kräftiger Rotwein (z. B. Spätburgunder),
5 Eier,
abgeriebene Schale von 1/2 Zitrone (unbehandelt),
1/2 TL Backpulver,
1 kg schwarze oder rote Herzkirschen,
Butter für die Form,
30 g Puderzucker

EW	Fett	KH	kcal/kJ
2 g	8 g	34 g	227/950

Butter und Farinzucker schaumig rühren. Graubrot mit Rotwein tränken. Eier trennen. Eigelb, Zitronenschale, Backpulver und gewaschene Kirschen mit Butter-Zucker-Mischung vermengen. Eiweiß steif schlagen und vorsichtig unter den Teig heben. In eine gebutterte Springform mit 26 cm Durchmesser füllen. Etwa 40–50 Minuten bei 175–200 Grad backen. Kuchen nach etwa 1 Stunde Ruhezeit aus der Springform nehmen und Oberfläche mit Puderzucker dekorativ besieben. Ergibt 16 Stücke.

Rosinen mit heißem Wasser abspülen und sehr gut abtropfen lassen. In eine Schüssel geben. Mit dem Rum beträufelt 15 Minuten ziehen lassen.
Butter oder Margarine mit Zucker, Vanillinzucker und Salz in einer Schüssel sehr schaumig rühren.
Das Eigelb nach und nach unterrühren.
Die abgeriebene Zitronenschale dazugeben.
Mehl, Speisestärke und Backpulver mischen, sieben und abwechselnd mit der Milch in den Teig rühren. Gehackte Mandeln, gewürfeltes Zitronat und die abgetropften Rosinen zufügen.
Eiweiß in einer Schüssel steif schlagen und unterheben.
Eine Kastenform mit Margarine einfetten.
Teig einfüllen, glattstreichen und in den vorgeheizten Ofen auf die mittlere Schiene stellen. Bei 200 Grad etwa 60 Minuten backen. Garprobe machen: Mit einem spitzen Hölzchen oder einer Nadel in den Kuchen stechen. Es darf kein Teig mehr daran kleben.
Vor dem Servieren dick mit Puderzucker bestäuben.
Ergibt 16 Stück.

Waffeln fein

Zutaten
250 g Butter oder Margarine,
200 g Zucker,
4 Eier,
abgeriebene Schale von 1/4 Zitrone (unbehandelt),
1/2 Päckchen Vanillinzucker,
1 Prise Salz,
1 Prise Backpulver,
150 g Mehl,
150 g Speisestärke,
Öl zum Einpinseln,
80 g Puderzucker zum Bestäuben

EW	Fett	KH	kcal/kJ
1 g	5 g	10 g	89/371

Fett und Zucker schaumig rühren. Eier und alle Zutaten zugeben. Waffeleisen vorheizen. Innenflächen einfetten. Teig daraufgeben. Waffeleisen schließen. Backzeit pro Waffel: 6 Minuten. Waffeln aus dem Waffeleisen lösen. Zum Ausdampfen hochkant stellen, mit Puderzucker bestäuben. Ergibt etwa 50 Herzen.

Orangen-Möhren-Kuchen
(Abb.)

Zutaten
150 g Butter,
175 g Zucker,
1 Prise Salz, 4 Eier,
150 g Mehl,
1 Päckchen Backpulver,
100 g Instant-Haferflocken,
300 g Möhren,
100 g gewürfeltes Orangeat,
abgeriebene Schale von 1 Orange (unbehandelt),
3 cl Rum,
Fett für die Form,
400 ml Sahne,
1 Bd. junge Möhren

EW	Fett	KH	kcal/kJ
5 g	17 g	29 g	312/1307

Butter, Zucker und Salz schaumig rühren. Eier trennen, nacheinander Eigelb hinzufügen. Mehl, Backpulver und Haferflocken mischen und eßlöffelweise unterrühren. Möhren schälen, fein reiben, mit Orangeat, Orangenschale und Rum hinzufügen und unterheben. Eiweiß steif schlagen und vorsichtig mit einem Schneebesen unterziehen. Teig in eine gefettete Springform (26 cm Durchmesser) füllen und im vorgeheizten Ofen bei 175 Grad 40–50 Minuten backen. Sahne steif schlagen, um den ausgekühlten Kuchen streichen, mit geschälten Möhren und nach Wunsch mit Möhrenraspeln garnieren. Ergibt 16 Stücke.

Frankfurter Kranz
(Abb.)

Zutaten
gut 460 g Butter,
350 g Zucker,
Salz,
1 Päckchen Vanillinzucker,
4 Tropfen Zitronen-Backöl,
1 Fläschchen Rum-Aroma,
4 Eier,
250 g Weizenmehl,
50 g Speisestärke,
2 gestr. TL Backpulver,
Fett für die Form,
1 Päckchen Vanille-Puddingpulver (40 g),
1 l Milch,
200 g abgezogene, gehackte Mandeln,
100 g Erdbeer- oder Kirschkonfitüre

EW	Fett	KH	kcal/kJ
7 g	33 g	47 g	531/2226

200 g weiche Butter, 200 g Zucker, 1 Prise Salz, Vanillinzucker und Aromen schaumig rühren, Eier nach und nach unterrühren. Mehl mit Speisestärke und Backpulver mischen, eßlöffelweise unterrühren. Teig in eine gefettete Kranzform (26 cm Durchmesser) füllen und im vorgeheizten Ofen bei 175–200 Grad 35–45 Minuten backen, auskühlen lassen. Aus Puddingpulver, 100 g Zucker, 1 Prise Salz und Milch nach Packungsvorschrift einen Pudding kochen; auskühlen lassen, dabei öfter umrühren, damit sich keine Haut bildet. 250 g Butter schaumig rühren, Pudding eßlöffelweise dazugeben (Pudding und Butter sollten etwa die gleiche Temperatur haben, da die Creme sonst gerinnt).
Dann 10 g Butter, 50 g Zucker und gehackte Mandeln unter Rühren so lange erhitzen, bis der Krokant gebräunt ist; auf ein Stück Alufolie geben und erkalten lassen. Mit einem Nudelholz zerstoßen oder durch eine große Reibe drehen.
Kranz zweimal durchschneiden. Die 2 unteren Lagen mit Buttercreme bestreichen, in die Mitte der unteren Lage Konfitüre geben, Kranz zusammensetzen. Restliche Creme aufstreichen (etwas zum Verzieren zurücklassen) und mit Krokant bestreuen. Zurückbehaltene Creme in einen Spritzbeutel füllen und Kranz damit verzieren.
Ergibt 16 Stücke.

Tip
Mit Belegkirschen garnieren.

Pfirsichtorte mit Pistaziencreme
(Abb.)

Zutaten
250 g Butter,
250 g Zucker,
abgeriebene Schale von
1 Zitrone (unbehandelt),
3 Eier,
195 g Speisestärke,
150 g Mehl,
1 gestr. TL Backpulver,
Fett für die Form,
80 g Pistazienkerne,
1/2 l Milch,
1 TL Vanillinzucker,
3–4 reife Pfirsiche oder
6–8 Pfirsichhälften
(Dose)

EW	Fett	KH	kcal/kJ
4 g	17 g	37 g	330/1382

200 g weiche Butter in eine Schüssel geben, cremig rühren. 150 g Zucker, Zitronenschale und nach und nach Eier unterrühren. 150 g Speisestärke, Mehl und Backpulver mischen, auf die Creme geben und alles mit einem Handrührgerät auf höchster Schaltstufe in 2 Minuten gut verrühren. Eine Springform (26 cm Durchmesser) am Boden fetten, Teig einfüllen und im vorgeheizten Ofen bei 175–200 Grad 20–30 Minuten backen.
Torte auskühlen lassen, aus der Form nehmen und in 2 oder 3 Platten teilen. Für die Pistaziencreme Pistazien fein mahlen.
Für den Flammeri 45 g Speisestärke mit 4 EL Milch anrühren. Restliche Milch, 100 g Zucker und Vanillinzucker zum Kochen bringen. Topf von der Kochstelle nehmen.
Angerührte Speisestärke dazugießen, Topf wieder auf den Herd stellen und kurz aufkochen lassen. Flammeri erkalten lassen.
Ab und zu umrühren, damit sich keine Haut bildet. 150 g Butter schaumig rühren, nach und nach abgekühlten Flammeri zusammen mit den Pistazien einrühren. Tortenplatten mit Pistaziencreme bestreichen (am Rand 1 cm frei lassen) und zusammensetzen. Torte außen mit Creme bestreichen. Frische Pfirsiche überbrühen, häuten, halbieren, entsteinen, in Scheiben schneiden.
Pfirsichhälften aus der Dose in Scheiben schneiden, Torte damit belegen und mit gehackten Pistazien bestreuen.
Ergibt 16 Stücke.

Johannisbeer-Quark-Kuchen mit Baiser
(Abb.)

Zutaten
1 Becher Quark (250 g),
1 Prise Salz,
6 EL Milch,
4 EL Öl, 1 Ei,
400 g Zucker,
1 gestr. EL Backpulver,
400 g Mehl,
750 g Johannisbeeren,
2 Eier,
500 g Magerquark,
1 Päckchen Vanille-Puddingpulver,
1 Päckchen Vanillinzucker,
50 g zerlassene Butter,
4 EL Speisestärke,
100 g gehobelte Mandeln

EW	Fett	KH	kcal/kJ
9 g	10 g	45 g	314/1317

Quark mit Salz, Milch, Öl, 1 Ei und 100 g Zucker glattrühren. Backpulver mit Mehl vermischen, unterrühren, den Rest kräftig unterkneten. Teig ausrollen und auf einem mit Backpapier ausgelegten Backblech ausrollen. Johannisbeeren verlesen, waschen, gut abtropfen lassen und entstielen. Restliche Eier trennen. Eiweiß für die Baisermasse beiseite stellen. Quark mit Eigelb, 200 g Zucker, Puddingpulver, Vanillinzucker, Butter und Speisestärke verrühren, die Johannisbeeren unterheben. Masse auf den Teig streichen und den Kuchen im vorgeheizten Ofen bei 200 Grad etwa 40–45 Minuten backen.

Eiweiß steif schlagen und 100 g Zucker dabei langsam einrieseln lassen. Baiser gleichmäßig auf dem Kuchen verteilen, mit gehobelten Mandeln bestreuen und alles nochmals etwa 5–10 Minuten backen, bis das Baiser hellbraun ist.
Ergibt 20 Stücke.

Blitzkuchen

Zutaten
250 g Butter oder Margarine,
200 g Zucker,
1 Päckchen Vanillinzucker, 4 Eier,
einige Tropfen Bittermandelaroma,
250 g Mehl,
1 TL Backpulver,
20 g Margarine zum Einfetten

EW	Fett	KH	kcal/kJ
12 g	13 g	56 g	393/1646

200 g Butter oder Margarine mit 150 g Zucker, Vanillinzucker und Eiern schaumig rühren. Bittermandelaroma zugeben. Mehl mit Backpulver mischen, sieben. In den Teig rühren. Backblech einfetten. Teig gleichmäßig daraufstreichen. Mit 50 g Zucker bestreuen. 50 g Butter in Flöckchen darauf verteilen. In den 200 Grad heißen Ofen für 15–20 Minuten schieben. Noch warm in Stücke schneiden.
Ergibt 16 Stücke.

Kokos-Rum-Torte mit Erdbeeren und Mango
(Abb.)

Zutaten
120 g Butter,
175 g Zucker,
1 Päckchen Vanillinzucker,
2 Eier,
160 g Speisestärke,
100 g Mehl,
1 Msp. Backpulver,
175 ml weißer Rum,
Fett für die Form,
1/2 l Milch,
30 g Kokosraspeln,
abgeriebene Schale von 1/2 Zitrone (unbehandelt),
1 Prise Zimtpulver,
4 Blatt weiße Gelatine,
1/4 l Sahne,
1 reife Mango,
500 g Erdbeeren,
1/2 Päckchen Tortenguß (klar)

EW	Fett	KH	kcal/kJ
4 g	14 g	31 g	304/1271

Weiche Butter in eine Schüssel geben. 100 g Zucker, Vanillinzucker, Eier, 100 g Speisestärke, Mehl, Backpulver und 100 ml Rum darauf geben und alles mit dem Handrührgerät auf höchster Schaltstufe etwa 2 Minuten gut verrühren; Teig in eine gut gefettete Springform (26 cm Durchmesser) füllen. Im vorgeheizten Ofen bei 200–225 Grad backen. Tortenboden aus der Form lösen und erkalten lassen. Für den Belag restliche Speisestärke in genügend kalter Milch anrühren. Restliche Milch mit 60 g Zucker, Kokosraspeln, Zitronenschale und Zimt zum Kochen bringen. Speisestärke unter Rühren hineingießen, kurz

kochen lassen. Mit restlichem Rum abschmecken.
Eingeweichte, ausgedrückte Gelatine unter die heiße Creme rühren und diese erkalten lassen, bis sie anfängt zu gelieren. Dann steifgeschlagene Sahne unterziehen.
Tortenboden mit einem Tortenring umschließen, Creme einfüllen und im Kühlschrank in etwa 3 Stunden fest werden lassen.
Mango schälen und Fruchtfleisch in Scheiben vom Kern schneiden. Erdbeeren waschen, von Blütenansätzen befreien und in dünne Scheiben schneiden.
Oberfläche und Rand der Torte mit Mango- und Erdbeerscheiben verzieren. Tortengußpulver nach Anweisung mit 1 EL Zucker und 1/8 l Wasser zubereiten. Torte mit Guß überziehen. Ergibt 16 Stücke.

Tip
Sie können den Rum auch durch Ananassaft ersetzen.

Buttermilchkuchen mit Orangenlikör
(Abb. S. 501)

Zutaten
125 g Butter,
200 g Zucker,
1 Päckchen Vanillinzucker,
4 Eier,
300 g Mehl,
1 TL Backpulver,
75 ml Buttermilch,
5 cl Orangenlikör,
abgeriebene Schale von 1 Orange (unbehandelt),
75 g feingehacktes Orangeat,
Fett für die Form,
150 g Puderzucker

EW	Fett	KH	kcal/kJ
3 g	6 g	32 g	210/880

Butter sehr schaumig schlagen, nach und nach Zucker und Vanillinzucker unterschlagen. Nacheinander Eier hinzufügen, dabei nach jedem Ei Masse jeweils 2 Minuten rühren. Mehl mit Backpulver, Buttermilch mit Orangenlikör und Orangenschale mischen. Abwechselnd Mehl und Buttermilchmischung unterrühren, dabei mit Mehl beginnen. Zum Schluß Orangeat unterheben.
Teig in eine gefettete Kastenform füllen und im vorgeheizten Ofen bei 200 Grad etwa 70 Minuten backen.
Kuchen gut auskühlen lassen. Puderzucker mit wenig Wasser glattrühren und über den Kuchen gießen.
Ergibt 20 Stücke.

Tip
Kuchen mit bunten Belegkirschen verzieren.

Sandkuchen

Zutaten
250 g Butter oder Margarine,
250 g Zucker,
4 Eigelb, 2 EL Rum,
1 Prise Salz,
1/2 Vanilleschote,
abgeriebene Schale von 1/2 Zitrone (unbehandelt), je 150 g Mehl und Speisestärke,
4 Eiweiß, 40 g Margarine zum Einfetten,
20 g Paniermehl zum Ausstreuen

EW	Fett	KH	kcal/kJ
4 g	21 g	42 g	387/1621

Butter oder Margarine in einer Schüssel schaumig rühren. Nach und nach Zucker, Eigelb, Rum, Salz, Vanillemark und abgeriebene Zitronenschale daruntermischen. Mehl und Speisestärke in einer Schüssel vermengen, sieben. Eßlöffelweise in die Buttermasse rühren. Eiweiß steif schlagen. Locker unter die Teigmasse heben. Kastenform von 40 cm Länge mit Margarine einfetten. Mit Paniermehl ausstreuen. Form mit Teig füllen. In den vorgeheizten Ofen (180 Grad) auf die untere Schiene stellen. Backzeit: 70 Minuten. Aus dem Ofen nehmen. Leicht abkühlen lassen. Auf den Kuchendraht stürzen und völlig erkalten lassen. Mit Puderzucker bestäuben.

Der Hefeteig zeichnet sich durch einen hohen Mehlanteil aus, Zucker, Fett, und Ei können stark reduziert werden. Die Teiglockerung erfolgt durch die Hefepilze, die sich bei guten Bedingungen (Wärme, Feuchtigkeit, Nahrung und Sauerstoff) rasch vermehren. Durch den Stoffwechsel der Hefepilze entstehen Kohlendioxid und Alkohol. Dadurch geht der Teig locker auf, und es entsteht der typische Geschmack. Hefeteig braucht zwar etwas Zeit, er muß dreimal gehen, ist aber leicht zuzubereiten und vielseitig verwendbar. Hefegebäck erfreut sich in seiner unterschiedlichen Art großer Beliebtheit.

Zubereitung und Backen

1. Die Grundzutaten für den Hefeteig sind Mehl, Flüssigkeit, Hefe und Salz. Alle Zutaten sollten gut temperiert sein, um eine rasche Gärung zu ermöglichen. Zugluft hemmt die Teiglockerung.
2. Die Flüssigkeit ist wichtig zum Quellen des Klebers und der Stärke sowie für die Gärfähigkeit der Hefe. Überwiegend wird Milch verwendet, seltener Wasser. Die Flüssigkeit sollte ungefähr 40 Grad (gut handwarm) warm sein. Ist sie zu heiß, werden die Hefezellen zerstört und es findet keine Teiglockerung statt.
3. Hefe gibt es als frische oder Trockenhefe. Die verwendete Menge liegt zwischen 20 und 40 g Frischhefe pro 500 g Mehl, abhängig von der Teigschwere und Teigführung. Bei der indirekten Teigführung wird ein Vorteig (Dämpferl) angesetzt, der zu Vermehrung der Hefezellen dient. Bei der direkten Teigführung wird die Hefe sofort mit den übrigen Zutaten vermischt. Meist muß für die direkte Teigführung etwas mehr Hefe zugegeben werden. Trockenhefe, durch spezielles Verfahren haltbar gemacht, braucht nicht in einem Vorteig angesetzt zu werden.
   7 g Trockenhefe entsprechen 25 g Frischhefe.
4. Salz gibt dem Gebäck Geschmack und verbessert die Quellfähigkeit des Klebers. Es darf nicht unmittelbar mit der Hefe in Berührung kommen, da es ihre Tätigkeit hemmt. Das selbe gilt für Fett.
5. Das Mehl wird in eine Rührschüssel gesiebt. In die Mitte drückt man eine Mulde, in welcher der Vorteig aus Hefe, Milch und etwas Zucker angerührt wird (entfällt bei Trockenhefe). Das »Dämpferl« kann auch separat in einer kleinen Schüssel angesetzt werden. Hat der Vorteig doppeltes Volumen, werden alle anderen, gut temperierten Zutaten zugegeben und der Teig so lange geknetet, bis er Blasen wirft. Teig zugedeckt an einem warmen Ort gehen lassen, bis er doppelte Größe erreicht hat. Die Raumluft sollte nicht zu warm sein, sonst wird das Gebäck großporig und strohig im Geschmack. Sehr feinporig wird der Teig, wenn man ihn während des Gehens noch einmal knetet. Auch durch kaltes Gehen, z.B. über Nacht, wird Hefegebäck sehr feinporig.
6. Gegangenen Teig leicht durchkneten und formen. Vor dem Backen an einem warmen Ort nochmals kurz gehen lassen und dann im vorgeheizten Backofen nach Vorschrift backen.

Hefeteig gibt es in flüssiger, mittelfester und fester Beschaffenheit. Die häufigste Herstellungsart ist mittelfester oder abgeschlagener Hefeteig. Daraus werden z. B. Blechkuchen, Rohr-, Dampf- oder Zwetschgennudeln gemacht oder feine Kuchen.
Bei Hefeblätterteig oder Plunderteig wird wie bei Blätterteig ein Butterstück in mittelfesten Hefeteig eingearbeitet. Daraus bereitet man Hörnchen, Schnecken und anderes Kleingebäck sowie Hefezopf.

Abb. 1

Abb. 2

Abb. 3

Abb. 4

Abb. 5

Abb. 6

GRUNDREZEPT

Mittelfester Hefeteig

Zutaten
500 g Mehl,
20–30 g Hefe,
100–150 g Zucker,
1/4 l Milch,
1–2 Eier,
1 Prise Salz

EW	Fett	KH	kcal/kJ
4 g	1 g	25 g	126/526

Mehl in eine Schüssel oder auf eine Arbeitsplatte sieben (Abb. 1), in die Mitte eine Grube eindrücken, Hefe einbröckeln (Abb. 2), 50 g Zucker und lauwarme Milch dazugeben und mit etwas Mehl vom Rand zum Vorteig anrühren (Abb. 3). Mit Mehl bestäuben (Abb. 4) und zugedeckt etwa 15 Minuten an einem warmen, zugfreien Ort gehen lassen, bis er eine rissige Oberfläche hat.
Restlichen Zucker, Eier und Salz auf den Mehlrand legen. Butter in etwas lauwarmer Milch schmelzen lassen und in den Vorteig rühren (Abb. 5). Vorteig in alle Zutaten einarbeiten, restliche Milch nur zugeben, wenn der Teig zu fest ist. Teig kräftig abschlagen, bis er Blasen wirft und sich glatt vom Boden löst. Mit einem Küchentuch zudekken und nochmals gehen lassen, bis er doppeltes Volumen erreicht hat (etwa 30 Minuten). Teig mit den Händen zusammendrücken (Abb. 6) und formen. Das geformte Gebäck soll

vor dem Backen nochmals kurz gehen.
Dieses Rezept ist die Grundlage für jedes Hefegebäck und ausreichend für 1 Blechkuchen. Für Obstkuchen 3/4 der Mengen verwenden.
Im vorgeheizten Rohr bei etwa 200 Grad backen.
Ergibt etwa 20 Stück.

GRUNDREZEPT

Hefeteig gerührt

Zutaten
500 g Mehl,
20-30 g Hefe,
bis 1/4 l Milch,
150 g weiche Butter,
100–125 g Zucker,
2–4 Eigelb,
1 Prise Salz,
abgeriebene Schale von 1/2 Zitrone (unbehandelt),
Sultaninen,
Rosinen (nach Belieben)

EW	Fett	KH	kcal/kJ
4 g	7 g	24 g	178/745

Vorteig ansetzen und lauwarm gehen lassen (siehe Grundrezept »Mittelfester Hefeteig«). Aus weicher Butter, Zucker und Eiern Schaummasse rühren, Mehl darübersieben, Vorteig und übrige Zutaten dazugeben und alles kräftig abschlagen, bis ein glatter, glänzender Teig entsteht. Nicht zuviel Milch zugeben, sonst wird der Teig zu klebrig. Geschmackszutaten nach Belieben unterarbeiten.
Teig in vorbereitete Form geben und nochmals zugedeckt gehen lassen. Im vorgeheizten Rohr bei etwa 200 Grad backen.
Dieses Rezept ist die Grundlage für 1 Guglhupf, Hefezopf, Hefekranz, Nußring.
Ergibt etwa 20 Stück.

GRUNDREZEPT

Hefeblätterteig

Zutaten
500 g Mehl,
1 Prise Salz,
30 g Hefe,
bis 1/4 l Milch,
50–60 Zucker,
250–300 g Butter,
1 Ei,
1 Eigelb

EW	Fett	KH	kcal/kJ
4 g	12 g	21 g	209/874

Mittelfesten Hefeteig (siehe Grundrezept) herstellen, zudecken und kalt gehen lassen. 3/4 cm dick zu einem Rechteck ausrollen. Restliche Butter kalt in Scheiben schneiden, die Hälfte der Teigplatte damit belegen, Ränder frei lassen. Andere Hälfte darüberklappen, Ränder etwas festdrücken, nach den offenen Seiten hin zu einer etwa 1 cm dicken Platte ausrollen. Noch einmal zusammenklappen, noch einmal etwa 1 cm dick ausrollen (Tourenschlagen, das Ganze viermal). Darauf achten, daß der Teig beim Tourenschlagen nicht zu warm wird, eventuell zwischendurch eingepackt in Folie im Kühlschrank ruhen lassen.
Teig etwa 10 Minuten kalt gehen lassen, formen (Kleingebäck, Hefe-, Nußzopf), nochmals kurz kalt gehen lassen, mit Eigelb bestreichen, im vorgeheizten Rohr bei 220–225 Grad backen. Backzeit 15–45 Minuten, je nach Form.
Ergibt etwa 20 Stück.

Hefekrapfen

(Abb. S. 513)

Zutaten
500 g Mehl,
1 Würfel Hefe (42 g),
6 EL Zucker,
1/8 l lauwarme Milch,
150 g saure Sahne,
1 Ei,
abgeriebene Schale von 1 Zitrone (unbehandelt),
1 Prise Salz,
4 EL Butter,
200 g Pflaumenmus,
4 EL gehobelte Mandeln,
Fett zum Fritieren,
1 Päckchen Vanillinzucker

EW	Fett	KH	kcal/kJ
7 g	16 g	49 g	377/1580

Mehl in eine Schüssel sieben, in die Mitte eine Mulde drücken, Hefe hineinbröckeln, mit 2 EL Zucker und etwas Milch zum Vorteig rühren.
Zugedeckt an einem warmen Ort etwa 15 Minuten gehen lassen. 2 EL Zucker, saure Sahne, Ei, Zitronenschale und Salz an den Rand des Vorteiges geben. In restlicher Milch Butter schmelzen, zum Vorteig gießen und alles zu einem glatten Teig verarbeiten, zugedeckt an einem warmen Ort etwa 30 Minuten gehen lassen. Teig zu einer Rolle formen und in 15 Scheiben schneiden. Scheiben flachdrücken, etwas Pflaumenmus und gehobelte Mandeln daraufgeben und zu Teigbällchen formen. Nochmals etwa 15 Minuten gehen lassen. Fritierfett auf 180 Grad erhitzen, Bällchen darin 5–8 Minuten fritieren, abtropfen lassen. Restlichen Zucker mit Vanillinzucker mischen und die noch heißen Hefekrapfen darin wenden. Ergibt 12 Stück.

Bienenstich
(Abb.)

Zutaten
500 g Mehl,
1 Würfel frische Hefe (42 g),
knapp 1 l Milch,
325 g Zucker,
200 g Butter,
Salz,
1 Ei,
1 Päckchen Vanillinzucker,
200 g Mandelblättchen,
1 Päckchen Puddingpulver (Mandel-Sahne-Geschmack),
125 ml Sahne

EW	Fett	KH	kcal/kJ
6 g	17 g	40 g	349/1461

Mehl in eine Schüssel sieben, in die Mitte eine Mulde drücken, Hefe hineinbröckeln und 1/4 l Milch erwärmen. Mit einem teil der erwärmten Milch und 1 Prise Zucker zu einem Vorteig rühren.
Abgedeckt etwa 15 Minuten an einen warmen Ort stellen.
100 g Butter in restlicher warmer Milch auflösen, mit knapp 80 g Zucker, 1 Prise Salz und verschlagenem Ei zu einem geschmeidigen Teig verkneten. Etwa 30 Minuten an einem warmen Ort zugedeckt gehen lassen.
Für den Belag Butter, Zucker, Vanillinzucker und Mandelblättchen in einer Pfanne bei mittlerer Hitze verrühren, bis der Zucker karamelisiert. 4 EL Milch einrühren, abkühlen lassen.
Hefeteig auf einem mit Backpapier ausgelegten Backblech ausrollen, mit Mandelmasse bestreichen und nochmals etwa 15 Minuten gehen lassen. Im vorgeheizten Ofen bei 200 Grad etwa 30 Minuten backen, auskühlen lassen.
Mandel-Sahne-Pudding nach

Packungsvorschrift mit 1/2 l Milch, restlichem Zucker und 1 Prise Salz zubereiten und abkühlen lassen. Sahne steif schlagen, unter den Pudding heben. Kuchenplatte waagerecht durchschneiden. Untere Hälfte mit Puddingcreme bestreichen, obere Hälfte auflegen und Bienenstich in 20 Stücke teilen.
Ergibt 20 Stück.

Tip
Beinenstich kann auch mit einer anderen Füllung hergestellt werden. Eine geschmackliche Variante bietet sich, wenn der Mandel-Sahne-Pudding furch reine Schlagsahne ersetzt wird. Aromatisieren Sie die Schlagsahne vor dem Schlagen mit etwas Vanillinpulver.

Rosenkuchen

Zutaten
500 g Mehl,
1 Würfel Hefe (42 g),
1/8 l lauwarme Milch,
160 g Butter,
2 Eier,
80 g Zucker,
100 g gehackte Mandeln,
100 g Sultaninen,
Fett für die Form

EW	Fett	KH	kcal/kJ
9 g	20 g	53 g	444/1863

Mehl in eine Schüssel sieben, in die Mitte eine Mulde drücken. Hefe hineinbröckeln und mit etwas Milch zu einem Vorteig rühren. Zugedeckt an einem warmen Ort etwa 15 Minuten gehen lassen. Hälfte der Butter in restlicher Milch auflösen, mit 1 Ei und Zucker zum Vorteig geben. Alles zu einem glatten Teig verkneten und zugedeckt an einem warmen Ort etwa 1 Stunde gehen lassen. Teig nochmals durchkneten und zu einem Rechteck ausrollen.
Für die Füllung restliche Butter schmelzen, Teig damit bestreichen. Mit Mandeln und Sultaninen bestreuen und aufrollen. Teigrolle in 10 gleich große Stücke schneiden und in eine gefettete Springform (26 cm Durchmesser) setzen, etwa 10 Minuten gehen llassen.
Restliches Ei verquirlen. Rosenkuchen damit bestreichen und im vorgeheizten Ofen bei 200 Grad 30–45 Minuten backen. Ergibt 10 Stück.

Plunderkranz
(Abb.)

Zutaten
500 g Mehl,
1 Würfel Hefe (42 g),
50 g Zucker,
1/4 l lauwarme Milch,
350 g Butter,
1 Ei, 1/2 TL Salz,
200 g Marzipanrohmasse,
3 EL Rum,
125 g Rosinen,
50 g Korinthen,
50 g gehackte Mandeln,
Fett für das Blech,
50 g Puderzucker,
150 g Mandelblättchen

EW	Fett	KH	kcal/kJ
6 g	23 g	37 g	386/1621

Mehl in eine Schüssel sieben, in die Mitte eine Mulde drücken. Zerbröckelte Hefe mit 1 TL Zucker und etwas Milch hineingeben und zum Vorteig rühren. Zugedeckt an einem warmen Ort etwa 15 Minuten gehen lassen.
Restlichen Zucker, restliche Milch, 50 g geschmolzene Butter, verschlagenes Ei und Salz dazugeben und alles zu einem geschmeidigen Teig verkneten.
Zugedeckt an einem warmen Ort etwa 30 Minuten gehen lassen. Teig auf bemehlter Arbeitsfläche etwa 1 cm dick ausrollen.
Aus 250 g Butter Flöckchen schneiden. Mittleres Drittel der Teigplatte mit Butterflöckchen belegen, ein äußeres Teigdrittel darüberschlagen und restliche Butterflöckchen darauf verteilen. Mit restlichem Teigdrittel bedecken. Teigrolle flachklopfen, erneut zusammenfalten, ausrollen. Vorgang zwei- bis dreimal wiederholen; jeweils vor dem Ausrollen 20 Minuten kalt stellen.
Marzipanrohmasse mit 50 g Butter und 1 EL Rum verkneten. Teig zu einem Rechteck von 40 x 50 cm ausrollen, mit Marzipanmasse bestreichen. Rosinen, Korinthen und Mandeln daraufstreuen.

Teigplatte längs durchschneiden.
Beide Teighälften von der Längsseite her aufrollen, umeinanderschlingen und als Kranz auf ein gefettetes Backblech legen.
Etwa 30 Minuten bei Zimmertemperatur gehen lassen. Im vorgeheizten Ofen bei 200 Grad 35–40 Minuten backen.
Puderzucker mit 2 EL Rum verrühren, Plunderkranz damit überziehen.
Mandelblättchen ohne Fett in einer Pfanne rösten und auf den noch nicht festgewordenen Guß streuen.
Ergibt 20 Stücke.

Dukatenbuchteln mit Himbeermark und Vanillesauce
(Abb.)

Zutaten
1 Würfel Hefe (42 g),
270 ml Milch,
500 g Mehl und Mehl zum Arbeiten,
90 g Zucker,
2 Eier,
8 Eigelb,
220 g Butter,
1 Prise Salz,
1 Vanilleschote und ausgekratztes Mark von 1 Vanilleschote,

10 ml Rum,
abgeriebene Schale von
1 Zitrone (unbehandelt),
100 g Himbeermark
(Fertigprodukt),
Puderzucker zum
Bestäuben

EW	Fett	KH	kcal/kJ
10 g	19 g	44 g	397/1660

Hefe in 85 ml lauwarmer Milch mit 100 g Mehl und 30 g Zucker glattrühren. Zugedeckt gehen lassen.
2 Eier, 3 Eigelb, 60 ml Milch und restliches Mehl dazukneten. Nach und nach 120 g handwarme Butter, Salz, Vanillemark, Rum und Zitronenschale hinzugeben. 20 Minuten gehen lassen. In 3 Teile schneiden, durcharbeiten und dünn ausrollen.
Kreise von 3 cm Durchmesser ausstechen. Eine feuerfeste Form dick mit 80 g Butter ausstreichen. Teigkreise mit Himbeermark füllen und Ränder schließen.
Teigballen dicht nebeneinander in die Form legen und zugedeckt nochmals gehen lassen.
Buchteln großzügig mit restlicher Butter einstreichen und in etwa10–20 Minuten bei 180 Grad braun backen.
Für die Sauce 1/8 l Milch mit der Vanilleschote aufkochen.
60 g Zucker und 5 Eigelb gut verrühren.
Gekochte Milch unter ständigem Rühren in die Eiermasse einlaufen lassen.
Im Wasserbad erhitzen, bis sie dicklich wird, und zu den Buchteln reichen.
Ergibt 12 Portionen.

SCHNELLREZEPT

Nußhörnchen

(Abb.)

Zutaten

450 g Hefeteig (tiefgekühlt),
100 g geriebene
Haselnüsse,
50 g Zucker,
1 Päckchen Vanillinzucker,
4 EL Sahne,
50 g Puderzucker,
1–2 EL Zitronensaft

EW	Fett	KH	kcal/kJ
6 g	8 g	36 g	250/1047

Hefeteig nach Packungsvorschrift auftauen, kneten und gehen lassen. Teig dünn ausrollen und zu 10 Quadraten ausschneiden. Nüsse mit Zucker, Vanillinzucker und Sahne mischen. Masse auf die Quadrate streichen und diese von einer

Ecke her aufrollen.
Hörnchen auf ein mit Backpapier ausgelegtes Backblech legen und im vorgeheizten Ofen bei 200 Grad 15–20 Minuten backen.
Puderzucker mit soviel Zitronensaft verrühren, daß er dickflüssig wird. Masse auf die Hörnchen träufeln.
Ergibt 10 Stück.

Kräppelchen
(Abb.)

Zutaten
250 g Mehl,
1/2 Würfel Hefe (21 g),
1/8 l lauwarme Milch,
75 g Zucker,
50 g Butter,
1 Ei,
Schale von 1/2 Zitrone (unbehandelt),
Salz,
Fett zum Fritieren,
Zucker zum Wälzen

EW	Fett	KH	kcal/kJ
10 g	28 g	74 g	594/2487

Mehl in eine Schüssel geben, in die Mitte eine Mulde drücken. Hefe hineinbröckeln und mit etwas Milch und 1 TL Zucker zu einem Vorteig rühren. Zugedeckt an einem warmen Ort etwa 20 Minuten gehen lassen. Restliche Milch, geschmolzene Butter, restlichen Zucker, Ei, Zitronenschale und Salz dazugeben und alles zu einem glatten Hefeteig verarbeiten. Zugedeckt 30 Minuten gehen lassen. Kräftig durchkneten und ausrollen. Mit einem Kuchenrädchen Rechtecke ausschneiden und in der Mitte einen Längsschnitt machen. 15 Minuten gehen lassen.
Fritierfett erhitzen, Kräppelchen dann goldbraun ausbacken. Auf Küchenkrepp entfetten, in Zucker wälzen und warm oder kalt servieren.
Ergibt 4 Portionen.

Butterkuchen

Zutaten
500 g Mehl,
30 g Hefe,
180 g Zucker,
1/4 l lauwarme Milch,
1 Prise Salz,
165 g Butter,
Fett für das Blech,
1 EL Zimt,
100 g blättrige Mandeln

EW	Fett	KH	kcal/kJ
5 g	12 g	35 g	274/1148

Mehl in eine Schüssel sieben. In die Mitte eine Mulde drücken. Hefe hineinbröckeln.
Mit 5 g Zucker, etwas Milch und Mehl einen Vorteig rühren. 15 Minuten zugedeckt gehen lassen.
Restliche Milch und Salz zugeben. 100 g Butter in Flöckchen darauf geben.
75 g Zucker darüberstreuen. Alles zu einem glatten Teig verarbeiten. Schlagen, bis er glänzt und Blasen wirft.
Auf ein gefettetes Blech verteilen. Nochmals 20 Minuten gehen lassen.
Für den Belag 65 g Butter in Flöckchen auf dem Teig verteilen.
100 g Zucker, Zimt und Mandeln mischen, über den Kuchen streuen, in den vorgeheizten Ofen schieben und bei 200 Grad 20 Minuten backen. Ergibt 16 Stück.

Früchte-Allerlei
(Abb.)

Zutaten
500 g Mehl,
30 g Hefe,
1 1/4 l Milch,
60 g Zucker,
1/2 TL Salz,
80 g weiche Butter,
Butter für das Blech,
1 Päckchen Vanillinzucker,
150 g Grieß,
3 Eigelb,
1 1/4 kg Früchte (Äpfel, Birnen, Johannisbeeren, Stachelbeeren, Kirschen, Heidelbeeren)
Nach Belieben:
250 g saure Sahne,
125 g Schmand,
50 g Zucker,
1 Msp. Zimtpulver,
20 g Speisestärke

EW	Fett	KH	kcal/kJ
7 g	9 g	42 g	282/1181

Mehl in eine Schüssel sieben, in die Mitte eine Mulde drücken, Hefe hineinbröckeln, mit 5 g Zucker und 1/4 l lauwarme Milch zum Vorteig rühren.
Zugedeckt an einem warmen Ort etwa 15 Minuten gehen lassen. 55 g Zucker, Salz und Butter hinzufügen und alles zu einem glatten Teig verarbeiten.
Zugedeckt an einem warmen Ort etwa 20 Minuten gehen lassen. Teig auf einem gebutterte Blech ausrollen.
1 l Milch mit Vanillinzucker aufkochen, vom Feuer nehmen, Grieß einrieseln lassen. 1 Eigelb schnell einrühren. Grieß gut ausquellen lassen. Nach dem Auskühlen auf den Hefeteig streichen. Darauf vorbereitete Früchte legen.

Saure Sahne, Schmand, 50 g Zucker und Zimtpulver gut verrühren, 2 Eigelb und Speisestärke untermengen, über die Früchte gießen.
Im vorgeheizten Ofen bei 200 Grad etwa 45 Minuten backen.

Guglhupf

Zutaten

Siehe Rezept »Hefeteig gerührt«,
Geschmackszutaten:
4 Tropfen Backöl Zitrone,
100 g Rosinen (gewaschen),
50 g Korinthen,
50 g Zitronat,
50 g gehackte Mandeln,
Fett für dir Form,
Paniermehl,
Puderzucker

EW	Fett	KH	kcal/kJ
4 g	9 g	36 g	245/1029

Gerührten Hefeteig mit angegebenen Geschmackszutaten herstellen, Teig in gefettete, mit Paniermehl ausgestreute Guglhupfform füllen, nochmals an einem warmen Ort etwa 30 Minuten gehen lassen und im vorgeheizten Ofen bei 175 Grad etwa 50 Minuten backen.
Guglhupf in der Form 10 Minuten ruhen lassen, stürzen und dick mit Puderzucker bestreuen.
Ergibt etwa 20 Stück.

Rupfkuchen

Zutaten

3/4 l Milch,
600 g Mehl,
1/2 Würfel Hefe (20 g),
280 g Zucker,
225 g Butter,
1/2 TL Salz,
Fett für das Blech,
1 Päckchen Vanillepuddingpulver,
100 g Mandeln,
125 g Rosinen,
1 Glas Sauerkirschen (720 ml),
1 Glas Stachelbeeren (720 ml),
250 g Kokosraspeln,
1 Ei,
500 g saure Sahne,
100 g Kuvertüre

EW	Fett	KH	kcal/kJ
8 g	27 g	56	502/2093

Für den Teig 1/4 l Milch bei mittlerer Hitze unter Rühren erwärmen bis sie lauwarm ist. Von dem Mehl 500 g in eine Schüssel sieben. In die Mitte eine Mulde drücken, Hefe zerbröckeln und hineingeben, mit 5 g Zucker und etwa 2 EL lauwarmer Milch zu einem Vorteig verrühren.
Schüssel mit einem sauberen Küchentuch abdecken und an einem warmen Ort etwa 15 Minuten gehen lassen. Dabei Zugluft vermeiden!
100 g Butter in restlicher lauwarmer Milch unter Rühren auflösen und mit 25 g Zucker und Salz zum Vorteig geben. Alles zu einem geschmeidigen Teig verarbeiten. So lange kneten, bis sich der Teig vom Schüsselrand löst.Nochmals zugedeckt an einem warmen Ort mindestens 30 Minuten gehen lassen. Das Teigvolumen sollte sich in dieser Zeit verdoppelt haben. Teig wieder kräftig durchkneten und auf einer mit etwas Mehl bestäubten Arbeitsfläche ausrollen. Auf ein leicht gefettetes Backblech legen und den Rand des Teiges etwas höher formen. Für den Belag Puddingpulver mit wenig Milch anrühren. Restliche Milch in einem Topf erhitzen und Puddingmasse mit einem Schneebesen einrühren. Kurz aufkochen, von der Herdplatte nehmen und abkühlen lassen. Ungeschälte Mandeln mit kochendem Wasser überbrühen, kalt abschrecken und die dunkle Haut abziehen. Mandeln mit einem scharfen Messer hacken und zusammen mit den Rosinen unter den abgekühlten Pudding mischen. Diese Masse gleichmäßig dick auf den Teigboden streichen. Sauerkirschen, wenn nötig entkernen und mit Stachelbeeren in einem Sieb gründlich abtropfen lassen. Früchte auf dem Kuchen verteilen und leicht in die Puddingmasse drücken. Backofen auf 220 Grad vorheizen. Restliche Butter, Kokosraspeln, 250 g Zucker, 100 g Mehl,

Abb. 1

Abb. 2

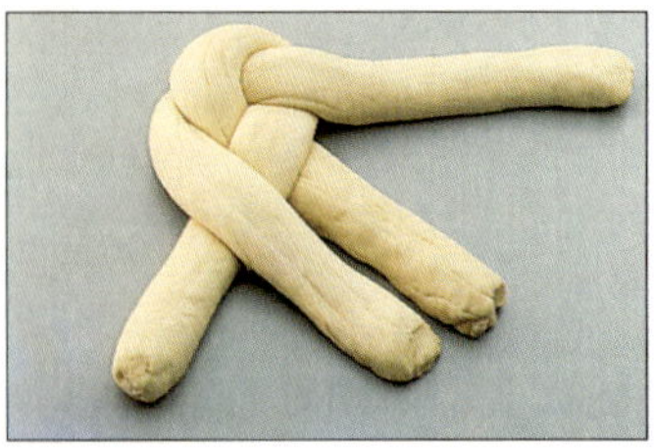
Abb. 3

Abb. 4

Ei und saure Sahne gut vermischen, kleine Häufchen auf dem Obst verteilen. Im vorgeheizten Backofen auf der zweiten Schiene von unten etwa 50 Minuten backen. Kuchen herausnehmen und auf einem Gitter oder Untersetzer auskühlen lassen. Kuvertüre im heißen Wasserbad schmelzen und Kuchen damit verzieren. Ergibt 20 Stück.

Tip

Dieser Kuchen ist sehr lecker, aber ebenso zeitaufwendig. Wenn Sie sich die Zubereitungszeit verkürzen wollen, nehmen Sie anstelle frischer Hefe Trockenhefe. Gehen Sie bei der Teigzubereitung nach Packungsanweisung vor. Die Zeit für das Blanchieren, Schälen und Hacken der Mandeln können Sie sich ebenfalls sparen, wenn Sie auf bereits gehackte Mandeln zurückgreifen.

Hefezopf (Abb.)

Zutaten

300 g Mehl, 25 g Hefe,
50 g Zucker,
1/8 l lauwarme Milch,
2 Eigelb,
1 Prise Salz,
abgeriebene Schale von 1/2 Zitrone (unbehandelt),
75 g Butter,
75 g kernlose Rosinen,
2 EL Rum,
30 g Zitronat,
30 g Orangeat,
50 g gehackte Mandeln,
Fett für das Blech,
1 Eigelb zum Bestreichen

EW	Fett	KH	kcal/kJ
3 g	5 g	18 g	142/595

Mittelfesten Hefeteig herstellen (siehe Grundrezept S. 511), den abgeschlagenen Teig 30 Minuten gehen lassen.
In der Zwischenzeit die gewaschenen, abgetropften Rosinen mit Rum begießen und quellen lassen. Zitronat und Orangeat fein hacken. Mit den Rosinen und den Mandeln in den Teig kneten. Teig mit bemehlten Händen in 3 Teile teilen. Jedes Teigstück etwa 4 cm breit ausrollen. Ein Backblech mit gefetteter Alufolie belegen. Die Teigstücke darauf legen. Am besten von der Mitte aus nach beiden Enden hin zu einem Zopf flechten (Abb. 1–4). An den Enden etwas andrücken. Zopf nochmals 20 Minuten gehen lassen. Dann mit verquirltem Eigelb bestreichen. Blech in den vorgeheizten Ofen (200 Grad) auf die untere Schiene schieben und 35 Minuten backen.
Ergibt etwa 20 Stück.

Tip

Bevor der mit Eigelb bestrichene Zopf in den Ofen kommt, mit Mandelblättern bestreuen.

Mürbeteig ist ein kurz gekneteter, fettreicher Teig, der kaum aufgeht. Er ist einfach herzustellen und sehr vielseitig verwendbar. Auf drei Teile Mehl kommen zwei Teile Fett und ein Teil Zucker. Flüssigkeit wird gar nicht oder in sehr geringen Mengen zugegeben, wodurch die mürbe Struktur entsteht. Bei Mürbeteig ist weder ein Quellen des Weizenklebers noch ein Verkleistern der Stärke notwendig. Deshalb kann Weißmehl ganz durch Vollkornmehl ersetzt werden. Mürbeteig eignet sich in erster Linie für flaches und gefülltes Gebäck sowie für Kleingebäck. Aufgrund seiner wenigen Grundzutaten kann er durch entsprechende Verbesserungszutaten in zahlreichen Variationen, süß oder pikant, hergestellt werden.

Mürbeteigzubereitung

1. Alle Zutaten müssen gut gekühlt sein.
2. Mehl auf die Arbeitsplatte sieben und mit Geschmackszutaten wie Vanillinzucker, geriebener Zitronenschale, Salz oder gemahlenen Nüssen mischen. Backpulver ist nur bei weniger fetthaltigen Teigen zur Lockerung notwendig. Es genügt eine kleine Messerspitze auf 200 bis 250 g Mehl.
3. Zucker immer als sehr feiner Grießzucker verwenden. Grobkörniger Zucker löst sich nicht auf und karamelisiert beim Backen zu kleinen Klümpchen. Das Gebäck klebt dann am Blech fest.
4. Sehr kalte Butter oder Margarine in kleinen Würfeln oder Flocken auf das Mehlgemisch legen und Teig mit kalten Händen rasch abbröckeln oder mit Teigkarten hacken. Das Fett dient als Lockerungsmittel, da es die einzelnen Bestandteile voneinander trennt, und macht den Teig mürbe. Die Fettmenge beträgt die Hälfte bis drei Viertel der Mehlmenge.
5. Eier nur in geringen Mengen verwenden. Sie erleichtern die Teigverarbeitung und verbessern das Aussehen und den Geschmack des Gebäcks. Ohne Eier bräunt Mürbeteig schlecht.
6. Flüssigkeit in kleinen Mengen erleichtert die Teigverarbeitung und gibt Geschmack, ist aber nicht unbedingt notwendig. Wird Flüssigkeit zugegeben, nie direkt auf das Mehl gießen sondern erst auf das Mehl-Butter-Gemisch, um Quellen des Klebers zu verhindern. Zuviel Flüssigkeit macht den Teig zäh. Abhilfe schafft man durch einarbeiten einiger Butterflocken.
7. Teig nicht zu lange kneten, sonst wird er brüchig. Teig zur Rolle oder Kugel formen, abdecken und kalt stellen. Er läßt sich so besser verarbeiten.
8. Auf nur leicht bemehlter Arbeitsfläche Teig ausrollen. Dabei wenig andrücken, nur leicht rollen, damit der Teig nicht auf der Arbeitsfläche anklebt. Mürbeteig portionsweise ausrollen bzw. formen, sonst wird der restliche Teig warm und läßt sich nicht mehr gut verarbeiten. Teig formen und noch mal kalt stellen.
9. Backformen und -bleche müssen kühl sein und werden nicht gefettet. Ausnahmen sind Formen mit gewelltem Rand und Torteletteformen.
10. Im vorgeheizten Backofen bei mittlerer Hitze nach Rezeptangabe backen.

Herstellungsverfahren

Die Herstellung als *Knetteig* ist die übliche Art und wird bei einem Großteil der Rezepte verwendet, *gerührter Mürbeteig* hingegen für fetthaltige Teige und Teige zum Spritzen. *Süßer Mürbeteig* eignet sich u. a. für Torten- und Kuchenböden, Kekse und Kleingebäck.

Abb. 1

GRUNDREZEPT

Mürbeteig (Abb. 1–2)

Zutaten
300 g Mehl,
100 g Zucker,
200 g Butter,
2 Eigelb oder 1 Ei,
1 Prise Salz,
2 EL Rum, saure Sahne oder Wein

EW	Fett	KH	kcal/kJ
4 g	14 g	26 g	260/1088

Mehl auf das Backbrett sieben, Zucker untermengen. Kalte Butter in Stückchen darauf verteilen. Mit einem Messer Butter unter das Mehl hacken (Abb. 1) oder mit den Händen abbröckeln. Eigelb oder Ei, Salz, Rum, saure Sahne oder Wein zugeben, mit einer Gabel leicht untermischen. Mit kalten Händen rasch zu einem glatten Teig kneten (Abb. 2), 60 Minuten im Kühlschrank ruhen lassen, am besten in Alufolie eingeschlagen.

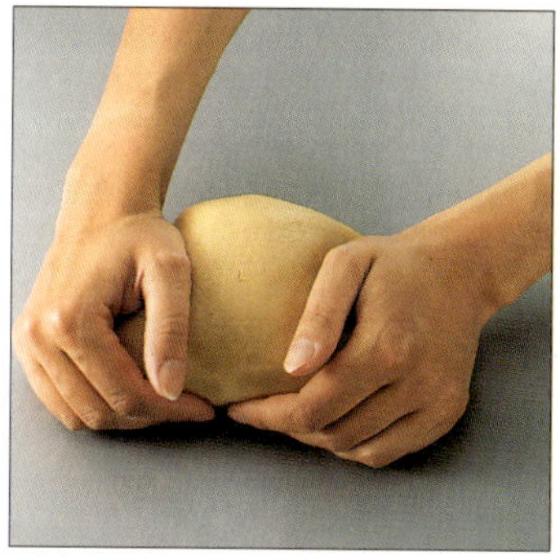

Abb. 2

Variationen:

Einfacher Mürbeteig: Nur 125 g Butter und 75 g Zucker nehmen.
Mandelmürbeteig: 100 g Mehl durch 100 g geriebene Mandeln ersetzen.
Dieses Rezept ist ausreichend für 1 Kuchenboden (26–28 cm Durchmesser).

Quarktorte mit Blütengelee (Abb. unten)

Zutaten
5–6 Calendulablüten (Ringelblumen),
15–20 Minzeblättchen,
1/4 l Weißwein,
200 g Mehl,
200 g Zucker,
125 g Butter,
3 Eier, Salz,
1 Vanilleschote,
500 g Magerquark,
6 EL Sahne,
1 Päckchen Vanillinzucker,
1 Päckchen Vanillepuddingpulver,
2 EL Zitronensaft,
3 Blatt weiße Gelatine

EW	Fett	KH	kcal/kJ
7 g	9 g	26 g	225/755

Blüten und Minze waschen. Von der Hälfte der Blüten Blütenblätter abzupfen. Blütenblätter und Minzeblättchen mit Wein übergießen und zugedeckt beiseite stellen.
Aus Mehl, 4 EL Zucker, Butter, 1 Ei und 1 Prise Salz einen Mürbeteig kneten. Teig ausrollen und eine Tarteform (26 cm Durchmesser) damit auslegen. Restliche Eier trennen. Vanilleschote längs aufritzen, Mark herauskratzen und mit Quark, Sahne, Eigelb, restlichem Zucker, Vanillinzucker, Vanillepuddingpulver und Zitronensaft verrühren. Eiweiß steif schlagen und unterziehen. Quarkmasse in die Form füllen, glattstreichen und im vorgeheizten Ofen bei 175 Grad etwa 45 Minuten backen. Gelatine nach Packungsvorschrift auflösen und in den Wein rühren. Torte damit bestreichen und mit restlichen Blüten und Minzeblättern dekorieren. Ergibt 16 Stück.

Gedeckter Apfelkuchen (S. 529)

Schweizer Zitronentorte
(Abb. S. 525)

Zutaten
250 g Mehl,
200 g Butter,
4 EL Puderzucker,
1 Ei,
abgeriebene Schale von 1/4 Zitrone (unbehandelt),
4 Zitronen (unbehandelt), 150 g Zucker,
200 g geschälte, gemahlene Mandeln,
3 EL gehackte Mandeln,
3 Eigelb,
Fett für die Form

EW	Fett	KH	kcal/kJ
6 g	23 g	23	385/1616

Mehl, 150 g Butter, Puderzucker, Ei und Zitronenschale zu einem glatten, festen Teig verkneten. In Folie wickeln und etwa 1 Stunde kühl stellen.
Zitronen heiß abwaschen und trockentupfen. Von 1 Zitrone die Schale abreiben und von 2 anderen die Schale möglichst dünn abschälen und in Streifen schneiden. Geriebene und geschälte Schale mit 75 g Zucker und 6 EL Wasser bei milder Hitze etwa 10 Minuten köcheln lassen; durchsieben, Saft auffangen und Zitronenschale aufheben.
Restliche Butter zerlassen, mit abgeriebener Zitronenschale, Saft, restlichem Zucker, Mandeln und Eigelb verrühren. Mürbeteig dünn ausrollen, eine gefettete Tarteform (20 cm Durchmesser) damit auslegen und einen Rand hochziehen. Mandelmasse einfüllen, glattstreichen und mit Zitronenscheiben belegen. Im vorgeheizten Ofen bei 175 Grad etwa 50 Minuten backen; auskühlen lassen. Ergibt 12 Stück.

Gedeckter Apfelkuchen
(Abb. S. 528 und S. 529, 1–4)

Zutaten
400 g Mehl,
1 TL Backpulver,
210 g Zucker,
1 Päckchen Vanillinzucker,
1 Prise Salz,
2 Eier,
150 g Butter,
1 kg säuerliche Äpfel,
100 g Rum-Rosinen,
100 g gehackte Mandeln,
1 TL Zimtpulver,
100 g Puderzucker,
50 g Mandelblättchen

EW	Fett	KH	kcal/kJ
5 g	13 g	50 g	355/1486

Mehl mit Backpulver mischen, auf ein Backbrett sieben, in die Mitte eine Mulde drücken. 150 g Zucker, Vanillinzucker (Abb. 1), Salz und Eier hineingeben und Butter als Flöckchen am Rand verteilen. Alles rasch zu einem glatten Teig verarbeiten. 2/3 vom Teig ausrollen (Abb. 2), eine Springform (26 cm Durchmesser) damit auslegen und einen Rand hochziehen. Teig mit einer Gabel mehrmals einstechen.
Äpfel schälen, halbieren, vom Kerngehäuse befreien und in Stücke schneiden. Mit Rum-Rosinen, Mandeln, Zimt und

Abb. 1

Abb. 2

Abb. 3

Abb. 4

restlichem Zucker mischen und unter häufigem Rühren etwa 3 Minuten dünsten. Apfelgemisch etwas abkühlen lassen und auf dem Teig verteilen. Restlichen Teig in Springformgröße ausrollen (Abb. 3), Apfelmasse damit abdecken (Abb. 4). Im vorgeheizten Ofen bei 200 Grad 40–45 Minuten backen; abkühlen lassen.
Puderzucker mit soviel Wasser verrühren, daß eine cremige Masse entsteht.
Apfelkuchen mit Glasur bestreichen und mit Mandelblättchen bestreuen.
Ergibt 16 Stück.

GRUNDREZEPT
Mürbeteigboden

Zutaten
55 g Butter,
35 g Zucker,
1 Eigelb,
1 Prise Salz,
70 g Mehl

EW	Fett	KH	kcal/kJ
1 g	5 g	8 g	85/356

Springformboden (26 cm Durchmesser) mit Backpapier auslegen.
Weiche Butter, Zucker, Eigelb und Salz schaumig rühren, gesiebtes Mehl unterrühren.
Teig auf den Springformboden streichen. Mit der Gabel mehrmals einstechen, 30 Minuten

kalt stellen, in den vorgeheizten Ofen (200 Grad) stellen, etwa 10–15 Minuten backen.
Die fertige Mürbeteigplatte verwendet man als Unterlage für Torten.

Tip
Bereiten Sie gleich die drei- bis vierfache Teigmenge, packen den Teig portionsweise gut ein und heben ihn in der Tiefkühltruhe auf.

Stachelbeertörtchen mit Crème-fraîche-Guß (Abb.)

Zutaten
60 g Speisestärke,
100 g Mehl,
2 Eier,
80 g Zucker,
75 g Butter,
Fett für die Form,
je 150 g grüne und rote Stachelbeeren,
100 g Crème fraîche,
eventuell 2 EL Weißwein,
Puderzucker zum Bestäuben

EW	Fett	KH	kcal/kJ
4 g	15 g	32 g	285/1193

50 g Speisestärke und Mehl in eine Schüssel geben. 1 Ei, 50 g Zucker und weiche Butter darauf geben. Alles mit dem Handrührgerät auf niedriger Schaltstufe verkneten und kalt stellen. Teig auf bemehlter Arbeitsfläche dünn ausrollen und gefettete kleine runde Backförmchen (7 cm Durchmesser) damit auskleiden. Teigböden mit einer Gabel mehrmals einstechen. Stachelbeeren waschen, trockentupfen und in die Förmchen verteilen. Für den Guß Crème fraîche mit 1 Ei, restlichem Zucker, eventuell Weißwein und restlicher Speisestärke verrühren; in die Förmchen gießen. Im vorgeheizten Ofen bei 175–200 Grad 20–30 Minuten backen. Törtchen abkühlen lassen, aus den Förmchen lösen, mit Puderzucker bestäuben.

Tip
Statt der Stachelbeeren können Sie auch Kirschen oder Weintrauben verwenden.

Linzer Schnitten

Zutaten
250 g Mehl,
1 Prise Salz,
100 g Zucker,
4 Eigelb,
125 g Butter oder Margarine,
1 Glas Aprikosenkonfitüre,
2 Gläser Rum,
150 g geriebene Mandeln,
Mehl zum Bestäuben,
1 Ei zum Bestreichen,
Zucker zum Bestreuen

EW	Fett	KH	kcal/kJ
2 g	5 g	10 g	95/397

Mehl auf ein Backbrett sieben. In die Mitte eine Vertiefung drücken. Salz, Zucker und Eigelb hineingeben.
Kühle Butter oder Margarine in Flöckchen auf den Mehlrand setzen. Zutaten mit einem Teigmesser mischen. Mit kühlen Händen schnell zu einem glatten Teig kneten.
Den Teig in einer zugedeckten Schüssel 30 Minuten in den Kühlschrank stellen. Für die Füllung Konfitüre, Rum und Mandeln verrühren.
Aus 2/3 des Teiges eine 5 mm dicke Platte ausrollen.
Backblech mit Mehl bestäuben, die Teigplatte auf 3/4 des Bleches legen und mit der Füllung bestreichen.
Den Blechrand mit Pergamentpapierstreifen auskleiden, damit sich der fertige Kuchen besser löst.
Den restlichen Teig 2 mm dick ausrollen. Mit dem Kuchenrad 1 1/2 cm breite Streifen ausradeln und gitterartig über die Füllung legen. Teigstreifen mit verquirltem Ei bestreichen und mit Zucker bestreuen. Blech in den vorgeheizten Ofen (220 Grad) auf die mittlere Schiene schieben und 35 Minuten backen.
Blech aus dem Ofen nehmen. Papierstreifen herausziehen. Kuchen noch warm quer in 3 cm breite und 6 cm lange Stücke schneiden.
Auf einem Kuchendraht erkalten lassen. Ergibt 45 Stück.

Quark-Ananas-Torte
(Abb.)

Zutaten
200 g Mehl,
1 Prise Backpulver,
1 Ei,
200 g Zucker,
4 EL Butter,
1 kg Magerquark,
abgeriebene Schale von 1 Zitrone (unbehandelt),
8 Blatt Gelatine,
200 ml Sahne,
7 Scheiben Ananas,
1 EL gehackte Pistazien

EW	Fett	KH	kcal/kJ
10 g	10 g	29 g	256/1071

Mehl mit Backpulver auf eine Arbeitsfläche geben, in die Mitte eine Mulde drücken, Ei und 100 g Zucker hineingeben. Butter in Flöckchen am Rand verteilen; alles zu einem glatten Teig verkneten.
Teig ausrollen, auf einen mit Backpapier ausgelegten Springformboden (28 cm Durchmesser) legen, mit einer Gabel mehrmals einstechen und im vorgeheizten Ofen bei 200 Grad 15–20 Minuten backen.
Quark mit restlichem Zucker und Zitronenschale verrühren. Gelatine nach Packungsvorschrift einweichen, auflösen und unter den angemachten Quark rühren.

Sahne steif schlagen, 2/3 unter den Quark mischen, restliche Sahne kühl stellen.
Boden und Rand einer zweiten Springform mit Backpapier auslegen.
Ananasscheiben am Boden verteilen. Quarkmasse darauf geben, glattstreichen und mit Mürbeteigboden abdecken.
Torte etwa 5 Stunden kalt stellen.
Springformrand lösen, Papier vom Rand abziehen und eine Tortenplatte auf die Käsecreme legen.
Torte stürzen, Papier von den Ananasscheiben abziehen.
Torte mit restlicher Sahne und Pistazien verzieren.
Ergibt 16 Stück.

Weintraubentorte

Zutaten
250 g Mehl,
1 Prise Salz,
1 Eigelb, 1 Ei,
205 g Zucker,
abgeriebene Schale von 1 Zitrone (unbehandelt),
125 g Butter oder Margarine,
500 g Weintrauben,
3 Eiweiß,
Saft von 1/2 Zitrone,
100 g gemahlene Mandeln

EW	Fett	KH	kcal/kJ
4 g	10 g	30 g	232/972

Mehl auf die Arbeitsfläche sieben. In die Mitte eine Mulde drücken. Salz, Eigelb und Ei dazugeben. 125 g Zucker und abgeriebene Zitronenschale darüberstreuen. Die gut gekühlte Butter oder Margarine in Flöckchen auf dem Mehlrand verteilen. Von außen nach innen schnell einen glatten Teig kneten. Zugedeckt 20 Minuten im Kühlschrank ruhen lassen.
Teig in eine ungefettete Springform geben. Gleichmäßig ausrollen und einen etwa 3 cm hohen Rand formen.
In den vorgeheizten Ofen (200 Grad) auf die mittlere Schiene schieben und 10 Minuten backen.
In der Zwischenzeit die Weintrauben waschen und abtropfen lassen.
Beeren von den Stielen zupfen, halbieren, entkernen und eventuell häuten.
Eiweiß zu steifem Schnee schlagen. Dabei nach und nach 80 g Zucker einrieseln lassen. Mit Zitronensaft und Mandeln mischen. Zum Schluß die Weinbeeren unterheben.
Kuchen aus dem Ofen nehmen und Temperatur herunterschalten.
Weintraubenmasse auf den vorgebackenen Boden geben.
Wieder in den Ofen auf die mittlere Schiene schieben (160 Grad) und 30 Minuten backen.
Weintraubentorte auf einen Kuchendraht gleiten und abkühlen lassen.

Erdbeer-Baiserkuchen

Zutaten
1 Grundrezept Mürbeteig (S. 527),
750 g Erdbeeren,
125 g Zucker,
4 Eiweiß,
1/8 l Schlagsahne nach Belieben

EW	Fett	KH	kcal/kJ
4 g	13 g	31 g	265/1111

Mürbeteig herstellen, in Obstkuchenform drücken, im vorgeheizten Ofen (200–225 Grad) etwa 30 Minuten backen, auskühlen lassen.
Mit der Hälfte der gewaschenen, abgetropften Früchte belegen, große Erdbeeren teilen.
Mit 2 EL Zucker bestreuen.
Kaltes Eiweiß mit wenig Zucker zu steifem Schnee schlagen, restlichen Zucker zugeben, zu einer glatten, glänzenden Schaummasse weiterschlagen.
Restliche Erdbeeren durch ein Sieb passieren, unterschlagen.
Erdbeerschaum auf dem Kuchen verteilen, bei Oberhitze etwa 10 Minuten überbacken.
Nach Belieben mit Schlagsahne verzieren.

Tip
Statt Erdbeeren kann man auch Himbeeren verwenden.

Blätterteig ist ein fettreicher Teig, der zu gleichen Teilen aus Mehl und Butter oder Margarine besteht. Er enthält keinen Zucker. Das Fett wird schichtenweise in den Teig eingearbeitet und bewirkt beim Backen das Blättrigwerden des Gebäcks. Die Herstellung von Blätterteig ist sehr aufwendig und zeitintensiv. Deshalb wird in den folgenden Rezepten sehr oft tiefgekühlter Blätterteig verwendet, den es fertig zu kaufen gibt. Er ist von guter Qualität. Da Blätterteig im Geschmack neutral ist, kann er sowohl süß als auch pikant verarbeitet werden.

Wichtig ist, daß alle Zutaten gekühlt sind. Auch der Raum, in dem gearbeitet wird, sollte kühl sein.

Blätterteig-Zubereitung

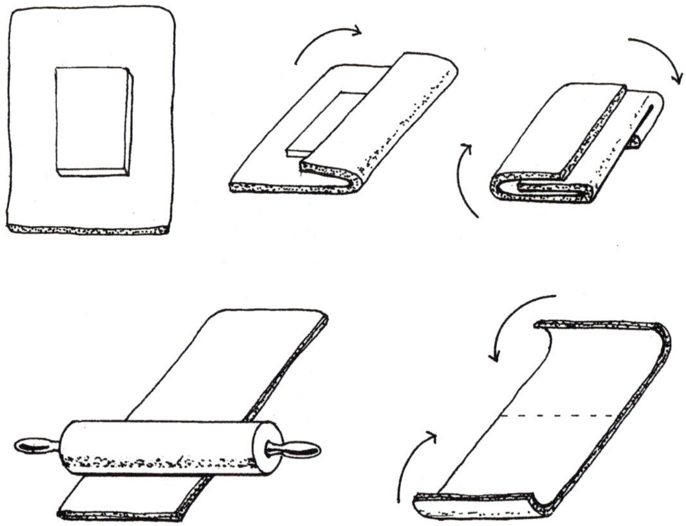

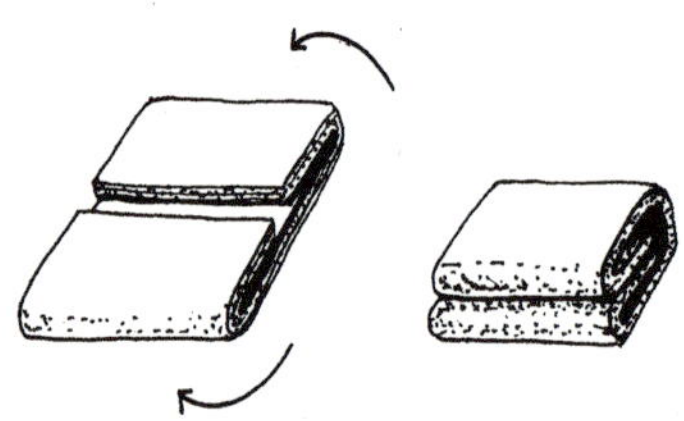

1. Sehr kalte Butter oder Margarine in feine Scheiben schneiden, mit einem Teil des Mehls zu einem festen Teig zusammenkneten und kalt stellen.
2. Aus dem restlichen Mehl wird unter Zugabe von Salz, Flüssigkeit und Eiern eine Art Strudelteig hergestellt, der in Folie gewickelt und ebenfalls gekühlt wird.
3. Das Butterstück wird in den ausgerollten Strudelteig eingeschlagen (siehe Abb.) und zu einem Band ausgerollt. Beim Ausrollen nicht zu fest andrücken, eher klopfen, damit die einzelnen Teig- und Butterschichten erhalten bleiben.
4. Der Teig mit der Butter wird nun mehrmals zusammengelegt und wieder ausgerollt. In der Fachsprache nennt man diesen Vorgang »Touren schlagen« oder »tourieren«. Je öfter touriert wird, desto blättriger wird das Gebäck. Dazwischen jeweils 30 Minuten kalt stellen.
5. Beim Formen darauf achten, daß die Schichten mit einem scharfen Messer sauber getrennt werden. Der Teig geht sonst ungleichmäßig auf.
6. Backblech mit kaltem Wasser abspülen und kühl stellen.
7. Gebäck vor dem Backen vorsichtig mit Ei bestreichen. Nicht über die Ränder streichen, sonst klebt das Gebäck zusammen.
8. Gebäck im vorgeheizten Backofen bei guter Hitze (210 - 230 Grad) nach Rezeptangabe durchbacken.

GRUNDREZEPT

Echter Blätterteig

Zutaten
250 g kalte Butter,
250 g Mehl,
1 Prise Salz,
5–6 Tropfen Essig,
bis 1/8 l Wasser (kann bis zur Hälfte durch Wein ersetzt werden)

EW	Fett	KH	kcal/kJ
5 g	33 g	29 g	445/1866

Kalte Butter fein in 50 g Mehl einschneiden, kurz mit kalten Händen verkneten, zu einem Rechteck formen, in Pergamentpapier eingepackt kalt stellen. Restliches Mehl auf eine Arbeitsunterlage sieben, eine Mulde eindrücken, Salz, Essig und die Hälfte der Flüssigkeit hineingeben. Mit etwas Mehl vermischen, mit restlicher Flüssigkeit zu einem mittelfesten Teig kneten, bis er sich vom Boden löst. Zu einem Laib formen, 30 Minuten ruhen lassen. Teig zu einer Platte ausrollen, etwa 3/4 cm dick, eine Hälfte mit dem Butterstück belegen, andere Teighälfte darüberklappen, nach den offenen Seiten hin leicht etwa zu einer 1 cm dicken langen Platte ausrollen. Die Enden einschlagen, so daß 4 Schichten aufeinander liegen. 30 Minuten im Kühlschrank ruhen lassen. Nach der Ruhezeit das Ganze noch viermal wiederholen, dazwischen jedesmal kurz in den Kühlschrank stellen. Teig formen (Kaffeegebäck, gefüllte Schnitten, Hörnchen, Pasteten, Teighülle von Schinken), nochmals kalt stellen. In den vorgeheizten Ofen (220–230 Grad) schieben und etwa 20–30 Minuten backen. In den ersten 15 Minuten die Röhre nicht öffnen.

Tip

Man kann auch die kalte Butter in feine Scheiben schneiden und so auf die Teigplatte geben. Das spart Zeit, ist aber etwas schwieriger zu verarbeiten. Man nimmt dann das ganze Mehl für den Teig.

Rahmblätterteig

Zutaten
250 g Mehl,
1 TL Backpulver,
250 g Butter,
1 Prise Salz,
125 g saure Sahne,
1 TL Zucker nach Belieben

EW	Fett	KH	kcal/kJ
3 g	37 g	20 g	435/1821

Kaltes Mehl mit Backpulver vermischt auf eine Arbeitsunterlage sieben, kalte Butter einschneiden, untermischen, eine Mulde eindrücken. Salz und gekühlte Sahne hinzugeben, mit kalten Händen rasch abarbeiten, zu einem Laib formen. Zugedeckt in den Kühlschrank stellen und 30 Minuten ruhen lassen. Weitere Bearbeitung siehe Grundrezept »Echter Blätterteig«.
Verwendung wie echter Blätterteig.

Quarkblätterteig

Zutaten
250 g Mehl,
1 TL Backpulver,
250 g Butter,
250 g Quark,
1 Prise Salz

EW	Fett	KH	kcal/kJ
9 g	35 g	31	492/2061

Kaltes Mehl mit Backpulver vermischt auf eine Arbeitsunterlage sieben, kalte Butter einschneiden, untermischen. Quark auf einem Sieb abtropfen lassen, zugeben, Salz darüberstreuen. Mit kalten Händen rasch abarbeiten, zu einem Laib formen. Zugedeckt in den Kühlschrank stellen, 30 Minuten ruhen lassen. Weitere Bearbeitung siehe Grundrezept echter Blätterteig.
Verwendung wie »Echter Blätterteig« für Käsegebäck, Kümmelstangen, Tortenböden.

Himbeer-Blätterteigschnitten mit Sektcreme
(Abb.) (für 8 Personen)

Zutaten
250 g Blätterteig (tiefgekühlt),
135 ml Milch,
1/4 l Sahne,
100 g Zucker,
2 Vanilleschoten,
3 Eigelb,
40 g Speisestärke,
400 g Himbeeren,
125 g Crème fraîche,
60 g Puderzucker,
50 ml trockener Sekt,
40 ml Weinbrand,
80 g geschlagene Sahne,
5 EL Himbeermark (Fertigprodukt),
Puderzucker zum Bestäuben

EW	Fett	KH	kcal/kJ
5 g	30 g	46 g	497/2082

Aufgetauten Blätterteig sehr dünn ausrollen, auf ein Blech legen und mit einer Gabel dicht nebeneinander einstechen. Bei 220 Grad 25–30 Minuten goldbraun backen.
125 ml Milch mit Sahne, Zucker und ausgekratztem Vanillemark aufkochen. 3 Eigelb mit Stärke und 10 ml Milch verquirlen und mit dem Schneebesen in die Vanillemilch rühren. Bei milder Hitze 5 Minuten köcheln lassen. Blätterteig in 24 Rechtecke von 5 x 5 cm schneiden.
Abgekühlte Creme jeweils auf 1 Rechteck spritzen und mit Himbeeren belegen. 2 belegte Böden aufeinanderlegen. Mit einem unbelegten Boden abschließen und mit Himbeeren garnieren.
Crème fraîche mit Puderzucker und Sekt verrühren, mit Weinbrand aromatisieren und Schlagsahne unterziehen.
Auf jeden Teller einen Kreis von Sektcreme bilden, mit etwas Fruchtmark und Himbeeren garnieren. 1 Schnitte in die Mitte setzen und mit Puderzucker bestäuben. Sofort servieren.

Zitronenschnitten
(Abb. S. 533)

Zutaten
450 g Blätterteig (tiefgekühlt),
1 Eiweiß,
3 EL Hagelzucker,
1/8 l trockener

Weißwein,
80 g Zucker,
4 Blatt Gelatine,
2 Zitronen,
100 g Joghurt,
250 ml Sahne

EW	Fett	KH	kcal/kJ
2 g	10 g	15 g	164/688

Blätterteig in 10 Quadrate teilen und nach Packungsvorschrift auftauen lassen, mit Eiweiß bestreichen und mit Hagelzucker bestreuen.
Teig für 20 Schnitten halbieren oder für 40 Schnitten vierteln. Auf ein mit Backpapier ausgelegtes Backblech legen und im vorgeheizten Ofen bei 220 Grad etwa 15 Minuten backen; auskühlen lassen.
Blätterteigquadrate waagerecht durchschneiden.
Für die Füllung Wein und Zucker so lange unter Rühren erhitzen, bis sich der Zucker gelöst hat.
Nach Packungsvorschrift eingeweichte und ausgedrückte Gelatine im heißen Wein auflösen, Zitronensaft unterrühren und alles kalt stellen. Joghurt mit dem Schneebesen unterheben. Beginnt die Creme zu stocken, steifgeschlagene Sahne unterziehen.
Füllung auf untere Blätterteigscheiben verteilen und mit bestreuten Gegenstücken abdecken.
Ergibt 20 Stück.

Blätterteigschiffchen
(Abb.)

Zutaten

450 g Blätterteig (tiefgekühlt),
1 Ei,
100 g Hagelzucker,
500 g Himbeeren,
1 Packung Pistazieneis (500 ml),
4 EL Zucker,
1 Päckchen Vanillinzucker,
3 EL gehackte Pistazien

EW	Fett	KH	kcal/kJ
3 g	5 g	21 g	174/730

Blätterteigplatten nach Packungsvorschrift auftauen lassen. Platten zu Rauten schneiden, mit verquirltem Ei bestreichen und mit Hagelzucker bestreuen. Auf ein mit Backpapier ausgelegtes Backblech legen und im vorgeheizten Ofen bei 200 Grad etwa 20 Minuten backen. Auf einem Kuchengitter auskühlen lassen, waagerecht durchschneiden.
Himbeeren verlesen. Hälfte der Himbeeren mit Zucker und Vanillinzucker pürieren.
Eiskugeln formen, auf untere Blätterteighälften verteilen, mit Beerenpüree garnieren, mit rest-

lichen Beeren verzieren und mit Pistazien bestreuen. Obere Blätterteighälften auflegen und sofort servieren.
Ergibt 20 Stücke.

Schweineöhrchen
(Abb.)

Zutaten
450 g Blätterteig (tiefgekühlt),
3 EL Zucker,
100 g Zartbitter-Kuvertüre

EW	Fett	KH	kcal/kJ
1 g	8 g	7 g	124/519

Blätterteig in 10 Quadrate teilen und nach Packungsvorschrift auftauen lassen. Quadrate mit etwas Wasser einpinseln, mit Zucker bestreuen und je 5 Scheiben übereinanderlegen. Auf einer Arbeitsfläche ausrollen. Längsseiten zur Mitte hin zweimal einklappen und zusammenlegen. Blätterteigrolle 10 Minuten leicht anfrieren lassen (damit sie sich besser schneiden läßt) und in 1 cm breite Scheiben schneiden. »Öhrchen« mit genügend Zwischenraum auf ein mit Backpapier ausgelegtes Backblech legen. Im vorgeheizten Ofen bei 200 Grad 15–20 Minuten backen. Abgekühlt in aufgelöste Kuvertüre tauchen.
Ergibt 20 Stück.

Tip
Schweineöhrchen schmecken auch mit Vollmilch-Kuvertüre oder ein fach »solo«.

Blätterteigräder

Zutaten
1 Paket Tiefkühlblätterteig,
1 Eigelb,
10 kandierte rot Kirschen

EW	Fett	KH	kcal/kJ
3 g	14 g	21 g	214/897

Aufgetaute Blätterteigscheiben halbieren. Eines der entstandenen Quadrate in kleine Quadrate schneiden. Die übrigen von den Ecken her einschneiden und die Spitzen so umbiegen, daß Windräder entstehen. Mit verquirltem Eigelb bestreichen. Kleine Quadrate auf die Mitte setzen. Die auch mit Eigelb bestreichen. Eine Kirsche daraufsetzen.
Auf das kalt abgespülte Backblech legen.
15 Minuten ruhen lassen.
Dann bei 220 Grad für 25 Minuten in den vorgeheizten Ofen schieben.

Blätterteig-Schichttorte mit Himbeer-Frischkäsefüllung
(Abb. S. 539)

Zutaten
4 Blätterteigplatten (26 cm Durchmesser),
400 g Frischkäse,

200 g Sahne,
80 g Zucker,
Saft von 2 Zitronen,
5 cl Himbeergeist,
500 g Himbeeren,
4 Blatt weiße Gelatine,
100 g Puderzucker,
100 g Himbeergelee

EW	Fett	KH	kcal/kJ
10 g	39 g	57 g	634/2654

Blätterteigplatten einzeln auf ein mit Wasser benetztes Blech legen, mit einer Gabel einstechen und 20 Minuten ruhen lassen. Dann im vorgeheizten Ofen bei 220 Grad hellbraun backen.
Frischkäse mit Sahne, Zucker, Saft von 1 Zitrone und Himbeergeist glattrühren. Himbeeren, bis auf ein paar schöne für die Garnitur, vorsichtig unter die Creme heben, in lauwarmem Wasser aufgelöste Gelatine unterrühren und Creme gleichmäßig auf 3 Böden verteilen. Böden übereinandersetzen, leeren Boden obenauf setzen; mit Zuckerglasur aus Puderzucker, Zitronensaft und Himbeergelee bestreichen. Mit Himbeeren garnieren.

Quarktaschen
(Abb.)

Zutaten
450 g Blätterteig (tiefgekühlt),
1 Ei,
500 g Speisequark,
100 g Zucker,
1 Päckchen Vanillinzucker,
30 g Speisestärke,
50 g Rosinen,
abgeriebene Schale von 1 Zitrone (unbehandelt)

EW	Fett	KH	kcal/kJ
9 g	16 g	34 g	317/1328

Blätterteig in 10 Quadrate teilen und nach Packungsvorschrift auftauen lassen. Ei trennen, Teigränder mit Eiweiß bestreichen. Quark mit Zucker, Vanillinzucker, Eigelb, Speisestärke, Rosinen und Zitronenschale mischen. 1 EL Quarkmischung auf jede Blätterteigscheibe geben und diese über Eck zusammenklappen. Ränder andrücken und mit einem Messer etwa in 1 cm Abstand einschneiden. Taschen auf ein mit Backpapier ausgelegtes Backblech legen, mit Eigelb bestreichen und im vorgeheizten Ofen bei 200 Grad 20–25 Minuten backen.
Ergibt 10 Stück.

Tip
Anstelle der Rosinen können auch kleine Weintrauben aus der Dose verwendet werden.

Blätterteigstäbchen

Zutaten
1 Paket Blätterteig (tiefgekühlt),
Eiweiß,
100 g Puderzucker,
1 TL Vanillinzucker

EW	Fett	KH	kcal/kJ
3 g	13 g	26 g	227/951

Blätterteig nach Vorschrift auftauen. Aus Eiweiß und Vanillinzucker eine dickflüssige Glasur rühren.
Blätterteigscheiben damit bestreichen.
Teigrädchen in heißes Wasser tauchen. Von den Teigscheiben 1 1/2 cm breite Streifen abschneiden.
Auf ein mit kaltem Wasser abgespültes Blech setzen.
Glasur antrocknen lassen.
In den heißen Ofen schieben und bei 220 Grad 10–15 Minuten backen.

Kirschstrudel

Zutaten
1 Paket Blätterteig (tiefgekühlt),
Mehl zum Ausrollen,
50 g Biskuitbrösel,
1 EL Kirschwasser,
500 g entsteinte, abgetropfte Kirschen (Glas),
1 Eigelb zum Bestreichen,

40 g Puderzucker,
2–3 TL Zitronensaft,
2 TL gehackte Pistazien
zum Bestreuen

EW	Fett	KH	kcal/kJ
4 g	15 g	34 g	281/1177

Blätterteig auftauen lassen.
Platten aneinanderlegen und auf einer bemehlten Arbeitsfläche zu einem Rechteck von 50 x 35 cm ausrollen.
In der Mitte einen 8 cm breiten Streifen mit Bröseln bestreuen und mit Kirschwasser beträufeln.
Die Kirschen auf die Biskuitbrösel legen.
Teig oben und unten über die Kirschen legen und mit Eigelb bestreichen.
Die linken und rechten Teigseiten darüberschlagen.
Strudel auf ein mit Wasser abgespültes Blech setzen.
Oberfläche mit Eigelb bestreichen und mit einer Gabel oder Stricknadel öfter einstechen, damit der Dampf beim Backen entweichen kann.
Blech in den vorgeheizten Ofen auf die mittlere Schiene stellen und bei 210 Grad 25 Minuten backen.
Für die Glasur Puderzucker und Zitronensaft verrühren und den Strudel damit bestreichen.
Mit Pistazien bestreuen.
Ergibt 10 Schnitten von 5 cm Breite.

Pflümli-Taschen
(Abb.)

Zutaten
450 g Blätterteig (tiefgekühlt),
1 Ei,
300 g Pflaumenmus,
2 EL gehackte Mandeln,
2 cl Rum

EW	Fett	KH	kcal/kJ
3 g	14 g	33 g	281/1177

Blätterteig in 10 Quadrate teilen und nach Packungsvorschrift auftauen lassen. Ei trennen. Teigränder mit verquirltem Eiweiß bestreichen. Pflaumenmus mit Mandeln und Rum mischen. Je 1 EL der Mischung auf die Teigquadrate geben und zusammenklappen. Ränder fest andrücken. Taschen mit einem Holzstäbchen einmal einstechen, auf ein mit Backpapier ausgelegtes Backblech legen, mit Eigelb bestreichen und im vorgeheizten Ofen bei 220 Grad etwa 20 Minuten backen.

Tip
Heiß oder kalt mit Vanillesauce oder Walnußeis servieren.

Marzipan im Blätterteigbett
(Abb.)

Zutaten
450 g Blätterteig (tiefgekühlt), 100 g Marzipanrohmasse, 2 cl Rum,
2 Eigelb,
50 g geriebene Mandeln,
50 g getrocknete Aprikosen,
3 EL Puderzucker,
1–2 EL Zitronensaft

EW	Fett	KH	kcal/kJ
6 g	23 g	32 g	371/1555

Blätterteig in 10 Quadrate teilen und nach Packungsvorschrift auftauen lassen. Marzipanrohmasse mit Rum, 1 Eigelb, Mandeln und gewürfelten Aprikosen vermischen. 8 Teigquadrate auf ein mit Backpapier ausgelegtes Backblech legen. Etwa 1 TL Marzipanmasse auf jedes Blätterteigquadrat geben, etwas verteilen. Ränder mit Eigelb bestreichen. Aus restlichen Teigquadraten 16 Streifen schneiden und jeweils 2 kreuzweise über das Marzipan legen, mit Eigelb bestreichen. Teilchen im vorgeheizten Ofen bei 200 Grad etwa 20 Minuten backen. Puderzucker und Zitronensaft verrühren und Gebäck damit glasieren. Ergibt 8 Stück.

Erdbeerschnitten

Zutaten
1 Packung Blätterteig (tiefgekühlt),
1 Eigelb zum Bestreichen,
500 g Erdbeeren,
100 g Zucker,
3/8 l Sahne,
2 Päckchen Vanillinzucker, Puderzucker zum Bestäuben

EW	Fett	KH	kcal/kJ
4 g	25 g	32	370/1550

Blätterteig nach Vorschrift auftauen lassen. Jede Platte halbieren. (Es sind 5 Platten in einer Packung.) Die Oberfläche mit verquirltem Eigelb bestreichen. Auf ein mit kaltem Wasser abgespültes Backblech setzen. In den vorgeheizten Ofen auf die mittlere Schiene schieben und bei 200 Grad 25 Minuten backen.
Aus dem Ofen nehmen und abkühlen lassen. Die Schnitten einmal quer durchschneiden. Für die Füllung Erdbeeren in kaltem Wasser kurz waschen; entstielen. Gut abtropfen lassen; halbieren. Mit Zucker bestreuen, mischen und zugedeckt 10 Minuten durchziehen lassen. In der Zwischenzeit die Sahne steif schlagen. Mit Vanillinzucker süßen. Erdbeeren abtropfen lassen und auf die unteren Blätterteigschnitten verteilen. Sahne darübergeben. Mit den Teighälften belegen. Mit Puderzucker bestäuben.
Ergibt 10 Stück.

Blätterteigtaschen

Zutaten
1 Paket Blätterteig (tiefgekühlt),
2 EL Aprikosengelee,
1 Ei (getrennt),
1 TL blättrige Mandeln

EW	Fett	KH	kcal/kJ
4 g	17 g	22 g	262/1098

Teig auftauen lassen. Scheiben halbieren. Aprikosengelee darauf verteilen. Ränder mit Eiweiß bestreichen. Zum Dreieck zusammenklappen. Ränder leicht andrücken. Eigelb verquirlen. Teigstücke damit bestreichen. Mit blättrigen Mandeln bestreuen. Backblech mit kaltem Wasser abspülen. Teigstücke darauf legen. 15 Minuten ruhen lassen. In den Ofen schieben und bei 220 Grad 25 Minuten backen.

Brandteig ist einfach und schnell herzustellen, erfordert aber große Genauigkeit bei der Einhaltung der Rezeptangaben. Die Hauptzutaten sind Mehl, Wasser und Eier. Er enthält kaum oder gar keinen Zucker und hat deshalb neutralen Geschmack. Deswegen kann er sowohl für süßes als auch pikantes Gebäck verwendet werden. Süßes Gebäck aus Brandteig sind z.B. Windbeutel, Eclairs oder Profiterols. Für eine pikante Verwendung wird der Teig entsprechend gefüllt.
Brandteig wird zweimal gegart. Beim ersten Garen, woher auch der Name kommt, werden Flüssigkeit, Fett und Mehl zu einem Kloß abgebrannt. Beim Abbrennen verkleistert die Stärke, so daß sie beim Backen keine Flüssigkeit mehr aufnehmen kann. Eier und Backpulver werden unter die ausgekühlte Masse gemischt. Beim zweiten Garen, dem Backen, Fritieren oder Kochen in Flüssigkeit, entsteht durch den Wassergehalt der Eier Dampf, der das Gebäck lockert und zur Bildung der charakteristischen Hohlräume führt.

Brandteigzubereitung

1. Wasser wird zusammen mit Fett und Salz zum Kochen gebracht. In die kochende Flüssigkeit wird das gesiebte Mehl auf einmal eingerührt um Klumpenbildung zu vermeiden. Flüssigkeit nicht zu lange kochen lassen, da sonst zu viel verdampft und die Mengenrelation nicht mehr stimmt. Der Teig wird dann zu fest.
2. Die zusammengerührte Masse wird solange abgebrannt, bis sie sich vom Topf löst und sich ein weißer Belag auf dem Topfboden bildet.
3. Topf vom Feuer nehmen und abkühlen lassen. Ist die Masse zu heiß, gerinnen die Eier schon beim einrühren.
4. Nach und nach Eier und Backpulver in die Masse einarbeiten, bis sich der weiße Belag vom Topfboden löst. Jedes Ei einzeln zugeben und gut verrühren, sonst wird der Teig stückig. Eier sind beim Brandteig Lockerungs- und Bindemittel, ihre Zahl ist von ihrer Größe abhängig und darf auf keinen Fall reduziert werden. Backpulver unterstützt die Teiglokkerung. Es genügt eine Messerspitze pro 150 g Mehl.
5. Der Teig sollte eine gleichmäßige, glänzende Masse sein, die in langen Spitzen reißend vom Löffel fällt.
6. Das Formen erfolgt sofort nach Zugabe der Eier, entweder mit dem Spritzbeutel oder durch Abstechen von Klößchen bzw. Bällchen mit dem Löffel. Auf gefettetes Blech nicht zu dicht anordnen. Starke Volumenvergrößerung während des Backens einplanen.
7. Im vorgeheizten Ofen wird das Brandteiggebäck auf unterer oder mittlerer Einschubhöhe exakt nach Rezeptangabe gebacken.
8. Die Backtemperatur liegt in der Regel bei 210-225 Grad. Es ist ganz wichtig, die Temperaturangaben genau einzuhalten. Sonst fällt das Gebäck entweder wieder zusammen, wenn die Temperatur zu niedrig ist, oder es geht nicht richtig auf, dann ist die Temperatur zu hoch. Auch Erschütterung und Zugluft sind beim Backen unbedingt zu vermeiden. Die Backofentür nach Möglichkeit während der gesamten Backzeit nicht öffnen. Hohlgebäck muß locker, leicht und buchstäblich hohl sein.
9. Wird der Brandteig im schwimmenden Fett gebacken, ist es günstiger Milch statt Wasser zu verwenden.
10. Hohlgebäck, das gefüllt werden soll, noch heiß aufschneiden, auskühlen lassen und füllen.

GRUNDREZEPT
Brandteig
(Abb. 1–4)

Zutaten
1 Prise Salz,
50 g Butter,
1 EL Zucker für süßes Brandteiggebäck,
150 g Mehl,
4 Eier

EW	Fett	KH	kcal/kJ
4 g	7 g	12 g	128/536

1/4 l Wasser, Salz, Butter und eventuell Zucker in einem kleinen Topf zum Kochen bringen. Von der Herdplatte nehmen, Mehl auf einmal zugeben (Abb. 1), dabei kräftig rühren, bis ein glatter Teig entsteht (Abb. 2). Topf zurück auf die Herdplatte stellen, rühren, bis sich die Teigmasse vom Topf zu einem Kloß löst und sich am Boden eine weiße Haut bildet (Abb. 3). Wieder vom Herd nehmen, etwas abkühlen lassen, die verquirlten Eier nach und nach unterrühren (Abb. 4), erkalten lassen.
Brandteig kann für Windbeutel, Strauben, Brandteigkrapfen, Backerbsen, Eclairs verwendet werden.
Backtemperatur auf 220–240 Grad stellen. In den ersten 15 Minuten die Backröhre nicht öffnen.

Windbeutel

Zutaten
125 g Butter oder Margarine,
Salz, 125 g Mehl,
40 g Speisestärke,
4–5 Eier,
Margarine zum Einfetten,
Mehl zum Bestäuben,
1/2 l Sahne,
30 g Zucker,
50 g Puderzucker zum Bestäuben

EW	Fett	KH	kcal/kJ
5 g	23 g	18 g	306/1283

Für den Teig 1/8 l Wasser, Butter oder Margarine und Salz in einem Topf aufkochen. Vom Herd nehmen. Mehl und Speisestärke auf einmal in die Flüssigkeit rühren. Wieder auf den Herd stellen. So lange rühren, bis sich ein Kloß und eine weiße Haut am Topfboden bilden. In den Teig schnell ein Ei rühren. Dann den Teig 5 Minuten abkühlen lassen. Nach und nach die restli-

Abb. 1

Abb. 2

Abb. 3

Abb. 4

chen Eier unterrühren. Das fünfte Ei nur dann, wenn der Teig noch zu fest ist. Er ist richtig, wenn er in dicken Zapfen schwer vom Löffel reißt.
Backblech mit Margarine einfetten und mit Mehl bestäuben. Teig in einen Spritzbeutel füllen und Windbeutel im Durchmesser von 4 cm auf das Blech spritzen. In den vorgeheizten Ofen auf die mittlere Schiene schieben und bei 220 Grad 30 Minuten backen. Windbeutel erkalten lassen. Mit einer Schere einen Deckel abschneiden. Sahne mit Zucker in einer Schüssel steif schlagen. Windbeutel damit füllen. Deckel darauf setzen. Mit Puderzucker übersieben. Sofort servieren. Ergibt 12 Windbeutel.

Käse-Windbeutel
(Abb.)

Zutaten
30 g Butter,
4 EL Mehl,
1 EL Speisestärke,
2–3 Eier,
1/2 TL Backpulver,
1 Bd. Dill,
200 g Frischkäse,
2 EL Milch,
Salz,
Pfeffer

EW	Fett	KH	kcal/k J
3 g	7 g	3 g	90/379

1/8 l Wasser und Butter in einem Topf zum Kochen bringen; vom Feuer nehmen. Mehl mit Speisestärke mischen, in den Topf geben, zu einem glatten Kloß verrühren und unter Rühren etwa 1 Minute erhitzen. Kloß in eine Schüssel geben und Eier nach und nach unterrühren (weitere Eizugabe erübrigt sich, sobald der Teig stark glänzt und in langen Spitzen vom Löffel fällt). Das Backpulver unter erkalteten Teig rühren.
Teig in einen Spritzbeutel mit kleiner Tülle füllen und etwa 15 walnußgroße Häufchen auf ein mit Backpapier ausgelegtes Backblech spritzen.
Im vorgeheizten Ofen bei 220 Grad 20–25 Minuten backen. In den ersten 15 Minuten darf der Ofen nicht geöffnet werden, da der Teig sonst zusammenfällt. Windbeuteln sofort nach dem Backen Deckel abschneiden und auskühlen lassen. Dill waschen, trockentupfen und fein hacken, mit Frischkäse und Milch verrühren, salzen und pfeffern. Käsemasse mit einem Spritzbeutel in die Windbeutel spritzen und Windbeuteldeckel aufsetzen. Ergibt 15 Stück.

Flockentorte
(Abb. S. 547)

Zutaten
25 g Butter, 75 g Mehl,
15 g Speisestärke,
3 Eier,
1 gestr. TL Backpulver
Knetteigzutaten:
180 g Mehl,

50 g Zucker,
1 Päckchen Vanillinzucker,
100 g Butter, 1 Ei,
Fett für die Form
Für den Belag:
250 g Sauerkirschen (Glas),
3 EL Speisestärke,
80 g Zucker,
1/2 l Sahne,
2 Päckchen Vanillinzucker,
2 Päckchen Sahnesteif,
200 g Preiselbeeren (Glas)

EW	Fett	KH	kcal/kJ
6 g	23 g	41 g	406/1702

1/8 l Wasser und Butter in einem Topf zum Kochen bringen. Mehl mit Speisestärke mischen und hinzufügen; rühren, bis sich der Kloß vom Topfboden löst. Topf vom Feuer nehmen, Eier nacheinander unterrühren (nur so viele Eier hinzufügen, bis der Teig glänzt und schwer reißend vom Löffel fällt). Zum Schluß Backpulver unterrühren. Jeweils 1/3 Teig auf einen gefetteten Springformboden streichen (28 cm Durchmesser), nacheinander im vorgeheizten Ofen bei 220 Grad 3 Böden ohne Springformringe etwa 15 Minuten backen; Böden auskühlen lassen.
Knetteigzutaten zu einem glatten Teig verarbeiten, auf gefetteten Boden einer Springform (28 cm Durchmesser) ausrollen, mit der Gabel mehrmals einstechen, Springformrand ansetzen und im vorgeheizten Ofen bei 200 Grad etwa 15 Minuten backen; auskühlen lassen.
Sauerkirschen abtropfen lassen,

Saft auffangen, 1/4 l davon abmessen, aufkochen lassen und mit angerührter Speisestärke binden.
Nochmals kurz aufkochen lassen und Kirschen unterheben; mit Zucker süßen. Sahne mit Vanillinzucker und Sahnesteif steif schlagen.
Preiselbeeren auf Mürbeteigboden streichen und mit 1 Brandteigboden abdecken. Hälfte der Kirschmasse darauf streichen und 1/3 der Sahne darübergeben.
Mit dem zweiten Brandteigboden abdecken, mit restlicher Kirschmasse und restlicher Sahne bestreichen.
Dritten Brandteigboden zerbröckeln und auf der Sahne verteilen.

Pikant gefüllte Windbeutel
(Abb. S. 543)

Zutaten
60 g Butter,
2 Prisen Salz,
90 g Mehl,
2 Eier,
Butter für das Blech,
250 g Frischkäse (Doppelrahmstufe),
1/4 TL Selleriesalz,
1 Msp. Cayennepfeffer oder Paprikapulver,
1 hartgekochtes Ei,
65 ml geschlagene Sahne,
Cornichons, Tomate, Möhren etc. zum Garnieren

EW	Fett	KH	kcal/kJ
5 g	14 g	6 g	178/744

Für den Teig 1/8 l Wasser mit Butter und Salz in einem Topf zum Kochen bringen. Mit einem Holzlöffel das Mehl in die kochende Flüssigkeit rühren, kräftig weiterrühren, bis sich die Masse zu einem Kloß formt und sich völlig vom Topfrand löst. Teig in eine Schüssel füllen und abkühlen lassen. Nach und nach Eier unterrühren. Ein Backblech dünn mit Butter bestreichen Teig in einen Spritzbeutel mit mittelgroßer Sterntülle füllen und auf das Backblech 20–25 kleine Rosetten spritzen. Windbeutel 15–20 Minuten im auf 220 Grad vorgeheizten Ofen backen; vom Blech nehmen und abkühlen lassen.
Für die Füllung Frischkäse mit Selleriesalz und Cayennepfeffer würzen. Gehacktes Ei und Schlagsahne unterrühren.

Käsecreme in einen Spritzbeutel mit Lochtülle füllen, auf die untere Hälfte der durchgeschnittenen Windbeutel spritzen und Deckel aufsetzen. Jedes Stück mit einem Käsecremetüpfchen garnieren und je nach Wunsch dekorieren.

Strauben
(Abb.)

Zutaten
1 Grundrezept Brandteig (Seite 545),
700–800 g Fett,
Puderzucker nach Belieben

EW	Fett	KH	kcal/kJ
4 g	13 g	12 g	182/763

Brandteig zubereiten, in einen Spritzbeutel mit großer Tülle füllen. Auf gefettetes Pergament- oder Backpapier Ringe spritzen. Backfett auf etwa 175 Grad erhitzen. Um die Temperatur zu prüfen, ein Teigklößchen ins Fett geben. Bei richtiger Temperatur steigt es sofort auf, und es bilden sich ringsum Bläschen. Backfett darf nicht rauchen, sonst ist es überhitzt. Die Strauben einzeln vorsichtig ins heiße Fett geben, Oberseite nach unten, so kann man das Papier abziehen. Strauben wenden, wenn eine Seite goldbraun ist. Auf Küchenpapier abtropfen lassen. Nach Belieben mit Puderzucker bestreuen.

Ein typisches Merkmal der Advents- und Weihnachtszeit ist die Weihnachtsbäckerei. Überall duftet es nach den guten Zutaten, und viele freuen sich schon auf ihre Lieblingsplätzchen. Da Kleingebäck oft sehr zeitaufwendig ist und manches erst nach längerer Lagerung gut schmeckt, empfiehlt es sich, früh mit dem Backen anzufangen und einige Regeln zu beachten.

Tips zur Weihnachtsbäckerei

1. Zeitplan aufstellen: Welche Rezepte werden gebacken? Welche Sorten müssen lagern, welche sollten ganz frisch sein. Gebäck aus Honigteig und Eierteig sowie Stollen aus Hefeteig und Früchtebrot müssen länger gelagert werden, um Geschmack und die richtige Konsistenz zu bekommen. Gebäck aus Mürbeteig, Rührteig und Eischwerteig schmeckt frisch am besten.
2. Alle Zutaten frisch besorgen, das gilt besonders für die Gewürze, die zwar in kleinen Mengen verwendet werden, aber die richtige Würzkraft brauchen.
3. Gewürze exakt abmessen, gerade die kleine Menge gibt oft den typischen Geschmack. Überwürztes Gebäck schmeckt nicht. Vorsicht bei gemahlenen Nelken, Kardamom und Piment.
4. Teige sorgfältig herstellen. Teigrolle und Arbeitsfläche leicht mit Mehl bestäuben. Zuviel Mehl macht den Teig bröckelig und den Geschmack fade. Kleine Mengen ausrollen, damit der Teig nicht warm wird.
5. Teig gleichmäßig dick ausrollen, teigsparend ausstechen und platzsparend auf das kalte Blech legen. Nicht zu dicht legen, sonst backen die Plätzchen zusammen.
6. Bleche mit weichem Fett einstreichen oder mit Backpapier belegen. Backpapier hat den Vorteil, daß das Gebäck sicher nicht anklebt und das Blech nicht schmutzig wird.
7. Gebäck im vorgeheizten Ofen backen. Zeitangaben in den Rezepten sind Anhaltswerte und hängen von Dicke und Größe der Plätzchen ab.
8. Nach dem Backen Gebäck vorsichtig vom Blech nehmen und auf Kuchengitter ganz auskühlen lassen. Nicht aufeinanderlegen, Plätzchen werden sonst wieder weich. Glasur auf Gebäck ganz abtrocknen lassen.
9. Gebäck nach Sorten getrennt aufbewahren, damit der eigene Geschmack erhalten bleibt.

Typische Weihnachtsteige

Für Weihnachtsbäckerei und süßes Kleingebäck eignen sich *Hefe-, Mürbe-, Rühr-, Biskuit-, Blätter-, Brand-, Honig-* und *Eiweißteige*.
Honigteig ist meist von fester Beschaffenheit und sehr gewürzreich. Er wird für typische Weihnachtsgebäcke wie Honiglebkuchen, Printen, Baseler Leckerli und Pfefferkuchenhaus verwendet.
Der Teig wird als Rührteig ohne Fett hergestellt und als Knetteig fertiggestellt. Lockerungsmittel können neben Backpulver Pottasche und Hirschhornsalz sein, die vor dem Gebrauch immer aufgelöst werden.
Gebäck nicht zu dünn ausrollen, es wird sonst hart und trocken. Blech erwärmen und mit Backwachs einreiben, nicht mehlen, um Anbacken des zuckerreichen Teiges zu verhindern. Honigteiggebäck in Blechdosen kühl aufbewahren, so vor dem Austrocknen schützen.

Eiweißteige sind zuckerreich und mehlfrei. Die Lockerung beruht auf dem mit Zucker sehr steif geschlagenen Eiweiß. Oft werden Kokosflocken, gemahlene Nüsse oder Mandeln (Makronen), Schokolade, Vanille, Zitronenschale oder andere Verbesserungszutaten untergemischt.

Christstollen
(Abb. 1–4)

Zutaten
1 kg Mehl,
60 g Hefe,
250 g Zucker,
gut 1/4 l Milch,
1 große Prise Salz,
1/2 TL Zitronenschalenaroma,
3 Eier,
Muskatnuß,
Kardamom,
Koriander,
200 g Rosinen,
100 g gehackte Mandeln,
je 50 g Orangeat und Zitronat,
6 EL Rum,
150 Butter,
1 Päckchen Vanillinzucker,
Puderzucker zum Bestäuben

EW	Fett	KH	kcal/kJ
8 g	10 g	61 g	395/1656

Einen Vorteig aus Mehl, 3 Würfeln Hefe, 3 EL Zucker, 200 ml lauwarmer Milch herstellen. Den Vorteig mit Mehl bedecken und zugedeckt 20 Minuten gehen lassen (siehe Grundrezept S. 515).
Restlichen Zucker, Salz, Zitronenschalenaroma, Eier, Muskatnuß, Kardamom, Koriander zum Hefeansatz geben und zu einem glatten Teig verkneten und

Abb. 1

Abb. 2

Abb. 3

Abb. 4

nochmals 60 Minuten gehen lassen.
Rosinen, gehackte Mandeln, Orangeat und Zitronat mischen und mit Rum unter den Teig kneten (Abb. 1).
Den Teig zu einem Oval ausrollen und auf ein mit Backpapier ausgelegtes Backblech geben (Abb. 2).
Den Teig mit Hilfe eines Holzstabes zu einem Stollen zusammenklappen bzw. rollen (Abb. 3).
Den Stollen nun mit einem Band aus Alufolie umranden, damit der Stollen seine Form behält. Im Ofen bei 175 Grad etwa 1 Stunde backen (Abb. 4).
Butter erhitzen, Vanillinzucker darin auflösen und den noch warmen Stollen damit solange bestreichen, bis die Butter aufgebraucht ist. Stollen erkalten lassen und dick mit Puderzucker bestreuen.
Ergibt etwa 20 Stücke.

Schokoladen-makronen

Zutaten
125 g bittere Schokolade,
5 Eiweiß,
250 g Zucker,
Salz,
250 g ungeschälte, gemahlene Mandeln,
85 runde Oblaten (Durchmesser 5 cm)

EW	Fett	KH	kcal/kJ
1 g	2 g	4 g	41/172

Schokolade fein reiben. Eiweiß in einer Schüssel steif schlagen. Zucker und 1 Prise Salz nach und nach einrieseln lassen. Geriebene Schokolade und gemahlene Mandeln unterheben. Oblaten auf ein Backbleck legen. Makronenteig mit zwei Teelöffeln darauf verteilen. Blech in den vorgeheizten Ofen auf die mittlere Schiene schieben. Backzeit: 30 Minuten, 160 Grad. Während der letzten 10 Minuten die Backofentür einen Spalt weit öffnen. Dazu einen Holzlöffel zwischen Tür und Ofen klemmen.
Schokoladenmakronen aus dem Ofen nehmen, vom Blech lösen und auf einem Kuchendraht abkühlen lassen. Überstehende Oblatenränder abbröckeln.
Ergibt 85 Stücke.

Nußecken
(Abb.)

Zutaten
150 g Mehl,
1/2 gestr. TL Backpulver,
145 g Zucker,
2 Päckchen Vanillinzucker,
1 Ei,
145 g Butter,
2 EL Aprikosenkonfitüre,
100 g gemahlene Haselnüsse,
100 g gehackte Haselnüsse,
50 g Kuvertüre

EW	Fett	KH	kcal/kJ
2 g	11 g	14 g	166/695

Mehl mit Backpulver mischen, auf eine Arbeitsfläche sieben und in die Mitte eine Vertiefung drücken. 45 g Zucker, 1 Päckchen Vanillinzucker und Ei hineingeben, 45 g Butter in Flöckchen an den Rand setzen und schnell zu einem glatten Teig verkneten. Etwa 30 Minuten kalt stellen.
Teig auf einem mit Backpapier ausgelegten Backblech ausrollen und mit Konfitüre bestreichen. Für den Belag 100 g Butter, 100 g Zucker, restlichen Vanillinzucker und 2 EL Wasser langsam erwärmen und zerlassen. Gemahlene und gehackte Haselnüsse unterrühren. Masse etwas abkühlen lassen und gleichmäßig auf dem Teig ver-

teilen. Vor den Teig ein gefaltetes Stück Alufolie legen.
Im vorgeheizten Ofen bei 175–200 Grad 20–30 Minuten backen. Gebäck etwas auskühlen lassen, in Dreiecke schneiden, in aufgelöste Kuvertüre tauchen und auf einem Kuchengitter trocknen lassen. Ergibt 24 Stück.

Butterplätzchen
(Abb. unten)

Zutaten
150 g weiche Butter,
125 g Puderzucker,
1 Päckchen Vanillinzucker,
2 Eier, 250 g Mehl,
Fett für das Blech

EW	Fett	KH	kcal/kJ
1 g	3 g	8 g	68/284

Butter mit Puder- und Vanillinzucker schaumig rühren. Eier dazugeben und nach und nach Mehl unterrühren und, wenn der Teig fest wird, Rest unterkneten. Eventuell etwas Milch hinzufügen.
Teig messerrückendick ausrollen und zu beliebigen Formen ausstechen, auf ein gefettetes Backblech legen und im vorgeheizten Ofen bei 180 Grad in 10–15 Minuten goldgelb backen.
Ergibt 40 Stück.

Tip
Die Butterplätzchen mit verschiedenen Glasuren (siehe Kapitel Biskuitteig) bepinseln und mit Perlen oder Schokostreuseln verzieren.

Das Plätzchen zum Kaffee
(Abb. oben)

Zutaten
375 g Mehl,
125 g gemahlene Mandeln,
150 g Zucker,
1 Päckchen Vanillinzucker,
250 g Butter,
je 3 EL Orangenmarmelade und Erdbeerkonfitüre,
100 g Puderzucker

EW	Fett	KH	kcal/kJ
2 g	9 g	19 g	167/701

Mehl, Mandeln, Zucker, Vanillinzucker mischen und auf eine Arbeitsfläche geben. Butter in Flöckchen darauf verteilen

und alles zu einem glatten Teig verkneten. Teig in Folie verpackt etwa 30 Minuten kühl stellen, auf bemehlter Arbeitsfläche dünn ausrollen und runde Plätzchen von etwa 8 cm Durchmesser ausstechen. Ergibt etwa 30 Stück.
Aus der Hälfte der Plätzchen in der Mitte einen kleinen Kreis ausstechen. Plätzchen und Ringe auf ein mit Backpapier ausgelegtes Backblech geben und im vorgeheizten Ofen bei 200 Grad etwa 10 Minuten backen, auskühlen lassen. Jeweils die Hälfte der Plätzchen mit Orangenmarmelade und Erdbeerkonfitüre bestreichen. Ringe auf die Plätzchen setzen und mit Puderzucker bestäuben.

Petit Fours
(Abb.)

Zutaten
6 Eier, 150 g Zucker,
200 g Mehl,
1 TL Backpulver,
100 g Speisestärke,
2 EL Kakaopulver,
3 cl Rum,
abgeriebene Schale von
1 Zitrone und Orange (unbehandelt),
250 g Johannisbeergelee,
500 g Puderzucker,
Zitronensaft

EW	Fett	KH	kcal/kJ
1 g	1 g	13 g	62/260

Eier trennen, Eigelb mit Zucker schaumig schlagen. Mehl, Backpulver und Speisestärke mischen und darübersieben. Eiweiß steif schlagen und lose unter die Masse heben. Teig teilen, unter eine Hälfte Kakaopulver und Rum, unter die andere Zitronen- und Orangenschale mischen. Je 1 Teighälfte etwa 2 cm dick auf ein mit Backpapier ausgelegtes Backblech streichen und im vorgeheizten Ofen bei 200 Grad jeweils etwa 15 Minuten backen.
Nach dem Erkalten in kleine Rechtecke schneiden oder mit einem Plätzchenausstecher Formen ausstechen; mit Johannisbeergelee bestreichen und je 2 zusammensetzen.
Puderzucker mit Zitronensaft glattrühren und Petit Fours damit überziehen.
Ergibt 80 Stück.

Dresdner Christstollen

Zutaten
500 g Mehl,
2 Würfel frische Hefe (je 42 g),
1/4 l Milch,
100 g Zucker,
275 g Butter,
1 Prise Salz,
abgeriebene Schale von
1 Zitrone (unbehandelt),
1 EL Rum
150 g ganze Mandeln,
100 g Zitronat,

100 g Sultaninen,
100 g Korinthen,
150 g Puderzucker

EW	Fett	KH	kcal/kJ
5 g	15 g	42 g	336/1411

Mehl in eine Schüssel sieben und in die Mitte eine Mulde drücken, Hefe hineinbröckeln. Milch leicht erwärmen, 1/8 l mit 1 TL Zucker zur Hefe geben, zu einem Vorteig rühren und zugedeckt an einem warmen Ort etwa 15 Minuten gehen lassen. 125 g Butter in restlicher Milch auflösen und mit restlichem Zucker, Salz, Zitronenschale und Rum nach und nach zum Vorteig geben und zu einem glatten Teig verkneten. Zum Schluß Mandeln, Zitronat, Sultaninen und Korinthen unterkneten. Teig zugedeckt nochmals etwa 30 Minuten an einem warmen Ort gehen lassen.
Teig auf bemehlter Arbeitsfläche zu einem Oval ausrollen und dieses nicht ganz zur Hälfte zu einem Stollen übereinanderschlagen. Damit dieser nicht breit läuft, einen Streifen aus gefalteter Alufolie herumlegen. Stollen im vorgeheizten Ofen bei 175 Grad etwa 1 Stunde backen. 150 g Butter schmelzen, warmen Stollen damit bestreichen, bis sie aufgebraucht ist. Abgekühlten Stollen dick mit Puderzucker bestreuen. Ergibt 20 Stücke.

Vollwert-Christstollen
(Abb.)

Zutaten
350 g Vollkornmehl,
1 Päckchen Backpulver,
500 g Quark,
150 g Früchte-Müsli (Fertigprodukt),
1/2 TL Salz, 50 g Butter,
abgeriebene Schale von 1 Zitrone (unbehandelt),
100 g Zucker,
80 g feingewürfeltes Orangeat, 4 EL Rosinen,
1 Päckchen Vanillinzucker,
Zum Bestreichen:
5 EL Puderzucker,
1 EL Vanillinzucker
2 EL zerlassene Butter

EW	Fett	KH	kcal/kJ
6 g	5 g	32 g	203/851

Mehl und Backpulver mischen, auf eine Arbeitsfläche sieben, in die Mitte eine Mulde drücken. Quark abtropfen lassen, mit restlichen Teigzutaten in die Mulde geben und alles zu einem geschmeidigen Teig verkneten. Teig oval ausrollen und zu einem Stollen zusammenklappen. Auf einem mit Backpapier ausgelegten Backblech im vorgeheizten Ofen bei 150 Grad 70–80 Minuten backen. Puderzucker und Vanillinzucker mischen und den Stollen mehrmals abwechselnd mit zerlassener Butter und Zuckermischung einstreichen. Ergibt 20 Stücke.

Zimtsterne
(Abb. S. 549)

Zutaten
2 Eiweiß, 100 g Puderzucker, 100 g Zucker,
abgeriebene Schale von 1 Zitrone (unbehandelt),
1 gehäufter TL Zimtpulver,
300 g geriebene Mandeln,
150 g Marzipan,
1 Prise Nelkenpulver,
Zucker für die Arbeitsfläche

EW	Fett	KH	kcal/kJ
2 g	6 g	11 g	117/492

Eiweiß sehr steif schlagen, dabei nach und nach Puderzucker und Zucker einrieseln lassen. Zitronenschale hinzufügen. 1/3 der Masse mit 1 Prise Zimtpulver mischen, zum Bestreichen beiseite stellen. Mandeln mit Marzipan, restlichem Zimt- und Nelkenpulver verkneten, Eischneemasse vorsichtig unterheben. Teig auf eine mit Zucker bestreute Arbeitsfläche streichen und zu Sternen ausstechen. Sternenform immer wieder in kaltes Wasser tauchen, damit der Teig nicht haften bleibt. Sterne auf ein mit Backblech ausgelegtes Backblech setzen, mit restlicher Eischneemasse bestreichen. Im vorgeheizten Ofen bei 100–125 Grad in 40–45 Minuten trocknen lassen. Ergibt 30 Stück.

Linzer Sterne
(Abb. S. 549)

Zutaten
350 g Mehl,
125 g Zucker,
1 Päckchen Vanillinzucker,
abgeriebene Schale von 1 Orange und Zitrone (unbehandelt),
4 Eigelb, 1 Prise Salz,
125 g geriebene Mandeln, 3 Tropfen Bittermandelöl,
1 EL Rum,
225 g Butter,
225 g Aprikosenkonfitüre, Puderzucker zum Bestäuben

EW	Fett	KH	kcal/kJ
2 g	8 g	18 g	165/691

Mehl in eine Schüssel sieben, in die Mitte eine Mulde drücken, Zucker, Vanillinzucker, Orangen- und Zitronenschale, Eigelb, Salz, Mandeln, Bittermandelöl und Rum hineingeben. Butter in Flöckchen an den Rand setzen und alles zu einem glatten Teig verkneten. Etwa 1 Stunde kalt stellen.
Teig auf bemehlter Arbeitsfläche dünn ausrollen und zu Sternen ausstechen. In die Hälfte der Sterne ein Loch stechen.
Gebäck auf ein mit Backpapier ausgelegtes Backblech legen und im vorgeheizten Ofen bei 200 Grad 8–10 Minuten backen. Ungelochte Sterne mit Konfitüre bestreichen, gelochte Sterne darauf setzen und trocknen lassen. Mit Puderzucker bestäuben. Ergibt 30 Stück.

Schmandsterne
(Abb. S. 549)

Zutaten
1 Eigelb, 125 g Zucker,
3 Päckchen Vanillinzucker,
4 EL saure Sahne,
200 g Mehl,
1 Msp. Backpulver,
4 EL Butter,
Puderzucker zum Bestäuben

EW	Fett	KH	kcal/kJ
1 g	2 g	9 g	55/230

Eigelb mit Zucker und Vanillinzucker dickschaumig rühren. Saure Sahne unterheben. Mehl mit Backpulver vermischt in eine Schüssel sieben, in die Mitte eine Mulde drücken. Eimasse hineingeben, Butter in Flöckchen am Rand verteilen. Alles zu einem glatten Teig verkneten und etwa 1 Stunde kalt stellen. Auf bemehlter Arbeitsfläche dünn ausrollen und zu Sternen ausstechen. Auf ein mit Backpapier ausgelegtes Backblech geben und im vorgeheizten Ofen bei 200 Grad etwa 10 Minuten backen. Auskühlen lassen und mit Puderzucker bestäuben. Ergibt 35 Stück.

Gebäck muß nicht immer süß sein. Es gibt zahlreiche Möglichkeiten, die verschiedenen Teigarten in pikanter Ausführung auf den Tisch zu bringen. Sei es als Beilage zu Wein oder Bier, als Bestandteil von Käse- oder Wurstplatten bei einem Büfett oder als eigenständige Mahlzeit.

Verwendung der Teige

Hefeteig eignet sich für pikante Kuchen mit den verschiedensten Belägen (z.B. Zwiebelkuchen, Gemüsekuchen), für Pizza, gefüllte Teigtaschen (mit Käse, Schinken, Wurst, Fleisch, Gemüse) und Käsegebäck. Aber auch Brot und Brötchen werden aus Hefeteig hergestellt.
Mürbeteig kommt in seinen verschiedenen Ausführungen (normaler Mürbeteig, Hefemürbeteig, Quarkmürbeteig) zum Einsatz. Kleines Käsegebäck, Salz- und Kümmelstangen, pikante Kuchen verschiedenster Art (z.B. Quiche Lorraine, Lauchquiche) und auch Pasteten werden aus Mürbeteig hergestellt.
Blätterteig kann als Kleingebäck mit vielfältigen Füllungen gebacken werden. Er dient auch als Form für pikante Pasteten sowie als Boden für pikante Kuchen (z.B. Spinatkuchen mit Schafkäse).
Quark-Öl-Teig wird hauptsächlich für Kuchen mit Gemüse- oder Fleischbelag verwendet. Er schmeckt auch hier frisch am besten.
Brandteig kann ohne Abwandlung des Rezeptes mit allerlei Füllungen versehen werden (z.B. Profiterols mit Frischkäse-Kräuterfüllung) oder in Fett ausgebacken als Suppeneinlage dienen.
Allgemeine Angaben zur Teigherstellung sind in den jeweiligen Grundrezepten zu finden. Meist muß nur Zucker weggelassen werden.

Brot und Brötchen

Die Herstellung von Brot und Brötchen im eigenen Haushalt wird immer beliebter. Überzeugte Eigen-Brötler kreieren schon lange ihre eigenen Brotsorten und lassen dabei ihrer Phantasie freien Lauf.
Neulinge brauchen am Anfang etwas Geduld und dürfen sich nicht durch kleine Mißgeschicke entmutigen lassen.
Zum Brotbacken werden drei Teigarten verwendet.

1. *Sauerteig* ist wohl die älteste Art der Brotlockerung. Er wird für Gebäck verwendet, das einen großen Anteil Roggenmehl enthält. Es gibt verschiedene Möglichkeiten, Sauerteig herzustellen. Setzt man Sauerteig selber an, nimmt man dafür Roggenmehl und Wasser oder Buttermilch und läßt ihn einige Zeit bei 30 bis 35 Grad stehen. Auch Hefe kann dem Sauerteigansatz zugegeben werden.
2. *Hefeteig* ist für Brot und Brötchen geeignet, die hauptsächlich aus Weizenmehl bestehen. Hier gelten die gleichen Backregeln wie für normalen Hefeteig. Brote aus Hefeteig sind z.B. Weißbrot, Buttermilch-, Quark- oder Nußbrot.
3. Auch *Backpulverteig* kann zur Herstellung von Brot und Brötchen verwendet werden. Er hat den Vorteil, daß er sehr leicht und schnell hergestellt werden kann. Jedoch hat das Gebäck nicht den typischen Brot-/Brötchengeschmack und erinnert mehr an Kuchen. Verwendet werden nur hochausgemahlene Mehle, da sonst die Teiglockerung nicht richtig funktioniert. Brote aus Backpulverteig können einfaches Weißbrot, Haferbrot oder Bananenbrot sein.

Verbesserungs- und Geschmackszutaten für Brot können Gewürze unterschiedlichster Art sein, aber auch frische Kräuter, Nüsse und andere Ölsaaten, Zwiebeln, Speck und Schinken und sogar Käse.
Brötchen sind Brote in Kleinausführung und werden nach den selben Regeln hergestellt.

Zwiebelkuchen
(Abb. S. 557)

Zutaten
250 g Mehl,
1/2 Würfel Hefe (20 g),
1 EL Butter, 1 TL Salz,
1 kg Zwiebeln,
100 g geräucherter, durchwachsener Speck,
200 ml Sahne,
4 Eier, Pfeffer,
100 g geriebener Gouda,
Öl zum Bestreichen

EW	Fett	KH	kcal/kJ
8 g	18 g	16 g	261/1094

Mehl in eine Schüssel sieben, in die Mitte eine Mulde drücken. Hefe hineinbröckeln und mit etwas lauwarmem Wasser zu einem Vorteig verrühren. Butter in 150 ml lauwarmem Wasser schmelzen, Salz hinzufügen. Zum Vorteig geben und alles zu einem glatten Teig verkneten. Zugedeckt etwa 30 Minuten gehen lassen. Inzwischen Zwiebeln schälen, halbieren und in Streifen schneiden. Speck würfeln, auslassen und Zwiebeln darin glasig dünsten. Mit Sahne, Eiern, Salz, Pfeffer und Gouda mischen und abschmecken. Teig ausrollen und eine gefettete Springform (26 cm Durchmesser) damit auslegen, einen Rand hochziehen. Teig mit Öl bestreichen. Zwiebelmasse einfüllen und Zwiebelkuchen im vorgeheizten Ofen bei 180 Grad etwa 50 Minuten backen.

Schweizer Fleischtorte

Zutaten
300 g Mehl,
100 g Butter,
1 Ei, Salz, 1 Brötchen,
100 ml Milch,
2 Zwiebeln, 60 g Speck,
500 g gemischtes Hackfleisch, 100 g süße Sahne, Pfeffer,
geriebene Muskatnuß,
1 Eigelb zum Bestreichen

EW	Fett	KH	kcal/kJ
46 g	75 g	63 g	1303/5472

Aus Mehl, Butter, 1 Ei, Salz und 100 ml Wasser einen glatten Teig kneten; kalt stellen. Brötchen in Würfel schneiden, in heißer Milch einweichen lassen. Zwiebel schälen, fein hacken. Speck würfeln. In einer Pfanne auslassen. Zwiebeln zufügen und in 10 Minuten glasig braten. Mit dem Hackfleisch und dem ausgedrückten Brötchen vermischen. Sahne unterrühren, salzen, pfeffern und mit Muskatnuß abschmecken. Boden und Rand einer Springform mit 2/3 des Teiges auslegen. Füllung auf den Teig geben. Aus dem restlichen Teig in Springformgröße eine runde Platte ausrollen. Auf die Füllung legen und vor allem an den Rändern gut andrücken. Die Oberfläche mit verquirltem Eigelb bestreichen. Die Fleischtorte bei 240 Grad etwa 50–60 Minuten backen.

Artischockentorte

Zutaten
280 g Mehl,
170 g Butter,
1 Ei, Salz, 2 Dosen Artischockenherzen,
1/4 l Milch, 1 Würfel Hühnerbrühe, Pfeffer,
geriebene Muskatnuß,
40 g geriebener Emmentaler, 1 Eigelb

EW	Fett	KH	kcal/kJ
17 g	43 g	61 g	712/2988

Mehl, Butter, 1 Ei und Salz zu einem Mürbeteig kneten und etwa 1 Stunde kalt stellen.
Für die Füllung die Artischokkenherzen auf einem Sieb abtropfen lassen, Flüssigkeit dabei auffangen. 20 g Butter in einem Topf erhitzen. Restliches Mehl hineingeben und unter Rühren 2 Minuten durchschwitzen. Artischockenflüssigkeit mit Milch auf 1/4 l auffüllen und unter Rühren in den Topf gießen, aufkochen und 7 Minuten kochen lassen. Mit Hühnerbrühe, Salz, Pfeffer und Muskatnuß würzen, Emmentaler zufügen. Topf vom Herd nehmen. Sauce mit Eigelb legieren. Artischokkenherzen in gleichmäßige Scheiben schneiden und unter die Sauce rühren, abkühlen lassen. Teig auf die Größe einer Springform ausrollen, einen Rand hochziehen. Artischokkenmasse hineingeben. Bei 180 Grad etwa 50 Minuten backen.

Pizza Napoli
(Abb.)

Zutaten
10 g frische Hefe,
1 Prise Zucker,
4 EL lauwarme Milch,
125 g Mehl,
Salz, 30 g Butter,
Fett für die Form,
2–3 EL Sardellenpaste,
300 g Fleischtomaten,
Basilikum, Pfeffer,
75 g Salami,
1 kleines Glas Oliven,
150 g Mozzarella

EW	Fett	KH	kcal/kJ
12 g	27 g	27 g	431/1810

Hefe, Zucker und Milch zu einem Vorteig verrühren und einige Minuten gehen lassen. Mehl und 1 Prise Salz mischen, Hefemilch und Butter hinzufügen und alles zu einem glatten Teig verkneten.
Zugedeckt etwa 15 Minuten gehen lassen. Nochmals gut durchkneten und zu einer runden Platte ausrollen.
Teig in eine gefettete Form legen, dünn mit Sardellenpaste bestreichen.
Tomaten waschen, in Scheiben schneiden, auf den Teig legen und mit Basilikum, Salz und Pfeffer würzen.
Salamischeiben und Oliven darübergeben.
Mozzarellascheiben auf der Pizza verteilen.
Im vorgeheizten Ofen bei 200 Grad etwa 30 Minuten backen.

Elsässischer Zwiebelkuchen

Zutaten
1 kg Zwiebeln,
295 g Butter,
Salz,
weißer Pfeffer,
Kümmel,
Paprika (edelsüß),
geriebene Muskatnuß,
500 g Mehl,
4 Eier,
Fett für das Blech,
1/8 l saure Sahne,
1 Eigelb,
1/8 l süße Sahne

EW	Fett	KH	kcal/kJ
25 g	85 g	111 g	1344/5645

Zwiebeln schälen und in Scheiben schneiden. In 3 EL heiß schäumender Butter etwa 15 Minuten glasig dünsten; mit den Gewürzen pikant abschmecken. Aus Mehl, restlicher Butter, Salz und 1 Ei einen glatten Mürbeteig herstellen; kurz kalt stellen; auf bemehlter Arbeitsfläche dünn auswellen; auf ein gefettetes Blech legen und die Ränder hochziehen.
Im vorgeheizten Ofen bei 200 Grad etwa 5 Minuten anbacken.
Gedünstete Zwiebeln mit saurer Sahne, Eiern, Eigelb und süßer Sahne vermischen; nochmals abschmecken.
Auf dem vorgebackenen Mürbeteig gleichmäßig verteilen und etwa 30 Minuten backen.

Bauernwähe

Zutaten
1/2 Paket Blätterteig (tiefgekühlt),
Fett für die Form,
250 g Quark,
1/8 l Milch, Salz, Pfeffer, Paprika (edelsüß),
100 g gekochter Schinken, etwas Öl

EW	Fett	KH	kcal/kJ
17 g	24 g	17 g	352/1478

Blätterteig auf bemehlter Arbeitsfläche dünn ausrollen. Kuchen- oder Wähenform einfetten und mit Teig bis zum Rand auskleiden. Quark und Milch verrühren. Mit den Gewürzen pikant abschmecken und den Teigboden damit ausstreichen. Schinken halbieren oder vierteln und auf der Quarkmasse verteilen. Leicht mit Öl einpinseln, sonst trocknet der Schinken an der Oberfläche zu sehr aus. Im Ofen bei 210 Grad etwa 20 Minuten backen.

Pikante Käsewähe
(Abb.)

Zutaten
320 g Mehl,
10 g Hefe, 1/8 l Milch,
4 EL Butter oder Margarine,
Salz,
1 Bd. Frühlingszwiebeln,
1 rote Paprikaschote,
3 Eier (getrennt),
1 Becher Joghurt (150 g), 2 EL Mehl,
100 g geriebener Gouda,
100 g geriebener Appenzeller,
Pfeffer, Paprikapulver,
Fett für die Form,
75 g roher Schinken

EW	Fett	KH	kcal/kJ
36 g	33 g	72 g	784/3282

300 g Mehl in eine Schüssel sieben in die Mitte eine Vertiefung schieben, Hefe hineinbröckeln und mit etwas lauwarmer Milch zu einem Vorteig verrühren.
Zugedeckt an einem warmen Ort etwa 15 Minuten gehen lassen. Restliche lauwarme Milch mit 2 EL darin aufgelöster Butter oder Margarine und Salz zugeben und alles zu einem glatten Teig verkneten.
Zugedeckt weitere 30 Minuten gehen lassen. Für die Füllung Frühlingszwiebeln und Paprikaschote putzen und waschen. Frühlingszwiebeln in Ringe, Paprikaschote in Streifen schneiden und in 1 EL erhitzter Butter oder Margarine kurz dünsten. Eigelb mit Joghurt, 20 g Mehl und Käse verrühren, mit Pfeffer und Paprikapulver würzen. Eiweiß steif schlagen und unterheben. 3/4 des Teiges ausrollen und Boden und Rand

einer gefetteten Springform (26 cm Durchmesser) damit auskleiden. Schinken in Streifen schneiden und zusammen mit den Zwiebelringen und Paprikastreifen auf dem Teigboden verteilen. Käsemasse einfüllen und den Teigrand nach innen schlagen. Aus dem restlichen Teig Formen ausstechen und den Teigrand damit verzieren. Restliche Butter oder Margarine auf der Wähe verteilen. Im vorgeheizten Ofen bei 200 Grad 30 Minuten backen.

Tip
Dazu schmeckt ein Elsässer Wein.

Elsässer Flammkuchen (Abb.)

Zutaten
1 Packung Fertigmischung für Pizzateig,
4 kleine Zwiebeln,
150 g Frühstücksspeck,
2 EL Öl,
160 g Crème fraîche,
2 EL Milch,
Salz,
Pfeffer,
1 Prise Muskatnuß

EW	Fett	KH	kcal/kJ
10 g	69 g	34 g	819/3440

Teig nach Packungsvorschrift zubereiten. Ein Backblech zur Hälfte mit Backpapier auslegen. Teig gleichmäßig darauf ausrollen und an der offenen Seite einen kleinen Rand hochdrücken. Zwiebeln schälen und in feine Ringe schneiden. Speck klein würfeln. In einer Pfanne das Öl erhitzen, Zwiebeln glasig dünsten und Speck anbraten. Crème fraîche mit Milch verrühren, mit Salz, Pfeffer und Muskatnuß würzen. Zwiebeln und Speck unterheben und alles gleichmäßig auf dem Teig verteilen. Flammkuchen im vorgeheizten Ofen bei 200 Grad etwa 30 Minuten backen, bis der Rand knusprig ist.

Schinkenwähe

Zutaten
1/2 Paket Blätterteig (tiefgekühlt),
Fett für die Form,
2 Zwiebeln,
1 Ei, 150 g Frischkäse,
100 g geräucherte Speckscheiben,
Salz, Pfeffer,
2 EL gehackte Kräuter (Schnittlauch, Petersilie),

EW	Fett	KH	kcal/kJ
10 g	55 g	24 g	645/2709

Blätterteig auf bemehlter Arbeitsfläche dünn auswellen. Eine Kuchenform einfetten. Den Teig so einlegen, daß er bis zum

Rand hochgeht. Zwiebeln schälen und in Scheiben schneiden. Teigboden und -rand mit verquirltem Ei ausstreichen. Zwiebeln zur Hälfte darauf verteilen. Frischkäse darüber bröckeln und Speckscheiben auflegen. Den ganzen Vorgang wiederholen, bis alles aufgebraucht ist. Zum Schluß leicht salzen und pfeffern. Mit frischen Kräutern bestreuen. Im vorgeheizten Ofen bei 220 Grad etwa 20 Minuten backen.

Lachsquiche

Zutaten

250 g Mehl,
175 g Butter,
Mehl zum Ausrollen,
1 kg Trockenerbsen,
4 Eier, 1/2 l Sahne,
weißer Pfeffer,
1 Msp. Cayennepfeffer,
12 Scheiben geräucherter Lachs (600 g)

EW	Fett	KH	kcal/kJ
49 g	93 g	49 g	1131/4749

Mehl auf die Arbeitsfläche geben. Gut gekühlte Butter in Flöckchen darauf verteilen. Mit einem Teigmesser hacken und sehr schnell mischen. 2 EL Wasser zugeben und unterkneten. Zugedeckt 2–3 Stunden in den Kühlschrank stellen. Teig auf bemehlter Arbeitsfläche 2 cm dick ausrollen und eine Springform damit auskleiden.

Den Rand etwa 5 cm hochziehen. Boden mit der Gabel mehrere Male einstechen. Getrocknete Erbsen darauf verteilen. Im vorgeheizten Ofen bei 220 Grad backen. Eier, Sahne, weißen Pfeffer und Cayennepfeffer in einer Schüssel schaumig schlagen. Lachsscheiben in 2 cm breite und 6 cm lange Streifen schneiden und aufrollen. Form aus dem Ofen nehmen, Erbsen ausschütten. Eiermasse auf den Boden verteilen. Lachsröllchen aufrecht nebeneinander auf den Teigboden stellen. Nochmals 45 Minuten backen. Aus dem Ofen nehmen, Springformrand lösen. Quiche auf eine Tortenplatte gleiten lassen.

Pizza mit Pilzen und Spinat
(Abb.)

Zutaten

300 g Blattspinat (tiefgekühlt), 1 Packung Backmischung für Pizzateig (460 g),
1 Glas Pasta Sauce Funghi (475 g),
2–3 Knoblauchzehen,
2 EL Olivenöl,
Salz, grober Pfeffer,
2 Mozzarella (je 125 g),
8 Sardellenfilets,
2 EL Pinienkerne

EW	Fett	KH	kcal/kJ
28 g	32 g	90 g	767/3213

Spinat vor der Zubereitung kurz antauen lassen. Backmischung für den Pizzateig nach Packungsanweisung zubereiten, Teig in 4 gleiche Portionen teilen und jeweils zu runden Pizzen ausrollen. Pasta Sauce Funghi gleichmäßig auf die Pizzaböden streichen.
Knoblauchzehen abziehen, fein würfeln, mit Spinat in erhitztem Öl kurz dünsten, mit Salz und Pfeffer abschmecken.
Mozzarella in Scheiben schneiden, Sardellenfilets halbieren und alle Zutaten nach Wunsch auf der Pasta Sauce arrangieren.
Zum Schluß die Pizzen mit Pinienkernen und grobem Pfeffer bestreuen und im vorgeheizten Ofen bei 200 Grad etwa 15–20 Minuten backen.

Auberginentorte

Zutaten

300 g Mehl,
7 Eier,
Salz,
200 g Butter,
Margarine zum Einfetten,
600 g Auberginen,
3 EL Olivenöl,
150 g Schinken,
1 Bd. Petersilie,
1 Knoblauchzehe,
1/8 l Fleischbrühe,
1/8 l süße Sahne,
4 EL Tomatenketchup,
weißer Pfeffer,
geriebene Muskatnuß,
je 1 TL getrocknete, zerriebene Estragon- und Kerbelblätter

EW	Fett	KH	kcal/kJ
31 g	75 g	63 g	1081/4539

Mehl, Butter, Salz und 1 Ei zu einem glatten Teig kneten. Teig für 1 Stunde kalt stellen.
Springform einfetten, mit dem Teig auslegen und bei 200 Grad etwa 25 Minuten vorbacken.
Für den Belag Auberginen schälen, von den Stengelansätzen befreien, Fruchtfleisch würfeln, mit Salz bestreuen und ziehen lassen.
Auberginenwürfel in einem Sieb unter fließendem Wasser abspülen, abtropfen lassen und abtrocknen. Olivenöl erhitzen. Auberginenwürfel darin unter ständigem Rühren ganz leicht anbraten. Schinken fein würfeln, Petersilie waschen, trockentupfen und fein hacken. Knoblauchzehe schälen, fein würfeln. Alles zu den Auberginen geben. Restliche Eier trennen. Eigelb mit Fleischbrühe, Sahne und Tomatenketchup verquirlen.
Salzen, pfeffern, mit geriebener Muskatnuß und Kräutern würzen.
Eiweiß steif schlagen und vorsichtig unter die Auberginenmasse heben. Masse auf den Tortenboden verteilen. Eier-Sahne-Mischung darüber gießen. Torte bei 200 Grad etwa 25 Minuten backen.

Spanischer Mangoldkuchen

Zutaten

250 g Mehl,
100 g Butter,
Salz, 2 Eier,
800 g frischer Mangold,
1 Zwiebel,
3 Knoblauchzehen,
1 rote Paprikaschote,
200 g Tomaten,
3 EL Öl,
100 geriebener Gouda,
1 Eigelb

EW	Fett	KH	kcal/kJ
23 g	44 g	55 g	715/3003

Mehl, Butter, Salz und 1 Ei zu einem Mürbeteig kneten. Zugedeckt 1 Stunde im Kühlschrank ruhen lassen. Mangold waschen, ins kochende Wasser geben und bei schwacher Hitze zugedeckt 15 Minuten garen. Abtropfen lassen und fein hacken. Zwiebel und Knoblauch schälen und fein hacken. Paprikaschote putzen, waschen und würfeln. Tomaten häuten und achteln. Anschließend 10 Minuten in heißem Öl schmoren. Mangold, 1 Ei und 50 g Käse zugeben. Teig ausrollen. 2 Teigscheiben (26 cm Durchmesser) ausschneiden.
1 Scheibe in eine Springform legen. Mit restlichem Teig den Rand der Form 2 cm hoch auskleiden. Füllung darauf verteilen und mit der zweiten Teigscheibe bedecken.

Mit Eigelb bestreichen und mit restlichem Käse bestreuen, bei 200 Grad 45 Minuten backen.

Käsehörnchen

Zutaten
300 g Blätterteig (tiefgekühlt),
125 g gekochter Schinken,
125 g Emmentaler,
1/4 l süße Sahne,
1 Ei,
Salz,
geriebene Muskatnuß,
1 EL gehackte Petersilie,
1 TL Zitronensaft,
Mehl zum Ausrollen

EW	Fett	KH	kcal/kJ
25 g	57 g	36 g	773/3245

Blätterteig auftauen lassen. Schinken fein wiegen, Käse reiben, mit Sahne, Ei, Salz, Muskatnuß, Petersilie und Zitronensaft vermischen.
Blätterteigplatte auf bemehltem Brett ausrollen, in Quadrate teilen. Jedes Teigstück mit einem Löffel Füllung belegen, von einer Ecke her aufrollen und halbmondartig formen.
Auf ein abgespültes Blech legen, mit Eigelb bestreichen und im gut vorgeheizten Ofen bei 220 Grad 15 Minuten goldgelb backen.
Sofort servieren.

Knusprige Pizzafladen
(Abb.)

Zutaten
350 g Weizenvollkornmehl, 30 g Hefe,
1 Prise Zucker,
1/4 l Buttermilch,
Salz,
30 g Butter,
10 g Weizenkleie,
Fett für das Blech,
350 g geräucherter Schinken,
je 1 rote und 1 grüne Paprikaschote,
2 Zwiebeln,
Pfeffer, Oregano,
300 g geriebener Emmentaler

EW	Fett	KH	kcal/kJ
18 g	22 g	21 g	347/1454

Mehl in eine Schüssel sieben und in die Mitte eine Mulde drücken. Hefe auflösen, mit Zucker in die Mulde geben und 30 Minuten gehen lassen.

Buttermilch, 15 g Salz, 20 g weiche Butter und Weizenkleie hinzufügen und alles zu einem geschmeidigen Teig verkneten. Nochmals gehen lassen. 12 Fladen formen, etwas ausrollen, mit lauwarmem Wasser bestreichen und auf ein gefettetes Blech legen. Schinken würfeln, Paprika waschen, putzen, in Streifen schneiden, Zwiebeln schälen und fein hacken. Schinken, Paprika und Zwiebeln in restlicher Butter andünsten und mit Salz, Pfeffer und Oregano würzen.
Auf die Fladen verteilen und bei 180 Grad 30 Minuten backen. Gegen Ende der Backzeit Käse auf den Fladen verteilen und schmelzen lassen.

Tip
Anstelle von Emmentaler kann man auch gewürfelten Mozzarella über die Fladen verteilen.

Sardinenkuchen

Zutaten
135 g Weizenmehl,
100 g Butter,
etwa 70 ml Milch,
Salz,
etwa 20 Sardinen,
2 Zwiebeln,
Thymian,
1 Lorbeerblatt,
Petersilie, 1 Möhre,
500 g Tomaten,
1 Würfel Zucker,
2 Knoblauchzehen,
Pfeffer

EW	Fett	KH	kcal/kJ
29 g	23 g	36 g	495/2080

Aus 125 g Mehl, 70 g Butter, Milch und Salz einen geschmeidigen Teig kneten. In Folie gewickelt über Nacht im Kühlschrank ruhen lassen. Am nächsten Tag Teig ausrollen und damit eine Auflaufform auslegen. Mit den Sardinen belegen und etwa 30–40 Minuten bei 150 Grad backen. Inzwischen Zwiebeln, Kräuter und Möhre fein hacken, in restlicher Butter andünsten. Restliches Mehl einrühren. Tomaten häuten, kleinschneiden und hinzufügen, mit Zucker und gehacktem Knoblauch würzen. 2 EL Wasser zugeben, salzen, pfeffern und 30–40 Minuten köcheln lassen. Sauce durch ein Sieb passieren, etwas Butter zufügen und kurz erwärmen. Getrennt zum Kuchen reichen.

Tomatenkuchen vom Blech

Zutaten
300 g Blätterteig (tiefgekühlt),
250 g Schinkenspeck,
700 g Tomaten,
3 EL Paniermehl,
1 TL getrockneter Thymian,
200 g geriebener Emmentaler,
3 Eier,
1/4 l saure Sahne,
Salz,
Pfeffer,
geriebene Muskatnuß,
1 Bd. Petersilie

EW	Fett	KH	kcal/kJ
33 g	83 g	40 g	1062/4460

Blätterteig nach Vorschrift auftauen lassen.
Auf bemehlter Arbeitsfläche in der Größe eines halben Backblechs ausrollen.
Blech mit kaltem Wasser abspülen und Teig darauf legen. An den Rand ein gefalztes Stück Alufolie drücken.
Schinkenspeck fein würfeln und in 3 Minuten anbraten.
Tomaten häuten und in Scheiben schneiden.
Blätterteig mit Paniermehl bestreuen. Tomatenscheiben und Schinkenspeckwürfel abwechselnd darauf verteilen. Mit Tomaten abschließen, Thymian darüberstreuen, Käse gleichmäßig darauf verteilen.
Eier und saure Sahne verquirlen, salzen, pfeffern und mit Muskatnuß würzen.
Die Eiersahne über den Kuchen gießen.
Den Tomatenkuchen auf mittlerer Schiene im gut vorgeheizten Ofen bei 200 Grad etwa 30–40 Minuten backen.
Mit gehackter Petersilie bestreuen und heiß servieren.

Tip

Der Tomatenkuchen kann auch in der Springform gebacken werden.

Selleriekuchen

Zutaten
150 g Mehl,
100 g Butter,
6 Eier,
Salz,
1 Staude Bleichsellerie,
3 Zwiebeln,
150 g geriebener Parmesan,
Pfeffer

EW	Fett	KH	kcal/kJ
29 g	39 g	31 g	614/2579

Aus Mehl, Butter, 1 Ei und Salz einen Mürbeteig kneten. Für einige Stunden im Kühlschrank kalt stellen. Für den Belag Sellerie putzen, in Stangen teilen, waschen und in kleine Würfel schneiden; in kochendes Salzwasser geben und 5 Minuten kochen. Zwiebel schälen, fein hacken. Restliche Eier zusammen mit Parmesan verquirlen. Sellerie- und Zwiebelwürfel unterrühren, salzen und pfeffern. Springform mit dem Teig auslegen. Teig mit der Gabel mehrmals einstechen. Die Selleriemasse auf den Teig gießen. Auf mittlerer Schiene im vorgeheizten Ofen bei 220 Grad etwa 40 Minuten backen.

Kartoffelkuchen mit Tomaten

Zutaten
750 g mehligkochende Kartoffeln, Salz,
30 g Butter,
750 g Tomaten (Dose),
1 kleines Glas eingelegte Sardellenfilets,
2 Knoblauchzehen,
250 g junger Gouda,
Fett für die Form,
50 g Mehl,
Pfeffer aus der Mühle,
100 g gefüllte Oliven,
1 EL frischer Thymian,
2 EL Öl

EW	Fett	KH	kcal/kJ
23 g	36 g	39 g	563/2363

Kartoffeln in der Schale garen, schälen und heiß durch die Kartoffelpresse drücken. Mit 1 TL Salz und Butter vermischen, beiseite stellen. Tomaten abtropfen, leicht salzen. Sardellenfilets abspülen und trockentupfen. Knoblauchzehen schälen und in die Tomaten pressen. Käse würfeln. Eine Springform fetten. Kartoffeln mit dem Mehl zu einem Teig kneten, die Form damit auslegen und einen kleinen Rand hochziehen. Tomaten auf dem Teig verteilen, pfeffern. Käsewürfel, Sardellenfilets und Oliven darüber verteilen. Mit Thymian bestreuen und das Öl darüberträufeln. Im vorgeheizten Ofen bei 200 Grad etwa 40 Minuten backen.

Blätterteigtorte mit Gemüse

Zutaten
300 g Blätterteig (tiefgekühlt),
1 Blumenkohl,
Salz,
150 Champignons,
175 g Schinken,
3 EL Butter,
Pfeffer,
2 EL gehackter Schnittlauch,
Mehl zum Ausrollen,
4 Eier,
1/4 l süße Sahne

EW	Fett	KH	kcal/kJ
20 g	76 g	33 g	928/3897

Blätterteig auftauen lassen. Blumenkohl waschen, kurz in Salzwasser legen, in kleine Röschen teilen, Champignons kurz waschen, in Scheiben schneiden, Schinken würfeln. Blumenkohl in etwas Butter andünsten, mit etwas Wasser aufgießen und bißfest dünsten. Champignons und Schinkenwürfel in der restlichen Butter andünsten. Mit Salz und Pfeffer würzen, Schnittlauch zugeben. Abkühlen lassen. Teig ausrollen, eine Springform damit auslegen den Rand hochziehen, 15 Minuten bei 220 Grad vorbacken. Gemüse darauf verteilen. Eier mit Sahne verquirlen, salzen und pfeffern und über das Gemüse gießen. Bei 200 Grad 30–40 Minuten backen.

Blätterteigtörtchen

Zutaten
300 g Blätterteig (tiefgekühlt),
75 g Schinkenspeck,
1 Zwiebel,
1 Knoblauchzehe,
3 Tomaten,
8 grüne Oliven,
200 g Rinderhackfleisch,
2 Eier,
1 EL gehackte Petersilie,
Pfeffer, Salz,
Mehl zum Ausrollen,
1 Eiweiß, 1 Eigelb

EW	Fett	KH	kcal/kJ
20 g	43 g	29 g	645/2707

Blätterteig nach Vorschrift auftauen lassen. Schinkenspeck würfeln und ausbraten. Zwiebel schälen, würfeln, mit ausgepreßtem Knoblauch im heißen Fett glasig braten. Tomaten häuten und würfeln. Oliven in Scheiben schneiden. Alles mit Hackfleisch, Eiern und Petersilie vermengen, dann mit Salz und Pfeffer abschmecken.
Teig auf bemehlter Arbeitsfläche dünn ausrollen.
8 Scheiben ausstechen und auf 4 Scheiben die Füllung gleichmäßig verteilen. Ränder mit Eiweiß bestreichen.
Restliche Scheiben darauf setzen, andrücken, mit Eigelb bestreichen. Im vorgeheizten Ofen bei 200 Grad 20 Minuten backen.
Heiß servieren.

Herzhafter Kaiserkragen
(10 Stück) (Abb.)

Zutaten
450 g Blätterteig (tiefgekühlt),
1 Ei, 250 g frischer Blattspinat,
1 kleine Zwiebel,
Knoblauchzehe,
1 EL Butter,
Salz, Pfeffer,
200 g Schweinemett oder grobe Bratwurstmasse

EW	Fett	KH	kcal/kJ
6 g	20 g	16 g	277/1168

Blätterteig in 10 Quadrate teilen und nach Packungsvorschrift auftauen lassen. Ei trennen, Teigquadrate an den Rändern mit Eiweiß bestreichen.
Spinat waschen, verlesen und gut abtropfen lassen. Zwiebel schälen, fein würfeln, Knoblauch schälen, zerdrücken, beides in heißer Butter anbraten. Spinat dazugeben, salzen und pfeffern, kurz andünsten, abkühlen lassen. Spinat auf Teigquadrate legen, Schweinemett darauf verteilen, jeweils zu einem Rechteck zusammenklappen und Ränder fest andrücken. In Abständen von 1/2 cm einschneiden. So entstandene »Zähne« etwas auseinanderziehen. Gebäck auf ein mit Backpapier ausgelegtes Backblech legen, mit Eigelb bestreichen und im vorgeheizten Ofen bei 200 Grad 15–20 Minuten backen.

Tomaten-Lauch-Torte

Zutaten
190 g Mehl,
1 Prise Salz,
105 g Butter,
3–4 Stangen Lauch,
geriebene Muskatnuß,
Salz, Pfeffer,
200 g geriebener Emmentaler,
30 g geriebener Parmesan,
4 große Eier,
225 ml süße Sahne,
2 Fleischtomaten

EW	Fett	KH	kcal/kJ
34 g	62 g	49 g	911/3825

175 g Mehl mit Salz mischen, 75 g Butter hineinschneiden, 2 EL kaltes Wasser zugeben und den Teig schnell verkneten. 15 Minuten kalt stellen. Lauch waschen, quer halbieren und das Weiße in Scheiben schneiden. In 30 g heißer Butter anbraten, mit Muskatnuß, Salz und Pfeffer würzen. Restliches Mehl mit Emmentaler und Parmesan mischen. Eier mit Sahne verschlagen, mit Salz, Pfeffer und Muskatnuß würzen. Teig auf Größe einer Springform (26 cm Durchmesser) ausrollen, einen Rand hochziehen. Lauch auf dem Teig verteilen. Mit Käsemischung bestreuen, mit Eiersahne begießen. Tomaten waschen, von den Stielansätzen befreien und in Scheiben schneiden; auf der Torte verteilen, leicht salzen und pfeffern. Bei 220 Grad 15 Minuten, dann bei 165 Grad 30 Minuten backen.

Spargel-Tarte
(Abb.)

Zutaten
450 g Blätterteig (tiefgekühlt),
750 g Spargel, Salz,
150 g Frühstücksspeck,
125 g Mozzarella,
3 Eier, 125 ml Sahne,
3 cl Weißwein,
Pfeffer, Zucker, Curry,
1 TL gekörnte Gemüsebrühe,
1 EL gehackte Petersilie

EW	Fett	KH	kcal/kJ
24 g	74 g	44 g	960/4040

Blätterteigscheiben nach Packungsvorschrift auftauen lassen. Spargel schälen, in Stücke schneiden und in 1/2 l Salzwasser etwa 10 Minuten garen, herausnehmen und abtropfen lassen. Frühstücksspeck in Streifen, Mozzarella in Würfel schneiden. Frühstücksspeckstreifen etwas anbaten. Eine Springform (28 cm Durchmesser) mit Blätterteigscheiben auslegen, so daß der Boden und etwa ein 4 cm hoher Rand belegt sind. Spargel hineinlegen und mit Speckstreifen und Mozzarella bestreuen. Im vorgeheizten

Ofen bei 220 Grad etwa 10 Minuten vorbacken. Eier mit Sahne verquirlen, Weißwein dazugießen und verrühren. Mit Salz, Pfeffer, Zucker, Curry und Gemüsebrühe würzen. Masse über vorgebackene Tarte gießen, mit Petersilie bestreuen und weitere 20–25 Minuten backen. Heiß servieren.

Fleisch-Champignon-Torte (Abb.)

Zutaten

450 g Blätterteig (tiefgekühlt),
2 Zwiebeln,
500 g frische Champignons,
1 Bd. Petersilie,
1 Knoblauchzehe,
1 EL Butter oder Margarine,
1 altbackenes Brötchen,
650 g Schweinefleisch (Dose),
1 Ei,
Salz,
Pfeffer,
1/2 TL Thymian,
1 cl Weinbrand,
1 Eigelb,
1 EL Milch

EW	Fett	KH	kcal/kJ
11 g	32 g	15 g	409/1718

Blätterteig nach Packungsanleitung auftauen. Zwiebeln abziehen und fein würfeln.

Champignons putzen und in Scheiben schneiden. Petersilie hacken, Knoblauchzehe abziehen, zerdrücken.
Fett in einer Pfanne erhitzen und die vorbereiteten Zutaten darin andünsten. Brötchen einweichen, ausdrücken. Fleisch würfeln. Alles mit Ei vermengen und mit Salz, Pfeffer, Thymian und Weinbrand abschmecken.
Die Hälfte des Blätterteiges ausrollen und in eine mit kaltem Wasser ausgespülte flache Auflaufform legen. Füllung gleichmäßig darauf verteilen. Restlichen Blätterteig ausrollen und darüberlegen. Die überstehenden Ränder mit einem scharfen Messer abschneiden. Teigrand gut andrücken. Aus den Teigresten kleine Verzierungen schneiden und auf die Torte setzen. Das Eigelb

mit der Milch verschlagen und Oberfläche damit bestreichen. Torte im vorgeheizten Ofen bei 220 Grad etwa 20 Minuten backen.

Käsestäbchen
(60 Stück)

Zutaten

100 g Mehl,
50 g geriebener Parmesankäse,
60 g geriebener Emmentaler,
6 EL saure Sahne,
Salz,
Paprika (edelsüß),
60 g Butter,
Mehl zum Ausrollen,
Eigelb zum Bestreichen

EW	Fett	KH	kcal/kJ
1 g	2 g	1 g	24/100

Mehl in eine Schüssel geben. In die Mitte mit dem Löffel eine Mulde drücken. Parmesan und Emmentaler, saure Sahne, Salz und Paprika hineingeben. Butterflocken auf dem Mehlrand verteilen. Schnell einen Teig kneten. Zugedeckt im Kühlschrank 20–30 Minuten ruhen lassen.
Arbeitsfläche mit Mehl bestäuben. Teig darauf dünn ausrollen und in etwa 10 cm lange Streifen schneiden.
Spiralförmig aufdrehen und auf ein ungefettetes Backblech legen.
Eigelb verquirlen. Spiralen damit bestreichen.
In den vorgeheizten Ofen auf die mittlere Schiene schieben. Bei 220 Grad in 10 Minuten goldgelb backen.

Quiche mit Schafkäse

Zutaten
300 g Mehl,
200 g Butter,
1 Ei,
1/4 l Milch,
1 Eigelb,
geriebene Muskatnuß,
250 g Schafkäse,
50 g mittelalter Gouda

EW	Fett	KH	kcal/kJ
26 g	61 g	58 g	894/3756

Aus 250 g Mehl, 150 g Butter und dem Ei einen Mürbeteig zubereiten. Den Teig für etwa 1 Stunde kalt stellen.
Für den Belag in der Zwischenzeit 50 g Butter in einem Topf erhitzen, 50 g Mehl hineinschütten und durchschwitzen lassen.
Milch nach und nach dazugeben und dabei ständig rühren. Topf vom Herd nehmen.
Sauce mit Eigelb legieren und mit Muskatnuß würzen.
Schafkäse zerbröckeln, Gouda reiben, beides in die Sauce rühren und auf dem Herd bei milder Hitze dicklich einkochen lassen.
Eine Quicheform mit dem Teig auskleiden.
Teigboden mehrmals mit einer Gabel einstechen und Belag darauf verteilen.
Die Quiche bei 190 Grad etwa 1 Stunde backen.

Pizza mit vier Käsesorten *(Pizza ai quattro formaggi) (Abb.)*

Zutaten
2 Packungen Fertigmischung für Pizzateig,
250 g Mozzarella,
120 g Gorgonzola,
120 g Greyerzer,
120 g Parmesan,
2 Knoblauchzehen,
2 Packungen Tomatensauce mit Kräutern,
2 TL Salbei (gerebelt),
Pfeffer, 2 EL Olivenöl

EW	Fett	KH	kcal/kJ
43 g	50 g	19 g	702/2948

Pizzateig nach Packungsvorschrift zubereiten. Teig zu einem runden Fladen (45 cm Durchmesser) ausrollen und auf ein mit Backpapier ausgelegtes Backblech geben. Rundherum einen kleinen Rand formen. Mozzarella und Gorgonzola klein würfeln. Greyerzer und Parmesan reiben. Knoblauchzehen schälen und in feine Scheiben schneiden.
Tomatensauce auf einem Sieb etwas abtropfen lassen und Pizzaboden reichlich damit bestreichen. Käse und Knoblauch darauf verteilen. Mit etwas Salbei und Pfeffer bestreuen. Mit Olivenöl beträufeln. Bei etwa 200 Grad 20–30 Minuten backen und ofenfrisch servieren.

Saratoga Cooler, Grapefruit Highball oder Borneo gold – sie alle verbreiten einen Hauch von Südsee, Palmenstrand und Urlaub – die kühlen Mixgetränke mit den exotischen Namen.

Mixdrinks für jede Gelegenheit

Die Möglichkeiten, schmackhafte Drinks zu mixen, sind nahezu unbegrenzt. Ob zur heiteren Sommerparty draußen im Garten oder zum gemütlichen Winterabend vor dem Kamin: Es gibt keine Jahreszeit und kaum eine Gelegenheit, bei der ein Mixgetränk – mit und ohne Alkohol, mit Milch oder Eiscreme – nicht eine willkommene Abwechslung für Ihre Gäste darstellen würde.
Planen Sie doch für Ihre nächste Einladung gleich Drinks mit ein – Ihre Gäste werden begeistert sein.
Der Phantasie sind dabei kaum Grenzen gesetzt.

Frucht- und Gemüsesäfte schmecken am besten, wenn sie erst kurz vor der Zubereitung hergestellt werden.
Für Saft von Zitrusfrüchten ist wohl in jedem Haushalt eine Hand-Zitruspresse vorhanden. Praktischer und schneller geht es mit einer elektrischen Saftpresse oder gar einem Entsafter. Mit ihm lassen sich nicht nur aus Früchten, sondern auch aus Gemüse aromatische Säfte zubereiten. Dazu bieten sich Tomaten, Möhren, rote Bete, Sellerie, Gurken, Fenchel und Petersilienwurzel an. Gemüsesäfte sind sehr vitamin- und mineralstoffreich und können gut miteinander kombiniert werden.
Zu Tomate paßt Gurke sehr gut, Salz und Pfeffer runden alles noch pikant ab. Möhre, Sellerie und rote Bete harmonieren mit Apfel, Orangen- oder Zitronensaft. Fenchel verbindet sich ideal mit Kirsch- oder Pfirsichsaft.
Für fruchtig-spritzige Drinks können nahezu alle bei uns erhältlichen Früchte verwendet werden. Wenn es mal schnell gehen soll, ersetzen auch gute gekaufte Fruchtsäfte den selbstgepreßten Saft. Fruchtsäfte enthalten keine Zuckerzusätze und sind deshalb für Drinks am besten geeignet. Als Ersatz können Fruchtnektare verwendet werden; sie sind jedoch dickflüssiger und süßer als reine Fruchtsäfte.
Fruchtsaftgetränke sind zum Mixen von Drinks nicht zu empfehlen.
Eine andere wichtige Zutat sind Sirupe. Sie setzen reizvolle Farb- und Geschmacksakzente und sind manchmal das Tüpfelchen auf dem „i“. Sirupe gibt es in der Regel in folgenden Geschmacksrichtungen: Grenadine (vom Granatapfel), Limette, Kokos, Ananas, Banane, Pfefferminze und Mandel. Auch von exotischen Früchten wie Mango oder Maracuja sind Sirupe erhältlich.

Die perfekte Cocktail-Bar zu Hause

Die Grundausstattung der Cocktailbar braucht anfangs nicht zu groß zu sein. Für die ersten Mix-Experimente genügen Gin, Wermuth, Rum, Whisky, Cognac und Cointreau. Nach und nach kann man dann aufstocken wie folgt:

Angostura Bitter
Anislikör
Aprikosenlikör (Crème d'abricot oder Apricot Brandy)
Armagnac
Bananenlikör
Bourbon (Whisky)
Calvados
Campari
Cassis (Crème de cassis)
Champagner
Cognac
Gin
Grenadine
Himbeerwasser
Kaffeelikör (z. B. Tia Maria)
Kräuterlikör (Chartreuse, Bénédictine)
Liköre wie Drambuie, Southern Comfort, Strega u.a.)
Mandarinenlikör

Minzlikör (Crème de menthe grün und farblos)
Orangenlikör (z. B. Grand Marnier, Cointreau, Triple-sec, Curaçao)
Pastis (z. B. Pernod oder Ricard)
Portwein
Rum (weiß und braun)
Schokoladenlikör (Crème de cacao braun und farblos)
Sekt (trocken und halbtrocken)
Tequila
Wermuth rot (z. B. Martini oder Cinzano)
Wermuth weiß (z. B. Noilly Prat, Martini dry etc.)
Whisky (blended scotch und irischer Whisky)
Wodka
Zuckersirup

Die besten Profi-Tips zum Mixen

- Verwenden Sie nur Markenspirituosen – sie sind zwar etwas teurer, aber aromatischer und ergiebiger.
- Cocktails sollten immer gut gekühlt sein – daher auch die Spirituosen und Säfte gut vorkühlen.
- Hat man im Kühlschrank nicht genügend Platz zum Vorkühlen der Gläser, so kann man sich behelfen, indem man einen Eiswürfel einige Sekunden lang im Glas schwenkt, diesen dann entfernt und den Cocktail ins Glas gibt.
- Hat man keine Zeit, für heiße Getränke die Gläser zu erwärmen, so sollte man einen Löffel ins Glas legen, bevor man das heiße Getränk eingießt; das Glas springt dann nicht.
- Eis ist ein wichtiger Bestandteil von Cocktails – also damit nicht sparsam sein. Die Eiswürfel müssen immer frisch sein (nicht mehrere Tage alt). Man sollte sie grundsätzlich mit Mineralwasser (ohne Kohlensäure) herstellen.
- Verwenden Sie immer nur Säfte allerbester Qualität, ungezuckert, unverwässert und ohne jegliche Zusätze. Am besten, Sie pressen Ihren Orangen-, Zitronen- oder Limettensaft selbst frisch aus.
- Zitronen, Orangen und andere Früchte, deren Schale zur Dekoration oder Geschmacksverbesserung ins Glas gegeben wird, müssen unbedingt unbehandelt sein.
- Auch wenn Sie sonst trockene Weine bevorzugen: Bowlen schmecken nur, wenn sie mit halbtrockenen (»lieblichen«) Weinen angesetzt werden.
- Wenn Sie selbst, angeregt durch unsere Rezepte, neue Cocktails erfinden wollen, sollten Sie folgende Tips beherzigen:
- Alle klaren Getränke oder Spirituosen werden gerührt.
- Alle trüben Getränke (d. h. sie enthalten Säfte, Sahne oder cremige Liköre) werden im Shaker geschüttelt.
- Tropical Drinks mit Sirup (Cocos) oder frischen Früchten, aber auch Drinks mit Sahne oder Milch lassen sich im Mixer schön schaumig und cremig schlagen.
- Sekt, Champagner, Mineralwasser werden, wie alle kohlensäurehaltigen Getränke, nie geschüttelt oder gemixt, sondern immer nur aufgegossen.
- Nicht viele Zutaten machen einen guten Drink – wenige, aber ausgesuchte, sind hier besser.

Auch wenn es gut gemeint ist: Mixen Sie nicht zuviel Alkohol in Ihre Drinks – umso mehr beschwerdefreien Spaß haben Sie und Ihre Gäste an Ihren Cocktails und Mixgetränke.

Maße und Abkürzungen

BL = Barlöffel (Teelöffel)
EL = Eßlöffel
cl = Zentiliter (1 cl = 10 ml = 10 g)
dash = 1 Spritzer.

Die Rezeptmengen gelten für jeweils **zwei Personen**, soweit nicht anders angegeben. Nährwerte gelten jeweils für **eine Person**.

Himbeerfeuer
(Abb.)

Zutaten
1 Packung Himbeeren (tiefgekühlt),
80 cl Himbeersaft,
80 cl Himbeergeist,
400 cl Champagner

EW	Fett	KH	kcal/kJ
1 g	0 g	12 g	170/712

Gefrorene Himbeeren, Himbeersaft und Himbeergeist in 4 Gläser geben, mit Champagner auffüllen.

Porto Rotondo

Zutaten
80 cl Aperol (Rhabarberlikör),
400 cl Champagner

EW	Fett	KH	kcal/kJ
0 g	0 g	8 g	232/973

Aperol in 2 Gläser geben, mit Champagner auffüllen und nach Wunsch mit einer kleinen Rhabarberstange garniert servieren.

Apricot Crusta

Zutaten
2 cl Zitronensaft,
4 EL Kristallzucker,
4 EL Crash-Eis,
8 cl weißer Rum,
2 cl Orangensaft,
1 TL Apricot Brandy,
1 TL Grenadine,
2 Spiralen von Orangenschalen (unbehandelt)

EW	Fett	KH	kcal/kJ
0 g	0 g	13 g	240/1005

Zitronensaft und Zucker auf verschiedene Teller geben und den Glasrand von 2 Ballon- oder Weingläsern zuerst in Zitronensaft und dann in Zucker stellen. Gläser umdrehen und antrocknen lassen.
Crash-Eis in den Schüttelbecher geben.
Rum, Orangensaft, Apricot Brandy und die Grenadine hinzufügen und kurz schütteln.
Auf die beiden gezuckerten Gläser vorsichtig verteilen und mit Spiralen von Orangenschalen garnieren.

Zitroneneis-Drink
(Abb.) (für 4 Personen)

Zutaten
2 Zitronen oder Limonen (unbehandelt),
500 g Zitroneneis,
1 Bd. Zitronenmelisse,
1 ausgehöhlte Melone,
1 Pikkoloflasche kalter Sekt, 1/2 Flasche gut gekühltes Bitter Lemon

EW	Fett	KH	kcal/kJ
1 g	0 g	46 g	219/918

Zitronen oder Limonen heiß waschen. 1 Frucht dünn abschälen, Schalen in feine Streifen schneiden. Beide Früchte in Scheiben schneiden. Zitronenmelisse waschen, trockentupfen und Blätter abzupfen. Zitroneneis zu Kugeln formen und mit Zitronenscheiben und Melisse in geeignete Gläser oder nach Wunsch in eine ausgehöhlte Melone geben. Mit Sekt und Bitter Lemon auffüllen. Mit Limonenstreifen garnieren.

Whiskey Sour

Zutaten
6 Eiswürfel,
2 cl Zuckersirup,
Saft von 1/2 Zitrone,
8 cl Whiskey,
1 Zitronenscheibe,
Soda

EW	Fett	KH	kcal/kJ
0 g	0 g	1 g	107/444

Schüttelbecher zu gut 1/3 mit Eiswürfeln füllen und kurz schütteln.
Zuckersirup, Zitronensaft und Whiskey in den Mixbecher geben, einige Male kräftig schütteln und den Sour in 2 kleine Whiskeytumbler abseihen. Jeweils mit 1/2 Zitronenscheibe garnieren und nach Belieben mit Soda auffüllen.

Caipirovska
(Abb. oben)

Zutaten
30 cl Wodka,
120 cl frischer Limonensaft, brauner Zucker nach Geschmack, Eisstückchen,
Spiralen von Limonenschalen (unbehandelt)

EW	Fett	KH	kcal/kJ
0 g	0 g	6 g	92/385

Wodka und Limonensaft mit Zucker nach Geschmack und Eisstücken gut durchschütteln, in Gläser füllen, nach Wunsch mit je 1 Limonenscheibe und Spirale von Limonenschalen garniert sofort servieren.

Charlie Chaplin

Zutaten
6 Eiswürfel,
2 cl Apricot Brandy,
2 cl Zitronensaft,
4 cl Gin

EW	Fett	KH	kal/kJ
0 g	0 g	1 g	85/355

Die Eiswürfel in einen Schüttelbecher geben. Den Apricot Brandy, den Zitronensaft und den Gin hinzufügen, kräftig schütteln und auf 2 Cocktailgläser verteilen.

Green dragon
(Abb. unten)

Zutaten
2 cl Zitronensaft,
4 EL Kristallzucker,

Regina (s. 579)

60 cl Kiwisaft,
60 cl Ananassaft,
30 cl Wodka

EW	Fett	KH	kcal/kJ
0 g	0 g	25 g	100/419

Zitronensaft und Zucker auf verschiedene Teller geben, den Glasrand von 2 Gläsern zuerst in Zitronensaft und dann in Zucker stellen. Umdrehen und antrocknen lassen. Zutaten mischen und nach Wunsch mit 1 Kiwischeibe in je einem Glas servieren.

Regina
(Abb. S. 578)

Zutaten
2 cl Limonensaft,
2 cl Zitronensaft,
2 cl Batida de Coco (Cocosnuß-Mix-Getränk),
1 cl Triple-sek (blauer Orangenlikör),
5 cl Ananassaft,
3 cl Wodka,
1 Zitronenscheibe nach Belieben,
1 Cocktailkirsche nach Belieben

EW	Fett	KH	kcal/kJ
0 g	0 g	6 g	83/304

Alle Zutaten mixen und nach Wunsch mit 1 Zitronenscheibe und 1 Cocktailkirsche garniert servieren.

White Lady
(Abb. links)

Zutaten
12 cl Kokosnußmilch,
4 cl Kiwilikör,
2 Spritzer Zitronensaft

EW	Fett	KH	kcal/kJ
0 g	1 g	2 g	15/63

Alle Zutaten gut gekühlt mixen und nach Wunsch mit 1 Kiwischeibe garniert servieren.

Daiquiri *(Abb. oben)*

Zutaten
10 Eiswürfel
4 1/2 cl Limettensaft,
4 TL Zuckersirup,
10 cl weißer Rum,
2 Limettenviertel

EW	Fett	KH	kcal/kJ
0 g	0 g	11 g	62/260

6 Eiswürfel, Limettensaft, Zuckersirup und weißen Rum in den Shaker geben, gut schütteln. 2 Eiswürfel in je ein Cocktailglas füllen. Shakerinhalt darübergießen. Mit Limettenviertel garnieren.

Cidre Surprise

(Abb.)
(für 4 Personen)

Zutaten
5 Beutel Blütenteemischung,
1/2 l Cidre,
4 EL brauner Zucker,
1 Zitrone (unbehandelt),
10 Nelken,
1 Stück Zimtstange,
1 Prise gemahlener Kardamon

EW	Fett	KH	kcal/kJ
0 g	0 g	18 g	77/321

Tee mit 1/2 l kochendem Wasser aufbrühen und 15 Minuten ziehen lassen. Mit Cider und Zucker vermischen, bis sich der Zucker gelöst hat. Zitrone in Scheiben schneiden, diese mit Nelken spicken und zusammen mit den anderen Gewürzen in den Tee geben. Nochmals erhitzen, dann einige Zeit ziehen lassen. Durchseihen und nach Belieben kalt oder heiß servieren.

Tutti Frutti

Zutaten
2 EL Crash-Eis,
4 Erdbeeren,
1 Kiwi,
1 Scheibe Ananas,
1/2 Papaya,
2 EL Zitronensaft,
4 TL Zucker,
200 ml Weißwein,
200 ml gekühlter Sekt

EW	Fett	KH	kcal/kJ
1 g	0 g	40 g	317/1328

Crash-Eis in ein großes Barglas geben. Früchte schälen und in grobe Stücke schneiden, hinzufügen, mit Zitronensaft beträufeln und mit Zucker bestreuen. Dann mit Weißwein aufgießen und mindestens 2 Stunden gut gekühlt ziehen lassen. Auf 2 Bowlengläser aufteilen und mit Sekt aufgießen. Vorsichtig umrühren und sofort servieren.

Bavarian Cup

Zutaten
10 Erdbeeren,
2 EL Zucker,
200 ml Weißwein,
300 ml Bier

EW	Fett	KH	kcal/kJ
1 g	0 g	22 g	211/884

Erdbeeren in Stücke teilen, mit Zucker bestreuen und mit Weißwein aufgießen.
Nach 1 Stunde Bier hinzugeben und sofort in 2 Sektgläsern servieren.

Red and Sour

Zutaten
2 EL entsteinte Sauerkirschen,
1 TL Puderzucker,
2 cl Maraschino,
2 cl Cognac,
200 ml Lambrusco,
200 ml Asti Spumante

EW	Fett	KH	kcal/kJ
0 g	0 g	15 g	250/1048

Sauerkirschen mit Puderzucker bestreuen. Maraschino, Cognac und Lambrusco hinzufügen und 1 Stunde ziehen lassen.
Auf 2 Bowlengläser aufteilen und mit dem Sekt auffüllen.

Red Hot Banana

Zutaten
200 ml kalter Malventee,
Saft von 1/2 Zitrone,
4 cl Orangensaft,
2 cl Cognac,
4 cl Bananenlikör,
4 Eiswürfel,
Ginger Ale

EW	Fett	KH	kcal/kJ
0 g	0 g	9 g	98/411

Tee mit Zitronen- und Orangensaft vermischen.
Cognac, Bananenlikör und Eiswürfel hinzufügen, kräftig durchrühren und auf 2 Bechergläser verteilen.
Mit Ginger Ale auffüllen.

Bierbowle
(Abb.) (für 4 Personen)

Zutaten
4 Orangen (davon 1 unbehandelt),
2–3 EL Zcker,
2 l trockener Weißwein,
3 Flaschen Malzbier

EW	Fett	KH	kcal/kJ
2 g	1 g	0 g	598/2506

Orangen heiß waschen, von der ungespritzten Orange einige dünne Streifen aus der Schale schneiden. Früchte schälen, in dünne Scheiben schneiden und mit Zucker bestreuen.
Mit 1/2 Flasche Weißwein aufgießen, Früchte etwa 1 Stunde durchziehen lassen.
Gekühlten, restlichen Weißwein und Malzbier dazugießen und mit Schalenstreifen garniert servieren.

Feuerzangenbowle
(Abb.) (für 10 Personen)

Zutaten

3 Flaschen Rotwein (Bordeaux),
1 Orange (unbehandelt),
1 Zitrone (unbehandelt),
5 Gewürznelken,
1 Zuckerhut, 1 Flasche Rum (54 % vol).

EW	Fett	KH	kcal/kJ
0 g	0 g	31 g	513/2141

Den Wein in ein Gefäß für Feuerzangenbowle geben, in Scheiben geschnittene, gewaschene Orange, Zitrone und die Nelken zufügen, alles erhitzen. Feuerzange über den Kessel legen. Zuckerhut darauf geben und mit Rum tränken. Dann anzünden und ständig mit einer Kelle etwas Rum nachgießen, bis der schmelzende Zucker in die Bowle getropft ist.
Bowle in feuerfesten Gläsern heiß servieren.

Glühwein
(für 4 Personen)

Zutaten

60 g Zucker,
1/4 Stange Zimt,
3 Nelken,
Schale von 1/2 Zitrone (unbehandelt),
1/8 l Wasser oder Tee,
1 Flasche Rotwein,
Saft von 1/2–1 Zitrone

EW	Fett	KH	kcal/kJ
0 g	0 g	23 g	230/965

Zucker, Zimt, Nelken und Zitronenschale mit Wasser oder Tee in einem Topf aufkochen und 20 Minuten ziehen lassen. Den Rotwein bis zum Siedepunkt erhitzen, die Gewürzmischung abseihen, beides mischen und mit dem Zitronensaft abschmekken. Den Rotwein nie kochen lassen. Zitronenaft und Zucker können nach Geschmack verringert oder vermehrt werden.

Irish Coffee
(für 4 Personen)

Zutaten

2 EL Kaffeepulver,
8 cl Irischer Whiskey,
50 g Zucker,
4 EL Sahne

EW	Fett	KH	kcal/kJ
0 g	2 g	13 g	122/512

Mit dem Pulver 1/2 l Kaffee kochen und noch heiß mit Whiskey und Zucker verrühren. Auf 4 Irish-Coffee-Gläser verteilen. Sahne steif schlagen und jedes Glas mit einer Sahnehaube krönen.
Mit Gebäck servieren.

Almgrog

Zutaten
100 ml Rotwein,
100 ml Morio Muskat,
5 cl roter Wermut,
1 Spritzer Angostura Bitter,
2 TL Rosinen,
2 Orangenschalenstückchen (unbehandelt),
2 TL flüssiger Zucker,
2 cl Aquavit,
20 g geschälte Mandeln

EW	Fett	KH	kcal/kJ
2 g	2 g	23 g	282/1182

Rotwein, Morio Muskat, Wermut und Angostura Bitter mit Rosinen, Orangenschalenstückchen und Zucker in ein hitzebeständiges Gefäß geben und kurz erhitzen.
Einige Stunden durchziehen lassen und dann mit Aquavit und Mandeln vervollständigen.
Nochmals kurz heiß werden lassen, in hitzebeständige Henkelgläser aufteilen und mit Löffeln servieren.

Azteken-Schokolade
(für 4 Personen)

Zutaten
200 g Blockschokolade,
1 l Milch, 50 g brauner Zucker, 2 EL Kakao,
je 1 Prise Zimt, Nelken- und Muskatnußpulver,
8 cl weißer Rum

EW	Fett	KH	kcal/kJ
9 g	25 g	56 g	550/2305

Schokoade reiben, in der heißen Milch auflösen und mit Zucker, Kakao, Zimt, Nelken- und Muskatnußpulver sowie Rum vermischen, in Gläser füllen.

Tee-Eier-Punsch
(Abb.)

Zutaten
10 cl Whiskey,
200 ml heißer starker Tee,
4 TL flüssiger Zucker,
2 EL geschlagene Sahne

EW	Fett	KH	kcal/kJ
0 g	2 g	15 g	200/838

Whiskey auf 2 hitzebeständige Gläser verteilen. Mit heißem Tee auffüllen, Zucker hinzufügen und mit einer Sahnehaube krönen. Sofort servieren.

Drink »Yellow Submarine« (Abb.)

Zutaten

2 Vanilleschoten,
100 ml Kefir,
2 TL Honig,
200 ml Orangensaft,
100 ml Ananassaft,
2 EL Rosinen

EW	Fett	KH	kcal/kJ
2 g	1 g	35 g	177/742

Vanilleschote längs halbieren, Mark herauskratzen, mit Kefir und Honig verrühren, zusammen mit Orangensaft und Ananassaft in einen Shaker geben und kräftig schütteln. Rosinen hineingeben und sofort genießen.

Brombeertrunk

Zutaten

250 g reife Brombeeren,
50 g Zucker,
2 EL durchgeseihter Zitronensaft,
2 Eiswürfel,
Sodawasser zum Aufgießen,
2 Zitronenscheiben

EW	Fett	KH	kcal/J
1 g	1 g	39 g	172/721

Brombeeren, Zucker, Zitronensaft und die zerkleinerten Eiswürfel im Mixer pürieren. In 2 Ballongläser geben. Mit Sodawasser auffüllen. Zitronenscheiben einschneiden und jeweils an den Glasrand stecken. Mit Trinkhalm servieren.

Mambo
(Abb. S. 573) (für 4 Personen)

Zutaten

1/8 l Früchtetee
1 TL Puderzucker,
1 Honigmelone,
1 Limone (unbehandelt),
1 Flasche Orangensaft,
1 Orange (unbehandelt),
4 Cocktailkirschen,
einige Blätter Zitronenmelisse,
Cocktailspieße

EW	Fett	KH	kcal/kJ
2 g	0 g	29 g	127/532

Früchtetee mit Puderzucker verrühren. Honigmelone halbieren, mit einem Löffel die Kerne auskratzen. Fruchtfleisch mit einem Kugelausstecher oder einem Löffel herausnehmen, die Hälfte davon pürieren und mit dem Tee verrühren. Limone spiralförmig dünn schälen, dann auspressen. Orangen- und Limonensaft zugießen, umrühren und auf 4 Gläser verteilen.

Orange in Scheiben schneiden. Mit Orangenscheiben, Cocktailkirschen und Zitronenmelisse den Glasrand verzieren. Restliche Melonenkugeln auf 4 Cocktailspieße stecken, auf die Gläser legen und mit Limonenschale garnieren.

Safari-Drink
(für 8 Personen)
(Abb.)

Zutaten

1 1/2 Dosen Mandarinen,
2 EL Waldmeistersirup,
1 1/2 EL Limettensirup,
Saft von 1 Zitrone,
1/4 l Apfelsaft (naturtrüb),
1 Flasche Orangensaft,
1/2 Flasche Mineralwasser, 2 Limetten (unbehandelt),
250 g Johannisbeeren

EW	Fett	KH	kcal/kJ
1 g	0 g	29 g	127/531

Mandarinen mit Saft und Waldmeistersirup 1/2 Stunde ziehen lassen.
Limettensirup, Zitronensaft, Apfel- und Orangensaft zufügen. Mit Mineralwasser auffüllen. Limetten und Johannisbeeren waschen, Limetten in Scheiben schneiden, mit einigen Johannisbeeren zurückbehalten. Restliche Johannisbeeren von den Rispen streifen, beides in die Bowle geben und etwa 1 Stunde kalt stellen. Den Rand des Bowlengefäßes sowie die Gläser mit den beiseitegelegten Limettenscheiben und Johannisbeeren, nach Wunsch zusätzlich mit Orangenscheiben, verzieren. Minzeblättchen zwischen die Früchte stecken und servieren.

Pink Pearl

Zutaten

3–4 Eiswürfel,
1/4 l Grapefruitsaft,
2 cl Zitronensaft,
1–3 cl Grenadine,
1 oder 2 Eiweiß

EW	Fett	KH	kcal/kJ
3 g	0 g	25 g	117/490

Eiswürfel zerkleinern und in einen Schüttelbecher geben. Alle anderen Zutaten dazugeben und kräftig schütteln. In Cocktailgläser abseihen und sofort servieren.

Tip
Wer es nicht so sauer mag, kann 1 TL Zucker in dem Zitronensaft vor dem Mixen auflösen.

Blüten-Shake
(Abb. oben)

Zutaten
1/2 l Milch,
2 EL Puderzucker,
3 Dolden frische Holunderblüten,
2 EL Zitronensaft,
2 Kugeln Vanilleeis,
1/4 l Mineralwasser mit Kohlensäure

EW	Fett	KH	kcal/kJ
9 g	16 g	35 g	325/1362

Holunderblüten vom Stengel zupfen, einige zum Dekorieren beiseite legen. Mit Zucker bestäuben, 1/2 Stunde ziehen lassen und Zitronensaft zufügen. Mit der Milch aufgießen. Das Vanilleeis mit dem Rührgerät einrühren. Mit prickelndem Mineralwasser aufgießen. Mit Holunderblüten anrichten.

Milch-Punsch
(für 2 Personen) (Abb. unten)

Zutaten
250 ml Milch,
4 TL Zucker,
1 Likörglas Rum,
1 EL Weinbrand,
1 EL Orangenlikör,
3 Zimtstangen und etwas Zimt für die Sahne

EW	Fett	KH	kcal/kJ
4 g	6 g	18 g	226/947

Zucker, Rum und 1 Zimtstange auf kleiner Flamme erwärmen. Weinbrand und Orangenlikör hinzufügen und bis kurz vor dem Sieden erhitzen. Die heiße Mischung in einen Krug gießen und mit der ebenfalls erhitzten Milch auffüllen. Mit 1 Zimtstange und 1 Tupfer Sahne, mit etwas Zimt bestreut, servieren.

Superman
(Abb. oben) (für 4 Personen)

Zutaten
1/2 l Milch,
100 g Traubenzucker,

200 g Himbeeren,
50 g Frischkäse,
6–8 Pflaumen oder Reineclauden (in Spalten geschnitten)

EW	Fett	KH	kcal/kJ
6 g	5 g	44 g	251/1052

Zutaten in der Milch im Mixer zerkleinern und gut mischen. Mit den Pflaumen bzw. Reineclauden garnieren.

Pfefferminz-Fee

Zutaten

2 TL frische Minzeblätter oder 2 Teebeutel,
1/2 l Milch,
4 Kugeln Zitroneneis,
3 EL Honig

EW	Fett	KH	kcal/kJ
9 g	9 g	68 g	393/1647

Pfefferminztee durch Überbrühen der Blätter oder Teebeutel mit 300 ml kochendem Wasser zubereiten. Honig darin auflösen. Abkühlen lassen. Mit der Milch vermischen. Auf dem Zitroneneis in Gläsern servieren. Mit Pfefferminzblättern dekorieren.

Süßer Schatten
(Abb.) (für 4 Personen)

Zutaten

250 g entsteinte Sauerkirschen oder Schattenmorellen, frisch oder aus dem Glas, 2 EL Zucker,
1 Päckchen Vanillinzucker,
600 ml Milch, 100 g süße Sahne, 1 Eigelb,
2 Likörgläser Kirschlikör,
4–6 Amaretti-Kekse,

EW	Fett	KH	kcal/kJ
7 g	15 g	43 g	336/1408

Die Sauerkirschen mit Zucker und Vanillinzucker und wenig Milch im Mixer pürieren. Restliche Milch, Sahne, Eigelb und Likör zufügen und gut vermischen. 1 Amaretti-Keks oben drauflegen.

Ein gelungenes Essen zu Hause beginnt mit der richtigen Vorbereitung: Schreiben Sie sich einen Einkaufszettel. Er hilft Ihnen, zielsicher an genau die Lebensmittel und Zutaten zu kommen, die Sie für Ihr Vorhaben brauchen, ohne etwas zu vergessen. Raffiniert präsentierte Waren in sogenannten Verkaufsfallen umgehen Sie dabei wie von selbst. Trotz Einkaufszettels sollten Sie sich jedoch etwas Spielraum gönnen. So lassen sich Sonderangebote nützen oder überraschend Ihr gerade frisch erhältliches Lieblingsgemüse mit einplanen.
Gehen Sie auch nicht mit knurrendem Magen oder völlig lustlos zum Einkaufen. Nehmen Sie sich etwas Zeit, um die Zutaten sorgfältig auszusuchen. Frische ist dabei eines der wichtigsten Kriterien. Worauf Sie im einzelnen achten sollten, sagen Ihnen nachfolgende Tips.

Angebrannte Speisereste: Sie lassen sich entfernen, wenn man Salzwasser im Kochtopf kurz aufkocht.
Avocado: Kaufen Sie zum baldigen Verzehr nur richtig reife Avocados, deren Schale unbeschädigt und makellos ist, die dunkelgrün glänzen und nicht zu hart sind. Unreife Avocados können Sie bei Raumtemperatur einige Tage nachreifen lassen.
Äpfel: Achten Sie beim Einkauf auf eine glatte, unbeschädigte Schale ohne Druck- und Faulstellen. Äpfel haben unterschiedliche Reifezeiten: Zu den Sommer- und Herbstäpfeln gehören u. a. der Klarapfel, Gravensteiner und James Grieve. Zu den Winter- und Lageräpfeln gehören Cox Orange, Boskop und Jonathan.
Backofen: Der Backofen bleibt unten sauber, wenn man eine Alufolie auf den Boden der Backröhre legt. Dies ist eine Hilfe besonders bei klebrigen Speisen.
Backofengerüche: Sie verfliegen, wenn man Zitronen- oder Orangenschalen in die leere Backröhre legt und diese kurz erhitzt.
Blattsalate: Kaufen Sie Blattsalate nur tagesfrisch und verarbeiten Sie sie möglichst sofort. Frischen Blattsalat erkennen Sie leicht an einer hellen Schnittfläche. Die Blätter müssen knackig aussehen.
Brotgefäße: Sollten einmal wöchentlich mit Essigwasser ausgewischt werden.
Chicorée: Spitzenqualität läßt sich an den geschlossenen weißen Sprossen mit hellgelben Blattspitzen erkennen.
CMA-Gütezeichen:

Eine gute Orientierungshilfe beim Kauf ist das bundesweit anerkannte CMA-Gütezeichen auf den Lebensmittelerzeugnissen und Frischeprodukten, die nach strengen Vorschriften kontrolliert werden.
Dinkel: Kaufen Sie Dinkel und Getreide nur in gereinigtem Zustand und am besten als ganze Körner zum Selbermahlen nach Bedarf.
Einwegverpackungen: Sollten Sie vermeiden. Sie vergrößern nur unnötig den Müllberg. Kaufen Sie Getränke in Gläsern, Milch in Flaschen oder, wenn möglich, wieder in der Kanne.
Elektrogeschirr: Sollte einen ebenen Boden haben. Stahltöpfe mit verstärktem, geschliffenen Boden nützen durch den guten Kontakt zur Kochplatte die Herdwärme besser aus und wirken dadurch energie- und zeitsparend.
Essig: Zu empfehlen ist ein guter Weinessig mit mittlerem Säuregehalt, oder entscheiden Sie sich für den edlen Aceto balsamico, der um so feiner schmeckt, je länger er reifen konnte. Übrigens ist Essig ein Universalmittel: Man kann damit Kalk- bzw. Kesselstein entfernen aus Töpfen, Kesseln und Kaffeemaschinen. Gerüche, z. B. Kohl-, Fisch- oder Zwiebelgeruch verfliegen, wenn man ein mit Essig getränktes Tuch zwischen Topf und Deckel spannt. Verwenden Sie für sol-

che allgemeinen Haushaltszwecke günstigen Essig oder verdünnte Essigessenz.

Fisch: Frischen Fisch erkennen Sie an klaren, schimmernden, leicht gewölbten Augen. Die Haut muß metallisch glänzen und straff gespannt sein. Die Schuppen liegen fest an, die Kiemen sind feucht und dunkelrot. Frischer Fisch riecht allenfalls leicht nach Fisch.

Gemüse: Kaufen Sie Gemüse am besten tagesfrisch zum sofortigen Verbrauch. Wenn das nicht möglich ist, ist Tiefkühlware eine Alternative, da deren Qualität sehr gut sein kann.

Grillroste: Sie verschmutzen sehr stark. Um sich die Reinigung so einfach wie möglich zu machen, reiben Sie den Rost mit einer Sodalösung ab. Anschließend mit klarem Wasser gut nachspülen.

Honig: Echter Honig ist ein reines Naturprodukt und wird, je nach Blütenart und Herkunft, in Sorten eingeteilt. Als alternatives Süßungsmittel ist er vor allem auch beim Backen beliebt. Wird Honig zu kalt oder lange gelagert, kandiert er und wird fest. Erwärmen Sie ihn dann vorsichtig in einem warmen Wasserbad. Beim Einkauf sollten Sie reine Sorten den Mischhonigen vorziehen. Ein Gütekriterium für deutschen Honig ist die Kennzeichnung mit dem Logo des Deutschen Imkerbunds.

Ingwer: Kaufen Sie Ingwer nicht gemahlen, sondern als Wurzel im ganzen Stück und mahlen Sie ihn frisch auf einer feinen Reibe. Der Geschmack ist unvergleichlich gut im Verhältnis zu gemahlener Ware.

Kaffeemaschinen: Entkalkt man einfach, indem man anstatt Kaffeewasser eine Essig-Wasser-Mischung durchlaufen läßt. Eventuell den Vorgang wiederholen, zum Schluß mit klarem Wasser nachspülen.

Joghurt: Durch Zusatz von Bakterienkultur gewonnene säuerliche Dickmilch. Joghurt gibt es in zahlreichen Geschmacksrichtungen. Am bekömmlichsten ist jedoch der einfache, nicht konservierte Naturjoghurt mit lebenden Milchsäurekulturen. Greifen Sie doch einmal zu dieser preiswerten Variante und mischen Sie bei Bedarf einen Teelöffel Marmelade darunter.

Kardamom: Kardamom können Sie als Pulver, Samen oder Kapseln kaufen. Er schmeckt in Kuchen, Leb- und Honigkuchen sowie in Brot.

Kartoffeln: Wählen Sie beim Einkauf die Sorte je nach Verwendungszweck: mehligkochende Kartoffeln für Püree oder Stampfkartoffeln, festkochende Sorten für Salzkartoffeln, Pellkartoffeln oder Kartoffelsalat.

Melone: Melonen sollen, so wie Kürbisse auch, beim Einkauf eine feste Schale besitzen. Beim Klopfen darauf hören Sie einen dumpfen Ton. Unreife Melonen klingen in der Regel hell, da sie einen Hohlraum im Inneren besitzen.

Muskatnuß: Kaufen Sie dieses edle Gewürz nicht gemahlen, sondern als ganze Nuß und reiben Sie sie nach Bedarf auf einer feinen Muskatreibe. Das Aroma ist mit dem von käuflicher gemahlener Muskatnuß nicht zu vergleichen.

Nüsse: Die beste Qualität kaufen Sie immer nur in der Schale. Frisch geschält schmecken Nüsse knackiger und intensiver als fertig geschälte Ware.

Obst: Obst möglichst frisch kaufen und jahreszeitliche Angebote nützen; anschließend kühl bei 10–12 Grad (möglichst nicht im Kühlschrank) lagern. Darauf achten, daß sich nicht alle Obstsorten miteinander vertragen. So sondern Äpfel beispielsweise das Gas Ethylen ab, das den Reifungsprozeß anderer Früchte erheblich beschleunigt. Bananen werden in Gegenwart von Äpfeln sehr schnell braun, andere Früchte weich.

Lauchstangen: Sie sollten beim Einkauf unbeschädigt sein und einen langen weißen Schaft besitzen. Achten Sie auf frisches Blattgrün. Die Stangendicke ist kein Qualitätskriterium. Sie hängt von der Sorte und den Anbaubedingungen ab.

Quitte: Achten Sie auf unbeschädigte Schale ohne braune Stellen.
Rotkohl: Rotkohlköpfe sollten ebenso wie Weißkohlköpfe fest und geschlossen sein.
Salz: Salz ist ein wichtiges Würzmittel, das in sparsamer Dosierung den Eigengeschmack der Speisen verstärkt. Verwenden Sie möglichst jodiertes Speisesalz zum Kochen. Auch für allgemeine Haushaltszwecke wird Salz eingesetzt, z. B. zum Entfernen von Rotweinflecken.
Schnellkochtöpfe: Sollte man so oft wie möglich benutzen, da sie sehr energiesparend kochen (Sie sparen 15 bis 20 Prozent Energie).
Strauchbeeren: Sie sollten sie nur als intakte Früchte kaufen. Brombeeren und Himbeeren dürfen mit Kelch, Heidelbeeren nur als reine Früchte angeboten werden; Johannisbeeren mit Rispen, Stachelbeeren mit Stengel und Blüten.
Tiefkühlkost: Achten Sie besonders bei Tiefkühlhähnchen auf unbeschädigte Folienverpackung, da sonst Gefrierbrand hygienische und aromatische Schäden verursachen kann. Machen Sie bei Gemüse den Schüttel-Test: Wenn die einzeln gefrosteten Teile lose in der Verpakkung knirschen, wurde die Kühlkette auf dem Transport eingehalten und nicht unterbrochen.
Umweltzeichen: Produkte oder Herstellungsverfahren, von denen geringe oder keine nachteiligen Auswirkungen auf die Umwelt ausgehen, erhalten auf Antrag das Umweltzeichen vom UMWELTBUNDESAMT. Umwelttip: Beim Einkaufen die Waren bevorzugen, die das Umweltzeichen haben, z. B. Spraydosen ohne umweltschädliches Treibgas.
Verpackungen aus Kunststoff: Enthalten oft Stoffe, die nicht oder nur schwer abbaubar sind und deshalb die Umwelt belasten. Wo es Alternativen gibt, sollte man diese beim Einkauf bevorzugen.
Wasserzugabe: Vermeiden Sie beim Kochen allzu großzügige Wasserzugaben. Unnötig viel Wasser verlängert die Ankochzeit, erhöht den Stromverbrauch und vermindert die Qualität der Speisen.
Wirsing: Achten Sie beim Einkauf auf straffe, saftige Außenblätter.
Zucchini: Sie haben mit 14–21 cm ihr Optimalmaß, den optimalen Geschmack und die zarteste Schale. Achten Sie beim Einkauf vor allem auf die Schale: Je mehr sie glänzt, desto frischer ist die Frucht. Frische Zucchinis geben auf Druck nicht nach.
Zuckermais: Achten Sie beim Einkauf auf pralle, goldgelbe Körner.

Einkaufsmengen pro Portion (Rohgewicht):

Fisch (ganz)	250 g	Blattsalat	50 g
Fisch (Filet)	150 g	Gemüse (Beilage)	250 g
Scampi	400 g	Gemüse (Hauptgericht)	400 g
Hummer	400 g	Reis, Teigwaren (Beilage)	60 g
Muscheln	500 g	Reis (Hauptgericht)	100 g
Stockfisch	150 g	Teigwaren (Hauptgericht)	150 g
Geflügel (mit Knochen)	300 g	Kartoffeln (Beilage)	200 g
Kaninchen	350 g	Kartoffeln (Hauptgericht)	400 g
Hackfleisch	125 g	Früchte	150 g
Fleisch zum Grillen und Braten	200 g	Creme	150 g
Fleisch zum Schmoren	300 g	Eis	125 g

Ablöschen: Bratensatz nach und nach mit heißer oder kalter Flüssigkeit unter ständigem Rühren auffüllen, um daraus eine Sauce zu machen.
Abschäumen: Entfernen des Schaumes mit einem Lochlöffel beim Kochen von Suppen, Marmeladen etc.
Abschlagen: Schlagen von rohen Zutaten (meist Eigelb, Zucker und Geschmackszutaten) über einem warmen Wasserbad.
Abschmecken: Nachwürzen einer Speise vor dem Anrichten.
Abschrecken: Überbrausen mit kaltem Wasser, um den Garvorgang abzubrechen.
Aceto balsamico: Traditioneller Weinessig, der mehrere Jahre reifen muß. Sollte sparsam verwendet werden.
Al dente: Italienischer Ausdruck für körnig kochen, bißfest garen. Wird vor allem bei Teigwaren und Gemüse verwendet.
Anbraten: Einlegen von Nahrungsmitteln in stark erhitztes Fett, zum Zwecke der oberflächlichen Bräunung.
Andünsten: Erhitzen von zerkleinerten Lebensmitteln in Fett, ohne zu bräunen.
Anschwitzen: Mehl, in stark erhitztes Fett eingerührt, wird gebräunt und langsam mit Flüssigkeit aufgegossen. Zur Eindickung von Suppen und Saucen (siehe auch *Einbrenne*).
Aromastoffe: Geruchs- oder Geschmacksstoffe, die in Nahrungsmitteln in kleinen Mengen enthalten sind.
Ausbeinen: Vorsichtiges Herauslösen der Knochen aus dem Fleisch, ohne die Fleischfasern zu sehr zu verletzen.
Auswalken: Gründliches Durchmischen von Teigzutaten durch Kneten mit dem Handballen.
Backen: Garen in heißer Luft unter Bildung von Röst- und Aromastoffen.
Bäckerin Art: Zubereitungsweise bei Gerichten mit Lamm, Hammel und Schwein. Rohe Kartoffelscheiben zusammen mit Zwiebeln im Jus des Fleisches schmoren lassen. Sauce wird zur Intensivierung ihres Geschmacks durchpassiert.
Bardieren: Fleisch wird mit Speckscheiben umwickelt und so gegen das Austrocknen geschützt.
Bérnaise: Warm aufgeschlagene Sauce als Beigabe zu gebratenem oder gegrilltem Fleisch oder Fisch. Auch als Fertigprodukt im Handel erhältlich.
Bechamel: Grundsauce in vielen Variationen. Mehlschwitze wird mit Milch, Kalbsbrühe und Kräutern eingekocht.
Beize: Marinade, in der Fleisch eingelegt wird, um den Geschmack zu verändern oder um es mürbe zu machen. Wird nicht mitserviert.
Binden: Sämig machen von Suppen und Saucen durch Zugabe von Eigelb, Speisestärke, Mehl, Sahne oder Mehlbutter.
Blanchieren: Lebensmittel kurz in kochendes Wasser geben und anschließend in kaltes Wasser tauchen. Entfernt Schmutz, Fett- und Eiweißteilchen und erhöht so die Haltbarkeit. Dient auch zur Farberhaltung bei Lebensmitteln.
Blind backen: Gewürz- oder Kräutersträußchen aus Petersilie, Thymian u. a. Wird in Bouillons mitgekocht, aber nicht mitserviert.
Braten: Garen in heißem Fett unter Bildung von Röst- und Aromastoffen.
Bridieren: Zusammenbinden von Geflügel vor dem Garen, damit es seine Form behält und keine Teile davon abstehen und dann in der Bratröhre leicht anbrennen.
Brioche: Apostelkuchen, rund geformtes französisches Frühstücksgebäck aus Hefeteig.
Carpaccio: Rohes Roastbeef oder Rinderfilet wird in sehr dünne Scheiben geschnitten und zusammen mit einer kalten Sauce serviert.
Ciselieren: Die Haut von Fleisch oder Fischen wird eingeschnitten. So wird etwa bei der Zubereitung von Grillhaxen das Aufspringen der Kruste vermieden.
Consommé: Kraftbrühe, die aus Fleischbrühe und Rindfleisch hergestellt wird.
Coulis: Dicke, püreeartige Sauce.

Crêpes: Hauchdünne „Pfannkuchen", die als Süßspeise mit Konfitüre oder Eis serviert, aber auch mit Fleisch gefüllt werden können.
Crevetten: Überbegriff für verschiedene Garnelenarten.
Croûtons: In Butter knusprig geröstete Brotwürfel.
Dämpfen: Schonendes Garen in heißem Wasserdampf.
Dekantieren: Abgießen von Flüssigkeiten. Bei Wein, um ihn von Trübstoffen im Bodensatz zu befreien. Bei Saucen, um oben schwimmendes Fett abzunehmen.
Demiglace: Braune Grundsauce, eingedickt durch Bratenfond, Schinken, Pilze und Tomaten. Wird anschließend passiert.
Dressieren: Siehe Bridieren.
Druckgaren: Garmethode in einem Spezialtopf, in dem die Lebensmittel mit wenig Flüssigkeit bei Überdruck gegart werden.
Dünsten: Garen in eigenem Saft, ggf. unter Zugabe von wenig Flüssigkeit.
Durchschlagen: Masse wird durch ein Metallsieb mit größeren Löchern gepreßt.
Durchstreichen: Masse wird durch ein feines Haarsieb gepreßt.
Eierstich: Suppeneinlage aus verquirltem Ei, das im Wasserbad zum Stocken gebracht wird.
Einbrenne: Erhitztes Fett wird mit Mehl vermischt und geröstet. Zur Eindickung von Suppen und Saucen.
Einkochen: Flüssigkeit verdampfen lassen, so daß die Speise dadurch eindickt.
Einlauf: Einlage aus Ei, Mehl und Petersilie in klaren Brühen.
Einpökeln: Alte Methode zum Haltbarmachen von Lebensmitteln mit Hilfe von Salz.
Emulgatoren: Natürliche oder künstliche Stoffe. Bewirken und Fördern die Bildung von Emulsionen.
Entfetten: Fett bei Brühen und Saucen abheben oder aufsaugen.
Entrée: Einführendes Gericht, das ein Menü eröffnet.
Farbstoffe: Stoffe, die zum Färben von Lebensmitteln verwendet werden.
Farce: Feingehackte Masse zum Füllen von Pasteten, Fleisch oder Gemüse.
Filet: Zartes, mageres Fleischstück aus dem Rücken von Schlachttieren und Hochwild.
Filetieren: Zerlegen in Filets. Beim Fisch Entfernen der Haut, Gräten und Knochen. Bei Früchten Entfernen der Schale und Zerlegen der Segmente zwischen den Häutchen.
Fines herbes: Feine Kräuter. Meist eine Mischung aus Petersilie, Kerbel und Estragon.
Flambieren: Übergießen einer Speise mit hochprozentigem Alkohol, der anschließend entzündet wird und verbrennt. Dient der Aromatisierung.
Flammeri: Kalte, oft gestürzte Süßspeise aus Saft, Wein oder Milch. Verfeinerung mit Eigelb oder Eischnee.
Flan: Puddingähnliche Süßspeise in West- und Südeuropa.
Fond: Grundsauce zur Weiterverarbeitung, Brühe oder auch Fleischsaft, der beim Braten austritt.
Fritieren: Garen in heißem Fett, wobei das Gargut darin schwimmen können muß.
Garnieren: Umlegen einer Hauptspeise mit den dazugehörigen Beilagen oder Anreichern einer Suppe oder Sauce mit einer Einlage. Hat in der französischen Küchensprache nichts mit Verzieren zu tun!
Garnitur: Fester Bestandteil eines Gerichts, nach dem auch meist die Speise benannt ist.
Garpunkt: Je nach Erhitzungsverfahren verschiedene Gare bei Steaks und Pfannengerichten.
Garziehen: Garen eines Kochgutes knapp unter der Siedetemperatur.
Gazpacho: Kalte Suppe aus Paprika, Gurken u. a.
Gelieren: Fest werden lassen von Sulzspeisen.
Geschmacksverstärker: Intensivierung des Eigengeschmacks von Nahrungsmitteln durch die Zugabe von pflanzlichen Eiweißbausteinen.
Glace: Stark eingekochter Fleisch- oder Fischfond. Dient zum Würzen und Stabilisieren von Saucen.

Gourmand: Ein Mensch, der gerne gut und viel ißt.
Gourmet: Feinschmecker.
Gratinieren: Fertige Speisen mit geriebenem Käse, heller Sauce oder Butter bei starker Oberhitze überbacken.
Grillen: Garen durch Strahlungshitze bei sehr hohen Temperaturen unter Bildung von Röst- und Aromastoffen.
Grissini: Kleine knusprige Stangen aus Brotteig, italienische Spezialität.
Gruyère: Käse mit hohem Fettgehalt. Für Käsefondue geeignet.
Herbes de Provence: Schmackhafte getrocknete Kräutermischung (Rosmarin, Basilikum u. a.). Zur Verfeinerung von Grillgerichten.
Hollandaise: Holländische Sauce aus Essig, Weißwein, Salz und Pfeffer, die mit Eigelb und anderen Zutaten verrührt und zu Fisch- und Fleischgerichten serviert wird. Auch als Fertigprodukt erhältlich.
Homogenisieren: Methode der Lebensmitteltechnologie zum Vermischen zweier Stoffe, die eigentlich nicht vermengbar sind. Wird bei Milch angewandt, so daß sich keine Rahmschicht bildet.
Hors-d`œuvres: Kalte und warme Vorspeisen mit ausgewählten Spezialitäten, wie Hummer und Lachs.
Jardinière: Nach Gärtnerinart. Fleisch wird mit unterschiedlichen Gemüsesorten bunt garniert.
Julienne: In feine Streifen geschnittenes Gemüse.
Jus: Beim Braten von Fleisch austretender Saft, der beim Abkühlen geliert.
Kandieren: In Zucker durch und durch kochen.
Karamelisieren: Schmelzen und Bräunen von Zucker bei ca. 200 Grad, der dann meist mit einer Flüssigkeit abgelöscht wird.
Karkasse: Rückenknochen und Rippen von Geflügel.
Klären: Bedeutet bei Suppen das Entfernen von Trübstoffen durch Aufkochen mit Eiweiß. Butter klärt man durch Erhitzen, bis sie flüssig wird. Die ausfallende Molke kann dann abgetrennt werden. Zurück bleibt nach dem Erkalten Butterschmalz, das man wesentlich höher erhitzen kann.
Kochen: Garen in Flüssigkeit bei Siedetemperatur.
Konservierungsstoffe: Natürliche Stoffe oder chemische Substanzen, die den Verderb von Lebensmitteln verhindern oder hinauszögern.
Krokant: In Zucker gebrannte, ganze oder zerkleinerte Mandeln, Nüsse oder auch Pistazien.
Lardieren: Spicken (Lardieren) von trockenem Fleisch mit Speckstreifen, die mit einer großen Nadel durch das Fleisch gezogen werden.
Lardon: Speck, der beim Spicken verwendet wird und in dünne Streifen geschnitten ist.
Legieren: Dient dem Verfeinern und Binden von Suppen und Saucen. Dazu Eigelb mit etwas Flüssigkeit (meist Sahne) verrühren, unter die heiße Speise ziehen. Nicht mehr kochen.
Liaison: Eine Mischung aus Eigelb, Sahne oder Milch. Wird zum Legieren verwendet.
Marinieren: Einlegen von Fleisch, Fisch, Gemüse oder Salat in eine Beize/Marinade.
Marseillaise: Garnitur mit Fisch aus Südfrankreich.
Mayonnaise: Grundsauce aus Speiseöl pflanzlicher Herkunft und Hühnereigelb sowie anderen Geschmackszutaten. Dient zur Herstellung vieler kalter Saucen.
Mazerieren: Einlegen von Früchten in eine Flüssigkeit oder in Gewürze.
Medium: Fleisch ist nicht ganz durchgebraten, so daß es in der Mitte noch rosa aussieht.
Mehlschwitze: Helle, goldgelbe oder braune Mischung aus in Fett geröstetem Mehl, das mit einer Flüssigkeit abgelöscht wird.
Mockturtle: „Falsche Schildkröte", bei der Kalbskopffleisch anstelle von Schildkrötenfleisch verwendet wird.
Montieren: Aufschlagen einer Speise mit dem Schneebesen, so daß sie an Volumen gewinnt.
Mus: Breiartige Masse aus eingekochten Früchten oder Fruchtmark.

Nappieren: Überziehen von Fleisch mit einer dünnen Schicht Sauce.
Osso buco: Italienisches Gericht, bei dem in Scheiben geschnittene Kalbshaxe zusammen mit Sellerie und Tomaten geschmort werden.
Panade: Überzug aus Mehl, Eiern und Paniermehl, mit dem das Nahrungsmittel vor dem Garen überzogen wird und so beim Braten vor Überhitzung geschützt wird.
Parfait: Besondere Speiseeiszubereitung mit verschiedenen Geschmackszutaten.
Parieren: Zurechtschneiden von Fleisch oder Fisch unter Entfernung von Fett, Sehnen und Haut.
Parisienne: Garnitur aus Pökelzunge und Champignons, zu Fleisch gereicht.
Passieren: Durch ein Sieb streichen.
Pasta: Nudeln und Teigwaren (italienisch).
Pasteten: Fleischwaren oder Fleischzubereitungen aus zerkleinertem Fleisch und Gewürzen.
Petit fours: Kleingebäck, süße oder pikante Dessertstücke.
Pochieren: Garen in köchelnder Flüssigkeit.
Pürieren: Zerkleinern zu einer breiigen Konsistenz.
Ragout: Würzfleisch aus Fleischstücken vom Kalb, Rind, Hammel, Wild oder Geflügel.
Rare: Kurzgebratenes Fleisch, das im Inneren noch blutig und roh ist.
Rare medium: Fleisch wird noch ein wenig blutig, d. h. mit einem rosa Kern serviert.
Rösten: Gargut unter Wenden braten und bräunen.
Saccarose: Rohr- und Rübenzucker.
Säuerungsmittel: Natürliche Genußsäuren und deren Verbindungen.
Sautieren: Braten kleiner Fleischstücke unter ständigem Wenden.
Schalentiere: Schildkröte, Schnecke und andere Weichtiere mit kalkhaltigem Gehäuse.
Schloßkartoffeln: Rohe, halbmondförmig zugeschnittene Kartoffeln, die erst blanchiert und dann in Fett erhitzt werden.
Schmoren: Anbraten in Fett unter Bildung von Röst- und Aromastoffen mit anschließendem Garen in kochender Flüssigkeit im geschlossenen Topf.
Schnetzeln: Kleinschneiden von Fleisch oder Fisch in mundgerechte Stücke.
Sieden: Garen bei einer Temperatur zwischen 90 und 100 Grad.
Sorbet: Speiseeiszubereitung auf der Grundlage von Zuckersirup, gemischt mit Likör, Wein oder Schaumwein. Lockere und flockige Konsistenz.
Soufflé: Warme oder kalte Aufläufe, die süß (Schokolade, Obst) oder pikant (Geflügel, Gemüse) sein können.
Spicken: Fleisch wird mit Hilfe von geeigneten Nadeln mit Speckstreifen durchzogen.
Stabilisatoren: Stabilisierungsmittel (Konservierungsmittel u. a.), die eine bestimmte Produktkonsistenz eines Nahrungsmittels gewährleisten.
Stocken: Fest werden lassen.
Terrine: In irdenen Formen zubereitete Speisen.
Tour: Umschlagen und Ausrollen von Blätterteiglagen.
Tournedo: Filetsteak vom Rind.
Tournieren: Geputztes und gewaschenes Gemüse wird in eine ovale Form geschnitten.
Tranchieren: Kunstgerechtes Zerlegen von Fisch, Fleisch, Geflügel.
Unterheben: Eine Zutat mit dem Schneebesen unterrühren.
Vanillezucker: Gemisch aus Zucker und getrocknetem Vanillemark.
Vanillinzucker: Gemisch aus Zucker und künstlichem Vanillearoma.
Verquirlen: Kurzes Aufschlagen mit einer Gabel oder einem Quirl.
Vinaigrette: Salatsauce aus Essig, Öl, Pfeffer und Salz. Manchmal verfeinert mit Senf und Kräutern.
Zuckeraustauschstoffe: Süßungsmittel natürlicher (Sorbit) und künstlicher (Saccharin) Herkunft, die anstelle von Zucker vor allen Dingen in diätetischen Lebensmitteln verwendet werden.

Kleine Pannenhilfe für große Köche

Sie kochen mit viel Liebe, und dann passiert es: Das Gericht mißlingt. Jetzt tut rasche Hilfe not, denn viele Speisen lassen sich dennoch retten. Was haben Sie falsch gemacht? Und wie bügeln Sie diesen Fehler wieder aus? Ein paar Tips sollen Ihnen dabei künftig helfen.

Der Braten brennt an:
Nehmen Sie ihn sofort aus der Röhre oder dem Topf und schneiden Sie das Angebrannte großzügig mit einem sehr scharfen Messer weg. Braten Sie das Fleisch dann in einem Topf oder einer Pfanne sorgfältig an und setzen Sie den Garvorgang unter Zugabe der noch brauchbaren oder frischen Zutaten fort.
Um ein Anbrennen zu vermeiden, sollten Sie generell öfter nach Ihrem Braten sehen, die Hitze rechtzeitig zurückschalten und das Fleisch gegebenenfalls mit einer Alufolie abdecken.

Das Fleisch ist nicht gar:
Tranchieren Sie den Braten, zerlegen Sie ihn in Portionen und richten Sie ihn auf einer vorgewärmten ofenfesten Platte an. Schieben sie diese noch einmal in den Ofen, bis das Fleisch gar ist. Damit das Fleisch dabei nicht zu trocken wird, decken Sie es entweder mit Alufolie ab oder Sie bepinseln es dünn mit Sauce.

Das Fleisch ist zäh:
Entweder war die Fleischqualität schlecht, oder Sie haben beim Braten einen Fehler gemacht (zulange gebraten oder bei zu geringer Temperatur).
Schneiden Sie das Fleisch in kleine Stücke und servieren Sie es in reichlich Sauce. Sie können auch ein Haschee daraus bereiten und dieses pur servieren, oder Sie verarbeiten es weiter zu einer Pastete oder Farce.

Das Fleisch ist faserig:
Vielleicht haben Sie Fleisch von einem älteren Tier gekauft oder sie haben das Fleisch zu lange gekocht bzw. gebraten.
Schneiden Sie das Fleisch nicht wie sonst in dünne Scheiben, sondern in dicke, dann merkt man die Faserigkeit nicht so sehr. Oder verarbeiten Sie das Fleisch weiter zu Haschee, zu einer Pastete oder einer Farce.

Der Auflauf bräunt oben zu stark:
Nehmen Sie ihn sofort aus der Röhre. Heben Sie den gebräunten Deckel vorsichtig ab. Bei pikanten Aufläufen können Sie das beschädigte Antlitz aufwerten, indem sie etwas geriebenen Käse über den Auflauf streuen und weiterbacken, bis er geschmolzen ist.

Die Suppe oder Sauce ist zu dick:
Vermutlich haben Sie sich in der im Rezept angegebenen Flüssigkeitsmenge geirrt oder Sie haben die Suppe/Sauce zu stark eingekocht. Pikante Saucen verdünnen Sie mit Wasser, Brühe oder Fond bis zur gewünschten Konsistenz. Sie können auch einen Schuß Wein oder Sahne zusätzlich zugeben. Süße Saucen verdünnen Sie je nach Rezept mit Milch oder Wasser. Schmecken Sie in jedem Fall die Sauce danach noch einmal mit den bisher verwendeten Gewürzen ab. Die Sauce sollte nicht mehr kochen, sondern nur noch vorsichtig erwärmt werden.

Die Suppe oder Sauce ist zu dünn:
Sie können die überschüssige Flüssigkeit je nach Rezept abschöpfen, einkochen oder binden. In jedem Fall sollten Sie danach noch einmal abschmecken.
Abschöpfen eignet sich für Flüssigkeiten mit fester Einlage (z. B. Gemüsesuppe), da sich damit nur das Verhältnis zwischen Flüssigkeit und Einlage ändern läßt. Einkochen erfordert etwas Zeit und eignet sich nur für Suppen oder Saucen, in denen keine feste Einlage enthalten ist, da diese in der Regel dabei völlig zerkochen. Binden können Sie die Flüssigkeit auf verschiedene Arten:
1. Sahnesaucen und cremige Suppen lassen sich mit Eigelb legieren. Dazu verrühren Sie in einer Tasse ein Eigelb mit 2 EL

süßer Sahne, mischen löffelweise heiße Suppe/Sauce unter, bis die Tasse voll ist. Dann rühren Sie das Gemisch in die restliche Suppe/Sauce und erhitzen unter Rühren bis zum Kochen.
2. Rühren Sie etwas Speisestärke klümpchenfrei mit wenig kaltem Wasser an und geben Sie diese Mischung unter ständigem Rühren in die Suppe/Sauce. Einmal aufkochen.
3. Streuen Sie etwas Grieß auf die Flüssigkeit, rühren Sie ihn gut unter und lassen Sie ihn ausquellen.
4. Geben Sie eine feingeriebene Kartoffel oder etwas Kartoffelflocken für Püree in die Suppe/Sauce und lassen Sie das Ganze gut durchkochen.
5. Binden Sie mit Saucenbinder nach Packungsaufschrift.

Die Sauce oder Creme gerinnt:
Das kann verschiedene Ursachen haben: Entweder haben Sie Zutaten verwendet, die sich nicht vertragen (z. B. Zitrone oder Wein und Sahne), oder die Zutaten hatten bei der Verarbeitung so unterschiedliche Temperaturen, daß sie sich nicht verbinden konnten und daher „gerinnen".
Abhilfe schafft ein erneutes Aufschlagen der Masse mit einem Mixer oder Schneebesen; bei Cremes sollte dies über einem warmen Wasserbad geschehen. Geronnene Buttersaucen zuerst aufschlagen, dann nochmals wenig Butter unterrühren.

Die Mayonnaise gerinnt:
Möglicherweise haben Sie das Öl zu rasch zugegeben oder die Zutaten hatten bei der Verarbeitung zu unterschiedliche Temperaturen.
Rühren Sie in einer separaten Schüssel ein Eigelb cremig und schlagen Sie die geronnene Mayonnaise löffelweise unter.

Die Creme wird nicht fest:
Wenn es sich um eine Creme auf Eierbasis handelt, haben Sie sie vielleicht zu lange über dem warmen Wasserbad aufgeschlagen. Sie hätten sie, sobald sie beginnt, sämig zu werden, aus dem warmen Wasserbad nehmen müssen. Abhilfe schafft ein erneutes Abschlagen der Creme über einem warmen Wasserbad unter Zugabe von etwas aufgelöstem Gelatinepulver oder 2–4 TL Instantcremepulver (Geschmacksrichtung passend zur Creme wählen).
Wenn es sich um eine Gelatinecreme handelt, haben Sie vermutlich zu wenig Gelatine für die angegebene Flüssigkeitsmenge genommen. Ist die Masse noch sehr dünn, so sollten Sie noch einmal etwas Gelatine auflösen und mit einem Schneebesen kräftig unter die Creme schlagen. Ist die Masse nur ein wenig zu dünn, so reicht es vermutlich, wenn Sie unter die kalte Creme etwas steifgeschlagene Sahne heben.

Der gekochte Pudding behält nicht seine Festigkeit:
Dafür gibt es im wesentlichen zwei Ursachen:
zu langes Rühren beim Kochen, oder in der Abkühlphase schwächt die Bindungskraft der Speisestärke. Unzureichendes Erhitzen und damit unzureichende Zerstörung eines Enzyms, das natürlicherweise in Eigelb, Nüssen und im Speichel vorkommt (Probierlöffel!) und Stärke zu Zucker abbaut, verhindert die Dickungsfähigkeit. Gelangt dieses Enzym, Distase genannt, in die Speise, hilft es nur, die Speise bis zum Kochen zu erhitzen. Das Enzym wird dabei zerstört.
Der zu dünnflüssige Pudding kann nachgedickt werden. Erhitzen Sie ihn vorsichtig und rühren Sie aufgelöste Gelatine, angerührte Speisestärke oder angerührtes Puddingpulver unter.
Einmal kurz aufkochen und anschließend abkühlen.

Die Creme wird zu schnell fest, bevor die restlichen Zutaten eingearbeitet werden können:
Vermutlich haben Sie etwas zuviel Gelatine verwendet. Erwärmen Sie die Creme vorsichtig über einem Wasserbad, bis sie wieder geschmeidig (nicht flüssig) ist.

Die Suppe ist versalzen:
Sie haben mehrere Möglichkeiten: Kochen Sie neue Suppe ohne Salz und mischen Sie diese unter. Übriggebliebene Suppe können Sie gut einfrieren. Oder waschen, schälen und würfeln Sie zwei Kartoffeln, kochen Sie diese in der Suppe weich und nehmen Sie sie anschließend heraus. Die Kartoffeln haben überschüssiges Salz aufgenommen.

Die Suppenbrühe ist trüb:
Sie haben vergessen, die selbstgemachte Brühe zu klären. Geben Sie in die abgekühlte Brühe ein Eiweiß und bringen Sie die Suppe zum Kochen. Das Eiweiß gerinnt und nimmt die Trübstoffe aus der Suppe auf.

Die Suppe oder Sauce hat Klümpchen:
Nehme Sie ggf. die Einlage mit einem Schaumlöffel aus der Suppe/Sauce und rühren Sie sie kräftig mit einem Schneebesen durch. Sie können sich diese Arbeit auch erleichtern, indem Sie einen elektrischen Mixer einsetzen.

Die Speise ist angebrannt:
Auf keinen Fall sollten Sie jetzt umrühren! Schütten oder schöpfen Sie die Speise vorsichtig in einen frischen Topf. Schmeckt sie bereits angebrannt, hilft nur noch, zu versuchen, das Aroma mit einem intensiven Gewürz zu überdecken. Für pikante Speisen eignet sich hierzu Curry, Tabasco oder ein Chutney; für Süßes eignet sich Zimt oder Mandelaroma.

Das Gemüse ist versalzen:
Sie können einen Teil des Salzes ausschwemmen, indem Sie heißes Wasser über das Gemüse gießen und die Mischung einige Minuten ziehen lassen. Dann gießen Sie das Wasser ab. Da das Gemüse dabei jedoch auch Vitamine verliert, sollten Sie zukünftig vor dem Garen nur geringfügig salzen und am Ende des Garvorgangs ggf. nachwürzen. Übrigens bleibt so auch der Eigengeschmack des Gemüses besser erhalten.

Die Speise ist zu scharf:
Verwenden Sie weniger oder mildere Gewürze (z. B. Paprika, edelsüß, statt Rosenpaprika). Achten Sie auch darauf, daß manche Gewürze schärfer werden, wenn sie einige Zeit mitgekocht wurden (z. B. Chili, Pfeffer, Rosenpaprika). Entschärfen Sie die Speisen durch Zugabe von etwas Sahne, Wein oder Brühe.

Das Gemüse ist verkocht:
Jetzt heißt es umplanen. Reichen Sie statt Gemüse in Stücken entweder Gemüseschnee oder verarbeiten Sie diesen zu Gemüseplätzchen, -kroketten oder -puffer.

Das Kartoffelpüree ist zu weich:
Arbeiten Sie etwas Kartoffelflocken unter die Masse (Instant-Püree) oder erhitzen Sie das Püree langsam auf kleiner Flamme, damit es nicht anbrennt. Ab und zu umrühren!

Die Eier platzen und laufen beim Kochen aus:
Die Eierschale war entweder schon vor dem Kochen angeschlagen, oder Sie haben vergessen, das Ei anzustechen. Beim Kochen dehnt sich die Luft im Ei aus und bringt dann die Schale zum Platzen. Abhilfe: Eier sofort vorsichtig aus dem Wasser heben und dicht in Alufolie einwickeln. Zurück in das Kochgefäß geben und weiterkochen. Vorsorge beim nächsten Mal: Eier vor dem Kochen auf der stumpfen Seite mit einem Eierstecher oder einer Nähnadel anpicken.

Der Knödelteig ist zu weich:
Je nach Teigart rühren Sie etwas Mehl, Paniermehl oder Kartoffelflocken (Instant-Püree) unter. Formen und garen Sie einen Teigknödel, um zu sehen, ob die Teigbeschaffenheit richtig ist, bevor Sie die restlichen Knödel zubereiten.

Die Panade löst sich:
Entweder war das Fleisch oder der Fisch beim Panieren zu feucht, oder Sie haben vergessen, die Panade vor dem Braten

fest anzudrücken. Nehmen Sie das Fleisch oder den Fisch aus der Pfanne und lösen Sie die Panade mit einem Messer ab. Tupfen Sie das Fleisch oder den Fisch sorgfältig trocken und panieren Sie neu: erst in Mehl, dann in geschlagenem Ei, anschließend in Paniermehl. Panade fest andrücken, sofort in heißem Fett braten.

Der Teig klebt beim Ausrollen:
Nehmen Sie etwas mehr Mehl zum Ausrollen auf dem Backbrett. Geben Sie auch etwas davon auf das Nudelholz. Sollte der Versuch fehlschlagen, dann legen Sie den Teigkloß kurz in den Kühlschrank und rollen ihn anschließend zwischen Folie oder Pergamentpapier aus.

Der Teig bricht beim Ausrollen:
Geben Sie etwas Milch oder Sahne an den Teig und kneten Sie ihn kurz durch. Sollte der Versuch fehlschlagen, dann legen Sie den Teigkloß für eine Weile in den Kühlschrank und rollen ihn anschließend zwischen Folie oder Pergamentpapier aus.

Der Kuchen ist beim Backen eingesunken:
Entweder haben Sie sich beim Abwiegen und Abmessen der Zutaten geirrt, und die Mengenverhältnisse stimmten dann nicht mehr, oder es handelt sich um eine empfindliche Teigart, die zu stark gerührt wurde oder Zug- bzw. Kaltluft abbekommen hat. Schneiden Sie die speckige Mitte des Kuchens kreisförmig heraus und verwandeln Sie den Kuchen damit in einen Kranzkuchen. Überziehen Sie ihn mit Schokoladenglasur oder Zuckerguß. Das Mittelstück können Sie zerkrümeln und zusammen mit einer beliebigen Creme als Schichtspeise zum Nachtisch servieren.

Der Kuchen wird beim Backen zu trocken:
Vermutlich haben Sie die angegebene Backzeit überschritten. Stechen Sie den ausgekühlten Kuchen mehrmals mit einem Spieß oder einer Stricknadel ein und tränken Sie ihn je nach Geschmack entweder mit Fruchtsaft oder einem Gemisch aus Saft und Wein.

Der Kuchen ist angebrannt:
Wenn Sie bereits während des Backens bemerken, daß Ihr Backwerk beginnt, schwarz zu werden, müssen Sie sofort handeln. Empfindliche Teige (z. B. Brandteig, Hefeteig) decken Sie dann mit Alufolie ab und backen sie bei geringerer Hitze fertig. Andere nehmen Sie so schnell wie möglich aus dem Backofen, heben den Deckel, d. h. die oberste Teigschicht ab und backen bei geringer Hitze fertig. Zur optischen Verbesserung können Sie den Kuchen auch überbacken: Dazu schlagen Sie zwei Eiweiß unter langsamer Zugabe von Zucker (ca. 50 g) steif. Streichen oder Spritzen Sie diese Masse auf den Kuchen und überbacken Sie ihn bei Mittelhitze, bis der Eischnee leicht bräunt.
Wenn Sie erst nach dem Backen sehen, daß Ihr Kuchen zu dunkel geworden ist, reiben Sie mit einem groben Sieb die dunkle Kuchenoberfläche vorsichtig ab. Bestäuben Sie süße Kuchen mit Puderzucker, salzige Kuchen mit Reibekäse.

Die Rosinen im Kuchen sind nach unten gesunken:
Die Ursache dafür ist vermutlich eine zu dünne Teigbeschaffenheit (Rührteige müssen schwer vom Löffel reißen). Schneiden Sie den ausgekühlten Kuchen ein- oder zweimal waagerecht durch. Setzen Sie anschließend die Teile in umgekehrter Reihenfolge mit einer geschmacklich passenden Marmelade wieder zusammen.

Der Eischnee wird nicht fest:
Waren im Rührbecher oder am Schneebesen Fettreste? Das mag Eiweiß gar nicht, es wird dann beim Schlagen nicht richtig fest. Füllen Sie die zu flüssige Masse in einen sauberen Rührbecher um und versuchen Sie es noch einmal mit fettfreiem Schneebesen. Geben Sie ein paar Tropfen Zitronensaft zu oder eine Prise Salz und schlagen Sie weiter, bis der Eischnee steif ist.

Internationale Spezialitäten – heute koche ich ...

Chinesisch

Französisch

Griechisch

Italienisch

Spanisch

Andere Köstlichkeiten aus der regionalen Küche

Vegeratische Gerichte

REGISTER

Bild- und Textquellen-Nachweis:

Foto und Video Studio Köhnen, The Food Professionals, CMA, Maggi Kochstudio, Maizena Presseservice, Molkerei Alois Müller, Union Deutsche Lebensmittelwerke, Studio Teubner, Südmilch, Treffpunkt Küche Presseservice, Pfanni Presseservice, J. B. Berentzen, Schweizerische Käseunion, Stockfood Munich, Suzi Wan, Fuchs Gewürze, granini Gute Ernte, Uncle Ben's, Bonduelle, McCain, geti, wilba, Koopmans, hohes C.